부산
교통
공사

운영직

일반상식

KB158948

PREFACE

우리나라 기업들은 1960년대 이후 현재까지 비약적인 발전을 이루었다. 이렇게 급속한 성장을 이룰 수 있었던 배경에는 우리나라 국민들의 근면성 및 도전정신이 있었다. 그러나 빠르게 변화하는 세계 경제의 환경에 적응하기 위해서는 근면성과 도전정신 이외에 또 다른 성장 요인이 필요하다.

최근 많은 공사·공단에서는 기존의 직무 관련성에 대한 고려 없이 인·적성, 지식 중심으로 치러지던 필기전형을 탈피하고, 산업현장에서 직무를 수행하기 위해 요구되는 능력을 산업부문별·수준별로 체계화 및 표준화한 NCS를 기반으로 하여 채용공고 단계에서 제시되는 '직무 설명자료'에서 제시되는 직업기초능력과 직무수행능력을 측정하기 위한 직업기초능력평가, 직무수행능력평가 등을 도입하고 있다.

부산교통공사에서도 업무에 필요한 역량 및 책임감과 적응력 등을 구비한 인재를 선발하기 위하여 고유의 필기시험을 치르고 있다. 본서는 부산교통공사 운영직 필기시험 대비를 위한 필독서로 부산교통공사 운영직 일반상식의 출제경향을 철저히 분석하여 응시자들이 보다 쉽게 시험 유형을 파악하고 효율적으로 대비할 수 있도록 구성하였다.

신념을 가지고 도전하는 사람은 반드시 그 꿈을 이룰 수 있습니다. 처음에 품은 신념과 열정이 취업 성공의 그 날까지 빛바래지 않도록 서원각이 수험생 여러분을 응원합니다.

STRUCTURE

01 국어 사용의 실제

① 말하기

(1) 말하기의 목적

① 정보를 전달하는 말하기(지적)

② 청자를 설득하는 말하기(지적)

③ 청자에게 사교나 친교의 말듣는 이가 모르는 사실을 알릴 때(설명)

(정적인 반응)→듣는 이의 생각이나 행동을 바꾸고자 할 때(설득)

말하기의 과정 하기(정적인 반응)→듣는 이와 가까워지거나 즐기고자 할 때

(2) 말하기의 과정

내용 선정하기→내용 조직하기→효과적으로 표현하기

② 토의(討議)

(1) 토의의 뜻

공동의 관심사가 되는 어떤 문제에 대한 가장 바람직한 해결 방안을 찾기 위하여 집단 성원이 협동적으로 의견을 나누는 말하기이다.

(2) 토의의 절차

① 문제에 대한 의미 확정

② 문제의 분석과 음미

③ 가능한 모든 해결안의 제시와 검토

---

01. 국어 사용의 실제

출제 예상 문제

1 다음 중 말하기의 유형이 잘못된 것은?

① 토론 - 공통된 관심사를 공동으로 해결해 나가는 방식

② 회담 - 한 자리에 모여서 이야기하는 방식

③ 대담 - 마주보고 이야기하는 방식

④ 좌담 - 자리에 앉아서 형식에 구애됨이 없이 말하는 방식

TIP 토론…찬성과 반대의 뚜렷한 의견대립을 가지는 사람들이 상대를 논리적으로 설득시키는 말하기 방식이다.
① 토의에 대한 설명이다.

2 토론과 토의에 대한 설명으로 적절하지 않은 것은?

① 토론은 정해진 규칙과 절차에 의해 전개된다.

② 토의는 정과 반의 대립을 전제로 하는 변증법적 담화이다.

③ 토론에서는 자신의 주장을 논리적으로 표현하는 것이

④ 토의는 주어진 문제에 대한 의논을 통해 해답을 찾아

TIP ② 토의는 어떠한 문제에 대해 여럿이 협동하여 문제의 해결 방안
는 없다.
※ 토의와 토론
① 토의 : 어떠한 문제에 대하여 검토하고 협의하는 것을 뜻한다.
② 토론 : 어떠한 문제에 대하여 여러 사람들이 각각의 의견을 말하며

① 토론 - 공통된 관심사를

② 회담 - 한 자리에 모여서

③ 대담 - 마주보고 이야기하는

④ 좌담 - 자리에 앉아서 형식에

TIP 토론…찬성과 반대의 뚜렷한 의견대
① 토의에 대한 설명이다.

핵심이론정리

시험에 자주 출제되는 핵심적인 내용을 체계적으로 정리하여 수록하였습니다. 꼭 필요한 내용만을 콕콕 짚어 효율적으로 학습할 수 있도록 하였습니다.

출제예상문제

실제 시험에 반드시 출제될 적중률 높은 예상문제를 수록하였습니다.

상세한 해설

매 문제마다 상세한 해설을 수록하여 혼자서도 어려움 없이 학습이 가능하도록 하였습니다.

CONTENTS

PART

I

부산교통공사 소개

01 공사소개

1 부산교통공사 소개

1일 평균 93만여 시민들의 발이 되고 있는 부산교통공사는 1985년 1호선 노포~범내골 구간 개통을 시작으로 2017년 1호선 연장 다대구간을 추가 개통하여 부산도시철도 4개 노선(114역, 115.2km)을 운영하고 있고, 부산·경남교통권 전역의 연결을 위해 사상~하단선, 양산선 등을 건설하고 있는 도시철도의 운영과 건설을 동시에 수행하고 있는 전국 유일의 기관이다.

"시민이 행복한 동북아 해양수도, 부산"을 이루고자 우리 공사는 "절대안전·시민행복·대중교통의 중심, 부산교통공사"라는 비전을 향해 모든 임직원은 한마음 한뜻이 되어 종합 대중교통 전문기관으로 거듭나기 위해 항상 노력하고 있다.

시민의 교통복리 증진을 위해 부산시의 1·2호선 급행도입 정책에 적극 협력하는 한편, 지역 최대 공기업으로서 양질의 일자리 창출을 위해 대규모 채용, 지역대학 연계 철도전문인력 양성 등 사회적 가치 실현에도 앞장서고 있다.

2 설립목적

부산 교통권역 내에 대중교통 시설의 건설을 추진하고 운영의 합리화를 기함으로써 도시교통의 발전과 시민생활의 편익 및 복리증진에 이바지하기 위함

③ 주요사업

① 국내·외 도시철도의 건설 및 운영

② 역세권 개발사업에 따른 업무시설, 판매시설, 환승시설, 생활편익시설, 주택시설, 복리시설 등의 건설·공급 및 관리

③ 주차장의 설치·관리

④ 기존 버스노선과 중복되지 아니하는 버스운송사업

⑤ 환승시설의 건설·운영 및 대중교통체계의 개선에 관한 사업

⑥ 복합환승센터의 개발사업

⑦ 교통카드 관련 장비의 설치·운용에 관한 사업

⑧ 국내외 기관의 철도 및 도시철도 관련 건설 및 운영 사업

⑨ 광고·임대사업 및 교육훈련사업 등 수익사업

⑩ 상기 사업에 부대하는 사업

⑪ 국가·지방자치단체 또는 공공단체가 위탁한 사업

⑫ 그 밖에 부산광역시장이 인정하는 사업

④ 비전체계

Mission

안전하고 편리한
대중교통 서비스
제공으로 시민 복리증진

Vision

절대안전·시민행복·
대중교통의 중심,
부산교통공사

Slogan

절대안전 기반
시민행복 도시철도

경영목표

Management target

철도사고
ZERO

청렴도
1등급

1일고객
100만명

고객만족도
1위

경영전략

Management Strategy

安
절대적
안전

全
전사적
혁신

共
공공성
추구

感
고객감동
지향

12대 전략과제

安 절대적 안전

1. 절대안전 세계 확립
2. 뉴노멀 시대 비상대응역량 강화
3. 첨단시스템 기반 안전관리 정착

全 전사적 혁신

4. 기본원칙 기반 경영혁신
5. 미래지향적 도시철도 뉴딜 실현
6. 소통과 화합의 조직문화 정착

共 공공성 추구

7. 편리한 대중교통 체계 확립
8. 광역 도시철도망 구축
9. 일자리창출 및 사회적가치 실현

感 고객감동 지향

10. 문화가 살아 숨쉬는 도시철도 구현
11. 맞춤형 고객서비스 제공
12. 도시철도 환경 Clean 추진

5 공사이미지

① 심벌마크

   ㉠ 부산도시철도의 이미지를 시각화한 형태로서 전체적으로 도시철도의 공간을 상징

   ㉡ 세계에서 제일 빠른 앞모양(유선형)의 형태를 사각형 속에 표현

   ㉢ 사각주위를 원형으로 하여 부드러움 표현

   ㉣ 사각형 내부에 가로로 놓은 3선은 도로, 대합실, 승강장을 의미하는 영문S자 형태

   ㉤ 왼쪽에 놓인 사선은 에스컬레이터의 모습을 표현

   ㉥ S자는 안전(Safety), 신속(Speed), 쾌적(Satisfy)을 의미하는 청색으로 부산 바다를 더불어 상징

② 브랜드마크

   ㉠ Humetro의 의미는 인간(Human), 인간존중(Humanism), 인간성(Humanity)의 'hu'와 휴식 편안함의 '休', 도시철의 다양한 컬러를 나타내는 'Hu'와 도시철도를 뜻하는 'Metro'의 결합어로서 [인간을 존중하는 도시철도, 시민을 사랑하는 교통공사]라는 의미를 가지고 있다.

   ㉡ U의 둥근 이미지로 메트로와의 조화감 및 사람의 모습을 형상화 하였으며, 메트로에는 부산의 바다를 상징하는 물결의 이미지를 부여하여 부산의 도시철도임을 나타내고 있다.

③ 캐릭터

㉠ 가족같은 부산교통공사를 의미하여 각 호선별로 되어 있으므로 연계성과 탄탄한 조직성을 친근하게 표현하였다.

㉡ 도시철도의 다양한 호선을 캐릭터화하여 동일 형태로 휴메트로의 아이덴티를 심어주고 호선별 컬러로 차별화를 주었다.

㉢ 본 디자인은 앞으로 생겨날 신설 호선에 대한 확장이 가능하고 각 호선마다 사용이 가능하다.

㉣ 심플한 형태와 귀여운 페이스로 고객에게 친근하게 어필될 것이다.

6 적극행정

① **적극행정의 개념** … 부산교통공사는 적극행정 확산 및 소극행정 혁파를 통한 시민편익 증진을 위하여, 사장의 솔선수범 및 선도를 통해 적극행정 추진 분위기를 확산하고 적극행정 지원 및 획기적인 보상으로 자발적인 동참을 유도하며 소극행정의 엄정한 제재를 통한 소극행태를 개선 및 예방하고 현장과 소통하는 적극행정을 추진하여 시민체감도를 제고해 나간다.

② **세부 추진방안**

㉠ 연도별 적극행정 실행계획 수립하고 최고경영자인 사장이 선도적으로 참여하며 적극행정에 대한 내부평가 기준을 강화하고 적극행정 운영현황을 공개하도록 한다.

㉡ 적극행정 직원의 면책·지원 및 보상을 위해 사전컨설팅 제도 홍보를 강화하고 적극적 법령해석을 통해 지원하며 각종 감사·징계제도를 보완하고 적극행정 직원에게 파격적 인센티브를 제공한다.

㉢ 소극행정 혁파를 위해 소극행정 기준을 마련하고 소극행정 단속 및 처벌을 강화하며 소극행정 예방시스템을 구축해 나간다.

7 윤리경영

① 경영목표에 대한 윤리경영 추진 방향

㉠ 투명경영

㉡ 섬김경영

㉢ 나눔경영

② 전략목표에 대한 윤리경영 추진 방향

㉠ 윤리경영 시스템 구축

㉡ 윤리경영 문화 확산

㉢ 고객만족

㉣ 사회적 책임 이행

02 채용안내

1 인재상

창의와 도전정신으로 고객만족에 최선을 다하는 인재

① 미래의 환경변화에 대처하는 도전을 추구하는 진취적인 '창조인'

   −미래의 환경변화에 적극적인 대처를 위해 항상 문제의식을 가지고 도전적으로 변화를 추구하는 진취적인 마인드를 가진 창조인

② 주인의식으로 공사와 자신의 미래를 준비하고 발전시키는 '애사인'

   −공사 발전을 통해 자신도 성장한다는 신념으로 항상 능동적인 자세로 공사와 자신의 미래를 준비하고 발전시키는 애사인

③ 긍지와 자부심을 가지고 최고를 추구하는 '전문인'

   −고객과 자신의 일에 긍지와 자부심을 갖고 담당분야 최고의 전문성을 추구하는 전문인

2 채용안내

① 채용일반원칙

   ㉠ 직원의 신규채용은 공개경쟁시험에 의하는 것을 원칙으로 한다.

   ㉡ 운전직 채용은 제2종 전기차량운전면허 소지자를 대상으로 경력경쟁시험으로 시행한다.

② 채용결격사유

   ㉠ 피성년후견인 또는 피한정후견인

   ㉡ 파산자로서 복권되지 아니한 사람

   ㉢ 금고 이상의 형을 선고받고 그 집행이 종료되거나, 집행을 받지 아니하기로 확정된 후 5년이 경과하지 아니한 사람

   ㉣ 금고이상의 형을 받고 그 집행유예 기간이 종료된 날로부터 2년을 경과하지 아니한 사람

ⓜ 징계에 의하여 해임처분을 받은 날로부터 3년, 파면처분을 받은 날로부터 5년을 경과하지 아니한 사람

ⓗ 법원의 판결 또는 다른 법률에 의하여 자격이 상실 또는 정지된 사람

ⓢ 병역의무자로서 병역기피의 사실이 있는 사람

ⓞ 부패방지 및 국민권익위원회의 설치와 운영에 관한 법률 제2조에서 정하는 부패행위로 인하여 비위면직된 날로부터 5년이 경과하지 아니한 사람

ⓩ 금고 이상의 형의 선고유예를 받은 경우에 그 선고유예기간 중에 있는 사람

ⓒ 채용 관련 비위행위로 합격한 사람

ⓚ 비위채용자로 적발된 날로부터 5년이 경과하지 아니한 사람

③ **채용응시연령** … 채용공고일이 속한 연도말 기준 18세 이상, 정년 범위 내

④ **거주지 제한사항**

ⓐ 공고일이 속한 연도의 이전부터 면접시험 최종일까지 계속하여 부산광역시·울산광역시·경상남도에 주민등록상 거주하는 사람으로 동 기간 중 주민등록의 말소 및 거주 불명으로 등록된 사실이 없어야 한다.

ⓑ 공고일이 속한 연도 이전까지 부산광역시·울산광역시·경상남도에 주민등록상 주소지를 두고 있었던 기간을 모두 합산하여 총 3년 이상인 사람

ⓒ ⓐ과 ⓑ 요건 중 하나를 충족하여야 한다.

⑤ **채용절차**

채용공고 ▶ 필기시험 ▶ 인성검사 ▶ 서류접수 ▶ 면접 ▶ 최종발표 ▶ 신체검사

⑥ **필기시험 과목**

구분		필수과목	전공과목
공개경쟁 (9급)	운영	직업기초능력평가, 일반상식	
	토목	직업기초능력평가	토목일반
	건축	직업기초능력평가	건축일반
	기계	직업기초능력평가	기계일반
	전기	직업기초능력평가	전기일반
	신호	직업기초능력평가	전기일반
	통신	직업기초능력평가	통신일반
경력경쟁(9급)	제2종전기차량운전면허	직업기초능력평가	기계·전기일반

⑦ 직렬별 담당업무

직렬	담당 업무
운영직	행정업무 및 역무업무 전반
운전직	전동차 승무
토목직	선로설비 유지보수 및 도시철도 건설관리(토목분야)
건축직	도시철도 건축시설물 유지보수 및 도시철도 건설관리(건축분야)
기계직	전동차, 도시철도 기계설비 유지보수 및 도시철도 건설관리(기계설비분야)
전기직	전동차, 도시철도 전기설비 유지보수 및 도시철도 건설관리(전기설비분야)
신호직	도시철도 신호설비 유지보수 및 도시철도 건설관리(신호분야)
통신직	도시철도 통신·역무자동설비 유지보수 및 도시철도 건설관리(통신·역무자동설비분야)

⑧ 신체검사

　㉠ 철도안전법 신체검사규정에 의함

　㉡ 필요한 경우 그 기준을 따로 정할 수 있음

03 관련기사

부산교통공사, '현장조치 행동매뉴얼' 행정안전부 장관 표창 수상

- 현장조치 행동매뉴얼 우수사례 경진대회에서 우수기관 선정
- 2인 중심의 실행 가능한 초기대응체계 개선 부분 등이 높이 평가 받아

부산교통공사는 행정안전부에서 실시한 '현장조치 행동매뉴얼 우수사례 경진대회'에서 행정안전부 장관 기관 표창을 수상했다고 19일 밝혔다.

현장조치 행동매뉴얼은 재난 및 안전관리 기본법에 따라 재난 유형별 재난현장에서의 임무를 직접 수행하는 기관의 행동조치 절차를 구체적으로 수록한 가이드로 매년 행정안전부 주관으로 우수 매뉴얼을 발굴하고 공유하는 우수사례 경진대회를 개최한다.

이번 대회에서 공사는 △ 안전기반체계 재정립을 위한 안전사규 제·개정 △ 초기대응팀 외 대응수준 파악을 위한 상황판단팀 신설 △ 2인 중심의 실행 가능한 초기대응체계 개선 등이 높게 평가받아 우수기관으로 선정되었다.

아울러, 부산교통공사는 사고 및 재난 발생시 신속한 초동조치를 위해 법령에 따라 매뉴얼을 보유하고 있으며, 공사 특성에 맞는 재난안전 운영매뉴얼을 활용해 재난 및 사고에 체계적으로 대응하고 있다.

이종국 부산교통공사 사장은 "현장조치 행동매뉴얼은 실제 재난상황 발생 시 시민의 안전을 지키는 중요한 길라잡이"라며 "공사는 실제 현장에서 작동하는 대응체계 구축을 위해 재난 대응 역량을 강화하고 현장에서 신속하게 대처할 수 있는 다양한 방안 마련을 통해 절대 안전을 넘어 절대 안심의 도시철도 구현을 위하여 최선의 노력을 다하겠다."고 말했다.

-2021. 2. 26.

면접질문	• 부산교통공사의 현장조치 행동매뉴얼에 대해 아는 대로 말해보시오. • 재난 및 안전관리를 위해서 우리 공사가 할 수 있는 일에 대해 말해보시오.

부산교통공사, 개인정보 관리수준 '만점' 획득

13개 지표 25개 항목에서 '만점' 받아… 2년 연속 최고등급 달성

부산교통공사(사장 이종국)는 행정안전부에서 실시한 '2020년 공공기관 개인정보 관리수준 진단'에서 100점 만점을 달성해, 2년 연속 최고등급을 받았다고 7일 밝혔다.

국무총리 산하 개인정보 보호위원회는 공공기관의 개인정보보호 관리체계 및 침해 예방 활동 등을 진단하고 개인정보의 안전한 관리와 정보보호 수준 향상을 위해 매년 전국 공공기관을 대상으로 개인정보 관리수준에 대한 평가를 실시하고 있다.

올해 중앙부처·광역지자체 및 지방공기업 등 총 779개 기관을 대상으로 개인정보 관리체계 구축, 침해대책 수립 및 이행 등 3개 분야 13개 지표 25개 항목에 대해 진단하고 양호, 보통, 미흡 3개 등급으로 평가했다.

공사는 개인정보를 안전하게 보호하기 위해 △기술적 보안조치를 강화, △개인정보 침해사고 대응 모의훈련을 실시, △개인정보 취급자를 대상으로 정기적 교육을 실시하는 등 체계적인 개인정보 보호 활동으로, 전체 13개 지표에서 만점(100점)을 받아 전체 평균(84.3점)보다 월등히 높은 점수를 받았다.

이종국 부산교통공사 사장은 "개인정보 보호의 사회적 관심과 중요성이 부각되는 만큼 고객의 소중한 정보를 안전하게 관리될 수 있도록 관리체계를 더욱 강화해 나가겠다."며 "앞으로도 시민의 소중한 정보가 침해되거나 유출되지 않도록 안전하게 관리하는데 최선을 다하겠다."고 전했다.

-2021. 2. 1.

면접질문	• 개인정보의 개념과 개인정보로 인한 범죄예방 대책에 대해 말해보시오. • 개인정보 보호의 중요성이 왜 사회적 관심으로까지 이어졌는지 설명해 보시오.

PART

II

국어

０１ 국어 사용의 실제

01 말하기와 듣기

❶ 말하기

(1) 말하기의 목적

① 정보를 전달하는 말하기(지적 반응) → 듣는 이가 모르는 사실을 알릴 때(설명)

② 청자를 설득하는 말하기(지적 및 정적인 반응) → 듣는 이의 생각이나 행동을 바꾸고자 할 때(설득)

③ 청자에게 사교나 친교의 말하기(정적인 반응) → 듣는 이와 가까워지거나 즐기고자 할 때

(2) 말하기의 과정
내용 선정하기 → 내용 조직하기 → 효과적으로 표현하기

❷ 토의(討議)

(1) 토의의 뜻
공동의 관심사가 되는 어떤 문제에 대한 가장 바람직한 해결 방안을 찾기 위하여 집단 성원이 협동적으로 의견을 나누는 말하기이다.

(2) 토의의 절차

① 문제에 대한 의미 확정

② 문제의 분석과 음미

③ 가능한 모든 해결안의 제시와 검토

④ 최선의 해결안 선택

⑤ 구체적인 해결안의 시행 방안 모색

(3) 토의의 종류

① **심포지엄**(Symposium) … 공동 주제에 대해 전문가 3 ~ 6명이 강연식으로 발표한 뒤, 청중과 질의 응답하는 토의 형식을 말한다.

② **포럼**(Forum) … 공공의 문제에 대해 공개적으로 토의하는 것으로, 심포지엄과는 달리 처음부터 청중이 참여하는 형식을 말한다.

③ **패널**(Panel) … 주어진 문제나 화제에 대하여 특별히 관심이 있거나 정보와 경험이 있는 사람이 청중 앞에서 각자의 지식, 견문, 정보를 발표하는 토의 형식을 말한다.

④ **원탁토의**(Round table discussion) … 10명 내외의 소규모 집단이 평등한 입장에서 자유롭게 상호 관심사에 대해 의견을 나누는 토의 형식을 말한다.

③ 토론(討論)

(1) 토론의 뜻
어떤 문제에 대해 찬성이나 반대의 의견을 가진 사람들이 근거를 바탕으로 자기 주장을 논리적으로 펼치는 말하기이다.

(2) 토론의 요건

① **토론의 참가자** … 주제에 대하여 찬성과 반대의 뚜렷한 의견 대립을 가지는 사람들이 있어야 한다.

② **논제** … 논점이 대립적으로 드러나는 정책이나 사실이어야 한다.

③ **토론 규칙** … 공정한 진행을 위한 발언 시간, 발언 순서, 동일한 논박 시간, 토론에 대한 판정 발언에 관한 규정을 말한다.

④ **청중** … 공정한 판정을 내리는 심판을 포함한다.

⑤ **사회자** … 폭넓은 상식을 토대로 적극성을 가진 사람으로 공정성과 포용력, 지도력을 지닌 사람이 맡는 것이 적절하다. 사회자는 토론자들에게 토론의 전반적인 방향과 유의점에 대해 안내한다.

❹ 듣기

(1) 듣기의 뜻
다른 사람의 말을 듣고, 그 내용을 자기의 생각으로 정리하여 이해하는 행위를 말한다.

(2) 듣기의 단계
정보 확인→내용 이해→내용에 대한 비판→감상

❺ 대화의 원리

(1) 공손성의 원리
① **요령의 격률** … 상대방에게 부담이 되는 표현은 최소화하고, 이익이 되는 표현을 최대화한다.

② **관용의 격률** … 화자 자신에게 혜택을 주는 표현은 최소화하고, 부담을 주는 표현은 최대화한다.

③ **찬동의 격률** … 상대방에 대한 비방은 최소화하고, 칭찬을 최대화한다.

④ **겸양의 격률** … 화자 자신에 대한 칭찬은 최소화하고, 비방을 최대화한다.

⑤ **동의의 격률** … 자신과 상대방의 의견 차이를 최소화하고, 일치점을 최대화한다.

(2) 협력의 원리
① **양의 격률** … 너무 많은 양의 정보보다는 대화의 목적에 적합한 양을 제공한다.

② **질의 격률** … 타당한 근거를 들어 진실을 말한다.

③ **관련성의 격률** … 대화의 목적이나 주제와 관련 있는 내용을 말한다.

④ **태도의 격률** … 중의적이거나 장황한 표현을 삼가고 간결하게 말한다.

02 쓰기와 읽기

1 쓰기

(1) 계획하기(주제의 설정)

① **좋은 주제의 요건**

　㉠ 너무 크거나 추상적이지 않고 구체적이어야 한다.

　㉡ 경험한 것이나 잘 알고 있는 것이어야 한다.

　㉢ 여러 사람이 공감할 수 있는 것이어야 한다.

　㉣ 개성 있고 참신한 것이어야 한다.

② **주제문의 작성 원칙**

　㉠ 완결된 문장으로 쓴다(주어 + 서술어).

　㉡ 간결하고 구체적으로 쓴다.

　㉢ 둘 이상의 내용을 담지 않는다.

　㉣ 명확한 표현이 되도록 한다.

　㉤ 의문문, 비유적·함축적 표현을 피한다.

(2) 내용 생성하기(재료의 수집과 선택)

① **생각의 발견** … 자유롭게 쓰기, 연관 짓기, 토론하기, 질문하기 등의 방법이 있다.

② **재료 수집** … 내용에 관한 전문적인 지식이나 통계 자료 등을 책이나 도서관 등을 통해 수집한다.

③ **재료 선정** … 주제와의 관련성, 내용 전개 방법을 고려하여 선택한다.

(3) 내용 조직하기(개요의 작성)

① **개요(outline) 작성** … 머릿속에서 이룬 구상을 체계적으로 도식화하여 표(개요표)로 나타낸다.

② **내용 구성의 원리**

　㉠ **통일성** : 주제를 직접 뒷받침하는 내용을 선정한다.

　㉡ **단계성** : 부분에 따라 그 단계에 맞는 내용을 배치한다.

　㉢ **응집성** : 내용을 긴밀하게 연결한다.

③ **내용 구성의 종류**

　㉠ **시간적 구성** : 사건의 시간적 순서에 따라 제재를 배열한다.

　㉡ **공간적 구성** : 시선의 이동이나 사물이 놓여진 순서에 따라 기술한다.

　㉢ **인과적 구성** : 사건의 원인과 결과가 논리적인 필연성을 가지고 전개된다.

④ **논리적 구성**

　⊙ **연역적 구성** : 일반적인 내용(주장) + 구체적인 내용(근거)

　ⓛ **귀납적 구성** : 구체적인 내용(근거) + 일반적인 내용(주장)

⑤ **단계식 구성**

　⊙ **3단 구성** : 머리말 – 본문 – 맺음말, 서론 – 본론 – 결론

　ⓛ **4단 구성** : 기 – 승 – 전 – 결

　ⓒ **5단 구성** : 발단 – 전개 – 위기 – 절정 – 결말(대단원)

⑥ **문단의 구성 방식**

　⊙ **두괄식** : 중심 문장 + 뒷받침 문장들

　ⓛ **양괄식** : 중심 문장 + 뒷받침 문장들 + 중심 문장

　ⓒ **미괄식** : 뒷받침 문장들 + 중심 문장

　ⓡ **중괄식** : 뒷받침 문장들 + 중심 문장 + 뒷받침 문장들

　ⓜ **병렬식** : 중심 문장이 대등하게 나열되는 구성

(4) 표현하기(집필)

① **내용 전개 방법** … 정의, 비교 · 대조, 예시, 분류, 분석, 과정, 유추, 묘사, 서사, 인과 등의 방법을 상황과 목적에 맞게 적절히 선택해야 한다.

② **수사법**(표현 기교, 표현 기법)

　⊙ **비유법** : 표현하고자 하는 대상을 다른 대상에 빗대어 나타내는 표현 기법이다.

　　　예 직유법, 은유법, 의인법, 활유법, 의성법, 의태법, 풍유법, 대유법, 중의법 등

　ⓛ **강조법** : 단조로운 문장을 강렬하고 절실하게 하는 표현 기법이다.

　　　예 반복법, 과장법, 열거법, 점층법, 점강법, 비교법, 대조법, 억양법, 미화법, 연쇄법, 영탄법 등

　ⓒ **변화법** : 단조롭거나 평범한 문장에 변화를 주어 표현하는 기법이다.

　　　예 도치법, 대구법, 설의법, 인용법, 반어법, 역설법, 생략법, 문답법, 돈호법, 명령법 등

(5) 고쳐쓰기(퇴고)

글 전체 수준에서 고쳐쓰기 → 문단 수준에서 고쳐쓰기 → 문장 수준에서 고쳐쓰기 → 단어 수준에서 고쳐쓰기

❷ 읽기

(1) 읽기의 과정

① **주제 파악하기의 과정** … 형식 문단의 내용 요약 → 내용 문단으로 묶어 중심 내용 파악 → 각 내용 문단의 중심 내용 간의 관계 이해 → 전체적인 주제 파악

② 주제를 찾는 방법

　㉠ 주제가 겉으로 드러난 글 : 설명문, 논설문 등이 있다.

　　• 글의 주제 문단을 찾는다. 주제 문단의 요지가 주제이다.

　　• 대개 3단 구성이므로 끝 부분의 중심 문단에서 주제를 찾는다.

　　• 중심 소재(제재)에 대한 글쓴이의 입장이 나타난 문장이 주제문이다.

　　• 제목과 밀접한 관련이 있음에 유의한다.

　㉡ 주제가 겉으로 드러나지 않는 글 : 문학적인 글이 이에 속한다.

　　• 글의 제재와 그에 대한 글쓴이의 의견이나 생각을 연결시키면 바로 주제를 찾을 수 있다.

　　• 제목이 상징하는 바가 주제가 될 수 있다.

　　• 인물이 주고받는 대화의 화제나, 화제에 대한 의견이 주제일 수도 있다.

　　• 글에 나타난 사상이나 내세우는 주장이 주제가 될 수도 있다.

　　• 시대적 · 사회적 배경에서 글쓴이가 추구하는 바를 찾을 수 있다.

③ 세부 내용 파악하기

　㉠ 제목을 확인한다.

　㉡ 주요 내용이나 핵심어를 확인한다.

　㉢ 지시어나 접속어에 유의하며 읽는다.

　㉣ 중심 내용과 세부 내용을 구분한다.

　㉤ 내용 전개 방법을 파악한다.

　㉥ 사실과 의견을 구분하여 내용의 객관성과 주관성을 파악한다.

④ 비판하며 읽기 … 글에 제시된 정보를 정확하게 이해하기 위하여 내용의 적절성을 비평하고 판단하며 읽는 것을 말한다.

⑤ 추론하며 읽기 … 글 속에 명시적으로 드러나 있지 않은 내용 및 과정과 구조에 관한 정보를 논리적 비약 없이 추측하거나 상상하며 읽는 것을 말한다.

(2) 독서와 배경 지식

① 배경 지식의 뜻 … 경험을 통해 습득되어 독자의 머릿속에 구조화되어 저장되어 있으면서 어떤 글의 독해 과정에서 독해의 밑바탕이 되는 지식으로, 사전 지식 또는 스키마(schema)라고도 한다.

② 배경 지식의 특징

　㉠ 배경 지식은 경험의 소산이며 어느 한 사상이나 개념에 대한 배경 지식은 사람마다 다르다.

　㉡ 배경 지식은 정보를 일관성 있게 재구성해 준다.

　㉢ 배경 지식은 많은 정보 중에서 필요한 정보를 선택적으로 받아들이며, 그 내용을 재편집 · 요약하는 역할을 한다.

출제 예상 문제

1 다음 중 말하기의 유형이 잘못된 것은?

① 토론 – 공통된 관심사를 공동으로 해결해 나아가는 방식

② 회담 – 한 자리에 모여서 이야기하는 방식

③ 대담 – 마주보고 이야기하는 방식

④ 좌담 – 자리에 앉아서 형식에 구애됨이 없이 말하는 방식

> **TIP** **토론**… 찬성과 반대의 뚜렷한 의견대립을 가지는 사람들이 상대방을 논리적으로 설득시키는 말하기 방식이다.
> ① 토의에 대한 설명이다.

2 토론과 토의에 대한 설명으로 적절하지 않은 것은?

① 토론은 정해진 규식과 절차에 의해 선개된나.

② 토의는 정과 반의 대립을 전제로 하는 변증법적 담화이다.

③ 토론에서는 자신의 주장을 논리적으로 표현하는 것이 중요하다.

④ 토의는 주어진 문제에 대한 의논을 통해 해답을 찾아내는 과정이다.

> **TIP** ② 토의는 어떠한 문제에 대해 여럿이 협동하여 문제의 해결 방안을 모색하는 담화이다. 따라서 정과 반의 대립을 전제로 하지
> 는 않는다.
> ※ **토의와 토론**
> ㉠ **토의**: 어떠한 문제에 대하여 검토하고 협의하는 것을 뜻한다.
> ㉡ **토론**: 어떠한 문제에 대하여 여러 사람들이 각각의 의견을 말하며 논의하는 것을 뜻한다.

Answer 1.① 2.②

3 다음에서 설명하는 토의의 종류는?

> 특정 주제에 대하여 대립하는 의견을 가진 사람이 공개 석상에서 사회자의 지도아래 토의하고 청중에게 질문을 받는 형식으로 진행되며, 서로 다른 의견을 조정하는 성격을 지닌다. 이 토의의 참석자들은 각자의 지식이나 정보 등을 교환하면서 그 문제에 대한 이해와 앞으로의 행동 방안을 찾는다.

① 심포지엄　　　　　　　　　　　　② 원탁토의
③ 패널　　　　　　　　　　　　　　④ 포럼

TIP ① 공동 주제에 대하여 전문가 3∼6명이 강연식으로 발표한 뒤 청중과 질의 응답한다.
② 10명 내외의 소규모 집단이 평등한 입장에서 자유롭게 상호 관심사에 대해 의견을 나눈다.
④ 공공의 문제에 대하여 공개적으로 토의하는 것으로 처음부터 청중이 참여한다.

4 다음의 대화에서 '을'의 "흡연은 건강과 무관하다."는 주장이 설득력이 없는 것은 무엇 때문인가?

> 갑 : 여보게, 자네 담배 좀 그만 피우게. 자네 때문에 우린 고역일세.
> 을 : 그렇게 담배연기가 싫은가? 난 그 이유를 알 수가 없어.
> 갑 : 담배 안 피우는 사람의 사정도 좀 생각해 줘야지. 정 피우고 싶다면 밖에 나가서 피우면 되고 ……. 한 조사에 의하면 담배를 피우는 사람이 안 피우는 사람보다 폐암에 걸릴 확률이 10배쯤 된다고 하니 자네도 끊는 게 어때? 친구로서의 충고네.
> 을 : 그건 자네가 모르는 소리야. 우리 할아버지도 담배를 피우셨지만 여든까지 사셨다구. 우리 이웃집 할아버지도 아직 일흔의 나이에 정정하시구. 그러니 담배 때문에 걱정을 하는 것은 기우에 불과해.

① 공정성이 없는 근거　　　　　　　② 신뢰성이 없는 근거
③ 정확성이 없는 근거　　　　　　　④ 창의성이 없는 근거

TIP 두 사람의 대화에서 '을'은 이미 알려진 사실을 외면 또는 망각하거나, 여러 가능한 자료를 폭넓게 조사하지 않은 채 자신의 결론에 도달하고 있기 때문에 흡연이 건강과 무관하다는 '을'의 주장은 설득력을 지닐 수가 없다.
　※ **듣기의 평가**
　　㉠ **정확성** : 상대방이 말한 내용이 사실에 비추어 정확한가를 비판하면서 듣는 것이다.
　　㉡ **공정성** : 근거로 제시한 자료가 사실에 근거한 공정한 것인가를 판단하며 들어야 한다.
　　㉢ **타당성** : 절차와 내용의 타당성을 판단하며 들어야 한다.
　　㉣ **창조성** : 타인의 말을 통해 자신이 몰랐던 부분을 발견하여 자기 발전의 발판으로 삼아야 한다.

Answer 3.③ 4.①

5 다음 중 토론의 주제로 적당하지 않은 것은?

① 첨단 기술 개발의 중요성   ② 사형 제도의 폐지 문제

③ 기부금 입학제의 허용 문제   ④ 뇌사의 법적 죽음 인정 문제

TIP 토론은 어떤 문제에 대해 찬성이나 반대의 의견을 가진 사람들이 근거를 바탕으로 자기 주장을 논리적으로 펼치는 말하기이므로, 주제는 대립성이 있어야 한다.
① 설명 또는 설득의 주제로 적합하다.

---

6 계획하기의 과정에 대한 설명으로 옳지 않은 것은?

① 주제는 가능한 한 포괄적으로 범위를 넓혀서 자료선택을 용이하게 한다.

② 개요를 작성하는 것은 글을 체계적이고 논리적으로 전개시켜 나가기 위한 것이다.

③ 주제가 드러나도록 글의 구조를 구상한다.

④ 간단한 글의 경우 글의 순서를 메모하는 것으로 구상을 마칠 수도 있다.

TIP 계획하기의 과정
㉠ 주제의 결정 : 가급적 범위를 한정하여 명료하게 정한다.
㉡ 내용의 조직과 구성 : 구성은 주제가 드러나도록 제재에 질서를 부여하여 글의 틀을 잡는 과정이다. 간단한 글이면 머릿속으로 틀을 잡거나 글의 순서를 간단히 메모해도 무방하나, 보통은 글을 쓰기 전에 개요를 작성한다.

---

7 글쓰기의 과정에 대한 다음 설명 중 옳지 않은 것은?

① 내용을 조직한 후에는 다시 생성해서는 안 된다.

② 독자가 누구인지에 따라 글의 표현이 달라질 수 있다.

③ 내용을 조직할 때에는 내용 구조도를 만들어 보는 것이 좋다.

④ 글 전체·문단·문장·단어 수준에서 고쳐쓰기가 이루어져야 한다.

TIP ① 내용을 조직한 후에도 부족한 내용을 첨가·삭제할 수 있다.

Answer   5.①   6.①   7.①

8 주제문을 결정하고 글을 쓸 때 주제문과의 관계가 먼 것은?

① 동일성

② 긴밀성

③ 강조성

④ 통일성

TIP 일단 결정된 주제문을 앞에 놓고 글을 쓸 때에는 문장의 통일성과 긴밀성, 강조성이 주제문을 중심으로 유지되어야 한다.

※ 주제문 작성 원칙

㉠ 하나의 완전한 문장이어야 한다.

㉡ 의견이나 관점이 명확히 드러나야 한다.

㉢ 표현이 정확하고 구체적이며, 간명해야 한다.

㉣ 내용은 확실한 근거에 의해 증명될 수 있는 것이어야 한다.

㉤ 글의 분량과 성격, 독자의 성격을 염두에 두고 작성한다.

9 개요에 관한 내용 중 옳지 않은 것은?

① 개요작성은 자기의 글을 쓸 때에만 유용하다.

② 개요는 일종의 청사진 또는 설계도라고 할 만하다.

③ 개요는 남의 글의 요점을 정리하는 과정에서도 큰 도움을 준다.

④ 개요는 어떤 체계화의 힘, 조직력 등을 길러주는 효용도 가지고 있다.

TIP ① 자기 글을 쓸 때에도 유용하지만 남의 글을 이해할 때에도 유용하다.

※ 개요의 의의

㉠ 글을 쓰기 전에 그 준비과정으로서 미리 만들어 놓은 글의 윤곽을 흔히 개요 또는 아우트라인이라 한다.

㉡ 개요는 일종의 청사진 또는 설계도라 할 수 있다.

㉢ 개요는 그것을 만들어 가는 과정에서 우리에게 어떤 체계화의 힘, 조직력 등을 길러주는 효용도 갖고 있다.

㉣ 개요는 남의 글의 요점을 정리하는 과정에서도 큰 도움이 된다.

㉤ 개요작성은 자기가 글을 쓸 때뿐만 아니라 남의 글을 이해할 때에도 유용하다.

Answer 8.① 9.①

10 집필의 방법과 요령에 관한 내용 중에서 옳지 않은 것은?

① 초고를 만들고 나서 그것을 많이 다듬고 고칠수록 점점 더 좋아진다.
② 집필의 방법과 요령은 일정하다.
③ 글이란 길다고 해서 반드시 어렵고, 짧다고 해서 반드시 쉬운 것만은 아니다.
④ 필자의 성격과 기질 또는 습관에 따라 집필방법과 요령이 다를 수도 있다.

TIP ② 집필의 방법과 요령은 글의 규모나 글을 쓰는 의도에 따라 달리 나타날 수 있다.
　※ **집필의 과정** … 제목 정하기 → 서두 쓰기 → 중간 쓰기 → 결말 쓰기의 과정을 거친다.

11 다음 중 퇴고의 원칙에 들지 않는 것은?

① 재구성의 원칙　　　　　　　　② 삭제의 원칙
③ 부가의 원칙　　　　　　　　　④ 질서의 원칙

TIP **퇴고의 3원칙**
　㉠ 부가의 원칙 : 부족하거나 빠진 내용을 보충한다(표현의 상세화).
　㉡ 삭제의 원칙 : 필요 없는 부분을 없앤다(표현의 긴장).
　㉢ 재구성의 원칙 : 글의 내용이나 문장배열상의 모순을 바로잡아 재구성한다(논리적 완결성).

12 다음 중 분석의 방법으로 글을 쓰기에 알맞은 것은?

① 지역 신문 제작
② 겨울 해수욕장의 풍경
③ 우리 마을 친우회의 조직
④ 설날 행해지는 민속 놀이의 종류

TIP 글의 전개 방식 중 분석은 하나의 전체로서 취급될 수 있는 대상을 단순한 요소나 부분들로 나누어 설명하는 방법이다.
　① 과정 ② 묘사 ④ 분류

Answer 10.② 11.④ 12.③

13 다음 중 효과적인 독서와 관계없는 것은?

① 한국 현대 소설 연구라는 책을 읽으며 잘 이해되지 않는 부분은 따로 정리하였다.

② 어제 일어난 사건을 살펴보기 위해 신문에 게재된 기사를 1면부터 끝까지 꼼꼼히 읽었다.

③ 음악의 세계라는 잡지를 사서 우선 목차와 제목을 훑어보며 대략 어떤 내용들이 실려 있는지 확인하였다.

④ 컴퓨터를 구입하기 위해 광고 전단을 살펴보며 광고문에는 사실뿐 아니라 광고주의 주관적인 의견도 나타날 수 있음을 상기하였다.

TIP 글의 종류에 따라 읽기의 방법을 달리해야 효과적인 독서(읽기)라 할 수 있다.
② 신문 기사의 경우는 필요한 부분만 뽑아서 읽는 방법인 발췌독이 적절하다.

14 ㉠㉡에 알맞은 독서 방법을 바르게 말한 것은?

> 독서를 효과적으로 하기 위해서 독자는 독서 목표를 분명히 세워야 한다. ㉠세부 내용을 파악하기 위한 독서와 ㉡중심 내용을 파악하기 위한 독서가 같을 수 없고, 객관식 시험에 대비하기 위한 독서와 주관식 시험에 대비하기 위한 독서가 같을 수도 없다.

① ㉠ 통독, ㉡ 다독   ② ㉠ 속독, ㉡ 묵독

③ ㉠ 정독, ㉡ 통독   ④ ㉠ 다독, ㉡ 정독

TIP 글의 세부 내용을 파악하기 위해서는 정확하고 자세하게 읽어야 하며 전체적인 구조와 짜임, 중심 내용을 파악하기 위해서는 세부 내용에 치중하기보다는 전체를 훑어보아야 한다.

※ **독서의 여러 가지 방법**
　㉠ **통독(通讀)**: 단순한 내용일 때 전체를 가볍게 읽는 방법으로 소설이나 신문 등을 읽을 때 사용된다.
　㉡ **다독(多讀)**: 많은 내용을 읽는 방법으로 연구 주제를 위한 참고 서적을 읽을 때 사용된다.
　㉢ **속독(速讀)**: 빠른 속도로 읽는 방법이다.
　㉣ **묵독(黙讀)**: 눈으로 조용히 읽어 가는 방법이다.
　㉤ **정독(精讀)**: 내용을 자세히 파악해 가며 읽는 방법으로 양서, 교과서, 전문 서적 등을 읽을 때 사용된다.

15 다음 문장에서 범하고 있는 오류는?

> 이것은 위대한 그림이다. 왜냐하면 모든 훌륭한 미술 평론가가 평하고 있기 때문이다. 훌륭한 미술 평론가란 이런 위대한 그림을 평하는 이이다.

① 논점 일탈의 오류
② 순환 논증의 오류
③ 원칙 혼동의 오류
④ 흑백 논리의 오류

TIP 제시된 글의 '위대한 그림'이라는 말이 따로 입증되지 않고 순환되고 있는 것으로 '순환 논증의 오류'를 범하고 있음을 알 수 있다. 순환 논증의 오류는 전제를 바탕으로 결론을 논증하고 다시 결론을 바탕으로 전제를 논증하는 데에서 오는 오류를 말한다.

※ **논증의 오류** … 타당하지 못한 추리를 타당한 추리인 것처럼 생각하는 논증이다.

ㄱ **자료적 오류**: 주장의 전제 또는 논거가 되는 자료를 잘못 판단하여 결론을 이끌어 내거나 원래 적합하지 못한 것임을 알면서도 의도적으로 논거로 삼음으로써 범하게 되는 오류이다.

• 성급한 일반화의 오류: 제한된 정보, 불충분한 자료, 대표성을 결여한 사례 등 특수한 경우를 근거로 하여 이를 성급하게 일반화하는 오류이다.

• 우연의 오류(원칙 혼동의 오류): 일반적으로 그렇다고 해서 특수한 경우에도 그러할 것이라고 잘못 생각하는 오류이다.

• 무지에의 호소: 어떤 주장이 반증된 적이 없다는 이유로 받아들여져야 한다고 주장하거나, 결론이 증명된 것이 없다는 이유로 거절되어야 한다고 주장하는 오류이다.

• 잘못된 유추의 오류: 부당하게 적용된 유추에 의해 잘못된 결론을 이끌어 내는 오류, 즉 일부분이 비슷하다고 해서 나머지도 비슷할 것이라고 생각하는 오류이다.

• 흑백 논리의 오류: 어떤 주장에 대해 선택 가능성이 두 가지밖에 없다고 생각함으로써 발생하는 오류이다.

• 원인 오판의 오류(거짓 원인을 내세우는 오류, 선후 인과의 오류, 잘못된 인과 관계의 오류): 단순히 시간상의 선후 관계만 있을 뿐인데 시간상 앞선 것을 뒤에 발생한 사건의 원인으로 보거나 시간상 뒤에 발생한 것을 앞의 사건의 결과라고 보는 오류이다.

• 복합 질문의 오류: 둘 이상으로 나누어야 할 것을 하나로 묶어 질문함으로써, 대답 여하에 관계없이 대답하는 사람이 수긍할 수 없거나 수긍하고 싶지 않은 것까지도 수긍하는 결과를 가져오는 질문 때문에 발생하는 오류이다.

• 논점 일탈의 오류: 원래의 논점에 관한 결론을 내리지 않고 이와 관계없는 새로운 논점을 제시하여 엉뚱한 결론에 이르게 되는 오류이다.

• 순환 논증의 오류(선결 문제 해결의 오류): 논증하는 주장과 동의어에 불과한 명제를 논거로 삼을 때 범하는 오류이다.

• 의도 확대의 오류: 의도하지 않은 행위의 결과를 의도가 있었다고 판단할 때 생기는 오류이다.

ㄴ **언어적 오류**: 언어를 잘못 사용하거나 잘못 이해하는 데에서 발생하는 오류이다.

• 애매어의 오류: 두 가지 이상의 의미로 사용될 수 있는 단어의 의미를 명백히 분리하여 파악하지 않고 혼동함으로써 생기는 오류이다.

• 강조의 오류: 문장의 한 부분을 불필요하게 강조함으로써 발생하는 오류이다.

• 은밀한 재정의 오류: 용어의 의미를 자의적으로 재정의하여 사용함으로써 생기는 오류이다.

Answer 15.②

- 범주 혼동의 오류 : 서로 다른 범주에 속한 것을 같은 범주의 것으로 혼동하는 데서 생기는 오류이다.
- '이다' 혼동의 오류 : 비유적으로 쓰인 표현을 무시하고 사전적 의미로 해석하거나 술어적인 '이다'와 동일성의 '이다'를 혼동해서 생기는 오류이다.

  ⓒ **심리적 오류** : 어떤 주장에 대해 논리적으로 타당한 근거를 제시하지 않고 심리적인 면에 기대어 상대방을 설득하려고 할 때 발생하는 오류이다.
- 인신 공격의 오류(사람에의 논증) : 논거가 부당성을 지적하기보다 그 주장을 한 사람의 인품이나 성격을 비난함으로써 그 주장이 잘못이라고 하는 데에서 발생하는 오류이다.
- 동정에 호소하는 오류 : 사람의 동정심을 유발시켜 동의를 꾀할 때 발생하는 오류이다.
- 피장파장의 오류(역공격의 오류) : 비판받은 내용이 비판하는 사람에게도 역시 동일하게 적용됨을 근거로 비판에서 벗어나려는 오류이다.
- 힘에 호소하는 오류 : 물리적 힘을 빌어서 논의의 종결을 꾀할 때의 오류이다.
- 대중에 호소하는 오류 : 군중들의 감정을 자극해서 사람들이 자기의 결론에 동조하도록 시도하는 오류이다.
- 원천 봉쇄에 호소하는 오류(우물에 독 뿌리기 식의 오류) : 반론의 가능성이 있는 요소를 원천적으로 비난하여 봉쇄하는 오류이다.
- 정황적 논증의 오류 : 주장이 참인가 거짓인가 하는 문제는 무시한 채 상대방은 그가 처한 정황 또는 상황으로 보아 자기의 생각을 받아들이지 않으면 안 된다고 주장하는 오류이다.

16 다음은 글의 성격에 관한 것이다. 이를 보고 글의 종류를 바르게 연결한 것은?

> ㉠ 머리말 – 본문 – 맺음말   ㉡ 표제 – 부제 – 전문 – 본문 – 해설
> ㉢ 주의 – 흥미 – 욕망 – 실행   ㉣ 서론 – 본론 – 결론

① 설명문 – 기사문 – 광고문 – 논설문
② 논설문 – 광고문 – 기사문 – 설명문
③ 설명문 – 논설문 – 기사문 – 광고문
④ 기사문 – 광고문 – 논설문 – 설명문

TIP ㉠ 설명문의 구성은 머리말(도입) – 본문(전개) – 맺음말(마무리)이다.
㉡ 기사문은 육하원칙에 의해서 작성되며 대체로 표제 – 부제 – 전문 – 본문 – 해설의 역피라미드 형의 구성을 취한다.
㉢ 광고문을 작성하는 요령(AIDA원칙)은 주의(Attention) · 흥미(Interest) · 욕망(Desire) · 실행(Action)이다.
㉣ 논설문의 구성 방식으로 서론에서는 글을 쓰는 동기와 목적을, 본론에서는 주장과 관련된 논거와 증명을 밝혀 자신의 주장을 발전시키고 결론에서는 자기의 의견이나 주장을 다시 한번 확인시킨다.

Answer 16.①

※ 다음 글을 읽고 물음에 답하시오. 【17 ~ 18】

(가) 네 소원(所願)이 무엇이냐 하고 하느님이 내게 물으시면, 나는 서슴지 않고,
　"내 소원은 대한 독립(大韓獨立)이오."
하고 대답할 것이다. 그 다음 소원은 무엇이냐 하면, 나는 또
　"우리 나라의 독립이오."
할 것이요, 또 그 다음 소원이 무엇이냐 하는 세 번째 물음에도, 나는 더욱 소리를 높여서,
　"나의 소원은 우리 나라 대한의 완전한 자주 독립(自主獨立)이오."
하고 대답할 것이다.

(나) 그러므로 우리 민족으로서 하여야 할 최고의 임무(任務)는, 첫째로, 남의 절제(節制)도 아니 받고 남에게 의뢰(依賴)도 아니 하는, 완전한 자주 독립의 나라를 세우는 일이다. 이것이 없이는 우리 민족의 생활을 보장할 수 없을 뿐더러, 우리 민족의 정신력(精神力)을 자유로 발휘(發揮)하여 빛나는 문화를 세울 수가 없기 때문이다. 이렇게 완전한 자주 독립의 나라를 세운 뒤에는, 둘째로 이 지구상의 인류가 진정한 평화(平和)와 복락(福樂)을 누릴 수 있는 사상을 낳아, 그것을 먼저 우리 나라에 실현하는 것이다.

(다) 이러하므로, 우리 민족의 독립이란 결코 삼천 리 삼천만만의 일이 아니라, 진실로 세계의 전체의 운명에 관한 일이요, 그러므로 우리 나라의 독립을 위하여 일하는 것이 곧 인류를 위하여 일하는 것이다.
　만일, 우리의 오늘날 형편이 초라한 것을 보고 사굴시심(自屈之心)을 말하여, 우리가 세우는 나라가 그처럼 위대한 일을 할 것을 의심한다면, 그것은 스스로 모욕(侮辱)하는 일이다. 우리 민족의 지나간 역사가 빛나지 아니함이 아니나, 그것은 아직 서곡(序曲)이었다. 우리가 주연 배우(主演俳優)로 세계 역사의 무대(舞臺)에 나서는 것은 오늘 이후다. 삼천만의 우리 민족이 옛날의 그리스 민족이나 로마 민족이 한 일을 못 한다고 생각할 수 있겠는가!

(라) 내가 원하는 우리 민족의 사업은 결코 세계를 무력(武力)으로 정복(征服)하거나 경제력(經濟力)으로 지배(支配)하려는 것이 아니다. 오직 사랑의 문화, 평화의 문화로 우리 스스로 잘 살고 인류 전체가 의좋게, 즐겁게 살도록 하는 일을 하자는 것이다. 어느 민족도 일찍이 그러한 일을 한 이가 없으니 그것은 공상(空想)이라고 하지 마라. 일찍이 아무도 한 자가 없기에 우리가 하자는 것이다. 이 큰 일은 하늘이 우리를 위하여 남겨 놓으신 것임을 깨달을 때에 우리 민족은 비로소 제 길을 찾고 제 일을 알아본 것이다. 나는 우리 나라의 청년 남녀(靑年男女)가 모두 과거의 조그맣고 좁다란 생각을 버리고, 우리 민족의 큰 사명(使命)에 눈을 떠서, 제 마음을 닦고 제 힘을 기르기로 낙(樂)을 삼기를 바란다. 젊은 사람들이 모두 이 정신을 가지고 이 방향으로 힘을 쓸진댄, 30년이 못 하여 우리 민족은 괄목상대(刮目相對)하게 될 것을 나는 확신(確信)하는 바이다.

17 (가) ~ (라)의 제목으로 알맞지 않은 것은?

① (가) 나의 소원

② (나) 우리 민족의 임무

③ (다) 우리 역사에 대한 불신

④ (라) 우리 민족의 큰 사명

TIP (다)는 '우리 민족의 독립의 의의'를 밝히고 있는 문단이다.

※ 김구의 나의 소원
- ㉠ 갈래 : 논설문
- ㉡ 주제 : 우리 민족의 완전한 자주 독립과 우리의 사명
- ㉢ 성격 : 설득적, 논증적
- ㉣ 문체 : 만연체, 건조체, 강건체
- ㉤ 특징 : 1947년 발표된 김구의 정치 철학과 사상을 밝힌 글로, 백범 일지 말미에 덧붙인 글이다. 우파 민족주의자, 자유주의 자로서의 김구의 정치적 이념과 사상이 잘 드러난 글로 평가받고 있다.
- ㉥ 작자 : 김구(1876 ~ 1949) – 독립운동가. 본명은 창수(昌洙). 호는 백범(白凡). 3 · 1 운동 이후 상하이로 망명하여 임시 정부 조직에 참여하였다. 1940년 임시 정부를 통솔하여 중경으로 옮기고, 광복군을 조직하였으며 1944년 임시 정부 주석 역이 다. 1945년 광복이 되어 고국에 돌아와 남북 통일을 위해 애쓰다가, 1949년 6월 안두희의 흉탄에 서거하였다. 저서에 백 범 일지가 있다.

---

18 (가)의 표현 방식과 유사한 것은?

① 사람은 무엇엔가 흔들리는 존재다. 10대는 컴퓨터에, 20대는 사랑에, 30대는 일에.

② 신은 맹수에게는 날카로운 발톱을, 새에게는 날개를, 인간에게는 지혜를 주어 살아갈 수 있게 하였다.

③ 금강산은 사시사철 아름답습니다. 봄에는 신록이, 여름에는 녹음이, 가을에는 단풍이, 겨울에는 백설이 아름답습니다.

④ 통일은 우리에게 평화를 줍니다. 통일은 이 나라에 평화를 줍니다. 통일은 우리 민족에게 평화 를 줍니다.

TIP (가)는 나의 소원이 대한의 독립임을 세 번 반복시키면서, 의미하고자 하는 바를 점점 더 강조하는 표현 효과를 거두고 있다.

Answer 17.③ 18.④

(가) 吾等(오등)은 茲(자)에 我(아) 朝鮮(조선)의 獨立國(독립국)임과 朝鮮人(조선인)의 自主民(자주민)임을 宣言(선언)하노라. 此(차)로써 世界萬邦(세계 만방)에 告(고)하야 人類平等(인류 평등)의 大義(대의)를 克明(극명)하며, 此(차)로써 子孫萬代(자손 만대)에 誥(고)하야 民族自存(민족 자존)의 正權(정권)을 永有(영유)케 하노라.

(나) 半萬年(반만 년) 歷史(역사)의 權威(권위)를 仗(장)하야 此(차)를 宣言(선언)함이며, 二千萬(이천만) 民衆(민중)의 誠忠(성충)을 合(합)하야 此(차)를 佈明(포명)함이며, 民族(민족)의 恒久如一(항구 여일)한 自由發展(자유 발전)을 爲(위)하야 此(차)를 主張(주장)함이며, 人類的(인류적) 良心(양심)의 發露(발로)에 基因(기인)한 世界改造(세계 개조)의 大機運(대기운)에 順應幷進(순응 병진)하기 爲(위)하야 此(차)를 提起(제기)함이니, 是(시) ㅣ 天(천)의 明命(명명)이며, 時代(시대)의 大勢(대세) ㅣ 며, 全人類(전 인류) 共存同生權(공존 동생권)의 正當(정당)한 發動(발동)이라, 天下何物(천하 하물)이던지 此(차)를 沮止抑制(저지 억제)치 못할지니라.

(다) 舊時代(구시대)의 遺物(유물)인 侵略主義(침략주의), 强權主義(강권주의)의 犧牲(희생)을 作(작)하야 有史以來(유사 이래) 累千年(누천 년)에 처음으로 異民族(이민족) 箝制(겸제)의 痛苦(통고)를 嘗(상)한지 今(금)에 十年(십 년)을 過(과)한지라, 我(아) 生存權(생존권)의 剝喪(박상)됨이 무릇 幾何(기하) ㅣ 며, 心靈上(심령상) 發展(발전)의 障礙(장애)됨이 무릇 幾何(기하) ㅣ 며, 民族的(민족적) 尊榮(존영)의 毁損(훼손)됨이 무릇 幾何(기하) ㅣ 며, 新銳(신예)와 獨創(독창)으로써 世界文化(세계 문화)의 大潮流(대조류)에 寄與補裨(기여 보비)할 機緣(기연)을 遺失(유실)함이 무릇 幾何(기하) ㅣ 뇨.

19 (가)의 문단 구성을 바르게 말한 것은?

① 주지 – 부연

② 원인 – 결과

③ 전제 – 결론

④ 부연 – 예시

TIP (가)의 첫 번째 문장은 선언의 내용(주지)을, 두 번째 문장은 그 선언의 취지를 밝히는 서술 형식(부연)을 취하고 있다.

※ 기미독립선언서

ㄱ 갈래 : 논설문, 식사문(式辭文), 선언문

ㄴ 주제 : 조선 독립의 선언과 민족의 결의 촉구

ㄷ 성격 : 논리적, 설득적, 의지적, 선동적

ㄹ 문체 : 국한문혼용체, 문어체, 의고체, 강건체, 만연체

ㅁ 특징 : 객관적 사실에 근거하여 논리 정연하게 서술되어 있으며 웅변적·설득적 어조로 내용을 전개하고 있다.

ㅂ 작자 : 본문 – 최남선 기초, 공약 3장 – 한용운 기초

Answer 19.①

20 (나)의 제목으로 가장 알맞은 것은?

① 독립 쟁취의 신념

② 조선 독립의 내용

③ 독립의 시대적 배경

④ 조선 독립의 정당성

TIP (나)는 독립 선언을 뒷받침하는 대내외적인 명분을 제시하여 독립 선언의 배경을 밝힌 후, 독립 선언이 정당함을 주장하고 있다.

※ 글의 짜임
  (가) 독립 선언의 내용과 취지
  (나) 조선 독립의 정당성
  (다) 일제의 강점으로 인한 피해

21 (다)의 내용 전개 방식으로 알맞은 것은?

① 대조 ② 예시

③ 분석 ④ 유추

TIP (다)는 일제 식민지 지배를 받으면서 겪은 고통의 예를 들어 내용을 전개하고 있다.

◎2 현대 문법

01 언어와 국어

❶ 언어의 본질

(1) 언어의 특성

① **기호성** ··· 언어는 일정한 내용을 일정한 형식으로 나타내는 기호체계이다.

② **분절성** ··· 언어는 물리적으로 연속된 실체를 끊어서 표현한다.

③ **자의성** ··· 언어의 '의미'와 '기호' 사이에는 필연적인 관계가 없다.

④ **역사성(가변성)** ··· 언어는 시간의 흐름에 따라 생성, 성장(변화), 소멸한다.

⑤ **사회성(불변성)** ··· 언어는 사회적 약속이므로 개인이 마음대로 바꿀 수 없다.

⑥ **창조성** ··· 언어는 한정된 음운과 어휘로 무한의 단어와 문장을 만들어 낸다.

⑦ **규칙성(문법성)** ··· 언어는 일정한 규범이 있으므로 그에 맞게 사용해야 한다.

(2) 언어의 기능

① **표현적 기능** ··· 말하는 사람의 감정이나 태도를 나타내는 기능이다. 언어의 개념적 의미보다는 감정적인 의미가 중시된다.

② **정보 전달 기능** ··· 말하는 사람이 알고 있는 사실이나 지식, 정보를 상대방에게 알려 주기 위해 사용하는 기능이다.

③ **사교적 기능(친교적 기능)** ··· 상대방과 친교를 확보하거나 확인하여 서로 의사소통의 통로를 열어주는 기능이다.

④ **미적 기능** … 언어 예술 작품에 사용되는 것으로 언어를 통해 미적인 가치를 추구하는 기능이다. 이 경우에는 감정적 의미만이 아니라 개념적 의미도 아주 중시된다.

⑤ **지령적 기능(감화적 기능)** … 말하는 사람이 상대방에게 지시를 하여 특정 행위를 하게 하거나, 하지 않도록 함으로써 자신의 목적을 달성하려는 기능이다.

⑥ **관어적 기능(메타언어적 기능)** … 영어의 'weather'가 우리말의 '날씨'라는 뜻이라면 이는 영어와 한국어가 서로 관계하고 있음을 나타낸다.

❷ 국어의 이해

(1) 국어의 뜻

① 국어(國語)는 국가(國家)를 배경으로 하여 구체적으로 사용하는 개별 언어이다.

② 국어는 한 국가의 공용어이므로 표준어이어야 한다.

③ 국어는 한 국가에서 하나의 국어만을 사용하는 것이 원칙이다(둘 이상의 국어를 사용하는 경우도 있음).

(2) 국어의 분류

① **형태상 분류** … 교착어(첨가어 · 부착어)에 속한다.

② **계통상 분류** … 알타이(Altaic) 어족에 속한다.

③ **문자상 분류** … 표음 문자 중 단음 문자(음운 문자, 음소 문자)에 속한다.

(3) 국어의 특징

① **국어의 문장**

  ㉠ 정상적인 문장은 '주어 + 목적어 + 서술어'의 어순을 가진다.

  ㉡ 남녀의 성(性)의 구별이 없으며, 관사 및 관계대명사가 없다.

② **국어의 단어**

  ㉠ 문법적 관계를 나타내는 말(조사, 어미 등)이 풍부하다.

  ㉡ 조어 과정에서 배의성(配意性)에 의지하는 경향이 짙다.

③ **국어의 소리**

  ㉠ 음절 구성은 '자음 + 모음 + 자음'의 유형이다.

  ㉡ 자음 중 파열음과 파찰음은 예사소리, 된소리, 거센소리로 대립되어 3중 체계로 되어 있다.

  ㉢ 알타이어의 공통 특질인 두음 법칙, 모음 조화 현상이 있다.

② 음절의 끝소리에 'ㄱ, ㄴ, ㄷ, ㄹ, ㅁ, ㅂ, ㅇ'의 일곱 자음 밖의 것을 꺼리는 끝소리 규칙이 있다.

⑩ 구개음화와 자음 동화 현상이 있다.

(4) 국어의 순화

① **국어 순화의 뜻** … 외래어, 외국어 등을 가능한 한 토박이말로 재정리하고, 비속한 말과 틀린 말을 고운말과 표준어로 바르게 쓰는 것이다(우리말을 다듬는 일).

② **국어 순화의 이유**

㉠ 개인이나 사회에 악영향을 주는 말의 반작용을 막기 위해서 국어를 순화해야 한다.

㉡ 말은 겨레 얼의 상징이며 민족 결합의 원동력이므로 겨레의 참된 삶과 정신이 투영된 말로 순화해야 한다.

❸ 남북한의 언어

(1) 남북한 언어의 차이

구분	남한	북한
공통어	표준어	문화어
어휘	• 한자어와 외래어가 많음 －장점 : 국제적인 의사 소통을 원활하게 할 수 있음 －단점 : 무분별한 외래어의 사용으로 고유어의 영역 축소	• 한자어, 외래어 → 고유어 대체함 　⑩ 원주필(볼펜), 손기척(노크) • 남한과 말은 같지만 의미가 다른 경우가 있음 　⑩ 동무 : 이념을 같이 하는 사람
발음	• 두음 법칙 인정함 　⑩ 노동 신문, 여자 • 자음 동화 인정함 　⑩ 심리[심니], 항로[항노]	• 두음 법칙 인정하지 않음 　⑩ 로동 신문, 녀자 • 자음 동화 인정하지 않음 　⑩ 심리[심리], 항로[항로]
억양 어조	• 대체적으로 낮은 억양으로 말함 • 부드럽게 흘러가듯이 말함	• 높은 데서 낮은 데로 떨어지는 억양이 반복됨 • 단어나 어절을 끊어서 말하는 경향이 있음
맞춤법	• 사이시옷을 사용함 　⑩ 젓가락 • 단어별로 띄어쓰기를 함 • 의존 명사는 띄어쓰기를 함 －띄어쓰기가 비교적 많음	• 사이시옷을 쓰지 않음 　⑩ 저가락 • 둘 이상의 단어가 하나의 대상을 지시할 경우에는 붙여 씀 • 의존 명사는 붙여쓰기를 함 －띄어쓰기가 비교적 적음

> **TIP** 남한과 다르게 사용하는 어휘의 예
> 가두녀성(가정 주부), 가슴쓰리기(위통), 가시어머니(장모), 정무원(공무원), 나븐옷(투피스)

(2) 남북한 언어의 차이를 극복하는 방법

① '남북한 언어 심의 위원회'와 같은 공동의 기구를 마련하여 점진적으로 언어를 표준화하도록 한다.

② 표준어와 문화어를 재사정한다.

③ '한글 맞춤법 통일안'의 정신에 따라 언어의 동질성 회복을 위한 기준을 마련한다.

④ 한글 자모의 배열 순서를 통일한다.

⑤ 컴퓨터 자판을 통일한다.

⑥ 로마자 표기법에 대해 남북한이 단일화된 안을 마련한다.

⑦ 국어 동질화의 필요성을 국민들에게 인식시킨다.

⑧ 남북한 언어학자나 남북한 인사의 교류를 활성화한다.

※ 순우리말 ※

순우리말	의미
가늠	목표나 기준에 맞고 안 맞음을 헤아리는 기준. 일이 되어 가는 형편
가말다	일을 잘 헤아려 처리하다.
너나들이	서로 너니 나니 하고 부르며 터놓고 지내는 사이
다락같다	물건 값이 매우 비싸다. 덩치가 매우 크다.
답치기	되는 대로 함부로 덤벼드는 짓. 생각 없이 덮어놓고 하는 짓
듬쑥하다	사람의 됨됨이가 가볍지 않고 속이 깊고 차 있다.
마수걸이하다	장사를 시작해 처음으로 물건을 팔다.
맨드리	옷을 입고 매만진 맵시. 물건의 만들어진 모양새
바투	두 물체의 사이가 썩 가깝게. 시간이 매우 짧게
살갑다	(집이나 세간 따위가) 겉으로 보기보다 속이 너르다. 마음씨가 부드럽고 다정스럽다.
살뜰하다	매우 알뜰하다. 규모가 있고 착실하다.
성마르다	성질이 급하고 도량이 좁다.
시나브로	모르는 사이에 조금씩 조금씩
얌생이	남의 물건을 조금씩 훔쳐 내는 짓
열없다	조금 부끄럽다. 겁이 많다.
헤살	짓궂게 훼방함. 또는 그러한 짓

02 음운

❶ 음성과 음운

(1) 음성
사람의 발음 기관을 통하여 나는 구체적이고 물리적인 소리이며, 말의 뜻을 구별해 주지 못한다.

(2) 음운
① 개념 … 말의 뜻을 구별해 주는 가장 작은 소리의 단위로 추상적이고 관념적이다.

② 종류
　ㄱ 분절 음운 : 자음이나 모음과 같은 음절을 구성하는 부분이 되는 음운이다[음소(音素)].
　ㄴ 비분절 음운
　　• 자음·모음이 아니면서 의미 분화 기능이 있는 음운[운소(韻素)]으로 소리의 길이, 높낮이, 세기 등이 분절 음운에 덧붙어서 실현된다.
　　• 우리말의 비분절 음운은 소리의 길이(장단)에 의존한다.

❷ 국어의 음운

(1) 자음(19개)
말할 때 허파에서 나오는 공기의 흐름이 목 안 또는 입 안의 어떤 자리에서 장애를 받고 나오는 소리로 'ㄱ, ㄲ, ㄴ, ㄷ, ㄸ, ㄹ, ㅁ, ㅂ, ㅃ, ㅅ, ㅆ, ㅇ, ㅈ, ㅉ, ㅊ, ㅋ, ㅌ, ㅍ, ㅎ'로 19개이다.

① 소리내는 위치에 따라 … 입술소리(순음), 혀끝소리(설단음), 센입천장소리(경구개음), 여린입천장소리(연구개음), 목청소리(후음)로 나뉜다.

② 소리내는 방법에 따라 … 파열음, 마찰음, 파찰음, 비음, 유음으로 나뉜다.

③ 소리의 울림에 따라 … 울림소리, 안울림소리로 나뉜다.

④ 소리의 세기에 따라 … 예사소리, 된소리, 거센소리로 나뉜다.

❈ 자음 체계표 ❈

소리내는 방법		소리나는 위치	두 입술 입술소리	윗잇몸 혀끝 혀끝소리	경구개 혓바닥 구개음	연구개 혀뒤 연구개음	목청 사이 목청소리
안울림소리	파열음	예사소리 된소리 거센소리	ㅂ ㅃ ㅍ	ㄷ ㄸ ㅌ		ㄱ ㄲ ㅋ	
	파찰음	예사소리 된소리 거센소리			ㅈ ㅉ ㅊ		
	마찰음	예사소리 된소리		ㅅ ㅆ			ㅎ
울림 소리	콧소리(비음)		ㅁ	ㄴ		ㅇ	
	흐름소리(유음)			ㄹ			

(2) 모음(21개)

① 단모음 … 발음할 때 입술이나 혀가 고정되어 움직이지 않는 모음으로 'ㅏ, ㅐ, ㅓ, ㅔ, ㅗ, ㅚ, ㅜ, ㅟ, ㅡ, ㅣ'로 10개이다.

② 이중 모음 … 발음할 때 입술이나 혀가 움직이는 모음으로 'ㅑ, ㅒ, ㅕ, ㅖ, ㅘ, ㅙ, ㅛ, ㅝ, ㅞ, ㅠ, ㅢ'로 11개이다.

❈ 모음 체계표 ❈

혀의 높이	혀의 앞뒤	전설 모음		후설 모음	
		평순 모음	원순 모음	평순 모음	원순 모음
고모음		ㅣ	ㅟ	ㅡ	ㅜ
중모음		ㅔ	ㅚ	ㅓ	ㅗ
저모음		ㅐ		ㅏ	

(3) 소리의 길이

① 긴소리는 일반적으로 단어의 첫째 음절에 나타난다.
　　예 밤(夜) – 밤:(栗), 발(足) – 발:(簾), 굴(貝類) – 굴:(窟)

② 본래 길게 나던 단어도, 둘째 음절 이하에 오면 짧게 발음되는 경향이 있다.
　　예 밤: → 알밤, 말: → 한국말, 솔: → 옷솔

③ 두 음절 이상이나 혹은 소리의 일부분이 축약된 준말, 단음절어는 긴소리를 낸다.
  ⑩ 고을→골:, 배암→뱀:

❸ 음운의 변동

(1) 음절의 끝소리 규칙
국어에서는 'ㄱ, ㄴ, ㄷ, ㄹ, ㅁ, ㅂ, ㅇ'의 일곱 자음만이 음절의 끝소리로 발음된다.

① 음절의 끝자리의 'ㄲ, ㅋ'은 'ㄱ'으로 바뀐다.
  ⑩ 밖[박], 부엌[부억]

② 음절의 끝자리 'ㅅ, ㅆ, ㅈ, ㅊ, ㅌ, ㅎ'은 'ㄷ'으로 바뀐다.
  ⑩ 옷[옫], 젖[젇], 히읗[히은]

③ 음절의 끝자리 'ㅍ'은 'ㅂ'으로 바뀐다.
  ⑩ 숲[숩], 잎[입]

④ 음절 끝에 겹받침이 올 때에는 하나의 자음만 발음한다.
  ㉠ 첫째 자음만 발음 : ㄳ, ㄵ, ㄼ, ㄽ, ㄾ, ㅄ
    ⑩ 삯[삭], 앉다[안따], 여덟[여덜], 외곬[외골], 핥다[할따]
  ㉡ 둘째 자음만 발음 : ㄺ, ㄻ, ㄿ
    ⑩ 닭[닥], 맑다[막따], 삶[삼], 젊다[점따], 읊다[읖따 → 읍따]

⑤ 다음에 모음으로 시작하는 음절이 올 경우
  ㉠ 조사나 어미, 접미사와 같은 형식 형태소가 올 경우 : 다음 음절의 첫소리로 옮겨 발음한다.
    ⑩ 옷이[오시], 옷을[오슬], 값이[갑씨], 삶이[살미]
  ㉡ 실질 형태소가 올 경우 : 일곱 자음 중 하나로 바꾼 후 다음 음절의 첫소리로 옮겨 발음한다.
    ⑩ 옷 안[옫안→오단], 값없다[갑업다→가법따]

(2) 자음 동화
자음과 자음이 만나면 서로 영향을 주고받아 한쪽이나 양쪽 모두 비슷한 소리로 바뀌는 현상을 말한다.

① 정도에 따른 종류 … 완전 동화, 불완전 동화

② 방향에 따른 종류 … 순행 동화, 역행 동화, 상호 동화

(3) 구개음화
끝소리가 'ㄷ, ㅌ'인 형태소가 'ㅣ' 모음을 만나 구개음(센입천장소리)인 'ㅈ, ㅊ'으로 바뀌는 현상을 말한다.
⑩ 해돋이[해도지], 붙이다[부치다], 굳히다[구치다]

(4) 모음 동화

앞 음절의 'ㅏ, ㅓ, ㅗ, ㅜ' 등의 모음이 뒤 음절의 'ㅣ'와 만나면 전설 모음인 'ㅐ, ㅔ, ㅚ, ㅟ'로 변하는 현상을 말한다.
@ 어미[에미], 고기[괴기], 손잡이[손재비]

(5) 모음조화

양성 모음(ㅏ, ㅗ)은 양성 모음끼리, 음성 모음(ㅓ, ㅜ)은 음성 모음끼리 어울리는 현상을 말한다.

① **용언의 어미 활용** … -아 / -어, -아서 / -어서, -았- / -었-
  @ 앉아, 앉아서 / 베어, 베어서

② 의성 부사, 의태 부사에서 뚜렷이 나타난다.
  @ 찰찰 / 철철, 졸졸 / 줄줄, 살랑살랑 / 설렁설렁

③ 알타이 어족의 공통 특질이며 국어의 중요한 특징이다.

(6) 음운의 축약과 탈락

① **축약** … 두 음운이 합쳐져서 하나의 음운으로 줄어 소리나는 현상을 말한다.
  ㉠ **자음의 축약** : +ㄱ, ㄷ, ㅂ, ㅈ → ㅋ, ㅌ, ㅍ, ㅊ
    @ 낳고[나코], 좋다[조타], 잡히다[자피다], 맞히다[마치다]
  ㉡ **모음의 축약** : 두 모음이 만나 한 모음으로 줄어든다.
    @ 보+아 → 봐, 가지어 → 가져, 사이 → 새, 되었다 → 됐다

② **탈락** … 두 음운이 만나면서 한 음운이 사라져 소리나지 않는 현상을 말한다.
  ㉠ **자음의 탈락** : 아들+님 → 아드님, 울+니 → 우니
  ㉡ **모음의 탈락** : 쓰+어 → 써, 가+았다 → 갔다

(7) 된소리되기

두 개의 안울림소리가 서로 만나면 뒤의 소리가 된소리로 발음되는 현상(경음화)을 말한다.
@ 먹고[먹꼬], 밥과[밥꽈], 앞길[압낄]

(8) 사잇소리 현상

두 개의 형태소 또는 단어가 합성 명사를 이룰 때, 앞말의 끝소리가 울림소리이고, 뒷말의 첫소리가 안울림예사소리이면 뒤의 예사소리가 된소리로 변하는 현상을 말한다.
@ 밤길[밤낄], 길가[길까], 봄비[봄삐]

① 모음+안울림예사소리 → 사이시옷을 적고 된소리로 발음한다.
  @ 뱃사공[배싸공], 촛불[초뿔], 시냇가[시내까]

② 모음 + ㅁ, ㄴ→'ㄴ' 소리가 덧난다.

　　예 이 + 몸(잇몸)[인몸], 코 + 날(콧날)[콘날]

③ 뒷말이 'ㅣ'나 반모음 'ㅣ'로 시작될 때→'ㄴ' 소리가 덧난다.

　　예 논일[논닐], 물약[물냑→물략], 아래 + 이(아랫니)[아랜니]

④ 한자가 모여서 단어를 이룰 때

　　예 物價(물가)[물까], 庫間(곳간)[고깐], 貰房(셋방)[세빵]

03 단어

① 음절과 어절

(1) 음절
한 번에 소리낼 수 있는 소리마디를 가리킨다.

　　예 구름이 흘러간다. → 구∨름∨이∨흘∨러∨간∨다(7음절).
　　　　철호가 이야기책을 읽었다. → 철∨호∨가∨이∨야∨기∨책∨을∨읽∨었∨다(11음절).

(2) 어절
끊어 읽는 대로 나누어진 도막도막의 마디로 띄어쓰기나 끊어 읽기의 단위가 된다.

　　예 학생은∨공부하는∨사람이다(3어절).
　　　　구름에∨달∨가듯이∨가겠다(4어절).

② 단어와 형태소

(1) 단어
자립하여 쓰일 수 있는 말의 단위로, 낱말이라고도 한다. 자립하여 쓰일 수 없는 말 중 '는', '이다' 등도 단어로 인정한다.

　　예 철호가 이야기책을 읽었다. → 철호 / 가 / 이야기책 / 을 / 읽었다(5단어).

(2) 형태소
뜻을 가진 가장 작은 말의 단위로 최소(最小)의 유의적(有意的) 단위이다.

　　예 철호가 이야기책을 읽었다. → 철호 / 가 / 이야기 / 책 / 을 / 읽 / 었 / 다(8형태소).

① 자립성의 유무에 따라 ··· 자립 형태소, 의존 형태소로 나뉜다.

② 의미 · 기능에 따라 ··· 실질 형태소, 형식 형태소로 나뉜다.

❸ 품사

(1) 체언

① 명사 ··· 보통 명사, 고유 명사, 자립 명사, 의존 명사

② 대명사 ··· 인칭 대명사, 지시 대명사

③ 수사 ··· 수량이나 순서를 가리키는 단어

(2) 용언

① 동사 ··· 사람이나 사물의 움직임을 나타내는 단어를 말한다.

② 형용사 ··· 사람이나 사물의 상태나 성질을 나타내는 단어를 말한다.

③ 본용언과 보조 용언
  ㉠ 본용언 : 실질적인 의미를 나타내며 단독으로 서술 능력을 가지는 용언
  ㉡ 보조 용언 : 자립성이 없거나 약하여 본용언에 기대어 그 말의 뜻을 도와주는 용언

④ 활용 ··· 동사나 형용사의 어간에 여러 다른 어미가 붙어서 단어의 형태가 변하는 것을 가리켜 활용이라 한다.
  ㉠ 규칙 용언 : 용언이 활용할 때에 어간과 어미의 모습이 일정한 대부분의 용언
  ㉡ 불규칙 용언 : 국어의 일반적인 음운 규칙으로는 설명이 불가능하게 어간이나 어미의 모습이 달라지는 용언

⑤ 어미
  ㉠ 선어말 어미 : 어간과 어말 어미 사이에 오는 어미
  ㉡ 어말 어미 : 단어의 끝에 오는 단어를 끝맺는 어미

(3) 수식언

① 관형사 ··· 체언을 꾸며 주는 구실을 하는 단어를 말한다.

② 부사 ··· 주로 용언을 꾸며 주는 구실을 하는 단어를 말한다.

⑷ 관계언(조사)

① 격조사 … 체언 뒤에 붙어 그 체언으로 하여금 일정한 문법적 자격을 가지게 하는 조사이다.

② 보조사 … 앞에 오는 체언에 특별한 의미를 더해 주는 조사이다.

③ 접속 조사 … 두 단어를 같은 자격으로 이어 주는 조사이다.

⑸ 독립언(감탄사)

① 문장에서 독립적으로 쓰인다.

② 감정을 넣어 말하는 이의 놀람, 느낌, 부름, 대답을 나타내는 단어를 말한다.

❹ 단어의 형성

⑴ 짜임새에 따른 단어의 종류

① 단일어 … 하나의 실질 형태소로 이루어진 말이다.

② 복합어 … 둘 이상의 형태소로 이루어진 말이다(파생어, 합성어).

⑵ 파생어[실질 형태소(어근) + 형식 형태소(접사)]

① 어근 … 형태소가 결합하여 단어를 형성할 때, 실질적인 의미를 나타내는 부분이다.

② 접사 … 어근에 붙어 그 뜻을 제한하는 부분이다.
　　㉠ 접두사 : 어근 앞에 붙어 그 어근에 뜻을 더해 주는 접사
　　㉡ 접미사 : 어근 뒤에 붙는 접사로 그 어근에 뜻을 더하기도 하고 때로는 품사를 바꾸기도 하는 접사

⑶ 합성어[실질 형태소(어근) + 실질 형태소(어근)]

① 합성법의 유형
　　㉠ 통사적 합성법 : 우리말의 일반적인 단어 배열법과 일치하는 합성법이다.
　　㉡ 비통사적 합성법 : 우리말의 일반적인 단어 배열법에서 벗어나는 합성법이다.

② 통사적 합성어와 구(句)
　　㉠ 통사적 합성어는 구를 이룰 때의 방식과 일치하므로 구별이 어려울 때가 있다.
　　㉡ 통사적 합성어는 분리성이 없어 다른 말이 끼어들 수 없다.
　　㉢ 통사적 합성어는 합성 과정에서 소리와 의미가 변화되기도 한다.

③ 합성어의 의미상 갈래

　　㉠ 병렬 합성어 : 어근이 대등하게 본래의 뜻을 유지하는 합성어

　　㉡ 유속 합성어 : 한쪽의 어근이 다른 한쪽의 어근을 수식하는 합성어

　　㉢ 융합 합성어 : 어근들이 완전히 하나로 융합하여 새로운 의미를 나타내는 합성어

④ 합성어의 파생(합성어 + 접사)

　　㉠ 합성어 + 접사의 구조로 이루어진 말

　　㉡ 통사적 합성어 어근 + 접미사

　　㉢ 비통사적 합성어 어근 + 접미사

　　㉣ 반복 합성어 + 접미사

04 문장

① 문장의 성분

(1) 주성분

① 주어 … 문장에서 설명하고자 하는 대상으로서 '누가', '무엇이'에 해당한다.

② 서술어

　　㉠ 대상에 대한 설명으로서 '무엇이다', '어떠하다', '어찌하다'에 해당한다.

　　㉡ 환경에 따라 서술어는 자릿수가 달라진다.

③ 목적어 … 서술어가 나타내는 동작이나 행위의 대상이 되는 말로서 '누구를', '무엇을'에 해당한다.

④ 보어 … 서술어 '되다', '아니다'가 주어 이외에 꼭 필요로 하는 성분으로서 '누가', '무엇이'에 해당한다. 보어는 서술어의 의미를 보충해 주는 구실을 한다.

(2) 부속 성분

① 관형어 … 주로 사물, 사람과 같이 대상을 나타내는 말 앞에서 이를 꾸며 주는 역할을 한다.

② 부사어

　　㉠ 일반적으로 서술어를 꾸며 그 의미를 자세히 설명해 주는 성분이다.

　　㉡ 다른 부사어나 관형어, 또는 문장 전체를 꾸며 주기도 한다.

③ 독립 성분(독립어)

　㉠ 다른 성분들과 직접적인 관계를 맺지 않고 독립적으로 쓰이는 성분이다.

　㉡ 부름, 감탄, 응답 등이 이에 속한다.

❷ 문법 요소

(1) 사동 표현

① **사동사** … 주어가 남에게 어떤 동작을 하도록 시키는 것을 나타내는 동사이다.

② **주동사** … 주어가 직접 행하는 동작을 나타내는 동사이다.

③ **사동 표현의 방법**

　㉠ 용언 어근 + 사동 접미사(-이-, -히-, -리-, -기-, -우-, -구-, -추-) → 사동사

　㉡ 동사 어간 + '-게 하다'

(2) 피동 표현

① **피동사** … 주어가 남의 행동을 입어서 행하게 되는 동작을 나타내는 동사이다.

② **능동사** … 주어가 제 힘으로 행하는 동작을 나타내는 동사이다.

③ **피동 표현의 방법**

　㉠ 동사 어간 + 피동 접미사(-이-, -히-, -리-, -기-) → 피동사

　㉡ 동사 어간 + '-어 지다'

(3) 높임 표현

① **주체 높임법** … 용언 어간 + 선어말 어미 '-시-'의 형태로 이루어져 서술어가 나타내는 행위의 주체를 높여 표현하는 문법 기능을 말한다.

② **객체 높임법** … 말하는 이가 서술의 객체를 높여 표현하는 문법 기능을 말한다(드리다, 여쭙다, 뵙다, 모시다 등).

③ **상대 높임법** … 말하는 이가 말을 듣는 상대를 높여 표현하는 문법 기능을 말한다.

(4) 시간 표현

① **과거 시제** … 사건시가 발화시보다 앞설 때의 시제를 말한다.

② **현재 시제** … 발화시와 사건시가 일치하는 시제를 말한다.

③ 미래 시제 … 사건시가 모두 발화시 이후일 때의 시제를 말한다.

(5) 부정 표현

① '안' 부정문 … '아니(안)', '아니다', '−지 아니하다(않다)'에 의한 부정문으로, 단순 부정이나 주체의 의지에 의한 부정을 나타낸다.
- ㉠ 짧은 부정문 : '아니(안)' + 용언
- ㉡ 긴 부정문 : '용언 어간 + −지(보조적 연결 어미)' + 아니하다

② '못' 부정문 … '못', '−지 아니하다'에 의한 부정문으로, 주체의 능력 부족이나 외부의 원인에 한 불가능을 나타낸다.
- ㉠ 짧은 부정문 : '못' + 용언
- ㉡ 긴 부정문 : '용언 어간 + −지(보조적 연결 어미) + 못하다'

③ '말다' 부정문 … 명령형이나 청유형에서 사용되어 금지를 나타낸다. 서술어가 동사인 경우에만 가능하나 일부 형용사에서 사용될 경우에는 '기원'의 의미를 지닌다.
- ㉖ 영희를 만나지 <u>마라</u>. (금지) / 집이 너무 작지만 <u>마라</u>. (기원)

❸ 문장의 짜임

(1) 홑문장
주어와 서술어의 관계가 한 번만 맺어지는 문장을 말한다.
- ㉖ 첫눈이 내린다.

(2) 겹문장

① 안은 문장 … 독립된 문장이 다른 문장의 성분으로 안기어 이루어진 겹문장을 말한다.
- ㉠ 명사절로 안김 : 한 문장이 다른 문장으로 들어가 명사 구실을 한다.
- ㉡ 서술절로 안김 : 한 문장이 다른 문장으로 들어가 서술어 기능을 한다.
- ㉢ 관형절로 안김 : 한 문장이 다른 문장으로 들어가 관형어 구실을 한다.
- ㉣ 부사절로 안김 : 파생 부사 없이 '달리, 같이' 등이 서술어 기능을 하여 부사절을 이룬다.
- ㉤ 인용절로 안김 : 인용문이 다른 문장으로 들어가 안긴다.

② 이어진 문장 … 둘 이상의 독립된 문장이 연결 어미에 의해 이어져 이루어진 겹문장을 말한다.
- ㉠ 대등하게 이어진 문장 : 대등적 연결 어미인 '−고, −(으)며, (으)나, −지만, −든지, −거나'에 의해 이어진다.
- ㉡ 종속적으로 이어진 문장 : 종속적 연결 어미인 '−어(서), −(으)니까, −(으)면, −거든, (으)수록'에 의해 이어진다.

05 맞춤법과 표준어

① 한글 맞춤법

(1) 표기 원칙
한글 맞춤법은 표준어를 소리대로 적되, 어법에 맞도록 함을 원칙으로 한다.

(2) 맞춤법에 유의해야 할 말
① 한 단어 안에서 뚜렷한 까닭 없이 나는 된소리는 다음 음절의 첫소리를 된소리로 적는다.
　예 소쩍새, 아끼다, 어떠하다, 해쓱하다, 거꾸로, 가끔, 어찌, 이따금, 산뜻하다, 몽땅

② 'ㄷ' 소리로 나는 받침 중에서 'ㄷ'으로 적을 근거가 없는 것은 'ㅅ'으로 적는다.
　예 덧저고리, 돗자리, 엇셈, 웃어른, 핫옷, 무릇, 사뭇, 얼핏, 자칫하면

③ '계, 례, 몌, 폐, 혜'의 'ㅖ'는 'ㅔ'로 소리나는 경우가 있더라도 'ㅖ'로 적는다.
　예 계수(桂樹), 혜택(惠澤), 사례(謝禮), 연몌(連袂), 계집, 핑계

④ '의'나, 자음을 첫소리로 가지고 있는 음절의 'ㅢ'는 'ㅣ'로 소리나는 경우가 있더라도 'ㅢ'로 적는다.
　예 무늬(紋), 보늬, 늴리리, 닁큼, 오늬, 하늬바람

⑤ 한자음 '녀, 뇨, 뉴, 니'가 단어 첫머리에 올 적에는 두음 법칙에 따라 '여, 요, 유, 이'로 적는다.
　예 여자(女子), 요소(尿素), 유대(紐帶), 익명(匿名)

⑥ 한자음 '랴, 려, 례, 료, 류, 리'가 단어의 첫머리에 올 적에는 두음 법칙에 따라 '야, 여, 예, 요, 유, 이'로 적는다.
　예 양심(良心), 용궁(龍宮), 역사(歷史), 유행(流行), 예의(禮儀), 이발(理髮)

⑦ 한 단어 안에서 같은 음절이나 비슷한 음절이 겹쳐 나는 부분은 같은 글자로 적는다.
　예 똑딱똑딱, 쓱싹쓱싹, 씁쓸하다, 유유상종(類類相從)

⑧ 용언의 어간과 어미는 구별하여 적는다.
　예 먹다, 먹고, 먹어, 먹으니

⑨ 어미 뒤에 덧붙는 조사 '요'는 '요'로 적는다.
　예 읽어요, 참으리요, 좋지요

⑩ 어간에 '-이'나 '-음 / -ㅁ'이 붙어서 명사로 된 것과 '-이'나 '-히'가 붙어서 부사로 된 것은 그 어간의 원형을 밝히어 적는다.
　예 얼음, 굳이, 더욱이, 일찍이, 익히, 앎, 만듦, 짓궂이, 밝히

⑪ 명사 뒤에 '–이'가 붙어서 된 말은 그 명사의 원형을 밝히어 적는다.
　　⑩ 곳곳이, 낱낱이, 몫몫이, 샅샅이, 집집이, 곰배팔이, 바둑이, 삼발이, 애꾸눈이, 육손이

⑫ '–하다'나 '–거리다'가 붙는 어근에 '–이'가 붙어서 명사가 된 것은 그 원형을 밝히어 적는다.
　　⑩ 깔쭉이, 살살이, 꿀꿀이, 눈깜짝이, 오뚝이, 더펄이, 코납작이, 배불뚝이, 푸석이, 홀쭉이

⑬ '–하다'가 붙는 어근에 '–히'나 '–이'가 붙어 부사가 되거나, 부사에 '–이'가 붙어서 뜻을 더하는 경우에는, 그 어근이나 부사의 원형을 밝히어 적는다.
　　⑩ 급히, 꾸준히, 도저히, 딱히, 어렴풋이, 깨끗이, 곰곰이, 더욱이, 생긋이, 오뚝이, 일찍이, 해죽이

⑭ 사이시옷은 다음과 같은 경우에 받치어 적는다.
　　㉠ 순 우리말로 된 합성어로서 앞말이 모음으로 끝난 경우
　　㉡ 순 우리말과 한자어로 된 합성어로서 앞말이 모음으로 끝난 경우
　　㉢ 두 음절로 된 다음 한자어

⑮ 두 말이 어울릴 적에 'ㅂ' 소리나 'ㅎ' 소리가 덧나는 것은 소리대로 적는다.
　　⑩ 댑싸리, 멥쌀, 볍씨, 햅쌀, 머리카락, 살코기, 수컷, 수탉, 안팎, 암캐, 암탉

⑯ 어간의 끝음절 '하'의 'ㅏ'가 줄고 'ㅎ'이 다음 음절의 첫소리와 어울려 거센소리로 될 적에는 거센소리로 적는다.
　　⑩ 간편하게 – 간편케 – 다정하다 – 다정타

⑰ 부사의 끝음절이 분명히 '이'로만 나는 것은 '–이'로 적고, '히'로만 나거나 '이'나 '히'로 나는 것은 '–히'로 적는다.
　　㉠ '이'로만 나는 것
　　　⑩ 가붓이, 깨끗이, 나붓이, 느긋이, 둥긋이, 따뜻이, 반듯이, 버젓이, 산뜻이, 의젓이, 가까이, 고이
　　㉡ '히'로만 나는 것
　　　⑩ 극히, 급히, 딱히, 속히, 작히, 족히, 특히, 엄격히, 정확히
　　㉢ '이, 히'로 나는 것
　　　⑩ 솔직히, 가만히, 소홀히, 쓸쓸히, 정결히, 꼼꼼히, 열심히, 급급히, 답답히, 섭섭히, 공평히

⑱ 한자어에서 본음으로도 나고 속음으로도 나는 것은 각각 그 소리에 따라 적는다.
　　⑩ • 승낙(承諾) : 수락(受諾), 쾌락(快諾), 허락(許諾)
　　　 • 만난(萬難) : 곤란(困難), 논란(論難)
　　　 • 안녕(安寧) : 의령(宜寧), 회령(會寧)

⑲ 다음과 같은 접미사는 된소리로 적는다.
　　⑩ 심부름꾼, 귀때기, 익살꾼, 볼때기, 일꾼, 판자때기, 뒤꿈치, 장난꾼, 팔꿈치, 지게꾼, 이마빼기

⑳ 두 가지로 구별하여 적던 다음 말들은 한 가지로 적는다.
　　⑩ 맞추다(마추다×) : 입을 맞춘다. 양복을 맞춘다.

㉑ '-더라, -던'과 '-든지'는 다음과 같이 적는다.

㉠ 지난 일을 나타내는 어미는 '-더라, -던'으로 적는다.

예 지난 겨울은 몹시 춥더라. 그 사람 말 잘하던데!

㉡ 물건이나 일의 내용을 가리지 아니하는 뜻을 나타내는 조사와 어미는 '-든지'로 적는다.

예 배든지 사과든지 마음대로 먹어라. 가든지 오든지 마음대로 해라.

❷ 표준어 규정

(1) 주요 표준어

① 다음 단어들은 거센소리를 가진 형태를 표준어로 삼는다.

예 끄나풀, 빈 칸, 부엌, 살쾡이, 녘

② 어원에서 멀어진 형태로 굳어져서 널리 쓰이는 것은, 그것을 표준어로 삼는다.

예 강낭콩, 사글세, 고삿

③ 다음 단어들은 의미를 구별함이 없이, 한 가지 형태만을 표준어로 삼는다.

예 돌, 둘째, 셋째, 넷째, 열두째, 빌리다

④ 수컷을 이르는 접두사는 '수-'로 통일한다.

예 수꿩, 수소, 수나사, 수놈, 수사돈, 수은행나무

⑤ 양성 모음이 음성 모음으로 바뀌어 굳어진 다음 단어는 음성 모음 형태를 표준어로 삼는다.

예 깡충깡충, -둥이, 발가숭이, 보퉁이, 뻗정다리, 아서, 아서라, 오뚝이, 주추

⑥ 'ㅣ' 역행 동화 현상에 의한 발음은 원칙적으로 표준 발음으로 인정하지 아니한다.

㉠ 다음 단어들은 그러한 동화가 적용된 형태를 표준어로 삼는다.

예 풋내기, 냄비, 동댕이치다

㉡ 다음 단어는 'ㅣ' 역행 동화가 일어나지 아니한 형태를 표준어로 삼는다.

예 아지랑이

㉢ 기술자에게는 '-장이', 그 외에는 '-쟁이'가 붙는 형태를 표준어로 삼는다.

예 미장이, 유기장이, 멋쟁이, 소금쟁이, 담쟁이덩굴

⑦ 다음 단어는 모음이 단순화한 형태를 표준어로 삼는다.

예 괴팍하다, 미루나무, 미륵, 여느, 으레, 케케묵다, 허우대

⑧ 다음 단어에서는 모음의 발음 변화를 인정하여, 발음이 바뀌어 굳어진 형태를 표준어로 삼는다.

예 깍쟁이, 나무라다, 바라다, 상추, 주책, 지루하다, 튀기, 허드레, 호루라기, 시러베아들

⑨ '웃-' 및 '윗-'은 명사 '위'에 맞추어 '윗-'으로 통일한다.

예 윗도리, 윗니, 윗목, 윗몸, 윗자리, 윗잇몸

⑩ 한자 '구(句)'가 붙어서 이루어진 단어는 '귀'로 읽는 것을 인정하지 아니하고, '구'로 통일한다.
　　　예 구절(句節), 결구(結句), 경구(警句), 단구(短句), 대구(對句), 문구(文句), 어구(語句), 연구(聯句)

(2) 표준 발음법

표준 발음법은 표준어의 실제 발음을 따르되, 국어의 전통성과 합리성을 고려하여 정함을 원칙으로 한다.

① 겹받침 'ㄳ', 'ㄵ', 'ㄼ, ㄽ, ㄾ', 'ㅄ'은 어말 또는 자음 앞에서 각각 [ㄱ, ㄴ, ㄹ, ㅂ]으로 발음한다.
　　　예 넋[넉], 넋과[넉꽈], 앉다[안따], 여덟[여덜], 넓다[널따], 외곬[외골], 핥다[할따], 값[갑], 없다[업: 따]

② '밟-'은 자음 앞에서 [밥]으로 발음하고, '넓-'은 다음과 같은 경우에 [넙]으로 발음한다.
　　　예 밟다[밥: 따], 밟는[밤: 는], 넓죽하다[넙쭈카다], 넓둥글다[넙뚱글다]

③ 겹받침 'ㄺ, ㄻ, ㄿ'은 어말 또는 자음 앞에서 각각 [ㄱ, ㅁ, ㅂ]으로 발음한다.
　　　예 닭[닥], 흙과[흑꽈], 맑다[막따], 늙지[늑찌], 삶[삼:], 젊다[점: 따], 읊고[읍꼬], 읊다[읍따]

④ 용언의 어간 '맑-'의 'ㄺ'은 'ㄱ' 앞에서 [ㄹ]로 발음한다.
　　　예 맑게[말께], 묽고[물꼬], 얽거나[얼꺼나]

⑤ 'ㅎ(ㄶ, ㅀ)' 뒤에 'ㄱ, ㄷ, ㅈ'이 결합되는 경우에는, 뒤 음절 첫소리와 합쳐서 [ㅋ, ㅌ, ㅊ]으로 발음한다.
　　　예 놓고[노코], 좋던[조: 턴], 쌓지[싸치], 많고[만: 코], 닳지[달치]

⑥ 'ㅎ(ㄶ, ㅀ)' 뒤에 모음으로 시작된 어미나 접미사가 결합되는 경우에는, 'ㅎ'을 발음하지 않는다.
　　　예 낳은[나은], 놓아[노아], 쌓이다[싸이다], 싫어도[시러도]

⑦ 받침 뒤에 모음 'ㅏ, ㅓ, ㅗ, ㅜ, ㅟ'들로 시작되는 실질 형태소가 연결되는 경우에는, 대표음으로 바꾸어서 뒤 음절 첫소리로 옮겨 발음한다.
　　　예 밭 아래[바다래], 늪 앞[느밥], 젖어미[저더미], 맛없다[마덥따], 겉옷[거돋]

⑧ 한글 자모의 이름은 그 받침소리를 연음하되, 'ㄷ, ㅈ, ㅊ, ㅋ, ㅌ, ㅍ, ㅎ'의 경우에는 특별히 다음과 같이 발음한다.
　　　예 디귿이[디그시], 지읒이[지으시], 치읓이[치으시], 키읔이[키으기], 티읕이[티으시]

⑨ 받침 'ㄷ, ㅌ(ㄾ)'이 조사나 접미사의 모음 'ㅣ'와 결합되는 경우에는, [ㅈ, ㅊ]으로 바꾸어서 뒤 음절 첫소리로 옮겨 발음한다.
　　　예 곧이듣다[고지듣따], 굳이[구지], 미닫이[미다지], 땀받이[땀바지]

⑩ 받침 'ㄱ(ㄲ, ㅋ, ㄳ, ㄺ), ㄷ(ㅅ, ㅆ, ㅈ, ㅊ, ㅌ, ㅎ), ㅂ(ㅍ, ㄼ, ㄿ, ㅄ)'은 'ㄴ, ㅁ' 앞에서 [ㅇ, ㄴ, ㅁ]으로 발음한다.
　　　예 먹는[멍는], 국물[궁물], 깎는[깡는], 키읔만[키응만], 몫몫이[몽목씨], 긁는[긍는], 흙만[흥만]

⑪ 받침 'ㅁ, ㅇ' 뒤에 연결되는 'ㄹ'은 [ㄴ]으로 발음한다.
　　　예 담력[담: 녁], 침략[침냑], 강릉[강능], 대통령[대: 통녕]

※ 주의해야 할 맞춤법과 표준어 ※

맞춤법		표준어	
바른 표기	잘못된 표기	바른 표기	잘못된 표기
깍두기	깍뚜기	사글세	삭월세
가까워	가까와	강낭콩	강남콩
오뚝이	오뚜기	수꿩	숫꿩
일찍이	일찌기	수놈	숫놈
깨끗이	깨끗히	숫염소	수염소
심부름꾼	심부름군	깡충깡충	깡총깡총
맞추다	마추다	냄비	남비
법석	법썩	풋내기	풋나기
핑계	핑게	위층	웃층
게시판	계시판	웃어른	윗어른
무늬	무니	끄나풀	끄나플
늴리리	닐리리	돌	돐
미닫이	미다지	셋째	세째
예삿일	예사일	나무라다	나무래다
살코기	살고기	허드레	허드래

06 외래어 표기법과 로마자 표기법

① 외래어 표기법

(1) 개념
외래어를 우리 글로 적는 방법을 나타낸 규정으로, 이미 굳어진 외래어는 관용을 존중하되 그 범위와 용례는 따로 정한다.

(2) 외래어 표기의 기본 원칙
① 외래어는 국어의 현용 24 자모만으로 적는다.
  ⑩ [v]는 국어에는 없는 소리여서 현용 국어자음으로 바꿔 쓴다.

② 외래어의 1 음운은 원칙적으로 1 기호로 적는다.

　　예 [f]는 [ㅎ]이나 [ㅍ]으로 소리 나지만 이중 1개의 기호로 적는다.

③ 받침에는 'ㄱ, ㄴ, ㄹ, ㅁ, ㅂ, ㅅ, ㅇ'만을 쓴다.

　　예 받침 [t]는 [ㄷ]처럼 소리 나지만 표기에서는 [ㄷ]으로 쓸 수 없다. 즉, internet은 [인터넫]으로 소리 나지만, '인터넷'으로 적는다.

④ 파열음 표기에는 된소리를 쓰지 않는 것을 원칙으로 한다.

　　예 [p]는 발음이 된소리 [ㅃ]으로 나기도 하지만 된소리로 적지 않는다.

⑤ 이미 굳어진 외래어는 관용을 존중하되, 그 범위와 용례는 따로 정한다.

　　예 외래어 표기법에 따르면 '모델(model)'은 '마들'로 라디오(radio)는 '레이디오'로 바꿔 적어야 하지만 이미 오래 전부터 쓰여 굳어졌으므로 관용을 존중한다.

② 로마자 표기법

(1) 개념
국어를 로마자로 표기하는 방법을 나타낸 규정으로, 외국인들이 우리나라의 말을 편리하게 읽도록 도와주어 보다 원활한 의사소통을 하게 하기 위함이다.

(2) 표기의 기본 원칙
① 국어의 로마자 표기는 국어의 표준 발음법에 따라 적는 것을 원칙으로 한다.

② 로마자 이외의 부호는 되도록 사용하지 않는다.

③ 표기 일람

　　㉠ 모음

구분	로마자 표기									
단모음	ㅏ	ㅓ	ㅗ	ㅜ	ㅡ	ㅣ	ㅐ	ㅔ	ㅚ	ㅟ
	a	eo	o	u	eu	i	ae	e	oe	wi
이중모음	ㅑ	ㅕ	ㅛ	ㅠ	ㅒ	ㅖ	ㅘ	ㅙ	ㅝ	ㅞ	ㅢ
	ya	yeo	yo	yu	yae	ye	wa	wae	wo	we	ui

• 'ㅢ'는 'ㅣ'로 소리 나더라도 'ui'로 적는다.

　　예 광희문 Gwanghuimun

• 장모음의 표기는 따로 하지 않는다.

ⓛ 자음

구분	로마자 표기								
파열음	ㄱ	ㄲ	ㅋ	ㄷ	ㄸ	ㅌ	ㅂ	ㅃ	ㅍ
	g, k	kk	k	d. t	tt	t	b, p	pp	p
파찰음	ㅈ	� ㅉ	ㅊ						
	j	jj	ch						
마찰음	ㅅ	ㅆ	ㅎ						
	s	ss	h						
비음	ㄴ	ㅁ	ㅇ						
	n	m	ng						
유음	ㄹ								
	r, l								

• 'ㄱ, ㄷ, ㅂ'은 모음 앞에서는 'g, d, b'로, 자음 앞이나 어말에서는 'k, t, p'로 적는다.
　　예 구미 Gumi – 옥천 Okcheon, 영동 Yeongdong – 합덕 Hapdeok, 백암 Baegam – 호법 Hobeop
• 'ㄹ'은 모음 앞에서는 'r'로, 자음 앞이나 어말에서는 'l'로 적는다. 단, 'ㄹㄹ'은 'll'로 적는다.
　　예 구리 Guri, 칠곡 Chilgok, 울릉 Ulleung

(3) 로마자 표기의 유의점

① 음운의 변화가 일어날 때는 변화의 결과에 따라 적는다. 글자와 발음이 상이한 경우에는 발음을 기준으로 표기한다.
　　예 해돋이[해도지] haedoji

② 발음상의 혼동의 우려가 있을 때에는 음절 사이에 붙임표(-)를 쓸 수 있다.
　　예 중앙 jung-ang

③ 고유명사는 첫 글자를 대문자로 적는다.
　　예 부산 Busan

④ 인명은 성과 이름의 순서로 띄어 쓴다. 이름은 붙여 쓰는 것을 원칙으로 하되 음절 사이에 붙임표(-)를 쓰는 것을 허용한다. 단, 이름에서 일어나는 음운 변화는 표기에 반영하지 않는다.
　　예 한복남 Han Boknam, Han Bok-nam

⑤ '도, 시, 군, 읍, 면, 리, 동'의 행정구역 단위와 '가'는 각각 'do, si, gun, eup, myeon, ri, dong, ga'로 적고 그 앞에는 붙임표(-)를 넣는다. 붙임표 앞뒤에서 일어나는 음운변화는 표기에 반영하지 않는다.
　　예 제주도 jeju-do

⑥ 자연 지형물, 문화재명, 인공 축조물명은 붙임표(-) 없이 쓴다.
　　예 남산 Namsan, 독도 Dokdo

⑦ 인명, 회사명, 단체명 등은 규정에 맞지 않더라도 그동안 써 온 표기를 쓸 수 있다.
　　예 현대 Hyundai, 삼성 Samsung

※ 주의해야 할 외래어 표기법 ※

바른 표기	잘못된 표기	바른 표기	잘못된 표기
가톨릭	카톨릭	심벌	심볼
데뷔	데뷰	탤런트	탈렌트
바바리	버버리	스펀지	스폰지
바비큐	바베큐	소시지	소세지
배지(badge)	뱃지	로터리	로타리
백미러(back mirror)	백밀러	파일럿	파일롯
밸런스	발란스	샌들	샌달
보디(body)	바디	소파	쇼파
뷔페	부페	시그널	시그날
블록	블럭	리더십	리더쉽
비스킷	비스켓	라벨	레이블
비즈니스	비지니스	스태미나	스테미너
샹들리에	샹드리에	타깃	타겟
센티미터	센치미터	심포지엄	심포지움
알코올	알콜	난센스	넌센스
액세서리	악세사리	색소폰	색스폰
액셀러레이터	악셀레이터	마사지	맛사지
앰뷸런스	앰블란스	피에로	삐에로
어댑터	아답터	메시지	메세지
엔도르핀	엔돌핀	팸플릿	팜플렛
재킷	자켓	카탈로그	카달로그
주스	쥬스	인디언	인디안
초콜릿	초콜렛	워크숍	워크샵
카펫	카페트	윈도	윈도우
캐러멜	카라멜	트리(tree)	추리
커피숍	커피샵	지그재그	지그자그
케이크	케잌	스티로폼	스치로폼
케첩	케찹	데생	뎃생
코미디언	코메디언	밸런타인데이	발렌타인데이
콤플렉스	컴플렉스	새시(sash)	샤시
클라이맥스	클라이막스	요구르트	요쿠르트
프라이팬	후라이팬	파일	화일
피날레	휘날레	다이내믹	다이나믹
필름	필림	앙케트	앙케이트

출제 예상 문제

1 언어기호에는 형식으로서의 음성과 내용으로서의 의미 사이에 필연적 관계가 없다는 것과 관련된 언어의 성질은?

① 분절성   ② 역사성

③ 자의성   ④ 기호성

TIP ① 언어는 연속적인 세계를 불연속적인 것으로 표현한다.
② 언어는 사회적 약속이기 때문에 이러한 사회적 약속은 시간의 흐름에 따라 변한다.
③ 언어의 형식인 음성과 내용인 의미의 관계는 필연적이지 않고 자의적·임의적이다.
④ 언어는 어떤 의미를 어떤 형식으로 상징하여 나타내는 기호의 체계이다.

2 다음 설명을 포괄할 수 있는 언어의 성격으로 알맞은 것은?

> • '멍멍'은 의성어로 의미와 음성의 관계가 매우 밀접하다. 그런데 한국인들이 보편적으로 인식하는 개 짖는 소리 '멍멍'은 일본인들에게 '왕왕'으로 인식된다.
> • '사오정(사십오세 정년)'이란 말은 개인이 만든 말로 추정할 수 있으나, 현재 우리 사회 전반에 널리 퍼져 쓰이고 있다.
> • 언어는 음성과 의미 사이에 필연적인 관계가 없고, 그것을 사용하는 언어군에서 사회적 약속으로 정하여 쓰면 그만이다.

① 언어의 체계성   ② 언어의 창조성

③ 언어의 자의성   ④ 언어의 개인성

TIP 첫 번째 설명은 언어의 자의성이 성립하는 근거를 지역적 차이에 두고 있으며(한국과 일본), 두 번째 설명은 동일한 대상을 표현하는 형식의 차이를 '유행어'를 예로 들어 시대에 두고 있음을, 세 번째 설명은 언어의 자의성과 사회성의 관계를 다루고 있다.

Answer 1.③ 2.③

3 다음 중 상대방을 감화시켜 행동하게 하는 언어의 기능과 관계된 것은?

① 철수야, 그렇게 뛰어 다니면 위험해.
② (점원이 손님에게)이것은 500원입니다.
③ (집안 어른께)밤새 안녕하셨습니까?
④ 이 책은 정말 재미있습니다.

TIP 언어의 감화적 기능… 듣는 사람에게 감화작용을 하여 실제 행동에 옮기도록 하는 기능으로 지령적 기능 또는 환기적 기능이라고도 한다.
②④ 표현적 기능 ③ 친교적 기능

---

4 국어에서는 '집'이란 의미를 가진 말을 [집]이라 말하지만 다른 나라에서는 다르게 말한다. 이러한 현상을 설명할 수 있는 언어의 특성은?

① 법칙성   ② 자의성
③ 사회성   ④ 역사성

TIP 언어의 자의성 … 언어의 형식(음성)과 내용(의미) 사이에는 아무런 필연성이 없으며 집단 언중들이 임의적으로 결합시킨 것으로 언어사회마다 다르게 나타날 수 있다. 예를 들면, 국어에서는 [집]으로 발음하는 것을 영국에서는 [hous]로 발음한다.
① 모든 언어에는 일정한 규칙이 있다.
③ 언어는 사회적 약속이므로 개인이 임의로 고칠 수 없다.
④ 언어는 시대의 흐름에 따라 형태와 의미가 신생 · 성장 · 사멸한다.

---

5 한국어의 특성으로 맞지 않는 것은?

① 한국어는 첨가어이므로 접사나 어미가 발달되어 있다.
② 한국어에서는 주어가 잇달아 나타나는 문장 구성이 가능하다.
③ 한국어에서 관형어는 항상 체언 앞에 온다.
④ 한국어의 관형사는 형용사처럼 활용한다.

TIP ④ 관형사는 불변어로 형용사처럼 활용할 수 없다.

Answer 3.① 4.② 5.④

6 다음 중 순화해야 할 표현이 아닌 것은?

① 우리는 저녁으로 생선회 한 <u>사라</u>를 주문하였다.

② 생선회와 함께 따끈한 <u>정종</u>을 한 잔씩 마셨다.

③ 영수는 고추냉이가 매웠는지 <u>곤색</u> 윗도리를 벗었다.

④ 회를 다 먹은 우리는 국수 한 <u>사리</u>를 추가하였다.

> **TIP** ① 사라→접시 ② 정종→청주 ③ 곤색→감색, 검남색
> ④ 사리는 국수나 새끼·실 등을 감은 뭉치를 뜻하는 말로 순우리말이다.

7 우리말의 유래에 대한 설명으로 옳지 않은 것은?

① 고구마는 쓰시마 방언 '고코이모(孝行藷)'에서 유래되었다.

② 행주치마의 '행주'는 임진왜란 때 행주산성 싸움에서 부녀자들이 돌을 담아 나르던 치마에서 유래되었다.

③ 김치는 한자어 '딤치(沈菜)'에서 온 말이다.

④ 배추는 중국어에서 들어온 '빅치(白菜)'에서 온 말이다.

> **TIP** ② '행주치마'는 언어 자체 내에서 변화된 것으로 어원은 '힝ᄌ쵸마'이다. '행주치마'를 행주대첩과 관련짓는 것은 과학적 근거가 없는 민간어원설에 의한 것이다.

8 남북언어 이질화의 근본적인 이유는?

① 국토분단

② 문화의 제정

③ 표준어규정의 변화

④ 북한말의 한자어 배격

> **TIP** ① 국토분단 이후 체제와 이념에 따른 언어관과 언어정책 등의 차이로 인하여 남북언어의 이질화가 발생하게 되었다.

Answer 6.④ 7.② 8.①

※ 다음 글을 읽고 물음에 답하시오. 【9 ~ 10】

(가) 순화(純化, 醇化)란 잡(雜)스러운 것을 걸러서 순수하게 하는 일이요, 복잡한 것을 단순하게 하는 것이다. 따라서 국어순화란 잡스러운 것으로 알려진 들어온 말(외래어, 외국어)을 가능한 한 토박이말로 재정리하는 것이요, 비속(卑俗)한 말과 틀린 말을 고운 말과 표준어 및 말의 법대로 바르게 쓰는 것이다. 또, 그것은 복잡한 것으로 알려진 어려운 말을 될 수 있는 대로 쉬운 말로 고쳐 쓰는 일도 된다. 한 마디로 하면 우리말을 다듬는 일, 그것이 바로 국어의 순화이다.

(나) 말을 다듬는 일이란 ㉠말에다 인위적(人爲的)으로 손을 대는 것과 사람의 창조적 힘을 더하는 것을 전제한다. 그러면 과연 말에 인위적으로 손을 댈 수 있고, 사람의 창조적 힘을 더할 수 있을까? 이 물음에 대한 해답은 말에 대한 관점, 곧 언어관(言語觀)에서 구해야 한다. 만일 말을 단순히 사회적 소산이나 자연발생적인 것으로만 보는 데 그친다면, 말에 결코 인위적인 손길이나 창조적인 힘을 더할 수 없다는 이론이 성립될 것이다. 그리하여 당연한 것처럼 생각하고 있는 국어순화문제도 이러한 쪽에서 보면 그리 단순한 것만은 아니다. 독일이나 프랑스에서 말의 순화운동이 초기단계에 순화반대론자가 있었던 것도 이러한 언어관에 근거를 둔 것이다. 그러나 우리는 우리말의 순화를 해야 한다고 주장한다.

9 (가)의 논지에 따를 때 순화대상이 되는 말이 없는 것은?

① 이것은 오리지널 상품이다.
② 우리 꼰대에게 들키면 큰일나요.
③ 그와는 손을 끊지 그래.
④ 말을 안 들으면 당장 모가지야.

TIP ① 오리지널(외국어) ② 꼰대(속어) ④ 모가지(비어)

※ 언어의 순화대상

㉠ **외래어** : 다른 나라말이 우리말의 체계에 차입(借入)되어 사회적 공인을 받아 사용되는 말로, 언중의 인식에 따라 다음과 같이 나뉜다.
  • **귀화어(歸化語)** : 차용된 후에 오랫동안 쓰임에 따라 고유어처럼 인식되는 것
    [예] 고무(네덜란드어), 구두(일본어), 남포(영어), 붓(중국어), 담배(포르투갈어) 등
  • **차용어(借用語)** : 아직 고유어처럼 인식되지 않아 외국어 의식이 남아 있는 것
    [예] 버스, 잉크, 펜, 즈봉, 빵, 아편 등
㉡ **외국어** : 국어가 아닌 다른 나라말로서 국어에 아직 동화되지 않은 외국말을 가리킨다.
    [예] 닥터(doctor), 템포(tempo) 등
㉢ **속어** : 통속적으로 쓰이는 저속한 말을 일컫는다.
    [예] 교도소 → 큰집, 돈 → 동그라미
㉣ **비어** : 점잖지 못한 천한 말을 가리킨다.
    [예] 입 → 주둥아리, 시골사람 → 촌놈, 목 → 모가지
㉤ **은어** : 특수계층의 사람들끼리 쓰는 말을 의미한다.
    [예] 두목 → 왕초, 산삼 캐는 사람 → 심마니, 데구레 → 웃옷

Answer 9.③

ⓑ **유행어**: 일정기간 동안 신기한 느낌을 주며 여러 사람의 입에 오르내리는 말로 당시의 세상형편을 잘 반영하는 거울노릇을 한다.

　　예 무전유죄, 유전무죄

ⓢ **상투어**: 너무 흔히 써서 아무 감동도 줄 수 없는 말을 가리킨다.

　　예 비가 억수같이 쏟아진다.

10 (나)의 밑줄 친 ⊙은 언어의 어떤 성질에 어긋난 것인가?

① 자의성　　　　　　　　　　　② 사회성

③ 기호성　　　　　　　　　　　④ 가역성

TIP 언어의 일반성

ⓐ **언어의 기호성**: 언어는 일정한 의미내용을 음성형식에 담은 기호이다.

ⓑ **언어의 자의성**: 언어의 형식인 음성과 내용인 의미는 어떤 필연적 관계로 결합되는 것이 아니고, 그 말을 쓰는 사회구성원들끼리 임의적으로 정해 놓은 것이다. 가령 '사람'을 'ㅅ'이라 하든 'man'이라 하든 자유라는 뜻이다.

ⓒ **언어의 사회성**: 언어는 사회구성원의 계약이므로 어떤 개인이 마음대로 바꾸거나 없앨 수 없다. 이러한 언어의 성질을 사회성 또는 불역성이라 한다.

ⓓ **언어의 역사성**: 언어가 비록 그 사회구성원의 약속에 의해 성립된 관습이기는 하나 고정 불변하는 것은 아니며 시간의 흐름에 따라 생성·성장·소멸한다. 이와 같은 언어의 속성을 역사성 또는 가역성이라 한다.

11 다음에 ⊙에 들어갈 알맞은 것은 무엇인가?

2020. 07. 04. 부산교통공사

> 　　⊙　　은 6월과 10월을 한자 그대로 적으면, '육'월, '십'월이 된다. 이대로 발음하게 되면 부드럽지 못하게 읽히는데, 이러한 발음을 '유'월과 '시'월로 매끄럽게 하는 현상이다.

① 불협화음　　　　　　　　　　② 활음조

③ 유음　　　　　　　　　　　　④ 두음법칙

TIP 활음조는 발음하기 어렵고 듣기 거슬리는 소리에서 어떤 소리를 더하거나 바꿔 발음을 매끄럽게 하고 듣기 부드러운 소리로 청각적 효과를 주는 음운현상이다.

① **불협화음**: 조화가 맞지 않는 음과 울림을 뜻하는 말

③ **유음**: 설측음이라고 하며, 혀끝을 잇몸에 가볍게 대었다가 뗄 때 나는 소리

④ **두음법칙**: 첫 말머리에 오는 자음이 본래의 음가를 잃고 다른 음으로 발음되는 현상

Answer　10.② 11.②

12 국어의 음운 현상에 대한 설명이다. 옳지 않은 것은?

① 펑펑 : 모음 조화
② 요술장이 → 요술쟁이 : 음운 동화
③ 합리적[함니적] : 구개음화
④ 로인 → 노인 : 두음 법칙

TIP ③ '합리적'이 [함니적]으로 발음이 되어 자음과 자음이 만날 때 어느 한 쪽이 다른 쪽을 닮아서 발음이 달라지는 현상은 자음 동화 현상으로 그 중에서 앞뒤 모두 다른 자음으로 바뀌는 상호 동화에 해당한다.

13 현대 국어의 자음에 대한 다음과 같은 분류에서 파열음, 파찰음, 마찰음, 유음, 비음의 다섯 가지로 나누는 기준은?

현대 국어의 자음(子音)은 파열음(破裂音) /ㅂ, ㅃ, ㅍ, ㄷ, ㄸ, ㅌ, ㄱ, ㄲ, ㅋ/, 파찰음(破擦音) /ㅈ, ㅉ, ㅊ/, 마찰음(摩擦音) /ㅅ, ㅆ, ㅎ/, 유음(流音) /ㄹ/, 비음(鼻音) /ㅁ, ㄴ, ㅇ/ 등의 열아홉이다.

① 소리 내는 위치
② 소리 내는 방법
③ 혀의 위치
④ 입술의 모양

TIP 소리 내는 방법에 따른 기준 … 파열음, 파찰음, 마찰음, 유음, 비음 등

14 다음 발음을 옳게 연결한 것은?

2020. 07. 04. 부산교통공사

① 맏형[마텅]
② 읽다[익다]
③ 넋이[너기]
④ 안팎을[안파글]

TIP 음운변동에 관련된 문제이다.
② 읽다 → 읽따(경음화)
　 → 익따(자음군 단순화)
③ 넋이 → 넉시(연음법칙)
　 → 넉씨(경음화)
④ 안팎을 → 안파끌(연음법칙)

Answer 12.③ 13.② 14.①

15 밑줄 친 표현의 발음이 옳지 않은 것은?

① 하늘이 <u>맑게[말게]</u> 개었다.
② <u>끝을[끄츨]</u> 맞추어서 접어야 종이가 반듯하지.
③ <u>주의[주이]</u>사항을 꼭 읽어 보시기 바랍니다.
④ 아이가 내 발을 꼭 <u>밟고[밥:꼬]</u> 있다.

> **TIP** ② 홀받침이나 쌍받침이 모음으로 시작된 조사나 어미, 접미사와 결합되는 경우에는 제 음가대로 뒤 음절 첫소리로 옮겨 발음해야 하므로 '끝을'은 [끄틀]로 발음해야 옳다.

16 다음 중 길게 발음해야 되는 것은?

① 성인(聖人)   ② 함박눈(雪)
③ 한국말(言)   ④ 가정(家庭)

> **TIP** ① 성: 인(聖人): 지혜와 덕이 뛰어나 우러러 받들어 본받을 만한 사람
> 성인(成人): 자라서 어른이 됨 또는 그 사람
> ② 눈: : 공중에 떠다니는 수증기가 찬 기운을 만나 얼어서 땅 위로 떨어지는 결정체
> 눈: 사람이나 동물의 보는 기능을 맡은 감각기관의 하나
> ③ 말: : 사람의 생각·느낌 따위를 목구멍을 통하여 조직적으로 나타내는 소리
> 말: 말과에 속하는 동물의 총칭
> ④ 가정(家庭): 한 가족이 살림하고 있는 집안
> 가: 정(假定): 임시로 정함, 사실인지 아닌지 분명하지 않은 것을 사실인 것처럼 인정함
> ※ ②③의 경우 본래는 장음으로 인정되나 표준발음법 제6항의 단어의 첫 음절에서만 긴소리가 나타나는 것을 원칙으로 하는 규정에 의해 장음으로 소리나지 않는다.

17 다음 중 단어의 형성방법이 다른 하나는?

① 마소   ② 좁쌀
③ 까막까치   ④ 시나브로

> **TIP** ①②③ 두 개의 실질형태소로 구성된 합성어이다. 마소는 말과 소, 좁쌀은 조와 쌀, 까막까치는 까마귀와 까치가 합해져서 한 단어로 쓰이는 합성어이다.
> ④ 실질형태소 하나로만 이루어진 단일어이다.

Answer 15.② 16.① 17.④

18 다음 중 합성어가 아닌 것은?

① 소나무 ② 춘추
③ 집안 ④ 맏아들

TIP ① 솔(명사) + 나무(명사) → 통사적 합성어
② 춘(春 : 명사) + 추(秋 : 명사) → 통사적 합성어
③ 집(명사) + 안(명사) → 통사적 합성어
④ 맏(접두사) + 아들(명사) → 파생어

19 다음 중 형태소의 정의를 옳게 진술한 것은?

① 문장 밖에 나타나는 문법의 단위
② 뜻을 가진 말의 최소단위
③ 언어형식 또는 유의적 단위
④ 자립하여 쓰일 수 있는 말의 단위

TIP 형태소 … 최소의 유의적(有意的) 단위로, 뜻을 가진 가장 작은 말의 단위이다.
㉠ **실질형태소** : 체언, 수식언, 감탄사, 용언의 어간
㉡ **형식형태소** : 조사, 어미, 접사

20 다음 중 어절의 구성요건이 아닌 것은?

① 어근 + 접사 ② 음성 + 의미
③ 어간 + 어미 ④ 체언 + 조사

TIP 단어의 구조
㉠ **단일어** : 하나의 형태소
㉡ **복합어** : 둘 이상의 형태소
• 파생어 : 실질형태소(어근) + 형식형태소(접사)
• 합성어 : 실질형태소(어근) + 실질형태소(어근)

Answer 18.④ 19.② 20.②

21 다음 중 기능적 품사의 분류에서 수식기능을 나타내는 말은?

① 관형사, 부사
② 관형어, 부사어
③ 감탄사, 조사
④ 의존어, 독립어

TIP 관형사와 부사의 성격
 ㉠ 관형사의 성격
  • 체언 중 주로 명사를 꾸며 준다.
  • 활용하지 않으며, 조사와도 결합될 수 없다.
  • 고유명사, 수사와는 결합하지 않는다.
  • 문장 안에서 수의적 성분인 관형어로만 쓰인다.
  • 관형사와 체언 사이에는 다른 말이 들어갈 수도 있다.
 ㉡ 부사의 성격
  • 어형이 고정되어 활용하지 않는 불변어이다.
  • 주기능은 용언한정이나, 그 밖에도 폭넓은 구실을 한다.
  • 격조사를 취하는 일은 없으나, 때로는 보조사를 취한다.
  • 문장을 접속하는 경우에는 독립어구실을 한다.

22 다음 중 품사가 다른 하나는 무엇인가?

2020. 07. 04. 부산교통공사

① 그녀는 <u>아마도</u> 우산을 집에 두고 온 모양이다.
② 내 생일은 <u>다다음</u> 날인 18일이야.
③ 아침으로 사과 <u>두</u> 개를 먹고 나왔다.
④ <u>새</u> 책으로 공부할 때 기분이 좋다.

TIP 아마도는 '아마'를 강조하여 이르는 말로 부사이다.
 ② '다다음'이란 다음번의 바로 그 뒤를 뜻하는 관형사
 ③ '두'란 수량이 둘임을 나타내는 관형사
 ④ '새'란 사용하거나 구입한지 얼마 되지 아니함을 뜻하는 관형사
 ※ **관형사** : 문장 안에서 주로 명사, 대명사, 수사를 꾸며 주는 역할을 하는 낱말

Answer 21.① 22.①

23 다음 중 명사, 대명사, 수사의 공통점으로 옳은 것끼리 짝지은 것은?

⊙ 문장의 수의적 성분이 된다. ⓛ 주로 문장의 주체로 쓰인다.

ⓒ 주로 관형어의 수식을 받는다. ⓔ 조사와의 결합이 자유스럽다.

ⓜ 어미와 결합하여 활용한다. ⓗ 문장의 주체를 서술한다.

---

① ⊙ⓔ ② ⓛⓔ

③ ⓛⓜ ④ ⓒⓗ

TIP 대명사와 수사는 관형사의 수식을 받지 못한다.

※ **대명사와 수사의 성격**

  ⊙ **대명사의 성격**
  • 문장의 주체인 주어가 될 수 있다.
  • 조사가 붙어 격표시가 이루어진다.
  • 관형어의 수식을 받을 수 없다.

  ⓛ **수사의 성격**
  • 문장의 주체인 주어가 될 수 있다.
  • 복수접미사와 결합하지 않는다.
  • 관형사와 형용사의 수식을 받을 수 없다.

---

24 다음 중 접속조사가 쓰인 문장은?

① 낮과 같이 휘영청 밝은 달밤이었다. ② 그는 춤추며 노래하며 즐겁게 놀았다.

③ 떡에 과일에 없는 게 없다. ④ 어쩌면 네 생각이 나하고 같을까?

TIP '과/와'가 접속조사의 대표적인 모습이나, 구어체에서는 '하고, 에(다), (이)며, (이)랑' 등이 함께 쓰이고 있다.

※ **조사의 갈래**

  ⊙ **격조사**: 선행하는 체언으로 하여금 일정한 자격을 가지도록 해주는 조사로 주격조사, 서술격조사, 목적격조사, 보격조사, 관형격조사, 부사격조사, 호격조사 등이 있다.

  ⓛ **접속조사**: 두 단어를 같은 자격으로 이어주는 조사로서 '과, 와'가 대표적이다.

  ⓒ **보조사**: 선행하는 체언을 일정한 격으로 규정하지 않고 여러 격에 두루 쓰이면서 특별한 의미를 더해 주는 조사로서 '은, 는(주체 · 대조)', '도(동일 · 첨가)' 등이 있다.

Answer 23.② 24.③

25 다음 관형격조사가 옳게 들어간 것은?

2020. 07. 04. 부산교통공사

① 강아지들도 사람처럼 저마다의 다양한 성격이 있다.

② 오전에 상사로부터의 연락이 있었다.

③ 오랜 친구에게로의 문자가 왔다.

④ 민수의 지갑이 없어졌다.

> **TIP** ① 저마다의 → 저마다
> ② 상사로부터의 → 상사로부터
> ③ 친구에게로의 → 친구에게

26 다음 중 밑줄 친 말이 보조적으로 연결된 것은?

① 인생은 <u>짧고</u> 예술은 영원하다.   ② <u>지고</u> 있는 꽃잎에 추억만이 묻혀

③ 강산은 너무나 <u>아름답고</u> 소박했다.   ④ <u>피고</u> 지고 꽃잎에 내 마음 애달파

> **TIP** 본용언과 보조용언
> ㉠ **본용언** : 실질적인 뜻을 지닌 용언으로 둘 이상 이어져 있는 활용어 중 첫째 활용어는 모두 본용언에 해당된다.
> ㉡ **보조용언** : 자립성이 희박하여 본용언을 도와주는 용언으로 단독으로 서술어가 될 수 없거나, 될 수 있어도 본래 의미를 상실한다.

27 다음 문장성분 중 단독으로 쓰이지 못하는 것은?

① 관형어   ② 주어

③ 목적어   ④ 부사어

> **TIP** 관형어는 체언을 꾸미는 말로 수식어라고도 하며, 체언 없이 단독으로는 쓰일 수 없다.
> ※ 단어의 성립요건
> ㉠ 단어의 형태
> • 홀로 자립할 수 있는 말 : 체언, 관형사, 부사, 감탄사
> • 의존형태소끼리 어울려 자립하는 말 : 용언
> • 자립형태소에 붙되 쉽게 분리되는 말 : 조사
> ㉡ 조사와 결합하지 않은 단어는 단독으로 하나의 어절을 이룬다.

Answer 25.④ 26.② 27.①

28 다음 중 선어말어미에 대한 설명이 아닌 것은?

① 개방적 형태소이다.　　　② 높임과 시제를 나타낼 수 있다.

③ 용언의 어간에 두루 붙는다.　　　④ 문장을 종결시키는 힘이 있다.

TIP 선어말어미 … 어간과 어말어미 사이에 오는 높임, 공손, 시간을 표시하는 어미로 개방적 형태소이다.
　ⓐ 높임 선어말어미 : 시
　ⓑ 시제 선어말어미 : 는(ㄴ), 았(었), 겠, 더
　ⓒ 공손 선어말어미 : 옵, 사오, 자옵

29 우리말의 높임법(혹은 존대법) 체계에 비추어 볼 때 옳은 것은?

① 할아버지께서는 이빨이 참 좋으십니다.

② 교수님은 두 살 된 따님이 계신다.

③ 선생님, 제 말씀 좀 들어 주십시오.

④ 이 책은 우리 선생님이 준 책이야.

TIP ① '이빨'은 동물의 '이'를 가리키는 말이므로 사람에게는 '치아'나 '이'라는 낱말을 사용해야 하며 높임법에서는 '치아'로 써야 한다.
　② 교수님과 밀접한 관계가 있는 따님을 간접 높임으로 하여 교수님을 높이게 되는 표현을 사용해야 하므로 '계시다'를 '있으시다'로 써야 한다.
　④ 일반적인 주체 높임으로 '선생님이'는 '선생님께서'로 '준'은 '주신'으로 써야 한다.

30 다음 중 호칭어와 지칭어에 대한 설명으로 옳지 않은 것은?

① 남편의 여동생을 '고모'라고 부른다.

② 오빠의 아내는 '언니'라고 부르고, 지칭어는 '올케'이다.

③ 누나의 입장에서 남동생의 아내는 지칭어가 '올케'이다.

④ 남편의 형을 이르는 말은 '아주버니'이다.

TIP ① 남편의 여동생은 결혼 여부에 상관없이 '아가씨'라고 한다.

Answer　28.④　29.③　30.①

31 다음 인사말에서 국민을 대하는 자세나 높임법이 바른 것은?

① 먼저 본인을 대표로 선출하여 주신 대의원 여러분과 국민 여러분에게 감사의 뜻을 표하고자 합니다.

② 먼저 저를 대표로 선출하여 주신 대의원 여러분과 국민 여러분께 감사의 뜻을 표하고자 합니다.

③ 먼저 저에게 막중한 소임을 맡겨 주신 국민 여러분에게 깊은 감사와 경의를 드리는 바입니다.

④ 먼저 나에게 막중한 소임을 맡겨 주신 국민 여러분께 깊은 감사와 존경의 뜻을 표하는 바입니다.

TIP 공식적인 발언을 할 때에는 자신은 '저'로 낮추고, 청자는 높여서 표현해야 한다.
① 본인→ 저, 여러분에게→ 여러분께 ③ 여러분에게→ 여러분께 ④ 나→ 저

32 다음 중 두 단어의 관계가 나머지 넷과 다른 하나는?

① 익다(熟) : 익히다

② 서다(止) : 세우다

③ 알다(知) : 알리다

④ 뽑다(選) : 뽑히다

TIP ①②③ 사동 표현 ④ 피동 표현
※ 사동 표현과 피동 표현
ⓒ 사동 표현
• 사동사 : 주어가 남에게 어떤 동작을 하도록 시키는 것을 나타나는 동사이다.
• 사동 표현의 방법
− 용언 어근 + 사동형 접미사(−이−, −히−, −리−, −기−, −우−, −추−)
− 동사 어간 + '−게 하다'
ⓒ 피동 표현
• 피동사 : 주어가 남의 행동을 입어서 행하게 되는 동작을 나타내는 동사이다.
• 피동 표현의 방법
− 동사 어간 + 피동평 접미사(−이−, −히−, −리−, −기−)
− 동사 어간 + '−어 지다'

Answer 31.② 32.④

33 다음 문장 중 밑줄 친 서술어의 자릿수가 다른 하나는?

① 철이는 사과를 맛있게 <u>먹었다</u>.
② 그는 이제 더 이상 어린애가 <u>아니었다</u>.
③ 나는 지금도 너를 제일 친한 친구로 <u>여기고 있다</u>.
④ 이 고장의 온화한 기후는 농사짓기에 정말 <u>적합하다</u>.

TIP ① 주어(철이는), 목적어(사과를)를 필요로 하는 두 자리 서술어이다.
② 주어(그는), 보어(어린애가)를 필요로 하는 두 자리 서술어이다.
③ 주어(나는), 목적어(너를), 부사어(친구로)를 필요로 하는 세 자리 서술어이다.
④ 주어(기후는), 부사어(농사짓기에)를 필요로 하는 두 자리 서술어이다.
※ **자릿수** … 완전한 문장을 이루기 위하여 주어, 목적어, 보어, 부사어 중에서 서술어가 요구하는 필수성분의 수이다.
  ㉠ **한 자리 서술어** : 주어만 있으면 문장이 성립하는 서술어(자동사, 형용사)
  ㉡ **두 자리 서술어** : 주어 외에 목적어나 보어, 부사어를 필수적으로 요구하는 서술어(타동사, 불완전자동사, 대칭동사, 이동동사, 소유 · 주관성 형용사)
  ㉢ **세 자리 서술어** : 주어, 목적어, 부사어를 필수성분으로 요구하는 서술어(수여동사, 발화동사, 사동사)

34 다음 밑줄 친 부분이 어법에 맞게 사용된 문장은?

① 삼국은 안으로 서로 대립하거나 연맹관계를 맺고, 밖으로는 중국세력과 평화적 교섭을 하거나 <u>전쟁을 치르면서</u> 통일의 길로 나아갔다.
② 구성원들은 소외의식을 느끼지 않고 자기가 속한 집단의 <u>문제 해결과</u> 한 번 결정한 것을 실천하기 위해 적극적으로 나설 수 있을 것이다.
③ 그 나라 <u>주민과의 충돌이나</u> 민족의 정체성을 상실하는 등의 문제가 발생되기도 한다.
④ 대학은 모든 시대와 나라에서 형성된 가장 심오한 <u>진리탐구와</u> 치밀한 과학정신을 배양 형성하는 도장입니다.

TIP ② 문제 해결과 → 문제를 해결하고
  ③ 주민과의 충돌이나 → 주민과 충돌하거나
  ④ 진리탐구와 → 진리를 탐구하고

Answer 33.③ 34.①

35 다음 문장에서 밑줄 친 말의 주어는?

> 그가 결혼을 한다는 것은 <u>사실이다.</u>

① 그가

② 결혼을 한다는 것

③ 한다는 것은

④ 그가 결혼을 한다는 것

TIP 명사절을 안은 문장으로 '사실이다'는 '그가 결혼을 한다는 것은'의 서술어이다.

36 다음 중 밑줄 친 부분의 맞춤법 표기가 바른 것은?　　　　　2020. 07. 04. 부산교통공사

① 땀을 너무 많이 흘려서 <u>호줄근하다.</u>

② <u>엇저녁</u>에 가족들과 운동을 했다.

③ 빨리 달리다가 벽에 <u>부딪쳤다.</u>

④ <u>며칠 간</u> 해외여행을 떠날 예정이다.

TIP ① 호줄근하다 → '호졸근하다'
② 엇저녁 → '엊저녁'
③ 부딪쳤다 → '부딪혔다'

37 띄어쓰기를 포함하여 맞춤법이 모두 옳은 것은?

① 그는∨가만히∨있다가∨모임에∨온∨지∨두∨시간∨만에∨돌아가∨버렸다.

② 옆집∨김씨∨말로는∨개펄이∨좋다는데∨우리도∨언제∨한∨번∨같이∨갑시다.

③ 그가∨이렇게∨늦어지는∨걸∨보니∨무슨∨큰∨일이∨난∨게∨틀림∨없다.

④ 하늘이∨뚫린∨것인지∨몇∨날∨몇∨일을∨기다려도∨비는∨그치지∨않았다.

TIP ② 김씨→김 씨, 호칭어인 '씨'는 띄어 써야 옳다.
③ 큰 일→큰일, 틀림 없다→틀림없다. '큰일'은 '중대한 일'을 나타내는 합성어이므로 붙여 써야 하며 '틀림없다'는 형용사이므로 붙여 써야 한다.
④ 몇 일→며칠, '몇 일'은 없는 표현이다. 따라서 '며칠'로 적어야 옳다.

Answer　　35.④　36.④　37.①

38 밑줄 친 단어 중 우리말의 어문 규정에 따라 맞게 쓴 것은?

① <u>윗층</u>에 가 보니 전망이 정말 좋다.

② <u>뒷편</u>에 정말 오래된 감나무가 서 있다.

③ 그 일에 <u>익숙지</u> 못하면 그만 두자.

④ <u>생각컨대</u>, 그 대답은 옳지 않을 듯하다.

TIP 어간의 끝음절 '하'가 아주 줄 적에는 준 대로 적는다〈한글 맞춤법 제40항 붙임2〉.

① 윗층 → 위층

② 뒷편 → 뒤편

④ 생각컨대 → 생각건대

※ 어간의 끝음절 '하'가 줄어드는 말

본말	준말
거북하지	거북지
생각하건대	생각건대
생각하다 못해	생각다 못해
깨끗하지 않다	깨끗지 않다
넉넉하지 않다	넉넉지 않다
못하지 않다	못지않다
섭섭하지 않다	섭섭지 않다
익숙하지 않다	익숙지 않다

39 다음 중 맞춤법에 어긋나는 것은?

① 각별히 ② 틈틈히

③ 솔직히 ④ 조용히

TIP 부사의 끝음절이 분명히 '이'로만 나는 것은 '−이'로 적고, '히'로만 나거나 '이'나 '히'로 나는 것은 '−히'로 적는다〈한글맞춤법 제 51항〉.

※ **부사화 접미사 '−이'와 '−히'의 구별요령**

㉠ '−이'로 적는 경우

• 어근이 명사나 부사일 때

예 간간이, 겹겹이, 낱낱이, 다달이, 샅샅이, 더욱이, 일찍이

• 용언의 기본형이 '−하다'로 끝나지 않을 때

예 가깝다 : 가깝 + 이 → 가까이, 많다 : 많 + 이 → 많이

Answer 38.③ 39.②

- 용언의 어근이 'ㅅ'으로 끝날 때
  - **예** 깨끗하다 : 깨끗 + 이 → 깨끗이, 느긋하다 : 느긋 + 이 → 느긋이
- ⓒ '-히'로 적는 경우
  - 용언의 기본형이 '-하다'로 끝날 때
    - **예** 'ㄱ' 끝소리(족히, 넉넉히), 'ㄴ' 끝소리(간단히, 간편히), 'ㄹ' 끝소리(각별히, 간절히), 'ㅁ' 끝소리(심히, 과감히), 'ㅂ' 끝소리(갑갑히, 급히), 'ㅇ' 끝소리(건강히, 분명히), '모음' 끝소리(고요히, 영구히)
  - 그 밖의 '-히'로만 적는 것
    - **예** 속히, 극히, 작히, 딱히, 특히

40 밑줄 친 말이 표준어인 것은?

① 약물 문제로 이슈가 됐던 그는 얼마 지나지도 않아 <u>뉘연히</u> 대중 앞에 나타났다.

② 어떤 옷을 찾으려는 건지 그녀는 옷장 서랍을 전부 <u>뒤어내고</u> 있었다.

③ 그는 전 재산을 탕진하고 나서야 사업에 실패한 원인을 <u>깨단하게</u> 되었다.

④ <u>허구헌</u> 날 팔자 한탄만 하고 있어서야 조금의 발전도 기대할 수 없다.

TIP ③ 깨단하다 : 오랫동안 생각해 내지 못하던 일 따위를 어떠한 실마리로 말미암아 깨닫거나 분명히 알다.
① 뉘연히 → '버젓이'의 잘못
② 뒤어내고 → '뒤져내다(샅샅이 뒤져서 들춰내거나 찾아내다)'의 잘못
④ 허구헌 → '허구한'의 잘못

41 다음 중 복수표준어가 아닌 것은?

① 서럽다 – 섧다

② 엿가락 – 엿가래

③ 철딱서니 – 철때기

④ 나부랭이 – 너부렁이

TIP ③ '철따구니/철딱서니/철딱지'는 모두 표준어이며, '철때기'는 비표준어이다.

※ **복수표준어** … 한 가지 의미를 나타내는 여러 형태의 단어가 표준어로 인정되는 것을 말한다〈표준어규정 제26항〉.

예 넝쿨/덩굴, 고린내/코린내, 거슴츠레하다/게슴츠레하다, 가락엿/가래엿, 꼬까옷/때때옷/고까옷, 눈대중/눈어림/눈짐작, 닭의장/닭장, 벌레/버러지, 부침개질/부침질/지짐질, 생/새앙/생강, 아무튼/어떻든/어쨌든/하여튼/여하튼, 여쭈다/여쭙다, 우레/천둥, 자물쇠/자물통, 중신/중매, 한턱내다/한턱하다

42 다음 단어들 모두에 공통적으로 적용되는 외래어 표기의 원칙은?

콩트, 달러, 게임, 파리

---

① 파열음 표기에는 된소리를 쓰지 않는 것을 원칙으로 한다.

② 외래어를 표기할 때는 받침으로 'ㄱ, ㄴ, ㄷ, ㄹ, ㅁ, ㅂ, ㅅ, ㅇ'만을 쓴다.

③ 외래어의 1 음운은 원음에 가깝도록 둘 이상의 기호로 적는 것을 원칙으로 한다.

④ 이미 굳어진 외래어도 발음에 가깝도록 바꾸는 것을 원칙으로 한다.

TIP 외래어 표기법 제1장(표기의 원칙) 제4항 '파열음 표기에는 된소리를 쓰지 않는 것이 원칙이다.'에 따라 '꽁트/딸러/께임/빠리'가 아닌 '콩트/달러/게임/파리'로 적는다.

※ 외래어 표기의 원칙
  ㉠ 외래어는 국어의 현용 24 자모만으로 적는다.
  ㉡ 외래어의 1 음운은 원칙적으로 1 기호로 적는다.
  ㉢ 받침에는 'ㄱ, ㄴ, ㄹ, ㅁ, ㅂ, ㅅ, ㅇ'만을 쓴다.
  ㉣ 파열음 표기에는 된소리를 쓰지 않는 것을 원칙으로 한다.
  ㉤ 이미 굳어진 외래어는 관용을 존중하되, 그 범위와 용례는 따로 정한다.

---

43 외래어 표기법과 로마자 표기법이 맞는 것으로만 묶인 것은?

① gas – 가스, 전주(지명) – Jeonjoo

② center – 센터, 서산(지명) – Seosan

③ frypan – 후라이팬, 원주(지명) – Wonju

④ jumper – 점퍼, 청계천(지명) – Chonggyechon

TIP ① Jeonjoo → Jeonju
   ③ 후라이팬 → 프라이팬
   ④ Chonggyechon → Cheonggyecheon

Answer 42.① 43.②

⊖З 고전 문법

01 음운

① 훈민정음(訓民正音)의 음운 체계

(1) 훈민정음의 제자 원리

① 초성(자음) … 발음 기관을 본뜬 것이다.

명칭	상형	기본자	가획자	이체자
어금닛소리[아음(牙音)]	혀 뿌리가 목구멍을 막는 모양	ㄱ	ㅋ	ㆁ
혓소리[설음(舌音)]	혀가 윗잇몸에 붙는 모양	ㄴ	ㄷ, ㅌ	ㄹ(반설)
입술소리[순음(脣音)]	입술 모양	ㅁ	ㅂ, ㅍ	
잇소리[치음(齒音)]	이 모양	ㅅ	ㅈ, ㅊ	ㅿ(반치)
목구멍소리[후음(喉音)]	목구멍 모양	ㅇ	ㆆ, ㅎ	

② 중성(모음) … 삼재(三才 : 天, 地, 人)의 상형 및 기본자를 합성했다.

구분	기본자	초출자	재출자
양성 모음	ㆍ	ㅗ, ㅏ	ㅛ, ㅑ
음성 모음	ㅡ	ㅜ, ㅓ	ㅠ, ㅕ
중성 모음	ㅣ		

③ 종성(자음) … 따로 만들지 않고 초성을 다시 쓴다[종성부용초성(終聲復用初聲)].

(2) 훈민정음 문자 체계

① 초성(자음) 체계

명칭 \ 소리의 성질	전청 (全淸, 예사소리)	차청 (次淸, 거센소리)	불청불탁 (不淸不濁, 울림소리)
어금닛소리[牙音]	ㄱ	ㅋ	ㆁ
혓소리[舌音]	ㄷ	ㅌ	ㄴ
입술소리[脣音]	ㅂ	ㅍ	ㅁ
잇소리[齒音]	ㅅ, ㅈ	ㅊ	
목구멍소리[喉音]	ㆆ	ㅎ	ㅇ
반혓소리[半舌音]			ㄹ
반잇소리[半齒音]			ㅿ

② 중성(모음) 체계

명칭 \ 소리의 성질	양성 모음	중성 모음	음성 모음
단모음	ㆍ, ㅏ, ㅗ	ㅣ	ㅡ, ㅓ, ㅜ
이중 모음	ㅑ, ㅛ		ㅕ, ㅠ

② 표기법

(1) 표음적 표기법

① **8종성법** … 종성에서는 'ㄱ, ㆁ, ㄷ, ㄴ, ㅂ, ㅁ, ㅅ, ㄹ'의 8자만 허용되는 것이 원칙인데, 이는 체언과 용언의 기본 형태를 밝히지 않고 소리나는 대로 적는 것으로 표음적 표기라 할 수 있다.

② **이어적기(연철)** … 받침 있는 체언이나 용언의 어간에 모음으로 시작되는 조사나 어미가 붙을 때는 그 받침을 조사나 어미의 초성으로 이어 적었다.

(2) 표의적 표기법

① **8종성법의 예외(종성부용초성)**
　㉠ 용비어천가와 월인천강지곡에 주로 나타나는데, 체언과 용언의 기본 형태를 밝혀 적은 일이 있다.
　㉡ 반치음과 겹받침이 종성으로 적혀지는 일이 있었다.

② **끊어적기(분철)** … 월인천강지곡에 나타나는 예로서 'ㄴ, ㄹ, ㅁ, ㅇ' 등의 받침소리에 한해 끊어 적는 일이 있었다.

02 형태

① 품사

(1) 체언의 형태 바꿈

① **'ㅎ' 받침 체언** ··· 단독으로 쓰이거나 실질 형태소 앞에서는 'ㅎ'이 나타나지 않으나 조사와 결합될 때는 'ㅎ'이 나타난다.

> 예 하눓 + 이 → 하늘히(하느리×), 하눓 + 과 → 하늘콰(하늘화×), 하눓 + 은 → 하늘훈(하늘은×)

② **'ㄱ'의 덧생김** ··· 명사의 끝음절 모음이 탈락하고 'ㄱ'이 덧생긴다. 단, 공동, 비교, 접속의 조사 '와'하고 결합할 때는 단독형으로 쓰인다('ㄱ' 곡용어라고도 함).

> 예 나모(木) : 남기, 남굴, 남기라, 남기, 남군, 나모와

③ **8종성 표기** ··· 'ㅌ, ㅍ, ㅈ, ㅊ' 받침이 자음 앞에 오면 8종성 대표음 'ㄱ, ㄴ, ㄷ, ㄹ, ㅁ, ㅂ, ㅅ, ㅇ'으로 변화되는 현상이다.

> 예 곳 + 과 > 곳과, 곳 + 이 > 고지(모음이 연음됨), 빛 + 과 > 빗과

④ **모음 탈락에 의한 형태 바꿈**

   ㉠ **'ᄅ /르 → ㄹㅇ'의 바뀜** : 'ᄋ / 으'가 탈락하고 'ㄹ'이 앞 음절의 종성으로 가며, 조사의 초성은 후두 유성 마찰음 'ㅇ'으로 된다.

> 예 노ᄅ(獐) : 놀이, 놀올, 놀이라, 노ᄅ와

   ㉡ **'ᄅ /르 → ㄹㄹ'의 바뀜** : 'ᄋ / 으'가 탈락하고 'ㄹ'이 앞 음절의 종성으로 가며 'ㄹ'이 조사의 초성으로 덧들어간다.

> 예 ᄒᄅ(一日) : 홀리, 홀리라, 홀룬, ᄒᄅ와

   ㉢ **'ᄉ /스 → ᅀㅇ'의 바뀜** : 'ᄋ / 으'가 탈락하고 'ㄹ'이 앞 음절의 종성으로 가며, 조사의 초성은 후두 유성 마찰음 'ᅀ'으로 된다.

> 예 아ᅀ(弟) : 앗이, 앗올, 앗이, 아ᅀ와

(2) 조사

① **주격 조사** ··· '가'는 쓰이지 않았으며 '가'가 쓰인 것은 17세기 이후이다.

> 예 식미 기픈, 두리 업건ᄆᆞᆫ

② **서술격 조사** ··· 어간의 형태는 주격 조사와 동일하게 쓰였는데 평서형 종결 어미는 '-라'였다.

> 예 樓는 다라기라. 여슷찻 히 乙酉ㅣ라. 齒는 니라.

③ 목적격 조사

환경	양성 모음	음성 모음
자음 뒤	울(사롤물)	을(꾸믈)
모음 뒤	룰(조수룰)	를(거우루를)

④ 관형격 조사와 처소 부사격 조사

환경	형태		예
	관형격 조사	처소 부사격 조사	
양성 모음 뒤	익	애	도주기
음성 모음 뒤	의	에	大衆의
'ㅣ' 모음 뒤	체언의 'ㅣ' 모음 탈락	예	가히, 그려긔

⑤ 모음과 'ㄹ' 아래에서 'ㄱ'이 탈락하는 조사 ⋯ '과 / 와', '곳 / 옷', '가 / 아', '고 / 오'

(3) 용언과 활용

① **자동사·타동사의 구별** ⋯ 목적어를 취하면 타동사, 취하지 않으면 자동사이다.
  예 艱難혼 사룸 보아든(타동사) / 석 둘 사루시고 나아 가거시눌(자동사)

② **어간, 어미의 형태 바꿈**
  ㉠ **'ㄹㅇ' 활용** : '릭 / 르'로 끝나는 어간이 모음 어미 앞에서 '익 / 으'가 탈락하며 'ㄹ'이 앞 모음의 종성에 가서 끊어적기가 된다. 규칙 활용에 속한다.
    예 다루다(異), 오루다(登), 니르다(謂), 무루다(裁), 비브루다(飽)
  ㉡ **'ㄹㄹ' 활용** : '릭 / 르'로 끝나는 어간이 모음 어미 앞에서 '익 / 으'가 탈락하고 'ㄹ'이 끊어적기가 될 뿐 아니라, 'ㄹ'이 덧생긴다.
    예 샌루다(速), 므르다(乾), 모루다(不知)
  ㉢ **'그스다(引)'의 활용** : 어간 '스'의 모음 '으'가 탈락하고 'ㅿ'이 어간의 종성이 되어 모음 어미와 끊어적는다. 예 그스 + 어 → 궁어, 그스 + 움 → 궁움
  ㉣ **어간 'ㄹ'의 탈락** : 어간이 'ㄹ'로 끝나는 용언의 'ㄹ' 탈락 조건은 'ㄴ'뿐만 아니라, 'ㄷ, ㅿ' 앞에서도 탈락하고 '-시-' 앞에서는 매개 모음을 취하고 'ㄹ'이 탈락하지 않는다.
    예 알 + 디 → 아디, 알 + 숩 + 고 → 아숩고, 날 + 익시 + 아 → 는르샤(○), 는샤(×)
  ㉤ **'ㅅ' 불규칙 활용** : 어간의 'ㅅ'이 'ㅿ'으로 바뀐다.
    예 짓 + 어 → 지서
  ㉥ **'ㅂ' 불규칙 활용** : 어간의 'ㅂ'이 'ㅸ'으로 바뀌는 것으로 성종 때부터는 'ㅸ'이 소멸되어 'ㅂ'이 '오 / 우'로 바뀐다.
    예 덥 + 어 → 더버 > 더워(성종 때)
  ㉦ **'ㄷ' 불규칙 활용** : 어간의 끝소리 'ㄷ'이 모음 앞에서 'ㄹ'로 바뀐다.
    예 듣 + 어 → 들어

(4) 선어말 어미

① 높임의 선어말 어미

    ㉠ 주체 높임의 선어말 어미 : -시-, -샤-

        예 늘 + (ᄋ)샤 + 아 → ᄂᆞ르샤('아' 탈락), 가 + 샤 + 오디 → 가샤디('오' 탈락)

    ㉡ 상대 높임의 선어말 어미 : -이-, -잇-

        예 줌 + ᄋᆞ니 + 이 + 다 → ᄌᆞᄆᆞ니이다

        예 믿 + ᄋᆞ니 + 잇 + 가 → 미드니잇가

    ㉢ 객체 높임의 선어말 어미 … ᄉᆞᆸ, 좁, 숩

        예 막ᄉᆞᆸ거늘, 빗ᄉᆞᆸ더니 / 듣좁고, 맞좁더니 / 보숩게, 안숩고

② 시간 표현의 선어말 어미

    ㉠ 현재 시제

      • 동사 어간 + -ᄂ-   예 묻ᄂᆞ다(묻는다)

      • 형용사에는 특별한 형태소가 붙지 않는다.

    예 제 ᄠᅳ들 시러 펴디 몯ᄒᆞᇙ 노미 하니라(많다).

    ㉡ 미래 시제 : -리-   예 더욱 구드시리이다

    ㉢ 과거 시제 : 선어말 어미가 없이 과거가 표시된다.

    예 네 아비 ᄒᆞ마 주그니라(죽었다).

(5) 어말 어미

① 종결 어미

구분	평서형	의문형	명령형	청유형
ᄒᆞ라체	ᄒᆞ다	ᄒᆞ녀(1인칭) ᄒᆞᆫ다(2인칭) ᄒᆞᆫ가(간접)	ᄒᆞ라	ᄒᆞ져
ᄒᆞ쇼셔체	ᄒᆞ이다	ᄒᆞ니잇가	ᄒᆞ쇼셔	ᄒᆞ사이다

② 연결 어미

    ㉠ -ᄅᄊᆡ : 원인을 나타낸다. 예 불휘 기픈 남ᄀᆞᆫ ᄇᆞᄅᆞ매 아니 뮐ᄊᆡ

    ㉡ -관ᄃᆡ : 원인과 조건을 나타내며, 앞에는 의문사를 동반한다.

        예 엇던 功德을 닷관ᄃᆡ 能히 이 大神通力이 이시며

    ㉢ -ᄂ마ᄅᆞᆫ : '-ᄂ마는'의 뜻이다. 예 믈 깊고 ᄇᆡ 업건마ᄅᆞᆫ

    ㉣ -디ᄫᅵ : 앞 긍정, 뒤 부정(-ㄹ지언정)을 나타낸다. 예 이에 든 사ᄅᆞ미 죽디ᄫᅵ 나디 몯ᄒᆞᄂᆞ니라

    ㉤ -과뎌 : '희망'을 나타낸다. 예 親友ㅣ ᄃᆞ외와뎌 願ᄒᆞ시니라

    ㉥ -디옷 : '-ㄹ수록'의 뜻이다. 예 이 하ᄂᆞᆯ둘히 놉디옷 목수미 오라ᄂᆞ니

    ㉦ -오ᄃᆡ : 설명, 인용을 나타낸다. 예 산이 이쇼ᄃᆡ 일후미 鐵圍니

③ 전성 어미

　　㉠ 명사형 어미 : -음 / -움, -기, -디

　　　• -옴 / -움 : 현대 국어의 '(-으)ㅁ'과 같은 것으로, '-오 / -우'를 따로 분석하지 않는다.

　　　• -디 : '어렵다, 슬ㅎ다, 둏다' 앞에서만 쓰였다. 쓰임은 '-기'와 비슷하다.

　　㉡ 관형사형 어미 : -ㄴ, -ㅭ

　　　• 현재 : '-ᄂᆞ-' + '-ㄴ' → '는'('-ᄂᆞ-'가 선어말 어미이므로 '는'은 있을 수 없음)

　　　• 미래형은 세조 때까지만 '-ㅭ'으로 쓰였고, 그 후에는 '-ㄹ'만 쓰였다.

　　　• 관형사형의 명사적 쓰임

　　　　㉎ 다ᅇᅙ 업슨 긴 ᄀᆞᄅᆞᆷ 니섬너서 오놋다(다함이 없는 긴 강은 잇달아 흘러오는구나).

❷ 단어의 형성

(1) 파생법

① -(ᄋᆞ / 으)ㅁ … 명사화 접미사

　　㉎ 그리(다) + ㅁ → 그림, 살(다) + 음 → 사룸, 열(다) + 음 → 여름(實)

② -이 / 의 … 형용사 어근에 붙어 명사화가 된다.

　　㉎ 높(다) + 이 → 노픠, 굽(다) + 의 → 구븨

③ -이 … 동사 어근에 붙어 명사화, 형용사 어근에 붙어 부사화가 된다.

　　㉎ 글짓(다) + 이 → 글지ᅀᅵ(명사), 높(다) + 이 → 노피(부사)

④ ∅(영)접사 … 명사가 특별한 접사 없이 동사로 파생된다.

　　㉎ ᄀᆞ물 → ᄀᆞ물다, 깃 → 깃다(깃들이다), 빗 → 빗다, 신 → 신다, 안 → 안다

⑤ 어간형 부사 … 형용사 어간이 그대로 부사가 된다.

　　㉎ 그르(誤), 바ᄅᆞ(正), ᄀᆞᆮ(如), 브르(飽), 빈브르(飽)

⑥ -ᄋᆞ- / -으- … 매개 모음과 형태가 같으나 사동 접미사로 쓰이는 일이 많다.

　　㉎ 살(다) + ᄋᆞ → 사ᄅᆞ다(살리라), 길(다) + 으 → 기르다

⑦ -받- > -완- … 강세 접미사

　　㉎ 니르받다 > 니르완다(일으키다), 믈리받다 > 믈리완다(물리치다)

(2) 합성법

① 동사 어간 + 동사 어간 ㉎ 듣보다, 긁빗다, 빌먹다, 죽살다

② 형용사 어간 + 형용사 어간 ㉎ 됴쿶다('둏-'+'궂-'), 횩뎍다('횩-'+'뎍-')

출제 예상 문제

1 훈민정음에 대한 설명으로 옳지 않은 것은?

① 초성자는 훈민정음 해례본의 설명에 따르면 발음기관의 모양을 본떠 만들었다.

② 중성자는 훈민정음 해례본의 설명에 따르면 천지인(天地人) 삼재(三才)를 기본으로 만들었다.

③ 현대 한글맞춤법에 제시된 한글 자모의 순서는 '훈몽자회(訓蒙字會)'의 자모 순서와 같다.

④ 훈민정음이 처음 만들어졌을 때는 'ㄱ'을 '기역'이라 부르지 않았던 것으로 보인다.

> **TIP** ③ 현대 국어의 자모 순서는 1933년 '한글 맞춤법 통일안'에서 제시된 것을 따르고 있다.
>
> ※ **훈몽자회** … 조선 중종 22년(1527)에 최세진이 지은 한자 학습서로 자음의 순서는 'ㄱ, ㄴ, ㄷ, ㄹ, ㅁ, ㅂ, ㅅ, ㆁ, ㅋ, ㅌ, ㅍ, ㅈ, ㅊ, ㅿ, ㅇ, ㅎ'이다.

2 다음 중 초성의 제자원리에 알맞은 것은?

① 발음기관 상형

② 몽고문자 모방

③ 고전(古篆) 모방

④ 창호(窓戶) 모방

> **TIP** 1940년 경북 안동에서 '훈민정음 해례본'이 발견됨으로써 초성의 발음기관 상형설이 밝혀졌다.

구분	기본자	상형	가획자	이체자
아음	ㄱ	혀뿌리가 목구멍을 막는 모양	ㅋ	ㆁ
설음	ㄴ	혀끝이 윗잇몸에 붙는 모양	ㄷ, ㅌ	ㄹ(반설음)
순음	ㅁ	입의 모양	ㅂ, ㅍ	
치음	ㅅ	이의 모양	ㅈ, ㅊ	ㅿ(반치음)
후음	ㅇ	목구멍의 모양	ㆆ, ㅎ	

Answer 1.③ 2.①

3 다음 중 훈민정음 기본자음에 해당하지 않는 것은?

① ㄱ

② ㄷ

③ ㅅ

④ ㅇ

> **TIP** 훈민정음 기본자음 … 훈민정음 해례 제자해(訓民正音 解例 題字解)에 의하면 초성 중 기본자는 ㄱ(아음)·ㄴ(설음)·ㅁ(순음)·ㅅ(치음)·
> ㅇ(후음)으로, 그 자음(字音)이 나타내는 음소(音素)를 조음할 때의 발음기관의 모양을 본떴다고 하였다.
>   ㉠ **아음**(牙音) : ㄱ(혀뿌리가 목구멍을 막는 모양)
>   ㉡ **설음**(舌音) : ㄴ(혀끝이 입천장에 닿는 모양)
>   ㉢ **순음**(脣音) : ㅁ(입술모양)
>   ㉣ **치음**(齒音) : ㅅ(이빨모양)
>   ㉤ **후음**(喉音) : ㅇ(목구멍모양)

4 다음 글의 (   ) 안에 들어갈 문헌은?

> 세종 당시에 한글의 창제와 사용은 한자와 한문의 지위에 별다른 영향을 끼치지 않았다. 세종 또한 한 번
> 도 한자와 한문의 권위를 부정한 적이 없었다. 세종은 도리어 중국 운서의 체계에 맞지 않는 조선 한자음
> 을 바로잡으려는 의도 아래 (   )을(를) 편찬하도록 명하였다.

① 동국정운(東國正韻)

② 홍무정운(洪武正韻)

③ 훈몽자회(訓蒙字會)

④ 사성통해(四聲通解)

> **TIP** **동국정운**(東國正韻) … 1448년 신숙주 · 최항 · 박팽년 등이 세종의 명을 받고 편찬 간행한 한국 최초의 운서, 6권 6책 전질로 되
> 어 있다. 1972년 3월 2일 국보 제142호로 지정되었으며, 현재 건국대학교박물관에 소장되어 있다. '동국정운'은 우리나라의 바른
> 음이라는 뜻으로, 중국의 운서인 홍무정운(洪武正韻)을 참고하여 만든 것이다. 본문의 큰 글자는 목활자, 작은 글자는 1434년(세
> 종 16)에 만든 구리활자인 갑인자, 서문은 갑인자 대자로 기록되어 있다. 구성은 서문 7장, 목록 4장, 권1은 46장, 권2는 47장,
> 권3은 46장, 권4는 40장, 권5는 43장, 권6은 44장으로 구성되어 있다.
> ② **홍무정운**(洪武正韻) : 중국 명나라 때의 운서. 명나라 태조(太祖) 연간인 1375년(洪武 8)에 황제의 명으로 악소봉(樂韶鳳) · 송염
> (宋濂) 등이 편찬한 15권의 운서이다.
> ③ **훈몽자회**(訓蒙字會) : 최세진이 어린이들의 한자 학습을 위하여 지은 책으로 1527년(중종 22)에 간행된 이래 여러 차례 중간되
> 었다.
> ④ **사성통해**(四聲通解) : 1517년(중종 12) 최세진이 편찬한 중국본토자음용 운서로 「홍무정운역훈(洪武正韻譯訓)」(1455)의 음계를
> 보충하고, 자해(字解)가 없는 신숙주(申叔舟)의 「사성통고」를 보완하기 위해 편찬되었다.

Answer 3.② 4.①

5 중세 국어의 표음주의 표기 체계상의 표현이라고 볼 수 없는 것은?

① 곳
② 닙
③ 식미
④ 스뭇디

TIP 중세 국어의 표기는 발음 위주의 표음적 표기를 기본으로 하였다.
① 종성부용초성에 의한 표의적 표기
②④ 8종성법
③ 이어적기(연철)로 표음적 표기

6 다음 중 밑줄 친 낱말의 15세기 표기는?

무올히 다나 듣니ᄂ니

① 마을
② 무실
③ 무술
④ 마슬

TIP 무술 > 무올 > 무을 > 마을

7 15세기 '블'로 표기했던 것이 현재 '불'로 변하였다. 이러한 음운현상은?

① 원순모음화
② 축 약
③ 이화현상
④ 모음충돌 회피

TIP 원순모음화 … 양순음(兩脣音) 'ㅂ, ㅃ, ㅍ, ㅁ' 다음에서 비원순음 'ㅡ(ㆍ)'가 원순모음으로 바뀌는 음운현상이다.
예 믈(水)→물, 블(火)→불, 플(草)→풀
※ 이화현상 … 두 발음의 단조로움과 불명확함을 피하기 위하여 한 낱말 안의 같거나 비슷한 음운을 다른 음운으로 바꾸는 음운현상이다.
예 거붑→거북, 붊→북, 서르→서로, 소곰→소금

Answer 5.① 6.③ 7.①

8 다음 중 중세어의 표기법에 의해 바르게 표기된 것은?

① 가뢰다(曰) ② 브슨아(碎)

③ 다ᄅ아(異) ④ 일우다(成)

TIP 한 형태소가 환경에 따라 달라지는 모습대로 적는 표기법을 표음적 표기라 하고, 형태소의 모습을 일정하게 고정시켜 적는 것을 표의적 표기라 한다.

※ **끊어적기와 이어적기** … 체언과 조사, 어간과 어미 등 실질형태소와 형식형태소의 연결에서 본 모습대로 적는 것을 끊어적기라 하고, 소리나는 대로 적는 것을 이어적기라 한다.

ⓐ 끊어적기(분철) : ᄀᆞ룸 + 애 → ᄀᆞ룸애, 먹 + 어 → 먹어

ⓑ 이어적기(연철) : ᄀᆞ룸 + 애 → 가ᄅᆞ매, 먹 + 어 → 머거

9 다음 중 'ㅎ' 종성체언의 형태로 보기 어려운 것은?

① 안팎 ② 살코기

③ 머리털 ④ 암탉

TIP ① 안ㅎ + 밖 ② 살ㅎ + 고리 ③ 머리 + 털 ④ 암ㅎ + 닭

10 사성법에 대한 설명으로 옳지 않은 것은?

① 음의 높낮이를 표시하기 위한 것이다.

② 글자의 왼쪽에 점을 찍는다.

③ 의미 분화의 기능이 있다.

④ 중세 국어의 평성은 오늘날 장음이다.

TIP ④ 중세 국어의 상성이 오늘날의 장음에 해당한다.

Answer 8.④ 9.③ 10.④

11 다음 중 어금닛소리(아음)이 아닌 것은?

① ㄱ

② ㄷ

③ ㅋ

④ ㆁ

TIP 어금닛소리(아음) … ㄱ(기본자), ㅋ(가획자), ㆁ(이체자)

12 다음 소실 문자 중 가장 늦게 없어진 것은?

① ㅸ

② ㆁ

③ ㆍ

④ ㅿ

TIP 소실 문자가 없어진 순서는 ㆆ → ㅸ → ㆅ → ㆀ → ㅿ → ㆁ → ㆍ이다.

13 다음 중 '서르 → 서로'로 변한 것과 관계없는 음운 현상은?

① 믈 → 물

② 불휘 → 뿌리

③ 거붑 → 거북

④ 즁싱 → 즘싱 → 즘승 → 짐승

TIP '서르'가 '서로'로 변한 것은 이화 · 유추 · 강화 현상과 관계 있다.

① 원순모음화

② 강화

③ 이화, 강화

④ 즁싱 > 즘싱(이화) > 즘승(유추) > 짐승(전설모음화)

14 다음 중 'ㅣ'모음 역행 동화가 아닌 것은?

① 져비 > 제비

② 겨시다 > 계시다

③ 겨집 > 계집

④ 둏다 > 좋다

TIP ④ 구개음화 현상이다.

15 다음 중 국어의 자모음 명칭을 최초로 규정한 문헌은?

① 자모변

② 훈민정음 운해

③ 동국정운

④ 훈몽자회

TIP 훈몽자회(訓蒙字會)
ⓐ 어린이 한자 학습서
ⓑ 8종성법을 사용
ⓒ 한찰표기 음운이 실림
ⓓ 훈민정음을 '반절(反切)'이라 명명함
ⓔ 한글 자모(字母)의 명칭과 순서를 최초로 규정

16 다음 (　　) 안에 알맞은 어형은?

즁싱 > (　　) > 즘승 > 짐승

① 즁싱

② 즘싱

③ 즘싱

④ 즘승

TIP • 즁싱 → 즘싱(이화, 강화)
• 즘싱 → 즘승(유추현상)
• 즘승 → 짐승(전설모음)

Answer 14.④ 15.④ 16.②

17 훈민정음 창제의 의의는?

① 표음문자의 창안

② 성리학 이론의 도입

③ 국어의 전면적 문자화

④ 자음과 모음의 분리

TIP 표음문자란 말의 소리를 기호로 나타낸 글자를 말하는데, 표음문자의 창안을 통해 언어와 문자를 통일시켜 백성들이 쉽게 문자 생활을 하게 되었다.

18 16세기 국어의 특징이 아닌 것은?

① 모음조화현상이 현저히 문란해졌다.

② 'ㅿ'은 소멸되고 'ㆁ'은 사용되었다.

③ 성조체계는 잘 지켜졌다.

④ 끊어적기와 혼철이 자주 나타난다.

TIP ③ 성조는 15세기에만 지켜지고 성종판 '두시언해' 이후 소멸한다.
    ※ 16세기 국어의 특징
      ㉠ 음운상의 특징
        • 'ㆍ'음가의 동요로 인해 모음조화가 문란해졌다.
        • 'ㄱ' 탈락현상이 없어지기 시작하였다.
        • 된소리되기와 거센소리되기가 증가하였다.
      ㉡ 표기상의 특징
        • 성조를 표시하는 방점을 사용하였지만, 성조는 16세기에 거의 사라졌다.
        • 받침규정으로는 '8종성법'이 중심이 되었다.
        • 표음적 표기와 표의적 표기가 혼용되었다.
      ㉢ 문법상의 특징
        • 선어말어미 '-오-/-우-'가 쓰이는 경우가 줄어들었다.
        • 명사형 어미 '-옴/-움'의 사용이 규칙성을 잃었다.

19 다음은 자음을 분류한 것이다. 이 중 옳지 않은 것은?

① 치음 - ㆆ, ㆅ, ㅇ

② 이음 - ㄱ, ㅋ, ㄲ, ㆁ

③ 설음 - ㄷ, ㅌ, ㄸ, ㄴ

④ 순음 - ㅂ, ㅍ, ㅃ, ㅁ

TIP ① 'ㆆ, ㆅ, ㅇ'은 목구멍 소리인 '후음'에 해당한다.

Answer 17.① 18.③ 19.①

20 다음 현상 중 일어난 시기가 빠른 순서대로 바르게 적은 것은?

⊙ ·음의 완전 소실	ⓛ 치음 뒤 'ㅑ'의 단모음화
ⓒ 초성글자 'ㆆ'의 소실	ⓔ 구개음화

① ⊙ⓒⓛⓔ

② ⓛⓔⓒ⊙

③ ⓒⓔ⊙ⓛ

④ ⓔ⊙ⓛⓒ

TIP ·음이 완전히 소실되는 것은 18세기 중엽이며, 단모음 화는 18세기 후반에 일어났다. 초성글자 'ㆆ'의 소실은 15세기 중엽에 일어났으며, 구개음화는 대체로 17세기 말 ~ 18세기 초에 나타난다.

21 다음 고어 중 그 뜻의 연결이 옳은 것은?

① 말 : 馬

② 믈 : 물(水)

③ ㅎ다 : 많다

④ 마히 : 장마

TIP ① 몰 : 말(馬), 말 : 말씀(言)

② 믈 : 물(水), 물 : 무리(衆)

③ ㅎ다 : 하다(爲), 하다 : 많다(多)

04 현대 문학

01 문학의 이해

❶ 문학의 본질과 특성

(1) 문학의 정의

작가의 체험을 통해 얻은 진실을 언어를 통해 표현하는 언어 예술이다.

(2) 문학의 본질

① **언어 예술** … 문학은 언어를 표현 매체로 하며 동시에 그것을 예술적으로 가다듬은 것이어야 한다.

② **개인 체험의 표현** … 개인의 특수한 체험이면서, 인류의 보편적 삶과 합일하는 체험이어야 한다.

③ **사상과 정서의 표현** … 미적으로 정화되고 정서화된 사상의 표현만이 문학이 될 수 있다.

④ **상상의 세계** … 작가의 상상에 의해 허구화된 세계의 표현이다.

⑤ **통합된 구조** … 모든 요소들이 유기적으로 결합되어 하나의 작품이 이루어진다.

(3) 문학의 갈래

① **언어 형태에 따른 갈래**
　　㉠ 운문 문학 : 언어에 리듬감을 부여하여 정서적 · 감성적인 효과를 가져 오는 문학이다.
　　㉡ 산문 문학 : 언어에 리듬감이 없는 산문으로 된 문학이다.

② **언어의 전달 방식에 따른 갈래**
　　㉠ 구비 문학 : 문자라는 기록 수단이 발명되기 이전에 입에서 입으로 전해진 문학이다.
　　㉡ 기록 문학 : 구비 문학을 기록하는 것에서 출발하여 본격적인 개인의 창의가 반영되는 문학이다.

③ 표현 양식에 따른 갈래
  ㉠ 3분법 : 서정 양식('시'가 대표적), 서사 양식('소설'이 대표적), 극 양식('희곡'이 대표적)
  ㉡ 4분법 : 시, 소설, 수필, 희곡

② 문학 작품의 해석

(1) 문학 이해의 여러 관점

① **문학 자체를 중시하는 관점** ··· 문학 작품을 이루는 여러 가지 외적 요소를 가급적으로 배제하고, 문학 작품 자체의 예술성을 밝히는 데 관심을 둔다(형식주의, 구조주의, 신비평).

② **주체를 중시하는 관점** ··· 문학 행위의 적극적·소극적 주체로서의 작가와 독자에 중심을 둔다(표현주의, 심리학적 비평, 수용미학 등).

③ **현실을 중시하는 관점** ··· 문학의 표현 대상인 현실에 주안점을 두는 문학 이해의 방법으로, 문학은 현실의 반영물이라는 것이 기본 전제를 이룬다(역사주의 비평, 현실주의 비평, 문학 사회학 등).

(2) 문학 작품 이해의 실제 방법

① **생산론적 관점(표현론)** ··· 작품을 생산자인 작가의 체험과 밀접하게 관련시켜 해석하는 관점을 말한다.
  ⓔ 1920년대 초기 시들과 모더니즘 시에 애수와 비애가 나타나는 것은 작가들이 겪은 식민지 시대의 역사적 경험에서 비롯된다.

② **수용론적 관점(효용론)** ··· 작가가 제시한 예술적 체험과 수용자의 일상적 경험이 맺고 있는 관계를 중심으로 작품을 해석하고, 작품을 대하는 독자의 수용 양상을 중시하는 관점을 말한다.
  ⓔ 박지원의 허생전을 읽고 허생의 진취적이고 진보적인 세계관에 대해 긍정적인 동의를 하는 반면, 허생이 축재를 하는 과정에서 보여 주었던 건전하지 못한 상행위를 현재의 관점에서 비판할 것이다. 이러한 과정을 통해 독자는 삶에 대한 새로운, 혹은 더욱 명확한 자신의 인식을 획득하게 된다.

③ **반영론적 관점(모방론)** ··· 작품에 나타난 현실과 실제의 현실이 맺고 있는 관련성에 초점을 맞추는 해석 방법을 말한다.
  ⓔ 윤동주 시에는 식민지 시대의 고통이 뚜렷이 반영되어 있으므로 1940년 전후의 역사적 상황과 관련시켜 이해하여야 한다.

④ **구조론적 관점(절대주의론)** ··· 작품을 구성하는 부분들의 상호 관계를 통해 전체의 의미를 해석하는 방법으로, 그 상호 관계는 언어의 결합 방식인 구조적 특성을 중요시한다.
  ⓔ '고향'이라는 단어는 대개 어린 시절을 보낸 지역이며, 그리움의 대상으로 받아들여진다. 그러나 현진건의 고향에서는 고향의 개념이 식민지 지배로 인해 철저하게 파괴된 세계로 인식되고 평가되고 있다.

⑤ **종합주의적 관점** ··· 인간의 모든 면을 다루고 있는 문학의 세계는 어느 하나의 관점으로 설명될 수 없을 만큼 깊고 복잡한 것이기 때문에 다각도에서 총체적으로 접근하려는 관점이다.

02 시

① 시의 기초

(1) 시의 본질

① 시의 정의 … 인간의 사상이나 감정을 운율이 있는 언어로 압축하여 표현한 운문 문학이다.

② 시의 특징

    ㉠ 시는 대표적인 언어 예술이며, 압축된 형식미를 갖추고 있다.

    ㉡ 시에는 운율이 있으며 시는 사상과 정서를 표현한 창작 문학이다.

    ㉢ 시는 심상, 비유, 상징 등에 형상화되고, 시인의 은밀한 독백으로 '엿듣는 문학'이다.

    ㉣ 시는 작품의 문맥에 의해 그 의미가 파악되는, 언어의 내포적 기능에 의존한다.

(2) 시의 갈래

① 형식상 갈래 … 정형시, 자유시, 산문시

② 내용상 갈래 … 서정시, 서사시, 극시

③ 성격상 갈래 … 순수시, 사회시(참여시)

④ 주제에 따른 갈래 … 주정시, 주지시, 주의시

> 📢 **TIP** 시의 3요소
> 운율, 심상, 주제

② 시의 구성 요소

(1) 시의 운율

① 운율의 뜻 … 시에서 음악성을 나타나게 해 주는 것으로 자음과 모음을 규칙적으로 반복하는 운(韻)과 소리의 고저 · 장단 · 강약을 주기적으로 반복하는 율격으로 나뉜다.

② 운율의 갈래

    ㉠ **외형률** : 시어의 일정한 규칙에 따라 생기는 운율로 시의 겉모습에 드러난다.

      • 음수율 : 시어의 글자 수나 행의 수가 일정한 규칙을 가지는 데에서 오는 운율(3 · 4조, 4 · 4조, 7 · 5조 등)이다.

- 음위율 : 시의 일정한 위치에 일정한 음을 규칙적으로 배치하여 만드는 운율(두운, 요운, 각운)이다.
- 음성률 : 음의 길고 짧음이나, 높고 낮음, 또는 강하고 약함 등을 규칙적으로 배치하여 만드는 운율이다.
- 음보율 : 우리 나라의 전통시에서 발음 시간의 길이가 같은 말의 단위가 반복됨으로써 생기는 음의 질서(평시조 4음보격, 민요시 3음보격)이다.
  - ⓒ 내재율 : 일정한 규칙이 없이 각각의 시에 따라 자유롭게 생기는 운율로, 시의 내면에 흐르므로 겉으로는 드러나지 않는다.

(2) 시의 언어

① 시어는 비유와 상징에 의한 함축적 · 내포적 의미로 사용하며, 다의성과 모호성을 가진다.

② 시어는 주관적 · 간접적 · 비약적 특성을 가지며, 과학적 언어와는 크게 다르다.

③ 시어는 운율, 이미지, 어조에 크게 의존한다.

❸ 시의 표현

(1) 비유(比喩, metaphor)

말하고자 하는 사물이나 의미를 다른 사물에 빗대어 표현하는 방법으로 직유법, 은유법, 의인법, 풍유법, 대유법 등이 사용된다.

(2) 상징(象徵, symbol)

① 상징은 일상 언어의 상징보다 더 함축적이고 암시적이다.
  - ⑩ 태극기가 우리 나라를 상징함

② 비유에서는 원관념 … 보조 관념은 1 : 1의 유추적 관계를 보이지만 상징에서는 1 : 다수의 다의적 관계이다.

③ 상징의 갈래
  - ㉠ 관습적 상징(고정적 · 사회적 · 제도적 상징) : 일정한 세월을 두고 사회적 관습에 의해 공인되고 널리 보편화된 상징을 말한다.
    - ⑩ 십자가 → 기독교, 비둘기 → 평화
  - ㉡ 개인적 상징(창조적 · 문화적 상징) : 관습적 상징을 시인의 독창적 의미로 변용시켜 문화적 효과를 얻는 상징을 말한다.
    - ⑩ 윤동주의 '십자가'에서 십자가의 의미 → 윤동주 자신의 희생 정신
      황동규의 '나는 바퀴를 보면 굴리고 싶어진다'에서 바퀴의 의미 → 굴러갈 수 있는 모든 것, 생명, 역사, 사랑 등

(3) 시의 심상(心象)

① **심상**(이미지, image)**의 뜻** … 심상은 시어에 의해 마음 속에 그려지는 감각적인 모습이나 느낌을 말한다.

② **심상의 갈래**

　㉠ **시각적 심상** : 색깔, 모양, 명암, 동작 등의 눈을 통한 감각적 표현을 말한다.

　　예 치마 밑으로 하얀 외씨버선이 고와라.

　㉡ **청각적 심상** : 귀를 통한 소리의 감각적 표현을 말한다.

　　예 뒷문 밖에는 갈잎의 노래

　㉢ **후각적 심상** : 코를 통한 냄새의 감각적 표현을 말한다.

　　예 꽃 피는 사월이면 진달래 향기

　㉣ **촉각적 심상** : 살갗을 통한 감촉의 감각적 표현을 말한다.

　　예 아름다운 영원을 내 주름 잡힌 손으로 어루만지며

　㉤ **미각적 심상** : 혀를 통한 맛의 감각적 표현을 말한다.

　　예 모밀묵이 먹고 싶다. 그 싱겁고도 구수하고

　㉥ **공감각적 심상** : 두 개 이상의 감각이 결합되어 표현되는 심상을 말한다.

　　예 새벽까지 시린 귀뚜라미 울음소리 들으며 여물었나니(촉각 + 청각 → 청각을 촉각화하여 표현).

03 소설

① 소설의 본질과 갈래

(1) 소설의 본질

① **소설의 정의** … 현실 세계에 있음직한 일을 작가의 상상에 따라 꾸며낸 이야기로, 독자에게 감동을 주고 인생의 진리를 나타내는 산문 문학이다.

② **소설의 특징** … 산문성, 허구성, 예술성, 진실성, 서사성, 모방성

(2) 소설의 갈래

① **길이상 갈래** … 원고지의 매수 및 구성방식에 따라 장편 소설, 중편 소설, 단편 소설, 콩트로 구분한다.

② **성격상 갈래**

　㉠ **순수 소설** : 작품의 예술성을 추구하는 본격 소설로 예술적 가치 이외의 것은 거부한다.

　㉡ **목적 소설** : 예술적 기교보다는 작품 내용의 효용성, 정치적 목적성 등을 더 중시한다.

　㉢ **대중(통속) 소설** : 남녀의 사랑이나 사건 중심으로 쓴 흥미 본위의 소설로 상업성을 추구하며 예술성보다는 쾌락성이나 효용성을 더 중시한다.

② 소설의 구성과 시점

(1) 소설의 구성(plot)

① **구성의 5단계** … 발단 → 전개 → 위기 → 절정 → 결말

② **구성의 유형**

    ㉠ **단순 구성** : 단일한 사건으로 구성되며, 주로 단편 소설에 쓰인다. 통일된 인상, 압축된 긴장감을 나타내는 구성 방법이다.

          ⑩ 주요섭의 사랑 손님과 어머니, 이효석의 메밀꽃 필 무렵

    ㉡ **복합 구성** : 둘 이상의 사건이 복잡하게 짜여져 구성되며, 주로 중편 소설이나 장편 소설에 쓰인다.

          ⑩ 염상섭의 삼대, 박경리의 토지

    ㉢ **액자식 구성** : 소설(外話) 속에 또 하나의 이야기(內話)가 포함되어 있는 구성이다.

          ⑩ 황순원의 목넘이 마을의 개, 이문열의 사람의 아들

    ㉣ **피카레스크식 구성** : 독립할 수 있는 여러 개의 사건이 인과 관계에 의한 종합적 구성이 아니라 산만하게 나열되어 있는 연작 형식의 구성이다.

          ⑩ 보카치오의 데카메론, 조세희의 난장이가 쏘아올린 작은 공

(2) 소설의 시점

① **1인칭 주인공(서술자) 시점** … 주인공인 '나'가 자신의 이야기를 서술하는 시점으로 주관적이다.

    ㉠ 서술자와 주인공이 일치하여 등장 인물의 내면 세계를 묘사하는 데 효과적인 시점이다.

    ㉡ 독자에게 신뢰감과 친근감을 주며 이야기에 신빙성을 부여하지만, 객관성을 유지하기는 어렵다.

    ㉢ 고백 소설, 성장 소설, 일기체 소설, 심리 소설 등에 나타난다.

② **1인칭 관찰자 시점** … 등장 인물(부수적 인물)인 '나'가 주인공에 대해 이야기하는 시점으로 객관적인 관찰을 통해서 이루어진다.

    ㉠ '나'는 관찰자일 뿐이며 작품 전편의 인물의 초점은 주인공에게 있다.

    ㉡ '나'의 눈에 비친 외부 세계만을 다루어 '나'가 주인공의 모습과 행동을 묘사할 뿐 주인공의 내면은 알 수 없다.

③ **3인칭(작가) 관찰자 시점** … 서술자의 주관을 배제하는 가장 객관적인 시점으로 서술자가 등장 인물을 외부 관찰자의 위치에서 이야기하는 시점이다. 사건을 객관적으로 묘사하는 데 효과적이며, 서술자와 주인공의 거리가 가장 멀다.

④ **전지적 작가 시점** … 서술자가 인물과 사건에 대해 전지전능한 신의 입장에서 이야기하는 시점으로, 작중 인물의 심리를 분석하여 서술한다.

    ㉠ 서술자의 광범위한 참여로 독자의 상상적 참여가 제한된다.

    ㉡ 작가의 사상과 인생관이 직접 드러나며, 장편 소설에 주로 쓰인다.

    ㉢ 등장 인물의 운명까지 알 수 있으며, 아직 등장하지 않은 인물까지도 묘사한다.

③ 소설의 인물

(1) 인물의 유형

① **평면적 인물** ··· 작품 속에서 처음부터 끝까지 성격이 일정한 인물이다.
　　예) 흥부전의 '흥부' – 착하기만 함, 토끼전의 '자라' – 우직하고 충성스럽기만 함

② **입체적 인물** ··· 한 작품 속에서 성격이 발전하고 변화하는 인물이다.
　　예) 김동인의 감자의 복녀, 황순원의 카인의 후예의 도섭 영감

③ **전형적 인물** ··· 사회의 어떤 집단이나 계층을 대표하는 인물이다.
　　예) 춘향전의 '춘향' – 열녀, 흥부전의 '놀부' – 악인

④ **개성적 인물** ··· 개인으로서 독자적 성격과 개성을 지닌 인물이다.
　　예) 김동인의 감자의 복녀, 이상의 날개의 나

⑤ **주동적 인물** ··· 작품의 주인공이자 사건의 주체로서 소설의 이야기를 이끌며 주제를 부각시키는 긍정적 성격의 인물이다.
　　예) 심청전의 심청, 흥부전의 흥부

⑥ **반동적 인물** ··· 작품 속에서 주인공의 의지, 행위에 대립하여 갈등을 일으키는 부정적 성격의 인물이다.
　　예) 춘향전의 변학도, 흥부전의 놀부

(2) 인물의 제시 방법

① **직접적 방법** ··· 작중 화자가 직접 설명하는 방법으로 해설적 방법, 또는 분석적 방법이라고도 한다. 이 방법은 작가의 견해 제시가 용이하나 추상적 설명이 되기 쉬우며, 전지적 작가 시점의 소설이나 고대 소설에서 많이 사용한다.

② **간접적 방법** ··· 인물의 말이나 행동 등을 보여줌으로써 묘사하는 방법으로 극적 방법이라고도 한다. 이 방법은 인물의 성격이 생생하게 드러나고 독자와의 거리가 좁혀지며, 작가 관찰자 시점의 소설이나 현대 소설에서 많이 사용된다.

(3) 인물과 갈등

① **내적 갈등** ··· 주인공과 환경, 상황 및 심리 의지의 대립으로 한 인물의 내면에서 일어나는 심리적 갈등을 말한다.
　　예) 김동인의 감자에서 복녀가 도덕적 타락을 하기 전의 갈등

② 외적 갈등

   ㉠ 주인공과 대립적 인물의 갈등(개인과 개인의 갈등)

      ㉮ 김유정의 동백꽃의 나와 점순이의 갈등

   ㉡ 주인공과 사회적 환경의 갈등(개인과 사회의 갈등)

      ㉮ 채만식의 레디 메이드 인생의 인텔리 주인공과 식민지 사회와의 갈등

   ㉢ 개인이 운명적으로 겪는 갈등(개인과 운명의 갈등)

      ㉮ 김동리의 역마

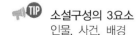 **소설구성의 3요소**
인물, 사건, 배경

04 수필

① 수필의 본질과 갈래

(1) 수필의 본질

① 수필의 정의 … 인생이나 자연의 모든 사물에서 보고 듣고 느낀 것이나 경험한 것을 형식상의 제한이나 내용상의 제한을 받지 않고 붓 가는 대로 쓴 글이다.

② 수필의 특징

   ㉠ 개성적인 문학 : 작가의 심적 상태, 개성, 취미, 지식, 인생관 등이 개성 있는 문체로 드러나 보이는 글이다.

   ㉡ 무형식의 문학 : 짜임에 제약이 없고 다른 문장 형식을 자유로이 이용할 수 있다.

   ㉢ 제재의 다양성 : 인생이나 사회, 역사, 자연 등 세상의 모든 일이 제재가 될 수 있다.

   ㉣ 비전문적인 문학 : 작가와 독자가 전문적인 지식이나 훈련을 필요로 하지 않는 글이다.

   ㉤ 체험과 사색의 문학 : 글쓴이의 생활이나 체험, 생각이나 느낌을 솔직하게 서술한 글이다.

   ㉥ 자기 표현의 글 : 작가의 인생관이나 사상, 감정을 잘 드러낸다.

(2) 수필의 갈래

① 진술 방식(유형)에 따른 갈래

　　㉠ 교훈적 수필 : 필자의 오랜 체험이나 깊은 사색을 바탕으로 하는 교훈적인 내용을 담은 수필을 말한다.

　　㉡ 희곡적 수필 : 필자 자신이나 다른 사람이 체험한 어떤 사건을 생각나는 대로 서술하되, 그 사건의 내용 자체에 극적인 요소들이 있어서, 대화나 작품의 내용 전개가 다분히 희곡적으로 이루어지는 수필을 말한다.

　　㉢ 서정적 수필 : 일상 생활이나 자연에서 느끼고 있는 감상을 솔직하게 주정적 · 주관적으로 표현하는 수필을 말한다.

　　㉣ 서사적 수필 : 인간 세계나 자연계의 어떤 사실에 대하여 대체로 필자의 주관을 개입시키지 않고, 객관적으로 서술하는 수필을 말한다.

② 주제의 범위에 따른 갈래

　　㉠ 경수필(miscellany, 비형식적 수필, 인포멀 에세이) : 우리가 보는 보통의 수필처럼 정서적인 경향을 띠는 수필로 개성적이고 체험적이며 예술성을 내포한 예술적인 글이다.

　　㉡ 중수필(essay, 형식적 수필, 포멀 에세이) : 가벼운 논문처럼 지적이며 논리적이고 객관적인 경향을 띠는 수필을 말한다.

③ 내용에 따른 갈래

　　㉠ 사색적 수필 : 철학적 사색이나 명상을 다룬다.

　　㉡ 묘사적 수필 : 대상을 있는 그대로 객관적으로 묘사한다.

　　㉢ 담화적 수필 : 항간에 떠도는 이야기를 작가의 관점으로 진술한다.

　　㉣ 비평적 수필 : 예술 작품에 대하여 자기의 의견 중심으로 쓴다.

　　㉤ 기술적 수필 : 작가의 주관, 인상, 기호 등을 배제하고 순수한 사실을 있는 그대로 진술한다.

　　㉥ 연단적 수필 : 연설문은 아니지만 연설문의 형식을 빌어 설득적인 어조로 쓴다.

② 수필의 구성 요소

(1) 수필의 구성 요소

주제, 제재, 구성, 문체로 구성된다.

(2) 수필의 구성 방법

① 단계식 구성

　　㉠ 3단 구성 : 서두[도입 · 起], 본문[전개 · 敍], 결말[結]

　　㉡ 4단 구성 : 기, 승, 전, 결

② **전개식 구성**… 시간적 구성과 공간적 구성이 있으며, 주로 기행 수필이나 서사적 수필의 전개 방법으로 사용된다.

③ **열거식(병렬식) 구성**… 수필의 각 부분에 논리적인 연관성이 없을 때 구성하는 방법이다.

④ **극적 구성**… 소설, 희곡의 구성 원리를 이용해 서사적 사건의 박진감을 도모하는 구성으로, 부분적으로 사용되는 경우가 많다.

05 희곡 · 시나리오

1 희곡

(1) 희곡의 본질

① **희곡의 정의** … 연극의 대본으로 산문 문학의 한 갈래이면서 동시에 연극의 한 요소가 된다.

② **희곡의 특징**

    ㉠ **무대 상연의 문학** : 희곡은 무대 상연을 전제로 한 문학, 즉 연극의 각본이다.

    ㉡ **행동의 문학** : 희곡에서의 행동은 압축과 생략, 집중과 통일이 이루어져야 하며, 배우의 연기에 의해 무대에서 직접 형상화된다.

    ㉢ **대사의 문학** : 소설에서는 마음껏 묘사와 설명을 할 수 있지만, 희곡에서는 오직 극중 인물의 대사와 행동만으로 이루어진다.

    ㉣ 현재화된 인생을 보여 주는 문학이다.

    ㉤ 내용이 막(幕, act)과 장(場, scene)으로 구분되는 문학이다.

    ㉥ 시간적 · 공간적 제약을 받는 문학이다.

    ㉦ 의지의 대립 · 갈등을 본질로 하는 문학이다.

③ **희곡의 구성 요소**

    ㉠ **형식적 구성 요소** : 해설, 지문, 대사

    ㉡ **내용적 구성 요소** : 인물, 행동, 주제

(2) 희곡의 구성(plot)

① 희곡의 형식적 구분 단위

　　㉠ 장(場, scene) : 막의 하위 단위이며 희곡의 기본 단위이다. 전체 중 독립된 장면으로, 하나의 막 가운데
　　　에서 어떤 하나의 배경으로 진행되는 장면의 구분이다.

　　㉡ 막(幕, act) : 몇 개의 장으로 이루어지며, 휘장을 올리고 내리는 것으로 생기는 구분이다.

② 희곡의 구성 유형

　　㉠ 3분법(3막극) : 발단 → 상승(전개 · 위기) → 해결(결말)

　　㉡ 4분법(4막극) : 발단 → 전개 → 전환(위기 · 절정) → 결말

　　㉢ 5분법(5막극) : 발단 → 상승(전개) → 절정(위기) → 하강(반전) → 결말(대단원)

(3) 희곡의 갈래

① 내용에 따른 갈래

　　㉠ 희극(喜劇, comedy) : 인생의 즐거운 면을 내용으로 하는 희곡으로, 기지, 풍자, 해학의 수법으로 세태
　　　를 표현하는 골계미가 있다. 지적이며 행복한 결말을 맺는다.
　　　　㈀ 몰리에르의 수전노, 셰익스피어의 말괄량이 길들이기

　　㉡ 비극(悲劇, tragedy) : 인생의 불행한 면을 내용으로 하는 희곡으로 처음부터 비극을 예감하게 하는 비극
　　　적 성격자를 주인공으로 하여 불행하게 끝맺는다.
　　　　㈀ 소포클레스의 오이디프스왕, 셰익스피어의 햄릿 · 리어왕 · 맥베드 · 오델로, 아더 밀러의 세일즈맨의 죽음

　　㉢ 희비극(喜悲劇, tragicomedy) : 비극과 희극이 합쳐진 극으로 대체로 처음에는 비극적으로 전개되나 작
　　　품의 전환점에 이르러 희극적인 상태로 전환되는 것이 많다.
　　　　㈀ 셰익스피어의 베니스의 상인

② 장 · 막에 따른 갈래

　　㉠ 단막극 : 1막으로 끝나는 희곡

　　㉡ 장막극 : 2막 이상으로 끝나는 희곡

③ 창작 의도에 따른 갈래

　　㉠ 창작 희곡(original drama) : 무대 상연을 목적으로 창작한 희곡이다.

　　㉡ 각색 희곡 : 소설, 시나리오 등을 기초로 각색한 희곡이다.

　　㉢ 레제드라마(lese drama) : 무대 상연을 목적으로 하지 않고, 읽히기 위한 목적으로 쓴 희곡이다.

② 시나리오

(1) 시나리오의 본질

① **시나리오의 정의** … 영화로 상연할 것을 목적으로 작가가 상상한 이야기를 장면의 차례, 배우의 대사, 동작, 배경, 카메라의 작동, 화면 연결 등을 지시하는 형식으로 쓴 영화의 대본이다.

② **시나리오의 특징**

　㉠ 화면에 의하여 표현되므로 촬영을 고려해야 하고, 특수한 시나리오 용어가 사용된다.

　㉡ 주로 대사로 표현되며 시간적·공간적 배경의 제한을 적게 받는다.

　㉢ 등장 인물의 수에 제한을 받지 않는다.

　㉣ 시퀀스(sequence)나 화면(cut)과 장면(scene)을 단위로 한다.

　㉤ 직접적인 심리 묘사가 불가능하고, 장면과 대상에 의하여 간접적으로 묘사된다.

> **TIP** 시나리오의 용어
> ㉠ S#(scene number) : 장면 번호
> ㉡ W.O.(wipe out) : 한 화면의 일부가 닦아내는 듯이 없어지면서 다른 화면이 나타나는 수법
> ㉢ NAR(narration) : 해설
> ㉣ M.(music) : 효과 음악
> ㉤ E.(effect) : 효과음
> ㉥ O.L.(over lap) : 한 장면 위에 다음 장면이 겹치면서 장면이 전환되는 것
> ㉦ F.I.(fade in) : 어두운 화면이 점점 밝아지는 것
> ㉧ PAN(panning) : 카메라를 상하 좌우로 이동하는 것
> ㉨ C.U.(close up) : 어떤 인물이나 장면을 크게 확대하여 찍는 것
> ㉩ D.E.(double exposure) : 하나의 화면에 다른 화면이 겹쳐서 이루어지는, 이중 노출법에 의한 합성 화면

(2) 시나리오의 표현 요소

① **장면 지정** … 장면(scene) 번호가 붙는다. 사건의 배경이 되는 장면이 설정된다.

② **대사** … 등장 인물 간의 대화를 말한다.

③ **지문** … 여러 가지 촬영 방법과 영화의 상황을 지시하는 것으로 약정된 부호를 사용해야 한다.

출제 예상 문제

1 다음 중 문학의 본질에 대한 설명으로 옳지 않은 것은?

① 문학의 표현 수단은 언어이다.

② 작가의 상상에 의해 재 창조된 세계의 표현이다.

③ 민담이나 민요는 문학의 범주에 포함되지 않는다.

④ 개인의 체험을 함축적으로 표현한다.

TIP ③ 문학은 '언어'를 사용하여 표현하는 예술 양식으로 '문자'로 나타내는 기록문학과 '말'로 나타내는 구비문학을 모두 포함한다.

---

2 다음 중 문학의 3대 특성과 거리가 먼 것은?

① 항구성(恒久性)　　　　　　　② 창조성(創造性)

③ 개성(個性)　　　　　　　　　④ 보편성(普遍性)

TIP 문학의 3대 특성
　　㉠ **항구성(역사성)** : 문학은 시대를 초월한 인간의 정서를 표현하므로 영원한 생명력을 갖는다.
　　㉡ **보편성(일반성)** : 문학은 인간의 보편적 정서를 표현하기 때문에 시간과 공간을 초월하여 보편적 감동을 준다.
　　㉢ **개성(특수성)** : 문학은 특수하고 주관적인 체험의 표현으로 개성적이고 독창적이다.

---

3 문학의 기원에 대한 이론 중에서 '모방본능설'을 주장한 사람은?

① 다윈(C. Darwin)　　　　　　② 스펜서(Spencer)

③ 허드슨(W. H. Hudson)　　　　④ 아리스토텔레스(Aristoteles)

TIP 문학의 기원(심리학적 기원설) … 모방 본능설(아리스토텔레스), 유희 본능설(스펜서, 칸트, 실러), 흡인 본능설(다윈 등 진화론자), 자기표현 본능설(허드슨)

Answer 1.③　2.②　3.④

4 다음 중 문학작품을 외재적 관점에서 바라보는 것이 아닌 것은?

① 반영론

② 효용론

③ 구조론

④ 표현론

TIP 비평적 관점
　㉠ 외재적 관점
　　• 표현론적 관점 : 작품을 시인이나 작가의 체험, 사상, 감정을 표현한 것으로 보는 관점
　　• 반영론적 관점 : 작품을 삶의 현실이 반영된 산물이라고 보는 관점
　　• 효용론적 관점 : 작품이 독자에게 어떤 효과를 어느 정도 주었느냐를 평가하는 관점
　㉡ 내재적 관점
　　• 절대주의적 관점 : 작품 자체를 독립된 존재, 완결된 구조로 보는 관점

5 다음 중 문학 비평에서 빠지기 쉬운 오류와 관계없는 것은?

① 문학 작품 자체가 중요한 것이지 독자의 판단이나 심리적 반응은 작품 연구에 도움이 되지 않는다.

② 문학 연구 대상이 되는 작품들은 작가가 작품을 쓸 당시의 상태로 온전히 보존되어 있는 것만은 아니다.

③ 작품에 창조된 세계를 현실의 특정 대상과 결부시키려 하여 작자의 인생사에서 그 근원을 찾으려 한다.

④ 작가의 의도를 쉽게 알 수 없고 작품의 의도나 작가의 의도가 합치되지 않으므로 이를 배제해야 한다.

TIP ① **감정의 오류** : 독자의 감정은 상대적이므로 작품의 진정한 의미와 일치하지 않는데도 독자 중심으로 작품을 이해할 때 생기는 오류이다.
　② 원전 비평의 전제에 해당한다.
　③ **메시지 및 제재에 대한 선입관** : 작품에 창조된 세계를 현실의 특정 대상과 결부시키거나 작가의 인생사에서 작품 해석의 근원을 찾으려는 오류이다.
　④ **의도의 오류** : 작가가 의도한 그대로 작품에 반영되지 않는데도 작가 중심으로 작품을 이해할 때 생기는 오류이다.

Answer 4.③ 5.②

6 다음 중 시의 특성과 관계없는 것은?

① 정서화된 사상을 다룬다.　　　　　　② 압축, 절제된 언어로 표현된다.

③ 내면적 정서의 객관적 제시이다.　　　④ 언어의 음악성과 회화성에 의존한다.

TIP ③ 시의 정서는 주관적이다.

※ **시의 특성**

ⓐ 대표적인 언어 예술이다.

ⓑ 운율이 있다.

ⓒ 사상과 정서를 표현한 창작 문학이다.

ⓓ 압축된 형식미를 갖추고 있다.

ⓔ 심상, 비유, 상징 등에 의해 형상화된다.

ⓕ 시인의 은밀한 독백으로 '엿듣는 문학이다.

ⓖ 작품의 문맥에 의해 그 의미가 파악되는, 언어의 내포적 기능에 의존한다.

7 다음 중 시의 상징에 대한 설명으로 옳지 않은 것은?

① 보조 관념 자체가 독립한 것이다.

② 대상과 대상의 유추 관계에서 성립한다.

③ 작가가 문학 작품에서 만들어낸 상징을 창조적 상징이라고 한다.

④ 어떤 사물이 그 자체의 의미를 유지하면서 보다 포괄적인 다른 의미까지 띠는 현상이다.

TIP ② 대상과 대상의 유추 관계가 성립하는 것은 비유이다.

8 다음 중 시의 이미지(심상)가 지니는 특성과 가장 관계 깊은 것은?

① 사실적　　　　　　　　　　　② 지시적

③ 감각적　　　　　　　　　　　④ 추상적

TIP **시의 이미지**(심상) … 시의 언어를 통해 어떤 대상이 마음 속에 재생되어 떠오르는 영상(형상)을 말한다. 구체적 · 감각적 · 시각적 특징이 있다.

Answer　6.③ 7.② 8.③

9 다음 중 시어의 함축적 의미가 지니는 특성이 아닌 것은?

① 대상의 지시　　　　　　　　② 암시적 의미

③ 새로운 의미　　　　　　　　④ 정서적 효과

TIP 시어의 함축적 의미란 시어가 풍기는 분위기, 다의성, 비유적·상징적 의미 등을 포함한 개념으로, 언어의 기본적인 의미를 넘어서서 시의 문맥 속에서 새롭게 갖게 된 의미를 뜻한다.
① 일상 언어의 주된 기능이다.

※ 다음 시를 읽고 물음에 답하시오. 【10 ~ 11】

(가) 바릿밥 남 주시고 잡숫느니 찬 것이며
　　두둑히 다 입히고 겨울이라 엷은 옷을
　　솜치마 좋다시더니 보공(補空)되고 말어라.
　　안방에 불 비치면 하마 님이 계시온 듯
　　닫힌 창 바삐 열고 몇 번이나 울었던고
　　산 속에 추위 이르니 님을 어이 하올고.

(나) 진주(晉州) 장터 생어물(生魚物)전에는
　　바닷밑이 깔리는 해 다 진 어스름을,
　　울엄매의 장사 끝에 남은 고기 몇 마리의
　　빛 발(發)하는 눈깔들이 속절없이
　　은전(銀錢)만큼 손 안 닿는 한(恨)이던가.
　　울엄매야 울엄매,
　　별밭은 또 그리 멀리
　　우리 오누이의 머리 맞댄 골방 안 되어
　　손시리게 떨던가 손시리게 떨던가,
　　진주(晉州) 남강(南江) 맑다 해도
　　오명 가명
　　신새벽이나 별빛에 보는 것을,
　　울엄매의 마음은 어떠했을꼬,
　　달빛 받은 옹기전의 옹기들같이
　　말없이 글썽이고 반짝이던 것인가.

---

10 (개), (내)의 공통점으로 알맞은 것은?

① 대상을 비유적으로 표현하고 있다.

② 대상의 부재(不在)를 안타까워하고 있다.

③ 대상에 대한 깊은 애정이 바탕에 깔려 있다.

④ 대상에 대한 예찬의 마음이 나타나 있다.

TIP (개)에는 자식들을 위해 희생하셨던 돌아가신 어머니에 대한 애정이, (내)에는 추억 속에 남아 있는 어린 시절의 어머니에 대한 애정이 바탕에 깔려 있다.
  ※ (개) 정인보의 「자모사」
    ㉠ **갈래** : 평시조, 연시조, 현대 시조, 서정시
    ㉡ **주제** : 어머니의 자애와 희생에 대한 회고와 그리움
    ㉢ **성격** : 회고적, 추모적
    ㉣ **작자** : 정인보(1892 ~ 1950) – 시조 시인. 역사학자. 자는 경업(經業). 호는 담원·미소산인(薇蘇山人). 아호 위당(爲堂). 저서에 「조선사 연구」, 「담원 시조집」 등이 있다.
  (내) 박재삼의 「추억에서」
    ㉠ **갈래** : 자유시, 서정시
    ㉡ **주제** : 어린 시절 가난했던 어머니의 삶과 추억
    ㉢ **성격** : 회고적, 애상적, 향토적
    ㉣ **작자** : 박재삼(1933 ~ 1997) – 시인. 전통적 가락에 향토적 서정과 서민 생활의 고단함을 실은 시를 주로 썼다. 시집에 「춘향이 마음」, 「햇빛 속에서」 등이 있다.

11 (개)에 대한 설명으로 옳지 않은 것은?

① 감각적인 시어를 사용하였다.

② 우리의 고유한 전통 윤리를 담고 있다.

③ 시행의 배열이 고시조의 전통을 따랐다.

④ 시조의 운율을 고려하여 시어를 다듬어 사용하였다.

TIP ① 의고적(고풍적)인 시어를 사용하였다.

Answer 10.③ 11.①

12 소설의 특징에 대한 다음 설명 중 옳지 않은 것은?

① 역사 소설은 역사적 사실의 기록이다.
② 개연성 있는 사건을 제시하여 감동을 준다.
③ 모든 소설은 작가가 꾸며낸 가공의 세계이다.
④ 예술미와 형식미를 지닌 창조적인 언어 예술이다.

TIP ① 역사 소설은 역사적 사건이나 인물, 풍속 등 사실(史實)을 제재로 구성한 허구적인 이야기이다.

13 다음 중 소설의 배경의 기능과 관계없는 것은?

① 분위기를 형성한다.
② 사건에 진실성을 부여한다.
③ 인물의 의식 형성에 영향을 준다.
④ 인물 사이의 갈등, 사건의 전개를 담당한다.

TIP ④ 소설의 요소 중 구성에 대한 설명이다.
※ 배경의 기능
  ㉠ 사건의 전개와 인물의 행동에 생동감, 사실성(reality)을 부여한다.
  ㉡ 작품의 분위기를 조성한다.
  ㉢ 배경 자체가 상징적 의미로 주제를 암시하기도 한다.
  ㉣ 사건 전개의 기본 바탕을 제공함과 동시에 인물의 행동과 사건 전개의 제약 조건이 되기도 한다.
  ㉤ 배경은 주로 묘사와 서술에 의해 제시된다.

14 소설의 시점 중 작자와 작중 인물과의 거리가 가장 먼 것은?

① 1인칭 주인공 시점
② 1인칭 관찰자 시점
③ 3인칭 관찰자 시점
④ 전지적 작가 시점

TIP ③ 3인칭(작가) 관찰자 시점은 작가가 인물에 개입하여 설명, 분석, 해석할 수 없다.

Answer 12.① 13.④ 14.③

15 다음 중 단편 소설의 특징이 아닌 것은?

① 근대 서사 문학을 대표한다.

② 주제와 사상성에 역점을 둔다.

③ 전체를 알 수 있는 인생의 한 단면을 보여 준다.

④ 단일한 주제, 구성, 문체로 단일한 효과를 거둔다.

TIP ② 주제와 사상성은 중편 소설, 장편 소설에서 중시된다.

16 다음 작품의 구성방식으로 가장 적합한 것은?

> 그들 아비 딸은 달포 동안이나 머물러 있으며 그림도 그리고 자기네의 지난 이야기도 자세히 하소연했
> 다고 한다. 할아버지께서는 그들이 떠나는 날에, 이 불행한 아비 딸을 위하여 값진 비단과 충분한 노
> 자를 아끼지 않았으나, 나귀 위에 앉은 가련한 소녀의 얼굴에는 올 때나 조금도 다름없는 처절한 슬픔
> 이 서려 있었을 뿐이라고 한다.
> 소녀가 남기고 간 그림 – 이것을 할아버지께서는 '무녀도(巫女圖)'라 불렀지만 – 과 함께 내가 할아버지
> 로부터 전해들은 이야기는 다음과 같다.
> 경주읍에서 성 밖으로 오 리쯤 나가서 조그만 마을이 있었다. 여민촌 혹은 잡성촌이라 불리어지는 마
> 을이었다.

① 단순구성   ② 복합구성

③ 피카레스크식 구성   ④ 액자구성

TIP 김동리의 「무녀도」… 한국의 전통적 믿음인 샤머니즘과 기독교와의 대립을 그린 작품으로, 액자구성을 취한다.
④ 겉 이야기인 외화(外話) 속에 또 하나의 이야기인 내화(內話)가 포함되어 있는 구성이다.
① 주로 단편 소설에 쓰이는 유형으로 단일한 사건으로 구성된다.
② 둘 이상의 사건이 복잡하게 짜여 구성되며, 주로 중·장편 소설에 쓰인다.
③ 독립할 수 있는 여러 개의 사건이 산만하게 나열되어 있는 연작 형식의 구성이다.

Answer 15.② 16.④

※ 다음 글을 읽고 물음에 답하시오. 【17 ~ 19】

나는 대뜸 달겨들어서 나도 모르는 사이에 큰 수탉을 단 매로 때려 엎었다. 닭은 푹 엎어진 채 다리 하나 꼼짝 못 하고 그대로 죽어 버렸다. 그리고 나는 멍하니 섰다가 점순이가 매섭게 눈을 흡뜨고 닥치는 바람에 뒤로 벌렁 나자빠졌다.

"이놈아! 너 왜 남의 닭을 때려 죽이니?"

"그럼 어때?"

하고, 일어나다가,

"뭐 이 자식아! 누 집 닭인데?"

하고, 복장을 떼미는 바람에 다시 벌렁 자빠졌다. 그리고 나서 가만히 생각을 하니 분하기도 하고 무안도 스럽고, 또 한편 일을 저질렀으니, 인젠 땅이 떨어지고 집도 내쫓기고 해야 될는지 모른다. 나는 비슬비슬 일어나며 소맷자락으로 눈을 가리고는 얼김에 엉, 하고 울음을 놓았다. 그러나 점순이가 앞으로 다가와서,

"그럼. 너 이담부턴 안 그럴 테냐?"

하고 물을 때에야 비로소 살 길을 찾은 듯싶었다. 나는 눈물을 우선 씻고 뭘 안 그러는지 명색도 모르건만,

"그래!"

하고 무턱대고 대답하였다.

"요담부터 또 그래 봐라, 내 자꾸 못 살게 굴 테니."

"그래 그래, 인젠 안 그럴 테야."

"닭 죽은 건 염려마라. 내 안 이를 테니."

그리고 뒷에 떠다밀렸는지 나의 어깨를 짚은 채 그대로 퍽 쓰러진다. 그 바람에 나의 몸뚱이도 겹쳐서 쓰러지며, 한창 피어 퍼드러진 ㉠노란 동백꽃 속으로 폭 파묻혀 버렸다.

알싸한, 그리고 ㉡향긋한 그 냄새에 나는 땅이 꺼지는 듯이 온 정신이 고만 아찔하였다.

"너, 말 마라!"

"그래!"

조금 있더니 요 아래서,

"점순아! 점순아! 이년이 바느질을 하다 말구 어딜 갔어?"하고 어딜 갔다 온 듯싶은 그 어머니가 역정이 대단히 났다.

점순이가 겁을 잔뜩 집어먹고 꽃 밑을 살금살금 기어서 산 알로 내려간 다음, 나는 바위를 끼고 엉금엉금 기어서 산 위로 치빼지 않을 수 없었다.

17 다음 중 ㉠의 상징적 의미로 옳지 않은 것은?

① 소년과 소녀의 순박한 사랑을 보여주는 소재
② '나'와 점순의 갈등을 고조시키는 소재
③ 따뜻하고 정겨운 분위기 조성
④ 주제를 효과적으로 드러내기 위한 낭만적인 배경

TIP ② 이 소설에서 '동백꽃'은 갈등의 해소와 화해의 신호를 가리키는 기능을 하고 있다.

18 이 소설에 대한 설명으로 바른 것은?

① 비속어나 토속어의 쓰임은 이 작품의 해학성을 저해한다.
② 사회상은 배제한 채 소년, 소녀의 사랑에 초점을 맞추고 있다.
③ 닭싸움은 인물간 갈등 표출의 매개구실을 한다.
④ 1인칭 관찰자 시점을 취하고 있다.

TIP ① 이 작품에 사용된 토속어와 비속어는 소설에 활력을 주고 해학성을 느끼게 한다.
② 순박한 시골 소년, 소녀의 사랑이 주제이긴 하나 소작인과 마름이라는 신분관계에서 오는 갈등이 내포되어 있다.
④ '나'가 주인공인 동시에 화자인 1인칭 주인공 시점이다.
※ 김유정의 「동백꽃」
㉠ 갈래 : 단편소설, 순수소설, 애정소설, 농촌소설
㉡ 주제 : 산골 마을 남녀의 순박한 사랑
㉢ 시점 : 1인칭 주인공 시점
㉣ 성격 : 향토적, 서정적, 해학적
㉤ 작자 : 김유정(1908~1937) 소설가, 강원도 춘성 출생. 작품에 「금 따는 콩밭」, 「봄봄」등이 있다.

19 ㉡이 의미하는 바로 가장 적절한 것은?

① '나'는 비로소 점순의 애정을 깨닫게 되었다. ② 동백꽃의 아름다움에 매료되었다.
③ 땅을 뺏기지 않게 되어 안도감을 느꼈다. ④ 동백꽃 향기에 어지러움을 느꼈다.

TIP '나'가 점순의 마음을 깨닫고 거기에 도취되고 있음을 보여주는 대목이다.

Answer 17.② 18.③ 19.①

20 다음 제시된 작품의 시점으로 바른 것은?

> 나는 불현 듯 겨드랑이가 가렵다. 아하, 그것은 내 인공의 날개가 돋았던 자국이다. 오늘은 없는 이 날개. 머릿속에서는 희망과 야심이 말소된 페이지가 딕셔너리 넘어가듯 번뜩였다.
>
> 나는 걷던 걸음을 멈추고 그리고 일어나 한 번 이렇게 외쳐 보고 싶었다.
>
> 날개야 다시 돋아라.
>
> 날자. 날자. 한 번만 더 날자꾸나.
>
> 한 번만 더 날아 보자꾸나.

① 1인칭 관찰자 시점

② 1인칭 주인공 시점

③ 3인칭 관찰자 시점

④ 전지적 작가 시점

TIP ② 제시된 작품은 이상의 단편소설인 「날개」로 주인공인 '나'에 의해서 이야기가 전개되는 1인칭 주인공 시점이다.

21 다음 중 수필의 특성과 관계없는 것은?

① 글쓴이의 개성이 드러난다.

② 형식이 다양하므로 질서가 없다.

③ 여유 있는 마음에서 생겨나는 문학이다.

④ 일상적으로 자주 쓰는 언어를 사용한다.

TIP ② 수필은 주제가 있는 문학이며 나름대로의 체계와 방향을 가지고 있다.

22 다음과 같은 성격을 가진 수필은?

> 논리적인 사고에 의해 쓰여진 글로 객관적이고 사회성이 강한 시사성 글이다. 서정적이지 못하여 딱딱한 느낌이 강하며 독자들로 하여금 이야기와 재미를 유발시키기 보다는 교훈적인 측면과 교육적인 성격이 크게 작용한다.

① 나도향의 「그믐달」   ② 김소운의 「가난한 날의 행복」

③ 피천득의 「인연」   ④ 김종철의 「간디의 물레」

TIP 중수필에 대한 설명이다.
①②③ 경수필
④ 중수필

23 다음 중 성격이 다른 수필은?

① 피천득의 「인연」   ② 몽테뉴의 「수상록」

③ 김태길의 「글을 쓴다는 것」   ④ 김소운의 「가난한 날의 행복」

TIP ①②④ 우리가 보는 보통의 수필처럼 정서적인 경향을 띠는 경수필로 개성적이고 체험적이며 예술성을 내포한 예술적인 글이다.
③ 김태길의 「글을 쓴다는 것」은 중수필로 글쓰기가 가지는 덕성, 자신의 글쓰기 체험, 글쓰는 이가 주의해야 할 점들을 간결한 문체로 서술한 글이다.

24 다음 중 수필이 갖추어야 할 요건이 아닌 것은?

① 지성과 격조   ② 엄격한 형식미

③ 사색과 명상   ④ 가치 있는 사상의 육화

TIP ② 수필은 무형식을 그 형식적 특징으로 한다. 따라서 붓 가는 대로 생각에 비치는 모든 것들을 표현한다. 그러나 이는 수필에 형식이 필요없다는 말이 아니라 일정하게 규정하는 형식이 없다는 것을 뜻한다.

Answer   22.④   23.③   24.②

※ 다음 글을 읽고 물음에 답하시오. 【25 ~ 26】

> 행복한 인생을 살려면 하나의 굳건한 믿음이 필요하다. 종교의 신앙도 좋고 사상(思想)에 대한 신념도 좋다. 우리의 생을 의지할 든든한 기둥이 필요하다. 생에서 죽음에 이르는 ⊙인생의 긴 다리 위에서 우리는 뜻하지 않은 폭풍을 만나는 수도 있고, 불의(不意)의 비극을 당하는 경우도 있다. 모든 사람이 저마다 자기의 십자가(十字架)를 짊어지고 인생을 살아간다. 어떤 이는 가난한 십자가를 짊어지고, 어떤 이는 병(病)의 십자가를 짊어진다. 생(生)의 십자가를 굳건히 짊어지려면 마음의 단단한 준비가 필요하다.
> 나의 분(分)을 알고 나의 분을 지켜서 인생에 지나친 욕심을 갖지 않는 것이 슬기롭다. 지족(知足)은 행복에 이르는 지름길의 하나다. 자기의 분에 만족할 줄 모르는 사람은 행복에 담을 쌓는 사람이다.
> 행복은 감사의 문으로 들어오고 불평의 문으로 나간다. 행복을 원하거든 감사할 줄 아는 마음을 기르고 배워야 한다. 사랑과 노동과 신앙, 인생의 참된 행복은 그런 데 있지 아니할까.

25 이 글에 대한 설명으로 바르지 않은 것은?

① 행복의 다양한 측면에 대해 논리적으로 분석하는 글이다.
② 적절한 비유를 사용하여 글을 전개하고 있다.
③ 글쓴이의 내면을 진솔하게 드러내어 깊은 호소력을 지닌다.
④ 행복의 의미를 찾는 과정에서 글쓴이의 삶의 자세를 엿볼 수 있다.

TIP ① 이 글은 행복의 의미를 찾는 과정을 자유롭게 풀어나간 글이다.
　　※ 안병욱의 「행복의 메타포」
　　　⊙ 갈래 : 중수필
　　　ⓛ 주제 : 보람에서 찾아야 할 참된 행복의 의미
　　　ⓒ 성격 : 교훈적, 사색적, 설득적, 체험적
　　　ⓔ 문체 : 간결체
　　　ⓜ 특징 : 수필이라는 문학 장르에 대한 개념적 지식을 비유적 언어로 친절하게 서술하고 있다.

26 다음 중 밑줄 친 ⊙과 유사한 표현 방식을 가진 것은?

① 봄바람의 미소가 나를 반겨 준다.
② 나의 마음은 어느새 하늘을 나는 풍선이 되었다.
③ 구름에 달 가듯이 가는 나그네.
④ 내 누님같이 생긴 꽃이여.

Answer 25.① 26.②

TIP '인생의 긴 다리'는 은유적 표현이다.
 ① 의인법
 ② 은유법
 ③④ 직유법

27 다음 중 희곡의 성격으로 옳지 않은 것은?

 ① 주관과 객관을 겸한 문학이다.
 ② 무대 상연을 전제로 한 문학이다.
 ③ 현재화된 인생을 보여 주는 문학이다.
 ④ 희곡의 형식적 구성 요소로 해설, 지문, 대사 등이 있다.

TIP ① 희곡은 가장 객관적인 문학 양식이다.

28 다음 중 시나리오가 희곡과 다른 점은?

 ① 종합 예술이다.   ② 장면 변화가 다양하다.
 ③ 구성 단계가 복잡하다.   ④ 다른 예술을 전제로 한 문학이다.

TIP ② 희곡은 시간과 공간의 제약이 있으므로 장면 변화를 장으로 규정하고 있다.

29 희곡과 소설의 차이점에 대한 다음 설명 중 옳지 않은 것은?

 ① 희곡은 시간·공간의 제약을 받으나, 소설은 자유롭다.
 ② 희곡은 현재형의 문학이나, 소설은 주로 과거 시제를 사용한다.
 ③ 희곡은 등장 인물의 수에 제한이 없으나, 소설은 제약이 있다.
 ④ 희곡은 장면 전환이 자유롭지 못하나, 소설은 장면 전환이 자유롭다.

TIP ③ 희곡은 등장 인물의 수에 제한을 받으나, 소설은 제한을 받지 않는다.

Answer   27.① 28.② 29.③

30 고전극의 삼일치에 대한 다음 설명 중 옳지 않은 것은?

① 시간, 장소, 행동의 일치를 말한다.
② 주로 표현주의 극에서 나타난다.
③ 아리스토텔레스가 「시학」에서 주장하였다.
④ 셰익스피어가 파괴한 이후 현대극에서 시간과 장소의 일치는 지켜지지 않는다.

TIP ② 고전주의 극에서는 잘 지켜졌지만 현대 표현주의 극에서는 지켜지지 않는다.

31 다음 중 희곡에서 대사가 지닌 기능이 아닌 것은?

① 사건을 서술한다.
② 갈등을 표현한다.
③ 극의 분위기를 형성한다.
④ 인물의 성격을 부각시킨다.

TIP ① 희곡에서 대사는 사건을 전개시키는 기능을 한다.
 ※ 대사의 기능
　㉠ 사건을 진행시킨다.
　㉡ 인물의 생각, 성격, 사건의 상황을 드러낸다.
　㉢ 사건의 분위기를 형성한다.
　㉣ 주제를 제시한다.

32 다음 중 시나리오에서 쓰이는 용어가 잘못된 것은?

① O.L. - 두 가지의 화면이 겹쳐지는 것
② PAN - 카메라를 상하 좌우로 이동하는 것
③ F.O. - 어두운 화면이 점점 밝아지는 것
④ C.U. - 어떤 인물이나 장면을 크게 확대하여 찍는 것

TIP ③ F.O.는 밝은 화면이 점점 어두워지는 것이며, 어두운 화면이 점점 밝아지는 것을 가리키는 용어는 F.I.이다.

Answer 30.② 31.① 32.③

33 다음 글의 시대적 배경과 가장 밀접하게 관련되는 것은?

명서의 처 : (소리만) 후어! 저 놈의 닭들 좀 봐라! 후어! 에그 속상해.

　명서의 아내, 왼쪽 입구에서 등장. 호미와 바구니를 든 것을 보면 그가 밭에서 일하고 오는 것이 분명하다. 나이에 비하여 아직 기력이 좋아서 능히 자기의 노동을 담당하는 것이다.

명서의 처 : (들어서면서) 아이, 세상이 약으니까, 닭들꺼정 약아서 사람의 소리를 겁을 내야지. (금녀에게) 이년아, 넌 집에 있으믄서 닭두 좀 못 쫓냐?

금녀 : 집에 있으믄 누가 노우? 어머니두 참, 밭이나 다 매고 왔우?

명서의 처 : (몸의 흙을 떨면서) 아랫밭만 맸지. (남편을 보고) 당신은 그걸 여태 들구 앉았우? 오늘두 끝을 못 내구…… . 아이구, 편지 한 장에 며칠이 걸린단 말유?

명서 : …… .

명서의 처 : 그렇게 천장만 쳐다보구, 눈만 까무락거리믄 뭣이 나오우? 얼른 써유. 삼조가 곧 올 텐데. 일본 간다구. 금녀야, 내 없는 동안에 삼조가 혹 왔다 가진 않았니?

금녀 : 아뉴, 아직.

명서의 처 : 아까 밭에서 보니까 벌써 보퉁이를 들구 나가더라던데. (남편에게) 그애더러 금년에는 꼭 나오라구 그러쥬. 그리구 나올 때는 돈 좀 가지구 나오구. 그렇게 썼우?

명서 : 왜 이 수선야? 정신 헷갈리게.

명서의 처 : 돈이 있어야 사람이 좀 허리를 펼 게 아뉴?

명서 : 편지라는 건 그리 쉽게 되는 게 아니어.

명서의 처 : 대관절 이 편지를 들구 앉은 지가 오늘이 며칠이우?

---

① 인물의 행동　　　　　　② 인물의 이름
③ 방언의 사용　　　　　　④ 궁핍한 생활상

TIP 제시된 유치진의 「토막」의 배경은 1920년대 어느 농촌 마을로, 이 작품은 1920년대 궁핍한 한국 농촌의 현실을 묘사한 사실주의적 희곡의 전형으로 꼽힌다.

※ 유치진의 「토막」
　㉠ 갈래 : 희곡(사회 문제극, 비극, 장막극, 사실극)
　㉡ 주제 : 일제의 악랄한 수탈 속에서 황폐해져 가는 한국의 참담한 현실
　㉢ 성격 : 현실 고발적, 비판적, 사실적
　㉣ 배경 : 1920년대 어느 빈한한 농촌 마을
　㉤ 특징 : 일제 강점기인 1920년대를 시대적 배경으로 하여 일본의 수탈과 가혹한 통치 아래 파멸되어 가는 민족의 현실을 그리고 있는 작품이다.

Answer　33.④

34 다음 중 독자에게 읽히기 위한 목적으로 쓰여진 시나리오는?

① 창작 시나리오   ② 각색 시나리오

③ 레제 시나리오   ④ 오리지널 시나리오

TIP ① 처음부터 영화 제작을 위해 창작한 시나리오
② 소설이나 희곡 등을 기초로 영화 촬영이 가능하게 고친 시나리오
③ 독자에게 읽히기를 목적으로 한 시나리오

35 다음 비평의 종류 중 내재적 방법에 속하는 것은?

① 신비평   ② 신화 비평

③ 역사주의 비평   ④ 심리주의적 비평

TIP 비평의 내재적(內在的) 방법은 오로지 그 작품 자체만 가지고 하는 비평(절대론)으로, 작품을 구성하고 있는 언어, 구조, 이미지, 운율, 행, 연 등을 중심으로 하는 비평을 말한다. 형식주의 비평(신비평)이 여기에 속한다.
②③④ 외재적 방법

05 고전 문학

01 어학적인 글

❶ 세종어제 훈민정음(世宗御製 訓民正音)

(1) 훈민정음의 창제

① 창제자 및 협찬자
　　㉠ **창제자** : 세종 대왕
　　㉡ **협찬자** : 성인지, 성삼문, 신숙주, 이개, 최항, 박팽년, 강희안 등 집현전 학자

② 연대
　　㉠ **창제 · 반포** : 세종 25년(1443) 음력 12월에 예의본(例義本) 완성
　　㉡ **해례본(解例本)** : 세종 28년(1446) 음력 9월 상한에 해례본 완성, 간행
　　㉢ **언해본(諺解本)** : 세조 5년(1459)에 간행

③ **훈민정음 창제의 정신** … 자주 정신, 애민 정신, 실용 정신

④ 훈민정음 창제의 목적
　　㉠ 일반 백성들의 원만한 문자 생활 도모
　　㉡ 자주(自主) · 애민(愛民) · 실용(實用) 정신의 구현(俱現)
　　㉢ 우리 나라 한자음의 정리와 표기의 통일

⑤ 제자(制字)의 원리
　　㉠ **초성(初聲 : 첫소리)** : 발음 기관의 모양을 본떴다.
　　㉡ **중성(中聲 : 가온딧소리)** : '천(天) · 지(地) · 인(人)'의 삼재(三才)를 본떴다.

(2) 훈민정음 해례본의 구성

① 예의[(例義), 언해된 부분]

　㉠ 어지(御旨) : 창제된 취지

　㉡ 글자와 소리값 : 초성, 중성, 종성 글자와 소리값

　㉢ 글자의 운용 : 나란히 쓰기, 이어 쓰기, 붙여 쓰기, 음절 이루기, 점찍기의 용법

② 해례(解例) … 언해되지 아니한 부분으로 '제자해(制字解), 초성해(初聲解), 중성해(中聲解), 합자해(合字解), 용자례(用字例)'로 구성되어 있다.

③ 정인지 서(序) … 훈민정음 제작 경위를 밝히고 있다.

② 용비어천가(龍飛御天歌)

(1) 개관

① 시기

　㉠ 창작 시기 : 세종 27년(1445)

　㉡ 간행 시기

　　• 초간본 : 세종 9년(1447)

　　• 중간본 : 광해군 4년(1612) – 만력본, 효종 10년(1659) – 순치본, 영조 41년(1765) – 건륭본

② 작자 … 정인지(1396~1478), 권제(1387~1445), 안지(1377~1464) 등

③ 체제

　㉠ 구성 : 세종의 6대조인 목조부터 익조, 도조, 환조, 태조, 태종의 사적(史蹟)을 중국 역대 왕의 사적과 대비하여 서술하였다.

　　• 서사 : 제1 · 2장 – 건국의 정당성과 영원성 송축

　　• 본사 : 제3 ~ 109장 – 육조의 사적을 예찬

　　• 결사 : 제110 ~ 125장 – 후대 왕에 대한 권계

　㉡ 형식 : 2절 4구체의 대구로 이루어져 있다(단, 1장 3구체, 125장 9구체).

　　• 전절 : 중국 역대 왕들의 사적을 찬양

　　• 후절 : 6조의 사적을 찬양

④ 의의

　㉠ 훈민정음으로 기록된 최초의 작품이며 15세기 국어 연구에 귀중한 자료가 된다.

　㉡ 월인천강지곡과 쌍벽을 이루면서 국문으로 된 최초의 악장 문학이다.

TIP 용비어천가의 표기상의 특징

㉠ 종성부용초성의 원칙에 따라 8종성 외에 'ㅈ, ㅊ, ㅍ'이 종성으로 쓰였다.

㉡ 모음 조화가 철저하게 지켜졌다.

㉢ 사잇소리 표기가 훈민정음 언해본보다 엄격하게 지켜졌다.

㉣ 'ㅸ, ㆆ, ㆅ, ㅿ, ㆁ, ㆍ' 등이 모두 쓰였다.

㉤ 원문에는 방점이 찍혀 있다.

㉥ 동국정운식 한자음을 전제로 하여 조사와 어미를 붙여 썼다.

㉦ 15세기 문헌 중 가장 고형을 유지하고 있다.

(2) 작품의 이해

① 제1장

㉠ 형식 : 1절 3구(제125장과 함께 형식상의 파격을 이룬 장)

㉡ 주제 : 조선 건국의 천명성

㉢ 성격 : 송축가(개국송)

㉣ 핵심어 : 천복(天福)

② 제2장

㉠ 형식 : 2절 4구

㉡ 주제 : 조선의 무궁한 발전 송축

㉢ 성격 : 송축가(개국송)

㉣ 핵심어 : 곶, 여름, 바룰, 내

③ 제48장

㉠ 형식 : 2절 4구

㉡ 주제 : 태조의 초인간적 용맹

㉢ 성격 : 송축가, 사적찬(事蹟讚)

㉣ 핵심어 : 石壁(석벽)에 말을 올이샤

④ 제125장

㉠ 형식 : 3절 9구(형식상 파괴)

㉡ 주제 : 후왕(後王)에 대한 권계

㉢ 성격 : 송축가, 계왕훈(戒王訓)

㉣ 핵심어 : 경천 근민(敬天勤民)

❸ 두시언해(杜詩諺解)

(1) 개관

① 원제(原題) … 분류두공부시(分類杜工部詩)언해로 두보의 시를 내용별로 분류하였다는 의미이다. 이는 25권 17책으로 되어 있다.

② 작자 … 두보(杜甫, 712~770)

③ 의의

　㉠ 국문학상 최초의 번역 시집이며 한시 및 한문학 연구의 자료가 된다.

　㉡ 국어학상 초간본과 중간본이 약 150년의 차이가 있어 임란 전후의 국어의 변화를 살피는 데 중요한 자료가 된다.

④ 초간본과 중간본의 차이

구분		초간본	중간본
간행 연대		성종 12년(1481)	인조 10년(1632)
간행자		유윤겸, 조위, 의침	오숙, 김상복
판본		활판본(活版本)	목판본(木版本)
표기법		연철(連綴)	간혹 분철도 보임
방점		사용됨	없어짐
음운 변화	ㅿ, ㆆ	사용됨	'ㅇ'으로 바뀜
	자음 동화	두드러지지 않음	자주 나타남
	모음 조화	잘 지켜짐	파괴되어 감
	구개음화	나타나지 않음	가끔 나타남

(2) 작품의 이해

① 강촌(江村)

　㉠ 갈래 : 서정시, 칠언 율시

　㉡ 주제 : 강촌 생활의 한가함

　㉢ 배경 : 성도에서 초당을 짓고 한가로이 지내던 여름

② 절구(絕句)

　㉠ 갈래 : 서정시, 기·승·전·결의 오언 절구

　㉡ 주제 : 고향에 돌아가지 못하는 아쉬움, 향수(鄕愁), 수구초심(首邱初心)

ⓒ 특징
- 대구(기구와 승구), 색채(靑과 紅)의 대조
- 선경후정(先景後情) : 봄을 맞는 푸른 강, 푸른 산의 정경과 시적 자아의 심상

02 운문 문학과 산문 문학

❶ 운문 문학

(1) 고대 가요

① 구지가(龜旨歌)
- ㉠ 갈래 : 4구체, 한역 시가
- ㉡ 연대 : 신라 유리왕 19년(42)
- ㉢ 주제 : 수로왕의 강림 기원
- ㉣ 성격 : 주술요, 노동요, 집단 무가
- ㉤ 의의 : 현재 전하는 가장 오래된 집단 무가이며 주술성을 가진 현전 최고의 노동요이다.
- ㉥ 작자 : 구간(九干)

② 공무도하가(公無渡河歌)
- ㉠ 갈래 : 한역가(漢譯歌), 서정시, 개인적인 서정 가요
- ㉡ 연대 : 고조선(古朝鮮)
- ㉢ 주제 : 임을 여읜 슬픔, 남편의 죽음을 애도
- ㉣ 성격 : 개인적, 서정적
- ㉤ 의의 : 황조가와 함께 우리 나라 최고의 서정 가요이며 원시적·집단적 서사시에서 서정시로 옮아가는 과도기적 작품이다.
- ㉥ 작자 : 백수 광부(白首狂夫)의 처(妻)

③ 정읍사(井邑詞)
- ㉠ 갈래 : 백제 가요, 속요(俗謠)
- ㉡ 연대 : 백제 시대(고려 시대로 보는 설도 있음)
- ㉢ 주제 : 행상 나간 남편의 무사귀환을 기원
- ㉣ 성격 : 민요적
- ㉤ 의의

- 현전 유일의 백제 노래이다.
- 한글로 기록되어 전하는 가장 오래된 노래이다.
- 시조 형식의 원형을 가진 노래이다(4음보의 형태).
  ㅂ **작자** … 어느 행상의 처

(2) 향가

① **서동요(薯童謠)**
  ㄱ **갈래** : 4구체 향가
  ㄴ **연대** : 신라 진평왕 때
  ㄷ **주제** : 선화 공주의 은밀한 사랑, 선화 공주를 꾀어내기 위한 참요
  ㄹ **성격** : 참요(讒謠 – 있지도 않은 사실을 날조하여 헐뜯는 노래), 동요(童謠)
  ㅁ **의의**
  - 현전 최고(最古)의 향가 작품이다.
  - 배경 설화에 신화적인 요소가 있는 향가이다.
  - 향가 중 민요체를 대표하는 작품이다.
  ㅂ **작자** : 서동(백제 무왕)

② **제망매가(祭亡妹歌)**
  ㄱ **갈래** : 10구체 향가
  ㄴ **연대** : 신라 경덕왕 때
  ㄷ **주제** : 죽은 누이에 대한 추모의 정
  ㄹ **성격** : 추도가(追悼歌), 애상적, 종교적(불교적)
  ㅁ **의의**
  - 향가 중 찬기파랑가와 함께 표현 기교 및 서정성이 뛰어나다.
  - 불교의 윤회 사상이 기저를 이루고 있다.
  - 정제된 10구체 향가로 비유성이 뛰어나 문학성이 높다.
  ㅂ **작자** : 월명사

(3) 고려 가요

① **가시리**
  ㄱ **갈래** : 고려 가요
  ㄴ **연대** : 고려 시대
  ㄷ **주제** : 이별의 정한
  ㄹ **형태** : 전 4 연의 연장체(분연체)
  ㅁ **운율** : 3 · 3 · 2조의 3음보

ⓗ 성격 : 이별의 노래, 민요풍

ⓐ 의의 : 이별의 애달픔을 소박한 정조로 노래한 이별가의 절조

ⓞ 작자 : 미상

② 청산별곡

ⓖ 갈래 : 고려 가요, 장가, 서정시

ⓛ 연대 : 고려 시대

ⓒ 주제 : 삶의 고뇌와 비애, 실연의 애상, 삶의 고통과 그 극복에의 지향성, 현실에의 체념

ⓔ 형태 : 전 8 연의 분절체, 매연 4구 3 · 3 · 2조의 3음보

ⓜ 성격 : 평민 문학, 도피 문학

ⓗ 의의 : 고려 가요 중 서경별곡과 함께 비유성과 문학성이 가장 뛰어나며, 고려인들의 삶의 애환을 반영한 작품이다.

ⓐ 작자 : 미상

(4) 시조

① 고시조

이 몸이 죽어 죽어 일백 번(一白番) 고쳐 죽어

백골(白骨)이 진토(塵土) 되어 넋시라두 잇고 업고

님 향(向)흔 일편단심(一片丹心)이야 가싈 줄이 이시랴.

🔍 **작품분석**

ⓖ 갈래 : 평시조

ⓛ 주제 : 절개

ⓒ 성격 : 단심가(丹心歌), 충의적

ⓔ 작자 : 정몽주

이런들 엇더ᄒ며 뎌런들 엇더ᄒ료

초야 우생(草野愚生)이 이러타 엇더ᄒ료

ᄒ믈며 천석고황(泉石膏)을 고뎌 므슴ᄒ료.

🔑 **작품분석**

- ㉠ 제목 : 도산십이곡(陶山十二曲)
- ㉡ 갈래 : 평시조, 연시조(전 12 수)
- ㉢ 주제 : 전 6곡(자연에 동화된 생활), 후 6곡(학문 수양 및 학문에 힘쓸 것을 다짐)
- ㉣ 성격 : 교훈가
- ㉤ 작자 : 이황

우는 거시 벅구기가 프른 거시 버들숩가

이어라 이어라

어촌(漁村) 두어 집이 닛 속의 나락들락

지국총(至匊悤) 지국총(至匊悤) 어사와(於思臥)

말가흔 기픈 소희 온간 고기 뛰노ᄂ다

🔑 **작품분석**

- ㉠ 제목 : 어부사시사(漁父四時詞)
- ㉡ 갈래 : 연시조[춘 · 하 · 추 · 동 각 10수(전 40 수)]
- ㉢ 주제 : 강호의 한정(閑情). 철따라 펼쳐지는 자연의 경치와 어부(漁父) 생활의 흥취
- ㉣ 성격 : 강호한정가
- ㉤ 작자 : 윤선도

② **사설시조**

창(窓) 내고쟈 창(窓)을 내고쟈 이 내 가슴에 창(窓) 내고쟈.

고모장지 세살장지 들장지 열장지 암돌져귀 수돌져귀 빈목걸새 크나큰 쟝도리로 쏭당 바가

이 내 가슴에 창(窓) 내고쟈.

잇다감 하 답답홀 제면 여다져 볼가 ᄒ노라.

🔑 **작품분석**

- ㉠ 갈래 : 사설시조
- ㉡ 주제 : 마음 속에 쌓인 답답한 심정
- ㉢ 성격 : 해학적
- ㉣ 작자 : 미상

댁(宅)들에 동난지이 사오. 져 쟝스야, 네 황화 그 무서시라 웨는다. 사쟈.

외골 내육(外骨內肉), 양목(兩目)이 상천(上天), 전행 후행(前行後行), 소(小)아리 팔족(八足) 대(大)아리 이족(二足), 청장(淸醬) ㅇ스슥ㅎ는 동난지이 사오.

쟝스야, 하 거복이 웨지 말고 게젓이라 ㅎ렴은.

작품분석

    ㉠ 갈래 : 사설시조
    ㉡ 주제 : 서민들의 희극적인 상거래 장면
    ㉢ 성격 : 해학적, 풍자적
    ㉣ 작자 : 미상

두터비 ㅍ리를 물고 두험 우희 치ᄃ라 안자

것넌 산(山) ᄇ라보니 백송골(白松骨)이 써 잇거늘,

가슴이 금즉ㅎ여 풀덕 쒸여 내ᄃᆺ다가 두험 아래 잣바지거고.

모쳐라, 늘낸 낼싀만졍 에헐질 번ㅎ괘라.

작품분석

    ㉠ 갈래 : 사설시조
    ㉡ 주제 : 약지에게는 강한 체 뽐내고, 강자 앞에서는 비굴한 양반 계층을 풍자
    ㉢ 성격 : 우의적(寓意的)
    ㉣ 작자 : 미상

(5) 가사

① 상춘곡(賞春曲)

    ㉠ 갈래 : 강호 가사, 양반 가사, 정격 가사
    ㉡ 연대 : 창작 – 성종(15세기), 표기 – 정조(18세기)
    ㉢ 주제 : 봄 경치의 완상과 안빈낙도(安貧樂道)
    ㉣ 형태 : 39행, 79구, 매행 4음보(단, 제12행은 6음보)의 정형 가사로, 4음보 연속체
    ㉤ 성격 : 묘사적, 예찬적, 서정적
    ㉥ 의의 : 가사 문학의 효시, 송순의 면앙정가에 영향을 주었다.
    ㉦ 작자 : 정극인(1401 ~ 1481) – 성종 때의 학자. 문인. 호는 불우헌

② 관동별곡(關東別曲)

　　㉠ 갈래 : 기행 가사, 정격 가사, 양반 가사

　　㉡ 연대 : 창작 – 선조 13년(1580), 표기 – 숙종

　　㉢ 주제 : 관동 지방의 절경과 풍류

　　㉣ 형태 : 3 · 4조의 4음보(295구)

　　㉤ 문체 : 가사체, 운문체, 화려체

　　㉥ 의의 : 서정적인 기행 가사로 우리말의 아름다움을 승화시킨 작품이다.

　　㉦ 작자 : 정철(1536~1593) – 시인. 호는 송강

❷ 산문 문학

(1) 설화

① 단군 신화

　　㉠ 갈래 : 건국 신화

　　㉡ 사상 : 숭천 사상, 동물 숭배 사상

　　㉢ 성격 : 설화적

　　㉣ 주제 : 단군의 건국 내력과 홍익인간의 이념

　　㉤ 의의 : 홍익인간의 건국 이념과, 천손의 혈통이라는 민족적 긍지가 나타나 있다.

② 조신의 꿈

　　㉠ 갈래 : 설화(전설), 사원 연기 설화

　　㉡ 사상 : 불교적, 서사적, 교훈적

　　㉢ 성격 : 액자식 환몽 구조

　　㉣ 주제 : 인생무상

　　㉤ 의의 : 환몽 소설의 연원이 되는 설화로 후에 김만중의 구운몽 및 이광수의 꿈이라는 소설에 영향을 주었고. 동일 모티브에 의한 다양한 변이 과정을 확인해 볼 수 있다.

③ 바리데기

　　㉠ 갈래 : 무가, 서사 무가

　　㉡ 성격 : 무속적, 주술적

　　㉢ 주제 : 바리데기가 겪는 고난과 성취의 일생을 통한 무속신의 내력

　　㉣ 의의 : 전통 사회의 남성 우월 사상에 대해 비판적이다.

　　㉤ 특징 : 5단 구성의 영웅 설화적 구조이며, 판소리와 유사한 말과 창의 반복이 나타난다.

(2) 가전체

① 화왕계

    ㉠ 작자 : 설총

    ㉡ 갈래 : 설화

    ㉢ 성격 : 우언적, 풍자적

    ㉣ 주제 : 임금에 대한 경계(또는 간언)

    ㉤ 의의 : 최초의 창작 설화로 가전체 문학의 효시가 된다.

    ㉥ 출전 : 삼국사기

② 국선생전

    ㉠ 작자 : 이규보

    ㉡ 갈래 : 가전

    ㉢ 성격 : 전기적, 교훈적

    ㉣ 주제 : 위국 충절의 교훈

    ㉤ 의의 : 의인화 기법

    ㉥ 출전 : 동문선

(3) 고대 소설

① 구운몽(九雲夢)

    ㉠ 갈래 : 고대 소설, 국문 소설, 염정 소설, 몽자류 소설, 영웅 소설

    ㉡ 연대 : 숙종 15년(1689) 남해 유배시

    ㉢ 주제 : 인생무상의 자각과 불법에의 귀의

    ㉣ 배경 : 당나라 때, 중국

    ㉤ 시점 : 전지적 작가 시점

    ㉥ 의의 : 몽자류 소설의 효시

    ㉦ 근원 설화 : 조신 설화

    ㉧ 사상 : 유 · 불 · 선 사상

    ㉨ 작자 : 김만중(1637 ~ 1692)

② 허생전(許生傳)

　　㉠ 갈래 : 고대 소설, 한문 소설, 풍자 소설, 단편 소설, 액자 소설

　　㉡ 연대 : 정조 4년(1780) 중국 여행 후

　　㉢ 주제 : 양반 및 위정자들의 무능력에 대한 비판과 자아 각성의 제시

　　㉣ 배경 : 17세기 효종 때, 서울을 중심으로 한반도 전역, 장기, 무인도

　　㉤ 시점 : 전지적 작가 시점

　　㉥ 의의 : 조선 시대 사실주의 소설의 전형을 보여 주고 있다.

　　㉦ 작자 : 박지원(1737 ~ 1805)

③ 춘향전(春香傳)

　　㉠ 갈래 : 고대 소설, 염정 소설, 판소리계 소설

　　㉡ 주제 : 신분을 초월한 남녀 간의 사랑, 지배 계층에 대한 서민의 항거

　　㉢ 배경 : 조선 후기, 전라도 남원

　　㉣ 시점 : 전지적 작가 시점

　　㉤ 의의 : 고대 소설 중 가장 사실적이며, 풍자적 · 해학적이다.

(4) 고대 수필

① 아기설(啞器說)

　　㉠ 갈래 : 설(設), 고대 수필

　　㉡ 주제 : 때에 맞게 말을 할 줄 아는 지혜의 필요성

　　㉢ 성격 : 교훈적, 풍자적, 비판적

　　㉣ 작자 : 안정복(1712 ~ 1791)

② 동명일기(東溟日記)

　　㉠ 갈래 : 고대 수필(여류 수필), 기행문

　　㉡ 주제 : 귀경대에서 본 일출의 장관

　　㉢ 성격 : 묘사적, 사실적, 주관적

　　㉣ 의의 : 순 한글 기행 수필로 세밀한 관찰과 사실적 묘사가 뛰어나다.

　　㉤ 작자 : 의유당(1727 ~ 1823)

(5) 판소리

① 흥보가

　⊙ 갈래 : 판소리

　ⓒ 성격 : 풍자적, 해학적

　ⓒ 주제 : 형제 간의 우애, 인고와 이타를 통한 빈부의 갈등 극복

　ⓔ 특징

　　• 3 · 4, 4 · 4조의 가락을 중심으로 리듬감 있게 표현하였다.

　　• 인물의 성격과 사건의 진행을 풍자와 해학을 통해 표현하였다.

　　• 일상적인 언어와 현재형의 문장을 통해 사실적으로 표현하였다.

　ⓜ 출전 : 신재효 정리(성두본)

② 적벽가

　⊙ 갈래 : 판소리 소설

　ⓒ 문체 : 가사체

　ⓒ 연대 : 조선 후기

　ⓔ 제재 : 삼국지연의의 적벽대전

　ⓜ 주제 : 가족에 대한 그리움

　ⓗ 출전 : 박봉술 창본

③ 춘향가

　⊙ 갈래 : 판소리 사설

　ⓒ 문체 : 서사적, 운율적, 해학적, 풍자적

　ⓒ 연대 : 조선 후기

　ⓔ 배경 : 조선 숙종 때 전라도 남원과 한양

　ⓜ 주제 : 신분을 초월한 남녀 간의 사랑, 신분 갈등의 극복을 통한 인간 해방의 이상

　ⓗ 특징

　　• 서민들의 현실적인 생활을 주로 그리고 있다.

　　• 창가의 내용에는 극적 요소가 많고, 민속적이며 그 체제는 희곡적이며 문체는 운문체이다.

　　• 풍자와 해학 등 골계적인 내용과 비장미, 숭고미 등이 다양하게 드러나 있다.

　　• 판소리는 구비문학이기 때문에 부분의 독자성이 성립한다.

　　• 평민계층이 사용하는 욕설이나 비속어 등과 양반계층이 주로 사용하는 한문구나 한자 성어 등이 공존한다.

(6) 민속극

① 꼭두각시 놀음
   ㉠ 갈래 : 전통 인형극
   ㉡ 성격 : 풍자적 · 골계적
   ㉢ 구성 : 전 8막, 2마당
   ㉣ 주제 : 일반 계층의 도덕적 허위와 횡포에 대한 비판과 풍자
   ㉤ 의의 : 우리 나라 유일의 전통 인형극

② 봉산탈춤
   ㉠ 갈래 : 민속극, 가면극, 탈춤 대본, 전통극
   ㉡ 주제 : 무능한 양반에 대한 풍자
   ㉢ 성격 : 해학적, 풍자적, 서민적
   ㉣ 특징
   • 양반에 대한 풍자와 희롱, 도전적이고 공격적인 언어 표현이 나타난다.
   • 서민적인 비속어와 양반투의 어려운 한자어를 동시에 구사하고 있다.
   • 자유분방한 열거와 대구, 인용, 반어, 언어 유희, 익살, 과장 등이 풍부하게 나타나고 있다.

▨▨▨ 출제 예상 문제

1 다음 중 훈민정음에 대한 설명으로 옳지 않은 것은?

① 훈민정음의 창제 이전에는 우리의 말과 글을 표현하는 수단이 달랐다.

② 초성과 중성은 모두 발음기관의 모양을 본떠 만들었다.

③ '백성을 가르치는 바른 소리'라는 뜻이다.

④ 자주적이고 주체적인 의식이 드러나 있다.

TIP ② 초성은 발음 기관을 상형 했으며, 중성은 천(天)·지(地)·인(人)을 본떠서 만들었다.

※ 다음 글을 읽고 물음에 답하시오. 【2 ~ 4】

> 나·랏 ㉠:말ᄊᆞ·미 ㉡中듕國·귁·에 달·아, 文문字ᄍᆞ·와·로 서르 ᄉᆞᄆᆞᆺ·디 아·니홀·ᄊᆡ ·이런
> 젼·ᄎᆞ·로 ㉢어·린 百·ᄇᆡᆨ姓·셩·이 니르·고·져 ·홇·배 이·셔·도, ᄆᆞᄎᆞᆷ:내 제·ᄠᅳ·들 시·러
> 펴·디 :몯 ᄒᆞᆳ ㉣·노·미 하·니·라. ·내·이·ᄅᆞᆯ 爲·윙·ᄒᆞ·야 ㉤:어엿·비 너·겨, ·새·로 ·
> 스·믈여·듧 字·ᄍᆞ·ᄅᆞᆯ 밍·ᄀᆞ노·니, :사ᄅᆞᆷ:마·다 :ᄒᆡ·여:수·ᄫᅵ 니·겨·날·로·ᄡᅮ·메 便뼌安한·
> ·킈 ᄒᆞ·고·져 ᄒᆞᆳ ᄯᆞᄅᆞ·미니·라.

2 다음 밑줄 친 ㉡ ~ ㉤ 중 현대 국어에 와서 의미 변화를 일으키지 않은 것은?

① ㉡   ② ㉢

③ ㉣   ④ ㉤

TIP ② 중세 국어에서는 '어리석은'의 뜻이었으나 현대 국어에서는 '나이가 적은'으로 의미가 바뀌었다.
③ 중세 국어에서는 평상어였으나 현대 국어에서는 남자를 낮추어 지칭하는 말로 쓰인다.
④ 중세 국어에서는 '가련하게'의 뜻이었으나 현대 국어에서는 '예쁘게란' 의미로 변했다.

Answer 1.② 2.①

3 다음 중 밑줄 친 ㉠과 같은 의미로 사용된 것은?

① 발 없는 말이 천리를 간다.　　　　② 부모님의 말씀을 잘 들어야 한다.
③ 선생님의 말씀을 전혀 이해할 수 없다.　　④ 나는 중국인의 말을 알아들을 수 없다.

TIP ㉠의 '나·랏:말씀'은 우리 나라 말, 곧 국어를 가리킨다. 여기서 '말씀'은 민족 고유의 '언어'를 뜻한다.

4 이 글을 통해 알 수 있는 사실이 아닌 것은?

① 훈민정음의 창제는 문자의 대중화를 위한 것이다.
② 세종은 백성을 사랑하는 마음으로 훈민정음을 창제하였다.
③ 세종은 한자로 우리말을 표기하는 일이 매우 어렵다고 생각하였다.
④ 세종은 훈민정음이 배우기는 어려우나 일단 배우고 나면 사용함에 있어 매우 편할 것이라고 생각하였다.

TIP ④ 제시된 글에서 '모든 사람들로 하여금 쉽게 익혀서 날마다 쓰는 데 편하게 하고자 할 따름이다.'라고 밝히고 있다.

5 훈민정음 해례본의 '예의'에 나타나 있지 않은 것은?

① 성음법과 가점　　　　　　② 자모의 음가
③ 자모의 운용　　　　　　　④ 제자해

TIP 훈민정음 해례본의 체제
　㉠ 본문(세종 지음)
　　•머리말 : 세종의 백성에 대한 공시문, 새 문자 창제의 취지
　　•예의 : 자모의 음가 및 운용, 성음법과 가점(사성점)
　㉡ 해례(解例) : 해설(집현전 학자 지음), 제자해(制字解), 초성해(初聲解), 중성해(中聖解), 종성해(終聖解), 합자해(合字解), 용자례(用字例)
　㉢ 정인지 서(序) : 창제취지, 경위, 의의, 가치 서술

Answer　3.④　4.④　5.④

※ 다음 글을 읽고 물음에 답하시오. 【6~9】

(가) 海東(해동) ㉠六龍(육룡)이 느ᄅ샤 일마다 天福(천복)이시니.
古聖(고성)이 同符(동부)ᄒ시니.

(나) 불휘 기픈 남ᄀᆫ ᄇᆞᄅ매 아니 뮐씨, 곶 됴코 여름 하ᄂ니.
ᄉᆡ미 기픈 므른 ᄀᆞ민래 아니 그츨씨 내히 이러 바ᄅ래 가ᄂ니.

(다) ᄀᆞ룺 ᄀᆞ새 자거늘 밀므리 사ᄋ리로ᄃᆡ 나거ᅀᅡ ᄌᆞ민이다.
셤 안해 자싫 제 한비 사ᄋ리로ᄃᆡ 뷔어ᅀᅡ ᄌᆞ민이다.

6 이 글에 대한 설명으로 옳지 않은 것은?

① 먼저 한문본을 간행한 뒤, 이를 훈민정음으로 국역하였다.
② 악장 문학의 대표이며, 중세 국어를 연구하는 데 귀중한 자료가 된다.
③ 조선 왕조 건국의 합리화와 왕업의 영광이 무궁하리라는 것을 노래하였다.
④ 세종 29년 5월에는 치화평, 봉래의, 여민락 등 악보를 만들어 연향에 쓰게 하였다.

TIP ① 「용비어천가」는 국문 가사 – 한문 가사 – 한문 주해의 순으로 진행되었다.
※ 「용비어천가(龍飛御天歌)」… 조선 왕조의 창업 사적을 찬양하고 후대의 왕에게 왕업의 수호를 권계(勸戒)한 내용의 악장 문학으로, 훈민정음으로 쓰여졌다(전125장의 장편 서사시).
㉠ 제1장 해동장(海東章) : 새 왕조 창업의 천명성, 조선 건국의 정당성
㉡ 제2장 근심장(根深章) : 조선의 영원한 발전 다짐
㉢ 제67장 : 태조에의 천우신조, 위화도 회군을 합리화

7 (가), (나)의 공통점이 될 수 없는 것은?

① 주제의 성격상 대상에 대한 예찬을 한 악장이다.
② 예찬적·송축적인 내용으로 송축가(頌祝歌)에 해당한다.
③ 「용비어천가」의 백미가 되는 장으로 비유와 상징이 뛰어나다.
④ 개국송(開國頌)으로 대상의 형상화(形象化)를 통한 표현이다.

TIP ③은 (나)에만 해당되는 설명이다.

Answer 6.① 7.③

8 (다)의 주제어로 가장 적절한 것은?

① 설상가상(雪上加霜)

② 천우신조(天佑神助)

③ 누란지위(累卵之危)

④ 간난신고(艱難辛苦)

TIP (다)는 태조의 천우신조에 대해 노래하면서 위화도 회군을 합리화하고 있다.
① 난처한 일이나 불행한 일이 잇따라 일어남을 이르는 말
② 하늘이 돕고 신령이 도움
③ 층층이 쌓아 놓은 알의 위태로움이라는 뜻으로, 몹시 아슬아슬한 위기를 비유적으로 이르는 말
④ 몹시 힘들고 어려우며 고생스러움

9 다음 중 밑줄 친 ⊙과 관계없는 것은?

① 목조   ② 태조

③ 태종   ④ 정종

TIP ④ 정종은 세종의 직계가 아니다.
※ **六龍(육룡)** … 세종의 직계 육대조(목조, 익조, 도조, 환조, 태조, 태종)

10 4행의 민요적 성격의 향가가 아닌 것은?

① 모죽지랑가   ② 서동요

③ 풍요   ④ 헌화가

TIP ① 모죽지랑가 : 8구체, 순수 서정시
② 서동요 : 4구체, 민요적 성격
③ 풍요 : 4구체, 노동하며 부르던 불교적 노래
④ 헌화가 : 4구체, 민요적 성격

Answer   8.②   9.④   10.①

11 두보의 '두시언해' 중 절구에 대한 설명으로 옳지 않은 것은?

江碧鳥逾白	ᄀ라미 프ᄅ니 새 더욱 ㉠힌오.
山靑花欲燃	뫼히 퍼러ᄒ니 곳 비치 블 븓는 ᄃ도다.
今春看又過	옰보미 본ᄃ 쏘 디나가ᄂ니,
何日是歸年	어느 나리 이 도라갈 ㉡힌오.

① 두보의 원문을 언해로 번역한 것이다.
② 주된 정서는 애상이다.
③ 밑줄 친 ㉠은 현대어로 '희고'이며 ㉡은 '해인가'이다.
④ 주제는 자연의 아름다움에 대한 예찬이다.

TIP **두시언해**
　㉠ **형식**: 서정시, 정형시, 기승전결의 5언 절구
　㉡ **운율 및 운자**: 정형률, 燃 年
　㉢ **표현상 특징**: 기구와 승구, 청백과 청홍의 색체 대조, 선경 후정
　㉣ **주제**: 고향에 돌아가고 싶은 마음

12 다음 가사 중 창작계층이 다른 하나는?

① 상춘곡　　　　　　　　　② 관동별곡
③ 일동장유가　　　　　　　④ 용부가

TIP **용부가** … 여성들의 비행에 대한 비판과 경계, 여자가 지녀야 할 바람직한 태도에 대한 깨우침을 주는 작품으로 계녀가사이며, 창작계층이 평민이다.
①②③ 창작계층이 양반인 작품이다.

13 다음 중 성격상 가장 이질적인 것은?

① 가시리　　　　　　　　　② 한림별곡
③ 청산별곡　　　　　　　　④ 서경별곡

Answer 11.④ 12.④ 13.②

TIP ①③④ 고려속요(가요) ② 최초의 경기체가

※ **한림별곡**
  ⊙ **형식** : 경기체가
  ⊙ **성격** : 귀족문학
  ⊙ **주제** : 귀족들의 사치스런 생활상과 향락적이고 퇴영적인 기풍, 신진사류들의 의욕적 기개를 영탄
  ⊙ **의의** : 고려 고종 때 한림학사(翰林學士)들이 합작한 경기체가의 시초 작품으로 귀족의 생활감정을 표현, 이후의 가사문학에 영향을 줌
  ⊙ **구성** : 고려가요인 청산별곡과 같이 모두 8장[시부(詩賦)·서적(書籍)·명필(名筆)·명주(名酒)·화훼(花卉)·음악(音樂)·누각(樓閣)·추천(鞦韆)]으로 되어 있으며, 각 장은 크게 전대절과 후소절로 이루어진 6구체로 기본 음수율은 3·3·4조임
  ⊙ **출전** : 악학궤범과 악장가사에 국한문으로 '고려사', '악지'에는 한문과 이두로 각각 실려 전함

14 다음 중 '님의 부재(不在)'를 암시한 시행은?

公無渡河(공무도하)
公竟渡河(공경도하)
墮河而死(타하이사)
當奈公何(당내공하)

① 1행   ② 2행
③ 3행   ④ 4행

TIP ① 금지의 뜻을 지닌 명령문으로 물은 충만한 깊이를 지닌 님에 대한 사랑을 의미한다.
     ② 이별의 상황, 물은 사랑의 종말이자 님의 부재를 뜻한다.
     ③ 물은 죽음의 의미로 확대되며, 사람은 곧 죽음이라는 새로운 이미지를 자아낸다.
     ④ '公(님)'은 나의 신분으로 해석된다. 이 구절은 애상·체념·회의가 엉킨 표현이다.
     ※ **공무도하가**
        ⊙ **갈래** : 한역가(漢譯歌), 서정시, 개인적인 서정가요
        ⊙ **연대** : 고조선(古朝鮮)
        ⊙ **주제** : 임을 여읜 슬픔, 남편의 죽음을 애도
        ⊙ **성격** : 개인적, 서정적
        ⊙ **의의** : 황조가와 함께 우리 나라 최고의 서정가요이며 원시적·집단적 서사시에서 서정시로 옮아가는 과도기적 작품
        ⊙ **해석** : 임이시여, 그 물을 건너지 마시오./임은 기어이 그 물을 건너시네./물에 빠져 돌아가시니/장차 이 임을 어찌할 거나.

Answer   14.②

15 다음 중 황조가에 대한 설명으로 가장 옳지 않은 것은?

① 유리왕이 직접 지었다.
② 이민족 간의 화합을 그렸다.
③ 최초의 서정요 또는 서사시로서 평가되기도 한다.
④ 노래의 대상이 치희(雉姬)가 아닌 송씨(松氏)라는 설도 있다.

TIP 황조가 … 고구려 유리왕이 지은 것으로써 최초의 서정요 또는 서사시로 평가된다. 이 노래의 대상은 치희(雉姬)가 아닌 송씨(松氏)라는 설도 있다.

16 다음 중 한림별곡을 가장 잘 설명한 것은?

① 고려속요로서 내용이 무척 음탕하다.
② 고려시대 가전체 문학의 하나로 무신들의 생활을 읊었다.
③ 고려시대 설화문학의 하나로 문인, 서적, 명주 등을 노래하였다.
④ 최초의 경기체가로 전 8연으로 되어 있고 연마다 주된 소재가 있다.

TIP 한림별곡 … 경기체가의 효시가 되는 작품으로 기본 음수율은 3·3·4조라고 볼 수 있다. 전 8연으로 되어 있으며 각각 문인, 서적, 명필, 명주(술), 화훼(꽃), 음악, 누각, 추천(그네) 등을 노래하고 있다.

17 김만중이 속미인곡을 사미인곡보다 우수하게 평가한 이유는?

① 한자말을 쓰되 쉽게 썼으므로
② 우리말과 한자말을 적당히 썼으므로
③ 한자말보다 우리말을 더 많이 사용했기 때문에
④ 우리말보다 한자말을 더 많이 사용했기 때문에

TIP 김만중은 그의 서포만필에서 "송강의 관동별곡과 전후미인곡은 우리 나라의 이소(離騷)다"라고 극찬하고 있는데, 특히 관동별곡과 사미인곡이 한자말을 많이 사용한 데 반해 속미인곡은 한자말보다 우리말을 많이 사용하고 있다는 점을 들어 속미인곡을 더 높이 평가하고 있다.

Answer 15.② 16.④ 17.③

18 다음 중 제망매가에 대한 설명으로 가장 옳은 것은?

① 향가의 하나로 지은이는 충담사이다.

② 누이의 죽음을 애도한 향가로서 비유가 뛰어난 작품이다.

③ 인생의 무상함을 노래로 고려속요로서 문학적 가치가 높다.

④ 불타의 대자대비사상을 찬양한 여요(麗謠)로서 현재 전하지 않고 있다.

TIP 「제망매가」는 승려 월명사가 누이의 죽음을 애도한 추도시이다.
   ※ **월명사 「제망매가」**
     ㉠ **갈래** : 10구체 향가
     ㉡ **연대** : 신라 경덕왕 때
     ㉢ **주제** : 죽은 누이에 대한 추모의 정
     ㉣ **성격** : 추도가(追悼歌), 애상적, 종교적(불교적)
     ㉤ **의의**
       • 향가 중 찬기파랑가와 함께 표현기교 및 서정성이 뛰어나다.
       • 불교의 윤회사상이 기저를 이루고 있다.
       • 정제된 10구체 향가로 비유성이 뛰어나 문학성이 높다.

19 다음 밑줄 친 '이것'에 해당하는 소설 형식은?   `2020. 07. 04. 부산교통공사`

> 이것은 기이한 내용 전하는 이야기라는 뜻이다. 이것은 대표적으로 금오신화, 삼설기, 금령전, 안락국전 등이 있다. 몽환의 세계, 신선의 세계 등을 표현한 소설로 작자의 개성이 뚜렷하게 드러난다.

① 통속소설   ② 전기소설
③ 가문소설   ④ 본격소설

TIP ① 통속소설 : 예술적 가치보다는 흥미 위주의 소설로 대중소설과 비슷함
     ③ 가문소설 : 고전소설 중 하나로 가문 내 구성원간의 갈등, 애정문제 등을 주제로 한 소설
     ④ 본격소설 : 일상적 세태와 같은 것을 주제로 삼아 인간의 심리묘사를 주력하는 소설

Answer   18.④ 19.②

20 박지원의 작품 중 직업에는 귀천이 없음을 드러내며 서민들에게 큰 힘을 주었던 작품으로 옳은 것은?

① 허생전, 양반전

② 예덕선생전, 광문자전

③ 호질, 열하일기

④ 역학대로전

TIP 예덕선생전과 광문자전
ㄱ **예덕선생전**: 인분수거꾼인 예덕선생을 통해서 하층민의 삶을 조명하고, 신분이 인간의 덕성을 가리지 못함을 이야기하고 있다.
ㄴ **광문자전**: 걸인이지만 선하고 신의가 있는 광문을 통해서 신분중심 사회를 벗어난 새로운 인간상을 제시하고 있다.

21 다음 중 여성 작가의 작품이 아닌 것은?

① 조침문 ② 은세계

③ 한중록 ④ 동명일기

TIP 은세계 … 이인직의 신소설로 미국에 유학 중인 남매를 통하여 국민의 동등한 권리와 자주독립을 고취한 정치소설이다.
① 일찍 과부가 된 유씨 부인(지은이)이 슬하에 자녀 없이 오직 바느질에 재미를 붙이고 지내다가, 시삼촌께서 주신 바늘 중 마지막 것을 부러뜨리고는 그 섭섭하고 안타까운 심정을 제문형식을 빌어서 쓴 수필이다. 여성 특유의 섬세한 감정과 치밀함이 엿보이며 미망인의 한이 자구(字句)마다 서려 있다.
③ 혜경궁 홍씨가 궁중의 비극적인 사건을 극적이고 서사적으로 그린 작품으로 여성 특유의 우아한 표현과 인간 내면에 흐르는 섬세한 정서가 드러나서 내간체의 전형적 문장으로 꼽힌다.
④ 의유당 관북유람일기에 실려 있는 글로 의유당 남씨가 함흥 판관으로 부임해 가는 남편을 따라가 함흥의 명승고적을 살피고 느낀 바를 적은 순한글로 된 대표적인 내간체의 기행수필이다. 귀경대에서 일출을 구경하기까지의 여정이 사실적으로 묘사되어 있는 세련된 문체를 보이는 글이다.

Answer 20.② 21.②

22 다음 중 조신몽과 관련이 가장 적은 것은?

① 현대소설 못지않은 짜임새 있는 구성을 하고 있다.
② 삼국사기에 전하는 백제에서 생긴 이야기이다.
③ 문학본질에 접근한 작품(설화)이다.
④ 몽유록계 문학의 효시라 할 만하다.

TIP 삼국유사에 실려 있는 조신몽은 신라의 설화로서 일관된 주제와 플롯을 가지고 있으며, 문학사상 꿈을 소재로 한 몽유록계 문학의 효시라 할 수 있다.

23 다음 중 구운몽과 사씨남정기에 관한 설명으로 옳지 않은 것은?

① 구운몽과 사씨남정기는 구성이 치밀하고 성격묘사나 심리묘사의 방법을 적절하게 갖추어 높이 평가된다.
② 남성을 주인공으로 한 것이 구운몽이고, 여성을 주인공으로 한 것이 사씨남정기이다.
③ 구운몽이 사실주의를 택했다면, 사씨남정기는 삶의 실제 양상이 이상과 관련 있다는 이상주의로 나아가는 길을 열었다.
④ 창선감의록은 사씨남정기에서 볼 수 있는 설정을 더욱 복잡하게 만든 작품의 첫 예라 할 수 있다.

TIP ③ 구운몽이 이상주의이고, 사씨남정기가 사실주의이다.

Answer 22.② 23.③

24 다음 중 고대소설의 작가와 작품이 잘못 짝지어진 것은?

① 박지원 - 양반전

② 남효온 - 창선감의록

③ 김만중 - 구운몽

④ 김시습 - 금오신화

TIP ② 창선감의록은 조선 숙종 때 조성기(趙聖期)의 작품이다.

25 다음 중 호질에 대해 가장 잘 설명한 것은?

① 연암 박지원의 작품으로 청나라의 문물제도를 찬양하고 있다.

② 내용은 정치, 경제, 군사, 천문, 지리 등 각 방면에 걸쳐 있다.

③ 열하일기 중에 실린 한문소설로서 주로 양반들의 위선을 폭로하고 있다.

④ 실하자 홍대용의 자극을 받아 쓴, 이용후생(利用厚生)을 주장하고 있는 작품이다.

TIP 호질 … 선비인 북곽선생과 과부의 부도덕한 행실을 호랑이가 꾸중하는 이야기로 당시의 부패한 양반들을 풍자폭로하고 있는 연암 박지원의 한문소설이다.

26 다음 중 박씨전과 관계있는 것은?

① 판소리계 소설에 해당한다.
② 상위적 여성과 하위적 남성이 등장한다.
③ 임진왜란을 소재로 한 소설이다.
④ 이 소설의 전반부는 전쟁담으로 일관하고 있다.

TIP **박씨전** … 여성호걸계 소설의 범주에 들어가는 역사소설이다. 따라서 '상위적 여성'과 '하위적 남성'이 등장하여 스토리가 전개된다. 이시백의 집안을 배경으로 하는 한 가정의 이야기가 전반부를 차지하고, 국가적 이야기인 전쟁담이 후반부를 차지하고 있다. 이 소설의 전반적인 구조는 혼인 – 박해·시련 – 시련극복 – (도술)무용담 – 행복한 결말로 되어 있다.

27 다음 중 연결이 옳지 않은 것은?

① 죽부인전 – 이곡 – 대나무 – 절개
② 국순전 – 임춘 – 술 – 간사한 관료 풍자
③ 공방전 – 임춘 – 엽전 – 재물욕 경계
④ 정시자전 – 석식영암 – 거북이 – 경솔한 행동

TIP ④ 정시자전(丁侍者傳)은 지팡이를 의인화하여 인재를 알아볼 줄 모르는 당시의 사회상을 풍자한 설화이다. 정(丁)이란 지팡이를 가리키는 말이고, 시자(侍者)란 귀한 사람을 모시는 사람을 뜻한다. 거북을 의인화한 가전체 문학은 청강사자현부전이다.

06 한자 · 한문

01 한자

❶ 한자의 이해

(1) 한자의 3요소
한자는 표의 문자로서 모양(形) · 소리(音) · 뜻(義)의 3요소를 갖추고 있는 것이 그 특징이다.

(2) 육서(六書)

① **상형 문자(象形文字)** … 구체적인 사물의 모양을 본떠서 만든 글자를 말한다.
　　예 日, 月, 山, 人, 木, 水, 手, 足, 鳥 등

② **지사 문자(指事文字)** … 추상적인 생각이나 뜻을 점이나 선으로 나타낸 글자를 말한다.
　　예 一, 二, 三, 四, 五, 七, 八, 九, 上, 中, 下, 本, 末, 天 등

③ **회의 문자(會意文字)** … 둘 이상의 글자를 뜻끼리 모아 새로운 뜻을 나타낸 글자를 말한다.
　　예 인(人) + 목(木) = 휴(休) : 나무 옆에 사람이 쉬고 있으니 휴식한다는 뜻

④ **형성 문자(形聲文字)** … 뜻을 나타내는 글자와 음을 나타내는 글자를 합쳐 새로운 뜻을 나타낸 글자를 말한다.
　　예 心(뜻) + 生(음) = 性(성품 성), 門(음) + 口(뜻) = 問(물을 문)

⑤ **전주 문자(轉注文字)** … 이미 만들어진 글자를 가지고 유추하여 다른 뜻으로 쓰는 글자를 말한다.
　　예 • 相 : 서로(상), 재상(상), 도울(상), 지팡이(상),
　　　 • 樂 : 풍류(악), 즐거울(락), 좋아할(요)

⑥ **가차 문자(假借文字)** … 이미 있는 글자의 뜻과는 관계없이 음이나 형태를 빌려다 쓰는 글자를 말한다.
　　예 • 음만 빌리는 경우 : 印度(인도 – India), 亞細亞(아세아 – Asia)
　　　 • 형태만 빌리는 경우 : 弗(불 – $)

(3) 한자어의 구성

① 병렬 관계(竝列關係) … 같은 품사를 가진 한자끼리 연이어 결합된 한자어의 짜임을 말한다.
  ㉠ 유사 관계(類似關係) : 뜻이 같거나 비슷한 한자끼리 연이어 결합된 한자어의 짜임
    예 家屋(가옥), 群衆(군중), 星辰(성신), 土地(토지), 海洋(해양), 繪畵(회화)
  ㉡ 대립 관계(對立關係) : 뜻이 서로 반대 또는 상대되는 한자끼리 결합된 한자어의 짜임
    예 賞罰(상벌), 上下(상하), 善惡(선악), 因果(인과), 陰陽(음양), 天地(천지)
  ㉢ 대등 관계(對等關係) : 뜻이 서로 대등한 한자끼리 연이어 결합된 한자어의 짜임
    예 父母(부모), 松柏(송백), 仁義(인의), 忠孝(충효), 眞善美(진선미), 紙筆硯墨(지필연묵)
  ㉣ 첩어 관계(疊語關係) : 똑같은 글자가 겹쳐 이루어진 한자어의 짜임
    예 代代(대대), 年年(연년), 正正堂堂(정정당당)
  ㉤ 융합 관계(融合關係) : 한자의 뜻이 융합되어 쪼갤 수 없는 관계
    예 光陰(광음), 琴瑟(금실), 春秋(춘추)
  ㉥ 일방 관계(一方關係) : 한자가 병렬되었으나 한쪽의 뜻만 나타내는 말
    예 國家(국가), 多少(다소) – 조금(少의 뜻만 작용), 緩急(완급) – 위급함(急의 뜻만 작용)

② 수식 관계(修飾關係) … 꾸미는 말과 꾸밈을 받는 말로 결합된 한자어의 짜임을 말한다.
  ㉠ 관형어(冠形語) + 체언(體言)
    예 家事(가사), 城門(성문), 吉夢(길몽), 明月(명월), 外貨(외화), 流水(유수)
  ㉡ 부사어(副詞語) + 용언(用言)
    예 廣告(광고), 徐行(서행), 雲集(운집), 疾走(질주), 必勝(필승)

③ 주술 관계(主述關係) … 주어와 서술어의 관계로 결합된 한자어의 짜임을 말한다.
    예 國立(국립), 夜深(야심), 人造(인조), 日出(일출), 年少(연소), 品貴(품귀)

④ 술목 관계(述目關係) … 서술어와 목적어의 관계로 결합된 한자어의 짜임을 말한다.
    예 交友(교우), 讀書(독서), 修身(수신), 愛國(애국), 成功(성공), 作文(작문)

⑤ 술보 관계(述補關係) … 서술어와 보어의 관계로 결합된 한자어의 짜임을 말한다.
    예 歸家(귀가), 登山(등산), 多情(다정), 有名(유명), 非凡(비범)

❷ 한자어

(1) 동자이음어(同字異音語)

• 覺 ┌ 깨달을 각 : 覺醒(각성)
      └ 꿈깰 교 : 覺眼(교안)

• 降 ┌ 내릴 강 : 降等(강등)
      └ 항복할 항 : 降服(항복)

• 更 ┌ 다시 갱 : 更新(갱신)
      └ 고칠 경 : 變更(변경)

• 乾 ┌ 하늘 건 : 乾坤(건곤)
      └ 마를 간 : 乾物(간물)

- 見 ┌ 볼 견 : 見學(견학)
　　└ 드러날 현 : 謁見(알현)

- 句 ┌ 글귀 구 : 文句(문구)
　　└ 글귀 귀 : 句節(귀절)

- 龜 ┌ 거북 귀 : 龜趺(귀부)
　　└ 땅이름 구 : 龜浦(구포)

- 金 ┌ 쇠 금 : 金庫(금고)
　　└ 성씨 김 : 金氏(김씨)

- 內 ┌ 안 내 : 室內(실내)
　　└ 궁궐 나 : 內人(나인)

- 丹 ┌ 붉을 단 : 丹靑(단청)
　　└ 꽃이름 란 : 牡丹(모란)

- 單 ┌ 홀로 단 : 簡單(간단)
　　└ 오랑캐임금 선 : 單于氏(선우씨)

- 宅 ┌ 집안 댁 : 宅內(댁내)
　　└ 집 택 : 住宅(주택)

- 度 ┌ 법도 도 : 制度(제도)
　　└ 헤아릴 탁 : 忖度(촌탁)

- 讀 ┌ 읽을 독 : 讀書(독서)
　　└ 구절 두 : 句讀(구두)

- 洞 ┌ 동리 동 : 洞里(동리)
　　└ 구멍 동 : 洞窟(동굴)

- 樂 ┌ 즐길 락 : 娛樂(오락)
　　└ 좋아할 요 : 樂山(요산)

- 率 ┌ 비례 률 : 比率(비율)
　　└ 거느릴 솔 : 統率(통솔)

- 木 ┌ 나무 목 : 草木(초목)
　　└ 모과 모 : 木瓜(모과)

- 反 ┌ 돌이킬 반 : 反擊(반격)
　　└ 뒤침 번 : 反沓(번답)

- 復 ┌ 회복할 복 : 復舊(복구)
　　└ 다시 부 : 復活(부활)

- 否 ┌ 아니 부 : 否定(부정)
　　└ 막힐 비 : 否運(비운)

- 北 ┌ 북녘 북 : 南北(남북)
　　└ 패할 배 : 敗北(패배)

- 寺 ┌ 절 사 : 寺刹(사찰)
　　└ 내관 시 : 內侍(내시)

- 殺 ┌ 죽일 살 : 殺人(살인)
　　└ 감할 쇄 : 相殺(상쇄)

- 索 ┌ 찾을 색 : 搜索(수색)
　　└ 적막할 삭 : 索莫(삭막)

- 塞 ┌ 막을 색 : 閉塞(폐색)
　　└ 변방 새 : 要塞(요새)

- 說 ┌ 말씀 설 : 說明(설명)
　　└ 달랠 세 : 遊說(유세)

- 省 ┌ 살필 성 : 反省(반성)
　　└ 덜 생 : 省略(생략)

- 食 ┌ 먹을 식 : 食事(식사)
　　└ 밥 사 : 簞食(단사)

- 識 ┌ 알 식 : 識見(식견)
　　└ 기록할 지 : 標識(표지)

- 辰 ┌ 때 신 : 生辰(생신)
　　└ 별 진 : 辰宿(진수)

- 什 ┌ 열 사람 십 : 什長(십장)
　　└ 세간 집 : 什器(집기)

- 惡 ┌ 악할 악 : 惡魔(악마)
　　└ 미워할 오 : 憎惡(증오)

- 若 ┌ 같을 약 : 若干(약간)
　　└ 땅이름 야 : 般若(반야)

- 葉 ┌ 잎 엽 : 落葉(낙엽)
　　└ 성 섭 : 葉氏(섭씨)

- 易 ┌ 쉬울 이 : 容易(용이)
　　└ 바꿀 역 : 貿易(무역)

- 切 ┌ 끊을 절 : 切斷(절단)
　　└ 모두 체 : 一切(일체)

- 車 ┌ 수레 차 : 自動車(자동차)
　　└ 수레 거 : 車馬費(거마비)

- 參 ┌ 참여할 참 : 參加(참가)
　　└ 석 삼 : 參拾(삼십)

- 則 ┌ 법칙 칙 : 規則(규칙)
　　└ 곧 즉 : 然則(연즉)

- 合 ┌ 합할 합 : 合同(합동)
　　└ 홉 홉 : 五合(오홉)

- 行 ┌ 갈 행 : 行軍(행군)
　　└ 항렬 항 : 行列(항렬)

(2) 상대어(相對語)·반대어(反對語)

- 强(굳셀 강) ↔ 弱(약할 약)
- 開(열 개) ↔ 閉(닫을 폐)
- 去(갈 거) ↔ 來(올 래)
- 建(세울 건) ↔ 壞(무너뜨릴 괴)
- 傑(뛰어날 걸) ↔ 拙(못날 졸)
- 儉(검소할 검) ↔ 奢(사치할 사)
- 輕(가벼울 경) ↔ 重(무거울 중)
- 京(서울 경) ↔ 鄕(시골 향)
- 屈(굽을 곡) ↔ 沆(대항할 항)
- 貴(귀할 귀) ↔ 賤(천할 천)
- 勤(부지런할 근) ↔ 怠(게으를 태)
- 禽(날짐승 금) ↔ 獸(길짐승 수)
- 難(어려울 난) ↔ 易(쉬울 이)
- 斷(끊을 단) ↔ 繼(이을 계)
- 貸(빌릴 대) ↔ 借(빌 차)
- 同(같을 동) ↔ 異(다를 이)
- 鈍(둔할 둔) ↔ 敏(민첩할 민)
- 得(얻을 득) ↔ 失(잃을 실)
- 諾(승락할 낙) ↔ 拒(물리칠 거)
- 瞭(밝을 료) ↔ 曖(희미할 애)
- 忙(바쁠 망) ↔ 閑(한가할 한)
- 賣(팔 매) ↔ 買(살 매)
- 問(물을 문) ↔ 答(답할 답)
- 美(아름다울 미) ↔ 醜(추할 추)
- 潑(활발할 발) ↔ 萎(시들 위)
- 悲(슬플 비) ↔ 喜(기쁠 희)
- 貧(가난할 빈) ↔ 富(넉넉할 부)
- 勝(이길 승) ↔ 敗(패할 패)
- 視(볼 시) ↔ 聽(들을 청)
- 新(새 신) ↔ 舊(옛 구)
- 深(깊을 심) ↔ 淺(얕을 천)
- 逆(거스를 역) ↔ 順(좇을 순)
- 厭(싫을 염) ↔ 樂(좋아할 요)

- 凹(오목할 요) ↔ 凸(볼록할 철)
- 優(뛰어날 우) ↔ 劣(못날 렬)
- 友(벗 우) ↔ 敵(원수 적)
- 隱(숨을 은) ↔ 顯(나타날 현)
- 陰(그늘 음) ↔ 陽(볕 양)
- 利(이로울 리) ↔ 害(해로울 해)
- 因(까닭 인) ↔ 果(결과 과)
- 戰(싸울 전) ↔ 和(화목할 화)
- 絕(끊을 절) ↔ 續(이을 속)
- 靜(고요할 정) ↔ 騷(시끄러울 소)
- 淨(깨끗할 정) ↔ 汚(더러울 오)
- 統(합칠 통) ↔ 分(나눌 분)
- 虛(빌 허) ↔ 實(찰 실)
- 賢(어질 현) ↔ 愚(어리석을 우)
- 好(좋을 호) ↔ 惡(미워할 오)
- 禍(재앙 화) ↔ 福(복 복)
- 興(일어날 흥) ↔ 亡(망할 망)
- 可決(가결) ↔ 否決(부결)
- 謙遜(겸손) ↔ 傲慢(오만)
- 謙虛(겸허) ↔ 倨慢(거만)
- 供給(공급) ↔ 需要(수요)
- 屈服(굴복) ↔ 抗拒(항거)
- 歸納(귀납) ↔ 演繹(연역)
- 漠然(막연) ↔ 確然(확연)
- 模糊(모호) ↔ 分明(분명)
- 反目(반목) ↔ 和睦(화목)
- 潑剌(발랄) ↔ 萎縮(위축)
- 非凡(비범) ↔ 平凡(평범)
- 勝利(승리) ↔ 敗北(패배)
- 昇進(승진) ↔ 左遷(좌천)
- 永劫(영겁) ↔ 刹那(찰나)
- 愚昧(우매) ↔ 賢明(현명)
- 漸進(점진) ↔ 急進(급진)

(3) 한자 성어

ㄱ

- 刻骨難忘(각골난망) : 입은 은혜에 대한 고마움을 뼛속 깊이 새기어 잊지 않음
- 刻舟求劍(각주구검) : 판단력이 둔하여 세상일에 어둡고 어리석다는 말
- 甘呑苦吐(감탄고토) : 달면 삼키고 쓰면 뱉는다는 뜻으로 신의(信義)를 돌보지 않고 사리(私利)를 꾀한다는 말
- 隔靴搔癢(격화소양) : 신을 신은 채 가려운 발바닥을 긁음과 같이 일의 효과를 나타내지 못함을 이르는 말
- 見物生心(견물생심) : 물건을 보면 욕심이 생긴다는 말
- 見危致命(견위치명) : 나라의 위태로움을 보고는 목숨을 아끼지 않고 나라를 위하여 싸움
- 結草報恩(결초보은) : 죽어 혼령이 되어도 은혜를 잊지 않고 갚음
- 鷄卵有骨(계란유골) : 달걀 속에도 뼈가 있다는 뜻으로 뜻밖에 장애물이 생김을 이르는 말
- 孤掌難鳴(고장난명) : 손바닥 하나로는 소리가 나지 않는다는 뜻으로 상대가 없이 혼자 힘으로 일하기 어렵다는 말
- 過猶不及(과유불급) : 지나친 것은 미치지 못한 것과 같다는 말
- 管鮑之交(관포지교) : 제(薺)나라 관중(管仲)과 포숙(鮑叔)의 사귐이 매우 친밀했다는 고사에서 유래한 말로, 친구끼리의 매우 두터운 사귐을 이르는 말
- 刮目相對(괄목상대) : 눈을 비비고 다시 본다는 말로, 다른 사람의 학문이나 덕행이 크게 진보한 것을 말함
- 矯角殺牛(교각살우) : 뿔을 고치려다 소를 죽인다는 뜻으로, 작은 일에 힘쓰다 큰 일을 망친다는 말
- 敎學相長(교학상장) : 가르쳐 주거나 배우거나 다 나의 학업을 증진시킨다는 뜻
- 九折羊腸(구절양장) : 아홉 번 꼬부라진 양의 창자라는 뜻으로, 산길 따위가 몹시 험하게 꼬불꼬불한 것을 이르는 말
- 群鷄一鶴(군계일학) : 닭의 무리 속에 끼어 있는 한 마리의 학이란 뜻으로 평범한 사람 가운데서 뛰어난 사람을 일컫는 말

ㄴ

- 爛商公論(난상공론) : 여러 사람들이 잘 의논함
- 難兄難弟(난형난제) : 누구를 형이라 하고 누구를 동생이라 해야 할지 분간하기 어렵다는 뜻으로 사물의 우열이 없다는 말
- 南柯一夢(남가일몽) : 꿈과 같이 헛된 한때의 부귀영화
- 男負女戴(남부여대) : 남자는 짐을 등에 지고 여자는 짐을 머리에 인다는 뜻으로 가난에 시달린 사람들이 살 곳을 찾아 떠돌아 사는 것을 이르는 말
- 囊中之錐(낭중지추) : 주머니 속에 든 송곳이라는 뜻으로 재주가 뛰어난 사람은 숨어 있어도 저절로 사람들이 알게 됨을 이르는 말
- 綠衣紅裳(녹의홍상) : 연두 저고리에 다홍 치마라는 뜻으로 곱게 차려 입은 젊은 아가씨의 복색을 이르는 말

- 多岐亡羊(다기망양) : 길이 여러 갈래여서 양을 잃는다는 뜻으로 학문의 길이 다방면이어서 진리를 깨치기 어려움을 이르는 말
- 簞食瓢飮(단사표음) : 도시락 밥과 표주박 물, 즉 변변치 못한 살림을 가리키는 말로 청빈한 생활을 이름
- 大器晩成(대기만성) : 큰 그릇은 이루어짐이 더디다는 뜻으로 크게 될 사람은 성공이 늦다는 말
- 塗炭之苦(도탄지고) : 진흙탕이나 숯불에 빠졌다는 뜻으로 몹시 고생스러움을 일컬음
- 同病相憐(동병상련) : 처지가 서로 비슷한 사람끼리 서로 동정하고 도움
- 同床異夢(동상이몽) : 같은 처지와 입장에서 저마다 딴 생각을 함
- 登高自卑(등고자비) : 높은 곳에 오르려면 낮은 곳에서부터 오른다는 뜻으로, 일을 순서대로 하여야 함을 이르는 말
- 燈下不明(등하불명) : 등잔 밑이 어둡다는 뜻으로 가까이 있는 것이 오히려 알아내기 어려움을 이르는 말

- 磨斧爲針(마부위침) : 아무리 이루기 힘든 일이라도 끊임없는 노력과 끈기 있는 인내가 있으면 성공하고야 만다는 뜻
- 馬耳東風(마이동풍) : 남의 말을 귀담아 듣지 않고 흘려 버림
- 萬頃蒼波(만경창파) : 한없이 넓고 푸른 바다
- 明若觀火(명약관화) : 불을 보는 듯이 환하게 분명히 알 수 있음
- 矛盾撞着(모순당착) : 같은 사람의 문장이나 언행이 앞뒤가 서로 어그러져서 모순됨
- 目不忍見(목불인견) : 차마 눈 뜨고 볼 수 없는 참상이나 꼴불견
- 門前成市(문전성시) : 권세를 드날리거나 부자가 되어 집문 앞이 찾아오는 손님들로 가득 차서 시장을 이룬 것 같음

- 拍掌大笑(박장대소) : 손바닥을 치면서 크게 웃음
- 拔本塞源(발본색원) : 폐단의 근원을 아주 뽑아서 없애 버림
- 傍若無人(방약무인) : 언행이 방자하고 제멋대로 행동하는 사람
- 背恩忘德(배은망덕) : 은혜를 잊고 도리어 배반함
- 白骨難忘(백골난망) : 죽어서도 잊지 못할 큰 은혜를 입음
- 百年河淸(백년하청) : 아무리 세월이 가도 일을 해결할 희망이 없음
- 夫唱婦隨(부창부수) : 남편이 창을 하면 아내도 따라 하는 것이 부부 화합의 도리라는 것
- 附和雷同(부화뇌동) : 제 주견이 없이 남이 하는 대로 그저 무턱대고 따라함
- 氷炭之間(빙탄지간) : 얼음과 숯불처럼 서로 화합될 수 없음

ㅅ

- 四面楚歌(사면초가) : 한 사람도 도우려는 자가 없이 고립되어 곤경에 처해 있음
- 事必歸正(사필귀정) : 무슨 일이든지 결국은 옳은 대로 돌아간다는 뜻
- 死後藥方文(사후약방문) : 이미 때가 늦음
- 殺身成人(살신성인) : 절개를 지켜 목숨을 버림
- 三顧草廬(삼고초려) : 유비가 제갈량을 세 번이나 찾아가 군사로 초빙한 데에서 유래한 말로 인재를 얻기 위해 끈 기 있게 노력한다는 말
- 三遷之敎(삼천지교) : 맹자의 어머니가 아들의 교육을 위하여 세 번 거처를 옮겼다는 고사에서 유래하는 말로 생 활 환경이 교육에 있어 큰 구실을 한다는 말
- 桑田碧海(상전벽해) : 뽕나무밭이 변하여 바다가 된다는 뜻으로 세상일의 변천이 심하여 사물이 바뀜을 비유하는 말
- 塞翁之馬(새옹지마) : 세상일은 복이 될지 화가 될지 예측할 수 없다는 말
- 雪上加霜(설상가상) : 눈 위에 또 서리가 덮인다는 뜻으로 불행이 엎친 데 덮친 격으로 거듭 생김을 이르는 말
- 說往說來(설왕설래) : 서로 변론(辯論)을 주고 받으며 옥신각신함
- 首丘初心(수구초심) : 고향을 그리워하는 마음을 일컫는 말
- 水深可知 人心難知(수심가지 인심난지) : 물의 깊이는 알 수 있으나 사람의 속마음은 헤아리기가 어렵다는 뜻
- 水魚之交(수어지교) : 교분이 매우 깊은 것을 말함[君臣水魚(군신수어)]
- 脣亡齒寒(순망지한) : 입술이 없으면 이가 시린 것처럼 서로 돕던 이가 망하면 다른 한쪽 사람도 함께 위험하다는 말
- 是是非非(시시비비) : 옳고 그름을 가림
- 識字憂患(식자우환) : 아는 것이 탈이라는 말로 학식이 있는 것이 도리어 근심을 사게 됨을 이름
- 十匙一飯(십시일반) : 열 사람이 한 술씩 보태면 한 사람 먹을 분량이 된다는 뜻으로 여러 사람이 힘을 합하면 한 사람을 쉽게 도울 수 있다는 말

ㅇ

- 我田引水(아전인수) : 제 논에 물대기. 자기에게 유리하도록 행동하는 것
- 安貧樂道(안빈낙도) : 빈궁한 가운데 편안하게 생활하여 도(道)를 즐김
- 羊頭狗肉(양두구육) : 양의 머리를 내걸고 개고기를 판다는 뜻으로 겉모양은 훌륭하나 속은 변변치 않음을 이르는 말
- 漁父之利(어부지리) : 도요새가 조개를 쪼아 먹으려다가 둘 다 물리어 서로 다투고 있을 때 어부가 와서 둘을 잡아갔 다는 고사에서 나온 말로 둘이 다투는 사이에 제3자가 이득을 보는 것
- 言中有骨(언중유골) : 예사로운 말 속에 깊은 뜻이 있음
- 緣木求魚(연목구어) : 나무에 올라가 물고기를 구하듯 불가능한 일을 하고자 할 때를 비유하는 말
- 烏飛梨落(오비이락) : 까마귀 날자 배 떨어진다는 뜻으로 공교롭게도 어떤 일이 같은 때에 일어나 남의 의심을 받 게 됨을 이르는 말
- 傲霜孤節(오상고절) : 서릿발 속에서도 굴하지 않고 외로이 지키는 절개라는 뜻으로 국화를 두고 하는 말

- 牛耳讀經(우이독경) : 쇠 귀에 경 읽기라는 뜻으로 아무리 가르치고 일러 주어도 알아듣지 못함을 이르는 말[牛耳誦經 何能諦聽(우이송경 하능체청)]
- 有備無患(유비무환) : 어떤 일에 미리 준비가 있으면 걱정이 없다는 말
- 以心傳心(이심전심) : 마음과 마음이 서로 통함
- 李下不整冠(이하부정관) : 자두나무 아래에서는 갓을 고쳐 쓰지 말라는 뜻으로 남에게 의심받을 일을 하지 않도록 주의하라는 말
- 益者三友(익자삼우) : 사귀어 이롭고 보탬이 되는 세 벗으로 정직한 사람, 신의 있는 사람, 학식 있는 사람을 가리킴
- 一擧兩得(일거양득) : 하나의 행동으로 두 가지의 성과를 거두는 것
- 日就月將(일취월장) : 나날이 다달이 진보함

- 張三李四(장삼이사) : 장씨(張氏)의 삼남(三男)과 이씨(李氏)의 사남(四男)이라는 뜻으로 평범한 사람을 가리키는 말
- 賊反荷杖(적반하장) : 도둑이 도리어 매를 든다는 뜻으로 잘못한 사람이 도리어 잘한 사람을 나무라는 경우에 쓰는 말
- 轉禍爲福(전화위복) : 화를 바꾸어 복이 되게 한다는 뜻으로 궂은 일을 당하였을 때 그것을 잘 처리하여 좋은 일이 되게 하는 것
- 切磋琢磨(절차탁마) : 학문과 덕행을 갈고 닦음을 가리키는 말
- 頂門一鍼(정문일침) : 정수리에 침을 놓는다는 뜻으로 따끔한 비판이나 충고를 뜻함
- 井底之蛙(정저지와) : 우물 안 개구리. 견문이 좁고 세상 형편을 모름
- 朝三募四(조삼모사) : 간사한 꾀로 사람을 속여 희롱함. 눈앞에 당장 나타나는 차별만 알고 그 결과가 같음을 모름
- 走馬加鞭(주마가편) : 달리는 말에 채찍을 더한다는 뜻으로 잘하는 사람에게 더 잘하도록 하는 것을 일컬음
- 竹馬故友(죽마고우) : 죽마를 타고 놀던 벗, 즉 어릴 때 같이 놀던 친한 친구
- 地鹿爲馬(지록위마) : 중국 진나라의 조고(趙高)가 이세 황제(二世皇帝)의 권력을 농락하려고 일부러 사슴을 말이라고 속여 바쳤다는 고사에서 유래한 것으로 윗사람을 농락하여 권세를 마음대로 함을 가리킴
- 進退維谷(진퇴유곡) : 앞으로 나아갈 수도 뒤로 물러설 수도 없이 꼼짝할 수 없는 궁지에 빠짐[進退兩難(진퇴양난)]

- 滄海桑田(창해상전) : 푸른 바다가 변하여 뽕밭으로 된다는 뜻으로 세상일이 덧없이 바뀜을 이르는 말[桑田碧海(상전벽해)]
- 天高馬肥(천고마비) : 하늘이 높고 말이 살찐다는 뜻으로 가을철을 일컫는 말
- 千慮一得(천려일득) : 아무리 바보같은 사람일지라도 한 가지쯤은 좋은 생각이 있다는 말
- 千慮一失(천려일실) : 여러 번 생각하여 신중하고 조심스럽게 한 일에도 때로는 한 가지 실수가 있음을 이르는 말
- 千載一遇(천재일우) : 천 년에나 한번 만날 수 있는 기회, 즉 좀처럼 얻기 어려운 기회

- 靑出於藍(청출어람) : 쪽에서 우러난 푸른 빛이 쪽보다 낫다는 뜻으로 제자가 스승보다 더 뛰어남을 이르는 말
- 草綠同色(초록동색) : 풀과 녹색은 같은 빛임. 같은 처지나 같은 유의 사람들은 그들끼리 함께 행동한다는 말
- 寸鐵殺人(촌철살인) : 조그만 쇠붙이로 사람을 죽인다는 뜻으로 간단한 말이나 문장으로 사물의 가장 요긴한 데를 찔러 듣는 사람을 감동하게 하는 것
- 針小棒大(침소봉대) : 바늘을 몽둥이라고 말하듯 과장해서 말하는 것

- 他山之石(타산지석) : 다른 산에서 나는 하찮은 돌도 자기의 옥(玉)을 가는 데에 도움이 된다는 뜻으로 다른 사람의 하찮은 언행일지라도 자기의 지덕을 연마하는 데에 도움이 된다는 말
- 卓上空論(탁상공론) : 실현성이 없는 허황된 이론
- 吐盡肝膽(토진간담) : 솔직한 심정을 숨김없이 모두 말함

- 破竹之勢(파죽지세) : 대를 쪼개는 것처럼 거침없이 나아가는 세력
- 風樹之嘆(풍수지탄) : 부모가 이미 세상을 떠나 효도할 수 없음을 한탄함
- 風前燈火(풍전등화) : 바람 앞의 등불처럼 매우 위급한 경우에 놓여 있음을 일컫는 말
- 匹夫匹婦(필부필부) : 평범한 남자와 평범한 여자

- 下石上臺(하석상대) : 아랫돌을 빼서 윗돌을 괴고 윗돌을 빼서 아랫돌을 괸다는 뜻으로 임시변통으로 이리저리 둘러 맞춤을 말함
- 夏爐冬扇(하로동선) : 여름의 화로와 겨울의 부채라는 뜻으로 쓸모없는 재능을 말함
- 鶴首苦待(학수고대) : 학의 목처럼 목을 길게 늘여 몹시 기다린다는 뜻
- 漢江投石(한강투석) : 한강에 돌 던지기라는 뜻으로 지나치게 미미하여 전혀 효과가 없음을 비유하는 말
- 虎死留皮(호사유피) : 범이 죽으면 가죽을 남김과 같이 사람도 죽은 뒤 이름을 남겨야 한다는 말[豹死留皮(표사유피)]
- 浩然之氣(호연지기) : 잡다한 일에서 해방된 자유로운 마음. 하늘과 땅 사이에 넘치게 가득찬 넓고도 큰 원기. 공명정대하여 조금도 부끄러울 바 없는 도덕적 용기
- 換骨奪胎(환골탈태) : 얼굴이 이전보다 더 아름다워짐. 선인의 시나 문장을 살리되, 자기 나름의 새로움을 보태어 자기 작품으로 삼는 일
- 會者定離(회자정리) : 만나면 반드시 헤어짐
- 後生可畏(후생가외) : 후진들이 젊고 기력이 있어 두렵게 여겨짐
- 興盡悲來(흥진비래) : 즐거운 일이 다하면 슬픔이 옴, 즉 흥망과 성쇠가 엇바뀜을 일컫는 말

02 한문

① 한문의 기초

(1) 품사

① **명사** … 사람·사물의 이름을 나타내는 품사이다.
- ㉠ **보통 명사** : 사물의 일반적인 이름(山, 水, 天, 地 등)
- ㉡ **고유 명사** : 사람이나 사물의 고유한 이름(孔子, 韓國 등)
- ㉢ **추상 명사** : 추상적인 관념을 나타낸다(仁, 義, 禮, 智, 信, 吉 등).
- ㉣ **수량 명사** : 숫자(一, 二, 五, 十, 百, 千, 萬, 億 등)
- ㉤ **의존 명사** : 반드시 수식어를 가진다(者, 然, 所, 以 등).

② **대명사** … 사람이나 사물의 이름을 대신 나타내는 품사이다.
- ㉠ **인칭 대명사**
  - 1인칭 : 我, 吾, 予, 余, 己, 小人 등
  - 2인칭 : 汝, 女, 子, 君 등
  - 3인칭 : 他, 彼, 此 등
- ㉡ **지시 대명사** : 此, 是, 斯, 彼, 其 등
- ㉢ **의문 대명사** : 誰, 孰, 何, 安 등

③ **동사** … 사람이나 사물의 동작이나 행위를 나타내는 품사이다.
- ㉠ **자동사** : 목적어가 불필요하며 有, 無, 存, 在 등도 포함한다.
- ㉡ **타동사** : 목적어가 필요하다.
- ㉢ **조동사** : 동사 앞에서 동사의 행위를 돕는다.
  - 부정 : 不, 弗, 末 등
  - 가능 : 可, 能, 得, 足 등
  - 사역 : 使, 令, 敎, 遣 등
  - 욕망 : 欲, 願 등

④ **형용사** … 사람이나 사물의 상태나 성질을 나타내는 품사이다.
- ㉠ **서술 형용사** : 서술어 역할
- ㉡ **수식 형용사** : 명사 수식

⑤ 부사 … 동사나 형용사 및 다른 부사를 한정하는 품사이다.
  ㉠ 정도 부사 : 最, 甚, 宜, 太, 至, 極, 必, 尙, 益 등
  ㉡ 시간 부사 : 方, 始, 且, 旣, 已, 嘗, 會, 將, 遂 등
  ㉢ 의문 부사 : 何, 豈, 安, 焉, 寧, 惡, 奚, 胡 등
  ㉣ 가정 부사 : 若, 雖, 如, 苟, 良 등
  ㉤ 강조 부사 : 且, 尙, 亦 등
  ㉥ 발어 부사 : 夫, 槪, 凡, 蓋 등

⑥ 보조사 … 불완전한 동사 · 형용사의 뜻을 보충하여 주는 품사이다.
  ㉠ 가능 : 可, 能, 足, 得, 可以, 足以, 得以 등
  ㉡ 부정 : 不, 弗, 未, 非, 微, 無, 末, 莫 등
  ㉢ 금지 : 勿, 無, 母, 莫, 不 등
  ㉣ 당위 : 可, 當, 宜, 應, 須 등
  ㉤ 피동 : 被, 見, 爲, 所 등
  ㉥ 사동 : 使, 令, 敎, 俾, 遣 등
  ㉦ 원망 : 欲, 幸, 願, 請 등

⑦ 접속사 … 단어와 단어, 문장과 문장을 연결하는 품사이며. 與, 且, 而, 則 등이 있다.

⑧ 감탄사 … 於, 惡, 嗚呼, 於乎, 噫 등이 있다.

⑨ 전치사 … 체언의 앞에 쓰여 문법적 관계를 구체적으로 표시히는 품시이다. 목적어, 보어 앞에 놓여 술어와의 관계를 정확히 하며(於, 干, 乎), 체언 앞에 놓여 부사어가 되게 한다(以, 與, 自, 從, 由, 爲).

⑩ 후치사 … 체언의 뒤에 쓰여 문법적 관계를 나타내는 품사이며 之, 者, 也, 也者, 乎 등이 있다.

⑪ 종결사 … 문장의 끝에 붙어 그 문장의 여러 형태를 나타내는 품사이다.
  ㉠ 단정 · 서술 종결사 : 也, 矣, 焉 등
  ㉡ 의문 종결사 : 乎, 與, 耶, 諸 등
  ㉢ 한정 종결사 : 耳, 爾, 已, 而已, 而已矣 등
  ㉣ 감탄 종결사 : 乎, 哉, 夫, 矣乎, 也哉 등

(2) 문장

① 문장의 구조
  ㉠ 기본 구조
    • 주술 구조 : 주어 + 서술어(형용사, 동사, 명사)
      ㉑ 天高(하늘이 높다), 花落(꽃이 진다), 李舜臣名將也(이순신은 명장이다)
    • 주술보 구조 : 주어 + 서술어 + 보어
      ㉑ 吾登於南山(내가 남산에 오르다), 君子安仁(군자는 인에 편안하다)

- 주술목 구조 : 주어 + 서술어 + 목적어
  - 예 農夫耕田(농부가 밭을 간다), 余愛蘭(나는 난초를 사랑한다)
- 주술목보 구조 : 주어 + 서술어 + 목적어 + 보어
  - 예 孔子問禮於老子(공자가 노자에게 예를 물었다), 王敎民樂(왕이 백성에게 음악을 가르치다)
ⓛ 확장 구조 : 기본 구조에 관형어와 부사어가 결합되어 수식하거나 한정하는 구조
- 주술 구조의 확장
  - 예 淸天至高(맑은 하늘이 지극히 높다), 挑花方落(복숭아꽃이 바야흐로 진다)
- 주술보 구조의 확장
  - 예 吾登與汝於南山(내가 너와 함께 남산에 오른다)
- 주술목 구조의 확장
  - 예 男兒須讀五車書(사내아이는 모름지기 다섯 수레의 책을 읽어야 한다)
- 주술목보 구조의 확장
  - 예 先王親敎農事於庶民(선대의 왕이 농사일을 여러 백성들에게 직접 가르쳤다)

② 문장의 형식
- ㉠ 평서형 : 문장의 각 성분이 어순에 따라 평범하게 진술되고 종결되는 형식으로 긍정의 뜻을 나타냄
  - 예 聖人百世之師也(성인은 백세의 스승이다)
- ㉡ 부정형 : 동작, 상태 등을 부정하는 뜻을 갖는 글의 형식(不, 未, 非, 無, 莫)
  - 단순 부정
    - 예 吾盾之堅莫能陷也(내 방패의 견고함은 뚫을 수 없다)
  - 부분 부정
    - 예 家貧不常得油(집이 가난하여 기름을 항상 얻지는 못했다)
  - 이중 부정(강한 긍정)
    - 예 無不陷也(뚫지 못함이 없다)
- ㉢ 의문형
  - 의문 대명사가 쓰인 경우 : 誰, 孰, 何, 安, 惡
    - 예 孰爲汝知多乎(누가 너더러 많이 안다고 하더냐?)
  - 의문 부사가 쓰인 경우 : 何, 何以, 如何 등
    - 예 何以附耳相語(왜 귀에 대고 말하는가?)
  - 의문 종결사가 쓰인 경우 : 乎, 耶, 諸, 與, 哉 등
    - 예 若募人者可以保民乎(과인 같은 사람도 가히 백성을 보호할 수 있습니까?)
- ㉣ 반어형 : 어떤 문장을 강조하기 위해 반문의 뜻으로 나타내는 글의 형식
  - 반어 부사가 쓰인 경우 : 何, 安, 豈, 胡, 焉 등
  - 의문 종결사가 쓰인 경우 : 乎, 哉, 與 등
- ㉤ 비교형 : 비교의 뜻을 나타내는 문장 형식
  - 동등 비교 : 如, 若, 於, 似, 猶 등
    - 예 君子之交淡若水(군자의 사귐은 물처럼 담담하다)

- 열등 비교 : 不若, 不如 등
  - 예 百聞不如一見(백 번 듣는 것이 한 번 보는 것만 못하다)
- 우등 비교 : 於, 干, 乎 등
  - 예 霜葉紅於二月花(서리 맞은 잎이 이월의 꽃보다 더 붉다)
- 최상급 비교 : 莫若, 莫如 등
  - 예 知子莫若其父(자식을 알기로는 그 아버지만한 사람이 없다)

ⓑ **사동형** : 주체가 남에게 동작을 시키는 뜻을 나타내는 글의 형식
- 사역 보조사가 쓰인 경우 : 使, 令, 敎, 俾 등
  - 예 天帝使我長百獸(하느님이 나로 하여금 백수의 우두머리가 되게 하였다)
- 사역을 나타내는 동사가 쓰인 경우 : 遣, 命, 召, 說, 勸 등
  - 예 遣婢買肉而來(하녀를 보내어 고기를 사오게 하였다)
- 문맥상 사동형인 경우
  - 예 死孔明走生仲達(죽은 공명이 산 중달을 달아나게 하였다)

ⓢ **피동형** : 어떤 동작을 당하게 되는 뜻을 표현하는 문장 형식
- 피동 보조사가 쓰인 경우 : 被, 見, 爲 등
  - 예 匹夫見辱 拔劍而起(필부는 욕을 당하면 칼을 뽑고 일어선다)
- 피동을 나타내는 전치사가 쓰인 경우 : 於, 乎, 干 등
  - 예 君子役物 小人役於物(군자는 사물을 부리고 소인은 사물에 부림을 당한다)
- 관용구 : 爲 ~ 所, 見 ~ 於(~ 에게 ~ 을 당하다)
  - 예 吾嘗三仕三見逐於君(내가 일찍이 세 번 벼슬했으나 세 번 임금에게 내쫓겼다)
- 문맥상 피동형인 경우
  - 예 仁則榮不仁則辱(어질면 영화롭고 어질지 못하면 욕을 당한다)

ⓞ **가정형** : 어떤 조건을 설정하고 그 결과를 예상하거나 자신의 의지를 밝히는 문장 형식
- 가정 부사가 쓰인 경우 : 若, 如, 苟, 雖, 使, 設使, 假令 등
  - 예 春若不耕 秋無所望(봄에 농사짓지 않으면 가을에 바랄 것이 없다)
- 접속사가 쓰인 경우 : 則
  - 예 欲速則不達(빨리 하려고 하면 이루지 못한다)
- 문맥상 가정형인 경우
  - 예 朝聞道 夕死可矣(아침에 도를 들으면 저녁에 죽어도 좋다)

ⓩ **명령형** : 남에게 금지나 권유의 뜻을 나타내는 문장 형식
- 금지형 : 勿, 毋, 莫, 無, 不 등
  - 예 疑人莫用 用人勿疑(의심스러운 사람은 쓰지 말고, 쓴 사람은 의심하지 말라)
- 권유형 : 當, 宜, 須, 請, 願 등
  - 예 入云則入 坐云則坐(들어가라면 들어가고 앉으라면 앉아라)

ⓩ **한정형** : 사물의 정도나 범위를 한정하는 뜻을 나타내는 문장 형식
- 한정 부사가 쓰인 경우 : 惟, 唯, 只, 但 등
  - 예 學者所患惟有立志不誠(학자가 근심할 바는 오직 뜻을 세움이 성실치 못한가에 있을 따름이다)

- 한정 종결사가 쓰인 경우 : 耳, 已, 爾, 而已, 而已矣 등
  - 예 夫子之道忠恕而已矣(부자의 도는 충과 서일 뿐이다)
- ㉢ 감탄형 : 감동이나 영탄을 표시하는 문장 형식
  - 감탄사가 쓰인 경우 : 嗚呼, 於乎, 噫, 干, 惡 등
    - 예 噫天喪子!(아! 하늘이 나를 버리셨도다) 惡是何言也(아! 이게 무슨 말인가!)
  - 감탄 종결사가 쓰인 경우 : 哉, 夫, 乎, 與
    - 예 甚矣吾衰也(심하도다! 나의 노쇠함이) 賢哉回也(어질도다! 안회여)

❷ 한시의 종류

(1) 고체시(古體詩)

당나라 이전에 널리 쓰여졌던 시의 형태로 작법(作法)의 제약이 없이 자유로운 한시의 형태이다.

① 시경(詩經) : 공자가 중국 고대의 민요나 궁중에서 사용하던 노랫말들을 모아 정리해 놓은 책이다. 한 문장(一句)이 네 자로 구성됨이 기본이나 그 이상으로 된 것도 있었다.

② 초사(楚辭) : 중국 고대 남방 지방에서 널리 쓰여졌던 시의 형태로 기본 형태는 한 문장(一句)이 여섯 자이나 그 이상이나 이하로도 지어졌다.

③ 고시(古詩) : 근체시(近體詩)가 형성되기 이전까지의 시의 형태로 5언 고시(五言古詩)와 7언 고시(七言古詩)가 있다. 한 문장(一句)이 다섯 또는 일곱 자로 구성됨이 기본이나 길거나 짧게, 자유롭게 구성할 수 있다. 동일한 글자를 쓰는 것이 허용되었으며 율시와 같은 엄격한 법칙이 없었다.

(2) 근체시(近體詩)

당나라 이후에 널리 쓰여졌던 시의 형태로 작법(作法)이 엄격했던 한시의 형태이다.

① 5언 절구(五言絕句) … 한 문장(一句)이 다섯 자로 구성된 4행으로 지어진 시

② 5언 율시(五言律詩) … 한 문장(一句)이 다섯 자로 구성된 8행으로 지어진 시

③ 5언 배율(五言排律) … 한 문장(一句)이 다섯 자로 구성된 12행으로 지어진 시

④ 7언 절구(七言絕句) … 한 문장(一句)이 일곱 자로 구성된 4행으로 지어진 시

⑤ 7언 율시(七言律詩) … 한 문장(一句)이 일곱 자로 구성된 8행으로 지어진 시

⑥ 7언 배율(七言排律) … 한 문장(一句)이 일곱 자로 구성된 12행으로 지어진 시

출제 예상 문제

1 다음 중 한자의 구성 원리가 같은 것끼리 짝지어진 것은?

① 上 – 百 ② 左 – 前

③ 年 – 時 ④ 分 – 土

TIP ① 지사 – 형성
② 회의 – 형성
③ 형성 – 형성
④ 회의 – 상형

2 다음 중 반의어가 바르게 연결되지 않은 것은?

① 開 – 閉 ② 歡 – 哀

③ 單 – 福 ④ 得 – 失

TIP ③ 單(홑 단) ↔ 複(겹칠 복), 福(복 복) ↔ 禍(재앙 화)

3 다음 중 한자의 독음이 바르지 못한 것이 들어 있는 것은?

① 交易(교역), 葛藤(갈등) ② 隘路(애로), 桎梏(질곡)

③ 悅樂(열락), 忖度(촌탁) ④ 遊說(유설), 邁進(매진)

TIP ④ 遊說(유설) → 遊說(유세)

Answer 1.③ 2.③ 3.④

4 다음 중 호칭이 바르지 않은 것은?

① 仁兄 – 벗을 높이어 부를 때
② 萱堂 – 살아계신 자기 어머니
③ 家親 – 살아계신 자기 아버지
④ 春府丈 – 살아계신 남의 아버지

TIP ② **萱堂**(훤당) … 살아계신 남의 어머니를 높여 부르는 말이다.

---

5 다음 한자표기와 뜻이 알맞지 않은 것은?

2020. 07. 04. 부산교통공사

① 부패(腐敗) : 정치, 사상, 의식 따위가 타락함
② 부정(不定) : 올바르지 아니하거나 옳지 못함
③ 빈부(貧富) : 가난함과 부유함을 아울러 이르는 말
④ 보존(保存) : 잘 보호하고 간수하여 남김

TIP 부정(不定)은 일정하지 아니함을 뜻한다. 올바르지 아니하거나 옳지 못함은 부정(不正)이다.

---

6 밑줄 친 한자 성어의 쓰임이 옳지 않은 것은?

① 황제는 <u>논공행상(論功行賞)</u>을 통해 그의 신하를 벌하였다.
② 그들은 산야를 떠돌며 <u>초근목피(草根木皮)</u>로 목숨을 이어 나갔다.
③ 부모를 <u>반포지효(反哺之孝)</u>로 모시는 것은 자식의 마땅한 도리이다.
④ 오늘의 영광은 <u>각고면려(刻苦勉勵)</u>의 결과이다.

TIP ① **논공행상**(論功行賞) : 공로를 논하여 그에 맞는 상을 준다는 의미로 보기의 문장과는 어울리지 않는다.
② **초근목피**(草根木皮) : 풀뿌리와 나무껍질이라는 뜻으로 곡식이 없어 산나물 따위로 만든 험한 음식을 이르거나 영양가가 적은 음식을 이르는 말로 쓰인다.
③ **반포지효**(反哺之孝) : 까마귀가 다 자란 뒤에 자신의 늙은 부모에게 먹이를 물어다 주는 효성을 나타낸 말로 자식이 자라 부모를 봉양함을 의미한 말이다.
④ **각고면려**(刻苦勉勵) : 몸과 마음을 괴롭히고 노력함, 매우 고생하여 힘써 정성을 들임을 의미하는 말이다.

Answer 4.② 5.② 6.①

7 다음의 뜻에 해당하는 한자어는?

> 배우고 때때로 그것을 익히면 또한 기쁘지 아니한가.

① 君子欲訥於言 而敏於行　　　② 學而時習之 不亦說乎

③ 過而不改 是爲過矣　　　④ 溫故而知新 可以爲師矣

TIP ① 君子欲訥於言 而敏於行(군자욕눌어언 이민어행) : 군자는 말은 느리되 행동은 민첩하고자 한다.
　③ 過而不改 是爲過矣(과이불개 시위과의) : 잘못을 하고도 고치지 않는 것이 바로 잘못이다.
　④ 溫故而知新 可以爲師矣(온고이지신 가이위사의) : 지난 것을 충분히 습득하고 나아가서 새로운 것을 알아야 스승이 될 수 있다.

8 '자연의 아름다운 경치를 몹시 사랑하고 즐기는 성벽'이라는 뜻으로 실제로 좋지 않은 습관을 가리킬 때 쓰이는 말은?

`2020. 07. 04. 부산교통공사`

① 당구풍월(堂狗風月)　　　② 호각지세(互角之勢)

③ 근주자적(近朱者赤)　　　④ 연하고질(煙霞痼疾)

TIP ① 당구풍월 : 서당 개 삼년이면 풍월을 읊는다는 뜻으로 그 분야에 대하여 경험과 지식이 전혀 없더라도 오래 있으면 생긴다는 말
　② 호각지세 : 역량이 서로 비슷비슷한 위세
　③ 근주자적 : 붉은 것을 가까이 하면 붉어진다는 뜻으로 주위 환경이 중요함을 비유적으로 이르는 말

9 다음 중 '검소한 생활을 강조한 것은?

① 欲速則不達　　　② 良藥於苦口

③ 奢者心常貧　　　④ 智者順時而謨

TIP ① 欲速則不達(욕속즉부달) : 일을 서두르면 이루지 못한다.
　② 良藥於苦口(양약어고구) : 좋은 약은 입에 쓰다.
　③ 奢者心常貧(사자심상빈) : 사치한 사람은 마음이 항상 가난하다.
　④ 智者順時而謨(지자순시이모) : 지혜 있는 자는 때에 순응하여 일을 도모한다.

Answer　7.② 8.④ 9.③

10 다음 사자성어와 관련 있는 속담으로 바른 것은?

桑田碧海

① 가마 밑이 노구솥 밑을 검다 한다. ② 십 년이면 강산도 변한다.

③ 사공이 많으면 배가 산으로 간다. ④ 하나를 듣고 열을 안다.

TIP 뽕나무 밭이 푸른 바다로 변한다는 뜻으로, 세상이 몰라볼 정도로 변함을 비유한 말이다.
   ① 자신의 흉은 모르고 남의 잘못이나 결함만을 흉봄을 비유적으로 이르는 말.
   ③ 여러 사람이 자기주장만 내세우면 일이 제대로 되기 어려움을 비유적으로 이르는 말.
   ④ 한마디 말을 듣고 여러 가지 사실을 미루어 알아낼 정도로 매우 총기가 있다는 말.

11 다음 중 한자 숙어의 뜻으로 옳지 않은 것은?

① 鼎足之勢 : 두 세력이 맞서 대립한 형세

② 繁文縟禮 : 규칙이나 예절이 지나치게 형식적이어서 번거롭고 까다로움

③ 斯文亂賊 : 교리에 어긋나는 언동으로 유교를 어지럽히는 사람

④ 膠柱鼓瑟 : 고지식하여 융통성이 없음

TIP ① 정족지세는 솥발처럼 셋이 맞서 대립한 형세를 이르는 말이다.
   ② 번문욕례
   ③ 사문난적
   ④ 교주고슬

12 다음 고유어의 풀이가 옳지 않은 것은?

① 가시버시 : '부부(夫婦)'를 속되게 이르는 말. ② 마뜩하다 : 제법 마음에 들다.

③ 부아 : 노엽거나 분한 마음 ④ 안차다 : 겁이 많고 허점이 많다.

TIP ④ 안차다 : 겁 없고 야무지다.

Answer 10.② 11.① 12.④

PART III

한국사

01 선사시대의 문화와 국가의 형성

01 선사시대의 전개

① 선사시대의 세계

(1) 신석기문화
농경과 목축의 시작으로 식량 생산 등의 경제활동을 전개하여 인류의 생활모습·양식이 크게 변화하였다.

(2) 청동기문명의 발생
기원전 3,000년경을 전후하여 4대 문명이 형성되었는데 청동기시대에는 관개농업이 발달하고, 청동기가 사용되있으며, 도시가 출현하고, 문자를 사용하고, 국가가 형성되었다.

② 우리나라의 선사시대

(1) 우리 민족의 기원
우리 조상들은 만주와 한반도를 중심으로 동북아시아에 넓게 분포하였으며 신석기시대부터 청동기시대를 거쳐 민족의 기틀이 형성되었다.

(2) 구석기시대

① **생활**···주먹도끼·찍개·팔매돌 등은 사냥도구이고, 긁개·밀개 등은 대표적인 조리도구이며, 뗀석기와 동물의 뼈나 뿔로 만든 뼈도구를 사용하여 채집과 사냥을 하면서 생활하였다.

② **주거**···동굴이나 바위 그늘에서 살거나 강가에 막집을 짓고 살았는데 후기의 막집에는 기둥자리, 담자리, 불땐 자리가 남아 있고 집터의 규모는 작은 것은 3~4명, 큰 것은 10명이 살 수 있을 정도의 크기였다.

③ **사회**···무리생활을 했으며 평등한 공동체적 생활을 하였다.

④ **종교, 예술**···풍성한 사냥감을 얻기 위한 주술적 의미로서 석회암이나 동물의 뼈 또는 뿔 등에 고래와 물고기를 새긴 조각품을 만들었다.

(3) 신석기시대

① 경제 … 활이나 창을 이용한 사냥과 작살, 돌이나 뼈로 만든 낚시 등을 이용한 고기잡이를 하였으며, 또한 가락바퀴나 뼈바늘이 출토되는 것으로 의복이나 그물을 제작하였다.

② 토기 … 이른 민무늬토기, 덧무늬토기, 눌러찍기토기 등이 발견되며 빗살무늬토기는 밑모양이 뾰족하며 크기가 다양하고, 전국 각지에 널리 분포되어 있다.

③ 주거 … 바닥이 원형 또는 둥근 네모꼴인 움집에서 4 ~ 5명 정도의 가족이 거주하였다. 남쪽으로 출입문을 내었으며, 화덕이나 출입문 옆에는 저장구덩을 만들어 식량이나 도구를 저장하였다.

④ 사회 … 혈연을 바탕으로 한 씨족이 족외혼을 통해 부족을 형성하였고, 평등한 사회였다.

⑤ 원시신앙의 출현
   ㉠ 애니미즘 : 자연현상, 자연물에 영혼이 있다고 믿어 재난을 피하거나 풍요를 기원하는 것으로 태양과 물에 대한 숭배가 대표적이다.
   ㉡ 영혼, 조상숭배 : 사람이 죽어도 영혼은 없어지지 않는다는 믿음을 말한다.
   ㉢ 샤머니즘 : 인간과 영혼 또는 하늘을 연결시켜 주는 존재인 무당과 그 주술을 믿는 것이다.
   ㉣ 토테미즘 : 자기 부족의 기원을 특정 동물과 연결시켜 그것을 숭배하는 믿음이다.

02 국가의 형성

❶ 고조선과 청동기문화

(1) 청동기의 보급

① 사회 변화 … 생산경제의 발달, 청동기 제작과 관련된 전문 장인의 출현, 사유재산제도와 계급이 발생하게 되었다.

② 유물
   ㉠ 석기 : 반달돌칼, 바퀴날도끼, 홈자귀
   ㉡ 청동기 : 비파형 동검과 화살촉 등의 무기류, 거친무늬거울
   ㉢ 토기 : 미송리식 토기, 민무늬토기, 붉은간토기
   ㉣ 무덤 : 고인돌, 돌널무덤, 돌무지무덤

(2) 철기의 사용

① **철기문화의 보급** … 철제 농기구의 사용으로 농업이 발달하여 경제 기반이 확대되었으며, 철제 무기와 철제 연모의 사용으로 청동기는 의식용 도구로 변하였다.

② **유물** … 명도전, 오수전, 반량전을 통하여 중국과의 활발한 교류를 알 수 있으며 경남 창원 다호리 유적에서 나온 붓을 통해 한자를 사용했음을 알 수 있다.

③ **청동기의 독자적 발전** … 비파형 동검은 세형 동검으로, 거친무늬거울은 잔무늬거울로 형태가 변하였으며 거푸집도 전국의 여러 유적에서 발견되고 있다.

(3) 청동기 · 철기시대의 생활

① **경제생활의 발전** … 조, 보리, 콩, 수수 등 밭농사 중심이었지만 일부 저습지에서 벼농사가 시작되었다. 또한 사냥이나 고기잡이도 여전히 하고 있었지만 농경의 발달로 점차 그 비중이 줄어들었고 돼지, 소, 말 등의 가축의 사육이 증가되었다.

② **주거생활의 변화**
　　㉠ **집터 유적** : 대체로 앞쪽에는 시냇물이 흐르고 뒤쪽에는 북서풍을 막아 주는 나지막한 야산이 있는 곳에 우물을 중심으로 자리잡고 있다.
　　㉡ **정착생활의 규모의 확대** : 집터는 넓은 지역에 많은 수가 밀집되어 취락형태를 이루고 있으며, 이는 농경의 발달과 인구의 증가로 정착생활의 규모가 점차 확대되었음을 보여 주는 것이다.

③ **사회생활의 변화** … 여성은 가사노동, 남성은 농경 · 전쟁에 종사하였다. 생산력의 증가에 따른 잉여생산물은 빈부의 격차와 계급의 분화를 촉진하였고 이는 무덤의 크기와 껴묻거리의 내용에 반영되었다.

④ **고인돌의 출현** … 고인돌은 청동기시대의 계급사회의 발생을 보여주는 대표적인 무덤으로 북방식 고인돌이 전형적인 형태이며 우리나라 전역에 걸쳐 분포되어 있는데 당시 지배층이 가진 정치권력과 경제력을 잘 반영해 주고 있다.

⑤ **군장의 출현** … 정치, 경제력이 우세한 부족이 선민사상을 가지고 주변의 약한 부족을 통합하거나 정복하고 공납을 요구하였으며 군장이 출현하게 되었다.

(4) 청동기 · 철기시대의 예술

청동으로 만든 도구의 모양이나 장식에는 미의식과 생활모습이 표현되었고, 흙으로 빚은 사람이나 짐승모양의 토우는 본래의 용도 외에도 풍요를 기원하는 주술적 의미를 가지고 있다. 울주반구대 바위그림은 사냥과 고기잡이의 성공과 풍성한 수확을 기원하였음을 알 수 있고, 고령 양전동 알터 바위그림은 태양 숭배와 풍요를 기원하는 의미를 가진다.

(5) 단군과 고조선

① **고조선의 건국** ··· 족장사회에서 가장 먼저 국가로 발전한 고조선은 단군왕검이 건국하였다(B.C. 2333).

② **고조선의 발전** ··· 초기에는 요령지방, 후기에는 대동강 유역의 왕검성 중심으로 독자적인 문화를 이룩하면서 발전하였다. 부왕, 준왕 같은 강력한 왕이 등장하여 왕위를 세습하였고 상(相), 대부(大夫), 장군 등의 관직을 두었으며 요서지방을 경계로 하여 연(燕)과 대립하였다.

(6) 위만의 집권

① **위만 조선의 성립 및 발전** ··· 준왕을 축출하고 중국 유이민 집단인 위만이 왕이 되었으며 지리적인 이점을 이용한 중계무역의 이득을 독점하기 위해 한과 대립하였다.

② **고조선의 멸망** ··· 위만 조선에 위협을 느낀 한의 무제는 대규모 침략을 강행하였으나 고조선은 한의 군대에 맞서 완강하게 대항하여 장기간의 전쟁으로 지배층의 내분이 일어나 왕검성이 함락되어 멸망하였다(B.C. 108). 고조선이 멸망하자 한은 고조선의 일부 지역에 군현을 설치하여 지배하고자 하였으나 고구려의 공격으로 소멸되었다.

(7) 고조선의 사회

① **8조법과 고조선의 사회상** ··· 권력과 경제력의 차이 및 사유 재산의 발생은 형벌과 노비가 생겨나게 하였다.

② **한 군현의 엄한 율령 시행** ··· 한 군현의 설치 후 억압과 수탈을 당하던 토착민들은 이를 피하여 이주하거나 단결하여 한 군현에 대항하였다. 이에 한 군현은 엄한 율령을 시행하여 자신들의 생명과 재산을 보호하려 하였으며 법 조항도 60여 조로 증가시켜 풍속도 각박해져 갔다.

② 여러 나라의 성장

(1) 부여

① 정치

　㉠ 왕 아래에는 가축의 이름을 딴 마가, 우가, 저가, 구가와 대사자, 사자 등의 관리가 있었다.

　㉡ 가(加)는 저마다 따로 행정구획인 사출도를 다스리고 있어서 왕이 직접 통치하는 중앙과 합쳐 5부를 이루었다.

　㉢ 왕의 권력이 미약하여 제가들이 왕을 추대·교체하기도 하였고, 수해나 한해로 농사가 잘 되지 않으면 그 책임을 왕에게 묻기도 하였다. 그러나 왕이 나온 대표 부족의 세력은 매우 강해서 궁궐, 성책, 감옥, 창고 등의 시설을 갖추고 있었다.

② 법률(부여의 4조목)

　　㉠ 살인자는 사형에 처하고, 그 가족은 데려다 노비로 삼는다.

　　㉡ 절도죄를 지은 자는 12배의 배상을 물린다.

　　㉢ 간음한 자는 사형에 처한다.

　　㉣ 부인이 투기가 심하면 사형에 처하되, 그 시체는 산 위에 버린다. 단, 그 여자의 집에서 시체를 가져가
　　　　려면 소 · 말을 바쳐야 한다.

③ 풍습

　　㉠ 순장 : 왕이 죽으면 많은 사람들을 껴묻거리와 함께 묻는 순장의 풍습이 있었다.

　　㉡ 흰 옷을 좋아했고, 형사취수와 일부다처제 풍습이 있었다.

　　㉢ 은력(殷曆)을 사용하였다.

　　㉣ 제천행사 : 12월에 하늘에 제사를 지내고 노래와 춤을 즐기는 영고를 열었다.

　　㉤ 우제점복 : 소를 죽여 그 굽으로 길흉을 점치기도 하였다.

(2) 고구려

① **정치** … 왕 아래 상가, 고추가 등의 대가들이 있었으며, 대가들은 독립적인 세력을 유지하였다. 이들은 각기
　　사자, 조의, 선인 등의 관리를 거느리고 있었다.

② **풍속**

　　㉠ 서옥제 : 혼인을 정한 뒤 신부집의 뒤꼍에 조그만 집을 짓고 거기서 자식을 낳고 장성하면 아내를 데리
　　　　고 신랑집으로 돌아가는 제도이다.

　　㉡ 제천행사 : 10월에는 추수감사제인 동맹을 성대하게 열었다.

　　㉢ 조상신 제사 : 건국 시조인 주몽과 그 어머니 유화부인을 조상신으로 섬겨 제사를 지냈다.

(3) 옥저와 동예

① **옥저** … 비옥한 토지를 바탕으로 농사를 지었으며, 어물과 소금 등 해산물이 풍부하였으며 민며느리제와 골
　　장제(가족공동무덤)가 유행하였다.

② **동예**

　　㉠ 경제 … 단궁(활)과 과하마(조랑말), 반어피(바다표범의 가죽) 등이 유명하였다.

　　㉡ 풍속 … 무천이라는 제천행사를 10월에 열었으며 족외혼을 엄격하게 지켰다. 또한 각 부족의 영역을 함
　　　　부로 침범하지 못하게 하고 만약 침범하면 노비와 소, 말로 변상하게 하였다(책화)

(4) 삼한

① **진(辰)의 성장과 발전** … 고조선 남쪽지역에는 일찍부터 진이 성장하고 있었는데 고조선 사회의 변동에 따라 대거 남하해 온 유이민에 의하여 새로운 문화가 보급되어 토착문화와 융합되면서 진이 발전하여 마한, 변한, 진한의 연맹체들이 나타나게 되었다.

② **삼한의 제정 분리** … 정치적 지배자 외에 제사장인 천군이 있었다. 그리고 신성지역으로 소도가 있었는데, 이곳에서 천군은 농경과 종교에 대한 의례를 주관하였다.

③ **삼한의 경제 · 사회상**
　ⓐ 두레조직을 통하여 여러 가지 공동작업을 하였다.
　ⓑ **제천행사** : 5월의 수릿날과 10월에 계절제를 열어 하늘에 제사를 지냈다.
　ⓒ **변한의 철 생산** : 철이 많이 생산되어 낙랑, 왜 등에 수출하였고 교역에서 화폐처럼 사용되기도 하였다. 마산의 성산동 등지에서 발견된 야철지는 제철이 성하였음을 보여주고 있다.

출제 예상 문제

1 밑줄 친 '이 시대'의 사회 모습으로 옳은 것은?

> <u>이 시대</u>의 황해도 봉산 지탑리와 평양 남경 유적에서 탄화된 좁쌀이 발견되는 것으로 보아 잡곡류 경작이 이루어졌음을 알 수 있다. 농경의 발달로 수렵과 어로가 경제 생활에서 차지하는 비중이 줄어들기 시작하였지만, 여전히 식량을 얻는 중요한 수단이었다. 한편 가락바퀴나 뼈바늘을 이용하여 옷이나 그물을 만드는 등 원시적인 수공업 생산이 이루어지기 시작하였다.

① 생산물의 분배 과정에서 사유 재산 제도가 등장하였다.
② 마을 주변에 방어 및 의례 목적으로 환호(도랑)를 두르기도 하였다.
③ 흑요석의 출토 사례로 보아 원거리 교류나 교역이 있었음을 알 수 있다.
④ 집자리는 주거용 외에 창고, 작업장, 집회소, 공공 의식 장소 등도 확인되었다.

TIP 밑줄 친 이 시대는 신석기 시대이다.
①②④ 청동기

2 다음 유물이 만들어진 시대의 사회상으로 옳은 것은?

> • 충북 청주 산성동 출토 가락바퀴 • 경남 통영 연대도 출토 치레걸이
> • 인천 옹진 소야도 출토 조개껍데기 가면 • 강원 양양 오산리 출토 사람 얼굴 조각상

① 한자의 전래로 붓이 사용되었다.
② 무덤은 일반적으로 고인돌이 사용되었다.
③ 조, 피 등을 재배하는 농경이 시작되었다.
④ 반량전, 오수전 등의 중국 화폐가 사용되었다.

TIP 가락바퀴, 치레걸이, 조개껍데기 가면, 사람 얼굴 조각상과 같은 유물들은 모두 신석기시대를 대표하는 유물들이다. 또한 신석기 시대부터 농경이 시작되었기 때문에 이 시대 사회상을 보여주는 보기는 ③번이다.

Answer 1.③ 2.③

3 고조선의 세력 범위가 요동반도에서 한반도에 걸쳐 있었음을 알게 해 주는 유물을 모두 고르면?

> ⊙ 조개 껍데기 가면 ⓒ 거친무늬 거울
> ⓒ 비파형 동검 ② 미송리식 토기

① ⊙ⓒ ② ⓒⓒ

③ ⊙ⓒⓒ ④ ⓒⓒ②

TIP 요령지방에서 출토된 비파형동검을 조형으로 한 세형동검이 B.C. 3C 초부터 대동강 일대에서 나타나는 사실로서 알 수 있으며, 고인돌과 비파형동검, 미송리식 토기 등이 대표적인 고조선의 유물에 해당한다.

4 다음 중 단군신화와 관련한 역사적 사실로 옳지 않은 것은?

① 홍익인간의 정신은 평등이념을 성립하게 되었다.
② 사유재산의 성립으로 지배층은 농사일을 하지 않았다.
③ 선민사상을 가지고 있던 부족은 우월성을 과시했다.
④ 각 부족들은 특정한 동물이나 식물을 자신의 부족과 연결하여 숭배하고 있었다.

TIP 단군신화에 나타난 사회의 모습 … 구릉지대에 거주하면서 농경생활을 하고 있었고 선민사상을 가지고 있었으며 사유재산의 성립과 계급의 분화에 따라 사회생활을 주도하였다.

5 다음 중 신석기 시대에 대한 설명으로 옳지 않은 것은?

① 토기를 사용하여 음식을 조리하고 저장하게 되었다.
② 움집생활을 하였으며 중앙에 화로를 두었다.
③ 주식으로 쌀을 먹었다.
④ 조, 피, 수수 등의 잡곡류의 경작과 개, 돼지 등을 목축하였다.

TIP ③ 신석기 시대의 유적지인 황해도 봉산 지탑리와 평양 남경의 유적에서 탄화된 좁쌀이 발견된 것으로 보아 잡곡류를 경작하였다는 것을 알 수 있다.

Answer 3.④ 4.① 5.③

6 다음과 같은 사상이 등장한 사회의 모습은?

> • 영혼이나 하늘을 인간과 연결시켜주는 무당과 그 주술을 믿었다.
> • 사람이 죽어도 영혼은 사라지지 않는다고 믿었다.

① 무리를 이끄는 지도자는 권력을 가지고 있었다.
② 가락바퀴를 이용하여 의복을 제작하였다.
③ 동굴이나 강가에 막집을 짓고 살았다.
④ 벼농사가 일반적으로 행해졌다.

TIP 제시된 사상은 영혼불멸사상과 샤머니즘으로 신석기시대의 신앙의 형태이다.
①④ 청동기 ③ 구석기

7 다음 중 청동기시대에 등장한 신앙은?

① 토테미즘   ② 애니미즘
③ 선민사상   ④ 샤머니즘

TIP ① **토테미즘**: 신석기시대의 신앙으로 특정한 동물이나 식물을 자신의 부족과 연결하여 숭배하는 것이다.
② **애니미즘**: 신석기시대의 자연물에 영혼이 존재한다는 사상으로 태양과 물에 대한 숭배가 두드러졌다.
③ **선민사상**: 청동기시대에 농경이 발달하고 사유재산이 형성되면서 계급이 등장하게 되었다. 이때 지배계층은 자신들이 신의 선택을 받은 특별한 존재라고 여겼다.
④ **샤머니즘**: 인간과 영혼을 연결시켜주는 주술사와 그의 주술을 믿는 것으로 신석기 시대에 발생하였으며 여전히 숭배의 대상이다.

8 위만 조선이 한나라의 침입으로 왕검성이 함락되어 멸망하게 된 직접적인 원인으로 옳은 것은?

① 독자적인 문화를 발전시키지 못하였다.

② 철기 문화를 수용하지 못하여 군사력이 약하였다.

③ 상업과 무역이 발달하지 못하여 폐쇄적인 자급자족의 경제였다.

④ 예와 진의 무역을 막고 중계무역의 이득을 독점하였다.

TIP 위만 조선 … 본격적으로 철기문화를 수용하고 철기의 사용에 따른 무기생산과 농업이 발달하여 이에 따른 상업과 무역이 융성하였다. 중앙정치조직을 갖추고 우세한 무력을 기반으로 영토를 확장했으며 지리적 이점을 이용하여 예와 진이 직접 중국과 교역하는 것을 막고 중계무역의 이득을 독점하려 하였다. 이에 한나라의 무제는 대규모 공격을 감행하였는데 장기간의 전쟁으로 인한 고조선 지배층의 내분이 원인이 되어 B.C. 108년에 왕검성이 함락되면서 멸망하였다.

9 다음 중 신석기시대의 특징으로 옳지 않은 것은?

① 결혼의 상대를 다른 씨족에서 구하는 족외혼이 행해졌다.

② 씨족 중심의 혈연사회이다.

③ 자연물에 영혼이 있다고 믿는 애니미즘적인 신앙을 지니고 있었다.

④ 씨족장의 권위에 대하여 씨족원들은 무조건 복종하였다.

TIP ④ 신석기시대는 평등사회로 지배와 피지배관계가 발생하지 않았으며, 주로 연장자나 경험이 많은 이가 부족을 이끌었다.

10 다음 중 구석기시대에 관한 설명으로 옳지 않은 것은?

① 농경, 목축이 시작되었다.　　　　　② 평등한 공동체적 생활을 하였다.

③ 뗀석기와 골각기를 사용하였다.　　　④ 주술적인 조각품을 남겼다.

TIP ① 농경과 목축이 시작된 시기는 신석기시대이다.

Answer　8.④　9.④　10.①

02 통치구조와 정치활동

01 고대의 정치

❶ 고대국가의 성립

(1) 초기의 고구려

① **성장**: 졸본성에서 주변 소국을 통합하여 성장하였으며, 국내성으로 도읍을 옮겼다.

② **지배체제의 정비**
- ㉠ **태조왕**(1세기 후반): 옥저와 동예를 복속하고, 독점적으로 왕위를 세습하였으며 통합된 여러 집단들은 5부 체제로 발전하였다.
- ㉡ **고국천왕**(2세기 후반): 부족적인 전통의 5부가 행정적 성격의 5부로 개편되었고 왕위가 형제상속에서 부자상속으로 바뀌었으며, 족장들이 중앙귀족으로 편입하는 등 중앙집권화와 왕권 강화가 진전되었다.

(2) 초기의 백제

① **건국**(B.C. 18): 한강 유역의 토착민과 고구려 계통의 북방 유이민의 결합으로 성립되었는데, 우수한 철기문화를 보유한 유이민 집단이 지배층을 형성하였다.

② **고이왕**(3세기 중엽): 한강 유역을 완전히 장악하고, 중국의 문물을 수용하였다. 율령을 반포하였으며 관등제를 정비하고 관복제를 도입하는 등 지배체제를 정비하였다.

(3) 초기의 신라

① **건국**(B.C. 57): 경주의 토착집단과 유이민집단의 결합으로 건국되었다.

② **발전**: 박·석·김의 3성이 번갈아 왕위를 차지하다가 주요 집단들이 독자적인 세력 기반을 유지하면서 유력 집단의 우두머리는 왕(이사금)으로 추대되었다.

③ **지배체제의 정비**(내물왕, 4세기): 활발한 정복활동을 통해 낙동강 유역으로 영역을 확장하고 김씨가 왕위를 세습하였으며 마립간의 칭호를 사용하였다.

(4) 초기의 가야

① **위치** : 낙동강 하류의 변한지역에서는 철기문화를 토대로 한 정치집단들이 등장하였다.

② **전기 가야연맹**(금관가야 중심) : 김해를 주축으로 하여 경남해안지대에 소국연맹체를 형성하였는데 농경문화의 발달과 철의 생산(중계무역 발달)으로 경제적인 발전을 이루었다. 그러나 백제와 신라의 팽창으로 세력이 약화되어(4세기 초) 고구려군의 가야지방 원정으로 몰락하게 되었다. 이에 따라 중심세력이 해체되어 낙동강 서쪽 연안으로 축소되었다.

② 삼국의 발전과 통치체제

(1) 삼국의 정치적 발전

① **고구려** … 4세기 미천왕 때 서안평을 점령하고 낙랑군을 축출하여 압록강 중류를 벗어나 남쪽으로 진출할 수 있는 발판을 마련하였고, 고국원왕 때는 전연과 백제의 침략으로 국가적 위기를 맞기도 하였다. 4세기 후반 소수림왕 때에는 불교의 수용, 태학의 설립, 율령의 반포로 중앙집권국가로의 체제를 강화하였다.

② **백제** … 4세기 후반 근초고왕은 마한의 대부분을 정복하였으며, 황해도 지역을 두고 고구려와 대결하기도 히였다. 또한 낙동강 유역의 가야에 지배권을 행사히였고, 중국의 요서지방과 산둥지방, 일본의 규슈지방까지 진출하였으며 왕위의 부자상속이 시작되었다.

③ **신라**
  ㉠ **지증왕**(6세기 초) : 국호(사로국→신라)와 왕의 칭호(마립간→왕)를 변경하고, 수도와 지방의 행정구역을 정리하였으며 대외적으로 우산국(울릉도)을 복속시켰다.
  ㉡ **법흥왕**(6세기 중엽) : 병부의 설치, 율령의 반포, 공복의 제정 등으로 통치질서를 확립하였다. 또한 골품제도를 정비하고, 새로운 세력을 포섭하고자 불교를 공인하였다. 독자적 연호인 건원을 사용하여 자주국가로서의 위상을 높였고 금관가야를 정복하여 영토를 확장시켜 중앙집권체제를 완비하였다.

(2) 삼국 간의 항쟁

① **고구려의 대제국 건설**
  ㉠ **광개토대왕**(5세기) : 영락이라는 연호를 사용하였고 만주지방에 대한 대규모 정복사업을 단행하였으며, 백제를 압박하여 한강 이남으로 축출하였다. 또한 신라에 침입한 왜를 격퇴함으로써 한반도 남부에까지 영향력을 확대하였다.
  ㉡ **장수왕**(5세기) : 남북조의 교류 및 평양 천도(427)를 단행하여 백제의 수도인 한성을 함락하였다. 죽령 ~ 남양만 이북을 확보(광개토대왕비와 중원고구려비 건립)하여 한강 유역으로 진출하였는데 만주와 한반도에 걸친 광대한 영토를 차지하여 중국과 대등한 지위의 대제국을 건설하였다.

② 백제의 중흥

　㉠ 5세기 후반 문주왕은 고구려의 남하정책으로 대외팽창이 위축되고 무역활동이 침체되어 서울을 웅진으로 천도하게 되고, 동성왕은 신라와 동맹을 강화하여 고구려에 대항, 무령왕은 지방의 22담로에 왕족을 파견하여 지방통제를 강화하는 등 체제를 정비하고자 하였다.

　㉡ 성왕(6세기 중반) : 사비로 천도하고, 남부여로 국호를 개칭하고 중앙은 22부, 수도는 5부, 지방은 5방으로 정비하였다. 불교를 진흥시키고, 일본에 전파하였으며, 중국의 남조와 교류하였다.

③ 신라의 발전(진흥왕, 6세기)

　㉠ 체제 정비 : 화랑도를 국가적 조직으로 개편하고, 불교를 통해 사상적 통합을 꾀하였다.

　㉡ 영토 확장 : 한강 유역을 장악하여 경제적 기반을 강화하고 전략적 거점을 확보할 수 있었고 중국 교섭의 발판이 되었다. 북으로는 함경도, 남으로는 대가야를 정복하였다(단양적성비, 진흥왕순수비).

(3) 삼국의 통치체제

① 통치조직의 정비 … 삼국의 초기에는 부족 단위 각 부의 귀족들이 독자적으로 관리를 거느리는 방식으로 귀족회의에서 국가의 중요한 일을 결정하였는데 후에는 왕을 중심으로 한 통치체제로 왕의 권한이 강화되었고, 관등제와 행정구역이 정비되어 각 부의 귀족들은 왕권 아래 복속되고, 부족적 성격이 행정적 성격으로 개편되었다.

② 관등조직 및 중앙권제

구분	관등	수상	중앙관서	귀족합의제
고구려	10여 관등	대대로(막리지)		제가회의
백제	16관등	상좌평	6좌평, 22부(시비천도 이후)	정사암회의
신라	17관등	상대등	병부, 집사부	화백회의

③ 지방제도

　㉠ 지방조직

구분	관등	수상	중앙관서	귀족합의제
고구려	5부	5부(욕살)	3경(평양성, 국내성, 한성)	제가회의
백제	5부	5방(방령)	22담로(지방 요지)	정사암회의
신라	5부	6주(군주)	2소경[중원경(충주), 동원경(강릉)]	화백회의

　㉡ 지방제도의 정비 : 최상급 지방행정단위로 부와 방 또는 주를 두고 지방장관을 파견하였고, 그 아래의 성이나 군에도 지방관을 파견하여 지방민을 직접 지배하였으나, 말단 행정단위인 촌은 지방관을 파견하지 않고 토착세력을 촌주로 삼았다. 그러나 대부분의 지역은 중앙정부의 지배가 강력히 미치지 못하여 지방세력가들이 지배하게 되었다.

④ **군사조직** ··· 지방행정조직이 그대로 군사조직이기도 하여 각 지방의 지방관은 곧 군대의 지휘관(백제의 방령, 신라의 군주)이었다.

③ 대외항쟁과 신라의 삼국통일

(1) 고구려와 수·당의 전쟁

① **수와의 전쟁** ··· 고구려가 요서지방을 선제공격하자 수의 문제와 양제는 고구려를 침입해왔는데 을지문덕이 살수에서 큰 승리를 거두었다(612).

② **당과의 전쟁** ··· 당 태종은 요동의 여러 성을 공격하고 전략상 가장 중요한 안시성을 공격하였으나 고구려에 의해 패하였다(645).

(2) 백제와 고구려의 멸망

① **백제의 멸망** ··· 정치질서의 문란과 지배층의 향락으로 국방이 소홀해진 백제는 황산벌에서 신라에게 패하면서 결국 사비성이 함락되고 말았다. 복신과 흑치상지, 도침 등은 주류성과 임존성을 거점으로 하여 사비성과 웅진성을 공격하였으나 나·당연합군에 의하여 진압되었다.

③ **고구려의 멸망** ··· 지배층의 분열과 국력의 약화로 정치가 불안정한 틈을 타고 나·당연합군의 침입으로 평양성이 함락되었다(668). 검모잠과 고연무 등은 한성과 오골성을 근거지로 평양성을 탈환하였으나 결국 실패하였다.

(3) 신라의 삼국통일

① **과정** ··· 당은 한반도에 웅진도독부, 안동도호부, 계림도독부를 설치하여 한반도를 지배하려 하였으나 신라·고구려·백제 유민의 연합으로 당 주둔군을 공격하여 매소성과 기벌포싸움에서 승리를 거두게 되고 당군을 축출하여 삼국통일을 이룩하였다(676).

② **삼국통일의 의의와 한계** ··· 당의 축출로 자주적 성격을 인정할 수 있으며 고구려와 백제 문화의 전통을 수용하여 민족문화 발전의 토대를 마련하였다는 점에서 큰 의의가 있으나 외세의 협조를 받았다는 점과 대동강에서 원산만 이남에 국한된 불완전한 통일이라는 점에서 한계성을 가진다.

❹ 남북국시대의 정치 변화

(1) 통일신라의 발전

① 왕권의 전제화

    ㉠ **무열왕** : 통일과정에서 왕권을 강화하였으며 이후 직계자손이 왕위를 계승하게 되었다.

    ㉡ **유교정치이념의 수용** : 통일을 전후하여 유교정치이념이 도입되었고, 중앙집권적 관료정치의 발달로 왕권이 강화되어 갔다.

    ㉢ **집사부 시중의 기능 강화** : 상대등의 세력을 억제하였고 왕권의 전제화가 이루어졌다.

    ㉣ **신문왕** : 관료전의 지급, 녹읍의 폐지, 국학을 설립하여 유교정치이념을 확립시켰다.

② **정치세력의 변동** … 6두품은 학문적 식견을 바탕으로 왕의 정치적 조언자로 활동하거나 행정실무를 총괄하였다. 이들은 전제왕권을 뒷받침하고, 학문·종교분야에서 활약하였다.

③ **전제왕권의 동요** … 8세기 후반부터 진골귀족세력의 반발로 녹읍제가 부활하고, 사원의 면세전이 증가되어 국가재정의 압박을 가져왔다. 귀족들의 특권적 지위 고수 및 향락과 사치가 계속되자 농민의 부담은 가중되었다.

(2) 발해의 건국과 발전

① **건국** … 고구려 출신의 대조영이 길림성에 건국하였으며 지배층은 고구려인, 피지배층은 말갈인으로 구성되었으나 일본에 보낸 국서에 고려 또는 고려국왕이라는 칭호를 사용하였고, 고구려 문화와 유사성이 있다는 점에서 고구려 계승의식이 나타나고 있다.

② 발해의 발전

    ㉠ **영토 확장(무왕)** : 동북방의 여러 세력을 복속시켜 북만주 일대를 장악하였고, 당의 산둥반도를 공격하고, 돌궐·일본과 연결하여 당과 신라에 대항하였다.

    ㉡ **체제 정비(문왕)** : 당과 친선관계를 맺고 문물을 수입하였는데 중경에서 상경으로 천도하였고, 신라와의 대립관계를 해소하려 상설교통로를 개설하였으며 천통(고왕), 인안(무왕), 대흥(문왕), 건흥(선왕) 등 독자적인 연호를 사용하였다.

    ㉢ **중흥기(선왕)** : 요동지방으로 진출하였으며 남쪽으로는 신라와 국경을 접할 정도로 넓은 영토를 차지하고, 지방제도를 완비하였다. 당에게서 '해동성국'이라는 칭호를 받았다.

    ㉣ **멸망** : 거란의 세력 확대와 귀족들의 권력투쟁으로 국력이 쇠퇴하자 거란에 멸망당하였다.

(3) 남북국의 통치체제

① 통일신라

    ㉠ **중앙정치체제** : 전제왕권의 강화를 위해 집사부 시중의 지위 강화 및 집사부 아래에 위화부와 13부를 두고 행정업무를 분담하였으며 관리들의 비리와 부정 방지를 위한 감찰기관인 사정부를 설치하였다.

    ㉡ **유교정치이념의 수용** : 국학을 설립하였다.

    ㉢ **지방행정조직의 정비**(신문왕) : 9주 5소경으로 정비하여 중앙집권체제를 강화하였으며 지방관의 감찰을 위하여 외사정을 파견하였고 상수리제도를 실시하였으며, 향·부곡이라 불리는 특수행정구역도 설치하였다.

    ㉣ **군사조직의 정비**
- 9서당 : 옷소매의 색깔로 표시하였는데 부속민에 대한 회유와 견제의 양면적 성격이 있다.
- 10정 : 9주에 각 1정의 부대를 배치하였으나 한산주에는 2정(남현정, 골내근정)을 두었다.

② 발해

    ㉠ **중앙정치체계** : 당의 제도를 수용하였으나 명칭과 운영은 독자성을 유지하였다.
- 3성 : 정당성(대내상이 국정 총괄), 좌사정, 우사정(지·예·신부)
- 6부 : 충부, 인부, 의부, 자부, 예부, 신부
- 중정대(감찰), 문적원(서적 관리), 주자감(중앙의 최고교육기관)

    ㉡ **지방제도** : 5경 15부 62주로 조직되었고, 촌락은 주로 말갈인 촌장이 지배하였다.

    ㉢ **군사조직** : 중앙군(10위), 지방군

(4) 신라 말기의 정치 변동과 호족세력의 성장

① **전제왕권의 몰락** … 진골귀족들의 반란과 왕위쟁탈전이 심화되고 집사부 시중보다 상대등의 권력이 더 커졌으며 지방민란의 발생으로 중앙의 지방통제력이 더욱 약화되었다.

② **농민의 동요** … 과중한 수취체제와 자연재해는 농민의 몰락을 가져오고, 신라 정부에 저항하게 되었다.

③ **호족세력의 등장** … 지방의 행정·군사권과 경제적 지배력을 가진 호족세력은 성주나 장군을 자처하며 반독립적인 세력으로 성장하였다.

④ **개혁정치** … 6두품 출신의 유학생과 선종의 승려가 중심이 되어 골품제 사회를 비판하고 새로운 정치이념을 제시하였다. 지방의 호족세력과 연계되어 사회 개혁을 추구하였다.

02 중세의 정치

❶ 중세사회의 성립과 전개

(1) 고려의 성립과 민족의 재통일

① **고려의 건국**…왕건은 송악의 호족으로서 처음에는 궁예 휘하로 들어가 한강 유역과 나주지방을 점령하여 후백제를 견제하였는데 궁예의 실정을 계기로 정권을 장악하게 되었으며, 고구려의 후계자임을 강조하여, 국호를 고려라 하고 송악에 도읍을 세웠다.

② **민족의 재통일**…중국의 혼란기를 틈타 외세의 간섭 없이 통일이 성취되었다.

(2) 태조의 정책

① **취민유도(取民有度)정책**…조세경감, 노비해방 및 빈민구제기관인 흑창을 설치하였다.

② **통치기반 강화**
  ㉠ **관제 정비**: 태봉의 관제를 중심으로 신라와 중국의 제도를 참고하여 정치제도를 만들고, 개국공신과 호족을 관리로 등용하였다.
  ㉡ **호족 통합**: 호족과 정략결혼을 하였으며 그들의 향촌지배권을 인정하고, 공신들에게는 역분전을 지급하였다.
  ㉢ **호족 견제**: 사심관제도(우대)와 기인제도(감시)를 실시하였다.
  ㉣ **통치 규범**: 정계, 계백료서를 지어 관리들이 지켜야 할 규범을 제시하였고, 후손들이 지켜야 할 교훈이 담긴 훈요 10조를 남겼다.

③ **북진정책**…고구려를 계승하였음을 강조하여 국호를 고려라 하고 국가의 자주성을 강조하기 위해 천수(天授)라는 연호를 사용하였다.

(3) 광종의 개혁정치

왕권의 안정과 중앙집권체제를 확립하기 위하여 노비안검법, 과거제도 실시, 공복제도, 불교 장려, 제위보의 설치, 독자적인 연호 사용 및 송과의 문화적·경제적 목적에서 외교관계를 수립하였으나, 군사적으로는 중립적 자세를 취하였다.

(4) 유교적 정치질서의 강화

① **최승로의 시무 28조**…유교정치이념을 강조하고 지방관의 파견과 문벌귀족 중심의 정치를 이루게 되었다.

② 성종의 중앙집권화 ··· 6두품 출신의 유학자를 등용, 12목에 지방관의 파견, 향리제도 실시, 국자감과 향교의 설치 및 과거제도를 실시하고 중앙통치기구는 당, 태봉, 신라, 송의 관제를 따랐다.

❷ 통치체제의 정비

(1) 중앙의 통치조직

① 정치조직(2성 6부)
- ㉠ 2성
  - 중서문하성 : 중서성과 문하성의 통합기구로 문하시중이 국정을 총괄하였다.
  - 재신 : 2품 이상의 고관으로 백관을 통솔하고 국가의 중요정책을 심의·결정하였다.
  - 낭사 : 3품 이하의 관리로 정책을 건의하거나, 정책 집행의 잘못을 비판하는 일을 담당하였다.
  - 상서성 : 실제 정무를 나누어 담당하는 6부를 두고 정책의 집행을 담당하였다.
- ㉡ 중추원(추부) : 군사기밀을 담당하는 2품 이상의 추밀과 왕명 출납을 담당하는 3품의 승선으로 구성되었다.
- ㉢ 삼사 : 화폐와 곡식의 출납에 대한 회계업무만을 담당하였다.
- ㉣ 어사대 : 풍속을 교정하고 관리들의 비리를 감찰하는 감찰기구이다.
- ㉤ 6부 : 상서성에 소속되어 실제 정무를 분담하던 관청으로 각 부의 장관은 상서, 차관은 시랑이었다.

② 귀족 중심의 정치
- ㉠ 귀족합좌 회의기구(중서문하성의 재신, 중추원의 추밀)
  - 도병마사 : 재신과 추밀이 함께 모여 회의로 국가의 중요한 일을 결정하는 곳이다. 국방문제를 담당하는 임시기구였으나, 도평의사사(도당)로 개편되면서 구성원이 확대되고 국정 전반에 걸친 중요사항을 담당하는 최고 정무기구로 발전하였다.
  - 식목도감 : 임시기구로서 재신과 추밀이 함께 모여 국내 정치에 관한 법의 제정 및 각종 시행규정을 다루던 회의기구였다.
- ㉡ 대간(대성)제도 : 어사대의 관원과 중서문하성의 낭관으로 구성되었다. 비록 직위는 낮았지만 왕, 고위관리들의 활동을 지원하거나 제약하여 정치 운영의 견제와 균형을 이루었다.
  - 서경권 : 관리의 임명과 법령의 개정이나 폐지 등에 동의하는 권리
  - 간쟁 : 왕의 잘못을 말로 직언하는 것
  - 봉박 : 잘못된 왕명을 시행하지 않고 글로 써서 되돌려 보내는 것

(2) 지방행정조직의 정비

① 정비과정

    ㉠ 초기 : 호족세력의 자치로 이루어졌다.

    ㉡ 성종 : 12목을 설치하여 지방관을 파견하였다.

    ㉢ 현종 : 4도호부 8목으로 개편되어 지방행정의 중심이 되었고, 그 후 전국을 5도와 양계, 경기로 나눈 다음 그 안에 3경 · 4도호부 · 8목을 비롯하여 군 · 현 · 진을 설치하였다.

② 지방조직

    ㉠ 5도(일반행정구역) : 상설 행정기관이 없는 일반 행정 단위로서 안찰사를 파견하여 도내의 지방을 순찰하게 하였다. 도에는 주와 군(지사) · 현(현령)이 설치되고, 주현에는 지방관을 파견하였지만 속현에는 지방관을 파견하지 않았다.

    ㉡ 양계(군사행정구역) : 북방의 국경지대에는 동계와 북계의 양계를 설치하여 병마사를 파견하고, 국방상의 요충지에 군사특수지역인 진을 설치하였다.

    ㉢ 8목 4도호부 : 행정과 군사적 방비의 중심적인 역할을 맡은 곳이다.

    ㉣ 특수행정구역

       • 3경 : 풍수설과 관련하여 개경(개성), 서경(평양), 동경(경주, 숙종 이후 남경)에 설치하였다.

       • 향 · 소 · 부곡 : 천민의 집단거주지역이었다.

    ㉤ 지방행정 : 실제적인 행정사무는 향리가 실질적으로 처리하여 지방관보다 영향력이 컸다(속현, 향, 소, 부곡 등).

(3) 군역제도와 군사조직

① 중앙군

    ㉠ 2군 6위 : 국왕의 친위부대인 2군과 수도 경비와 국경 방어를 담당하는 6위로 구성되었다.

    ㉡ 직업군인 : 군적에 올라 군인전을 지급받고 군역을 세습하였으며, 군공을 세워 신분을 상승시킬 수 있는 중류층이었다. 이들은 상장군, 대장군 등의 무관이 지휘하였다.

② 지방군

    ㉠ 주진군(양계) : 상비군으로 좌군, 우군, 초군으로 구성되어 국경을 수비하는 의무를 지녔다.

    ㉡ 주현군(5도) : 지방관의 지휘를 받아 치안과 지방방위 · 노역에 동원되었고 농민으로 구성하였다.

(4) 관리임용제도

① 과거제도(법적으로 양인 이상이면 응시가 가능)

    ㉠ 제술과 : 문학적 재능과 정책을 시험하는 것이다.

    ㉡ 명경과 : 유교경전에 대한 이해능력을 시험하는 것이다.

    ㉢ 잡과 : 기술관을 선발하는 것으로 백정이나 농민이 응시하였다.

ⓔ 한계와 의의 : 능력 중심의 인재 등용과 유교적 관료정치의 토대 마련의 계기가 되었으나 과거출신자보다 음서출신자가 더 높이 출세할 수 밖에 없었고, 무과는 실시하지 않았다.

② 음서제도 … 공신과 종실의 자손 외에 5품 이상의 고관의 자손은 과거를 거치지 않고 관직에 진출할 수 있는 제도이다.

③ 문벌귀족사회의 성립과 동요

(1) 문벌귀족사회의 성립

① 지방호족 출신이 중앙관료화된 것으로, 신라 6두품 계통의 유학자들이 과거를 통해 관직에 진출하여 성립되었으며, 대대로 고위관리가 되어 중앙정치에 참여하게 되고, 과거와 음서를 통해 관직을 독점하였다.

② 문벌귀족사회의 모순
　ⓐ 문벌귀족의 특권 : 정치적으로 과거와 음서제를 통해 고위 관직을 독점하며 경제적으로 과전, 공음전, 사전 등의 토지 겸병이 이루어지고, 사회적으로 왕실 및 귀족들 간의 중첩된 혼인관계를 이루었다.
　ⓑ 측근세력의 대두 : 과거를 통해 진출한 지방 출신의 관리들이 국왕을 보좌하면서 문벌귀족과 대립하였다.
　ⓒ 이자겸의 난, 묘청의 서경천도운동 : 문벌귀족과 측근세력의 대립으로 발생한 사건들이다.

(2) 이자겸의 난과 서경천도운동

① 이자겸의 난(인종, 1126) … 문종 ~ 인종까지 경원 이씨가 80여년간 권력을 독점하였다. 여진(금)의 사대관계 요구에 이자겸 정권은 굴복하여 사대관계를 유지하였으나, 인종의 척준경 회유로 이자겸의 왕위찬탈반란은 실패로 돌아가게 되었다. 그 결과 귀족사회의 동요가 일어나고 묘청의 서경천도운동의 계기가 되었다.

② 묘청의 서경천도운동(1135) … 서경(평양) 천도, 칭제건원, 금국 정벌을 주장하였으나 문벌귀족의 반대에 부딪혔으며, 김부식이 이끄는 관군에 의해 진압되고 말았다.

(3) 무신정권의 성립

① 무신정변(1170) … 숭문천무정책으로 인한 무신을 천시하는 풍조와 의종의 실정이 원인이 되어 문신 중심의 귀족사회에서 관료체제로 전환되는 계기가 되었으며 전시과체제가 붕괴되고 무신에 의해 토지의 독점이 이루어져 사전과 농장이 확대되었다.

② 사회의 동요 … 무신정권에 대한 반발로 김보당의 난과 조위총의 난이 일어났으며, 신분해방운동으로 농민(김사미 · 효심의 난) · 천민의 난(망이 · 망소이의 난)이 일어났다.

③ 최씨 정권

　　㉠ 최씨 정권의 기반
　　　• 정치적 : 교정도감(최충헌)과 정방(최우), 서방(최우)을 중심으로 전개되었다.
　　　• 경제적 : 광대한 농장을 소유하였다.
　　　• 군사적 : 사병을 보유하고 도방을 설치하여 신변을 경호하였다.
　　㉡ 한계 : 정치적으로 안정되었지만 국가통치질서는 오히려 약화되었다.

❹ 대외관계의 변화

(1) 거란의 침입과 격퇴

① 고려의 대외정책 … 친송배요정책으로 송과는 친선관계를 유지했으나 거란은 배척하였다.

② 거란의 침입과 격퇴
　　㉠ 1차 침입 : 서희의 담판으로 강동 6주를 확보하였으며, 거란과 교류관계를 맺었다.
　　㉡ 2차 침입 : 고려의 계속되는 친송정책과 강조의 정변을 구실로 침입하여 개경이 함락되었고, 현종의 입
　　　조(入朝)를 조건으로 퇴군하였다.
　　㉢ 3차 침입 : 현종의 입조(入朝)를 거부하여 다시 침입하였으나 강감찬이 귀주대첩으로 큰 승리를 거두어
　　　양국은 강화를 맺었다.
　　㉣ 결과 및 영향 : 고려, 송, 거란 사이의 세력 균형을 유지되고 고려는 나성과 천리장성(압록강 ~ 도련포)을
　　　축조하여 수비를 강화하였다.

(2) 여진 정벌과 9성 개척

기병을 보강한 윤관의 별무반이 여진을 토벌하여 동북 9성을 축조하였으나 고려를 침략하지 않고 조공을 바치겠
다는 조건을 수락하면서 여진에게 9성을 돌려주었다. 그러나 여진은 더욱 강해져 거란을 멸한 뒤 고려에 대해
군신관계를 요구하자 현실적인 어려움으로 당시의 집권자 이자겸은 금의 요구를 받아들였다.

(3) 몽고와의 전쟁

① 몽고와의 전쟁
　　㉠ 원인 : 몽고의 과중한 공물 요구와, 몽고의 사신 저고여가 피살되는 사건이 일어났다.
　　㉡ 몽고의 침입
　　　• 제1차 침입(1231) : 몽고 사신의 피살을 구실로 몽고군이 침입하였고 박서가 항전하였으나, 강화가 체결되고
　　　철수되었다.
　　　• 제2차 침입(1232) : 최우는 강화로 천도하였고, 용인의 김윤후가 몽고의 장군 살리타를 죽이고 몽고 군대는 쫓
　　　겨났다.

- 제3차 ~ 제8차 침입 : 농민, 노비, 천민들의 활약으로 몽고를 끈질기게 막아냈다.
  ㉢ 결과 : 전 국토가 황폐화되고 민생이 도탄에 빠졌으며 대장경(초판)과 황룡사의 9층탑이 소실되었다.

② **삼별초의 항쟁**(1270 ~ 1273) … 몽고와의 굴욕적인 강화를 맺는 데 반발하여 진도로 옮겨 저항하였고, 여·몽연합군의 공격으로 진도가 함락되자 다시 제주도로 가서 김통정의 지휘 아래에 계속 항쟁하였으나 여·몽연합군에 의해 진압되었다.

(4) 홍건적과 왜구의 침입

① **홍건적의 격퇴** … 제1차 침입은 모거경 등 4만군이 서경을 침입하였으나, 이승경, 이방실 등이 격퇴하였으며 제2차 침입은 사유 등 10만군이 개경을 함락하였으나, 정세운, 안우, 이방실 등이 격퇴하였다.

② **왜구의 침략** … 잦은 왜구의 침입에 따른 사회의 불안정은 시급히 해결해야 할 국가적 과제였다. 왜구를 격퇴하고 이 문제를 해결하는 과정에서 신흥무인세력이 성장하였다.

⑤ 고려후기의 정치 변동

(1) 원(몽고)의 내정 간섭

① **정치적 간섭**

  ㉠ **일본 원정** : 두 차례의 원정에 인적·물적 자원이 수탈되었으나 실패하였다.

  ㉡ **영토의 상실과 수복**
  - **쌍성총관부** : 원은 화주(영흥)에 설치하여 철령 이북 땅을 직속령으로 편입하였는데, 공민왕(1356) 때 유인우가 무력으로 탈환하였다.
  - **동녕부** : 자비령 이북 땅에 차지하여 서경에 두었는데, 충렬왕(1290) 때 고려의 간청으로 반환되었다.
  - **탐라총관부** : 삼별초의 항쟁을 평정한 후 일본 정벌 준비를 위해 제주도에 설치하고(1273) 목마장을 두었다. 충렬왕 27년(1301)에 고려에 반환하였다.

  ㉢ **관제의 개편** : 관제를 격하시키고(3성 → 첨의부, 6부 → 4사) 고려를 부마국 지위의 왕실호칭을 사용하게 하였다.

  ㉣ **원의 내정 간섭**
  - **다루가치** : 1차 침입 때 설치했던 몽고의 군정지방관으로 공물의 징수·감독 등 내정간섭을 하였다.
  - **정동행성** : 일본 원정준비기구로 설치된 정동행중서성이 내정간섭기구로 남았다. 고려·원의 연락기구였다.
  - **이문소** : 정동행성에 설립된 사법기구로 고려인을 취조·탄압하였다.
  - **응방** : 원에 매를 생포하여 조달하는 기구였으나 여러 특권을 행사해 폐해가 심하였다.

② **사회·경제적 수탈** … 금·은·베·인삼·약재·매 등의 막대한 공물의 부담을 가졌으며, 몽고어·몽고식 의복과 머리가 유행하고, 몽고식 성명을 사용하는 등 풍속이 변질되었다.

(2) 공민왕의 개혁정치

① **반원자주정책** ··· 친원세력의 숙청, 정동행서 이문소를 폐지, 몽고식 관제의 폐지, 원의 연호·몽고풍을 금지, 쌍성총관부를 공격하여 철령 이북의 땅을 수복하고 요동지방을 공격하여 요양을 점령하였다.

② **왕권강화책** ··· 정방을 폐지, 성균관을 통한 유학교육을 강화 및 과거제도를 정비하고 신돈을 등요하여 전민변정도감을 설치한 개혁은 권문세족들의 경제기반을 약화시키고 국가재정수입의 기반을 확대하였다.

③ **개혁의 실패원인** ··· 개혁추진세력인 신진사대부 세력이 아직 결집되지 못한 상태에서 권문세족의 강력한 반발을 효과적으로 제어하지 못하였고, 원나라의 간섭 등으로 인해 실패하고 말았다.

(3) 신진사대부의 성장

① 학문적 실력을 바탕으로 과거를 통하여 중앙에 진출한 지방의 중소지주층과 지방향리 출신이 많았다. 성리학을 수용하였으며, 불교의 폐단을 비판하였고 권문세족의 비리와 불법을 견제하였다. 신흥무인세력과 손을 잡으면서 사회의 불안과 국가적인 시련을 해결하고자 하였다.

② **한계** ··· 권문세족의 인사권 독점으로 관직의 진출이 제한되었고, 과전과 녹봉도 제대로 받지 못하는 등 경제적 기반이 미약하다는 한계를 가졌다.

(4) 고려의 멸망

우왕 말에 명은 쌍성총관부가 있던 땅에 철령위를 설치하여 명의 땅으로 편입하겠다고 통보하였다. 이에 최영은 요동정벌론을, 이성계는 4불가론을 주장하여 대립하였는데 최영의 주장에 따라 요동정벌군이 파견되었으나 위화도 회군으로 이성계가 장악하였다. 결국 급진개혁파(혁명파)는 정치적 실권을 장악하고 온건개혁파를 제거 한 후 도평의사사를 장악하여 공양왕의 왕위를 물려받아 조선을 건국하였다.

03 근세의 정치

❶ 근세사회의 성립과 전개

(1) 국왕 중심의 통치체제정비와 유교정치의 실현

① **태조** ··· 국호를 '조선'이라 하고 수도를 한양으로 천도하였으며 3대 정책으로 숭유억불정책, 중농억상정책, 사대교린정책을 실시하였다.

② **태종** … 왕권 확립을 위해 개국공신세력을 견제하고 숙청하였으며 6조직계제를 실시, 사간원을 독립시켜 대신들을 견제하고, 신문고의 설치, 양전사업의 실시 및 호패법을 시행하고 사원전의 몰수, 노비 해방, 사병을 폐지하였다.

③ **세종** … 집현전을 설치, 한글 창제 및 6조직계제를 폐지하고 의정부서사제(재상합의제)로 정책을 심의하였으며, 국가행사를 오례에 따라 거행하였다.

(2) 문물제도의 정비

① **세조** … 왕권의 재확립과 집권체제의 강화를 위하여 6조직계제를 실시하고 집현전과 경연을 폐지하였으며, 경국대전의 편찬에 착수하였다.

② **성종** … 홍문관의 설치, 경연의 활성화 및 경국대전의 완성·반포를 통하여 조선의 기본통치방향과 이념을 제시하였다.

② 통치체제의 정비

(1) 중앙정치체제

① **양반관료체제의 확립** … 경국대전으로 법제화하고 문·무반이 정치와 행정을 담당하게 하였으며, 18품계로 나누어 당상관(관서의 책임자)과 당하관(실무 담당)으로 구분하였다.

② **의정부와 6조**

    ㉠ 의정부 : 최고 관부로서 재상의 합의로 국정을 총괄하였다.

    ㉡ 6조 : 직능에 따라 행정을 분담하였다.

      • 이조 : 문관의 인사(전랑이 담당), 공훈, 상벌을 담당하였다.

      • 호조 : 호구, 조세, 회계, 어염, 광산, 조운을 담당하였다.

      • 예조 : 외교, 교육, 문과과거, 제사, 의식 등을 담당하였다.

      • 병조 : 국방, 통신(봉수), 무과과거, 무관의 인사 등을 담당하였다.

      • 형조 : 형률, 노비에 대한 사항을 담당하였다.

      • 공조 : 토목, 건축, 수공업, 도량형, 파발에 대한 사항을 담당하였다.

③ **언론학술기구** … 삼사로 정사를 비판하고 관리들의 부정을 방지하였다.

    ㉠ 사간원(간쟁)·사헌부(감찰) : 서경권을 행사하였다(관리 임명에 동의권 행사).

    ㉡ 홍문관 : 학문적으로 정책 결정을 자문하는 기구이다.

④ **왕권강화기구** … 왕명을 출납하는 승정원과 큰 죄인을 다스리는 국왕 직속인 의금부, 서울의 행정과 치안을 담당하는 한성부가 있다.

⑤ 그 밖의 기구 … 역사서의 편찬과 보관을 담당하는 춘추관, 최고 교육기관인 성균관인 성균관 등이 있다.

(2) 지방행정조직

① 지방조직 … 전국을 8도로 나누고, 하부에 부·목·군·현을 설치하였다.
  ㉠ 관찰사(감사) : 8도의 지방장관으로서 행정, 군사, 감찰, 사법권을 행사하였다. 수령에 대한 행정을 감찰하는 역할을 담당하였다.
  ㉡ 수령 : 부, 목, 군, 현에 임명되어 관내 주민을 다스리는 지방관으로서 행정, 사법, 군사권을 행사하였다.
  ㉢ 향리 : 6방에 배속되어 향역을 세습하면서 수령을 보좌하였다(아전).

② 향촌사회
  ㉠ 면·리·통 : 향민 중에서 책임자를 선임하여, 수령의 명령을 받아 인구 파악과 부역 징발을 주로 담당하게 하였다.
  ㉡ 양반 중심의 향촌사회질서 확립
    • 경재소 : 유향소와 정부간 연락을 통해 유향소를 통제하여 중앙집권을 효율적으로 강화하였다.
    • 유향소(향청) : 향촌양반의 자치조직으로 좌수와 별감을 선출하고, 향규를 제정하며, 향회를 통한 여론의 수렴과 백성에 대한 교화를 담당하였다.

(3) 군역제도와 군사조직

① 군역제도
  ㉠ 양인개병제 : 양인(현직 관료와 학생을 제외한 16세 이상 60세 이하의 남자)의 신분이면 누구나 병역의 의무를 지는 제도이다.
  ㉡ 보법 : 정군(현역 군인)과 보인(정군의 비용 부담)으로 나눈다.
  ㉢ 노비 : 권리가 없으므로 군역이 면제되고, 특수군(잡색군)으로 편제되었다.

② 군사조직
  ㉠ 중앙군(5위) : 궁궐과 서울을 수비하며 정군을 중심으로 갑사(시험을 거친 직업군인)나 특수병으로 지휘 책임을 문관관료가 맡았다.
  ㉡ 지방군 : 병영(병마절도사)과 수영(수군절도사)으로 조직하였다.
  ㉢ 잡색군 : 서리, 잡학인, 신량역천인(신분은 양인이나 천한 일에 종사), 노비 등으로 조직된 일종의 예비군으로 유사시에 향토 방위를 담당한다(농민은 제외).

③ 교통·통신체계의 정비
  ㉠ 봉수제(통신) : 군사적 목적으로 설치하였으며, 불과 연기를 이용하여 급한 소식을 알렸다.
  ㉡ 역참 : 물자 수송과 통신을 위해 설치되어 국방과 중앙집권적 행정 운영이 한층 쉬워졌다.

(4) 관리등용제도

① **과거** … 문과는 예조에서 담당하였으며 무과는 병조에서 담당하고 28명을 선발하였다. 또한 잡과는 해당 관청에서 역과, 율과, 의과, 음양과의 기술관을 선발하였다.

② **취재** … 재주가 부족하거나 나이가 많아 과거 응시가 어려운 사람이 특별채용시험을 거쳐 하급 실무직에 임명되는 제도이다.

③ **음서와 천거** … 과거를 거치지 않고 고관의 추천을 받아 간단한 시험을 치른 후 관직에 등용되거나 음서를 통하여 관리로 등용되는 제도이다. 그러나 천거는 기존의 관리들을 대상으로 하였고, 음서도 고려시대에 비하여 크게 줄어들었고 문과에 합격하지 않으면 고관으로 승진하기 어려웠다.

④ **인사관리제도의 정비**
　　㉠ **상피제** : 권력의 집중과 부정을 방지하였다.
　　㉡ **서경제** : 사헌부와 사간원에서 관리 임명시에 심사하여 동의하는 절차로서 5품 이하 관리 임명시에 적용하는 것이다.
　　㉢ **근무성적평가** : 하급관리의 근무성적평가는 승진 및 좌천의 자료가 되었다.

❸ 사림의 대두와 붕당정치

(1) 훈구와 사림

① **훈구세력** … 조선 초기 문물제도의 정비에 기여하였으며 고위관직을 독점 및 세습하고, 왕실과의 혼인으로 성장하였다.

② **사림세력** … 여말 온건파 사대부의 후예로서 길재와 김종직에 의해 영남과 기호지방에서 성장한 세력으로 대부분이 향촌의 중소지주이다.

(2) 사림의 정치적 성장

① **사화의 발생**
　　㉠ **무오사화**(1498) · **갑자사화**(1504) : 연산군의 폭정으로 발생하였으며 영남 사림은 몰락하게 되었다.
　　㉡ **조광조의 개혁정치** : 현량과를 실시하여 사림을 등용하여 급진적 개혁을 추진하였다. 위훈삭제사건으로 훈구세력을 약화시켰으며, 공납의 폐단을 시정, 불교와 도교행사를 폐지하고, 소학교육을 장려하고, 향약을 보급하였다. 그러나 훈구세력의 반발을 샀으며 기묘사화(1519)로 조광조는 실각되고 말았다.
　　㉢ **을사사화**(명종, 1545) : 중종이 다시 사림을 등용하였으나 명종 때 외척 다툼으로 을사사화가 일어나고 사림은 축출되었다.

② **결과** … 사림은 정치적으로 위축되었으나 중소지주를 기반으로 서원과 향약을 통해 향촌에서 세력을 회복하게 되었다.

(3) 붕당의 출현(사림의 정계 주도)

① **동인과 서인** … 척신정치의 잔재를 청산하기 위한 방법을 둘러싸고 대립행태가 나타났다.

  ㉠ **동인** : 신진사림 출신으로서 정치 개혁에 적극적이며 수기(修己)를 강조하고 지배자의 도덕적 자기 절제를 강조하고 이황, 조식, 서경덕의 학문을 계승하였다.

  ㉡ **서인** : 기성사림 출신으로서 정치 개혁에 소극적이며 치인(治人)에 중점을 두고 제도 개혁을 통한 부국안민에 힘을 썼고 이이, 성혼의 문인들을 중심으로 구성되었다.

② **붕당의 성격과 전개** … 정파적 성격과 학파적 성격을 지닌 붕당은 초기에는 강력한 왕권으로의 형성이 불가능하였으나, 중기에 이르러 왕권이 약화되고 사림정치가 전개되면서 붕당이 형성되었다.

(4) 붕당정치의 전개

① 동인의 분당은 정여립의 모반사건을 계기로 세자책봉문제를 둘러싸고 시작되었다. 남인은 온건파로 초기에 정국을 주도하였으며 북인은 급진파로 임진왜란이 끝난 뒤부터 광해군 때까지 정권을 장악하였다.

② **광해군의 개혁정치** … 명과 후금 사이의 중립외교를 펼쳤으며, 전후복구사업을 추진하였으나 무리한 전후복구사업으로 민심을 잃은 광해군과 북인세력은 서인이 주도한 인조반정으로 몰락하였다.

③ 주로 서인이 집권하여 남인 일부가 연합하고, 상호비판 공존체제가 수립되었던 것이 서인과 남인의 경신환국으로 정치 공존이 붕괴되었다.

(5) 붕당정치의 성격

비변사를 통한 여론 수렴이 이루어졌으며, 3사의 언관과 이조전랑의 정치적 비중이 증대되었고 재야의 여론이 수렴되어 재야의 공론주도자인 산림이 출현하였고, 서원과 향교를 통한 수렴이 이루어졌다. 그러나 국가의 이익보다는 당파의 이익을 앞세워 국가 발전에 지장을 주기도 하였고, 현실문제보다는 의리와 명분에 치중하였으며 지배층의 의견만을 정치에 반영하였다.

❹ 조선 초기의 대외관계

(1) 명과의 관계
명과의 관계에서는 사대외교를 중국 이외의 주변 민족에게는 교린정책을 기본으로 하였다.

(2) 여진과의 관계

① **대여진정책** … 회유책으로 귀순을 장려하였고, 북평관을 세워 국경무역과 조공무역을 허락하였으며 강경책으로 본거지를 토벌하고 국경지방에 자치적 방어체제를 구축하여 진 · 보를 설치하였다.

② 북방개척
 ○ 4군 6진 : 최윤덕, 김종서 등은 압록강에서 두만강에 이르는 4군 6진을 설치하였다.
 ○ 사민정책 : 삼남지방의 주민을 강제로 이주시켜 북방 개척과 국토의 균형 있는 발전을 꾀하였다.
 ○ 토관제도 : 토착인을 하급관리로 등용하는 것이다.

(3) 일본 및 동남아시아와의 관계

① 대일관계
 ○ 왜구의 토벌 : 수군을 강화하고 화약무기를 개발해 오던 조선은 왜구가 무역을 요구해오자 제한된 무역을 허용하였으나 왜구의 계속된 약탈로 이종무가 쓰시마섬을 토벌하였다(세종).
 ○ 교린정책 : 3포(부산포, 제포, 염포)를 개항하여, 계해약조를 맺고 조공무역을 허용하였다.

② 동남아시아와의 교역 … 조공, 진상의 형식으로 물자 교류를 하고 특히 불경, 유교경전, 범종, 부채 등을 류큐(오키나와)에 전해주어 류큐의 문화 발전에 기여하였다.

5 양 난의 극복과 대청관계

(1) 왜군의 침략

① 조선의 정세
 ○ 왜구 약탈 : 3포왜란(임신약조) → 사량진왜변(정미약조) → 을묘왜변(교역 중단)
 ○ 국방대책 : 3포왜란 이후 군사문제를 전담하는 비변사가 설치되었다.
 ○ 16세기 말 : 사회적 혼란이 가중되면서 국방력이 약화되어 방군수포현상이 나타났다

② 임진왜란(1592) … 왜군 20만이 기습하고 정발과 송상현이 분전한 부산진과 동래성의 함락과 신립의 패배로 국왕은 의주로 피난하였다. 왜군은 평양, 함경도까지 침입하였고 명에 파병을 요청하였다.

(2) 수군과 의병의 승리

① 수군의 승리
 ○ 이순신(전라좌수사)의 활약 : 판옥선과 거북선을 축조하고, 수군을 훈련시켰다.
 ○ 남해의 재해권 장악 : 옥포(거제도)에서 첫 승리를 거두고, 사천(삼천포, 거북선을 이용한 최초의 해전), 당포(충무), 당항포(고성), 한산도대첩(학익진 전법) 등지에서 승리를 거두어 남해의 제해권을 장악하였고 전라도지방을 보존하였다.

② 의병의 항쟁
 ○ 의병의 봉기 : 농민이 주축이 되어 전직관리, 사림, 승려가 주도한 자발적인 부대였다.

ⓛ **전술** : 향토지리와 조건에 맞는 전술을 사용하였다. 매복, 기습작전으로 아군의 적은 희생으로 적에게 큰
　　　타격을 주었다.

　　　ⓒ **의병장** : 곽재우(의령), 조헌(금산), 고경명(담양), 정문부(길주), 서산대사 휴정(평양, 개성, 한성 등), 사
　　　명당 유정(전후 일본에서 포로 송환) 등이 활약하였다.

　　　ⓔ **전세** : 관군이 편입되어 대일항전이 조직화되고 전력도 강화되었다.

(3) 전란의 극복과 영향

① 전란의 극복

　　　㉠ **조·명연합군의 활약** : 평양성을 탈환하고 행주산성(권율) 등지에서 큰 승리를 거두었다.

　　　ⓛ **조선의 군사력 강화** : 훈련도감과 속오군을 조직하였고 화포 개량과 조총을 제작하였다.

　　　ⓒ **휴전회담** : 왜군은 명에게 휴전을 제의하였으나, 무리한 조건으로 3년만에 결렬되었다.

　　　ⓔ **정유재란** : 왜군은 조선을 재침하였으나 이순신에게 명량·노량해전에서 패배하였다.

② 왜란의 영향

　　　㉠ **국내적 영향** : 인구와 농토가 격감되어 농촌의 황폐화, 민란의 발생 및 공명첩의 대량 발급으로 인하여
　　　신분제의 동요, 납속의 실시, 토지대장과 호적의 소실, 경복궁, 불국사, 서적, 실록 등의 문화재가 소
　　　실·약탈당했으며, 일본을 통하여 조총, 담배, 고추, 호박 등이 전래되었다.

　　　ⓛ **국제적 영향** : 일본은 문화재를 약탈하고, 성리학자와 도공을 납치하여 일본 문화가 발전하는 계기가 되
　　　었으나 명은 여진족의 급성장으로 인하여 쇠퇴하였다.

(4) 광해군의 중립외교

① 내정개혁 … 양안(토지대장)과 호적을 재작성하여 국가재정기반을 확보하고, 산업을 진흥하였으며 동의보
감(허준)을 편찬하고 소실된 사고를 5대 사고로 재정비하였다.

② 대외정책 … 임진왜란 동안 조선과 명이 약화된 틈을 타 여진이 후금을 건국하였다(1616). 후금은 명에 대
하여 전쟁을 포고하고, 명은 조선에 원군을 요청하였으나, 조선은 명의 원군 요청을 적절히 거절하면서 후
금과 친선정책을 꾀하는 중립적인 정책을 취하였다. 광해군의 중립외교는 국내에 전쟁의 화가 미치지 않아
왜란 후의 복구사업에 크게 기여하였다.

(5) 호란의 발발과 전개

① 정묘호란(1627) … 명의 모문룡 군대의 가도 주둔과 이괄의 난 이후 이괄의 잔당이 후금에 건너가 조선 정
벌을 요구한 것으로 발생하였으며, 후금의 침입에 정봉수, 이립 등이 의병으로 활약하였다. 후금의 제의로
쉽게 화의(정묘조약)가 이루어져 후금의 군대는 철수하였다.

② 병자호란(1636) … 후금의 군신관계 요구에 조선이 거부한 것이 발단이 되어 발생하였으며, 삼전도에서 항
복하고 청과 군신관계를 맺게 되었으며 소현세자와 봉림대군이 인질로 끌려갔다.

(6) 북벌운동의 전개

① 서인세력(송시열, 송준길, 이완 등)은 군대를 양성하는 등의 계획을 세웠으나 실천하지 못하였다.

② 효종의 북벌계획 … 이완을 훈련대장으로 임명하고 군비를 확충하였으나 효종의 죽음으로 북벌계획은 중단되었다.

04 정치상황의 변동

1 통치체제의 변화

(1) 정치구조의 변화

① 비변사의 기능 강화 … 중종 초 여진족과 왜구에 대비하기 위해 설치한 임시기구였으나, 임진왜란을 계기로 문무고관의 합의기구로 확대되었다. 군사뿐만 아니라 외교, 재정, 사회, 인사 등 거의 모든 정무를 총괄하였으며, 왕권의 약화, 의정부 및 6조 기능의 약화를 초래하였다.

② 정치 운영의 변질 … 3사는 공론을 반영하기보다 각 붕당의 이해관계를 대변하기에 급급하고 이조·병조의 전랑 역시 상대 붕당을 견제하는 기능으로 변질되어 붕당 간의 대립을 격화시켰다.

(2) 군사제도의 변화

① 중앙군(5군영)

    ㉠ 훈련도감 : 삼수병(포수·사수·살수)으로 구성되었으며, 직업적 상비군이었다.

    ㉡ 어영청 : 효종 때 북벌운동의 중추기관이 되었다. 기·보병으로 구성되며, 지방에서 교대로 번상하였다.

    ㉢ 총융청 : 북한산성 등 경기 일대의 방어를 위해 속오군으로 편성되었다.

    ㉣ 수어청 : 정묘호란 후 인조 때 설치되어 남한산성을 개축하고 이를 중심으로 남방을 방어하기 위해 설치되었다.

    ㉤ 금위영 : 숙종 때 수도방위를 위해 설치되었다. 기·보병 중심의 선발 군사들로 지방에서 교대로 번상케 하였다.

② 지방군(속오군)

    ㉠ 지방군제의 변천

      • 진관체제 : 세조 이후 실시된 체제로 외적의 침입에 효과가 없었다.

      • 제승방략체제(16세기) : 유사시에 필요한 방어처에 각 지역의 병력을 동원하여 중앙에서 파견되는 장수가 지휘하게 하는 방어체제이다.

      • 속오군체제 : 진관을 복구하고 속오법에 따라 군대를 정비하였다.

ⓒ 속오군 : 양천혼성군(양반, 농민, 노비)으로서, 농한기에 훈련하고 유사시에 동원되었다.

(3) 수취제도의 개편

① **전세제도의 개편** … 전세를 풍흉에 관계없이 1결당 미곡 4두로 고정시키는 영정법은 전세율이 다소 낮아졌으나 농민의 대다수인 전호들에게는 도움이 되지 못하였고, 전세 외에 여러 가지 세가 추가로 징수되어 조세의 부담은 증가하였다.

② **공납제도의 개편** … 방납의 폐단으로 토지의 결수에 따라 미, 포, 전을 납입하는 대동법을 시행하였는데 그 결과 농민의 부담을 감소하였으나 지주에게 부과된 대동세가 소작농에게 전가되는 경우가 있었으며, 조세의 금납화 촉진, 국가재정의 회복 및 상공업의 발달과 상업도시의 발전을 가져왔다. 그러나 진상·별공은 여전히 존속하였다.

③ **군역제도의 개편** … 균역법(군포 2필에서 1필로 내게 함)의 실시로 일시적으로 농민부담은 경감되었으나 폐단의 발생으로 인하여 전국적인 저항을 불러왔다.

❷ 정쟁의 격화와 탕평정치

(1) 탕평론의 대두
공리공론보다 집권욕에만 집착하여 균형관계가 깨져서 정쟁이 끊이지 않고 사회가 분열되었으며, 이에 강력한 왕권을 토대로 세력 균형을 유지하려는 탕평론이 제기되었다. 숙종은 공평한 인사 관리를 통해 정치집단 간의 세력 균형을 추구하려 하였으나 명목상의 탕평책에 불과하여 편당적인 인사 관리로 빈번한 환국이 발생하였다.

(2) 영조의 탕평정치

① 탕평파를 육성하고, 붕당의 근거지인 서원을 정리하였으며, 이조전랑의 후임자 천거제도를 폐지하였다. 그 결과 정치권력은 국왕과 탕평파 대신에게 집중되었다. 또한 균역법의 시행, 군영의 정비, 악형의 폐지 및 사형수에 대한 삼심제 채택, 속대전을 편찬하였다.

② **한계** … 왕권으로 붕당 사이의 다툼을 일시적으로 억제하기는 하였으나 소론 강경파의 변란(이인좌의 난, 나주괘서사건) 획책으로 노론이 권력을 독점하게 되었다.

(3) 정조의 탕평정치

① **정치세력의 재편** … 탕평책을 추진하여 벽파를 물리치고 시파를 고루 기용하여 왕권의 강화를 꾀하였다. 또한 영조 때의 척신과 환관 등을 제거하고, 노론과 소론 일부, 남인을 중용하였다.

② **왕권 강화 정책** … 규장각의 육성, 초계문신제의 시행, 장용영의 설치, 수원 육성, 수령의 권한 강화, 서얼과 노비의 차별 완화, 금난전권 폐지, 대전통편, 동문휘고, 탁지지 등을 편찬하였다.

❸ 정치질서의 변화

(1) 세도정치의 전개(19세기)

정조가 죽은 후 정치세력 간의 균형이 다시 깨지고 몇몇 유력가문 출신의 인물들에게 집중되었다. 순조 때에는 정순왕후가 수렴청정을 하면서 노론 벽파가 정권을 잡았으나, 정순왕후가 죽자 순조의 장인인 김조순을 중심으로 안동 김씨의 세도정치가 시작되었으며 헌종, 철종 때까지 풍양조씨, 안동 김씨의 세도정치가 이어졌다.

(2) 세도정치의 폐단

① 수령직의 매관매직으로 탐관오리의 수탈이 극심해지고 삼정(전정, 군정, 환곡)이 문란해졌으며, 그 결과 농촌경제는 피폐해지고, 상품화폐경제는 둔화되었다.

② 세도정치의 한계 … 고증학에 치중되어 개혁의지를 상실하였고 지방의 사정을 이해하지 못했다.

❹ 대외관계의 변화

(1) 청과의 관계

① 북벌정책 … 17세기 중엽, 효종 때 추진한 것으로 청의 국력 신장으로 실현가능성이 부족하여 정권 유지의 수단이 되기도 하였으나 양난 이후의 민심 수습과 국방력 강화에 기여하였다.

② 북학론의 대두 … 청의 국력 신장과 문물 융성에 자극을 받아 18세기 말 북학파 실학자들은 청의 문물 도입을 주장을 하였으며 사신들은 천리경, 자명종, 화포, 만국지도, 천주실의 등의 신문물과 서적을 소개하였다.

(2) 일본과의 관계

① 대일외교관계

　㉠ 기유약조(1609) : 임진왜란 이후 도쿠가와 막부의 요청으로 부산포에 왜관을 설치하고, 대일무역이 행해졌다.

　㉡ 조선통신사 파견 : 17세기 초 이후부터 200여년간 12회에 걸쳐 파견하였다. 외교사절의 역할뿐만 아니라 조선의 선진학문과 기술을 일본에 전파하였다.

② 울릉도와 독도 … 안용복이 일본으로 건너가(숙종) 일본 막부에게 울릉도와 독도가 조선 영토임을 확인받고 돌아왔다. 그 후 조선 정부는 울릉도의 주민 이주를 장려하였고, 울릉도에 군을 설치하고 관리를 파견하여 독도까지 관할하였다.

출제 예상 문제

1 다음 중 고구려와 관련된 것은?

2020. 07. 04. 부산교통공사

① 소도
② 영고
③ 동맹
④ 무천

TIP ① **소도**: 삼한의 신성지역으로 천군이 지배하는 곳을 의미
② **영고**: 부여의 제천의식
④ **무천**: 동예의 제천의식

2 고구려와 신라의 관계를 다음과 같이 알려주고 있는 삼국시대의 금석문은?

> • 고구려의 군대가 신라 영토에 주둔했던 것으로 이해할 수 있는 기록이 보인다.
> • 고구려가 신라의 왕을 호칭할 때 '동이 매금(東夷 寐錦)'이라고 부르고 있다.
> • 고구려가 신라의 왕과 신하들에게 의복을 하사하는 의식을 거행한 것으로 보인다.

① 광개토왕비
② 집안고구려비
③ 중원고구려비
④ 영일냉수리비

TIP **중원고구려비** … 충청북도 충주시에 있는 고구려의 고비(古碑)로서 현재 국보 제205로 지정되어 있다. 이 비는 고구려 비(碑) 중 한반도에서 발견된 유일한 예로 고구려가 당시 신라를 「동이(東夷)」라 칭하면서 신라왕에게 종주국으로서 의복을 하사했다는 내용이 실려 있는데 이는 「삼국사기(三國史記)」를 비롯한 여러 문헌에는 실려 있지 않은 사실이다. 또한 '신라토내당주(新羅土內幢主)'하는 직명으로 미루어 신라 영토 안에 고구려 군대가 주둔하였음을 확인할 수 있는 등의 내용이 담겨 있어 고구려사를 연구하는 데 많은 영향을 주었다.

Answer 1.③ 2.③

3 (개)~(대)는 고려시대 대외관계와 관련된 자료이다. 이를 시기 순으로 바르게 나열한 것은?

> (가) 윤관이 "신이 여진에게 패한 이유는 여진군은 기병인데 우리는 보병이라 대적할 수 없었기 때문입니다."라고 아뢰었다.
>
> (나) 서희가 소손녕에게 "우리나라는 고구려의 옛 땅이오. 그러므로 국호를 고려라 하고 평양에 도읍하였으니, 만일 영토의 경계로 따진다면, 그대 나라의 동경이 모두 우리 경내에 있거늘 어찌 침식이라 하리요."라고 주장하였다.
>
> (다) 유승단이 "성곽을 버리며 종사를 버리고, 바다 가운데 있는 섬에 숨어 엎드려 구차히 세월을 보내면서, 변두리의 백성으로 하여금 장정은 칼날과 화살 끝에 다 없어지게 하고, 노약자들은 노예가 되게 함은 국가를 위한 좋은 계책이 아닙니다."라고 반대하였다.

① (가)→(나)→(다) ② (나)→(가)→(다)
③ (나)→(다)→(가) ④ (다)→(나)→(가)

TIP (나) 서희(942~998)는 거란의 침입(993) 때 활약했던 인물이다.
(가) 윤관(?~1111)은 1107년 20만 대군을 이끌고 여진을 정복하고 고려의 동북 9성을 설치하여 고려의 영토를 확장시킨 인물이다.
(다) 유승단(1168~1232)은 1232년 최우가 재추회의를 소집하여 강화도로 천도를 논의할 때 반대했던 인물이다.

4 다음 왕과 왕의 업적이 바르게 연결된 것은? `2020. 07. 04. 부산교통공사`

① 조선 현종 – 진대법
② 고려 성종 – 문신월과법
③ 조선 세조 – 경국대전 반포
④ 신라 문무왕 – 녹읍 폐지

TIP 문신월과법은 고려 성종이 문신들에게 시부(시와 문장)를 지어 바치게 한 제도이다.
① 진대법 우리나라 최초 빈민 구제 제도로 을파소의 건의에 따라 고구려 고국천왕이 실현함
③ 경국대전은 세조 때 편찬 작업을 시작하여 성종 때 반포됨
④ 녹읍은 관료에게 직무의 대가로 지급한 논밭으로 신라 신문왕이 689년 폐지함

Answer 3.② 4.②

5 고려의 대외관계에 대한 설명으로 옳지 않은 것은?

① 송과는 문화적·경제적으로 밀접한 유대를 맺었다.

② 거란의 침입에 대비하여 광군을 조직하기도 하였다.

③ 송의 판본은 고려의 목판인쇄 발달에 영향을 주었다.

④ 고려는 송의 군사적 제의에 응하여 거란을 협공하였다.

TIP 송은 고려에 대하여 정치·군사적 목적을 고려는 송에 대하여 경제·문화적 외교 목적을 갖고 있었다. 즉, 송의 국자감에 유학생을 파견한다든가 의술 및 약재 수입, 불경·경서·사서 등의 서적 구입에 대외관계를 구축하는 등 경제·문화 관계는 유지하였으나 군사적으로 송을 지원하지는 않았다.

6 다음 여러 왕들의 정책들과 정치적 목적이 가장 유사한 것은?

> • 신라 신문왕 : 문무 관리에게 관료전을 지급하고 녹읍을 폐지하였다.
> • 고려 광종 : 과거 제도를 시행하고 관리의 공복을 제정하였다.
> • 조선 태종 : 6조 직계제를 확립하고 사병을 혁파하였다.

① 집사부 시중보다 상대등의 권력을 강화하였다.

② 향약과 사창제를 실시하고 서원을 설립하였다.

③ 장용영을 설치하고 규장각을 확대 개편하였다.

④ 중방을 실질적인 최고 권력 기관으로 만들었다.

TIP ㉠ 신문왕은 왕권 강화의 차원으로 녹읍제를 폐지하고 관료전의 지급을 실시하였다.
ㄴ 광종은 신진관료 양성을 통한 왕권의 강화를 목적으로 하여 무력이 아닌 유교적 학식을 바탕으로 정치적 식견과 능력을 갖춘 관료층의 형성을 위해 과거제도를 실시하였으며 공복을 제정하여 관료제도의 질서를 통한 왕권의 확립을 꾀하였다.
ㄷ 태종은 국정운영체제를 도평의사사에서 의정부서사제로, 다시 이를 6조직계제로 고쳐 왕권을 강화하였으며, 사원의 토지와 노비를 몰수하여 전제개혁을 마무리하고, 개인의 사병을 혁파하고 노비변정도감이라는 임시관청을 통해 수십만의 노비를 해방시키는 등 국가 재정과 국방을 강화하기 위한 노력을 하였다.

Answer 5.④ 6.③

7 일본에 사신을 보내면서 스스로를 '고려국왕 대흠무'라고 불렀던 발해 국왕대에 있었던 통일신라의 상황으로 옳은 것은?

① 귀족세력의 반발로 녹읍이 부활되었다.

② 9주 5소경 체제의 지방행정조직을 완비하였다.

③ 의상은 당에서 귀국하여 영주에 부석사를 창건하였다.

④ 장보고는 청해진을 설치하고 남해와 황해의 해상무역권을 장악하였다.

> **TIP** 발해 문왕(737~793)은 스스로를 황제라 칭하였으며, 이 시기 통일신라에서는 757년 경덕왕 시절 내외관의 월봉인 관료전이 폐지되고 녹읍이 부활하였다.
> ②③ 7C
> ④ 신라 하대

8 다음 중 고려의 대간제도에 대한 설명으로 옳은 것은?

① 왕권 보좌의 역할만을 담당하였다.　② 서경과 간쟁의 권한을 행사하였다.

③ 재신과 추밀들로 구성되었다.　　④ 법제 · 격식문제를 협의하였다.

> **TIP** ① 왕권의 보좌뿐 아니라 견제의 역할까지 담당하였다.
> ③ 도병마사와 관련있다.
> ④ 식목도감에서 담당하였다.

9 고구려가 삼국항쟁의 주도권을 장악하고 있던 시기의 사실로 옳은 것은?

① 나 · 제동맹이 강화되었다.

② 수나라가 고구려를 침공하였다.

③ 화랑도가 국가조직으로 확대되었다.

④ 집사부가 설치되었다.

> **TIP** ① 고구려 장수왕의 남하정책을 막기 위해 신라(눌지왕)와 백제(비유왕)는 433년에 처음으로 나 · 제동맹을 맺었고, 동부여를 복속시켜 고구려의 최대의 영토를 확보한 문자왕 2년에 서로 결혼동맹(신라 소지왕, 백제 동성왕)을 맺음으로써 동맹을 강화하였다.

Answer 7.① 8.② 9.①

10 다음 설명하는 '왕'의 재위기간에 있었던 사실로 옳은 것은? 2020. 07. 04. 부산교통공사

> 이 왕은 장희빈을 왕비로 책봉하였다. 환국을 직접 주도하면서 정국을 이끌었다.

① 붕당정치 폐해를 경계하고자 탕평책을 실시하였다.
② 금위영을 설치하여 5군영 체제를 확립하였다.
③ 일본과의 무역을 재개하기 위해 기유약조를 체결하였다.
④ 균역법을 실시하여 농민의 군역 부담을 덜어주었다.

TIP 설명하고 있는 왕은 숙종이다.
　① 탕평책은 영조가 당쟁을 해소하기 위해 실시한 정책
　③ 기유약조는 광해군 때 일본과 맺은 조약
　④ 균역법은 영조 때 군역의 부담을 덜어주기 위해 만든 세법

11 영조 집권 초기에 일어난 다음 사건과 관련된 설명으로 옳지 않은 것은?

> 충청도에서 정부군과 반란군이 대규모 전투를 벌였으며 전라도에서도 반군이 조직되었다. 반란에 참가한 주동자들은 비록 정쟁에 패하고 관직에서 소외되었지만, 서울과 지방의 명문 사대부 가문 출신이었다. 반군은 청주성을 함락하고 안성과 죽산으로 향하였다.

① 주요 원인 중의 하나는 경종의 사인에 대한 의혹이다.
② 반란군이 한양을 점령하고 왕이 피난길에 올랐다.
③ 탕평책을 추진하는데 더욱 명분을 제공하였다.
④ 소론 및 남인 강경파가 주동이 되어 일으킨 것이다.

TIP 이인좌의 난(영조 4년, 1728년) … 경종이 영조 임금에게 독살되었다는 경종 독살설을 주장하며 소론과 남인의 일부가 영조의 왕통을 부정하여 반정을 시도한 것이다. 영조의 즉위와 함께 실각 당하였던 노론이 다시 집권하고 소론 대신들이 처형을 당하자 이에 불만을 품은 이인좌 등이 소론·남인세력과 중소상인, 노비를 규합하여 청주에서 대규모 반란을 일으켜 한성을 점령하려고 북진하다가 안성과 죽산전투에서 오명환이 지휘한 관군에게 패하여 그 목적이 좌절되었다.

Answer　10.② 11.②

12 18세기 조선 사상계의 동향에 대한 설명으로 옳지 않은 것은?

① 북학사상은 인물성동론을 철학적 기초로 하였다.

② 낙론은 대의명분을 강조한 북벌론으로 발전되어 갔다.

③ 인물성이론은 대체로 충청도지역 노론학자들이 주장했다.

④ 송시열의 유지에 따라 만동묘를 세워 명나라 신종과 의종을 제사지냈다.

TIP ② 북벌의 대의명분을 강조한 것은 호론에 해당한다.

※ **낙론** … 화이론을 극복하고 북학사상의 내제적 요인으로 인간과 짐승이 본질적으로 같은 품성을 갖는다고 파악하였다. 또한 인간과 자연 사이에 도덕적 일체화를 요구하여 심성위주의 사고에서 벗어나 새로운 물론을 성립시켰으며 이로 인해 자연관의 변화, 경제지학, 상수학 등에 대한 관심을 증대시키고 이를 기반으로 북학사상을 수용하였다. 성인과 범인의 마음이 동일하다는 것을 강조하고 당시 성장하는 일반민의 실체를 현실로 인정하며 이들을 교화와 개혁책으로 지배질서에 포섭하여 위기를 타개해 나가려 하였다.

13 보기의 대화를 읽고 대화내용에 해당하는 시기의 사건으로 옳은 것은?

> A : 현량과를 실시해서, 이 세력들을 등용하여 우리들의 세력이 약해졌어.
> B : 맞아. 위훈삭제로 우리 공을 깎으려고 하는 것 같아.

① 기묘사화가 발생하였다.

② 조광조 등 사림들이 개혁정치를 펼쳤다.

③ 훈구파가 제거되었다.

④ 김종직의 '조의제문'이 문제가 되어 일어났다.

TIP **기묘사화** … 1519년(중종 4)에 일어났는데, 조광조의 혁신정치에 불만을 품은 훈구세력이 위훈 삭제 사건을 계기로 계략을 써서 중종을 움직여 조광조 일파를 제거하였다. 이로 인하여 사림세력은 다시 한 번 크게 기세가 꺾였다.

※ **위훈삭제사건** … 중종반정 때 공이 없음에도 공신이 된 76명의 훈(勳)을 깎은 사건이다.

14 보기의 내용에 해당하는 역사적 사실로 옳은 것은?

> 혜공왕의 등극 후 왕권투쟁이 빈번해지면서 민란이 발생하였다.

① 녹읍이 폐지되었다.
② 시중의 권한이 강해졌다.
③ 호족이 성장하였다.
④ 6두품의 권한이 강해졌다.

TIP 신라 하대는 왕위쟁탈전이 심해, 왕권은 불안정하고 지방의 반란은 지속되었다. 이에 호족세력은 스스로 성주나 장군으로 자처하며 반독립적인 세력으로 성장하게 되었는데, 지방의 행정과 군사권을 장악하고 경제적 지배력도 행사하였다.

15 조선을 다른 시대와 구분하여 근세라고 부르는 근본적인 이유는?

① 양인의 수가 더욱 증가하고 권익이 더욱 신장되었다.
② 강한 민족의식이 성장하였다.
③ 모든 지역에 지방관을 파견하여 중앙집권적 통치를 하였다.
④ 민족의 독창적 문화를 형성하였다.

TIP ① 봉건적 중세사회와 비교해 볼 때 조선을 근세사회로 구분 지을 수 있는 가장 근본적인 이유는 양인의 수적 증가와 권익신장이다.
  ※ 근세사회의 특징
    ㉠ 정치면
      • 왕권중심으로 권력구조를 바꾸고, 중앙집권적으로 제도를 개편하여 관료체제의 기틀을 마련하였다.
      • 중앙집권체제의 원만한 운영을 위해 왕권과 신권의 조화에 노력하여 모범적인 유교정치를 추구하였다.
    ㉡ 사회면
      • 양인의 수가 증가하고 양인의 권익이 더욱 신장되었을 뿐 아니라, 자영농의 수가 전보다 더 늘어났고, 경작권이 보장되었다.
      • 과거제도가 정비되면서 능력이 보다 존중되었다.
    ㉢ 문화면 : 교육의 기회가 확대되었고, 민족적 자각을 바탕으로 민족문화의 확고한 기반을 마련하였다.

Answer 14.③ 15.①

16 다음 아래 각 시기의 사건에 대한 설명으로 옳은 것은?

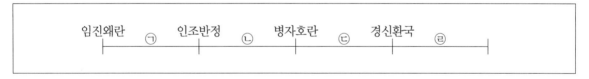

임진왜란 ㉠ 인조반정 ㉡ 병자호란 ㉢ 경신환국 ㉣

① ㉠ 시기에 북인정권이 외교정책을 추진했다.
② ㉡ 시기에 송시열이 북벌론을 주장하였다.
③ ㉢ 시기에는 예송논쟁이 펼쳐졌다.
④ ㉣ 시기에 남인이 집권하게 되었다.

TIP ② ㉢시기에 북벌론이 주장되었다.
③ ㉡시기에 예송논쟁이 있었다.
④ ㉣시기에 서인이 집권하였다.

17 발해를 우리 민족사의 일부로 포함시키고자 할 때 그 증거로 제시할 수 있는 내용으로 옳은 것은?

㉠ 발해의 왕이 일본에 보낸 외교문서에서 '고(구)려국왕'을 자처하였다.
㉡ 발해 피지배층은 말갈족이었다.
㉢ 발해 건국주체세력은 고구려 지배계층이었던 대씨, 고씨가 주류를 이루었다.
㉣ 수도상경에 주작 대로를 만들었다.

① ㉠㉣   ② ㉠㉢
③ ㉠㉡   ④ ㉠㉣

TIP 발해가 건국된 지역은 고구려 부흥운동이 활발하게 일어난 요동지역이었다. 발해의 지배층 대부분은 고구려 유민이었으며 발해의 문화는 고구려적 요소를 많이 포함하고 있었다.

Answer 16.① 17.②

18 삼국통일 후에 신라는 다음과 같은 정책을 실시하게 된 궁극적인 목적으로 옳은 것은?

> • 문무왕은 고구려, 백제인에게도 관직을 내렸다.
> • 옛 고구려, 백제 유민을 포섭하려 노력했다.
> • 고구려인으로 이루어진 황금서당이 조직되었다.
> • 말갈인으로 이루어진 흑금서당이 조직되었다.

① 민족융합정책　　　　　　　　　② 전제왕권강화

③ 농민생활안정　　　　　　　　　④ 지방행정조직의 정비

TIP 삼국통일 이후 신라의 9서당은 중앙군사조직에 신라인뿐만 아니라 고구려·백제인·말갈인 등 다른 국민까지 포함시켜 조직함으로써 다른 국민에 대한 우환을 경감시키고 중앙병력을 강화할 수 있었다. 그러나 가장 궁극적인 목적은 민족융합에 있었다고 할 수 있다.

※ **황금서당과 흑금서당**
㉠ **황금서당(黃衿誓幢)** : 통일 신라 시대에 둔 구서당의 하나로 신문왕 3년(683)에 고구려의 포로 및 투항자(投降者)로 편성하였으며, 군복 깃의 빛깔은 황적색이었다.
㉡ **흑금서당(黑衿誓幢)** : 통일 신라 시대에 둔 구서당의 하나로 말갈(靺鞨) 사람으로 편성하였으며 군복 깃의 빛깔은 흑적색이었다.

19 다음 설명하는 ㉠ 왕의 업적으로 옳지 않은 것은?　　　2020. 07. 04. 부산교통공사

> ___㉠___ 은 한명회, 권람 등과 함께 일으킨 정변을 통해 왕위에 올랐다.
> ___㉠___ 은 김종서, 황보인 등 재상에게 정치의 실권을 넘어가자 어린 왕을 내쫓고 왕이 되었다.

① 현직 관리에게만 수조권을 지급하는 직전법을 실시하였다.

② 영토 개척을 위해 4군 6진을 설치하였다.

③ 국방력 강화를 위해 호패법을 시행하였다.

④ 경국대전 편찬 작업을 진행하였다.

TIP ② 설명하고 있는 왕은 세조이다. 세종 때 여진족을 몰아내기 위해 설치된 4군 6진은 왕권강화 목적으로 세조가 6조 직계제로 바꿈
① 직전법은 새로운 관리에게 지급할 토지가 부족해지는 상황이 나타나자 실시함
③ 호패법은 조세 징수와 군역 부과를 효과적으로 하기위해 시행함
④ 당시까지의 모든 법을 전체적으로 조화시켜 경국대전 편찬 작업을 시작함

Answer　18.①　19.②

20 다음 중 원간섭기 때의 설명으로 옳지 않은 것은?

① 왕권이 원에 의해 유지되면서 통치 질서가 무너져 제기능을 수행하기 어려워졌다.

② 충선왕은 사림원을 통해 개혁정치를 실시하면서, 우선적으로 충렬왕의 측근세력을 제거하고 관제를 바꾸었다.

③ 공민왕 때에는 정치도감을 통해 개혁정치가 이루어지면서 대토지 겸병 등의 폐단이 줄어들었다.

④ 고려는 일년에 한 번 몽고에게 공물의 부담이 있었다.

> **TIP** **공민왕의 개혁정치** … 공민왕은 반원자주정책과 왕권 강화를 위하여 개혁정치를 펼쳤다. 친원세력을 숙청하고 정동행성을 폐지하였으며 관제를 복구하였다. 몽고풍을 금지하고 쌍성총관부를 수복하고 요동을 공격하였다. 그리고 정방을 폐지하고 전민변정도감을 설치하였으며 성균관을 설치하여 유학을 발달시키고 신진사대부를 등용하였다.
> ③ 정치도감을 통한 개혁정치는 충목왕이었다.

21 다음 보기와 같은 시대의 왕의 업적으로 옳지 않은 것은?

> 적극적인 탕평책을 추진하여 벽파를 물리치고 시파를 고루 기용하여 왕권의 강화를 꾀하였다. 또한 영조 때의 척신과 환관 등을 제거하고, 노론과 소론 일부, 남인을 중용하였다.

① 군역 부담의 완화를 위하여 균역법을 시행하였다.

② 붕당의 비대화를 막고 국왕의 권력과 정책을 뒷받침하는 기구인 규장각을 육성하였다.

③ 신진 인물과 중·하급 관리를 재교육한 후 등용하는 초계문신제를 시행하였다.

④ 수령이 군현 단위의 향약을 직접 주관하게 하여 지방 사림의 영향력을 줄이고 국가의 백성에 대한 통치력을 강화하였다.

> **TIP** ① 군역 부담을 줄이기 위하여 균역법을 시행한 것은 영조의 치적이다.
> ※ **정조의 개혁정치**
> ㉠ 규장각의 육성
> ㉡ 초계문신제의 시행
> ㉢ 장용영의 설치
> ㉣ 수원 육성
> ㉤ 수령의 권한 강화
> ㉥ 서얼과 노비의 차별을 완화
> ㉦ 통공정책으로 금난전권을 폐지
> ㉧ 대전통편, 동문휘고, 탁지지 등을 편찬

Answer 20.③ 21.①

22 다음 보기의 내용을 순서대로 바르게 나열한 것은?

> ㉠ 세조를 비방한 조의제문을 사초에 기록한 것을 트집잡아 훈구파가 연산군을 충동질하여 사림파를 제거하였다.
>
> ㉡ 연산군의 생모 윤씨의 폐출사건을 들추어서 사림파를 제거하였다.
>
> ㉢ 조광조 등이 현량과를 실시하여 사림을 등용하여 급진적 개혁을 추진하자 이에 대한 훈구세력의 반발로 조광조는 실각되고 말았다.
>
> ㉣ 인종의 외척인 윤임과 명종의 외척인 윤형원의 왕위계승 문제가 발단이 되었는데, 왕실 외척인 척신들이 윤임을 몰아내고 정국을 주도하여 사림의 세력이 크게 위축되었다.
>
> ㉤ 심의겸과 김효원 사이에 이조 전랑직의 대립으로 붕당이 발생하여 동인과 서인이 나뉘었다.

① ㉠ - ㉡ - ㉢ - ㉣ - ㉤

② ㉡ - ㉠ - ㉢ - ㉣ - ㉤

③ ㉡ - ㉢ - ㉠ - ㉣ - ㉤

④ ㉤ - ㉣ - ㉢ - ㉡ - ㉠

TIP 조선시대의 사화

㉠ **무오사화**: 1498년(연산군 4)에 일어났는데, 김종직의 제자인 김일손이 사관으로 있으면서 김종직이 지은 조의제문을 사초에 올린 일을 빌미로 훈구세력이 사림파 학자들을 죽이거나 귀양보냈다.

㉡ **갑자사화**: 1504년(연산군 10)에 일어났는데, 연산군이 그의 생모인 윤씨의 폐출사사사건을 들추어서 자신의 독주를 견제하려는 사림파의 잔존세력을 죽이거나 귀양보냈다.

㉢ **기묘사화**: 1519년(중종 4)에 일어났는데, 조광조의 혁신정치에 불만을 품은 훈구세력이 위훈 삭제 사건을 계기로 계략을 써서 중종을 움직여 조광조 일파를 제거하였다. 이로 인하여 사림세력은 다시 한 번 크게 기세가 꺾였다.

㉣ **을사사화**: 1545년(명종 즉위년)에 일어났는데, 중종의 배다른 두 아들의 왕위 계승을 에워싼 싸움의 결과로 일어났다. 인종과 명종의 왕위계승문제는 그들 외척의 대립으로 나타났고, 이에 당시의 양반관리들이 또한 부화뇌동하여 파를 이루었다. 인종이 먼저 즉위하였다가 곧 돌아간 뒤를 이어 명종이 즉위하면서 집권한 그의 외척세력이 반대파를 처치하였다. 이 때에도 사림세력이 많은 피해를 입었다.

23 다음 중 비변사에 관한 설명으로 옳지 않은 것은?

① 3정승, 5판서, 군영대장, 유수, 대제학 등 당상관 이상의 문무관리가 참여하였다.

② 처음에는 국방문제만 다루었으나, 후기에는 국가정무에까지 관여하였다.

③ 문무고위관리들의 합의기구로 확대된 것은 임진왜란이 계기가 되었다.

④ 설치 초기부터 비변사 재상을 중심으로 군무사무를 협의하는 상설기구로 시작하였다.

TIP ④ 16세기 초에 비변사는 왜구와 여진을 대비하는 군무협의 임시기구였으나, 임진왜란을 맞이하여 상설기구화되었다.

03 경제구조와 경제활동

01 고대의 경제

❶ 삼국의 경제생활

(1) 삼국의 경제정책

① **정복활동과 경제정책** … 정복지역의 지배자를 내세워 공물을 징수하였고 전쟁포로들은 귀족이나 병사에게 노비로 지급하였다.

② **수취체제의 정비** … 노동력의 크기로 호를 나누어 곡물·포·특산물 등을 징수하고 15세 이상 남자의 노동력을 징발하였다.

③ **농민경제의 안정책** … 철제 농기구를 보급하고, 우경이나·황무지의 개간을 권장하였으며, 저수지를 축조하였다.

④ **수공업** … 노비들이 무기나 장신구를 생산하였으며, 수공업 생산을 담당하는 관청을 설치하였다.

⑤ **상업** … 도시에 시장이 형성되었으며, 시장을 감독하는 관청을 설치하였다.

⑥ **국제무역** … 왕실과 귀족의 수요품을 중심으로 공무역의 형태로 이루어졌다. 고구려는 남북조와 북방민족을 대상으로 하였으며 백제는 남중국, 왜와 무역하였고 신라는 한강 확보 이전에는 고구려, 백제와 교류하였으나 한강 확보 이후에는 당항성을 통하여 중국과 직접 교역하였다.

(2) 경제생활

① **귀족의 경제생활** … 자신이 소유한 토지와 노비, 국가에서 지급받은 녹읍과 식읍을 바탕으로 하였으며 귀족은 농민의 지배가 가능하였으며, 기와집, 창고, 마구간, 우물, 주방을 설치하여 생활하였다.

② **농민의 경제생활** … 자기 소유의 토지(민전)나 남의 토지를 빌려 경작하였으며, 우경이 확대되었다. 그러나 수취의 과중한 부담으로 생활개선을 위해 농사기술을 개발하고 경작지를 개간하였다.

❷ 남북국시대의 경제적 변화

(1) 통일신라의 경제정책

① 수취체제의 변화

    ㉠ 조세 : 생산량의 10분의 1 정도를 수취하였다.

    ㉡ 공물 : 촌락 단위로 그 지역의 특산물을 징수하였다.

    ㉢ 역 : 군역과 요역으로 이루어져 있었으며, 16 ~ 60세의 남자를 대상으로 하였다.

② 민정문서

    ㉠ 작성 : 정부가 농민에 대한 조세와 요역 부과 자료의 목적으로 작성된 것으로 추정되며, 자연촌 단위로 매년 변동사항을 조사하여 3년마다 촌주가 작성하였다. 토지의 귀속관계에 따라 연수유전답, 촌주위답, 관모전답, 내시령답, 마전 등으로 분류되어 있다.

    ㉡ 인구조사 : 남녀별, 연령별로 6등급으로 조사하였다. 양인과 노비, 남자와 여자로 나누어 기재되어 있다.

    ㉢ 호구조사 : 9등급으로 구분하였다.

③ 토지제도의 변화

    ㉠ 관료전 지급(신문왕) : 식읍을 제한하고, 녹읍을 폐지하였으며 관료전을 지급하였다.

    ㉡ 정전 지급(성덕왕) : 왕토사상에 의거 백성에게 정전을 지급하고, 구휼정책을 강화하였다.

    ㉢ 녹읍 부활(경덕왕) : 녹읍제가 부활되고 관료전이 폐지되었다.

(2) 통일신라의 경제

① 경제 발달

    ㉠ 경제력의 성장

      • 중앙 : 동시(지증왕) 외에 서시와 남시(효소왕)가 설치되었다.

      • 지방 : 지방의 중심지나 교통의 요지에서 물물교환이 이루어졌다.

    ㉡ 무역의 발달

      • 대당 무역 : 나·당전쟁 이후 8세기 초(성덕왕)에 양국관계가 재개되면서 공무역과 사무역이 발달하였다. 수출품은 명주와 베, 해표피, 삼, 금·은세공품 등이었고 수입품은 비단과 책 및 귀족들이 필요로 하는 사치품이었다.

      • 대일 무역 : 초기에는 무역을 제한하였으나, 8세기 이후에는 무역이 활발하였다.

      • 국제무역 : 이슬람 상인이 울산을 내왕하였다.

      • 청해진 설치 : 장보고가 해적을 소탕하였고 남해와 황해의 해상무역권을 장악하여 당, 일본과의 무역을 독점하였다.

② 귀족의 경제생활

ㄱ 귀족의 경제적 기반 : 녹읍과 식읍을 통해 농민을 지배하여 조세와 공물을 징수하고, 노동력을 동원하였으며 국가에서 지급한 것 외에도 세습토지, 노비, 목장, 섬을 소유하기도 하였다.

ㄴ 귀족의 일상생활 : 사치품(비단, 양탄자, 유리그릇, 귀금속)을 사용하였으며 경주 근처의 호화주택과 별장을 소유하였다(안압지, 포석정 등).

③ 농민의 경제생활

ㄱ 수취의 부담 : 전세는 생산량의 10분의 1 정도를 징수하였으나, 삼베·명주실·과실류를 바쳤고, 부역이 많아 농사에 지장을 초래하였다.

ㄴ 농토의 상실 : 8세기 후반 귀족이나 호족의 토지 소유 확대로 토지를 빼앗겨 남의 토지를 빌려 경작하거나 노비로 자신을 팔거나, 유랑민이나 도적이 되기도 하였다.

ㄷ 향·부곡민 : 농민보다 많은 부담을 가졌다.

ㄹ 노비 : 왕실, 관청, 귀족, 사원(절) 등에 소속되어 물품을 제작하거나, 일용 잡무 및 경작에 동원되었다.

(3) 발해의 경제 발달

① 수취제도

ㄱ 조세 : 조·콩·보리 등의 곡물을 징수하였다.

ㄴ 공물 : 베·명주·가죽 등 특산물을 징수하였다.

ㄷ 부역 : 궁궐·관청 등의 건축에 농민이 동원되었다.

② 귀족경제의 발달 … 대토지를 소유하였으며, 당으로부터 비단과 서적을 수입하였다.

③ 농업 … 밭농사가 중심이 되었으며 일부지역에서 철제 농기구를 사용하고, 수리시설을 확충하여 논농사를 하기도 하였다.

④ 목축·수렵·어업 … 돼지·말·소·양을 사육하고, 모피·녹용·사향을 생산 및 수출하였으며 고기잡이도구를 개량하고, 숭어, 문어, 대게, 고래 등을 잡았다.

⑤ 수공업 … 금속가공업(철, 구리, 금, 은), 직물업(삼베, 명주, 비단), 도자기업 등이 발달하였다.

⑥ 상업 … 도시와 교통요충지에 상업이 발달하고, 현물과 화폐를 주로 사용하였으며, 외국 화폐가 유통되기도 하였다.

⑦ 무역 … 당, 신라, 거란, 일본 등과 무역하였다.

ㄱ 대당 무역 : 산둥반도의 덩저우에 발해관을 설치하였으며, 수출품은 토산품과 수공업품(모피, 인삼, 불상, 자기)이며 수입품은 귀족들의 수요품인 비단, 책 등이었다.

ㄴ 대일 무역 : 일본과의 외교관계를 중시하여 활발한 무역활동을 전개하였다.

ㄷ 신라와의 관계 : 필요에 따라 사신이 교환되고 소극적인 경제, 문화 교류를 하였다.

02 중세의 경제

① 경제 정책

(1) 전시과 제도

① **전시과제도의 특징** … 토지소유권은 국유를 원칙으로 하나 사유지가 인정되었으며 수조권에 따라 공·사전을 구분하여 수조권이 국가에 있으면 공전, 개인·사원에 속해 있으면 사전이라 하였으며 경작권은 농민과 외거노비에게 있었다. 관직 복무와 직역에 대한 대가로 지급되었기 때문에 세습이 허용되지 않았다.

② **토지제도의 정비과정**
   ㉠ **역분전(태조)** : 후삼국 통일과정에서 공을 세운 사람들에게 충성도와 인품에 따라 경기지방에 한하여 지급하였다.
   ㉡ **시정전시과(경종)** : 관직이 높고 낮음과 함께 인품을 반영하여 역분전의 성격을 벗어나지 못하였고 전국적 규모로 정비되었다.
   ㉢ **개정전시과(목종)** : 관직만을 고려하여 지급하는 기준안을 마련하고, 지급량도 재조정하였으며, 문관이 우대되있고 군인전도 전시과에 규정하였나.
   ㉣ **경정전시과(문종)** : 현직 관리에게만 지급하고, 무신에 대한 차별대우가 시정되었다.
   ㉤ **녹과전(원종)** : 무신정변으로 전시과체제가 완전히 붕괴되면서 관리의 생계 보장을 위해 지급하였다.
   ㉥ **과전법(공양왕)** : 권문세족의 토지를 몰수하여 공전에 편입하고 경기도에 한해 과전을 지급하였다. 이로써 신진사대부의 경제적 토대가 마련되었다.

(2) 토지의 소유
고려는 국가에 봉사하는 대가로 관료에게 전지와 시지를 차등있게 나누어 주는 전시과와 개인 소유의 토지인 민전을 근간으로 운영하였다.

② 경제활동

(1) 귀족의 경제생활
대대로 상속받은 토지와 노비, 과전과 녹봉 등이 기반이 되었으며 노비에게 경작시키거나 소작을 주어 생산량의 2분의 1을 징수하고, 외거노비에게 신공으로 매년 베나 곡식을 징수하였다.

(2) 농민의 경제생활

민전을 경작하거나, 국유지나 공유지 또는 다른 사람의 토지를 경작하여, 품팔이를 하거나 가내 수공업에 종사하였다. 삼경법이 일반화되었고 시비법의 발달, 윤작의 보급 및 이앙법이 남부지방에서 유행하였다.

(3) 수공업자의 활동

① **관청수공업** … 공장안에 등록된 수공업자와 농민 부역으로 운영되었으며, 주로 무기, 가구, 세공품, 견직물, 마구류 등을 제조하였다.

② **소(所)수공업** … 금, 은, 철, 구리, 실, 각종 옷감, 종이, 먹, 차, 생강 등을 생산하여 공물로 납부하였다.

③ **사원수공업** … 베, 모시, 기와, 술, 소금 등을 생산하였다.

④ **민간수공업** … 농촌의 가내수공업이 중심이 되었으며(삼베, 모시, 명주 생산), 후기에는 관청수공업에서 제조하던 물품(놋그릇, 도자기 등)을 생산하였다.

(4) 상업활동

① **도시의 상업활동** … 개경, 서경(평양), 동경(경주) 등 대도시에 서적점, 약점, 주점, 다점 등의 관영상점이 설치되었고 비정기 시장도 활성화되었으며 물가조절 기구인 경사서가 설치되었다.

② **지방의 상업활동** … 관아 근처에서 쌀이나 베를 교환할 수 있는 시장이 열렸으며 행상들의 활동도 두드러졌다.

③ **사원의 상업활동** … 소유하고 있는 토지에서 생산한 곡물과 승려나 노비들이 만든 수공업품을 민간에 판매하였다.

④ **고려 후기의 상업활동** … 벽란도가 교통로와 산업의 중심지로 발달하였고, 국가의 재정수입을 늘리기 위하여 소금의 전매제가 실시되었고, 관청·관리 등은 농민에게 물품을 강매하거나, 조세를 대납하게 하였다.

(5) 화폐 주조와 고리대의 유행

① **화폐 주조 및 고리대의 성행** … 자급자족적 경제구조로 유통이 부진하였고 곡식이나 삼베가 유통의 매개가 되었으며, 장생고라는 서민금융기관을 통해 사원과 귀족들은 폭리를 취하여 부를 확대하였는데 이로 인하여 농민은 토지를 상실하거나 노비가 되기도 하였다.

② **보(寶)** … 일정한 기금을 조성하여 그 이자를 공적인 사업의 경비로 충당하는 것을 말한다.
　㉠ **학보(태조)** : 학교 재단
　㉡ **광학보(정종)** : 승려를 위한 장학재단
　㉢ **경보(정종)** : 불경 간행
　㉣ **팔관보(문종)** : 팔관회 경비
　㉤ **제위보(광종)** : 빈민 구제
　㉥ **금종보** : 현화사 범종주조 기금

(6) 무역활동

① 공무역을 중심으로 발전하였으며, 벽란도가 국제무역항으로 번성하게 되었다.

② 고려는 문화적 · 경제적 목적으로 송은 정치적 · 군사적 목적으로 친선관계를 유지하였으며 거란과 여진과는 은과 농기구, 식량을 교역하였다. 일본과는 11세기 후반부터 김해에서 내왕하면서 수은 · 유황 등을 가지고 와서 식량 · 인삼 · 서적 등과 바꾸어 갔으며 아라비아(대식국)는 송을 거쳐 고려에 들어와 수은 · 향료 · 산호 등을 판매하였다. 또한 이 시기에 고려의 이름이 서방에 알려졌다.

③ 원 간섭기의 무역 … 공무역이 행해지는 한편 사무역이 다시 활발해졌고, 상인들이 독자적으로 원과 교역하면서 금, 은, 소, 말 등이 지나치게 유출되어 사회적으로 물의가 일어날 정도였다.

03 근세의 경제

❶ 경제정책

(1) 과전법의 시행과 변화

① 과전법의 시행 … 국가의 재정기반과 신진사대부세력의 경제기반을 확보하기 위해 시행되었는데 경기지방의 토지에 한정되었고 과전을 받은 사람이 죽거나 반역을 한 경우에는 국가에 반환하였고 토지의 일부는 수신전, 휼양전, 공신전 형태로 세습이 가능하였다.

② 과전법의 변화 … 토지가 세습되자 신진관리에게 나누어 줄 토지가 부족하게 되었다.
  ㉠ 직전법(세조) : 현직 관리에게만 수조권을 지급하였고 수신전과 휼양전을 폐지하였다.
  ㉡ 관수관급제(성종) : 관청에서 수조권을 행사하고, 관리에게 지급하여 국가의 지배권이 강화하였다.
  ㉢ 직전법의 폐지(16세기 중엽) : 수조권 지급제도가 없어졌다.

③ 지주제의 확산 … 직전법이 소멸되면서 고위층 양반들이나 지방 토호들은 토지 소유를 늘리기 시작하여 지주전호제가 일반화되고 병작반수제가 생겼다.

(2) 수취체제의 확립

① **조세** … 토지 소유자의 부담이었으나 지주들은 소작농에게 대신 납부하도록 강요하는 경우가 많았다.
  ㉠ 과전법 : 수확량의 10분의 1을 징수하고, 매년 풍흉에 따라 납부액을 조정하였다.
  ㉡ 전분6등법 · 연분9등법(세종) : 1결당 최고 20두에서 최하 4두를 징수하였다.
  • 전분6등법
  − 토지의 비옥한 정도에 따라 6등급으로 나누고 그에 따라 1결의 면적을 달리하였다.
  − 모든 토지는 20년마다 측량하여 대장을 만들어 호조, 각도, 각 고을에 보관하였다.
  • 연분9등법
  − 한 해의 풍흉에 따라 9등급으로 구분하였다.
  − 작황의 풍흉에 따라 1결당 최고 20두에서 최하 4두까지 차등을 두었다.
  ㉢ 조세 운송 : 군현에서 거둔 조세는 조창(수운창 · 해운창)을 거쳐 경창(용산 · 서강)으로 운송하였으며, 평안도와 함경도의 조세는 군사비와 사신접대비로 사용하였다.

② **공납** … 중앙관청에서 각 지역의 토산물을 조사하여 군현에 물품과 액수를 할당하여 징수하는 것으로 납부 기준에 맞는 품질과 수량을 맞추기 어려워 농민들의 부담이 컸다.

③ **역** … 16세 이상의 정남에게 의무가 있다.
  ㉠ 군역 : 정군은 일정 기간 군사복무를 위하여 교대로 근무했으며, 보인은 정군이 복무하는 데에 드는 비용을 보조하였다. 양반, 서리, 향리는 군역이 면제되었다.
  ㉡ 요역 : 가호를 기준으로 정남의 수를 고려하여 뽑았으며, 각종 공사에 동원되었다. 토지 8결당 1인이 동원되었고, 1년에 6일 이내로 동원할 수 있는 날을 제한하였으나 임의로 징발하는 경우도 많았다.

④ **국가재정** … 세입은 조세, 공물, 역 이외에 염전, 광산, 산림, 어장, 상인, 수공업자의 세금으로 마련하였으며, 세출은 군량미나 구휼미로 비축하고 왕실경비, 공공행사비, 관리의 녹봉, 군량미, 빈민구제비, 의료비 등으로 지출하였다.

❷ 양반과 평민의 경제활동

(1) 양반 지주의 생활
농장은 노비의 경작과 주변 농민들의 병작반수의 소작으로 행해졌으며 노비는 재산의 한 형태로 구매, 소유 노비의 출산 및 혼인으로 확보되었고, 외거노비는 주인의 땅을 경작 및 관리하고 신공을 징수하였다.

(2) 농민생활의 변화
① 농업기술의 발달
  ㉠ 밭농사 : 조 · 보리 · 콩의 2년 3작이 널리 행해졌다.

ⓛ **논농사** : 남부지방에 모내기 보급과 벼와 보리의 이모작으로 생산량이 증가되었다.

　　ⓒ **시비법** : 밑거름과 덧거름을 주어 휴경제도가 거의 사라졌다.

　　ⓔ **농기구** : 쟁기, 낫, 호미 등의 농기구도 개량되었다.

　　ⓜ **수리시설의 확충**

② **상품 재배** … 목화 재배가 확대되어 의생활이 개선되었고, 약초와 과수 재배가 확대되었다.

(3) 수공업 생산활동

① **관영수공업** … 관장은 국역으로 의류, 활자, 화약, 무기, 문방구, 그릇 등을 제작하여 공급하였고, 국역기간이 끝나면 자유로이 필수품을 제작하여 판매할 수 있었다.

② **민영수공업** … 농기구 등 물품을 제작하거나, 양반의 사치품을 생산하는 일을 맡았다.

③ **가내수공업** … 자급자족 형태로 생활필수품을 생산하였다.

(4) 상업활동

① **시전 상인** … 왕실이나 관청에 물품을 공급하는 특정 상품의 독점판매권(금난전권)을 획득하였으며, 육의전(시전 중 명주, 종이, 어물, 모시, 삼베, 무명을 파는 점포)이 번성하였다. 또한 경시서를 설치하여 불법적인 상행위를 통제하였고 도량형을 검사하고 물가를 조절하였다.

② **장시** … 서울 근교와 지방에서 농업생산력 발달에 힘입어 정기 시장으로 정착되었으며, 보부상이 판매와 유통을 주도하였다.

③ **화폐** … 화(태종, 조선 최초의 지폐)와 조선통보(세종)를 발행하였으나 유통이 부진하였다. 농민에겐 쌀과 무명이 화폐역할을 하였다.

④ **대외무역** … 명과는 공무역과 사무역을 허용하였으며, 여진과는 국경지역의 무역소를 통해 교역하였고 일본과는 동래에 설치한 왜관을 통해 무역하였다.

(5) 수취제도의 문란

① **공납의 폐단 발생** … 중앙관청의 서리들이 공물을 대신 납부하고 수수료를 징수하는 것을 방납이라 하는데 방납이 증가할수록 농민의 부담이 증가되었다. 이에 이이 · 유성룡은 공물을 쌀로 걷는 수미법을 주장하였다.

② **군역의 변질**

　　⊙ **군역의 요역화** : 농민 대신에 군인을 각종 토목공사에 동원시키게 되어 군역을 기피하게 되었다.

　　ⓛ **대립제** : 보인들에게서 받은 조역가로 사람을 사서 군역을 대신시키는 현상이다.

　　ⓒ **군적수포제** : 장정에게 군포를 받아 그 수입으로 군대를 양성하는 직업군인제로서 군대의 질이 떨어지고, 모병제화되었으며 농민의 부담이 가중되는 결과를 낳았다.

③ **환곡** … 농민에게 곡물을 빌려 주고 10분의 1 정도의 이자를 거두는 제도로서 지방 수령과 향리들이 정한 이자보다 많이 징수하는 폐단을 낳았다.

04 경제상황의 변동

❶ 수취체제의 개편

(1) 영정법의 실시(1635)

① **배경** … 15세기의 전분 6등급과 연분 9등급은 매우 번잡하여 제대로 운영되지 않았고, 16세기에는 아예 무시된 채 최저율의 세액이 적용되게 되었다.

② **내용** … 풍흉에 관계 없이 전세로 토지 1결당 미곡 4두를 징수하였다.

③ **결과** … 전세율은 이전보다 감소하였으나 여러 명목의 비용을 함께 징수하여 농민의 부담은 다시 증가하였으며 또한 지주전호제하의 전호들에겐 적용되지 않았다.

(2) 공납의 전세화

① 방납의 폐단을 시정하고 농민의 토지 이탈을 방지하기 위해서 대동법을 실시하였다. 과세기준이 종전의 가호에서 토지의 결 수로 바뀌어 농민의 부담이 감소하였다.

② **영향** … 공인의 등장, 농민부담의 경감, 장시와 상공업의 발달, 상업도시의 성장, 상품·화폐경제의 성장, 봉건적 양반사회의 붕괴 등에 영향을 미쳤으나 현물 징수는 여전히 존속하였다.

③ **의의** … 종래의 현물 징수가 미곡, 포목, 전화 등으로 대체됨으로써 조세의 금납화 및 공납의 전세화가 이루어졌다.

(3) 균역법의 시행

① **균역법의 실시** … 농민 1인당 1년에 군포 1필을 부담 하였으며 지주에게는 결작으로 1결당 미곡 2두를 징수하고, 상류층에게 선무군관이라는 창호로 군포 1필을 징수하였으며 어장세, 선박세 등 잡세 수입으로 보충하였다.

② **결과** … 농민의 부담은 일시적으로 경감하였지만 농민에게 결작의 부담이 강요되었고 군적의 문란으로 농민의 부담이 다시 가중되었다.

❷ 서민경제의 발전

(1) 양반 지주의 경영 변화
상품화폐경제의 발달로 소작인의 소작권을 인정하고, 소작료 인하 및 소작료를 일정액으로 정하는 추세가 등장하게 되었으며, 토지 매입 및 고리대로 부를 축적하거나, 경제 변동에 적응하지 못한 양반이 등장하게 되었다.

(2) 농민경제의 변화
① **모내기법의 확대** … 이모작으로 인해 광작의 성행과 농민의 일부는 부농으로 성장하였다.

② **상품작물의 재배** … 장시가 증가하여 상품의 유통(쌀, 면화, 채소, 담배, 약초 등)이 활발해졌다.

③ **소작권의 변화** … 소작료가 타조법에서 도조법으로 변화하였고, 곡물이나 화폐로 지불하였다.

④ **몰락 농민의 증가** … 부세의 부담, 고리채의 이용, 관혼상제의 비용 부담 등으로 소작지를 잃은 농민은 도시에서 상공업에 종사하거나, 광산이나 포구의 임노동자로 전환되었다.

(3) 민영수공업의 발달
① **민영수공업** … 관영수공업이 쇠퇴하고 민영수공업이 증가하였다.

② **농촌수공업** … 전문적으로 수공업제품을 생산하는 농가가 등장하여, 옷감과 그릇을 생산하였다.

③ **수공업 형태의 변화** … 상인이나 공인으로부터 자금이나 원료를 미리 받고 제품을 생산하는 선대제수공업이나 독자적으로 제품을 생산하고 판매하는 독립수공업의 형태로 변화하였다.

(4) 민영 광산의 증가
① **광산 개발의 증가** … 민영수공업의 발달로 광물의 수요가 증가, 대청 무역으로 은의 수요가 증가, 상업자본의 채굴과 금광 투자가 증가하고, 잠채가 성행하였다.

② **조선 후기의 광업** … 덕대가 상인 물주로부터 자본을 조달받아 채굴업자와 채굴노동자, 제련노동자 등을 고용하여 분업에 토대를 둔 협업으로 운영하였다.

❸ 상품화폐경제의 발달

(1) 사상의 대두

① **상품화폐경제의 발달** … 농민의 계층 분화로 도시유입인구가 증가되어 상업활동은 더욱 활발해졌으며 이는 공인과 사상이 주도하였다.

② **사상의 성장** … 초기의 사상은 농촌에서 도시로 유입된 인구의 일부가 상업으로 생계를 유지하여 시전에서 물건을 떼다 파는 중도아(中都兒)가 되었다가, 17세기 후반에는 시전상인과 공인이 상업활동에서 활기를 띠자 난전이라 불리는 사상들도 성장하였고 시전과 대립하였다. 이후 18세기 말, 정부는 육의전을 제외한 나머지 시전의 금난전권을 폐지하였다.

(2) 장시의 발달

① 15세기 말 개설되기 시작한 장시는 18세기 중엽 전국에 1,000여개 소가 개설되었으며, 보통 5일마다 열렸는데 일부 장시는 상설 시장이 되기도 하였으며, 인근의 장시와 연계하여 하나의 지역적 시장권을 형성하였다.

② **보부상의 활동** … 농촌의 장시를 하나의 유통망으로 연결하여 생산자와 소비자를 이어주는 데 큰 역할을 하였고, 자신들의 이익을 지키기 위하여 보부상단 조합을 결성하였다.

(3) 포구에서의 상업활동

① **포구의 성장**
  ㉠ 수로 운송 : 도로와 수레가 발달하지 못하여 육로보다 수로를 이용하였다.
  ㉡ 포구의 역할 변화 : 세곡과 소작료 운송기지에서 상업의 중심지로 성장하였다.
  ㉢ 선상, 객주, 여각 : 포구를 거점으로 상행위를 하는 상인이 등장했다.

② **상업활동**
  ㉠ 선상 : 선박을 이용하여 포구에서 물품을 유통하였다.
  ㉡ 경강상인 : 대표적인 선상으로 한강을 근거지로 소금, 어물과 같은 물품의 운송과 판매를 장악하여 부를 축적하였고 선박의 건조 등 생산분야에까지 진출하였다.
  ㉢ 객주, 여각 : 선상의 상품매매를 중개하거나, 운송·보관·숙박·금융 등의 영업을 하였다.

(4) 중계무역의 발달

① **대청 무역** … 7세기 중엽부터 활기를 띠었으며, 공무역에는 중강개시, 회령개시, 경원개시 등이 있고, 사무역에는 중강후시, 책문후시, 회동관후시, 단련사후시 등이 있었다. 주로 수입품은 비단, 약재, 문방구 등이며 수출품은 은, 종이, 무명, 인삼 등이었다.

② **대일 무역** … 왜관개시를 통한 공무역이 활발하게 이루어졌고 조공무역이 이루어졌다. 조선은 수입한 물품 들을 일본에게 넘겨 주는 중계무역을 하고 일본으로부터 은, 구리, 황, 후추 등을 수입하였다.

③ **상인들의 무역활동** … 의주의 만상, 동래의 내상 개성의 송상 등이 있다.

⑸ 화폐 유통

① **화폐의 보급** … 인조 때 동전이 주조되어, 개성을 중심으로 유통되다가 효종 때 널리 유통되었다. 18세기 후반에는 세금과 소작료도 동전으로 대납이 가능해졌다.

② **동전 부족(전황)** … 지주, 대상인이 화폐를 고리대나 재산 축적에 이용하자 전황이 생겨 이익은 폐전론을 주 장하기도 하였다.

③ **신용화폐의 등장** … 상품화폐경제의 진전과 상업자본의 성장으로 대규모 상거래에 환 · 어음 등의 신용화폐 를 이용하였다.

출제 예상 문제

1 신라사 연구의 중요한 자료인 민정문서에 대한 설명으로 옳은 것은?

① 천민집단 및 노비의 노동력은 기록하지 않았다.

② 인구를 연령별로 6등급으로 조사·기록하였다.

③ 소백산맥 동쪽에 있는 중원경의 촌락기록이다.

④ 5년마다 촌락의 노동력과 생산력을 지방관이 조사·기록하였다.

TIP ① 평민 이외에 향·부곡민 및 노비의 노동력을 철저히 기록하여 국가부역과 조세기준을 마련하였다.
　　② 인정(人丁)은 연령과 성별에 따라 6등급으로 구분되었다.
　　③ 신라장적은 서원경과 부근 3개촌의 민정문서이다.
　　④ 평민 이외에 향·부곡민 및 노비의 노동력을 철저히 기록하여 국가의 부역과 조세기준을 마련하였다.

2 다음 중 고려의 수취제도에 대한 설명으로 옳은 것은?

① 어민과 상인은 수취에서 제외되었다.

② 조세는 비옥도에 관계없이 면적에 따라 징수하였다.

③ 지방에서 거둔 조세는 조운을 통해 개경으로 옮겨졌다.

④ 국가가 백성의 노동력을 동원할 때에는 반드시 대가를 지불하였다.

TIP ③ 고려는 수취를 통해 거둔 조세를 각 군현의 농민을 동원하여 조창까지 옮긴 다음, 조운을 통해서 개경의 좌우창으로 운반하여 보관하였다.
　　① 어민에게 어염세를 걷거나 상인에게 상세를 거두어 재정에 사용하였다.
　　② 조세는 논과 밭으로 나누고 비옥한 정도에 따라 3등급으로 나누어 부과하였다.
　　④ 역은 국가에서 백성의 노동력을 무상으로 동원하였다.

Answer 1.② 2.③

3 통일신라시대 귀족경제의 변화를 말해주고 있는 밑줄 친 '이것'에 대한 설명으로 옳은 것은?

> 전제왕권이 강화되면서 신문왕 9년(689)에 이것을 폐지하였다. 이를 대신하여 조(租)의 수취만을 허락하는 관료전이 주어졌고, 한편 일정한 양의 곡식이 세조(歲租)로서 또한 주어졌다. 그러나 경덕왕 16년(757)에 이르러 다시 이것이 부활되는 변화과정을 겪었다.

① 이것이 폐지되자 전국의 모든 국토는 '왕토(王土)'라는 사상이 새롭게 나오게 되었다.
② 수급자가 토지로부터 조(租)를 받을 뿐 아니라, 그 지역의 주민을 노역(勞役)에 동원할 수 있었다.
③ 삼국통일 이후 국가에 큰 공을 세운 육두품 신분의 사람들에게 특별히 지급하였다.
④ 촌락에 거주하는 양인농민인 백정이 공동으로 경작하였다.

TIP ② 녹읍 : 신라 및 고려 초기 관리들에게 관직 복무의 대가로 일정 지역의 경제적 수취를 허용해 준 특정 지역이다.

4 다음에서 설명하는 제도가 시행되었던 왕대의 상황에 대한 설명으로 옳은 것은?

> 양인들의 군역에 대한 절목 등을 검토하고 유생의 의견을 들었으며, 개선 방향에 관한 면밀한 검토를 거친 후 담당 관청을 설치하고 본격적으로 시행하였다. 핵심 내용은 1년에 백성이 부담하는 군포 2필을 1필로 줄이는 것이었다.

① 증보문헌비고가 편찬, 간행되었다.
② 노론의 핵심 인물이 대거 처형당하였다.
③ 통공정책을 써서 금난전권을 폐지하였다.
④ 청계천을 준설하여 도시를 재정비하고자 하였다.

TIP 서문은 영조시대 백성에게 큰 부담이 된 군포제도를 개혁한 균역법에 대한 설명이다. 이 시대에는 도성의 중앙을 흐르는 청계천을 준설하는 준천사업을 추진하였고 1730년을 전후하여 서울인구가 급증하고 겨울용 땔감의 사용량이 증가하면서 서울 주변 산이 헐벗게 되고 이로 인하여 청계천에 토사가 퇴적되어 청계천이 범람하는 사건이 발생하였다.

Answer 3.② 4.④

5 고려시대의 경제 활동에 대한 설명으로 옳지 않은 것은?

① 전기에는 관청 수공업과 소 수공업 중심으로 발달하였다.
② 상업은 촌락을 중심으로 발달하였다.
③ 대외 무역에서 가장 큰 비중을 차지한 것은 송과의 무역이었다.
④ 사원에서는 베, 모시, 기와, 술, 소금 등의 품질 좋은 제품을 생산하였다.

TIP 고려시대에는 상품화폐경제가 발달하지 못하였고 상업은 촌락이 아니라 도시를 중심으로 발달하였다.

6 다음과 같은 문화 활동을 전후한 시기의 농업 기술 발달에 관한 내용으로 옳은 것을 모두 고르면?

> • 서예에서 간결한 구양순체 대신에 우아한 송설체가 유행하였다.
> • 고려 태조에서 숙종 대까지의 역대 임금의 치적을 정리한 「사략」이 편찬되었다.

> ㉠ 2년 3작의 윤작법이 점차 보급되었다.
> ㉡ 원의 「농상집요」가 소개되었다.
> ㉢ 우경에 의한 심경법이 확대되었다.
> ㉣ 상품 작물이 광범위하게 재배되었다.

① ㉠㉡
② ㉡㉢
③ ㉠㉡㉢
④ ㉡㉢㉣

TIP 구양순체는 고려 전기의 유행서체이며 송설체가 유행한 시기는 고려 후기에 해당한다. 또한 13세기 후반 성리학의 수용으로 대의명분과 정통의식을 고수하는 성리학과 사관이 도입되었는데 이제현의 「사략」은 이 시기의 대표적인 역사서이다. 따라서 고려 후기의 농업 기술 발달에 관한 내용을 선택하여야 하며 상품작물이 광범위하게 재배된 것은 조선 후기의 특징에 해당하므로 제외하여야 한다.
  ※ 고려 후기의 농업 발달
   ㉠ 밭농사에 2년 3작의 윤작법이 보급되었다.
   ㉡ 원의 사농사에서 편찬한 화북지방의 농법 「농상집요」를 전통적인 것을 보다 더 발전시키려는 노력의 일단으로 소개 보급하였다.
   ㉢ 소를 이용한 심경법이 널리 보급되었다.

Answer 5.② 6.③

7 보기의 세 사람이 공통적으로 주장한 내용으로 옳은 것은?

•유형원	•이익	•정약용

① 자영농을 육성하여 민생을 안정시키자고 주장하였다.
② 상공업의 진흥과 기술혁신을 주장하였다.
③ 개화기의 개화사상가들에 의해 계승되었다.
④ 농업부문에서 도시제도의 개혁보다는 생산력 증대를 중요시 하였다.

TIP 중농학파(경세치용)
  ⊙ 농촌 거주의 남인학자들에 의해 발달
  ⓒ 국가제도의 개편으로 유교적 이상국가의 건설을 주장
  ⓒ 토지제도의 개혁을 강조하여 자영농의 육성과 농촌경제의 안정을 도모
  ⓔ 대원군의 개혁정치, 한말의 애국계몽사상, 일제시대의 국학자들에게 영향

8 조선시대 토지제도에 대한 설명이다. 변천순서로 옳은 것은?

> ⊙ 국가의 재정기반과 신진사대부세력의 경제기반을 확보하기 위해 시행되었다.
> ⓒ 현직관리에게만 수조권을 지급하였다.
> ⓒ 관청에서 수조권을 행사하여 백성에게 조를 받아, 관리에게 지급하였다.
> ⓔ 국가가 관리에게 현물을 지급하는 급료제도이다.

① ⊙ - ⓒ - ⓒ - ⓔ
② ⓒ - ⊙ - ⓒ - ⓔ
③ ⓒ - ⓒ - ⊙ - ⓔ
④ ⓔ - ⓒ - ⓒ - ⊙

TIP 토지제도의 변천
  ⊙ **통일신라시대**: 전제왕권이 강화되면서 녹읍이 폐지되고 신문왕 관료전이 지급되었다.
  ⓒ **고려시대**: 역분전 → 시정전시과 → 개정전시과 → 경정전시과 → 녹과전 → 과전법의 순으로 토지제도가 변천되었다.
  ⓒ **조선시대**: 과전법 → 직전법 → 관수관급제 → 직전법의 폐지와 지주제의 확산 등으로 이루어졌다.

Answer 7.① 8.①

9 영조 때 실시된 균역법에 대한 설명으로 옳지 않은 것은?

① 군포를 1년에 2필에서 1필로 경감시켰다.

② 균역법의 실시로 모든 양반에게도 군포를 징수하였다.

③ 균역법의 시행으로 감소된 재정은 어장세·염전세·선박세로 보충하였다.

④ 결작이라 하여 토지 1결당 미곡 2두를 부과하였다.

TIP ② 균역법의 시행으로 감소된 재정은 결작(토지 1결당 미곡 2두)을 부과하고 일부 상류층에게 선무군관이라는 칭호를 주어 군포 1필을 납부하게 하였으며 선박세와 어장세, 염전세 등으로 보충하였다.

10 다음 중 민정문서(신라장적)에 대한 설명으로 옳은 것은?

① 천민 집단과 노비의 노동력은 기록하지 않았다.

② 소백 산맥 동쪽에 있는 중원경과 그 주변 촌락의 기록이다.

③ 인구를 연령별로 6등급으로 나누어 작성하였다.

④ 5년마다 촌락의 노동력과 생산력을 지방관이 자성하였다.

TIP ③ 연령과 성별에 따라 6등급으로, 호는 인구수에 따라 9등급으로 나누어 기록하였다.

11 신문왕 때 폐지되었던 녹읍이 경덕왕 때 다시 부활한 이유로 옳은 것은?

① 왕권 강화   ② 귀족 세력의 반발

③ 피정복민의 회유   ④ 농민의 생활 안정

TIP ② 경덕왕때 귀족의 반발로 녹읍제가 부활되어 국가경제가 어렵게 되었다.

Answer 9.② 10.③ 11.②

12 다음은 통일신라 때의 토지 제도에 대한 설명이다. 이에 관한 설명으로 옳은 것은?

> 통일 후에는 문무 관료들에게 토지를 나누어 주고, 녹읍을 폐지하는 대신 해마다 곡식을 나누어 주었다.

① 농민 경제가 점차 안정되었다.
② 귀족들의 농민 지배가 더욱 강화되었다.
③ 귀족들의 기반이 더욱 강화되었다.
④ 귀족에 대한 국왕의 권한이 점차 강화되었다.

TIP 제시된 내용은 관료전을 지급하는 대신 녹읍을 폐지한 조치에 대한 설명이다. 녹읍은 토지세와 공물은 물론 농민의 노동력까지 동원할 수 있었으나 관료전은 토지세만 수취할 수 있었다.

13 다음 중 통일신라의 무역활동과 관계 없는 것은?

① 한강 진출로 당항성을 확보하여 중국과의 연결을 단축시켰다.
② 산동반도와 양쯔강 하류에 신라인 거주지가 생기게 되었다.
③ 통일 직후부터 일본과의 교류가 활발해졌다.
④ 장보고가 청해진을 설치하고 남해와 황해의 해상무역권을 장악하였다.

TIP ③ 일본과의 무역은 통일 직후에는 일본이 신라를 견제하고, 신라도 일본의 여·제 유민을 경계하여 경제교류가 활발하지 못하였으나 8세기 이후 정치의 안정과 일본의 선진문화에 대한 욕구로 교류가 활발해졌다.

Answer 12.④ 13.③

14 고대 여러 나라의 무역활동에 관한 설명으로 옳지 않은 것은?

① 고구려 – 중국의 남북조 및 유목민인 북방 민족과 무역하였다.

② 백제 – 남중국 및 왜와 무역을 하였다.

③ 발해 – 당과 평화관계가 성립되어 무역이 활발하게 이루어졌다.

④ 통일신라 – 삼국통일 직후 당, 일본과 활발하게 교류하였다.

TIP ④ 통일 이후 일본과의 교류를 제한하여 무역이 활발하지 못하였으며, 8세기 이후부터 다시 교역이 이루어졌다.

15 삼국시대의 수공업 생산에 대한 설명으로 옳은 것은?

① 국가가 관청을 두고 기술자를 배치하여 물품을 생산하였다.

② 도자기가 생산되어 중국에 수출하였다.

③ 수공업의 발달은 상품경제의 성장을 촉진하였다.

④ 노예들은 큰 작업장에 모여 공동으로 생산활동을 하였다.

TIP 초기에는 기술이 뛰어난 노비에게 국가가 필요로 하는 물품을 생산하게 하였으나, 국가체제가 정비되면서 수공업 제품을 생산하는 관청을 두고 수공업자를 배치하여 물품을 생산하였다.

Answer 14.④ 15.①

16 다음에서 발해의 경제생활에 대한 내용으로 옳은 것을 모두 고르면?

> ㉠ 밭농사보다 벼농사가 주로 행하였다.
> ㉡ 제철업이 발달하여 금속가공업이 성행하였다.
> ㉢ 어업이 발달하여 먼 바다에 나가 고래를 잡기도 하였다.
> ㉣ 가축의 사육으로 모피, 녹용, 사향 등이 생산되었다.

① ㉠㉡　　　　　　　　　　　　　② ㉠㉢

③ ㉠㉣　　　　　　　　　　　　　④ ㉡㉢㉣

TIP ㉠ 발해의 농업은 기후가 찬 관계로 콩, 조 등의 곡물 생산이 중심을 이루었고 밭농사가 중심이 되었다.

04 사회구조와 사회생활

01 고대의 사회

❶ 신분제 사회의 성립

(1) 삼국시대의 계층구조

왕족을 비롯한 귀족·평민·천민으로 구분되며, 지배층은 특권을 유지하기 위하여 율령을 제정하고, 신분은 능력보다는 그가 속한 친족의 사회적 위치에 따라 결정되었다.

(2) 귀족·평민·천민의 구분

① **귀족** … 왕족을 비롯한 옛 부족장 세력이 중앙의 귀족으로 재편성되어 정치권력과 사회·경제적 특권을 향유하였다.

② **평민** … 대부분 농민으로서 신분적으로 자유민이었으나, 조세를 납부하고 노동력을 징발당하였다.

③ **천민** … 노비들은 왕실과 귀족 및 관청에 예속되어 신분이 자유롭지 못하였다.

❷ 삼국사회의 풍습

(1) 고구려

① **형법** … 반역 및 반란죄는 화형에 처한 뒤 다시 목을 베었고, 그 가족들은 노비로 삼았다. 적에게 항복한 자나 전쟁 패배자는 사형에 처했으며, 도둑질한 자는 12배를 배상하도록 하였다.

② **풍습** … 형사취수제, 서옥제가 있었고 자유로운 교제를 통해 결혼하였다.

(2) 백제

① **형법** … 반역이나 전쟁의 패배자는 사형에 처하고, 도둑질한 자는 귀양을 보내고 2배를 배상하게 하였으며, 뇌물을 받거나 횡령을 한 관리는 3배를 배상하고 종신토록 금고형에 처하였다.

② **귀족사회** … 왕족인 부여씨와 8성의 귀족으로 구성되었다.

(3) 신라

① **화백회의** … 여러 부족의 대표들이 함께 모여 정치를 운영하던 것이 기원이 되어, 국왕 추대 및 폐위에 영향력을 행사하면서 왕권을 견제 및 귀족들의 단결을 굳게 하였다.

② **골품제도** … 관등 승진의 상한선이 골품에 따라 정해져 있어 개인의 사회활동과 정치활동의 범위를 제한하는 역할을 하였다.

③ **화랑도**
   ⊙ **구성** : 귀족의 자제 중에서 선발된 화랑을 지도자로 삼고, 귀족은 물론 평민까지 망라한 많은 낭도들이 그를 따랐다.
   ⓒ **국가조직으로 발전** : 진흥왕 때 국가적 차원에서 그 활동을 장려하여 조직이 확대되었고, 원광은 세속 5계를 가르쳤으며, 화랑도 활동을 통해 국가가 필요로 하는 인재가 양성되었다.

❸ 남북국시대의 사회

(1) 통일신라와 발해의 사회

① **통일 후 신라 사회의 변화**
   ⊙ **신라의 민족통합책** : 백제와 고구려 옛 지배층에게 신라 관등을 부여하였고, 백제와 고구려 유민들을 9서당에 편성시켰다.
   ⓒ **통일신라의 사회모습** : 전제왕권이 강화 되었고 6두품이 학문적 식격과 실무 능력을 바탕으로 국왕을 보좌하였다.

② **발해의 사회구조** … 지배층은 고구려계가 대부분이었으며, 피지배층은 대부분이 말갈인으로 구성되었다.

(2) 통일신라 말의 사회모순

① **호족의 등장** … 지방의 유력자들을 중심으로 무장조직이 결성되었고, 이들을 아우른 큰 세력가들이 호족으로 등장하였다.

② **빈농의 몰락** … 토지를 상실한 농민들은 소작농이나 유랑민, 화전민이 되었다.

③ **농민봉기** … 국가의 강압적인 조세 징수에 대하여 전국 각지에서 농민봉기가 일어나게 되었다.

02 중세의 사회

① 고려의 신분제도

(1) 귀족

① **귀족의 특징**⋯ 음서나 공음전의 혜택을 받으며 고위 관직을 차지하여 문벌귀족을 형성하였으며, 가문을 통해 특권을 유지하고, 왕실 등과 중첩된 혼인관계를 맺었다.

② **귀족층의 변화**⋯ 무신정변을 계기로 종래의 문벌귀족들이 도태되면서 무신들이 권력을 장악하게 되었으나 고려 후기에는 무신정권이 붕괴되면서 등장한 권문세족이 최고권력층으로서 정계 요직을 장악하였다.

③ **신진사대부**⋯ 경제력을 토대로 과거를 통해 관계에 진출한 향리출신자들이다.

(2) 중류

중앙관청의 서리, 궁중 실무관리인 남반, 지방행정의 실무를 담당하는 향리, 하급 장교 등이 해당되며, 통치체제의 하부구조를 맡아 중간 역할을 담당하였다.

(3) 양민

① **양민**⋯ 일반 농민인 백정, 상인, 수공업자를 말한다.

② **백정**⋯ 자기 소유의 민전을 경작하거나 다른 사람의 토지를 빌려 경작하였다.

③ **특수집단민**
　　㉠ 향·부곡 : 농업에 종사하였다.
　　㉡ 소 : 수공업과 광업에 종사하였다.
　　㉢ 역과 진의 주민 : 육로교통과 수로교통에 종사하였다.

(4) 천민

① **공노비**⋯ 공공기관에 속하는 노비이다.

② **사노비**⋯ 개인이나 사원에 예속된 노비이다.

③ **노비의 처지**⋯ 매매·증여·상속의 대상이며, 부모 중 한 쪽이 노비이면 자식도 노비가 될 수밖에 없었다.

② 백성들의 생활모습

(1) 농민의 공동조직

① **공동조직** ··· 일상의례와 공동노동 등을 통해 공동체의식을 함양하였다.

② **향도** ··· 불교의 신앙조직으로, 매향활동을 하는 무리들을 말한다.

(2) 사회시책과 사회제도

① **사회시책** ··· 농번기에 잡역을 면제하여 농업에 전념할 수 있도록 배려하였고, 재해 시 조세와 부역을 감면해 주었다. 또한 법정 이자율을 정하여 고리대 때문에 농민이 몰락하는 것을 방지하였다. 황무지나 진전을 개간할 경우 일정 기간 면세해 주었다.

② **사회제도**
   - ㉠ **의창** : 흉년에 빈민을 구제하는 춘대추납제도이다.
   - ㉡ **상평창** : 물가조절기관으로 개경과 서경 및 각 12목에 설치하였다.
   - ㉢ **의료기관** : 동 · 서대비원, 혜민국을 설치하였다.
   - ㉣ **구제도감, 구급도감** : 재해 발생 시 백성을 구제하였다.
   - ㉤ **제위보** : 기금을 조성하여 이자로 빈민을 구제하였다.

(3) 법률과 풍속 및 가정생활

① **법률과 풍속** ··· 중국의 당률을 참작한 71개조의 법률이 시행되었으나 대부분은 관습법을 따랐고, 장례와 제사에 대하여 정부는 유교적 의례를 권장하였으나, 민간에서는 토착신앙과 융합된 불교의 전통의식과 도교의 풍습을 따랐다.

② **혼인과 여성의 지위** ··· 일부일처제가 원칙이었으며, 왕실에서는 근친혼이 성행하였고 부모의 유산은 자녀에게 골고루 분배되었으며, 아들이 없을 경우 딸이 제사를 받들었다.

❸ 고려 후기의 사회 변화

(1) 무신집권기 하층민의 봉기
수탈에 대한 소극적 저항에서 대규모 봉기로 발전하였으며, 만적의 난, 공주 명학소의 망이·망소이의 봉기, 운문·초전의 김사미와 효심의 봉기 등이 대표적이다.

(2) 몽고의 침입과 백성의 생활
최씨무신정권은 강화도로 서울을 옮기고 장기항전 태세를 갖추었으며, 지방의 주현민은 산성이나 섬으로 들어가 전쟁에 대비하였으나 몽고군들의 살육으로 백성들은 막대한 희생을 당하였다.

(3) 원 간섭기의 사회 변화

① **신흥귀족층의 등장**…원 간섭기 이후 전공을 세우거나 몽고귀족과의 혼인을 통해서 출세한 친원세력이 권문세족으로 성장하였다.

② **원의 공녀 요구**…결혼도감을 통해 공녀로 공출되었고 이는 고려와 원 사이의 심각한 사회문제로 대두되었다.

③ **왜구의 출몰(14세기 중반)**…원의 간섭하에서 국방력을 제대로 갖추기 어려웠던 고려는 초기에 효과적으로 왜구의 침입을 격퇴하지 못하였으며, 이들을 소탕하는 과정에서 신흥무인세력이 성장하였다.

03 근세의 사회

❶ 양반관료 중심의 사회

(1) 양반

① 문무양반만 사족으로 인정하였으며 현직 향리층, 중앙관청의 서리, 기술관, 군교, 역리 등은 하급 지배신분인 중인으로 격하시켰다.

② 과거, 음서, 천거 등을 통해 고위 관직을 독점하였으며 각종 국역이 면제되고, 법률과 제도로써 신분적 특권이 보장되었다.

(2) 중인
좁은 의미로는 기술관, 넓은 의미로는 양반과 상민의 중간계층을 의미하며 전문기술이나 행정실무를 담당하였다.

(3) 상민

평민, 양인으로도 불리며 백성의 대부분을 차지하는 농민, 수공업자, 상인을 말한다. 과거응시자격은 있으나 과거 준비에는 많은 시간과 비용이 들었으므로 상민이 과거에 응시하는 것은 사실상 어려웠다.

(4) 천민

천민의 대부분은 비자유민으로 재산으로 취급되어 매매 · 상속 · 증여의 대상이 되었다.

❷ 사회정책과 사회시설

(1) 사회정책 및 사회제도

① **목적** … 성리학적 명분론에 입각한 사회신분질서의 유지와 농민의 생활을 안정시켜 농본정책을 실시하는 데 그 목적이 있다.

② **사회시책** … 지주의 토지 겸병을 억제하고, 농번기에 잡역의 동원을 금지시켰으며, 재해시에는 조세를 감경해 주기도 하였다.

③ **환곡제 실시** … 춘궁기에 양식과 종자를 빌려 준 뒤에 추수기에 회수하는 제도로 의창과 상평창을 실시하여 농민을 구휼하였다.

④ **사창제** … 향촌의 농민생활을 안정시켜 양반 중심의 향촌질서가 유지되었다.

⑤ **의료시설** … 혜민국, 동 · 서대비원, 제생원, 동 · 서활인서 등이 있었다.

(2) 법률제도

① **형법** … 대명률에 의거하여 당률의 5형 형벌과 반역죄와 강상죄와 같은 중죄에는 연좌제가 적용되었다.

② **민법** … 지방관이 관습법에 따라 처리하였다.

③ **상속** … 종법에 따라 처리하였으며, 제사와 노비의 상속을 중요시하였다.

④ **사법기관**
　㉠ **중앙** : 사헌부 · 의금부 · 형조(관리의 잘못이나 중대사건을 재판), 한성부(수도의 치안), 장례원(노비에 관련된 문제)이 있다.
　㉡ **지방** : 관찰사와 수령이 사법권을 행사하였다.

❸ 향촌사회의 조직과 운영

(1) 향촌사회의 모습

① **향촌의 편제** … 행정구역상 군현의 단위인 향은 중앙에서 지방관을 파견하였으며, 촌에는 면·리가 설치되었으나 지방관은 파견되지 않았다.

② **향촌자치**
- ㉠ 유향소 : 수령을 보좌, 향리를 감찰, 향촌사회의 풍속교정기구이다.
- ㉡ 경재소 : 중앙정부가 현직 관료로 하여금 연고지의 유향소를 통제하게 하는 제도이다.
- ㉢ 유향소의 변화 : 경재소가 혁파되면서 향소·향청으로 명칭이 변경, 향안 작성, 향규를 제정하였다.

③ **향약의 보급** … 면리제와 병행된 향약조직이 형성되었고, 중종 때 조광조에 의하여 처음 시행되었으며, 군현 내에서 지방 사족의 지배력 유지수단이 되었다.

(2) 촌락의 구성과 운영

① **촌락** … 농민생활 및 향촌구성의 기본 단위로서 동과 리(里)로 편제되었으며 면리제와 오가작통법을 실시하였다.

② **촌락의 신분 분화**
- ㉠ 반촌 : 주로 양반들이 거주하였으며, 18세기 이후에 동성 촌락으로 발전하였다.
- ㉡ 민촌 : 평민과 천민으로 구성되었고 지주의 소작농으로 생활하였다.

③ **촌락공동체**
- ㉠ 사족 : 동계·동약을 조직하여 촌락민을 신분적, 사회·경제적으로 지배하였다.
- ㉡ 일반 백성 : 두레·향도 등 농민조직을 형성하였다.

④ **촌락의 풍습**
- ㉠ 석전(돌팔매놀이) : 상무정신 함양 목적, 국법으로는 금지하였으나 민간에서 계속 전승되었다.
- ㉡ 향도계·동린계 : 남녀노소를 불문하고 며칠 동안 술과 노래를 즐기는 일종의 마을 축제였는데, 점차 장례를 도와주는 기능으로 전환되었다.

❹ 성리학적 사회질서의 강화

(1) 예학과 족보의 보급

① **예학** … 성리학적 도덕윤리를 강조하고, 신분질서의 안정을 추구하였다.
- ㉠ **기능** : 가부장적 종법질서를 구현하여 성리학 중심의 사회질서 유지에 기여하였다.
- ㉡ **역할** : 사림은 향촌사회에 대한 지배력 강화, 정쟁의 구실로 이용, 양반 사대부의 신분적 우월성 강조, 가족과 친족공동체의 유대를 통해서 문벌을 형성하였다.

② **보학** … 가족의 내력을 기록하고 암기하는 것으로 종족의 종적인 내력과 횡적인 종족관계를 확인시켜 준다.

(2) 서원과 향약

① **서원**
- ㉠ **목적** : 성리학을 연구하고 선현의 제사를 지내며, 교육을 하는 데 그 목적이 있다.
- ㉡ **기능** : 유교를 보급하고 향촌 사림을 결집시켰으며, 지방유학자들의 위상을 높이고 선현을 봉사하는 사묘의 기능이 있었다.

② **향약**
- ㉠ **역할** : 풍속의 교화, 향촌사회의 질서 유지, 치안을 담당하고 농민에 대한 유교적 교화 및 주자가례의 대중화에 기여하였다.
- ㉡ **문제점** : 토호와 향반 등 지방 유력자들의 주민 수탈 위협의 수단이 되었고, 향약 간부들의 갈등을 가져와 풍속과 질서를 해치기도 하였다.

04 사회의 변동

① 사회구조의 변동

(1) 신분제의 동요

① 조선의 신분제 ··· 법제적으로 양천제를, 실제로는 양반, 중인, 상민, 노비의 네 계층으로 분화되어 있었다.

② 양반층의 분화 ··· 권력을 장악한 일부의 양반을 제외한 다수의 양반(향반, 잔반)이 몰락하였다.

③ 신분별 구성비의 변화 ··· 양반의 수는 증가하고, 상민과 노비의 수는 감소하였다.

(2) 중간계층의 신분상승운동

① 서얼 ··· 임진왜란 이후 납속책과 공명첩을 통한 관직 진출, 집단상소를 통한 청요직에의 진출을 요구, 정조 때 규장각 검서관으로 진출하기도 하였다.

② 중인 ··· 신분 상승을 위한 소청운동을 전개하였다. 역관들은 청과의 외교업무에 종사하면서 서학 등 외래 문물의 수용을 주도하고 성리학적 가치 체계에 도전하는 새로운 사회의 수립을 추구하였다.

(3) 노비의 해방

① 노비 신분의 변화 ··· 군공과 납속 등을 통한 신분 상승의 움직임 및 국가에서는 공노비를 입역노비에서 신공을 바치는 납공노비로 전환시켰다.

② 공노비 해방 ··· 노비의 도망과 합법적인 신분 상승으로 순조 때 중앙관서의 노비를 해방시켰다.

③ 노비제의 혁파 ··· 사노비의 도망이 일상적으로 일어나던 것이 갑오개혁(1894) 때 노비제는 폐지되었다.

(4) 가족제도의 변화와 혼인

① 가족제도의 변화
- ㉠ 조선 중기 ··· 혼인 후 남자가 여자 집에서 생활하는 경우가 있었으며 아들과 딸이 부모의 재산을 똑같이 상속받는 경우가 많았다.
- ㉡ 17세기 이후 : 성리학적 의식과 예절의 발달로 부계 중심의 가족제도가 확립되었다. 제사는 반드시 장자가 지내야 한다는 의식이 확산되었고, 재산 상속에서도 큰 아들이 우대를 받았다.
- ㉢ 조선 후기 : 부계 중심의 가족제도가 더욱 강화되었으며, 양자 입양이 일반화되었다.

② 가족윤리 … 효와 정절을 강조하였고, 과부의 재가는 금지되었으며, 효자와 열녀를 표창하였다.

③ 혼인풍습 … 일부일처를 기본으로 남자의 축첩이 허용되었고, 서얼의 차별이 있었다.

❷ 향촌질서의 변화

(1) 양반의 향촌지배 약화

① 양반층의 동향 … 족보의 제작 및 청금록과 향안을 작성하여 향약 및 향촌자치기구의 주도권을 장악하였다.

② 향촌지배력의 변화 … 부농층은 관권과 결탁하여 향안에 참여하고 향회를 장악하고자 하였으며 향회는 수령의 조세징수자문기구로 전락하였다.

(2) 부농층의 대두

경제적 능력으로 납속이나 향직의 매매를 통해 신분 상승을 이루고 향임을 담당하여 양반의 역할을 대체하였으며 향임직에 진출하지 못한 곳에서도 수령이나 기존의 향촌세력과 타협하여 상당한 지위를 확보하였다.

❸ 농민층의 변화

(1) 농민층의 분화

① 농민의 사회적 현실 … 농민들은 자급자족적인 생활을 하였으나, 양 난 이후 국가의 재정 파탄과 기강 해이로 인한 수취의 증가는 농민의 생활을 어렵게 하였고, 대동법과 균역법이 효과를 거두지 못하자 농민의 불만은 커져 갔다.

② 농민층의 분화 … 부농으로 성장하거나, 상공업으로 생활을 영위 및 도시나 광산의 임노동자가 되기도 했다.

(2) 지주와 임노동자

① 지주 … 광작을 하는 대지주가 등장하였으며, 재력을 바탕으로 공명첩을 사거나 족보를 위조하여 양반의 신분을 획득한 부농층이 나타났다.

② 임노동자 … 토지에서 밀려난 다수의 농민은 임노동자로 전락하였다.

❹ 사회 변혁의 움직임

(1) 사회불안의 심화
정치기강이 문란해지고, 재난과 질병이 거듭되어 굶주려 떠도는 백성이 속출하였으나 지배층의 수탈은 점점 심해지면서 농민의식이 향상되어 곳곳에서 적극적인 항거운동이 발생하였다.

(2) 예언사상의 대두
비기·도참을 이용한 말세의 도래, 왕조의 교체 및 변란의 예고 등 낭설이 횡행하였으며 현세의 어려움을 미륵신앙에서 해결하려는 움직임과 미륵불을 자처하며 서민을 현혹하는 무리가 등장하였다.

(3) 천주교의 전파
① 17세기에 중국을 방문한 우리나라 사신들에 의해 서학으로 소개되었다.

② **초기 활동** ··· 18세기 후반 남인계열의 실학자들이 신앙생활을 하게 되었으며, 이승훈이 베이징에서 영세를 받고 돌아온 이후 신앙활동이 더욱 활발해졌다.

③ **천주교 신앙의 전개와 박해**
  ㉠ **초기** : 제사 거부, 양반 중심의 신분질서 부정, 국왕에 대한 권위 도전을 이유로 사교로 규정하였다.
  ㉡ **정조 때** : 시파의 집권으로 전수교에 관대하여 큰 탄압이 없었다.
  ㉢ **순조 때** : 벽파의 집권으로 대탄압을 받았으며 실학자와 양반계층이 교회를 떠나게 되었다.
  ㉣ **세도정치기** : 탄압의 완화로 백성들에게 전파, 조선 교구가 설정되었다.

(4) 동학의 발생
① **창시** ··· 1860년 경주의 몰락양반 최제우가 창시하였다.

② **교리와 사상** ··· 신분 차별과 노비제도의 타파, 여성과 어린이의 인격 존중을 추구하였다. 유불선을 바탕으로 주문과 부적 등 민간신앙의 요소들이 결합되었고 사회모순의 극복 및 일본과 서양국가의 침략을 막아내자고 주장하였다.

③ **정부의 탄압** ··· 혹세무민을 이유로 최제우를 처형하였다.

(5) 농민의 항거

① **배경** … 사회 불안이 고조되자 유교적 왕도정치가 점점 퇴색되었고 탐관오리의 부정, 삼정의 문란, 극도에 달한 수령의 부정은 중앙권력과 연결되어 갈수록 심해져 갔다.

② **홍경래의 난** : 몰락한 양반 홍경래의 지휘 아래 영세농민과 중소상인, 광산노동자들이 합세하여 일으킨 봉기였으나 5개월 만에 평정되었다.

③ **임술농민봉기**(1862) : 진주에서 시작되어 탐관오리와 토호가 탐학에 저항하였으며 한때 진주성을 점령하기도 하였다.

출제 예상 문제

1 통일신라 말의 사회상황에 대한 설명으로 옳지 않은 것은?

① 귀족들의 농장이 확대됨에 따라 자영농이 몰락하였다.

② 지방의 유력자들을 중심으로 무장조직이 결성되었고, 이들을 아우른 큰 세력가들이 호족으로 등장하였다.

③ 정부는 자연재해가 심한 지역에 조세를 면해주고 굶주리는 농민을 구휼하여 큰 효과를 거두었다.

④ 토지를 상실한 농민들은 소작농이나 유랑민, 화전민이 되었으며, 일부는 노비가 되기도 하였다.

TIP ③ 정부는 수리시설을 정비하고 자연재해가 심한 지역에 조세를 면해주었으며, 굶주리는 농민을 구휼하였으나 큰 효과를 거두지는 못하였다.

2 다음에서 설명하는 신라의 제도는?

- 씨족사회의 전통을 발전시켰다.
- 사회적 대립과 갈등을 조절하였다.
- 민간문화의 수준을 한층 높였다.
- 계급간의 대립과 갈등을 완화하였다.

① 화랑도   ② 골품제

③ 화백제   ④ 집사부

TIP 화랑도 … 원시사회의 청소년 집단에서 유래하였다. 귀족의 자제 중에서 선발된 화랑을 지도자로 삼고 귀족은 물론 평민까지 많은 낭도들이 따랐다. 여러 계층이 같은 조직에서 일체감을 갖고 활동함으로써 계층 간의 대립과 갈등을 조절하고 완화시켰다.

Answer 1.③ 2.①

3 다음 글을 남긴 국왕의 재위 기간에 일어난 사실로 옳은 것은?

> 보잘 것 없는 나, 소자가 어린 나이로 어렵고 큰 유업을 계승하여 지금 12년이나 되었다. 그러나 나는 덕이 부족하여 위로는 천명(天命)을 두려워하지 못하고 아래로는 민심에 답하지 못하였으므로, 밤낮으로 잊지 못하고 근심하며 두렵게 여기면서 혹시라도 선대왕께서 물려주신 소중한 유업이 잘못되지 않을까 걱정하였다. 그런데 지난번 가산(嘉山)의 토적(土賊)이 변란을 일으켜 청천강 이북의 수많은 생령이 도탄에 빠지고 어육(魚肉)이 되었으니 나의 죄이다.
>
> — 「비변사등록」 —

① 최제우가 동학을 창도하였다.
② 공노비 6만 6천여 명을 양인으로 해방시켰다.
③ 미국 상선 제너럴셔먼호가 격침되었다.
④ 삼정 문제를 해결하기 위해 삼정이정청을 설치하였다.

TIP ② 위의 글은 1811년(순조 12) 12월부터 이듬해 4월까지 약 5개월 동안 일어난 홍경래의 난에 대한 내용으로 순조는 1801년(순조 1)에 궁방과 관아에 예속되어 있던 공노비를 혁파하였다.

4 다음의 자료에 나타난 나라에 대한 설명으로 옳은 것은?

> 큰 산과 깊은 골짜기가 많고 평원과 연못이 없어서 계곡을 따라 살며 골짜기 물을 식수로 마셨다. 좋은 밭이 없어서 힘들여 일구어도 배를 채우기는 부족하였다.
>
> — 삼국지 동이전 —

① 국동대혈에서 제사를 지내는 의례가 있었다.
② 가족 공동의 무덤인 목곽에 쌀을 부장하였다.
③ 특산물로는 단궁 · 과하마 · 반어피 등이 유명하였다.
④ 남의 물건을 훔쳤을 때에는 50만 전을 배상토록 하였다.

TIP ① 고구려 ② 옥저 ③ 동예 ④ 고조선

Answer 3.② 4.①

5 조선 전기의 상업 활동에 대한 설명으로 옳은 것은?

① 공인(貢人)의 활동이 활발해졌다.
② 시전이 도성 내 특정 상품 판매의 독점권을 보장받기도 하였다.
③ 개성의 손상, 의주의 만상은 대외 무역을 통해 대상인으로 성장하였다.
④ 경강상인들은 경강을 중심으로 매점 활동을 통해 부유한 상업 자본가로 성장하였다.

> **TIP** ①③④ 조선 후기의 상업 활동에 대한 설명이다.
> ※ 조선 전기의 상업 활동
> ㉠ 통제 경제와 시장 경제를 혼합한 형태로 장시의 전국적 확산과 대외무역에서 사무역이 발달하였다.
> ㉡ 지주제의 발달, 군역의 포납화, 농민층의 분화와 상인 증가, 방납의 성행 등으로 장시와 장문이 발달하게 되었다.
> ㉢ 시정세, 궁중과 부중의 관수품조달 등의 국역을 담당하는 대가로 90여종의 전문적인 특정 상품에 대한 독점적 특권을 차지한 어용상인인 시전이 발달하였다.
> ㉣ 5일 마다 열리는 장시에서 농산물, 수공업제품, 수산물, 약제 같은 것을 종·횡적으로 유통시키는 보부상이 등장하였다.

6 다음의 내용과 관련있는 것은?

> 향촌의 덕망있는 인사들로 구성되어 지방민의 자치를 허용하고 자율적인 규약을 만들었고, 중집권과 지방자치는 효율적으로 운영하였다.

> ㉠ 승정원   ㉡ 유향소
> ㉢ 홍문관   ㉣ 경재소

① ㉠㉡   ② ㉡㉣
③ ㉠㉢   ④ ㉠㉣

> **TIP** ㉡ **유향소**: 수령을 보좌하고 향리를 감찰하며, 향촌사회의 풍속을 교정하기 위한 기구이다.
> ㉣ **경재소**: 중앙정부가 현직 관료로 하여금 연고지의 유향소를 통제하게 하는 제도로서, 중앙과 지방의 연락업무를 맡거나 수령을 견제하는 역할을 하였다.

7 다음 중 고려시대의 신분에 대한 내용으로 옳은 것은?

① A는 정 3품의 아버지에게서 공음전을 세습 받았다.

② B는 백정으로 소를 잡는 직업에 종사하였다.

③ C는 솔거노비로 지방에 거주하며 농업에 종사하였다.

④ D는 부곡민으로 양민에 비해 세금혜택을 받는 대신 다른 지역으로 자유로운 이주가 가능했다.

TIP ② 고려시대의 백정은 일반 주·부·군현에 거주하며 농업에 종사하는 일반 농민을 가리켰다.
　　 ③ 솔거노비는 사노비로서 주인집에 거주하며 독립적인 재산을 소유하는 것이 불가능했다.
　　 ④ 향·부곡·소민은 일반 양민에 비해 더 많은 세금을 부담하였으며 다른 지역으로의 이주가 금지되어있었다.

8 다음 중 고려말 농장에 대한 설명으로 옳지 않은 것은?

① 농장의 경작인은 모두 노비였다.

② 농장은 면세, 탈세, 면역과 관련이 깊었다.

③ 농장은 무인정권과 몽고지배하에서 더욱 확대되었다.

④ 농장은 부역동원과 국가재정에 낮은 지상을 초래하였다.

TIP ① 농장의 경작은 노비뿐만 아니라 토지를 잃은 농민이나 군역을 피하려는 사람들이 농장에 들어감으로써 농장의 소작인이 되었다. 그들은 귀족의 비호 아래 군역, 요역 등이 면제되었으므로 국가재정을 파탄시켰다.

9 다음 중 서원에 대한 설명으로 옳지 않은 것은?

① 국가로부터 토지와 노비를 받는 관학기관이었다.

② 지방문화의 발전과 확대에 기여하였다.

③ 학파 및 당파의 결속을 강화하는 구실을 하였다.

④ 선현을 제사하고 유생들이 학문을 논하는 기관이었다.

TIP ① 서원은 중종 38년 풍기군수 주세붕이 고려 유신 안향을 모시기 위해 세운 백운동 서원이 효시이다. 사액서원의 경우 서적, 토지, 노비 등을 주는 것이 관례이지만, 이것은 양반들 스스로 조직한 것이지 관학기관은 아니었다.

Answer　7.① 8.① 9.①

11 다음 중 신라 하대의 6두품의 성향으로 옳은 것은?

① 각 지방에서 반란을 일으켰다.

② 새로운 정치 질서의 수립을 시도하지만 탄압과 배척을 당하자 점차 반신라적 경향으로 바뀌었다.

③ 화백회의의 기능을 강화시켰다.

④ 진골에 대항하여 광권과 결탁하였다.

TIP 6두품의 성향

신라 중대	신라 하대
• 진골귀족에 대항하여 왕권과 결탁 • 학문적 식견과 실무능력을 바탕으로 국왕 보좌 • 집사부 시중 등 관직을 맡으며 정치적으로 진출 • 행정실무 담당	• 중앙권력에서 배제 • 호족과 연결 • 합리적인 유교이념을 내세움 • 개혁이 거부되자 반신라적 경향으로 바뀜 • 선종의 등장에 주된 역할을 함

12 다음 중 동학사상에 대한 설명으로 옳지 않은 것은?

① 철학적으로는 주기론, 종교적으로는 샤머니즘과 도교에 가까운 편이었다.

② 서학을 배격하고 서양과 일본의 침투를 경계하여 정부로부터 환영을 받았다.

③ 전통적인 민족신앙을 토대로 유·불·도교 사상 등을 종합하였다.

④ 인내천사상과 운수사상을 바탕으로 봉건적 사회체제에 반대하였다.

TIP ② 동학은 인간평등사상을 제창하고, 운수사상을 내세워 조선 왕조를 부정하였기 때문에 정부는 교주인 최제우를 혹세무민의 죄목으로 처형하였다.

13 다음 중 조선후기 가족제도에 관한 설명으로 옳은 것은?

① 남귀여가혼이 일반적으로 행해졌다.

② 아들과 딸이 부모 재산을 똑같이 상속받았다.

③ 제사는 형제가 돌아가면서 지내거나 책임을 분담하였다.

④ 아들이 없는 집안에서는 양자를 들이는 것이 일반화되었다.

Answer 11.② 12.② 13.④

TIP 조선후기의 가족제도

　　㉠ 조선초기 ~ 중기 : 혼인 후 여자집에서 생활(남귀여가혼), 자녀균분상속, 제사의 자녀분담

　　㉡ 17세기 이후 : 부계 중심의 가족제도의 확립, 친영제도의 정착, 장자 우대

　　㉢ 조선후기 : 부계 중심의 가족제도 강화, 서얼차별, 과부재가 금지

14 다음 중 조선시대의 신분제도에 대한 설명으로 옳은 것은?

① 양반은 과거가 아니면 관직에 진출할 수 없었다.

② 농민은 법제적으로는 관직에 진출하는 것이 가능하였다.

③ 향리는 과거를 통하여 문반직에 오를 수 있었고, 지방의 행정실무를 담당하였다.

④ 서얼도 문과에 응시할 수 있었다.

TIP 조선의 신분제 … 법제적으로 양천제를 채택하였지만, 실제로는 양반, 중인, 상민, 노비의 네 계층으로 분화되어 있었다. 양인은 직업에 따른 권리와 의무에 차등이 있었다. 농민은 과거응시권이 있었으나, 공인과 상인은 불가능 하였다. 과거의 응시제한계층은 공인, 상인, 승려, 천민, 재가녀의 자, 탐관오리의 자손, 국사범의 자손, 전과자 등이었다.

15 다음으로 인하여 나타난 변화로 옳은 것은?

• 조선 후기 이앙법이 전국적으로 시행되면서 광작이 가능해졌으며, 경영형 부농이 등장하였다.

• 대동법의 시행으로 도고가 성장하였으며, 상업자본이 축적되었다.

---

① 정부의 산업 주도　　　　　　② 양반의 지위 하락

③ 신분구조의 동요　　　　　　　④ 국가 재정의 확보

TIP 조선 후기에 이르러 경제상황의 변동으로 부를 축적한 상민들이 신분을 매매하여 양반이 되는 등 신분제의 동요가 발생하였다.

Answer 14.② 15.③

05 민족문화의 발달

01 고대의 문화

① 학문과 사상·종교

(1) 한자의 보급과 교육

① 한자의 전래 … 한자는 철기시대부터 지배층을 중심으로 사용되었다가 삼국시대에는 이두·향찰이 사용되었다.

② 교육기관의 설립과 한자의 보급

   ㉠ 고구려 : 태학(수도)에서는 유교경전과 역사서를 가르쳤으며 경당(지방)에서는 청소년에게 한학과 무술을 가르쳤다.

   ㉡ 백제 : 5경 박사·의박사·역박사에서는 유교경전과 기술학 등을 가르쳤으며, 사택지적 비문에는 불당을 세운 내력을 기록하고 있다.

   ㉢ 신라 : 임신서기석을 통해 청소년들이 유교경전을 공부하였던 사실을 알 수 있다.

③ 유학의 교육

   ㉠ 삼국시대 : 학문적으로 깊이 있게 연구된 것이 아니라, 충·효·신 등의 도덕규범을 장려하는 정도였다.

   ㉡ 통일신라 : 신문왕 때 국학이라는 유학교육기관을 설립하였고, 경덕왕 때는 국학을 태학이라고 고치고 박사와 조교를 두어 논어와 효경 등 유교경전을 가르쳤으며, 원성왕 때 학문과 유학의 보급을 위해 독서삼품과를 마련하였다.

   ㉢ 발해 : 주자감을 설립하여 귀족 자제들에게 유교경전을 교육하였다.

(2) 역사 편찬과 유학의 보급

① 삼국시대 … 학문이 점차 발달되고 중앙집권적 체제가 정비됨에 따라 왕실의 권위를 높이고 백성들의 충성심을 모으기 위해 편찬 하였으며 고구려에는 유기, 이문진의 신집 5권, 백제에는 고흥의 서기, 신라에는 거칠부의 국사가 있다.

② 통일신라

    ㉠ 김대문 : 화랑세기, 고승전, 한산기를 저술하여 주체적인 문화의식을 드높였다.

    ㉡ 6두품 유학자 : 강수(외교문서를 잘 지은 문장가)나 설총(화왕계 저술)이 활약하여 도덕적 합리주의를 제시하였다.

    ㉢ 도당 유학생 : 김운경, 최치원이 다양한 개혁안을 제시하였다. 특히 최치원은 당에서 빈공과에 급제하고 계원필경 등 뛰어난 문장과 저술을 남겼으며, 유학자이면서도 불교와 도교에 조예가 깊었다.

③ 발해 … 당에 유학생을 파견하였고 당의 빈공과에 급제한 사람도 여러 명 나왔다.

(3) 불교의 수용

① 수용 … 고구려는 소수림왕(372), 백제는 침류왕(384), 신라는 법흥왕(527) 때 수용되었다.

② 불교의 영향

    ㉠ 새로운 국가정신의 확립과 왕권 강화의 결과를 가져왔다.

    ㉡ 신라 시대의 불교는 업설, 미륵불신앙이 중심교리로 발전하였다.

(4) 불교사상의 발달

① 원효 … 불교의 사상적 이해기준을 확립시켰고(금강삼매경론, 대승기신론소), 종파 간의 사상적인 대립을 극복하고 조화시키려 애썼으며, 불교의 대중화에 이바지하였다(아미타신앙).

② 의상 … 화엄일승법계도를 통해 화엄사상을 정립하였고, 현세에서 고난을 구제한다는 관음사상을 외치기도 하였다.

③ 혜초 … 인도에 가서 불교를 공부하였으며, 왕오천축국전을 저술하기도 하였다.

(5) 선종과 풍수지리설

① 선종 … 참선을 중시했고 실천적 경향이 강하였으며, 호족세력과 결합하였다.

② 풍수지리설 … 신라말기의 도선과 같은 선종 승려들이 중국에서 풍수지리설을 들여왔다.

    ㉠ 성격 : 도읍, 주택, 묘지 등을 선정하는 인문지리적 학설을 말하며, 도참사상과 결합하기도 하였다.

    ㉡ 국토를 지방 중심으로 재편성하는 주장으로 발전하였다.

② 과학기술의 발달

(1) 천문학과 수학

① 천문학의 발달 ··· 농경과 밀접한 관련이 있었으며, 고구려의 천문도·고분벽화, 신라의 천문대를 통해 천문학이 발달했음을 알 수 있다.

② 수학의 발달 ··· 수학적 지식을 활용한 조형물을 통해 높은 수준으로 발달했음을 알 수 있다.
   ㉠ 고구려 : 고분의 석실과 천장의 구조
   ㉡ 백제 : 정림사지 5층 석탑
   ㉢ 신라 : 황룡사지 9층 목탑, 석굴암의 석굴구조, 불국사 3층 석탑, 다보탑

(2) 목판인쇄술과 제지술의 발달

① 배경 ··· 불교의 발달로 불경의 대량인쇄를 위해 목판인쇄술과 제지술이 발달하였다.

② 무구정광대다라니경 ··· 세계에서 가장 오래된 목판인쇄물이며, 닥나무 종이를 사용하였다.

(3) 금속기술의 발달

① 고구려 ··· 철의 생산이 중요한 국가적 산업이었으며, 우수한 철제 무기와 도구가 출토되었다. 고분벽화에는 철을 단련하고 수레바퀴를 제작하는 기술자의 모습이 묘사되어 있다.

② 백제 ··· 금속공예기술이 발달하였다(칠지도, 백제 금동대향로).

③ 신라 ··· 금세공기술이 발달하고(금관), 금속주조기술도 발달하였다(성덕대왕 신종).

(4) 농업기술의 혁신

① 철제 농기구의 보급으로 농업생산력이 증가하였다.

② 삼국의 농업기술 ··· 쟁기, 호미, 괭이 등의 농기구가 보급되어 농업 생산이 증가되었다.

③ 고대인의 자취와 멋

(1) 고분과 고분벽화

① 고구려 ··· 초기에는 돌무지무덤으로, 장군총이 대표적이며 후기에는 굴식 돌방무덤으로 무용총(사냥그림), 강서대묘(사신도), 쌍영총, 각저총(씨름도) 등이 대표적이다.

② 백제 … 한성시대에는 계단식 돌무지무덤으로서 서울 석촌동에 있는 무덤은 고구려 초기의 고분과 유사하며 웅진시대에는 굴식 돌방무덤과 벽돌무덤이 유행하였다. 사비시대에는 규모는 작지만 세련된 굴식 돌방무덤을 만들었다.

③ 신라 … 거대한 돌무지 덧널무덤을 만들었으며, 삼국통일 직전에는 굴식 돌방무덤도 만들었다.

④ 통일신라 … 굴식 돌방무덤과 화장이 유행하였으며, 둘레돌에 12지 신상을 조각하였다.

⑤ 발해 … 정혜공주묘(굴식 돌방무덤 · 모줄임 천장구조), 정효공주묘(묘지 · 벽화)가 유명하다.

(2) 건축과 탑

① 삼국시대
　㉠ 사원 : 신라의 황룡사는 진흥왕의 팽창의지를 보여주고, 백제의 미륵사는 무왕이 추진한 백제의 중흥을 반영하는 것이다.
　㉡ 탑 : 불교의 전파와 함께 부처의 사리를 봉안하여 예배의 주대상으로 삼았다.
　　• 고구려 : 주로 목탑 건립(현존하는 것은 없음)
　　• 백제 : 목탑형식의 석탑인 익산 미륵사지 석탑, 부여 정림사지 5층 석탑
　　• 신라 : 몽고의 침입 때 소실된 황룡사 9층 목탑과 벽돌모양의 석탑인 분황사탑

② 통일신라
　㉠ 건축 : 불국토의 이상을 조화와 均형감각으로 표현한 사원인 불국사, 석굴암 및 인공 연못인 안압지는 화려한 귀족생활을 보여 준다.
　㉡ 탑 : 감은사지 3층 석탑, 불국사 석가탑, 양양 진전사지 3층 석탑이 있다.
　㉢ 승탑과 승비 : 신라 말기에 선종이 유행하면서 승려들의 사리를 봉안하는 승탑과 승비가 유행하였다.

③ 발해 … 외성을 쌓고, 주작대로를 내고, 그 안에 궁궐과 사원을 세웠다.

(3) 불상 조각과 공예

① 삼국시대 … 불상으로는 미륵보살반가상을 많이 제작하였다. 그 중에서도 금동미륵보살반가상은 날씬한 몸매와 자애로운 미소로 유명하다.

② 통일신라
　㉠ 석굴암의 본존불과 보살상 : 사실적 조각으로 불교의 이상세계를 구현하는 것이다.
　㉡ 조각 : 태종 무열왕릉비의 받침돌, 불국사 석등, 법주사 쌍사자 석등이 유명하다.
　㉢ 공예 : 상원사 종, 성덕대왕 신종 등이 유명하다.

③ 발해
　㉠ 불상 : 흙을 구워 만든 불상과 부처 둘이 앉아 있는 불상이 유명하다.
　㉡ 조각 : 벽돌과 기와무늬, 석등이 유명하다.
　㉢ 공예 : 자기공예가 독특하게 발전하였고 당에 수출하기도 했다.

(4) 글씨 · 그림과 음악

① 서예 ··· 광개토대왕릉 비문(웅건한 서체), 김생(독자적인 서체)이 유명하다.

② 그림 ··· 천마도(신라의 힘찬 화풍), 황룡사 벽에 그린 소나무 그림(솔거)이 유명하다.

③ 음악과 무용 ··· 신라의 백결선생(방아타령), 고구려의 왕산악(거문고), 가야의 우륵(가야금)이 유명하다.

④ 일본으로 건너간 우리 문화

(1) 삼국문화의 일본 전파

① 백제 ··· 아직기는 한자 교육, 왕인은 천자문과 논어 보급, 노리사치계는 불경과 불상을 전래하였다.

② 고구려 : 담징(종이 먹의 제조방법을 전달, 호류사 벽화), 혜자(쇼토쿠 태자의 스승), 혜관(불교 전파)을 통해 문화가 전파되었다.

③ 신라 ··· 축제술과 조선술을 전해주었다.

④ 삼국의 문화는 야마토 정권과 아스카 문화의 형성에 큰 영향을 주었다.

(2) 일본으로 건너간 통일신라 문화

① 원효, 강수, 설총이 발전시킨 유교와 불교문화는 일본 하쿠호문화의 성립에 기여하였다.

② 심상에 의하여 전해진 화엄사상은 일본 화엄종의 토대가 되었다.

02 중세의 문화

① 유학의 발달과 역사서의 편찬

(1) 유학의 발달

① 고려 초기의 유학 ··· 유교주의적 정치와 교육의 기틀이 마련되었다.
    ㉠ 태조 때 : 신라 6두품 계열의 유학자들이 활약하였다.
    ㉡ 광종 때 : 유학에 능숙한 관료를 등용하는 과거제도를 실시하였다.
    ㉢ 성종 때 : 최승로의 시무 28조를 통해 유교적 정치사상이 확립되고 유학교육기관이 정비되었다.

② **고려 중기** … 문벌귀족사회의 발달과 함께 유교사상이 점차 보수적 성격을 띠게 되었다.

　㉠ **최충** : 9재학당 설립, 훈고학적 유학에 철학적 경향을 가미하기도 하였다.

　㉡ **김부식** : 보수적이고 현실적인 성격의 유학을 대표하였다.

(2) 교육기관

① **초기(성종)** … 지방에는 지방관리와 서민의 자제를 교육시키는 향교를, 중앙에는 국립대학인 국자감이 설치되었다.

② **중기**

　㉠ 최충의 9재 학당 등의 사학 12도가 융성하여 관학이 위축되었다.

　㉡ **관학진흥책** : 7재 개설 및 서적포, 양현고, 청연각을 설치하였고, 개경에서는 경사 6학과 향교를 중심으로 지방교육을 강화시켰다.

③ **후기** … 교육재단인 섬학전을 설치하고, 국자감을 성균관으로 개칭하였으며, 공민왕 때에는 성균관을 순수 유교교육기관으로 개편하였다.

(3) 역사서의 편찬

① **삼국사기(김부식)** … 기전체로 서술되었고, 신라 계승의식과 유교적 합리주의 사관이 짙게 깔려 있다.

② **해동고승전(각훈)** … 삼국시대의 승려 30여명의 전기를 수록하였다.

③ **동명왕편(이규보)** … 고구려 동명왕의 업적을 칭송한 영웅 서사시로서, 고구려 계승의식을 반영하고 고구려의 전통을 노래하였다.

④ **삼국유사(일연)** … 단군의 건국 이야기를 수록하였고, 불교사를 중심으로 서술되었다.

⑤ **제왕운기(이승휴)** … 우리나라 역사를 단군으로부터 서술하면서 우리 역사를 중국사와 대등하게 파악하려 하였다.

(4) 성리학의 전래

① **성리학** … 송의 주희가 집대성한 성리학은 인간의 심성과 우주의 원리문제를 철학적으로 탐구하는 신유학이었다.

② **영향**

　㉠ 현실 사회의 모순을 시정하기 위한 개혁사상으로 신진사대부들은 성리학을 수용하게 되었다.

　㉡ 권문세족과 불교의 폐단을 비판하였다(정도전의 불씨잡변).

　㉢ 국가사회의 지도이념이 불교에서 성리학으로 바뀌게 되었다.

② 불교사상과 신앙

(1) 불교정책

① 태조 … 훈요 10조에서 불교를 숭상하고, 연등회와 팔관회 등 불교행사를 개최하였다.

② 광종 … 승과제도, 국사·왕사제도를 실시하였다.

③ 사원 … 국가가 토지를 지급했으며, 승려에게 면역의 혜택을 부여하였다.

(2) 불교통합운동과 천태종

① 화엄종, 법상종 발달 … 왕실과 귀족의 지원을 받았다.

② 천태종 … 대각국사 의천이 창시하였다.
  ㉠ 교단통합운동 : 화엄종 중심으로 교종통합, 선종의 통합을 위해 국청사를 창건하여 천태종을 창시하였다.
  ㉡ 교관겸수 제창 : 이론의 연마와 실천을 강조하였다.

③ 무신집권 이후의 종교운동
  ㉠ 지눌 : 당시 불교계의 타락을 비판하고, 조계종 중심의 선·교 통합, 돈오점수·정혜쌍수를 제창하였다.
  ㉡ 혜심 : 유불일치설을 주장하고 심성의 도야를 강조하였다.

(3) 대장경 간행

① 초조대장경 … 현종 때 거란의 퇴치를 염원하며 간행하였으나 몽고의 침입으로 소실되었다.

② 속장경(의천) … 교장도감을 설치하여 속장경을 간행하였는데, 몽고 침입시 소실되었다.

③ 팔만대장경(재조대장경) … 대장도감을 설치하여 부처의 힘으로 몽고의 침입을 극복하고자 하였다.

(4) 도교와 풍수지리설

① 도교 … 국가의 안녕과 왕실의 번영을 기원하였는데 교단이 성립되지 못하여 민간신앙으로 전개되었다.

② 풍수지리설 … 서경천도와 북진정책 추진의 이론적 근거가 되었으며, 개경세력과 서경세력의 정치적 투쟁에 이용되어 묘청의 서경천도운동을 뒷받침하기도 하였다.

③ 과학기술의 발달

(1) 천문학과 의학

① **천문학** … 사천대를 설치하여 관측업무를 수행하였고, 당의 선명력이나 원의 수시력 등 역법을 수용하였다.

② **의학** … 태의감에서 의학을 교육하였고, 의과를 시행하였으며, 향약구급방과 같은 자주적 의서를 편찬하였다.

(2) 인쇄술의 발달

① **목판인쇄술** … 대장경을 간행하였다.

② **금속활자인쇄술** … 직지심체요절(1377)은 현존하는 세계 최고(最古)의 금속 활자본이다.

③ **제지술의 발달** … 닥나무의 재배를 장려하고, 종이 제조의 전담관서를 설치하여 우수한 종이를 제조하여 중국에 수출하기도 하였다.

(3) 농업기술의 발달

① **권농정책** … 농민생활의 안정과 국가재정의 확보를 위해 실시하였다.

② **농업기술의 발달**
  ㉠ **토지의 개간과 간척** : 묵은땅, 황무지, 산지 등을 개간하였으며 해안지방의 저습지를 간척하였다.
  ㉡ **수리시설의 개선** : 김제의 벽골제와 밀양의 수산제를 개축하였다.
  ㉢ **농업기술의 발달** : 1년 1작이 기본이었으며 논농사의 경우는 직파법을 실시하였으나, 말기에 남부 일부 지방에 이앙법이 보급되어 실시되기도 하였다. 밭농사는 2년 3작의 윤작법과 우경에 의한 깊이갈이가 보급되어 휴경기간의 단축과 생산력의 증대를 가져왔다.
  ㉣ **농서의 도입** : 이암은 원의 농상집요를 소개 · 보급하였다.

(4) 화약무기의 제조와 조선기술

① 최무선은 화통도감을 설치하여 화약과 화포를 제작하였고 진포싸움에서 왜구를 격퇴하였다.

② 대형 범선이 제조되었고 대형 조운선이 등장하였다.

❹ 귀족문화의 발달

(1) 문학의 성장

① 전기

  ㉠ 한문학 : 광종 때부터 실시한 과거제로 한문학이 크게 발달하였고, 성종 이후 문치주의가 성행함에 따라 한문학은 관리들의 필수교양이 되었다.

  ㉡ 향가 : 균여의 보현십원가가 대표적이며, 향가는 점차 한시에 밀려 사라지게 되었다.

② 중기 ⋯ 당의 시나 송의 산문을 숭상하는 풍조가 나타났다.

③ 무신집권기 ⋯ 현실도피적 경향의 수필문학(임춘의 국숭전, 이인로의 파한집)이 유행하였다.

④ 후기 ⋯ 신진사대부와 민중이 주축이 되어 수필문학, 패관문학, 한시가 발달하였으며, 사대부문학인 경기체가 및 서민의 감정을 자유분방하게 표현한 속요가 유행하였다.

(2) 건축과 조각

① 건축 ⋯ 궁궐과 사원이 중심이 되었으며, 주심포식 건물(안동 봉정사 극락전, 영주 부석사 무량수전, 예산 수덕사 대웅전)과 다포식 건물(사리원 성북사 응진전)이 건축되었다.

② 석탑 ⋯ 신라 양식을 계승하였으나 독자적인 조형감각을 가미하여 다양한 형태로 제작되었다(불일사 5층 석탑, 월정사 팔각 9층 석탑, 경천사 10층 석탑).

③ 승탑 ⋯ 선종의 유행과 관련이 있다(고달사지 승탑, 법천사 지광국사 현묘탑).

④ 불상 ⋯ 균형을 이루지 못하여 조형미가 다소 부족한 것이 많았다(광주 춘궁리 철불, 관촉사 석조 미륵보살 입상, 안동 이천동 석불, 부석사 소조아미타여래 좌상).

(3) 청자와 공예

① 자기공예 ⋯ 상감청자가 발달하였다.

② 금속공예 ⋯ 은입사 기술이 발달하였다(청동 은입사 포류수금문 정병, 청동향로).

③ 나전칠기 ⋯ 경함, 화장품갑, 문방구 등이 현재까지 전해진다.

(4) 글씨 · 그림과 음악

① 서예 ⋯ 전기에는 구양순체가 유행했으며 탄연의 글씨가 뛰어났고, 후기에는 송설체가 유행했으며, 이암이 뛰어났다.

② 회화 ⋯ 전기에는 예성강도, 후기에는 사군자 중심의 문인화가 유행하였다.

③ 음악

　　㉠ 아악 : 송에서 수입된 대성악이 궁중음악으로 발전된 것이다.

　　㉡ 향악(속악) : 우리 고유의 음악이 당악의 영향을 받아 발달한 것으로 동동 · 대동강 · 한림별곡이 유명하다.

03 근세의 문화

❶ 민족문화의 융성

(1) 한글의 창제

① 배경 ··· 한자음의 혼란을 방지하고 피지배층에 대한 도덕적인 교화에 목적이 있었다.

② 보급 ··· 용비어천가 · 월인천강지곡 등을 제작하고, 불경, 농서, 윤리서, 병서 등을 간행하였다.

(2) 역사서의 편찬

① 건국 초기 ··· 왕조의 정통성을 확보하고 성리학적 통치규범을 성착시키기 위한 것이었다. 정도전의 고려국
　　사와 권근의 동국사략이 대표적이다.

② 15세기 중엽 ··· 고려역사를 자주적 입장에서 재정리하였고 고려사, 고려사절요, 동국통감이 간행되었다.

③ 16세기 ··· 사림의 정치 · 문화 의식을 반영하였고, 박상의 동국사략이 편찬되었다.

④ 실록의 편찬 ··· 국왕 사후에 실록청을 설치하여 편찬하였다.

(3) 지리서의 편찬

① 목적 ··· 중앙 집권과 국방 강화를 위하여 지리지와 지도의 편찬에 힘썼다.

② 지도 ··· 혼일강리역대국도지도, 팔도도, 동국지도, 조선방역지도 등이 있다.

③ 지리지 ··· 신찬팔도지리지, 동국여지승람, 신증동국여지승람, 해동제국기 등이 있다.

(4) 윤리 · 의례서와 법전의 편찬

① 윤리 · 의례서 ··· 유교적인 사회질서 확립을 위해 편찬하였으며, 삼강행실도, 이륜행실도, 동몽수지 등의 윤
　　리서와 의례서로는 국조오례의가 있다.

② 법전의 편찬
　　㉠ 초기 법전 : 정도전의 조선경국전, 경제문감, 조준의 경제육전이 편찬되었다.
　　㉡ 경국대전 : 구성된 법전으로 유교적 통치 질서와 문물제도가 완성되었음을 의미한다.

② 성리학의 발달

(1) 조선 초의 성리학

① **관학파**(훈구파) … 정도전, 권근 등의 관학파는 다양한 사상과 종교를 포용하고, 주례를 중시하였다.

② **사학파**(사림파) … 길재 등은 고려말의 온건개혁파를 계승하여 교화에 의한 통치를 강조하였고, 성리학적 명분론을 중시하였다.

(2) 성리학의 융성

① 이기론의 발달
　　㉠ 주리론 : 기(氣)보다는 이(理)를 중심으로 이론을 전개하였다.
　　㉡ 주기론 : 이(理)보다는 기(氣)를 중심으로 세계를 이해하였다.

② 성리학의 정착
　　㉠ 이황
　　　• 인간의 심성을 중시하였고, 근본적이며 이상주의적 성격이 강하였다.
　　　• 주자서절요, 성학십도 등을 저술하여 이기이원론을 더욱 발전시켜 주리철학을 확립하였다.
　　㉡ 이이
　　　• 기를 강조하여 일원론적 이기이원론을 주장하였으며 현실적이고 개혁적인 성격이 강하였다.
　　　• 동호문답, 성학집요 등을 저술하였다.

(3) 학파의 형성과 대립

① 동인
　　㉠ 남인 : 이황학파, 서인과 함께 인조반정에 성공하였다.
　　㉡ 북인 : 서경덕학파, 조식학파, 광해군 때 사회개혁을 추진하였다.

② 서인 … 이이학파 · 성혼학파로 나뉘고, 인조반정으로 집권하였으며, 송시열 이후 척화론과 의리명분론을 강조하였다.

(4) 예학의 발달

① 성격 … 유교적 질서를 유지하였고, 예치를 강조하였다.

② 영향 … 각 학파 간 예학의 차이가 예송논쟁을 통해 표출되었다.

❸ 불교와 민간신앙

(1) 불교의 정비

① **불교 정책** … 사원의 토지와 노비를 회수하고, 사찰 및 승려 수를 제한하였으며, 도첩제를 실시하였다.

② **정비과정** … 선·교 양종에 모두 36개 절만 인정하였고, 사람들의 적극적인 불교비판으로 불교는 산속으로 들어가게 되었다.

(2) 도교와 민간신앙

① **도교** … 소격서를 설치하고 참성단에서 일월성신에 대해 제사를 지내는 초제를 시행하였다.

② **풍수지리설과 도참사상** … 한양 천도에 반영되었고, 산송문제를 야기하기도 하였다.

③ **민간신앙** … 무격신앙, 산신신앙, 삼신숭배, 촌락제가 성행하게 되었다.

❹ 과학기술의 발달

(1) 천문·역법과 의학

① 각종 기구의 발명·제작
　　㉠ 천체관측기구 : 혼의, 간의
　　㉡ 시간측정기구 : 해시계(앙부일구), 물시계(자격루)
　　㉢ 강우량측정기구 : 측우기(세계 최초)
　　㉣ 토지측량기구 : 인지의, 규형(토지 측량과 지도 제작에 활용)

② 역법 … 중국의 수시력과 아라비아의 회회력을 참고한 칠정산을 발달시켰다.

③ 의학분야 … 향약집성방과 의방유취가 편찬되었다.

(2) 농서의 편찬과 농업기술의 발달

① 농서의 편찬

　　㉠ **농사직설** : 최초의 농서로서 독자적인 농법을 정리(씨앗의 저장법·토질의 개량법·모내기법)하였다.

　　㉡ **금양잡록** : 금양(시흥)지방을 중심으로 경기지방의 농사법을 정리하였다.

② 농업기술의 발달 … 2년 3작(밭농사), 이모작·모내기법(논농사), 시비법, 가을갈이가 실시되었다.

(3) 병서 편찬과 무기 제조

① **병서의 편찬** … 총통등록, 병장도설이 편찬되었다.

② **무기 제조** … 최해산은 화약무기를 제조하였고, 화포가 만들어졌다.

③ **병선 제조** … 태종 때에는 거북선과 비거도선을 제조하여 수군의 전투력을 향상시켰다.

❺ 문학과 예술

(1) 다양한 문학

① 15세기 … 격식을 존중하고, 질서와 조화를 내세웠다.

　　㉠ **악장과 한문학** : 용비어천가, 월인천강지곡, 동문선

　　㉡ **시조문학** : 김종서·남이(패기 넘침)

　　㉢ **설화문학** : 관리들의 기이한 행적, 서민들의 풍속·감정·역사의식을 담았다(서거정의 필원잡기, 김사습의 금오신화)

② 16세기 … 사림문학이 주류를 이루었다.

　　㉠ **시조문학** : 황진이, 윤선도(오우기·어부사시사)

　　㉡ **가사문학** : 송순, 정철(관동별곡·사미인곡·속미인곡)

(2) 왕실과 양반의 건축

① 15세기 … 궁궐·관아·성곽·성문·학교건축이 중심이 되었고, 건물은 건물주의 신분에 따라 일정한 제한을 두었다.

② 16세기 … 서원건축은 가람배치양식과 주택양식이 실용적으로 결합된 독특한 아름다움을 지녔으며, 옥산서원(경주)·도산서원(안동)이 대표적이다.

(3) 분청사기 · 백자와 공예

① 분청사기 … 안정된 그릇모양이었으며 소박하였다.

② 백자 … 깨끗하고 담백하며 선비취향이었다.

③ 공예 … 목공예, 화각공예, 자개공예가 주류를 이루었다.

(4) 그림과 글씨

① 그림
 ㉠ 15세기 : 안견(몽유도원도), 강희안(고사관수도), 강희맹 등이 있다.
 ㉡ 16세기 : 산수화와 사군자가 유행하였으며, 이암, 이정, 황집중, 어몽룡, 신사임당 등이 있다.

② 글씨 … 안평대군(송설체), 양사언(초서), 한호(석봉체)가 유명하였다.

04 문화의 새 기운

❶ 성리학의 변화

(1) 성리학의 교조화 경향

① 서인의 의리명분론 강화 … 송시열은 주자중심의 성리학을 절대화 하였다.

② 성리학 비판
 ㉠ 윤휴 : 유교경전에 대한 독자적으로 해석하였다.
 ㉡ 박세당 : 양명학과 조장사상의 영향을 받아 주자의 학설을 비판하였으나 사문난적으로 몰렸다.

③ 성리학의 발달
 ㉠ 이기론 중심 : 이황학파의 영남 남인과 이이학파인 노론 사이에 성리학의 이기론을 둘러싼 논쟁이 치열하게 전개되었다.
 ㉡ 심성론 중심 : 인간과 사물의 본성이 같은가 다른가 등의 문제를 둘러싸고 충청도 지역의 호론과 서울 지역의 낙론이 대립하였다.

(2) 양명학의 수용

① 성리학의 교조화와 형식화를 비판하였고, 실천성을 강조하였다.

② 강화학파의 형성 … 18세기 초 정제두가 양명학 연구와 제자 양성에 힘써 강화학파라 불리는 하나의 학파를 이루었으나 제자들이 정권에서 소외된 소론이었기 때문에 그의 학문은 집안의 후손들과 인척을 중심으로 가학(家學)의 형태로 계승되었다.

② 실학의 발달

(1) 실학의 등장
① 배경 … 사회모순의 해결이 필요했으며, 성리학의 한계가 나타났다.
② 새로운 문화운동 … 현실적 문제를 연구했으며, 이수광의 지봉유설, 한백겸의 동국지리지가 편찬되었다.
③ 성격 … 민생안정과 부국강병이 목표였고, 비판적 · 실증적 논리로 사회개혁론을 제시하였다.

(2) 농업 중심의 개혁론(경세치용학파)

① 특징 … 농민의 입장에서 토지제도의 개혁을 추구하였다.

② 주요 학자와 사상
　㉠ 유형원 : 반계수록을 저술, 균전론 주장, 양반문벌제도 · 과거제도 · 노비제도의 모순을 비판하였다.
　㉡ 이익 : 이익학파를 형성하고 한전론을 주장, 6종의 폐단을 지적했다.
　㉢ 정약용 : 실학을 집대성, 목민심서 · 경세유표를 저술, 여전론을 주장하였다.

(3) 상공업 중심의 개혁론(이용후생학파, 북학파)

① 특징 … 청나라 문물을 적극적으로 수용하여 부국 강병과 이용 후생에 힘쓰자고 주장하였다.

② 주요 학자와 사상
　㉠ 유수원 : 우서를 저술, 상공업 진흥 · 기술혁신을 강조, 사농공상의 직업평등과 전문화를 주장하였다.
　㉡ 홍대용 : 임하경륜 · 의산문답을 저술, 기술혁신과 문벌제도를 철폐, 성리학 극복을 주장하였다.
　㉢ 박지원 : 열하일기를 저술, 상공업의 진흥 강조(수레와 선박의 이용 · 화폐유통의 필요성 주장), 양반문벌제도의 비생산성 비판, 농업 생산력 증대에 관심(영농방법의 혁신 · 상업적 농업의 장려 · 수리시설의 확충)을 가졌다.
　㉣ 박제가 : 북학의를 저술, 청과의 통상 강화, 수레와 선박 이용, 소비권장을 주장하였다.

(4) 국학 연구의 확대

① 국사

　　㉠ 이익 : 실증적 · 비판적 역사서술, 중국 중심의 역사관을 비판하였다.

　　㉡ 안정복 : 동사강목을 저술하였고 고증사학의 토대를 닦았다.

　　㉢ 이긍익 : 조선시대의 정치와 문화를 정리하여 연려실기술을 저술하였다.

　　㉣ 이종휘와 유득공 : 이종휘의 동사와 유득공의 발해고는 각각 고구려사와 발해사 연구를 중심으로 연구 시야를 만주지방까지 확대하여 한반도 중심의 협소한 사관을 극복하고자 했다.

　　㉤ 김정희 : 금석과안록을 지어 북한산비가 진흥왕순수비임을 고증하였다.

③ 국토에 대한 연구

　　㉠ 지리서 : 한백겸의 동국지리지, 정약용의 아방강역고, 이중환의 택리지가 편찬되었다.

　　㉡ 지도 : 동국지도(정상기), 대동여지도(김정호)가 유명하다.

④ 언어에 대한 연구 … 신경준의 훈민정음운해, 유희의 언문지, 이의봉의 고금석립이 편찬되었다.

⑤ 백과사전의 편찬 … 이수광의 지봉유설, 이익의 성호사설, 서유구의 임원경제지, 홍봉한의 동국문헌비고가 편찬되었다.

❸ 과학기술의 발달

(1) 천문학과 지도제작기술의 발달

① 천문학 … 김석문 · 홍대용의 지전설은 근대적 우주관으로 성리학적 세계관을 비판하였다.

② 역법과 수학 … 시헌력(김육)과 유클리드 기하학을 도입하였다.

③ 지리학 … 곤여만국전도(세계지도)가 전래되어 세계관이 확대되었다.

(2) 의학의 발달과 기술의 개발

① 의학 … 허준은 동의보감, 허임은 침구경험방, 정약용은 마과회통, 이제마는 동의수세보원을 저술하였다.

② 정약용의 기술관 … 한강에 배다리를 설계하고, 수원 화성을 설계 및 축조하였다(거중기 사용)

(3) 농서의 편찬과 농업기술의 발달

① 농서의 편찬

　　㉠ 신속의 농가집성 : 벼농사 중심의 농법이 소개되고, 이앙법 보급에 기여하였다.

　　㉡ 박세당의 색경 : 곡물재배법, 채소, 과수, 원예, 축산, 양잠 등의 농업기술을 소개하였다.

    ⓒ 홍만선의 산림경제 : 농예, 의학, 구황 등에 관한 농서이다.

    ⓔ 서유구 : 해동농서와 농촌생활 백과사전인 임원경제지를 편찬하였다.

② 농업기술의 발달

    ㉠ 이앙법, 견종법의 보급으로 노동력이 절감되고 생산량이 증대되었다.

    ㉡ 쟁기를 개선하여 소를 이용한 쟁기를 사용하기 시작하였다.

    ㉢ 시비법이 발전되어 여러 종류의 거름이 사용됨으로써 토지의 생산력이 증대되었다.

    ㉣ 수리시설의 개선으로 저수지를 축조하였다(당진의 합덕지, 연안의 남대지 등).

    ㉤ 황무지 개간(내륙 산간지방)과 간척사업(해안지방)으로 경지면적을 확대시켰다.

④ 문학과 예술의 새 경향

(1) 서민문화의 발달

① 배경 ⋯ 서당교육이 보급되고, 서민의 경제적 · 신분적 지위가 향상되었다.

② 서민문화의 대두 ⋯ 중인층(역관 · 서리), 상공업 계층, 부농층의 문예활동과 상민, 광대들의 활동이 활발하였다.

③ 문학상의 특징 ⋯ 인간감정을 적나라하게 표현하고 양반들의 위선적인 모습을 비판하며, 사회의 부정과 비리를 풍자 · 고발하였다. 서민적 주인공이 등장했으며, 현실세계를 배경으로 설정하였다.

(2) 판소리와 탈놀이

① 판소리 ⋯ 서민문화의 중심이 되었으며, 직접적이고 솔직하게 감정을 표현하였다. 다섯마당(춘향가 · 심청가 · 흥보가 · 적벽가 · 수궁가)이 대표적이며, 신재효는 판소리 사설을 창작하고 정리하였다.

② 탈놀이 · 산대놀이 ⋯ 승려들의 부패와 위선을 풍자하고, 양반의 허구를 폭로하였다.

(3) 한글소설과 사설시조

① 한글소설 ⋯ 홍길동전, 춘향전, 별주부전, 심청전, 장화홍련전 등이 유명하였다.

② 사설시조 ⋯ 남녀 간의 사랑, 현실에 대한 비판을 거리낌없이 표현하였다.

③ 한문학 ⋯ 정약용은 삼정의 문란을 폭로하는 한시를 썼고, 박지원은 양반전, 허생전, 호질을 통해 양반사회의 허구성을 지적하며 실용적 태도를 강조하였다.

⑷ 진경산수화와 풍속화

① **진경산수화** … 우리나라의 고유한 자연을 표현하였고, 정선의 인왕제색도·금강전도가 대표적이다.

② **풍속화** … 김홍도는 서민생활을 묘사하였고, 신윤복은 양반 및 부녀자의 생활과 남녀 사이의 애정을 표현하였다.

③ **민화** … 민중의 미적 감각과 소박한 정서를 표현하였다.

④ **서예** … 이광사(동국진체), 김정희(추사체)가 대표적이었다.

⑸ 백자·생활공예와 음악

① **자기공예** … 백자가 민간에까지 널리 사용되었고, 청화백자가 유행하였으며 서민들은 옹기를 많이 사용하였다.

② **생활공예** … 목공예와 화각공예가 발전하였다.

③ **음악** … 음악의 향유층이 확대되어 다양한 음악이 출현하였다. 양반층은 가곡·시조, 서민들은 민요를 애창하였다.

출제 예상 문제

1 신라 하대 불교계의 새로운 경향을 알려주는 다음의 사상에 대한 설명으로 옳은 것은?

> 불립문자(不立文字)라 하여 문자를 세워 말하지 않는다고 주장하고, 복잡한 교리를 떠나서 심성(心性)을 도야하는 데 치중하였다. 그러므로 이 사상에서 주장하는 바는 인간의 타고난 본성이 곧 불성(佛性)임을 알면 그것이 불교의 도리를 깨닫는 것이라는 견성오도(見性悟道)에 있었다.

① 전제왕권을 강화해주는 이념적 도구로 크게 작용하였다.

② 지방에서 새로이 대두한 호족들의 사상으로 받아들여졌다.

③ 왕실은 이 사상을 포섭하려는 노력에 관심을 기울이지 않았다.

④ 인도에까지 가서 공부해 온 승려들에 의해 전파되었다.

TIP 위에 설명된 사상은 신라 하대에 유행한 선종(禪宗)에 관한 것으로 선종은 문자에 의존하지 않고 오직 좌선만을 통해 부처의 깨달음에 이르려는 종파이다. 6세기 초에 인도에서 중국으로 건너 온 보리달마를 초조(初祖)로 한다. 선종사상은 절대적인 존재인 부처에 귀의하려는 것이 아니라 각자가 가지고 있는 불성(佛性)의 개발을 중요시하는 성향을 지녔기에 신라 하대 당시 중앙정부의 간섭을 배제하면서 지방에서 독자적인 세력을 구축하려 한 호족들의 의식구조와 부합하였다. 이로 인해 신라 말 지방호족의 도움으로 선종은 크게 세력을 떨치며 새로운 사회의 사상적 토대를 마련하였다.

2 조선 후기 천주교와 관련된 설명으로 옳지 않은 것은?

① 기해사옥 때 흑산도로 유배를 간 정약전은 그 지역의 어류를 조사한 「자산어보」를 저술하였다.

② 안정복은 성리학의 입장에서 천주교를 비판하는 「천학문답」을 저술하였다.

③ 1791년 윤지충은 어머니 상(喪)에 유교 의식을 거부하여 신주를 없애고 제사를 지내 권상연과 함께 처형을 당하였다.

④ 신유사옥 때 황사영은 군대를 동원하여 조선에서 신앙의 자유를 보장받게 해달라는 서신을 북경에 있는 주교에게 보내려다 발각되었다.

TIP ① 정약전은 신유사옥(1801)으로 인해 흑산도로 귀양을 간 후 그 곳에서 자산어보를 지었다.

Answer 1.② 2.①

3 다음 중 학자에 대한 설명과 대표저서의 연결이 옳은 것은?

① 유수원의 「우서」 – 절약보다 소비를 권장하였다.
② 홍대용의 「의산문답」 – 기술의 혁신과 문벌제도의 철폐 및 지전설을 주장하였다.
③ 박지원의 「열하일기」 – 상공업의 진흥과 기술혁신, 사농공상의 직업평등화를 주장하였다.
④ 박제가의 「북학의」 – 양반 문벌 제도의 비생산성을 비판하였다.

TIP ① 유수원은 상공업의 진흥과 기술혁신, 사농공상의 직업평등화를 주장하였다.
③ 박지원은 상공업의 진흥과 수레·선박·화폐 이용의 주장 및 양반 문벌제도의 비생산성을 비판하였다.
④ 박제가는 청과의 통상을 주장하며 절약보다 적절한 소비를 권장하였다.

4 다음 중 해외로 유출된 우리 문화재는?

① 신윤복의 미인도
② 안견의 몽유도원도
③ 정선의 인왕제색도
④ 강희안의 고사관수도

TIP ② 현재 안견의 몽유도원도(夢遊桃源圖)는 일본 덴리대학(天理大學) 중앙도서관에 소장되어 있으며 우리나라에서는 2009년 한국박물관 개관 100주년 기념 특별전으로 전시된 적이 있었다.

5 다음 중 「삼국사기」와 「삼국유사」에 대한 비교로서 옳지 않은 것은?

① 전자는 관찬사서이고, 후자는 사찬사서이다.
② 전자에 비하여 후자는 민족의식이 강하게 나타났다.
③ 두 사서는 삼국시대의 역사를 다룬 점에서 일치한다.
④ 전자는 정치사 중심이고, 후자는 문화사적인 내용을 많이 다루었다.

TIP ㉠ 「삼국사기」: 인종 때 김부식이 중국 「사기」의 체제를 모방하여 유교사관의 입장에서 삼국시대의 역사를 정리한 것이다. 정사체인 기전체 사서로 본기·열전·지·표로 구분 저술하였는데, 삼국 가운데 신라를 정통으로 삼았다(전 50권으로 사대주의적 기술).
㉡ 「삼국유사」: 충렬왕 때(1285) 일연이 불교사의 입장에서 저술한 것으로 단군의 이야기를 최초로 수록하여 민족의 자주성을 강조하였다. 향가 14수가 수록되었으며 「삼국사기」에서 찾아볼 수 없는 고대문화에 관계되는 중요한 사실을 수록하고 있다.

Answer 3.② 4.② 5.③

6 신라의 독서삼품과에 대한 설명으로 옳은 것은?

① 이 제도는 적절하게 실시되어 유학의 발달에 큰 공헌을 하였다.
② 6두품을 관리로 선발하려는 목적에서 시행되었다.
③ 골품보다 유학실력에 따라 관리를 채용하려는 제도이다.
④ 이 제도의 실시로 골품이 낮은 사람이나 평민이 관리로 많이 채용되었다.

TIP ③ 신라하대(원성왕 때)에 들어와서 실시된 독서삼품과는 학문성적에 따라 관리를 임명하는 새로운 제도였다.

7 다음 중 고려 문화의 성격으로 옳지 않은 것은?

① 법전 편찬이 활발하였다.
② 지방문화의 생명은 소박성에 있었다.
③ 불교·유교문화가 융합되었다.
④ 유학과 한문학이 발달하였다.

TIP ① 법전의 편찬이 활발했던 것은 조선시대이다. 고려 문화는 기록에 의한 문학활동이 크게 확대되었으며, 불교미술 및 공예가 발달하였다.

8 다음 역사서 저자들의 정치적 입장에 관한 설명으로 옳지 않은 것은?

①「여사제강」 - 서인의 입장에서 북벌운동을 지지하였다.
②「동사(東事)」 - 붕당정치를 비판하였다.
③「동사강목」 - 성리학적 명분론을 비판하였다.
④「동국통감제강」 - 남인의 입장에서 왕권 강화를 주장하였다.

TIP 동사강목 … 17세기 이후 축적된 국사연구의 성과를 계승 발전시켜 역사인식과 서술내용 면에서 가장 완성도가 높은 저술로서 정통론인식과 문헌고증방식의 양면을 집대성한 대표적인 통사이다. 단군 → 기자 → 마한 → 통일신라 → 고려까지의 유교적 정통론을 완성하였으며 위만조선을 찬탈왕조로 다루고 발해를 말갈왕조로 보아 우리 역사에서 제외시켰는데 이는 조선의 성리학자로서의 명분론에 입각한 것이었다.

Answer   6.③ 7.① 8.③

9 19세기는 서민문학의 전성기라고 할 수 있다. 이에 관한 설명 중 옳지 않은 것은?

① 종합예술적 성격을 띤 가면극이 유행했다.

② 판소리는 사대부층을 중심으로 크게 환영받았다.

③ 판소리 사설의 창작과 정리에 공이 큰 사람은 신재효였다.

④ 한 편의 이야기를 창과 이야기로 엮어 나가면서 불렀던 판소리가 중심이었다.

TIP ② 판소리는 사대부층보다는 일반 서민층으로부터 크게 환영받았다.

10 다음은 고려시대의 목조건축물이다. 다포양식의 건축물은?

① 봉정사 극락전

② 수덕사 대웅전

③ 성불사 응진전

④ 부석사 무량수전

TIP ①②④ 기둥 위에만 공포를 짜 올리는 주심포 양식으로 하중이 기둥에만 전달되어 기둥은 굵으며 배흘림 양식이다.
③ 기둥과 기둥 사이에 공포를 짜 올리는 다포 양식으로 하중이 고르게 분산되어 지붕이 더욱 커졌다. 이는 중후하고 장엄한 느낌을 준다.

Answer 9.② 10.③

11 다음 중 실학의 성립배경이 되는 것은?

① 보국안민을 내세워 서양과 일본 세력을 배척하기 위하여
② 성리학을 배척하고 양명학을 수용할 필요가 없었기 때문에
③ 유교적 입장을 견지하면서 물질문화의 긍정적인 면은 수용할 필요가 있었기 때문에
④ 천주교를 배척하고 성리학을 옹호할 필요가 있었기 때문에

TIP 왜란과 호란 이후 일부 유학자들은 사림문화의 한계성을 인식하고 사회현실에 대한 반성과 극복의 길을 모색하였다. 또한 서양 문물의 전래와 고증학의 영향으로 종래의 학문에 대해 비판이 일어났다.
　※ **실학의 개념** … 17 ~ 18세기의 사회·경제적 변동에 따른 사회 모순에 직면하여 그 해결책을 구상하는 과정에서 대두한 학문 과 사회개혁론이다.

12 다음의 사상에 관한 설명으로 옳은 것은?

> (가) 인간과 사물의 본성은 동일하다.
> (나) 인간과 사물의 본성은 동일하지 않다.

① (가)는 구한말 위정척사 사상으로 계승되었다.
② (나)는 실학파의 이론적 토대가 되었다.
③ (나)는 사문난적으로 학계에서 배척당했다.
④ (가)와 (나)는 노론 인사들을 중심으로 이루어졌다.

TIP 제시된 글은 노론 내부에서 펼쳐진 호락논쟁으로 (가)는 서울지역의 인물성동론으로 북학파에, (나)는 충정지역의 인물성이론으로 위정척사에 영향을 주었다.

Answer　11.③　12.④

13 고려 말 성리학에 대한 설명으로 옳지 않은 것은?

① 충렬왕 때 안향이 처음으로 소개하였다.

② 정몽주는 '동방이학의 조'라는 칭호를 들을 정도로 뛰어난 성리학자였다.

③ 고려 말에 사림파가 새롭게 등장하였다.

④ 정도전은 불씨잡변을 저술하여 불교를 비판하였다.

TIP ③ 사림파는 고려 말 은거하고 있던 길재가 양성한 세력으로 조선 성종을 전후로 정계에 등장하였다.

06 근현대사의 이해

01 국제 질서의 변동과 근대 국가 수립 운동

❶ 제국주의 열강의 침략과 조선의 대응

(1) 흥선대원군의 개혁 정치

① 흥선 대원군 집권 당시 국내외 정세
- ㉠ 국내 정세 : 세도 정치의 폐단 → 삼정의 문란으로 인한 전국적 농민 봉기 발생, 평등사상 확산(천주교, 동학)
- ㉡ 국외 정세 : 제국주의 열강의 침략적 접근 → 이양선 출몰, 프랑스, 미국 등 서구열강의 통상 요구

② 흥선 대원군의 내정 개혁
- ㉠ 목표 : 세도정치 폐단 시정 → 전제 왕권 강화, 민생 안정
- ㉡ 정치 개혁
  - 세도 정치 타파 : 안동 김씨 세력의 영향력 축소, 당파와 신분을 가리지 않고 능력별 인재 등용
  - 관제 개혁 : 비변사 기능 축소(이후 철폐) → 의정부와 삼군부의 기능 부활
  - 법전 편찬 : 통치 체제 재정비 → '대전회통', '육전조례'
- ㉢ 경복궁 중건 : 왕실의 권위 회복 → 재원 조달을 위해 원납전 강제 징수, 당백전 발행, 부역 노동 강화, 양반 묘지림 벌목
  - 결과 : 물가 폭등(당백전 남발), 부역 노동 강화로 인한 민심 악화 등으로 양반과 백성 반발 초래

③ 민생 안정을 위한 노력
- ㉠ 서원 철폐 : 지방 양반세력의 근거지로서 면세 혜택 부여 → 국가 재정 악화 문제 초래, 백성 수탈 심화
  - 전국의 서원 중 47개소만 남기고 모두 철폐 → 양반층 반발, 국가 재정 확충에 기여
- ㉡ 수취 체제의 개편 : 삼정의 문란 시정
  - 전정 : 양전 사업 시행 → 은결을 찾아내어 조세 부과, 불법적 토지 겸병 금지
  - 군정 : 호포제(호 단위로 군포 징수) 실시 → 양반에게 군포 징수
  - 환곡 : 사창제 실시, 마을(里) 단위로 사창 설치 → 지방관과 아전의 횡포 방지

(2) 통상 수교 거부 정책과 양요

① 배경 … 서구 열강의 통상 요구, 러시아가 청으로부터 연해주 획득, 천주교 교세 확장 → 열강에 대한 경계심 고조

② 병인양요(1866)
　　㉠ 배경 : 프랑스 선교사의 국내 활동(천주교 확산), 흥선 대원군이 프랑스를 이용하여 러시아를 견제하려 하였으나 실패 → 병인박해(1866)로 천주교 탄압
　　㉡ 전개 : 병인박해를 계기로 로즈 제독이 이끄는 프랑스 함대가 강화도 침략 → 문수산성(한성근), 정족산성(양헌수) 전투에서 프랑스군에 항전
　　㉢ 결과 : 프랑스군은 외규장각 도서를 비롯한 각종 문화재 약탈

③ 오페르트 도굴 사건(1868)
　　㉠ 배경 : 독일 상인 오페르트의 통상 요구를 조선이 거절
　　㉡ 전개 : 오페르트 일행이 흥선 대원군 아버지 묘인 남연군 묘 도굴을 시도하였으나 실패
　　㉢ 결과 : 서양에 대한 반감 고조, 조선의 통상 수교 거부 정책 강화

④ 신미양요(1871)
　　㉠ 배경 : 평양(대동강)에서 미국 상선 제너럴 셔먼호의 통상 요구 → 평안도 관찰사 박규수의 통상 거부 → 미국 선원들의 약탈 및 살상 발생 → 평양 군민들이 제너럴 셔먼호를 불태움
　　㉡ 전개 : 미국이 제너럴 셔먼호을 계기로 배상금 지불, 통상 수교 요구 → 조선 정부 거부 → 미국 함대의 강화도 침략 → 초지진, 덕진진 점령 → 광성보 전투(어재연) → 미군 퇴각(어재연 수(帥)자기 약탈)
　　㉢ 결과 : 흥선 대원군은 전국에 척화비 건립 (통상 수교 거부 의지 강화)

② 문호 개방과 근대적 개화 정책의 추진

(1) 조선의 문호 개방과 불평등 조약 체결

① 통상 개화론의 대두와 흥선 대원군의 하야
　　㉠ 통상 개화론 : 북학파 실학 사상 계승 → 박규수, 오경석, 유홍기 등이 문호 개방과 서양과의 교류 주장 → 개화파에 영향 : 통상 개화론의 영향을 받아 급진 개화파(김옥균, 박영효, 홍영식, 서광범 등), 온건 개화파(김홍집, 김윤식, 어윤중 등)로 분화
　　　－ 온건개화파 : 점진적 개혁 추구 (청의 양무운동 모방) → 동도서기론 주장
　　　－ 급진개화화 : 급진적 개혁 추구 (일본의 메이지유신 모방) → 문명개화론 주장, 갑신정변을 일으킴
　　㉡ 흥선 대원군 하야 : 고종이 친정을 실시하며 통상 수교 거부 정책 완화

② 강화도 조약(1876, 조·일수호 조규)

    ⊙ 배경 : 일본의 정한론(조선 침략론) 대두와 운요호 사건(1875)

    ⓛ 내용 : 외국과 체결한 최초의 근대적 조약, 불평등 조약

      • '조선은 자주국' : 조선에 대한 청의 종주권 부정, 일본의 영향력 강화

      • '부산 이외에 2개 항구 개항' : 경제적, 군사적, 정치적 목적을 위해 각각 부산, 원산, 인천항 개항

      • '해안 측량권 허용 및 영사 재판권(치외법권) 인정' : 불평등 조약

    ⓒ 부속 조약

      • 조·일 수호 조규 부록 : 개항장에서 일본 화폐 사용, 일본인 거류지 설정(간행이정 10리)을 규정

      • 조·일 무역 규칙 : 양곡의 무제한 유출 허용, 일본 상품에 대한 무관세 적용

③ 서구 열강과의 조약 체결

    ⊙ 조·미 수호 통상 조약(1882) : 제2차 수신사로 파견된 김홍집이 황준헌의 '조선책략' 유입·유포, 청의 알선

      • 내용 : 치외 법권(영사 재판권)과 최혜국 대우 인정, 수출입 상품에 대한 관세 부과, 거중 조정

      • 성격 : 서양과 맺은 최초의 조약이자 불평등 조약

      • 영향 : 미국에 보빙사 파견, 다른 서구 열강과 조약 체결에 영향

    ⓛ 다른 서구 열강과의 조약 체결 : 영국(1882), 독일(1882), 러시아(1884), 프랑스(1886)

      • 성격 : 최혜국 대우 등을 인정한 불평등 조약

(2) 개화 정책의 추진

① 외교 사절단 파견

    ⊙ 수신사 : 일본에 외교 사절단 파견 → 제1차 김기수(1876), 제2차 김홍집(1880) 파견

    ⓛ 조사시찰단(1881) : 일본의 근대 문물 시찰, 개화 정책에 대한 정보 수집을 목적으로 파견 – 비밀리에 파견(박정양, 어윤중, 홍영식)

    ⓒ 영선사(1881) : 청의 근대 무기 제조술 습득을 목적으로 파견(김윤식) → 귀국 후 기기창 설치

    ⓔ 보빙사(1883) : 조미수호통상조약 체결 후 미국 시찰 → 민영익, 홍영식, 유길준 등

② 정부의 개화 정책

    ⊙ 통리기무아문(1880) 및 12사 설치 : 개화 정책 총괄

    ⓛ 군제 개편 : 신식 군대인 별기군 창설(일본인 교관 초빙), 구식 군대인 5군영은 2영(무위영, 장어영)으로 개편

    ⓒ 근대 시설 : 기기창(근대 신식 무기 제조), 박문국(한성순보 발행), 전환국(화폐 발행), 우정총국(우편)

(3) 개화 정책에 대한 반발

① 위정척사 운동의 전개 ··· 성리학적 질서를 회복하고 서양 문물의 유입 반대 → 양반 유생 중심(반외세)

　　㉠ 통상 반대 운동(1860년대) : 서구 열강의 통상 요구 거부 → 이항로, 기정진 등

　　㉡ 개항 반대 운동(1870년대) : 강화도 조약 체결을 전후로 개항 반대 주장 → 최익현(왜양일체론 주장)

　　㉢ 개화 반대 운동(1880년대) : '조선책략' 유포 반대, 미국과의 수교 거부(영남만인소) → 이만손, 홍재학

　　㉣ 항일 의병 운동(1890년대) : 을미사변, 단발령(을미개혁)에 반발 → 유인석, 이소응 등

② 임오군란(1882) ··· 반외세, 반정부 운동

　　㉠ 배경 : 개항 이후 일본으로의 곡물 유출로 물가가 폭등하여 민생 불안정, 구식군인에 대한 차별대우

　　㉡ 전개 : 구식 군인의 봉기, 도시 빈민 합세 → 별기군 일본 교관 살해, 일본 공사관과 궁궐 습격 → 명성 황후 피신 → 흥선대원군의 재집권(신식 군대 및 개화 기구 폐지) → 청군 개입(흥선 대원군을 청으로 납치) → 민씨 정권 재집권(친청 정권 수립)

　　㉢ 결과

　　　• 제물포 조약 체결(1882) : 일본에 배상금 지불, 일본 공사관 경비를 위해 일본군의 조선 주둔 허용

　　　• 청의 내정 간섭 심화 : 청군의 주둔 허용, 청의 고문 파견(마건상과 묄렌도르프)

　　　• 조 · 청 상민 수륙 무역 장정 체결(1882) : 청 상인의 내지 통상권 허용 → 청의 경제적 침투 강화

(4) 갑신정변(1884)

① 배경 ··· 친청 정권 수립과 청의 내정 간섭 심화로 개화 정책 후퇴, 급진 개화파 입지 축소, 청 · 프 전쟁

② 전개 ··· 급진 개화파가 우정총국 개국 축하연에 정변 일으킴 → 민씨 고관 살해 → 개화당 정부 수립 → 14개조 개혁 정강 발표 → 청군의 개입으로 3일만에 실패 → 김옥균, 박영효는 일본 망명

③ 갑신정변 14개조 개혁 정강 ··· 위로부터의 개혁

　　㉠ 정치적 개혁 : 친청 사대 정책 타파, 내각 중심의 정치 → 입헌 군주제 지향

　　㉡ 경제적 개혁 : 모든 재정의 호조 관할(재정 일원화), 지조법(토지세) 개정, 혜상공국 혁파, 환곡제 개혁

　　㉢ 사회적 개혁 : 문벌 폐지, 인민 평등권 확립, 능력에 따른 인재 등용 → 신분제 타파 주장

④ 결과

　　㉠ 청의 내정 간섭 심화, 개화 세력 약화, 민씨 재집권

　　㉡ 한성 조약(1884) : 일본인 피살에 대한 배상금 지불, 일본 공사관 신축 비용 부담

　　㉢ 톈진 조약(1884) : 한반도에서 청 · 일 양국 군대의 공동 출병 및 공동 철수 규정

⑤ 의의와 한계

　　㉠ 의의 : 근대 국가 수립을 위한 최초의 근대적 정치 · 사회 개혁 운동

　　㉡ 한계 : 급진 개화파의 지나친 일본 의존적 성향과 토지 개혁의 부재 등으로 민중 지지 기반 결여

(5) 갑신정변 이후의 국내외 정세

① 거문도 사건(1885~1887) … 갑신정변 이후 청 견제를 위해 조선이 러시아와 비밀리에 교섭 진행 → 러시아 견제를 위해 영국이 거문도 불법 점령 → 청 중재로 영국군 철수

② 한반도 중립화론 … 한반도를 둘러싼 열강의 대립이 격화되자 이를 막기 위해 조선 중립화론 제시 → 독일 영사 부들러와 유길준에 의해 제시

❸ 구국 운동과 근대 국가 수립 운동의 전개

(1) 동학 농민 운동

① 농촌 사회의 동요 … 지배층의 농민 수탈 심화, 일본의 경제 침탈로 곡가 상승, 수공업 타격(면직물 수입)

② 동학의 교세 확장 및 교조 신원 운동
　㉠ 동학의 교세 확장 : 교리 정비(동경대전, 용담유사), 교단 조직(포접제)
　㉡ 교조 신원 운동 : 교조 최제우의 억울한 누명을 풀고 동학의 합법화 주장
　• 전개 : 삼례집회(1892) → 서울 복합 상소(1893) → 보은 집회(1893)
　• 성격 : 종교적 운동 → 정치적, 사회적 운동으로 발전(외세 배척, 탐관오리 숙청 주장)

③ 동학 농민 운동의 전개
　㉠ 고부 농민 봉기 : 고부 군수 조병갑의 횡포(만석보 사건) → 전봉준 봉기(사발통문) → 고부 관아 점령 및 만석보 파괴 → 후임 군수 박원명의 회유로 농민 자진 해산 → 안핵사 이용태 파견
　㉡ 제1차 봉기 : 안핵사 이용태의 농민 탄압 → 동학 농민군 재봉기하여 고부 재점령
　• 백산 집결 : 동학 농민군이 보국안민, 제폭구민의 기치를 걸고 격문 발표, 호남 창의소 설치 → 이후 황 토현, 황룡촌 전투에서 관군 격파 → 전주성 점령(폐정개혁안 12개조 요구)
　• 전주 화약 체결 : 정부는 청에 군사 요청 → 청 · 일 양군 출병(톈진조약) → 전주 화약 체결(집강소 설치)
　㉢ 제2차 봉기 : 전주 화약 체결 후 정부는 청일 양군의 철수 요구 → 일본이 거부하고 경복궁 무단 점령(청 일전쟁)
　• 삼례 재봉기 : 일본군 축출을 위해 동학 농민군 재봉기 → 남접(전봉준)과 북접(손병희) 합세하여 서울로 북상
　• 우금치 전투(공주) : 관군과 일본군의 화력에 열세 → 동학 농민군 패배, 전봉준을 비롯한 지도부 체포

④ 동학 농민 운동의 의의와 한계
　㉠ 의의 : 반봉건 운동(신분제 폐지, 악습 철폐 요구), 반외세 운동(일본 및 서양 침략 반대) → 이후 동학 농 민군의 일부 요구가 갑오개혁에 반영, 잔여 세력 일부는 항일 의병 운동에 가담
　㉡ 한계 : 근대 사회 건설을 위한 구체적인 방안을 제시하지 못함

(2) 갑오 · 을미개혁

① 배경 … 갑신정변 및 동학 농민 운동 이후 내정 개혁의 필요성 대두→교정청(자주적 개혁) 설치(1894. 6.)

② 제1차 갑오개혁 … 일본군의 경복궁 무단 점령, 개혁 강요→제1차 김홍집 내각 수립(민씨 정권 붕괴, 흥선 대원군 섭정), 군국기무처 설치

    ㉠ 정치 : 왕실 사무(궁내부)와 국정 사무(의정부) 분리, 6조를 8아문으로 개편, 과거제 폐지 등

    ㉡ 경제 : 탁지아문으로 재정 일원화, 은 본위 화폐제 채택, 도량형 통일, 조세 금납화 시행

    ㉢ 사회 : 신분제 철폐(공사 노비제 혁파), 봉건적 악습 타파(조혼 금지, 과부 재가 허용), 고문 및 연좌제 폐지

③ 제2차 갑오개혁 … 청 · 일 전쟁에서 일본의 승세로 내정 간섭 강화→제2차 김홍집 · 박영효 연립 내각 수립 (흥선대원군 퇴진, 군국기무처 폐지, 홍범 14조 반포)

    ㉠ 정치 : 내각 제도 실시(의정부), 8아문을 7부로 개편, 지방 행정 체계 개편(8도→23부), 지방관 권한 축 소, 재판소 설치(사법권을 행정권에서 분리)

    ㉡ 군사 : 훈련대와 시위대 설치

    ㉢ 교육 : 교육입국 조서 반포, 신학제(한성 사범 학교 관제, 소학교 관제, 외국어 학교 관제) 마련

④ 을미개혁(제3차 갑오개혁)

    ㉠ 배경 : 청 · 일 전쟁에서 일본이 승리→일본의 랴오둥반도 차지(시모노세키 조약)→러시아 주도의 삼국 간섭→랴오둥반도 반환→조선에서는 친러내각 수립→을미사변(명성황후 시해)→김홍집 내각 수립

    ㉡ 주요 개혁 내용

      • 정치 : '건양' 연호 사용

      • 군사 : 시위대(왕실 호위), 친위대(중앙), 진위대(지방) 설치

      • 사회 : 태양력 사용, 소학교 설치, 우체사 설립(우편 제도), 단발령 실시

    ㉢ 결과 : 아관파천(1896) 직후 개혁 중단→김홍집 체포 및 군중에 피살

⑤ 갑오개혁의 의의와 한계

    ㉠ 의의 : 갑신정변과 동학 농민 운동의 요구 반영(신분제 철폐), 여러 분야에 걸친 근대적 개혁

    ㉡ 한계 : 일본의 강요에 의해 추진, 일본의 조선 침략을 용이하게 함, 국방력 강화 개혁 소홀

(3) 독립 협회

① 독립 협회의 창립
   ㉠ 배경 : 아관파천 직후 러시아를 비롯한 열강의 이권 침탈 가속화, 러·일의 대립 격화
   ㉡ 과정 : 미국에서 귀국한 서재필이 독립신문 창간 → 이후 독립문 건립을 명분으로 독립 협회 창립(1896)

② 독립 협회 활동 … 자주 국권, 자유 민권, 자강 개혁 운동을 통해 민중 계몽 → 강연회·토론회 개최
   ㉠ 자주 국권 운동 : 고종 환궁 요구, 러시아의 절영도 조차 저지 및 열강 이권 침탈 저지(만민 공동회 개최)
   ㉡ 자유 민권 운동 : 언론·출판·집회·결사의 자유 주장
   ㉢ 자강 개혁 운동 : 헌의 6조 결의(관민 공동회 개최), 의회 설립 운동 전개(중추원 관제 개편)

③ 독립 협회 해산 … 보수 세력 반발(독립 협회가 공화정 도모한다고 모함) → 고종 해산 명령 → 황국협회의 만민공동회 습격

④ 의의와 한계 … 열강의 침략으로부터 국권 수호 노력
   ㉠ 의의 : 민중 계몽을 통한 국권 수호와 민권 신장에 기여
   ㉡ 한계 : 열강의 침략적 의도를 제대로 파악하지 못함, 외세 배척이 러시아에 한정

(4) 대한제국(1897~1910)

① 대한 제국 수립 … 아관파천으로 국가적 위신 손상 → 고종의 환궁 요구 여론 고조 → 고종이 경운궁으로 환궁
   ㉠ 대한제국 선포 : 연호를 '광무'로 제정 → 환구단에서 황제 즉위식 거행, 국호를 '대한제국'으로 선포
   ㉡ 대한국 국제 반포(1899) : 황제의 무한 군주권(전제 군주제) 규정

② 광무개혁 … 구본신참(舊本新參)의 원칙에 따른 점진적 개혁 추구
   ㉠ 내용
   • 정치 : 황제권 강화(대한국 국제)
   • 군사 : 원수부 설치(황제가 직접 군대 통솔), 시위대·진위대 증강
   • 경제 : 양전 사업 추진(토지 소유자에게 지계 발급), 식산흥업(근대적 공장과 회사 설립), 금본위 화폐제
   • 교육 : 실업 학교 설립(상공 학교, 광무 학교), 기술 교육 강조, 해외에 유학생 파견
   • 사회 : 근대 시설 도입(전차·철도 부설, 전화 가설 등 교통·통신 시설 확충)
   ㉡ 의의와 한계
   • 의의 : 자주독립과 상공업 진흥 등 근대화를 지향한 자주적 개혁
   • 한계 : 집권층의 보수적 성향, 열강의 간섭 등으로 개혁 성과 미흡

④ 일제의 국권 침탈과 국권 수호 운동

(1) 일제의 침략과 국권 피탈

① 러 · 일 전쟁(1904)과 일본의 침략

  ㉠ 한반도를 둘러싼 러 · 일 대립 격화 : 제1차 영 · 일동맹(1902), 러시아의 용암포 조차 사건(1903)

  ㉡ 러 · 일 전쟁(1904. 2) : 대한제국 국외 중립 선언 → 일본이 러시아를 선제 공격

  ㉢ 일본의 한반도 침략

  • 한 · 일 의정서(1904. 2) : 한반도의 군사적 요충지를 일본이 임의로 사용 가능

  • 제1차 한 · 일 협약(1904. 8.) : 고문 정치 실시 (외교 고문 美. 스티븐스, 재정 고문 日.메가타 파견)

  ㉣ 일본의 한국 지배에 대한 열강의 인정

  • 가쓰라 · 태프트 밀약(1905. 7.) : 일본은 미국의 필리핀 지배 인정, 미국은 일본의 한국 지배를 인정

  • 제2차 영 · 일 동맹(1905. 8.) : 일본은 영국의 인도 지배 인정, 영국은 일본의 한국 지배를 인정

  ㉤ 포츠머스 조약 체결(1905. 9) : 러 · 일 전쟁에서 일본 승리 → 일본의 한국 지배권 인정

② 일제의 국권 침탈

  ㉠ 을사늑약(제2차 한일협약. 1905. 11) : 통감 정치 실시

  • 내용 : 통감부 설치(대한제국 외교권 박탈), 초대 통감으로 이토 히로부미 부임

  • 고종의 대응 : 조약 무효 선언, 미국에 헐버트 파견, 헤이그 특사 파견(이준, 이상설, 이위종. 1907)

  • 민족의 저항 : 민영환과 황현의 자결, 장지연의 '시일야방성대곡'(황성신문), 오적 암살단 조직(나철, 오기
    호), 스티븐스 저격(장인환 · 전명운. 1908), 안중근의 이토 히로부미 처단(1909)

  ㉡ 한 · 일 신협약(정미 7조약, 1907. 7) : 차관 정치 실시

  • 배경 : 헤이그 특사 파견 → 고종의 강제 퇴위, 순종 즉위

  • 내용 : 행정 각 부처에 일본인 차관 임명, 대한 제국 군대 해산(부속 각서) → 이후 기유각서(1909) 체결

  ㉢ 한국 병합 조약(1910. 8) : 친일 단체(일진회 등)의 합방 청원 → 병합조약 체결 → 조선 총독부 설치

(2) 항일 의병 운동

① 을미의병 ··· 을미사변, 단발령 실시(1895)를 계기로 발생

  ㉠ 중심세력 : 유인석, 이소응 등의 양반 유생층

  ㉡ 활동 : 친일 관리 처단, 지방 관청과 일본 거류민, 일본군 공격

  ㉢ 결과 : 아관 파천 이후 고종이 단발령 철회, 의병 해산 권고 조칙 발표 → 자진 해산 → 일부는 활빈당 조직

② 을사의병 ··· 을사늑약 체결(1905)에 반발하며 발생, 평민 출신 의병장 등장

  ㉠ 중심세력 : 최익현 · 민종식(양반 유생), 신돌석(평민 출신) 등

  ㉡ 활동 : 전북 태인에서 거병(최익현), 홍주성 점령(민종식), 태백산 일대 평해 · 울진에서 활양(신돌석)

③ 정미의병 ··· 고종의 강제 퇴위, 대한 제국의 군대 해산(1907)을 계기로 발생
  ㉠ 특징 : 해산 군인의 가담으로 의병의 전투력 강화(의병 전쟁), 각국 영사관에 국제법상 교전 단체로 인정할 것 요구
  ㉡ 13도 창의군 결성(총대장 이인영, 군사장 허위) : 서울 진공 작전 전개(1908) → 일본군에 패배
③ 호남 의병 ··· 13도 창의군 해산 이후 호남 지역이 의병 중심지로 부상 → 일제의 '남한 대토벌 작전'(1909)으로 위축
④ 의병 운동의 의의와 한계
  ㉠ 의의 : '남한 대토벌 작전' 이후 만주와 연해주 등지로 이동하여 무장 독립 투쟁 계승
  ㉡ 한계 : 양반 유생 출신 의병장의 봉건적 신분 의식의 잔존으로 세력 약화

(3) 애국 계몽 운동

① 성격 ··· 사회진화론의 영향(약육강식) → 점진적 실력 양성(교육, 식산흥업)을 통한 국권 수호 추구
② 애국 계몽 운동 단체
  ㉠ 보안회(1904) : 일제의 황무지 개간권 요구 반대 운동 전개 → 성공
  ㉡ 헌정 연구회(1905) : 의회 설립을 통한 입헌 군주제 수립 추구 → 일제의 탄압
  ㉢ 대한 자강회(1906) : 헌정 연구회 계승, 전국에 지회 설치 → 고종 강제 퇴위 반대 운동 전개
  ㉣ 신민회(1907)
    • 조직 : 안창호, 양기탁 등을 중심으로 공화정에 입각한 근대 국가 설립을 목표로 비밀 결사 형태로 조직
    • 활동 : 학교 설립(오산 학교, 대성 학교), 민족 산업 육성(태극 서관, 자기 회사 운영), 국외 독립운동 기지 건설(남만주 삼원보에 신흥 강습소 설립)
    • 해체 : 일제가 조작한 105인 사건으로 와해(1911)
  ㉤ 언론 활동 : 대한매일신보, 황성신문 등이 일제 침략 비판, 국채 보상 운동 지원
③ 의의와 한계
  ㉠ 의의 : 국민의 애국심 고취와 근대 의식 각성, 식산흥업을 통한 경제 자립 추구, 민족 운동 기반 확대
  ㉡ 한계 : 실력 양성(교육, 식산흥업)에만 주력, 의병 투쟁에 비판적인 태도를 취함

(4) 독도와 간도

① 독도
  ㉠ 역사적 연원 : 신라 지증왕 때 이사부가 우산국 복속, 조선 숙종 때 안용복이 우리 영토임을 확인
  ㉡ 대한 제국 칙령 제41호(1900) : 울릉도를 울도군으로 승격, 독도가 우리 영토임을 선포
  ㉢ 일제의 강탈 : 러 · 일 전쟁 중 일본이 불법적으로 편입(시네마 현 고시 제 40호. 1905)

② 간도 ··· 백두산정계비문(1712)의 토문강 해석에 대한 조선과 청 사이의 이견 발생으로 영유권 분쟁 발생
 ㉠ 대한 제국의 대응 : 이범윤을 간도 관리사로 임명, 간도를 함경도 행정 구역으로 편입
 ㉡ 간도 협약(1909) : 남만주 철도 부설권을 얻는 대가로 일제가 간도를 청의 영토로 인정

❺ 개항 이후 경제 · 사회 · 문화의 변화

(1) 열강의 경제 침탈

① 청과 일본의 경제 침탈
 ㉠ 개항 초 일본의 무역 독점 : 강화도 조약 및 부속 조약
  • 치외 법권, 일본 화폐 사용, 무관세 무역 등의 특혜 독점
  • 거류지 무역 : 개항장 10리 이내로 제한→조선 중개 상인 활양(객주, 여각, 보부상 등)
  • 중계 무역 : 영국산 면제품 수입, 쌀 수출(미면 교환 경제)→곡가 폭등, 조선 가내 수공업 몰락
 ㉡ 일본과 청의 무역 경쟁 : 임오군란 이후 청 상인의 조선 진출 본격화→청 · 일 상권 경쟁 심화
  • 조 · 청 상민 수륙 무역 장정(1882) : 청 상인의 내지 통상권 허용(양화진과 한성에 상점 개설)
  • 조 · 일 통상 장정(1883) : 조 · 일 무역 규칙 개정, 관세권 설정, 방곡령 규정, 최혜국 대우 인정

② 제국주의 열강의 이권 침탈
 ㉠ 배경 : 아관 파천 이후 열강이 최혜국 대우 규정을 내세워 각종 분야(삼림, 광산, 철도 등)에서 이권 침탈
 ㉡ 일본의 재정 및 금융 지배
  • 재정 지배 : 차관 강요(시설 개선 등의 명목)를 통한 대한 제국 재정의 예속화 시도
  • 금융 지배 : 일본 제일 은행 설치(서울. 인천 등)
  • 화폐 정리 사업(1905) : 백동화를 일본 제일 은행권으로 교환(재정 고문 메가타 주도) → 민족 자본 몰락
 ㉢ 일본의 토지 약탈 : 철도 부지와 군용지 확보를 위해 조선의 토지 매입, 동양 척식 주식회사 설립(1908)

(2) 경제적 구국 운동

① 방곡령 선포(1889~1890) ··· 일본으로의 곡물 유출 심화로 곡가 폭등, 농민 경제 악화
 ㉠ 과정 : 함경도, 황해도 등지의 지방관이 방곡령을 선포함(조 · 일 통상 장정 근거)
 ㉡ 결과 : 일본이 '1개월 전 통보' 규정 위반을 빌미로 방곡령 철회 요구→방곡령 철회, 일본에 배상금 지불

② 상권 수호 운동 ··· 열강의 내지 진출 이후 국내 상권 위축

　　㉠ 시전 상인 : 일본과 청 상인의 시전 철수 요구, 황국 중앙 총상회 조직(1898)

　　㉡ 객주, 보부상 : 상회사 설립→대동 상회, 장통 상회 등

　　㉢ 민족 자본, 기업 육성 : 민족 은행과 회사를 설립(조선 은행 등)→1890년대 이후

③ 이권 수호 운동

　　㉠ 독립 협회 : 만민 공동회 개최→러시아의 절영도 조차 요구 저지, 한·러 은행 폐쇄

　　㉡ 황무지 개간권 요구 반대 운동(1904) : 일제의 황무지 개간권 요구 압력에 반대→농광 회사, 보안회 설립

④ 국채 보상 운동(1907) ··· 일본의 차관 강요에 의한 대한 제국 재정의 일본 예속 심화

　　㉠ 과정 : 대구에서 시작(서상돈 중심)→국채 보상 기성회 설립(서울)→대한매일신보 후원

　　㉡ 결과 : 전국적인 금주, 금연, 가락지 모으기 운동으로 확산→통감부의 탄압과 방해로 실패함

(3) 근대 시설과 문물의 수용

① 근대 시설의 도입

　　㉠ 교통 : 전차(서대문~청량리. 1889), 경인선(1899)을 시작으로 철도 부설(경부선 1905, 경의선 1906)

　　㉡ 통신 : 우편(우정총국. 1884), 전신(1885), 전화(경운궁. 1898)

　　㉢ 전기 : 경복궁에 전등 설치(1887), 한성 전기 회사 설립(1898)

　　㉣ 의료 : 광혜원(제중원으로 개칭. 1885), 세브란스 병원(1904), 대한의원(1907)

　　㉤ 서양식 건축물 : 독립문(1896), 명동성당(1898), 덕수궁 석조전(1910) 등이 만들어짐

② 언론 활동 ··· 일제의 신문지법(1907) 제정 이전까지 활발한 활동

　　㉠ 한성순보(1883) : 최초의 신문으로 관보의 성격(정부 정책 홍보)을 지님→순한문, 박문국에서 발행

　　㉡ 독립신문(1896) : 독립협회가 발간한 최초의 민간 사설 신문→한글판, 영문판 발행

　　㉢ 제국신문(1898) : 서민층과 부녀자 대상으로 한 계몽적 성격의 신문→순한글

　　㉣ 황성신문(1898) : 양반 지식인을 대상으로 간행, 장지연의 '시일야방성대곡' 게재→국한문 혼용

　　㉤ 대한매일신보(1904) : 영국인 베델과 양기탁의 공동 운영, 일제의 국권 침탈 비판→순한글

③ 교육 기관

　　㉠ 1880년대 : 원산 학사(최초의 근대 학교. 덕원 주민), 동문학(외국어 교육), 육영 공원(근대적 관립 학교)

　　㉡ 1890년대 : 갑오개혁(교육입국조서 반포, 한성사범학교, 소학교 설립), 대한제국(각종 관립학교 설립)

　　㉢ 1900년대 : 사립 학교 설립→개신교(배재학당, 이화학당, 숭실학교), 민족지사(대성학교, 오산학교 등)

(4) 문화와 종교의 새 경향

① 문화의 새 경향 … 신소설(혈의 누 등), 신체시(해에게서 소년에게) 등장, 창가 및 판소리 유행

② 국학 연구

    ㉠ 국어 : 국문 연구소(지석영 · 주시경, 1907), 조선 광문회(최남선. 1910)

    ㉡ 국사 : 근대 계몽 사학 발달, 민족 의식 고취

     • 위인전 간행(을지문덕전, 이순신전), 외국 역사 소개(월남 망국사 등), 신채호(독사신론, 민족주의 역사학)

③ 종교계의 변화

    ㉠ 유교 : 박은식 '유교 구신론' 저술→성리학의 개혁과 실천 유학 주장(양명학) 개신교 의료 · 교육 활동을 전개함

    ㉡ 불교 : 한용운 '조선불교 유신론' 저술→조선 불교의 개혁 주장

    ㉢ 천도교 : 손병희가 동학을 천도교로 개칭→'만세보' 간행

    ㉣ 대종교 : 나철, 오기호가 창시→단군 신앙 바탕, 국권 피탈 이후 만주로 이동하여 무장 독립 투쟁 전개

    ㉤ 천주교 : 사회 사업 실시(양로원, 고아원 설립)

    ㉥ 개신교 : 교육 기관 설립, 세브란스 병원 설립

02 일제의 강점과 민족 운동의 전개

❶ 일제의 식민 통치와 경제 수탈

(1) 일제의 무단 통치와 경제 수탈(1910년대)

① 일제의 식민 통치 기관 … 조선 총독부(식민통치 최고 기관. 1910), 중추원(조선 총독부 자문 기구)

② 무단 통치 … 헌병 경찰제 도입(즉결 처분권 행사), 조선 태형령 제정, 관리 · 교원에게 제복과 착검 강요, 언론 · 집회 · 출판 · 결사의 자유 제한, 한국인의 정치 단체와 학회 해산

③ 제1차 조선 교육령 … 한국인에 대한 차별 교육 실시(고등 교육 제한), 보통 교육과 실업 교육 강조, 일본어 교육 강조, 사립학교 · 서당 탄압

④ 경제 수탈

　㉠ 토지 조사 사업(1910~1918) : 공정한 지세 부과와 근대적 토지 소유권 확립을 명분으로 시행 → 실제로는 식민 지배에 필요한 재정 확보

　　• 방법 : 임시 토지 조사국 설치(1910), 토지 조사령 공포(1912) → 기한부 신고제로 운영

　　• 전개 : 미신고 토지, 왕실 · 관청 소유지(역둔토), 공유지 등을 조선 총독부로 편입 → 동양척식주식회사로 이관

　　• 결과 : 조선 총독부의 지세 수입 증가, 일본인 이주민 증가, 조선 농민의 관습적 경작권 부정, 많은 농민들이 기한부 소작농으로 전락하거나 만주 · 연해주 등지로 이주

　㉡ 각종 산업 침탈

　　• 회사령 (1910) : 한국인의 회사 설립 및 민족 자본의 성장 억압 → 허가제로 운영

　　• 자원 침탈 : 삼림령, 어업령, 광업령, 임업령, 임야 조사령 등 제정

(2) 일제의 민족 분열 통치와 경제 수탈(1920년대)

① 문화 통치

　㉠ 배경 : 3 · 1 운동(1919) 이후 무단 통치에 대한 한계 인식, 국제 여론 악화

　㉡ 목적 : 소수의 친일파를 양성하여 민족 분열의 획책을 도모한 기만적인 식민 통치

　㉢ 내용과 실상

　　• 문관 총독 임명 가능 : 실제로 문관 총독이 임명된 적 없음

　　• 헌병 경찰제를 보통 경찰제로 전환 : 경찰 수와 관련 시설, 장비 관련 예산 증액

　　• 언론 · 집회 · 출판 · 결사의 자유 부분적 허용(신문 발간 허용) : 검열 강화, 식민통치 인정하는 범위 내에서 허용

　　• 보통학교 수업 연한 연장(제2차 조선 교육령), 대학 설립 가능 : 고등교육 기회 부재, 한국인 취학률 낮음

　　• 도 · 부 · 면 평의회, 협의회 설치 : 일본인, 친일 인사만 참여(친일 자문 기구)

　㉣ 영향 : 일부 지식인들이 일제와 타협하려 함 → 민족 개조론, 자치론 주장

② 경제 수탈

　㉠ 산미 증식 계획(1920~1934)

　　• 배경 : 일본의 공업화로 자국 내 쌀 부족 현상을 해결하기 위해 시행

　　• 과정 : 농토 개간(밭 → 논), 수리 시설(수리 조합 설립) 확충, 품종 개량, 개간과 간척 등으로 식량 증산 추진

　　• 결과 : 수탈량이 증산량 초과(국내 식량 사정 악화) → 한국인의 1인당 쌀 소비량 감소, 만주 잡곡 유입 증가, 식량 증산 비용의 농민 전가 → 소작농으로 전락하는 농민 증가, 소작농의 국외 이주 심화

　㉡ 회사령 폐지(허가제 → 신고제. 1920), 일본 상품에 대한 관세 철폐 : 일본 자본의 침투 심화

(3) 일제의 민족 말살 통치(1930년대 이후)

① 민족 말살 통치

　　㉠ 배경 : 대공황(1929) 이후 일제의 침략 전쟁 확대(만주 사변, 중·일 전쟁, 태평양 전쟁)

　　㉡ 목적 : 한국인의 침략 전쟁 동원→한국인의 민족의식 말살, 황국 신민화 정책 강요

　　　• 내선일체·일선동조론 강조, 창씨 개명, 신차 참배, 궁성 요배, 황국 신민 서사 암송, 국어·국사 교육 금지

　　　• 병참기지화 정책 : 전쟁 물자 공급을 위해 북부 지방에 중화학 공업 시설 배치

　　㉢ 결과 : 공업 생산이 북부 지역에 편중, 산업 간 불균형 심화(소비재 생산 위축)

② 경제 수탈

　　㉠ 남면북양 정책 : 일본 방직 산업의 원료 확보를 위해 면화 재배와 양 사육 강요

　　㉡ 농촌 진흥 운동(1932~1940) : 식민지 지배 체제의 안정을 위해 소작 조건 개선 제시→성과 미흡

　　㉢ 국가 총동원법 제정(1938) : 중·일 전쟁 이후 부족한 자원 수탈을 위해 제정→인적·물적 자원 수탈 강화

　　　• 인적 수탈 : 강제 징용 및 징병, 지원병제(학도 지원병제 포함), 징병제, 국민 징용령, 여자 정신 근로령

　　　• 물적 수탈 : 공출제 시행(미곡, 금속류), 식량 수탈(산미 증식 계획 재개, 식량 배급제 실시 등), 국방 헌금 강요

③ 식민지 억압 통치 강화

　　㉠ 민족 언론 폐간 : 조선일보·동아일보 폐간(1940)

　　㉡ 조선어 학회 사건(1942) : 치안 유지법 위반으로 조선어 학회 회원들 구속 → 우리말 큰사전 편찬 실패

❷ 3·1 운동과 대한민국 임시 정부의 활동

(1) 1910년대 국내/국외 민족 운동

① 국내 민족 운동

　　㉠ 일제 탄압 강화 : 남한 대토벌 작전과 105인 사건 등으로 국내 민족 운동 약화→국외로 이동

　　㉡ 비밀 결사 단체

　　　• 독립 의군부(1912) : 고종의 밀명을 받아 임병찬이 조직→의병 전쟁 계획, 복벽주의 추구

　　　• 대한 광복회(1915) : 김좌진, 박상진이 군대식 조직으로 결성→친일파 처단, 군자금 모금, 공화정 추진

　　　• 기타 : 조선 국권 회복단(단군 숭배. 1915), 송죽회, 기성단, 자립단 등이 조직됨

② 국외 민족 운동
- ㉠ 만주 지역 : 북간도(서전서숙, 명동학교, 중광단), 서간도(삼원보 중심, 경학사 · 부민단, 신흥강습소 조직)
- ㉡ 중국 관내 : 상하이 신한 청년당 → 김규식을 파리 강화 회의에 대표로 파견함
- ㉢ 연해주 지역 : 신한촌 건설(블라디보스토크), 권업회 조직 → 이후 대한 광복군 정부(이상설, 이동휘 중심) 수립
- ㉣ 미주 지역 : 대한인 국민회, 대조선 국민 군단(박용만)

(2) 3 · 1 운동(1919)

① 배경
- ㉠ 국내 : 일제 무단 통치에 대한 반발 고조, 고종의 사망
- ㉡ 국외 : 윌슨의 민족 자결주의 대두, 레닌의 약소민족 해방 운동 지원, 파리강화회의에 김규식 파견(신한 청년당) 동경 유학생들에 의한 2 · 8 독립 선언, 만주에서 대한 독립 선언 제창

② 과정 … 초기 비폭력 만세 시위 운동 → 이후 무력 투쟁의 성격으로 전환
- ㉠ 준비 : 고종 황제 독살설 확산, 종교계 및 학생 중심으로 만세 운동 준비
- ㉡ 전개 : 민족 대표가 종로 태화관에서 독립 선언서 낭독 → 탑골공원에서 학생 · 시민들 만세 운동 전개
- ㉢ 확산 : 도시에서 농촌으로 확산 → 농민층이 가담하면서 무력 투쟁으로 전환 → 일제 탄압(제암리 사건) → 국외 확산

③ 의의 및 영향
- ㉠ 국내 : 최대 규모의 민족 운동, 대한민국 임시 정부 수립에 영향, 식민 통치 방식 변화(무단 통치 → 문화 통치), 독립 운동의 분수령 역할 → 무장 투쟁, 노동 · 농민 운동 등 다양한 민족 운동 전개
- ㉡ 국외 : 중국의 5 · 4 운동, 인도의 비폭력 · 불복종 운동 운동 등에 영향

(3) 대한민국 임시 정부 수립과 활동

① 여러 임시 정부 수립 … 3 · 1 운동 이후 조직적인 독립운동의 필요성 자각
- ㉠ 대한 국민 의회(1919. 3) : 연해주 블라디보스토크에서 조직 → 손병희를 대통령으로 선출
- ㉡ 한성 정부(1919. 4) : 서울에서 13도 대표 명의로 조직 → 집정관 총재로 이승만 선출
- ㉢ 상하이 임시 정부(1919. 4) : 상하이에서 국무총리로 이승만 선출

② 대한민국 임시 정부의 수립
- ㉠ 각지의 임시 정부 통합 : 한성 정부의 정통성 계승, 외교 활동에 유리한 상하이에 임시 정부 수립
- ㉡ 형태 : 삼권 분립에 입각한 민주 공화정 → 임시 의정원(입법), 법원(사법), 국무원(행정)
- ㉢ 구성 : 대통령 이승만, 국무총리 이동휘, 국무위원

③ 대한민국 임시 정부의 활동
  ㉠ 연통제, 교통국 운영 : 국내외를 연결하는 비밀 행정 및 통신 조직
  ㉡ 군사 활동 : 광복군 사령부, 국무원 산하에 군무부 설치하고 직할 군단 편성(서로 군정서 · 북로 군정서)
  ㉢ 외교 활동 : 파리 강화 회의에 독립 청원서 제출(김규식), 미국에 구미 위원부를 설치(이승만)
  ㉣ 독립 자금 모금 : 독립 공채(애국 공채) 발행, 국민 의연금을 모금
  ㉤ 기타 : 독립신문 발간

④ 국민 대표 회의(1923)
  ㉠ 배경 : 연통제와 교통국 해체 후 자금 조달 곤란, 외교 활동 성과 미흡
    • 독립운동 방법론을 둘러싼 갈등 발생 : 외교 독립론과 무장 독립론의 갈등
    • 이승만의 국제 연맹 위임 통치 청원(1919)에 대한 내부 반발
  ㉡ 과정 : 임시 정부의 방향을 둘러싼 창조파와 개조파의 대립 심화
    • 개조파 : 현 임시 정부를 유지하며 드러난 문제점 개선 주장
    • 창조파 : 현 임시 정부의 역할 부정, 임시 정부의 위치를 연해주로 옮겨야 한다고 주장
  ㉢ 결과 : 회의가 결렬 및 독립운동가 다수 이탈

⑤ 대한민국 임시 정부의 개편
  ㉠ 배경 : 국민 대표 회의 결렬 이후 독립 운동가들의 임시 정부 이탈 심화→이승만 탄핵→제2대 대통령
    으로 박은식 선출 후 체제 개편 추진
  ㉡ 체제 개편 : 대통령제(1919)→국무령 중심 내각 책임제(1925)→국무위원 중심의 집단 지도 체제(1927)
    →주석 중심제(1940)→주석 · 부주석제(1944)
  ㉢ 임시정부 이동 : 상하이(1932)→충칭에 정착(1940)

③ 국내 민족 운동의 전개

(1) 실력 양성 운동

① 실력 양성 운동의 대두 ··· 사회 진화론의 영향→식산흥업, 교육을 통해 독립을 위한 실력 양성

② 물산 장려 운동
  ㉠ 배경 : 회사령 폐지(1920), 일본 상품에 대한 관세 철폐(1923)로 일본 자본의 한국 침투 심화→민족 기
    업 육성을 통해 경제적 자립 실현하고자 함
  ㉡ 과정 : 평양에서 조선 물산 장려회 설립(조만식, 1920)→전국적으로 확산
  ㉢ 활동 : 일본 상품 배격, '내 살림 내 것으로, 조선 사람 조선 것'을 기치로 토산품 애용 장려, 금주 · 단연
    운동 전개
  ㉣ 결과 : 토산품 가격 상승, 사회주의 계열 비판(자본가와 일부 상인에게만 이익), 일제의 탄압으로 실패

③ 민립 대학 설립 운동

    ㉠ 배경 : 일제의 식민지 우민화 교육(보통 교육, 실업 교육 중심)→고등 교육의 필요성 제기

    ㉡ 과정 : 조선 민립 대학 기성회 조직(이상재. 1920)→모금 운동('한민족 1천만이 한 사람이 1원씩')

    ㉢ 결과 : 일제의 방해로 성과 저조→일제는 한국인들의 불만을 무마하기 위해 경성 제국 대학 설립

④ 문맹 퇴치 운동 ··· 문자 보급을 통한 민중 계몽 추구

    ㉠ 야학 운동(주로 노동자, 농민 대상), 한글 강습회

    ㉡ 문자 보급 운동 : 조선일보 주도→"한글 원본" 발간('아는 것이 힘, 배워야 산다')

    ㉢ 브나로드 운동 : 동아일보 주도→학생들이 참여하여 농촌 계몽 운동 전개

(2) 민족 협동 전선 운동의 전개

① 사회주의 사상 수용

    ㉠ 배경 : 러시아 혁명 이후 약소국가에서 사회주의 사상 확산(레닌의 지원 선언)

    ㉡ 전개 : 3·1 운동 이후 청년·지식인층을 중심 사회주의 사상 수용→조선 공산당 결성(1925)

    ㉢ 영향 : 이념적 차이로 인하여 민족 운동 세력이 민족주의 계열과 사회주의 계열로 분화→이후 일제는
        사회주의 세력을 탄압하기 위해 치안 유지법 제정(1925)

② 6·10 만세 운동(1926)

    ㉠ 배경 : 일제의 수탈과 차별적인 식민지 교육에 대한 불만 고조, 사회주이 운동 화대, 순종 서거

    ㉡ 전개 : 학생과 사회주의 계열, 천도교 계열이 순종 인산일을 계기로 대규모 만세 시위 계획→시민 가담

    ㉢ 의의 : 학생들이 독립 운동의 주체 세력으로 부상, 민족주의 계열과 사회주의 계열의 연대 계기(민족유일당)

③ 신간회 결성(1927~1931)

    ㉠ 배경

      • 국내 : 친일 세력의 자치론 등장, 치안 유지법→민족주의와 사회주의 세력 연대의 필요성 공감

      • 국외 : 중국에서 제1차 국·공 합작 실현

    ㉡ 활동 : 정우회 선언을 계기로 비타협적 민족주의 세력과 사회주의 세력 연대→신간회 결성

      • 이상재를 회장으로 선출하고 전국 각지에 지회 설치

      • 강령 : 정치적·경제적 각성, 민족의 단결 강화, 기회주의 일체 배격

      • 전국적 연회·연설회 개최, 학생·농민·노동·여성 등의 운동 지원, 조선 형평 운동 지원

      • 광주 학생 항일 운동에 조사단을 파견하여 지원

    ㉢ 해체 : 일부 지도부가 타협적 민족주의 세력과 연대 시도, 코민테른 노선 변화→사회주의자 이탈→해체

    ㉣ 의의 : 민족 유일당 운동 전개, 국내에서 가장 규모가 큰 합법적 항일 민족 운동 단체

④ 광주 학생 항일 운동(1929)

　㉠ 배경 : 차별적 식민 교육, 학생 운동의 조직화, 일본인 남학생의 한국인 여학생 희롱이 발단

　㉡ 전개 : 광주 지역 학생들 궐기→신간회 및 여러 사회 단체들의 지원→전국적으로 확산

　㉢ 의의 : 3 · 1 운동 이후 국내 최대 규모의 항일 민족 운동

⑤ 농민 · 노동 운동

　㉠ 농민 운동 : 고율의 소작료 및 각종 대금의 소작인 전가로 소작농 부담 증대

　• 전개 : 조선 농민 총동맹(1927) 주도→소작료 인하, 소작권 이동 반대 주장→암태도 소작쟁의(1923)

　㉡ 노동 운동 : 저임금, 장시간 노동 등 열악한 노동 환경에 대한 노동자 반발

　• 전개 : 조선 노동 총동맹(1927) 주도→노동 조건의 개선과 임금 인상 요구→원산 노동자 총파업(1929)

　㉢ 1930년대 농민 · 노동 운동 : 사회주의 세력과 연계하여 정치적 투쟁의 성격 나타남(반제국주의)

⑥ 각계 각층의 민족 운동

　㉠ 청년 운동 : 조선 청년 총동맹 결성

　㉡ 소년 운동 : 천도교 소년회 중심(방정환)→어린이날을 제정, 잡지 "어린이" 발간

　㉢ 여성 운동 : 신간회 자매 단체로 근우회 조직→여성 계몽 활동 전개

　㉣ 형평 운동 : 조선 형평사 조직→백정 출신에 대한 사회적 차별 반대, 평등 사회 추구

(3) 민족 문화 수호 운동

① 한글 연구

　㉠ 조선어 연구회(1921) : 가갸날 제정함, 잡지 "한글" 간행

　㉡ 조선어 학회(1931) : 조선어 연구회 계승, 한글 맞춤법 통일안과 표준어 제정, 우리말 큰사전 편찬 시도
　　→일제에 의한 조선어 학회 사건(1942)으로 강제 해산

② 국사 연구

　㉠ 식민 사관 : 식민 통치의 정당화를 위해 우리 역사 왜곡→조선사 편수회→정체성론, 당파성론, 타율성론

　㉡ 민족주의 사학 : 한국사의 독자성과 주체성 강조

　• 박은식 : 근대사 연구, 민족혼을 강조→'한국통사', '한국독립운동지혈사' 저술

　• 신채호 : 고대사 연구, 낭가사상 강조→'조선사연구초', '조선상고사' 저술

　• 정인보 : 조선 얼 강조, 조선학 운동 전개

　㉢ 사회 경제 사학 : 마르크스의 유물 사관 수용

　• 백남운 : 식민 사관인 정체성론 비판→'조선 사회 경제사' 저술, 세계사의 보편적 발전 법칙에 따라 한국
　　사 이해

　㉣ 실증 사학 : 객관적 사실 중시

　• 진단 학회 : 이병도, 손진태 등이 결성→'진단 학보' 발간

③ 종교 활동

    ㉠ 불교 : 일제의 사찰령으로 탄압→한용운이 중심이 되어 조선 불교 유신회 조직

    ㉡ 원불교 : 박중빈이 창시→개간 사업, 미신 타파, 저축 운동 등 새생활 운동 전개

    ㉢ 천도교 : 소년 운동 주도, 잡지 '개벽' 발행

    ㉣ 대종교 : 단군 숭배, 중광단 결성(북간도)함→이후 북로 군정서로 확대·개편→항일 무장 투쟁 전개

    ㉤ 개신교 : 교육 운동, 계몽 운동을 전개→신사 참배 거부

    ㉥ 천주교 : 사회 사업 전개(고아원, 양로원 설립), 항일 무장 투쟁 단체인 의민단 조직

④ 문화 활동

    ㉠ 문학 : 동인지 발간 및 신경향파 문학 등장(1920년대) → 저항 문학(이육사, 윤동주)·순수 문학(1930년대)

    ㉡ 영화 : 나운규의 '아리랑(1926)'

❹ 국외 민족 운동의 전개

(1) 1920년대 무장 독립 투쟁

① 봉오동 전투와 청산리 대첩

    ㉠ 봉오동 전투(1920.6) : 대한 독립군(홍범노), 군무 도독부군(최진동), 국민회군(안무) 연합부내가 봉오동에서 일본군 격파

    ㉡ 청산리 대첩(1920. 10) : 봉오동 전투에서 패배한 일본이 만주에 대규모로 일본군 파견(훈춘사건)

    – 북로 군정서(김좌진), 대한 독립군(홍범도) 등 연합 부대 청산리 일대에서 일본군에게 크게 승리

② 독립군의 시련

    ㉠ 간도 참변(1920. 경신참변) : 봉오동 전투, 청산리 대첩에서 패배한 일본군의 복수→간도 이주민 학살

    ㉡ 독립군 이동 : 일본군을 피해 독립군은 밀산에 모여 대한독립군단 결성(총재 서일)→소련령 자유시로 이동

    ㉢ 자유시 참변(1921) : 독립군 내부 분열, 러시아 적군과의 갈등→적군에 의해 강제 무장 해제 당함

③ 독립군 재정비 ··· 간도 참변, 자유시 참변으로 약화된 독립군 재정비 필요성 대두

    ㉠ 3부 성립 : 자치 정부의 성격→민정 기능과 군정 기능 수행

    – 참의부(대한민국 임시 정부 직속), 정의부, 신민부

    ㉡ 미쓰야 협정(1925) : 조선 총독부와 만주 군벌 장작림 사이에 체결→독립군 체포·인도 합의, 독립군 위축

    ㉢ 3부 통합 : 국내외에서 민족 협동 전선 형성(민족 유일당 운동)

    • 국민부(남만주) : 조선 혁명당, 조선 혁명군(양세봉) 결성

    • 혁신의회(북만주) : 한국 독립당, 한국 독립군(지청천) 결성

(2) 1930년대 무장 독립 투쟁

① 한·중 연합 작전

　　㉠ 배경 : 일제가 만주 사변(1931) 후 만주국을 수립하자 중국 내 항일 감정 고조 → 한·중 연합 전선 형성

　　㉡ 전개

　　　• 남만주 : 조선 혁명군(양세봉)이 중국 의용군과 연합 → 흥경성·영릉가 전투 등에서 승리

　　　• 북만주 : 한국 독립군(지청천)이 중국 호로군과 연합 → 쌍성보·사도하자·대전자령 전투 등에서 승리

　　㉢ 결과 : 한중 연합군의 의견 대립, 일본군의 공격 등으로 세력 약화 → 일부 독립군 부대는 중국 관내로 이동

② 만주 항일 유격 투쟁

　　㉠ 사회주의 사상 확산 : 1930년대부터 조선인 사회주의자들이 중국 공산당과 연합하여 항일 운동 전개 → 동북 항일 연군 조직(1936)

　　㉡ 조국 광복회 : 동북 항일 연군 일부와 민족주의 세력이 연합 → 국내 진입(1937. 보천보 전투)

③ 중국 관내의 항일 투쟁

　　㉠ 민족 혁명당(1935) : 민족 협동 전선 아래 독립군 통합을 목표로 조직 → 한국독립당, 조선혁명군 등 참여

　　　• 김원봉, 지청천, 조소앙 중심(좌우 합작) → 이후 김원봉이 주도하면서 지청천, 조소앙 이탈

　　　• 이후 조선 민족 혁명당으로 개편 → 조선 민족 전선 연맹 결성(1937) → 조선 의용대 결성(1938)

　　㉡ 조선 의용대(1938. 한커우) : 김원봉 등이 중국 국민당 정부의 지원을 받아 조직

　　　• 중국 관내에서 조직된 최초의 한인 독립군 부대 → 이후 한국 광복군에 합류(1942)

　　　• 분화 : 일부 세력이 중국 화북 지방으로 이동 → 조선 의용군으로 개편됨(조선 독립 동맹의 군사 기반)

　　㉢ 조선 의용군(1942) : 조선 의용대 일부와 화북 사회주의자들이 연합하여 옌안에서 조직

　　　• 중국 공산당과 연합하여 항일 투쟁 전개, 해방 이후에는 북한 인민군으로 편입

(3) 의열 투쟁과 해외 이주 동포 시련

① 의열단(1919) … 김원봉을 중심으로 만주 지린에서 비밀 결사로 조직

　　㉠ 목표 : 민중의 직접 혁명을 통한 독립 추구(신채호 '조선 혁명 선언')

　　㉡ 활동 : 조선 총독부의 주요 인사·친일파 처단, 식민 통치 기구 파괴 → 김익상, 김상옥, 나석주 등의 의거

　　㉢ 변화 : 개별적인 무장 활동의 한계 인식 → 체계적 군사 훈련을 위해 김원봉을 중심으로 황푸 군관 학교 입교 → 이후 조선 혁명 간부 학교 설립함(독립군 간부 양성) → 민족 혁명당 결성 주도

② 한인 애국단(1931) ··· 김구가 주도

    ㉠ 활동 : 일왕 암살 시도(이봉창), 상하이 훙커우 공원 의거(1932. 윤봉길)

    ㉡ 의의 : 대한민국 임시 정부와 독립군에 대한 중국 국민당 정부의 지원 약속→한중 연합작전의 계기

③ 해외 이주 동포의 시련

    ㉠ 만주 : 한인 무장 투쟁의 중심지→일본군의 간도 참변으로 시련

    ㉡ 연해주 : 중·일 전쟁 발발 이후 소련에 의해 중앙아시아로 강제 이주(1937)

    ㉢ 일본 : 관동 대지진 사건(1923)으로 많은 한국인들 학살

    ㉣ 미주 : 하와이로 노동 이민 시작(1900년대 초)→독립운동의 재정을 지원함

(4) 대한민국 임시정부 재정비와 건국 준비 활동

① 충칭 임시 정부 ··· 주석 중심제로 개헌, 전시 체제 준비

    ㉠ 한국 독립당(1940) : 김구, 지청천, 조소앙의 중심으로 결성

    ㉡ 대한민국 건국 강령 발표(1941) : 민주 공화국 수립→조소앙의 삼균주의 반영

    ㉢ 민족 협동 전선 성립 : 김원봉의 조선 의용대를 비롯한 민족혁명당 세력 합류→항일 투쟁 역량 강화

② 한국 광복군(1940)

    ㉠ 조직 : 중국 국민당 정부의 지원으로 조직된 정규군으로 조선 의용대 흡수, 총사령관에 지청천 임명

    ㉡ 활동 : 대일 선전 포고, 연합 작전 전개(인도, 미얀마에서 선전 활동, 포로 심문 활동 전개)

     • 국내 진공 작전 준비 : 미국 전략 정보국(OSS)의 지원으로 국내 정진군 편성→일제 패망으로 작전 실패

③ 조선 독립 동맹(1942)

    ㉠ 조직 : 화북 지역의 사회주의자들 중심으로 조직→김두봉 주도

    ㉡ 활동 : 항일 무장 투쟁 전개(조선 의용군), 건국 강령 발표(민주 공화국 수립, 토지 분배 등의 원칙 수립)

④ 조선 건국 동맹(1944)

    ㉠ 조직 : 국내 좌우 세력을 통합하여 비밀리에 조직 → 여운형이 주도

    ㉡ 활동 : 국외 독립운동 세력과 연합 모색, 민주 공화국 수립 표방 → 광복 직후 조선 건국 준비 위원회로 발전

03 대한민국의 발전과 현대 세계의 변화

1 대한민국 정부 수립과 6 · 25 전쟁

(1) 광복 직후 국내 상황

① 광복 … 우리 민족의 지속적 독립운동 전재, 국제 사회의 독립 약속(카이로 회담, 얄타 회담, 포츠담 회담)

② 38도선의 확정 … 광복 후 북위 38도선을 기준으로 미군과 소련군의 한반도 주둔
- ㉠ 미군 : 38도선 이남에서 미군정 체제 실시→대한민국 임시 정부 부정, 조선 총독부 체제 답습
- ㉡ 소련군 : 북위 38도선 이북에서 군정 실시→김일성 집권 체제를 간접적으로 지원

③ 자주적 정부 수립 노력
- ㉠ 조선 건국 준비 위원회 : 조선 건국 동맹 계승 · 발전→여운형, 안재홍 중심의 좌우 합작 단체
  - 활동 : 전국에 지부를 설치하고 치안, 행정 담당
  - 해체 : 좌익 세력 중심으로 운영되면서 우익 세력 이탈→조선 인민 공화국 선포(1945. 9.) 후 해체
- ㉡ 한국 민주당 : 송진우 · 김성수를 비롯한 보수 세력이 결성→미 군청과 협력
- ㉢ 독립 촉성 중앙 협의회 : 이승만 중심
- ㉣ 임시 정부 요인 : 개인 자격으로 귀국→한국 독립당을 중심으로 김구를 비롯한 임시 정부 요인 활동

(2) 통일 정부 수립을 위한 노력

① 모스크바 3국 외상 회의(1945. 12.)
- ㉠ 결정 사항 : 민주주의 임시 정부 수립, 미 · 소 공동 위원회 설치, 최대 5년간 한반도 신탁 통치 결의
- ㉡ 국내 반응 : 신탁 통치를 둘러싼 좌 · 우익의 대립 심화로 국내 상황 혼란
  - 좌익 세력 : 초기에는 반탁 주장→이후 찬탁 운동으로 변화
  - 우익 세력 : 반탁 운동 전개(김구, 이승만 등)

② 제1차 미 · 소 공동 위원회(1946. 3) … 임시 정부 수립에 참여할 단체 선정을 위해 개최 → 미 · 소 의견 대립으로 결렬

③ 좌우 합작 운동(1946)
- ㉠ 배경 : 제1차 미 · 소 공동 위원회 결렬, 이승만의 정읍 발언(남한 만의 단독 정부 수립 주장)
- ㉡ 좌우 합작 위원회 결성 : 미 군정의 지원 하에 여운형과 김규식(중도 세력) 등이 주도하여 결성
  - 좌우 합작 7원칙 발표 : 토지제도 개혁, 반민족 행위자 처벌 등을 규정
  - 결과 : 토지 개혁에 대한 좌익과 우익의 입장 차이, 여운형의 암살, 제2차 미소 공동 위원회 성과 미흡으로 실패

④ 남한 만의 단독 총선거와 남북 협상

　㉠ 한국 문제의 유엔 상정 : 미국이 한반도 문제를 유엔에 상정

　　• 유엔 총회 : 인구 비례에 따른 총선거 실시안 통과→유엔 한국 임시 위원단 파견→소련은 위원단의 입북 거절

　　• 유엔 소총회 : '위원단이 접근 가능한 지역의 총선거' 결의→남한만의 단독 총선거 실시

　㉡ 남북 협상(1948) : 김구와 김규식이 남한만의 단독 총선거에 반대하며 남북 정치 회담 제안

　　• 과정 : 김구와 김규식이 평양 방문→남북 협상 공동 성명 발표(단독 정부 수립 반대, 미ㆍ소 양군 공동 철수)

　　• 결과 : 성과를 거두지 못함, 김구 암살(1949. 6)→통일 정부 수립 노력 실패

(3) 대한민국 정부 수립

① 정부 수립을 둘러싼 갈등

　㉠ 제주 4ㆍ3 사건(1948) : 제주도 좌익 세력 등이 단독 선거 반대, 통일 정부 수립을 내세우며 무장봉기→제주 일부 지역에서 선거 무산, 진압 과정에서 무고한 양민 학살

　㉡ 여수ㆍ순천 10ㆍ19 사건(1948) : 제주 4ㆍ3 사건 진압을 여수 주둔 군대에 출동 명령→군대 내 좌익 세력이 반발하며 봉기

② 대한민국 정부 수립

　㉠ 5ㆍ10 총선거(1948) : 우리나라 최초의 민주적 보통 선거→2년 임기의 제헌 국회의원 선출(198명)

　　• 과정 : 제헌 국회에서 국호를 '대한민국'으로 결정, 제헌 헌법 제정

　　• 한계 : 김구, 김규식 등의 남북 협상파와 좌익 세력이 선거에 불참

　㉡ 제헌 헌법 공포(1948. 7. 17) : 3ㆍ1 운동 정신과 대한민국 임시 정부의 법통을 계승한 민주 공화국 규정

　　• 국회에서 정ㆍ부통령을 선출, 삼권 분립과 대통령 중심제 채택

　㉢ 정부 수립(1948. 8. 15) : 대통령에 이승만, 부통령에 이시영 선출

③ 북한 정부 수립

　㉠ 북조선 임시 인민 위원회 수립(1946) : 토지 개혁과 주요 산업 국유화 추진

　㉡ 북조선 인민 위원회 조직(1947) : 최고 인민 회의 구성과 헌법 제정→조선 민주주의 인민 공화국 선포(1948. 9.9)

(4) 제헌 국회 활동

① 친일파 청산을 위한 노력

　㉠ 반민족 행위 처벌법 제정(1948. 9) : 반민족 행위자(친일파) 처단 및 재산 몰수

　㉡ 반민족 행위 특별 조사 위원회 활동 : 이승만 정부의 비협조와 방해로 친일파 청산 노력 실패

② 농지 개혁(1949) … 유상매수, 유상분배를 원칙으로 농지 개혁 시행→가구당 농지 소유 상한을 3정보로 제한

(5) 6 · 25 전쟁과 그 영향

① 6 · 25 전쟁 배경

    ㉠ 한반도 정세 : 미 · 소 양군 철수 후 38도선 일대에서 소규모 군사 충돌 발생, 미국이 애치슨 선언 선포 (1950)

    ㉡ 북한의 전쟁 준비 : 소련과 중국의 지원을 받음

    ㉢ 남한의 상황 : 좌익 세력 탄압, 국군 창설, 한 · 미 상호 방위 원조 협정 체결(1950. 1.)

② 전쟁 과정

    ㉠ 전개 : 북한의 무력 남침(1950. 6. 25)→서울 함락→유엔 안전 보장 이사회의 유엔군 파견 결정→낙동강 전투→ 인천 상륙 작전(서울 수복)→38도선 돌파→압록강 유역까지 진격→중국군 참전(1950. 10. 25)→1 · 4 후퇴→서울 재탈환(1951. 3.)→38도선 일대에서 전선 고착

    ㉡ 정전 협정 : 소련이 유엔에서 휴전 제의→포로 교환 방식, 군사 분계선 설정 문제로 협상 지연→이승만 정부가 휴전 반대 성명을 발표하고 반공 포로 석방→협청 체결(군사 분계선 설정)

    ㉢ 전쟁 피해 : 인명 피해 및 이산가족 문제 발생, 산업 시설 및 경제 기반 붕괴로 열악한 환경 초래

③ 영향 … 한 · 미 상호 방위 조약 체결(1953. 10), 남북한의 독재 체제 강화

❷ 자유 민주주의 시련과 발전

(1) 이승만 정부

① 발췌 개헌(1952)

    ㉠ 배경 : 제2대 국회의원 선거(1950. 5.) 결과 이승만 반대 성향의 무소속 의원 대거 당선→국회의원에 의한 간선제 방식으로 이승만의 대통령 재선 가능성이 희박

    ㉡ 과정 : 6 · 25 전쟁 중 임시 수도인 부산에서 자유당 창당 후 계엄령 선포→야당 국회의원 연행 · 협박

    ㉢ 내용 및 결과 : 대통령 직선제 개헌안 통과→이승만이 제2대 대통령에 당선

② 사사오입 개헌(1954)

    ㉠ 배경 : 이승만과 자유당의 장기 집권 추구를 위해 대통령 중임 제한 규정의 개정 필요

    ㉡ 과정 : 개헌 통과 정족수에 1표 부족하여 개헌안 부결→사사오입 논리를 내세워 통과

    ㉢ 내용 및 결과 : 초대 대통령에 한해 중임 제한 규정 철폐→이승만이 제3대 대통령에 당선

③ 독재 체제의 강화 … 1956년 정 · 부통령 선거에서 민주당의 장면이 부통령에 당선, 무소속 조봉암의 선전→진보당 사건(조봉암 탄압), 정부에 비판적인 경향신문 폐간, 국가 보안법 개정(1958)

④ 전후 복구와 원조 경제
  ㉠ 전후 복구 : 산업 시설과 사회 기반 시설 복구, 귀속 재산 처리 등
  ㉡ 원조 경제 : 미국이 잉여 농산물 제공 → 삼백 산업(밀, 사탕수수, 면화) 발달

⑤ 북한의 변화
  ㉠ 김일성 1인 독재 체제 강화 : 반대 세력 숙청, 주체사상 강조
  ㉡ 사회주의 경제 체제 확립 : 소련 · 중국의 원조, 협동 농장 체제 수립, 모든 생산 수단 국유화

(2) 4 · 19 혁명과 장면 내각

① 4 · 19 혁명(1960)
  ㉠ 배경 : 1960년 정 · 부통령 선거에서 이승만과 이기붕을 당선시키기 위해 3 · 15 부정 선거 실행
  ㉡ 전개 : 부정 선거 규탄 시위 발생→마산에서 김주열 학생의 시신 발견→전국으로 시위 확산→비상 계
    엄령 선포→대학 교수들의 시국 선언 발표 및 시위 참여→이승만 하야
  ㉢ 결과 : 허정 과도 정부 구성→내각 책임제와 양원제 국회 구성을 골자로 한 개헌 성립
  ㉣ 의의 : 학생과 시민 주도로 독재 정권을 붕괴시킨 민주 혁명

② 장면 내각(1960)
  ㉠ 성립 : 새 헌법에 따라 치른 7 · 29총선에서 민주당 압승→대통령 윤보선 선출, 국무총리 장면 지정
  ㉡ 정책 : 경제 개발 계획 마련, 정부 규제 완화
  ㉢ 한계 : 부정 선거 책임자 처벌에 소극적, 민주당 구파와 신파의 대립으로 인한 정치 불안 초래

(3) 5 · 16 군사 정변과 박정희 정부

① 5 · 16 군사 정변(1961) … 박정희를 중심으로 군부 세력이 정변 일으킴 → 국가 재건 최고회의 설치(군정
  실시)
  ㉠ 정치 : 부패한 공직자 처벌, 구정치인의 활동 금지
  ㉡ 경제 : 경제 개발 5개년 계획을 추진
  ㉢ 개헌 : 대통령 중심제와 단원제 국회 구성을 주요 내용으로 하는 개헌 단행

② 박정희 정부
  ㉠ 성립 : 민주 공화당 창당→박정희가 대통령에 당선(1963)
  ㉡ 한 · 일 국교 정상화(1965) : 한 · 미 · 일 안보 체제 강화, 경제 개발에 필요한 자금을 확보 목적
   • 과정 : 김종필 · 오히라 비밀 각서 체결→한 · 일 회담 반대 시위(6 · 3 시위. 1964)→계엄령 선포
   • 결과 : 한 · 일 협정 체결
  ㉢ 베트남 전쟁 파병(1964~1973) : 미국의 요청으로 브라운 각서 체결(경제 · 군사적 지원 약속)→경제 성장
  ㉣ 3선 개헌(1969) : 박정희가 재선 성공 후에 3선 개헌안 통과→개정 헌법에 따라 박정희의 3선 성공
    (1971)

③ 유신 체제

  ㉠ 유신 체제 성립 : 1970년대 냉전 완화(닉슨 독트린), 경제 불황

   • 과정 : 비상 계엄령 선포, 국회 해산, 정당 · 정치 활동 금지→유신 헌법 의결 · 공고(1972)→통일 주체 국민 회의에서 박정희를 대통령으로 선출

   • 내용 : 대통령 간선제(통일 주체 국민 회의에서 선출), 대통령 중임 제한 조항 삭제, 대통령 임기 6년, 대통령에게 긴급 조치권, 국회 해산권, 국회의원 1/3 추천권 부여

  ㉡ 유신 체제 반대 투쟁 : 개헌 청원 100만인 서명 운동 전개, 3 · 1 민주 구국 선언

    →긴급 조치 발표, 민청학련 사건과 인혁당 사건 조작

  ㉢ 유신 체제 붕괴

   • 배경 : 국회의원 선거에서 야당 득표율 증가(1978), 경제위기 고조(제2차 석유 파동), YH 무역 사건 과정에서 김영삼의 국회의원 자격 박탈→부 · 마 항쟁 발생

   • 결과 : 박정희 대통령 피살(1979. 10 · 26 사태)로 유신 체제 붕괴

(4) 5 · 18 민주화 운동과 자유 민주주의의 발전

① 민주화 열망의 고조

  ㉠ 12 · 12 사태(1979) : 10 · 26 사태 직후 전두환 중심의 신군부 세력이 권력 장악

  ㉡ 서울의 봄(1980) : 시민과 학생들이 신군부 퇴진, 유신 헌법 폐지를 요구하며 시위 전개

    →비상계엄령 선포 및 진국 확대

② 5 · 18 민주화 운동(1980)

  ㉠ 배경 : 신군부 세력 집권과 비상계엄 확대에 반대하는 광주 시민들을 계엄군이 과잉 무력 진압

  ㉡ 의의 : 1980년대 민주화 운동의 기반이 됨.

③ 전두환 정부

  ㉠ 신군부 집권 과정 : 국가 보위 비상 대책 위원회(국보위) 설치→삼청교육대 설치, 언론 통폐합 등

  ㉡ 전두환 집권 : 통일주체 국민회의에서 전두환을 11대 대통령으로 선출(1980. 8)

   • 개헌 : 대통령을 선거인단에 의해 선출, 대통령 임기는 7년 단임제 적용

   • 개헌 이후 : 대통령 선거인단에서 전두환을 12대 대통령으로 선출(1981. 2)

  ㉢ 전두환 정부 정책

   • 강압책 : 언론 통제, 민주화 운동 탄압

   • 유화책 : 두발과 교복 자율화, 야간 통행금지 해제, 프로야구단 창단, 해외여행 자유화

④ 6월 민주 항쟁(1987)

  ㉠ 배경 : 대통령 직선제 개헌 운동 고조, 박종철 고문 치사 사건 발생

  ㉡ 4 · 13 호헌 조치 : 전두환 정부는 대통령 직선제 개헌안 요구를 거부하고 간선제 유지를 발표

    →시민들의 반발 확산, 이한열 사망→호헌 철폐 요구하며 시위 확산

© 6 · 29 민주화 선언 : 민주 정의당 대통령 후보인 노태우가 대통령 직선제 개헌 요구 수용

② 결과 : 대통령 직선제, 5년 단임제의 개헌 실현

(5) 민주화 진전

① 노태우 정부

　㉠ 성립 : 야권 분열 과정에서 노태우가 대통령에 당선 → 이후 3당 합당(노태우, 김영삼, 김종필)

　㉡ 성과 : 북방 외교 추진(공산권 국가들과 수교), 서울 올림픽 개최, 5공 청문회, 남북한 유엔 동시 가입

② 김영삼 정부 … 지방 자치제 전면 실시, 금융 실명제 시행, OECD(경제 협력 개발 기구) 가입, 외환위기 (IMF) 초래

③ 김대중 정부

　㉠ 성립 : 선거를 통한 최초의 평화적 여야 정권 교체가 이루어짐

　㉡ 성과 : 국제 통화 기금(IMF) 지원금 조기 상환, 국민 기초 생활 보장법 제정, 대북 화해 협력 정책(햇볕 정책) → 제1차 남북 정상 회담 개최, 6 · 15 남북 공동 선언 채택(2000)

④ 노무현 정부 … 권위주의 청산 지향, 제2차 남북 정상 회담 개최, 10 · 4 남북 공동 선언 채택(2007)

⑤ 이명박 정부 … 한 · 미 FTA 추진, 기업 활동 규제 완화

❸ 경제 발전과 사회 · 문화의 변화

(1) 경제 발전 과정

① 경제 개발 5개년 계획

　㉠ 제1차, 2차 경제 개발 5개년 계획(1962~1971) : 노동집약적 경공업 육성, 수출 주도형 산업 육성 정책 추진

　　• 베트남 경제 특수 효과, 사회 간접 자본 확충(경부 고속 국도 건설. 1970)

　　• 외채 상환 부담 증가, 노동자의 저임금, 정경 유착 등의 문제가 나타남

　㉡ 제3차, 4차 경제 개발 5개년 계획(1972~1911) : 자본집약적 중화학 공업 육성, 수출액 100억 달러 달성 (1977)

　　• 정경 유착, 저임금 · 저곡가 정책으로 농민 · 노동자 소외, 빈부 격차 확대, 2차례에 걸친 석유 파동으로 경제 위기

② 1980년대 경제 변화 … '3저 호황'(저유가, 저금리, 저달러) 상황 속에서 자동차, 철강 산업 등이 발전

③ 1990년대 이후 경제 변화

　　㉠ 김영삼 정부 : 경제 협력 개발 기구(OECD) 가입, 외환 위기 발생→국제 통화 기금(IMF)의 긴급 금융 지원

　　㉡ 김대중 정부 : 금융 기관과 대기업 구조 조정(실업률 증가), 국제 통화 기금(IMF) 지원금 조기 상환

(2) 사회 · 문화의 변화

① 급속한 산업화 · 도시화 ··· 주택 부족, 교통 혼잡, 도시 빈민 등의 사회적 문제 발생

② 농촌의 변화 ··· 이촌향도 현상으로 농촌 인구 감소, 고령화 문제 출현, 도농 간 소득 격차 확대

③ 새마을 운동(1970) ··· 농촌 환경 개선과 소득 증대 목표(근면 · 자조 · 협동)

④ 노동 문제 ··· 산업화로 노동자 급증, 열악한 노동 환경(저임금 · 장시간 노동) → 전태일 분신 사건(1970) → 6월 민주 항쟁 이후 노동 운동 활발

(3) 통일을 위한 노력

① 7 · 4 남북 공동 성명(1972) ··· 평화 통일 3대 원칙 합의(자주 통일, 평화 통일, 민족적 대단결)
　　→ 남북 조절 위원회 설치

② 전두환 정부 ··· 이산가족 고향 방문단과 예술 공연단 교환(1985)

③ 노태우 정부(1991) ··· 남북한 유엔 동시 가입, 남북 기본 합의서 채택(남북 사이 화해와 불가침, 교류와 협력)

④ 김영삼 정부 ··· 북한에 경수로 원자력 발전소 건설 사업 지원

⑤ 김대중 정부 ··· 대북 화해 협력 정책(햇볕 정책), 금강산 관광 사업 시작, 남북 정상 회담 개최(6 · 15 남북 공동 선언)

　　㉠ 6 · 15 남북 공동 선언(2000) : 남측의 연합제 통일안과 북측의 연방제 통일안의 공통성 인정

　　㉡ 개성 공단 건설, 이산가족 상봉, 경의선 복구 사업 진행

⑥ 노무현 정부 ··· 제2차 남북 정상 회담(2007) → 10 · 4 남북 공동 선언

출제 예상 문제

1 다음 중 광무개혁이 추진된 시기에 일어난 사건과 관련된 것을 고르면?

① 상공업의 육성과 양전사업
② 물산장려운동과 민립대학설립운동
③ 모스크바 3국외상회의
④ 가쓰라 · 태프트밀약

> **TIP** 광무개혁은 1896년 아관파천 직후부터 1904년 러일전쟁 발발까지 주로 보수파에 의해 추진된 제도 개혁이다.
> ② 물산장려운동은 1920년 평양에서 시작되어 1923년 전국으로 확산되었다.
> ③ 미 · 영 · 소의 3국 외상들은 1945년 12월 모스크바에 모여 한반도의 전후 문제를 상의하였다.
> ④ 1905년 7월 29일 일본 총리 가쓰라와 미국 육군장관 W.H. 태프트 사이에 맺어진 비밀협약이다.

2 다음 밑줄 친 '이것'이 의미하는 것은?　　　　2020. 07. 04. 부산교통공사

> 이것은 고종 때 설치되었던 상설 조폐기관이다. 이것은 조선사회에 근대적 화폐제도 노입에 선구적인 역할을 했다.

① 우정총국
② 제중원
③ 기기창
④ 전환국

> **TIP** ① 우정총국 : 고종 21년 설치된 우체 업무를 담당하는 관청
> ② 제중원 : 고종 22년 개원한 최초의 서양식 국립병원
> ③ 기기창 : 고종 20년 설치된 무기를 제조하는 관서로 기기국 부속 공장

3 3 · 1운동을 일으키게 된 시대적 배경이 될 수 없는 것은?

① 동경 유학생들의 2 · 8선언
② 중화민국의 대일본 선전포고
③ 해외에서의 항일민족운동
④ 윌슨 미국 대통령의 민족자결주의

Answer 1.① 2.④ 3.③

TIP ② 3·1운동의 배경에는 윌슨의 민족자결주의, 파리강화회의에 대표 파견, 국내외의 독립운동 준비, 2·8독립선언, 고종의 독살설 등이 있다.

4 대한민국 정부 수립 이후에 일어난 사건을 〈보기〉에서 모두 고른 것은?

──────────── 보기 ────────────

㉠ 반민족 행위 특별 조사 위원회 설치   ㉡ 농지 개혁법 시행
㉢ 안두희의 김구 암살   ㉣ 제주 4·3 사건 발생
㉤ 여수·순천 10·19 사건 발생

① ㉠, ㉡, ㉤   ② ㉠, ㉡, ㉢, ㉤
③ ㉠, ㉡, ㉣, ㉤   ④ ㉠, ㉡, ㉢, ㉣, ㉤

TIP ㉣ 제주 4·3 사건은 1948년에 일어난 사건으로 대한민국 정부 수립(1948년 8월 15일) 이전이다.
㉠ 1948년 10월
㉡ 1949년 제정, 1950~1957년 시행
㉢ 1949년 6월
㉤ 1948년 10월

5 다음 중 조약과 그에 대한 설명이 옳은 것은?

① 가쓰라·태프트밀약 – 영국과 일본간에 영국은 일본, 일본은 대한제국의 침략을 묵인하였다.
② 포츠머스조약 – 러시아가 한반도 문제에 개입하는 것을 일본이 허락하였다.
③ 한·일의정서 – 이후 스티븐스와 메가다가 고문정치를 하게 되었다.
④ 을사조약 – 외교권 박탈을 위해 일제가 강제로 조약을 체결하였다.

TIP ① 미국과 일본 간의 밀약으로 미국의 필리핀, 일본의 대한제국에 대한 우위권을 인정하였다.
② 러시아와 일본의 조약으로 일본의 대한제국에 대한 독점권을 인정하였다.
③ 한·일협정서 체결 이후 고문정치를 하였다.

Answer   4.② 5.④

6 독립협회가 주장한 내용과 거리가 먼 것은?

① 개인의 생명과 재산의 자유권을 주장했다.
② 국민주권론을 토대로 국민참정권을 주장했다.
③ 중추원을 개편하여 의회를 설립할 것을 주장했다.
④ 군주제를 폐지하고 공화제를 실시할 것을 주장했다.

TIP ④ 독립협회는 전제군주제를 입헌군주제로 개혁하고, 행정·재정제도를 근대적으로 개혁하며, 신교육과 산업개발의 필요성을 역설하였다.

7 대한민국 임시정부 제2대 대통령, 독립운동가이자 역사학자 박은식이 '국어와 국사가 살아 있으면 그 나라는 망하지 않는다'는 신념과 함께 저술한 책은 무엇인가? `2020. 07. 04. 부산교통공사`

① 동사강목
② 한국사신론
③ 백록담
④ 한국통사

TIP 「한국통사」는 1915년 중국 상해에서 출판된 박은식이 지은 한국 최근세사에 대한 역사서이다.
　① 「동사강목」: 조선후기 순암 안정복이 고조선으로부터 고려말까지를 다룬 역사책
　② 「한국사신론」: 1961년 발행한 이기백의 한국사 개설서
　③ 「백록담」: 1941년 정지용이 발표한 두 번째 시집

8 다음 중 방곡령 선포에 관련된 내용으로 옳지 않은 것은?

① 일본 상인들이 농촌시장으로 침투하여 지나친 곡물을 반출해가자 곡물가격이 폭등하게 되었다.
② 방곡령은 흉년이 들면 중앙정부에서 직접 실시하였다.
③ 방곡령을 실시하기 1개월 전에 통고해야하는 조·일통상정정의 의무를 어겨 외교문제가 되었다.
④ 결국 방곡령을 철회하고 배상금을 지불하였다.

TIP ② 방곡령은 흉년이 들면 지방관의 직권으로 실시할 수 있었다.

Answer 6.④ 7.④ 8.②

9 다음 법령에 대한 설명으로 옳지 않은 것은?

> 제1조 일본 정부와 통모하여 한·일 합병에 적극 협력한 자, 한국의 주권을 침해하는 조약 또는 문서에 조인한 자와 모의한 자는 사형 또는 무기 징역에 처하고, 그 재산과 유산의 전부 혹은 2분의 1 이상을 몰수한다.
>
> 제2조 일본 정부로부터 작위를 받은 자 또는 일본 제국 의회의 의원이 되었던 자는 무기 또는 5년 이상의 징역에 처하고 그 재산과 유산의 전부 혹은 2분의 1 이상을 몰수한다.
>
> 제3조 일본 치하 독립운동자나 그 가족을 악의로 살상·박해한 자 또는 이를 지휘한 자는 사형, 무기 또는 5년 이상의 징역에 처하고 그 재산의 전부 혹은 일부를 몰수한다.

① 이 법령에 따라 특별 재판부가 설치되었다.

② 이 법령의 제정은 제헌헌법에 명시된 사항이었다.

③ 이 법령에 따라 반민족행위자들이 실형을 선고받았다.

④ 이 법령은 여수·순천 10·19 사건 직후에 국회에서 통과되었다.

TIP 제시된 사료는 1948년 9월 제정된 「반민족행위처벌법」이다.
④ 여수·순천 사건은 1948년 10월 19일 전라남도 여수에 주둔하던 국방경비대 제14연대에 소속의 군인들이 제주 4·3 사건 진압을 거부하며 일으킨 반란 사건이다.

10 다음 내용이 포함된 개혁에 대한 설명으로 옳지 않은 것은?

> • 공·사 노비 제도를 모두 폐지하고, 인신매매를 금지한다.
> • 연좌법을 폐지하여 죄인 자신 외에는 처벌하지 않는다.
> • 과부의 재혼은 귀천을 막론하고 그 자유에 맡긴다.

① 중국 연호의 사용을 폐지하였다.　　② 독립 협회 활동의 영향을 받았다.

③ 군국기무처의 주도 하에 추진되었다.　　④ 동학 농민 운동의 요구를 일부 수용하였다.

TIP 제시된 내용이 포함된 개혁은 1894년에 일어난 제1차 갑오개혁이다.
② 독립협회는 1896년에 창립되었다.

Answer 9.④　10.②

11 다음 ㉠의 추진 결과 나타난 현상으로 옳지 않은 것은?

> 일본은 1910년대 이후 자본주의 경제가 급속하게 발전하면서 농민들이 도시에 몰려 식량 조달에 큰 차질이 빚어졌다. 이를 해결하기 위해 ____㉠____ 을 추진하였는데, 이는 토지 개량과 농사 개량을 통해 식량 생산을 대폭 늘려 일본으로 더 많은 쌀을 가져가고 우리나라 농민 생활도 안정시킨다는 목표로 추진되었다.

① 쌀 생산량의 증가보다 일본으로의 수출량 증가가 두드러졌다.
② 만주로부터 조, 수수, 콩 등의 잡곡 수입이 증가하였다.
③ 한국인의 1인당 연간 쌀 소비량이 이전보다 줄어들었다.
④ 많은 수의 소작농이 이를 통해 자작농으로 바뀌었다.

TIP ㉠은 1920년대에 실시한 산미증식계획이다. 산미증식계획으로 증산량보다 많은 양을 수탈해 갔기 때문에 조선의 식량 사정은 악화되어 만주에서 잡곡을 수입하게 되었다. 이 사업의 결과, 수리조합비와 토지개량사업비를 농민에게 전가하여 농민의 몰락이 가속화되었고 많은 수의 자작농이 소작농으로 바뀌었다.

12 다음은 일제 강점기 국외 독립운동에 관한 사실들이다. 이를 시기 순으로 바르게 나열한 것은?

> ㉠ 대한민국 임시 정부가 지청천을 총사령으로 하는 한국광복군을 창설하였다.
> ㉡ 블라디보스토크에서 이상설, 이동휘 등이 중심이 된 대한 광복군 정부가 수립되었다.
> ㉢ 홍범도가 이끄는 대한 독립군을 비롯한 연합 부대는 봉오동 전투에서 대승을 거두었다.
> ㉣ 양세봉이 이끄는 조선 혁명군은 중국 의용군과 연합하여 영릉가 전투에서 일본군을 무찔렀다.

① ㉠→㉣→㉡→㉢
② ㉡→㉢→㉣→㉠
③ ㉢→㉡→㉣→㉠
④ ㉣→㉢→㉠→㉡

TIP ㉠ 한국광복군은 1940년 중국 충칭에서 조직되었다.
㉡ 대한광복군정부는 1914년 러시아 블라디보스토크에 세워졌던 망명 정부이다.
㉢ 봉오동 전투는 1920년 6월 7일 만주 봉오동에서 홍범도의 대한독립군이 일본 정규군을 대패시킨 전투이다.
㉣ 영릉가 전투는 1932년 4월 남만주 일대에서 활동하던 조선혁명군이 중국 요령성 신빈현 영릉가에서 일본 관동군과 만주국군을 물리친 전투이다.

Answer 11.④ 12.②

13 다음은 간도와 관련된 역사적 사실들이다. 옳지 않은 것은?

① 1909년 일제는 청과 간도협약을 체결하여 남만주의 철도 부설권을 얻는 대가로 간도를 청의 영토로 인정하였다.

② 조선과 청은 1712년 "서쪽으로는 압록강, 동쪽으로는 토문강을 국경으로 한다."는 내용의 백두산 정계비를 세웠다.

③ 통감부 설치 후 일제는 1906년 간도에 통감부 출장소를 두어 간도를 한국의 영토로 인정하였다.

④ 1902년 대한제국 정부는 간도관리사로 이범윤을 임명하는 한편, 이를 한국 주재 청국 공사에게 통고하고 간도의 소유권을 주장하였다.

TIP ③ 통감부 설치 후 일제는 1907년 8월 23일에 간도용정에 간도통감부 출장소를 설치하고, 간도는 조선의 영토이며 출장소를 설치한 것은 간도조선인을 보호하기 위한 것이라 천명하고 청과 외교교섭을 시작했다.

14 다음에 제시된 개혁 내용을 공통으로 포함한 것은?

• 청과의 조공 관계 청산   • 인민 평등 실현
• 혜상공국 혁파   • 재정의 일원화

---

① 갑오개혁의 홍범 14조   ② 독립협회의 헌의 6조
③ 동학 농민 운동의 폐정개혁안   ④ 갑신정변 때의 14개조 정강

TIP 제시된 지문은 갑신정변 때 개화당 정부의 14개조 혁신 정강의 내용이다.

Answer   13.③   14.④

15 1919년 3 · 1운동 전후의 국내외 정세에 대한 설명으로 옳지 않은 것은?

① 일본은 시베리아에 출병하여 러시아 영토의 일부를 점령하고 있었다.

② 러시아에서는 볼셰비키가 권력을 장악하여 사회주의 정권을 수립하였다.

③ 미국의 윌슨 대통령이 민족자결주의를 내세워 전후 질서를 세우려 하였다.

④ 산동성의 구 독일 이권에 대한 일본의 계승 요구는 5 · 4 운동으로 인해 파리평화회의에서 승인받지 못하였다.

TIP 파리평화회의… 제1차 세계대전 종료 후, 전쟁에 대한 책임과 유럽 각국의 영토 조정, 전후의 평화를 유지하기 위한 조치 등을 협의한 1919 ~ 1920년 동안의 일련의 회의 일체를 말한다. 이 회의에서 국제문제를 풀어나갈 원칙으로 미국의 윌슨 대통령이 14개 조항을 제시하였는데 각 민족은 정치적 운명을 스스로 결정할 권리가 있다는 민족자결주의와 다른 민족의 간섭을 받을 수 없다는 집단안전보장원칙을 핵심으로 주장하였고 이는 3 · 1운동에 영향을 주었다.

16 1950년대 이후 한국사회의 상황에 대한 설명으로 옳은 것은?

① 1950년에 시행된 농지 개혁으로 토지가 없던 농민이 토지를 갖게 되었다.

② 1960년대에 임금은 낮았지만 낮은 물가 넉분으로 노동자들이 고통을 겪지는 않았다.

③ 1970년대에 이르러 정부는 노동 3권을 철저히 보장하는 정책을 채택하였다.

④ 1980년대 초부터는 노동조합을 자유롭게 설립할 수 있게 되었다.

TIP 농지 개혁… 논과 밭을 대상으로 3정보를 초과하는 농가의 토지나 부재지주의 토지를 국가에서 유상으로 매수하고 이들에게 지가증권을 발급하는 제도이다. 농지의 연 수확량의 150%를 한도로 5년간 보상하고 국가에서 매수한 농지는 영세농민에게 3정보를 한도로 유상분배하며 그 대가로 5년간 수확량의 30%씩 상환곡으로 수납하게 하였다. 그러나 개혁 자체가 농민이 배제된 지주층 중심으로 이루어져 소기의 목적을 달성할 수는 없었다.

Answer 15.④ 16.①

17 6·25 전쟁 이전 북한에서 일어난 다음의 사건들을 연대순으로 바르게 나열한 것은?

> ㉠ 북조선 5도 행정국 설치　　　　㉡ 토지개혁 단행
> ㉢ 북조선 노동당 창당　　　　　　㉣ 조선공산당 북조선 분국 조직

① ㉠㉡㉢㉣　　　　　　　　　　② ㉠㉡㉣㉢
③ ㉡㉠㉣㉢　　　　　　　　　　④ ㉣㉠㉠㉢

TIP ㉣ 1945년 10월
　　　㉠ 1945년 11월
　　　㉡ 1946년 3월
　　　㉢ 1946년 8월

18 다음 보기의 내용과 같은 시기에 일어난 역사적 사실로 옳은 것은?

> 비밀결사조직으로 국권회복과 공화정체의 국민국가 건설을 목표로 하였다. 국내적으로 문화적·경제적 실력양성운동을 펼쳤으며, 국외로 독립군기지 건설에 의한 군사적인 실력양성운동에 힘쓰다가 105인사건으로 해체되었다.

① 차관제공에 의한 경제예속화정책에 반대하여 국민들이 국채보상기성회를 조직하여 모금운동을 벌였다.
② 자주제가 강화되고 소작농이 증가하면서, 고율의 소작료로 인하여 농민들이 몰락하였다.
③ 노동자들은 생존권을 지키기 위하여 임금인상이나 노동조건 개선 등을 주장하는 노동운동을 벌였다.
④ 일본 상품을 배격하고 국사품을 애용하자는 운동을 전개하였다.

TIP ① 일제의 화폐 정리 및 금융 지배에 대해 1907년 국채보상운동을 전개하여 일제의 침략정책에 맞섰으나 일제의 방해로 중단되었다.
　　※ **신민회** … 비밀결사조직으로 국권 회복과 공화정체의 국민국가 건설을 목표로 하였다. 국내적으로 문화적·경제적 실력양성운동을 펼쳤으며, 국외로 독립군기지 건설에 의한 군사적인 실력양성운동에 힘쓰다가 105인사건으로 해체되었다.

Answer 17.④ 18.①

19 다음 중 '을사조약' 체결 당시의 사건에 대한 설명으로 옳은 것은?

① 영국은 일본의 한국에 대한 지배권을 인정하였다.
② 구식군대가 차별대우를 받았다.
③ 일본의 한국에 대한 지배권을 인정하며, 미국의 필리핀 지배를 확인하였다.
④ 러시아, 프랑스, 독일이 일본에 압력을 가했다.

> **TIP** 을사조약 체결(1905. 11) … 러·일전쟁에서 승리한 일본은 조선의 독점적 지배권을 인정받고 조선의 외교권을 박탈하고 통감부를 설치
> 하였다. 이에 초대 통감으로 이토 히로부미가 부임하였으며 고종황제는 조약의 부당성을 알리기 위해 1907년에 개최된 헤이그
> 만국평화회의에 밀사를 파견하였다.

20 다음과 같은 식민 통치의 근본적 목적으로 옳은 것은?

• 총독은 원래 현역군인으로 임명되는 것이 원칙이었으나, 문관도 임명될 수 있게 하였다.
• 헌병 경찰이 보통 경찰로 전환되었다.
• 민족 신문 발행을 허가하였다.
• 교육은 초급의 학문과 기술교육만 허용되었다.

---

① 소수의 친일분자를 키워 우리 민족을 이간하여 분열시키는 것이 목적이었다.
② 한반도를 대륙 침략의 병참기지로 삼고 태평양전쟁을 도발하였다.
③ 한국의 산업을 장악하여 상품시장화 하였다.
④ 1910년대의 무단통치에 대한 반성으로 시행하였다.

> **TIP** 문화통치(1919 ~ 1931)
> ㉠ 발단 : 3·1운동과 국제 여론의 악화로 제기되었다.
> ㉡ 내용
> • 문관총독의 임명을 약속하였으나 임명되지 않았다.
> • 헌병경찰제를 보통경찰제로 바꾸었지만 경찰 수나 장비는 증가하였다.
> • 교육은 초급의 학문과 기술교육만 허용되었다.
> ㉢ 본질 : 소수의 친일분자를 키워 우리 민족을 이간질하여 분열시켰다.

21 다음 보기의 내용과 관련있는 단체의 업적으로 옳은 것은?

> 동학농민전쟁의 주체이며, 최시형의 뒤를 이은 3세 교주 손병희는 3 · 1운동 민족대표 33인 중의 한 사람이었다.

① 미신타파
② 고아원 설립
③ 북로군정서 중광단
④ 개벽, 만세보

TIP **천도교** ··· 제2의 3 · 1운동을 계획하여 자주독립선언문을 발표하였다. 개벽, 어린이, 학생 등의 잡지를 간행하여 민중의 자각과 근대문물의 보급에 기여하였다.

22 다음 보기의 기본 강령으로 활동한 사회단체에 대한 설명으로 옳은 것은?

> 1. 우리는 정치적 · 경제적 각성을 촉진한다.
> 2. 우리는 단결을 공공히 한다.
> 3. 우리는 기회주의를 일체 거부한다.

① 비밀 결사 조직으로 국외 독립 운동 기지 건설에 앞장섰다.
② 실력양성운동을 전개하였다.
③ 입헌정체와 정치의식을 고취시켰다.
④ 노동쟁의, 고각쟁의를 지원하는 등 노동운동과 농민운동을 지도하였다.

TIP **신간회** ··· 민족주의 진영과 사회주의 진영은 민족유일당, 민족협동전선이라는 표어 아래 이상재, 안재홍 등을 중심으로 신간회를 결성하였다. 노동운동과 농민운동을 지도하였고 광주학생항일운동의 진상단을 파견하였다.

Answer 21.④ 22.④

23 다음 중 연결이 옳지 않은 것은?

① 한일의정서 – 군사기지 점유
② 제1차 한일협정서 – 사법권, 경찰권박탈
③ 제2차 한일협정서 – 외교권박탈
④ 한일신협약 – 차관정치, 군대해산

TIP 제1차 한·일협약 체결(1904. 8) … 러·일전쟁 중 체결되었으며 일본 정부가 추천하는 외교와 재정고문을 두는 고문정치가 시작되었다.

24 다음 중 시기별로 볼 때 제일 나중에 일어난 것은?

2020. 07. 04. 부산교통공사

① 88올림픽   ② 6.29선언
③ 12.12사태   ④ 5.18민주화운동

TIP 서울아시안게임, 4.13호헌조치, 88올림픽, 제6공화국 출범, IMF 경제 신탁통치 시대 순으로 진행된다.
    ㉠ 88올림픽은 1988 .9.17 ~ 1988 .10 .2. 서울에서 개최된 제24회 올림픽
    ㉡ 6 · 29선언은 1987.6.29. 노태우 대통령 후보가 발표한 특별 선언
    ㉢ 12 · 12사태는 1979.12.12. 일어난 군사반란사건
    ㉣ 5 · 18민주화운동는 1980 .5 .8 ~ 1980. 5. 27에 일어난 민주화운동
    ㉤ 한일국교정상화는 1965.6.22. 계약한 조약

25 다음 중 독립협회에 관한 설명으로 옳지 않은 것은?

① 자주국권운동을 전개하였다.
② 박정양의 진보적 내각이 수립되었다.
③ 최초의 근대적 민중대회인 만민공동회를 개최하였다.
④ 일본의 황무지 개간권 요구를 저지시켰다.

TIP ④ 보안회에 관한 설명이다.

Answer   23.②   24.①   25.④

26 다음 중 민족기업에 관한 설명으로 옳지 않은 것은?

① 민족기업은 순수한 한국인만으로 운영되었다.

② 지주 출신 기업인이 지주와 거상의 자본을 모아 대규모 공장을 세웠다.

③ 대규모 공장은 평양의 메리야스공장 및 양말공장, 고무신공장들이었다.

④ 3·1운동 이후 민족산업을 육성하여 경제적 자립을 도모하려는 움직임이 고조되어 갔다.

TIP ③ 메리야스공장, 양말공장 등은 서민 출신의 상인들이 1 ~ 2대에서 3 ~ 4대의 기계로 제품을 생산하는 정도에 불과하였다.

27 다음 중 노동운동과 관련된 설명으로 옳지 않은 것은?

① 1950년대 이후 빈부의 격차가 커지자, 상대적 빈곤감을 느끼는 계층들의 불만을 자아내게 되었다.

② 1960년대는 공업화 초기로 실업자가 일자리를 얻게 되고, 절대빈곤인구가 감소되어 갔다.

③ 1970년대 이후부터는 빈부의 격차가 커지고, 상대적 빈곤감을 느끼게 되었다.

④ 1980년대 이후에는 정부의 탄압으로 노동운동이 활성화되지 못하였다.

TIP ④ 1987년 이후 정치적 민주화가 추진되면서 노동운동도 임금의 인상, 노동 조건의 개선, 기업가의 경영 합리화 등을 목표로 활성화 되었다.

Answer 26.③ 27.④

28 다음 중 신간회의 기본강령으로 옳은 것은?

① 민족산업의 육성운동 전개

② 민립대학 설립운동 전개

③ 여성 노동자의 권익 옹호 새 생활개선

④ 민족의 단결, 정치·경제적 각성 촉구

TIP 신간회 강령

　　㉠ 정치적·경제적 각성을 촉구함

　　㉡ 단결을 공고히 함

　　㉢ 기회주의를 일체부인함

29 다음 중 성격이 다른 한 단체를 고르면?

① 조선어연구회　　　　　　　　　② 조선사편수회

③ 조신어학회　　　　　　　　　　④ 진단학회

TIP ② 다른 단체들은 모두 일제강점기에 민족문화의 수호를 위해 활동한 단체들이다.

※ **조선사편수회** ··· 일제가 조선 역사를 왜곡하고 일제 식민통치를 합리화하기 위해 1922년에 만든 조선사편찬위원회가 확대·개편된 기관이다.

30 다음은 어느 신문의 사설이다. 밑줄 친 것과 관련된 운동으로 옳은 것은?

> 1931년부터 4년간에 걸쳐 벌인 <u>브나로드 운동</u>은 대표적인 계몽운동이었다. 남녀 청년학도들이 계몽대, 강연대를 조직하여 삼천리 방방곡곡을 누비며 우리글, 우리 역사를 가르치고 농촌위생, 농촌경제개발에 앞장섰던 이 운동은 지식인과 학생이 이 땅에서 일으킨 최초의 민중운동이었다.

① 언론사 중심의 문맹퇴치운동이 전개되었다.
② 사회운동계열이 주도하였다.
③ 이 운동의 영향으로 민립대학설립운동이 추진되었다.
④ 이 시기에 언론과 지식인과 학생이 주도한 만세시위가 확산되고 있었다.

TIP '브나로드'는 '민중 속으로'라는 러시아 말에서 유래된 것으로 일제강점기에 동아일보사가 주축이 되어 전국적 문맹퇴치운동으로 전개되었다. 브나로드 운동은 문자교육과 계몽활동(미신 타파, 구습 제거, 근검 절약 등)을 병행한 대표적인 농촌계몽운동이다.

PART

IV

시사 · 경제 · 문화

01 시사

01 정치·행정·외교

✴ 보궐선거(補闕選擧) ***

대통령이나 국회의원, 지역구 의원 등이 그 임기 중에 사직·사망·실격함으로 인해 궐석(闕席)이 생길 경우, 그 자리를 보충하기 위하여 그 구역에 한해 실시하는 선거이다. 당선자는 전임자의 잔임기간만 재임하며, 보결선거(補缺選擧)라고도 한다.

> ☆☆☆ 2021 보궐선거…2021. 4. 7. 실시하는 재보궐선거 지역이 서울·부산시장 등 광역단체장 2곳과 울산 남구청장, 경남 의령군수 등 기초단체장 2곳, 광역의원 8곳, 기초의원 9곳 등 21곳이 확정되었다.

> ▶ **Note** 궐위(闕位) 및 궐원시(闕員時)
> ㉠ **대통령 궐위** : 대통령이 궐위된 때 또는 대통령 당선자가 사망하거나 판결 기타의 사유로 그 자격을 상실한 때에는 60일 이내에 후임자를 선거한다〈「헌법」 제68조 제2항〉.
> ㉡ **국회의원**
>   • 보궐선거 : 의장 또는 부의장이 궐위된 때나 의장과 부의장이 모두 궐위된 때에는 지체 없이 보궐선거를 실시한다〈「국회법」 제16조(보궐선거)〉.
>   • 궐원시 : 의원이 궐원되었을 때에는 의장은 15일 이내에 대통령과 중앙선거관리위원회에 통지하여야 한다〈「국회법」 제137조(궐원 통지)〉.
> ㉢ **지방자치단체의 장 및 지역구 의원**〈「공직선거법」 제200조 제2항〉 : 비례대표국회의원 및 비례대표지방의회의원에 궐원이 생긴 때에는 선거구선거관리위원회는 궐원통지를 받은 후 10일이내에 그 궐원된 의원이 그 선거 당시에 소속한 정당의 비례대표국회의원후보자명부 및 비례대표지방의회의원후보자명부에 기재된 순위에 따라 궐원된 국회의원 및 지방의회의원의 의석을 승계할 자를 결정하여야 한다.

✴ 한일청구권협정 ***

1965년 한일기본조약 중 청구권에 관한 협정으로 일본은 한국에 대해 조선에 투자한 자본과 일본인의 개별 재산 모두를 포기하고, 3억 달러의 무상 자금과 2억 달러의 차관을 지원하고, 한국은 대일 청구권을 포기하는 것에 합의했다. 일본은 이 조약을 체결하면서 이중적인 자세를 보였는데, 한국에 대해서는 이로써 전쟁 전의 역사를 청산하는 배상금의 성격임을 주장하면서 동시에 대내적으로는 경제협력의 일환이라는 입장을 취했다. 한국은 일본의 개인 보상을 인프라 투자에 유용한 것을 국민에게 공개하지 않았기 때문에 나중에 배상 청구의 견해 차이 등으로 한일 관계에 화근을 남겼다.

✳ 비둘기파 **

비둘기파란 정치·사상·언론 또는 행동 따위가 과격하지 않고 온건한 방법을 취하려는 사람을 뜻하는 말이다. 비둘기파는 온순한 비둘기의 비유적인 표현으로, 베트남전쟁의 확대·강화를 주장했던 매파에 대립하여 이들은 전쟁을 더 이상 확대시키지 않고 한정된 범위 안에서 해결할 것을 주장하였다. 월스트리트저널은 "김정은이 한국·미국과 (비핵화) 외교를 하면서 매파를 견제하고 비둘기파에 힘을 실어줘 자신의 권위를 공고히 하기 위한 것"이라며 "북한 지도자가 10만 명에 이르는 보위사령부를 표적으로 삼아 숙청한 것은 이번이 처음"이라고 했다.

✳ 패스트트랙 ***

상임위에서 재적 위원 5분의 3이 찬성하면 법안을 지정하고 총 330일이 지나면 합의가 되지 않아도 법안을 통과시킬 수 있는 제도를 말한다. 국회법 제85조의 2에 규정된 내용으로 발의된 국회의 법안 처리가 무한정 표류하는 것을 막고 법안의 신속처리를 위해 마련되었다.

✳ 필리버스터 *

국회(의회)에서 소수파가 다수파의 독주를 막거나 기타 필요에 따라, 합법적 수단을 동원해 의사 진행을 지연시키는 무제한 토론을 가리킨다. 우리나라를 비롯해 미국·영국·프랑스·캐나다 등에서 시행되고 있으며, 영국 의회에서는 '프리부터(freebooter)'라고 한다. 우리나라 국회법은 재적의원 5분의 3 이상이 찬성하면 필리비스터를 종료하고 해당 인건에 대한 의결을 하도록 하고 있다.

☆☆☆ 우리나라에서 필리버스터를 가장 처음 한 인물은 1964년 당시 의원이었던 고(故) 김대중 전 대통령이었다. 2020년 12월 국가정보원법 개정안에 대한 필리버스터(무제한 반대 토론)가 강제 종료된 바 있다.

✳ 의무투표제(義務投票制, Compulsory Voting) ***

의무적으로 유권자에게 투표에 참여하거나 선거일에 투표장에 오도록 하는 제도를 이른다. 의무투표제에서는 유권자들에게 투표가 권리일 뿐 아니라 의무이기도 하다는 취지에서 투표 불참자에게 일정한 벌칙이나 불이익을 부과한다. 벌칙으로는 과태료 또는 투표권 박탈이 있고, 불이익으로는 공공서비스 이용을 제한하는 나라들이 있다.

☆☆☆ 의무 투표제는 오스트레일리아, 싱가포르, 페루, 터키 등 약 30여 개국에서 시행하고 있다.

✳ 양출제입(量出制入) **

국가의 재정계획 작성 시 지출 규모를 사전에 정하고 수입을 맞추는 원칙이다. 정부가 한 회계연도의 지출을 먼저 결정한 후 이에 맞게 세금을 거두는 방식이다. 반면 수입을 먼저 계산한 후 지출 규모를 맞추는 원칙은 양입제출(量出制入)이라고 한다. 우리나라는 국가재정 편성 원칙으로 양출제입을 적용하고 있으나 2012년 이후 계속되는 세금 부족 현상에 대한 대응책으로 2015년 예산안부터는 양출제입에서 양입제출로 변환되었다.

✱ 사보임 **

사보임은 사임(맡고 있던 자리에서 물러남)과 보임(어떤 직책에 임명함)을 합친 말로, 국회 상임위원회나 특별위원회 위원을 교체하는 절차를 말한다. 기존 위원을 물러나게 하고 새 위원을 임명한다. 이는 원내 대표의 고유 권한으로, 소속 의원들을 상임위원회에 배치, 상임위에서 물러나게 하는 권한도 있다. 사보임을 국회의장에 신청하고, 국회의장이 이를 승인하면 위원의 사보임이 완료된다.

✱ 여적죄(與敵罪) ***

형법 제93조에 명시되어 있는 내용으로 적국과 합세하여 대한민국에 항적함으로써 성립되는 범죄이다. 여기서 말하는 적국은 대한민국에 대적하는 외국 또는 외국인단체를 포함하며 항적은 동맹국에 대한 것도 포함한다. 본죄에 있어서 고의는 적국과 합세하여 대한민국에 항적한다는 인식을 필요로 하며, 본죄의 미수·예비·음모·선동·선전 등도 처벌한다. 국가정보원은 그동안의 감청 내용과 지난 서울 합정동 모임 녹취록 등을 바탕으로 이석기 의원 등이 전쟁 시 북한을 도와 국가 내 통신 및 물류시설 등 기간시설을 파괴하려 모의했다고 판단하여 내란음모 혐의 사건을 수사한 바 있다.

✱ 컨벤션 효과(convention effect) ***

전당대회나 경선대회 같은 정치 이벤트에서 승리한 대선후보 또는 해당 정당의 지지율이 전에 비해 큰 폭으로 상승하는 효과를 의미하는 것으로, 전당대회 효과라고도 한다.

✱ 한국판 뉴딜 *

'한국판 뉴딜'이란 코로나19로 인해 발생한 경제 위기를 극복하고 경제구조를 혁신하여 지속 가능한 일자리 창출을 도모하기 위해 마련한 대규모 정부 정책 프로젝트로 2025년까지 총사업비 160조 원(국비 114.1조 원)을 투자할 계획이다. 정부가 확정·발표한 '한국판 뉴딜 종합계획'에 따르면 2025년까지 디지털 뉴딜, 그린 뉴딜, 안전망 강화 등 세 개를 축으로 분야별 투자 및 일자리 창출이 이뤄진다. 한국판 뉴딜은 코로나19 사태로 인한 극심한 경제침체 극복 및 구조적 대전환 대응이라는 이중 과제에 직면한 상황에서 그 필요성이 대두되었다.

☆☆☆ 뉴딜 정책은 루스벨트 미국 대통령이 1929년부터 발생한 경제 대공황으로 미국이 극심한 경기 침체에 빠지자 대공황을 극복하기 위해 추진한 일련의 경제 정책을 일컫는다. 여기에 빗대어 코로나19로 경기가 침체됨에 따라 이를 극복하기 위해 추진하는 제반 정책들을 마련했다고 해서 이 프로젝트를 한국판 뉴딜이라고 부른다.

✱ 뉴 거버넌스(new governance) **

일반 시민사회를 정부의 영역에 포함시켜 파트너로 인정해줌으로써 정부조직, 기업, 시민사회, 세계체제 등 이들 전부가 공공서비스와 관련해 신뢰를 통한 네트워크 구축을 강조하는 개념으로 협력 체제에 중점을 두는 것이다. 정부부문과 민간부문 및 비영리부문 간 협력적 네트워크를 통한 공공서비스 전달 과정에 있어서의 효율성을 목표로 한다.

✱ 특별재난지역 **

특별재난지역은 크게 인적재난과 자연재난으로 나뉘며, 태풍·홍수·강풍·가뭄·지진·황사·적조 등의 자연재해나 화재·붕괴·폭발 등의 대형사고와 같은 인적재난, 에너지·통신·금융·의료·수도 등 국가 기반체계의 마비와 전염병 확산 등으로 인해 극심한 피해를 입었을 경우 이의 수습 및 복구를 위해 특별한 조치 및 국가적 차원의 지원이 필요하다고 인정되는 지역을 말한다. 재난으로 인한 피해와 효과적인 수습과 복구를 위하여 특별한 조치가 필요하다고 인정되는 경우, 중앙사고대책본부장은 중앙안전대책위원회의 심의를 거쳐 재난지역을 특별재난지역으로 선포할 것을 대통령에게 건의할 수 있다(재난 및 안전관리기본법). 이 특별재난지역의 선포를 건의 받은 대통령은 당해 지역을 특별재난지역으로 선포할 수 있다. 특별재난지역으로 선포된 지역은 대통령령이 정하는 응급대책 및 재해구호와 복구에 필요한 행정·재정·금융·세제 등의 특별지원을 받을 수 있다.

▶ **Note** 국내 특별재난지역 선포 사례
1995년 7월 삼풍백화점 붕괴사고 지역
2000년 4월 동해안의 고성·심척·강릉·동해·울진 등에 발생한 사상 최대의 산불피해지역
2002년 8월 태풍 루사 피해지역
2003년 2월 대구지하철 화재참사를 겪은 대구 지역
2003년 9월 발생한 태풍 매미 피해지역
2007년 12월 유조선과 해상크레인 충돌로 인한 원유유출사고 피해를 입은 충남 태안군 일대
2008년 7월 태풍 및 집중호우 피해를 입은 경북 봉화군 등 67개 시·군·구 등
2012년 태풍 산바 피해지역
2016년 9월 지진 피해지역인 경북 경주(경주 지진(2016))
2016년 10월 태풍 차바 피해지역
2017년 7월 집중호우 피해가 속출한 충북 청주·괴산, 충남 천안지역
2017년 11월 규모 5.4의 지진이 발생한 경북 포항(포항 지진(2017))
2019년 4월 강원 대형 산불로 강원 고성군·속초시·강릉시·동해시·인제군 등 5개 시·군
2020년 3월 코로나19 사태와 관련해 대구 및 경북의 일부 지역(경산, 청도, 봉화)
　　　　　※ 자연재해가 아닌 감염병으로 인한 첫 선포 사례이다.
2020년 8월 집중호우로 큰 피해를 본 경기 안성시, 강원 철원군, 충북 충주시·제천시, 음성군, 충남 천안시·아산시 등
2020년 8월 전북 남원시와 전남 나주시, 구례·곡성·담양·화순·함평·영광·장성군, 경남 하2020년 8월 경기 이천시, 강원 화천군, 충북 단양군 등 20개 시·군·구와 충북 진천군 진천읍·백곡면, 전남 광양시 진월면·다압면 등 36개 읍·면·동 등

✱ 특례시 *

도시 행정의 특수성을 고려해 위상을 높이고 별도 구분하기 위해 편의상 적용하는 행정 명칭이다. 기존 광역시와 달리 인구가 많은 기초지자체에 부여되는 명칭으로, 기초지자체의 지위를 유지하면서 광역시급 위상에 걸맞은 행정·재정 자치 권한을 확보하고 일반 시와 차별화되는 법적 지위를 부여받는 새로운 지방자치단체의 유형이다. 다만 특례시로 지정되더라도 권한이 달라지는 것은 없고, 도시 이름도 특별시나 광역시와 달리 기존과 동일하게 유지된다. 광역지방자치단체와 기초지방자치단체 중간 형태의 새로운 지방자치단체 유형이다.

☆☆☆ 2020년 12월 9일 인구 100만 이상 대도시에 '특례시' 명칭을 부여하는 지방자치법 전부개정안이 국회 본회의를 통과하면서, 수원·고양·용인·창원 등 인구 100만 명 이상 대도시에 특례시 명칭이 부여되게 된다.

✱ 한글공정 ***

한글공정은 동북공정에 빗대어 지은 이름으로 중국이 휴대폰 · 스마트폰 · 태블릿PC 등의 모바일기기에 한글 입력방식을 중국식으로 국제표준화하려는 움직임을 보인다는 언론보도에 소설가 이외수가 자신의 입장에 대해 말하면서 알려지게 되었다. 동북공정에 이어 한글의 문화까지 중국의 문화에 예속시키려는 중국의 이러한 움직임에 많은 논란이 일고 있다.

✱ 크림합병 **

친(親)러시아 성향이 강한 크림자치공화국은 우크라이나 과도 정부에 반발, 크림공화국으로 독립을 결의한 후 크림반도의 러시아 귀속을 위한 주민투표를 실시, 그 결과 러시아와의 합병이 결정되었다. 이후 푸틴 러시아 대통령과 크림자치공화국의 정상들이 만나 러시아—크림공화국 합병 조약에 서명함으로써 크림합병이 이루어졌다. 우크라이나를 포함한 국제사회는 대부분 러시아의 크림반도 합병을 인정하지 않고 있다.

✱ 고노담화 *

1993년 8월 당시 관방장관이던 고노 요헤이가 일본군 위안부에 대해 사죄한 담화를 일컫는다. 그 주요 내용은 일본군 위안부 동원의 강제성을 인정한 것으로 1년 8개월 동안의 조사에 걸쳐 발표하였다. 한편, 아베 신조 일본 총리는 "위안부 문제는 필설로 다할 수 없을 만큼 가슴 아픈 일이며 고노담화를 부정하지 않고 계승하겠다"고 말한 바 있으나 책임 있는 사과나 보상 문제에 착수하겠다는 후속 발언은 끝내 나오지 않았다.

✱ 국정감사 **

국정감사는 국회가 국정 전반에 대한 조사를 행하는 것을 말한다. 이는 국회가 입법 기능뿐만 아니라 정부를 감시하고 비판하는 기능을 가지고 있는 것에서 인정된 것이다. 헌법과 국정 감사 및 조사에 관한 법률에서 정하고 있는 '국정'의 개념은 의회의 입법 작용뿐만 아니라 행정 · 사법을 포함하는 국가 작용 전반을 의미한다. 여기서 개인의 사생활이나 신앙 같은 사적사항은 제외된다. '국정'은 국정감사, 국정조사의 대상이 되며 국정감사는 국정의 전반, 국정조사는 국정의 특정사안을 대상으로 하게 된다. 현재 국정감사는 소관 상임위원회별로 매년 정기국회 집회일 이전의 감사 시작일 부터 30일 이내의 기간을 정하여 감사를 시행한다. 본회의 의결에 의해 정기회 기간 중에 감사를 실시 할 수 있다. 감사, 조사의 대상기관은 국가기관, 특별시, 광역시, 도, 정부투자기관, 한국은행 등, 그리고 본회의가 특히 필요하다고 의결한 감사원의 감사 대상기관이다.

✱레드라인 *

대북정책에서 현재의 포용정책이 실패할 경우 봉쇄정책으로 전환하는 기준선을 의미한다. 북한과의 포괄 협상을 1단계로 시도하지만 이것이 실패할 경우에는 2단계 봉쇄정책으로 전환을 검토해야 하며, 이때 정책전환을 위한 기준을 마련한 것이 레드라인이다.

✱ 노변담화(爐邊談話, fireside chat) *

1933년 3월 12일부터 미국의 제32대 루스벨트(F. Roosevelt) 대통령이 라디오를 통하여 국민들에게 시작한 담화이다. 뉴딜(new deal)정책에 대한 국민의 지지를 호소하기 위해 시작한 이 담화는 공식적이고 딱딱한 형식이 아니라 난롯가에서 친지들과 정담(情談)을 나누는 듯한 친밀감을 불러일으킨 데서 이러한 이름이 붙여졌다.

✱ 레임덕 현상(lame duck) ***

보통 공직자 임기 말 권력누수 현상을 말한다. 미국 대통령선거에서 현직 대통령이 선거에서 패배하는 경우 새 대통령이 취임할 때까지 약 3개월 동안 국정공백기간이 생기는데, 이를 기우뚱 걷는 오리에 비유해 이르는 말이다.

✱ 게티스버그 연설(Gettysburg 演說) *

1863년 11월 미국의 제16 대 대통령인 링컨(A. Lincoln)이 남북전쟁 희생자의 영령을 위로하기 위해 펜실베니아주의 게티스버그를 방문하여 그 곳에서 행한 연설이다. 그 연설 가운데 '국민의, 국민에 의한, 국민을 위한 정치(…government of the people, by the people, for the people)'라는 명언을 남겼는데, 이 말은 민주주의가 무엇인가를 잘 설명해 주고 있으며, 또한 민주정치의 실천이념이 되고 있다.

✱ 당 3역(黨三役) ***

한 정당의 중추적인 실력자, 즉 사무총장, 원내대표, 정책위의장을 가리킨다.

✱ 중우정치(衆愚政治) *

다수의 민중에 의해 지배되는 민주정치가 그 조직이 민주적일지라도 반드시 선정이 베풀어지는 것은 아니라는 뜻으로, 아리스토텔레스(Aristoteles)가 민주정치의 결함을 비꼬아서 한 말이다.

✱ 민주정치 *

자유와 평등을 기반으로 한 국민에 의한 통치형태를 말한다. 기본적 인권 또는 다수결원칙, 법치주의 등을 그 속성으로 하며 국민이 직접 정치에 참가하는 직접민주제와 국민의 대표에 의해 통치하는 간접민주제가 있으나, 모두 의회제와 권력분립 등을 수반하는 국민의 정치참여를 뜻한다.

✱ 책임총리제 **

한국은 대통령제를 채택하면서도 부통령 대신 국무총리라는 직책을 두고 있다. 헌법상 국무총리는 국정의 2인자로 행정부를 통괄하고, 국무회의 부의장으로서 국무위원의 임명·제청권, 해임 건의권 등을 행사할 수 있다. 책임총리제는 이러한 현실을 지양하고 대통령과 총리가 업무를 구체적으로 명료히 분담해 수행하는 분권형 국정운영체제의 일환이다.

✱ 국정조사권(國政調査權) ***

국회가 특정한 국정사안에 관한 조사를 할 수 있는 권한이다. 국회의원의 4분의 1 이상이 요구할 경우 국회는 조사 사안에 대한 특별위원회를 구성하거나 해당 상임위에서 조사위원회를 구성하며, 조사위 의결로 국회폐회 중에도 활동할 수 있다. 그 범위는 안건의 심의와 직접 관련된 보고, 서류의 제출요구, 참고인의 출석요구 등에 국한된다.

✱ 투키디데스 함정 *

투키디데스 함정이란 기존 패권국가와 빠르게 부상하는 신흥 강대국이 결국 부딪칠 수밖에 없는 상황을 의미한다. 원래 아테네와 스파르타의 전쟁에서 유래한 말이며 최근 미국과 중국의 상황을 설명하는 데 쓰여 주목받고 있다.

✱ 일대일로 *

중국에서 출발하여 아시아와 유럽 대륙을 연결하는 거대 프로젝트로, 2013년 시진핑 중국 국가 주석이 중앙·동남아시아 순방에서 제시한 '신(新) 실크로드 전략'을 지칭한다. 이 프로젝트는 중국에서 중앙아시아, 동남아, 중동 등 지역을 거쳐 유럽에 이르는 지역을 육로와 해로로 연결해 관련국과 경제협력을 강화하는 사업이다. 중앙아시아와 유럽을 잇는 육상 실크로드(일대)와 동남아시아와 유럽, 아프리카를 연결하는 해상 실크로드(일로)를 말한다.

✱ 선거구 **

① 대선거구제(大選擧區制) … 한 선거구에서 다수(보통 5인 이상)의 대표를 선출하는 제도이다. 이 제도는 전국적으로 큰 인물이 당선되기 쉬운 장점이 있으나, 선거구가 너무 넓어서 후보자의 인물·식견을 판단하기 어렵고 비용이 많이 드는 단점이 있다.

② 중선거구제(中選擧區制) … 한 선거구에서 2~4명의 대표자를 선출하는 제도이다. 우리나라는 자치구·시·군의원 선거에서 채택하고 있다.

③ 소선거구제(小選擧區制) … 한 선거구에서 한 사람의 대표를 선출하는 제도이다. 선거구가 작기 때문에 선거관리와 투표가 간단하고 비용이 비교적 덜 들며, 선거인이 후보자를 잘 알 수 있는 동시에 정국이 안정되기 쉬운 장점이 있다. 우리나라는 지역구 국회의원 및 시·도의원 선거에서 채택하고 있다.

✱ 사전투표 *

사전투표(事前投票) 또는 조기투표(早期投票)라고도 하며, 유권자가 지정된 선거일 이전에 투표를 할 수 있도록 하는 제도를 말한다. 우편을 통하거나, 사전투표를 위해 지정된 투표소에서 실시하며, 실시 방법과 기간은 관할 기관과 선거의 종류에 따라 다르다. 사전투표는 통상적으로 투표 참여율을 높이고, 선거 당일의 투표소 혼잡을 막기 위해 시행한다. 사전투표는 선거 기간 동안 투표 장소를 벗어난 곳에 있다거나, 투표 업무 종사자, 선거 운동원, 의료 일정 등의 사유로 인하여 선거일에 선거를 할 수 없는 유권자의 선거를 위해 도입되었다.

우리나라의 경우 공직선거법에 따라 선거일에 투표소에서 투표할 수 없는 사람은 사전에 서면으로 부재자 신고를 하고, 선거일 6일 전부터 2일간 부재자 투표를 실시한다. 부재자 투표소에서 투표를 실시할 수 없는 경우를 위해 우편을 통한 거소 투표나 선상 투표 제도를 마련하였다. 2012년 개정된 공직선거법에 따라, 2013년부터는 사전에 부재자 신고를 할 필요 없이 선거인은 누구든지, 부재자 투표 기간인 선거일 전 5일부터 2일간, 지정된 아무 부재자 투표소에서 투표를 할 수 있게 되었다.

✱ 게리맨더링(gerrymandering) **

선거구를 특정 정당이나 후보자에게 유리하게 인위적으로 획정하는 것을 말한다. 이것은 1812년 미국의 게리(Gerry)라는 매사추세츠 주지사가 자기의 소속 정당에 유리하게 선거구를 획정한 결과 샐러맨더(salamander : 희랍신화 속의 도롱뇽)와 비슷한 기형의 선거구가 된 데서 유래되었다.

✱ 로그롤링(logrolling) **

선거를 도와주고 그 대가를 받거나 이권을 얻는 행위를 의미한다. 원래는 '통나무 굴리기'라는 뜻으로, 서로 협력하여 통나무를 모은다든가 강물에 굴려 넣는 놀이에서 연유된 것이다.

✱ 선거권(選擧權) **

국가기관으로서의 국민이 각종 공무원을 선임하는 권리로서 선거에 참여할 수 있는 지위 또는 자격을 말한다. 우리나라의 경우 선거권을 갖는 요건으로는 대한민국 국민이어야 하고, 선거일 현재 19세 이상이어야 한다. 소극적 요건으로는 금치산 선고를 받지 않았어야 하며, 금고 이상의 형을 선고받고 그 집행이 종료된 상태라야 하며, 선거범, 정치자금부정수수죄 및 선거비용관련 위법행위에 관한 벌칙에 규정된 자 또는 대통령·국회의원·지방의회의원·지방자치단체의 장으로서 그 재임 중의 직무와 관련하여 수뢰·사전수뢰 내지 알선수뢰, 알선수재에 규정된 죄를 범한 자로서 100만 원 이상의 벌금형을 선고받고 그 형이 확정된 후 5년 또는 형의 집행유예 선고를 받고 그 형이 확정된 후 10년 이상이 경과되어야 하고, 법원의 판결 또는 다른 법률에 의하여 선거권이 정지 또는 상실되어서도 안된다.

✱ 교차투표(cross voting) *

국회에서 의원들이 표결할 때 소속 정당의 당의(黨意)에 구애됨이 없이 자의(自意)에 따라 투표하는 것으로, 소속 정당의 정책노선과 반대되는 투표가 가능해진다. 특히 미국 의회에서 두드러지고 있다.

✱ 밴드왜건 효과 ***

서커스나 퍼레이드 행렬의 맨 앞에 선 밴드들이 탄 마차를 밴드왜건이라고 한다. '밴드왜건에 오른다'는 표현이 처음 등장한 것은 광대인 라이스(Dan Rice)가 선거운동에서 마차에 악대를 태워 사람들의 관심을 끌고자 시도한 데서 기인한다. 소위 말하는 '대세론'으로 후보자가 일정수준이상의 지지율을 얻으면 그 후보를 따라가게 되는 것을 말한다. 경제학에서는 밴드왜건 효과를 다른 사람들이 어떤 상품을 소비하기 때문에 그 상품의 수요가 증가하는 현상을 의미한다.

☆☆☆ 반의어→스놉효과(Snob Effect) : 특정 상품에 대한 소비가 증가하면 그에 대한 수요가 줄어드는 소비현상을 말한다.

✱ 플레비사이트(plebiscite) *

직접민주주의의 한 형태로 국민이 국가의 의사결정에 참여하는 제도로 일종의 국민투표이다. 최고통치자가 권력의 계속유지와 관련해 신임을 물을 경우 채택하는 등 주로 항구적인 정치상태를 창출하는 데 쓰인다. 특정인의 통치나 영토의 변경에 대하여 임의적으로 국민의 표결에 부치는 것이다.

☆☆☆ 레퍼렌덤(referendum) … 일반적으로 헌법의 규정에 따라 국민이 입법과정에 직접 참여하는 경우를 말한다.

✱ 매니페스토(manifesto) **

선거 시에 목표와 이행 가능성, 예산 확보의 근거를 구체적으로 제시한 유권자에 대한 공약을 말하며, 어원은 라틴어 마니페스투(manifestus : 증거)이다. 공약의 달성 가능성(achievable), 검증 가능성(measurable), 구체성(specific), 타당성(relevant), 기한 명시(timed)의 다섯가지를 평가 기준으로 삼는다. 또 공약의 지속성(sustainability), 자치력 강화(empowerment), 지역성(locality), 후속조치(following)의 첫 글자를 딴 SELF지수도 평가 기준으로 삼는다. 이 지표는 대체로 유권자와 밀접한 지방선거에서 의의를 둔다.

✱ 출구조사(exit poll) **

투표를 마치고 나오는 유권자를 대상으로 면접 조사하여 투표자 분포 및 정당·후보자별 지지율 등의 정보를 얻는 선거여론조사를 말한다. 우리나라는 텔레비전, 라디오, 일간신문사에 한하여 투표소 50m 밖에서 출구조사를 허용하고 있다. 투표 마감 후 결과가 공표되어 선거 결과를 가장 빠르게 예측할 수 있다.

✱ 캐스팅보트(casting vote) **

의회의 표결에 있어서 가부동수(可否同數)인 경우 의장이 던지는 결정권 투표나, 2대 정당의 세력이 거의 같을 때 그 승패를 결정하는 제3당의 투표를 말한다.

✱ 섀도캐비닛(shadow cabinet) **

각료후보로 조직된 내각으로, 야당에서 정권을 잡는 경우를 예상하여 조직되는 것이다. 1876년에 생긴 제도로, 양당제가 잘 발달되어 있는 영국에서는 야당이 정권획득에 대비하여 총리 이하 각 각료로 예정된 멤버를 정해두고, 정권을 잡으면 그 멤버가 그대로 내각의 장관이 되는 경우가 많았다. '그늘의 내각' 또는 '그림자 내각'으로 번역되는데, 본래는 영국 야당의 최고지도부를 말하는 것이었다.

✱ 오픈프라이머리(open primary) *

개방형 경선제. 미국 대통령 선거에서 정당별 후보를 투표자가 자기의 소속 정당을 밝히지 않고 투표할 수 있는 예비 경선의 한 방식이다. 대선후보 선출권을 소속 당원에게 국한하지 않고 일반 국민으로 확대했다. 국민의 선거 참여 기회를 확대해 참여 민주주의를 실현하지만, 당원의 존재감이 약화되어 정당정치의 실현이 어려워질 수 있다.

✱ 캠파(kampaniya) *

정치단체가 선거운동 · 평화운동 · 재정모금운동 등에 대중을 참여하게 하는 특수한 조직활동으로, 당원에 국한하여 실시하는 교육캠파도 있으나 흔히 당 외의 대중을 대상으로 한다.

✱ 엽관제(獵官制) *

선거를 통하여 정권을 잡은 사람이나 정당이 직책을 담당하는 정치적 관행으로, 실적제도(merit system)에 대립되는 제도를 말한다. 본래 국민의 봉사자이어야 할 공무원이 일부의 봉사자로 전락하고 직무의 계속성이 저해받는 것에 대해 비판의 소리가 높자, 이에 대한 개선책으로 전문성과 기술성에 기초한 과학적 공무원제도인 실적제가 도입되었다. 우리나라의 경우 엽관주의현상은 이승만정권의 자유당 창당(1952)을 계기로 대두되었다.

✱ 원내교섭단체(院內交涉團體) *

국회에서 정당 소속 의원들이 개개인의 주장 혹은 소속 정당의 의견을 통합하여 국회가 개회되기 전 반대당과 교섭 · 의견조정을 하기 위하여 구성하는 의원단체를 말한다. 국회의원 20인 이상의 정당을 단위로 구성함이 원칙이나 다른 교섭단체에 속하지 않는 의원 20인 이상으로 구성할 수도 있다.

✱ 인권선언(人權宣言) *

봉건적 특권계급에 대한 근대 시민계급의 자유와 평등의 권리를 천명한 것으로, 1789년 8월 프랑스혁명 당시 라파예트(M. Lafayette)가 기초한 '인간 및 시민의 권리선언(인권선언)'을 국민회의 결의로 발표한 것이다. 이 선언은 근대 시민정치의 3대 선언 중의 하나이다.

☆☆☆ 근대 시민정치의 3대 선언 … 영국의 권리장전, 미국의 독립선언, 프랑스의 인권선언

✱ 정당(政黨) **

정권획득을 목적으로 결성하는 단체로서, 국민의 이익을 위하여 책임있는 정치적 주장이나 정책을 추진하고 선거의 후보자를 추천 또는 지지함으로써 국민의 정치적 의사형성에 참여하게 된다.

02 법률

✱ 국회선진화법 **

국회선진화법이란 다수당의 일방적인 법안이나 안건 처리를 막기 위해 2012년 제정된 국회법 개정안을 말한다. 새누리당과 민주당 소속의원 등 여야 의원들이 주도해 발의, 19대 국회 임기 개시일에 맞춰 시행됐다. 국회의장 직권상정 제한, 안건조정위원회 설치, 안건 자동상정, 국회 폭력금지, 국회의원 겸직 금지 등의 내용이다.

✱ 고위공직자범죄수사처 ***

검찰 개혁 방안의 하나로, 대통령·국회의원·법관·지방자치단체장·검사 등 고위공직자 및 그 가족의 비리를 수사 및 기소할 수 있는 독립기관이다. '공수처'라고도 한다. 현재 검찰이 과도하게 독점하고 있는 고위공직자에 대한 수사권, 기소권, 공소유지권을 이양해 검찰의 정치 권력화를 막고 독립성을 제고하는 것이 그 취지이다.

2019년 12월 30일 '고위공직자범죄수사처 설치 및 운영에 관한 법률안(공수처법)'이 국회 본회의를 통과하고, 2020년 1월 7일 국무회의를 통해 공포되었다. 2월 10일에는 공수처 출범을 위해 제반 사항을 지원하는 국무총리 소속 '고위공직자범죄수사처 설립준비단'이 발족하고, 법 시행(7월 15일)과 함께 출범 예정이었으나 출범이 지연되었다. 이후 12월 10일 법 개정안이 국회를 통과해 해당 개정안이 12월 15일 공포·시행에 들어갔으며, 2021년 1월 21일 김진욱 초대 공수처장 취임과 함께 공식 출범하였다.

✱ 국민참여재판(國民參與裁判) **

2008년 1월 1일부터 시행된 한국형 배심원 재판제도를 말한다. 배심원은 만 20세 이상의 대한민국 국민으로 해당 지방법원 관할구역에 거주하는 주민 중 무작위로 선정돼 법적 구속력이 없는 평결을 내리고, 선고 형벌에 대해 토의하는 등의 재판참여의 기회를 갖는다. 2008년 2월 12일 대구지방법원에서 처음 열렸다. 국민참여재판은 형사재판으로 특수공무집행방해치사, 뇌물, 배임수재, 특수강도강간의 사건들에 적용되며, 배제결정이 있거나 피고인이 원하지 않을 경우 해당하지 않는다. 법정형이 사형·무기징역 등에 해당할 경우 9명, 그밖의 사건은 7명, 피고인·변호인이 공소사실의 주요내용 인정 시엔 5명으로 하며, 5명 이내의 예비배심원을 둔다. 판사가 배심원과 다른 선고를 할 경우, 판사가 피고인에게 배심원의 평결 결과를 알리고, 다른 선고를 한 이유를 판결문에 밝힌다.

✱ 국민소환제 *

부적격한 국회의원을 임기 전 파면할 수 있도록 하는 제도를 의미한다. 일정 기준 이상의 유권자가 지역구·비례대표 국회의원에 대한 국민소환투표에 찬성하면, 투표가 진행되고 그 결과에 따라 해임이 가능하다. 국민의 손으로 선출된 대표를 다시 국민의 손으로 내칠 수 있다는 것으로 '국민파면' 혹은 '국민해직'이라고도 한다.

✱ 헌법 ***

헌법은 국가의 통치조직과 통치의 기본원리 그리고 국민의 기본권을 보장하는 법이다. 형식적 의미의 헌법은 성문헌법으로서 규정되어 있는 내용과 관계없이 헌법이라는 이름을 가진 규범을 말하며, 영국과 같은 불문헌법 국가에서는 형식적 의미의 헌법이 존재하지 않는다. 우리나라는 성문헌법ㆍ민정헌법ㆍ경성헌법으로서 국민주권주의, 자유민주주의, 복지국가의 원리, 국제평화주의, 조국의 평화적 통일의 지향 등을 기본으로 한다.

① 헌법의 개정절차

절차	내용
제안	대통령 : 국무회의의 심의, 국회의원 : 재적 과반수
공고	대통령이 공고, 20일 이상
국회의결	공고된 날로부터 60일 이내, 재적의원 3분의 2 이상 찬성
국민투표	국민투표로 확정, 국회의원 선거권자 과반수의 투표와 투표자 과반수의 찬성, 국회의결 후 30일 이내
공포	대통령의 공포, 즉시 공포(거부권 없음)

② 헌법의 개정과정

시기	주요 내용	공화국
제1차(1952)	대통령직선제, 국회양원제	제1공화국 (대통령제)
제2차(1954)	초대대통령 중임제한 철폐, 국민투표제 채택	제1공화국 (대통령제)
제3차(1960)	내각책임제, 대법원상ㆍ대법관선거제	제2공화국 (의원내각제)
제4차(1960)	반민주행위자ㆍ부정축재자ㆍ부정선거관련자 처벌을 위한 소급입법의 근거인 헌법 부칙 마련	제2공화국 (의원내각제)
제5차(1962)	대통령제, 단원제, 법원에 위헌법률심사권 부여	제3공화국 (대통령제)
제6차(1969)	대통령 3선 취임 허용, 대통령 탄핵소추요건 강화	제3공화국 (대통령제)
제7차(1972)	통일주체국민회의 신설, 대통령 권한 강화, 국회 권한 조정, 헌법 개정 절차 이원화	제4공화국 (유신헌법)
제8차(1980)	대통령 간선제, 단임제(7년), 구속적부심 부활, 연좌제 금지, 국정조정권 부여, 헌법 개정 절차 일원화	제5공화국 (대통령제)
제9차(1987)	대통령 직선제, 단임제(5년), 국정조사권 부활로 국회 권한 강화, 비상조치권 국회해산권 폐지로 대통령 권한 조정	제6공화국 (대통령제)

✱ 헌법재판소(憲法裁判所) ***

헌법에 관한 분쟁 또는 의의(疑義)를 사법적으로 풀어나가는 재판소로, 1960년 제2공화국 헌법에 헌법재판소 설치가 규정되었으나 무산되고, 1987년 10월 말 공포된 개정 헌법에서 헌법위원회가 헌법재판소로 바뀌어 1988년 최초로 구성되었다. 헌법재판소는 대통령ㆍ국회ㆍ대법원장이 각각 3명의 위원을 선임해 9인의 재판관으로 구성되고 대통령이 국회의 동의를 얻어 재판관 중에서 위원장을 임명한다. 헌법재판소는 법원의 제청에 의한 법률의 위헌여부 심판, 탄핵의 심판, 정당의 해산 심판, 국가기관 상호간과 국가기관과 지방자치단체 간 및 지방자치단체 상호간의 권한쟁의에 관한 심판, 법률이 정하는 헌법소원에 관한 심판을 담당한다.

✱ 위헌제청(違憲提請) **

소송을 진행 중인 소송당사자가 당해 사건에 적용될 법률이 헌법에 위반된다고 주장하거나 법원의 직권에 의해 헌법재판소에 위헌법률심판을 제청하는 제도이다. 위헌제청의 대상은 대한민국의 모든 법률·긴급명령·조약 등이고, 대상이 되지 않는 것은 명령·규칙·조례·관습법 등이다. 법원이 위헌법률심판을 제청한 때에는 당해 소송사건은 정지되나 법원이 긴급하다고 인정하는 경우, 종국재판 외의 소송절차 진행이 가능하다. 위헌제청신청을 기각하는 결정에 대하여는 민사소송에 의한 항고나 재항고를 할 수 없다. 헌법재판소의 결정이 내려지면 제청법원은 그 결정에 따라 중단된 소송절차를 속개한다.

✱ 헌법소원(憲法訴願) **

공권력의 행사 또는 불행사에 의해 헌법상 보장된 기본권을 침해당했다고 생각되는 개인이나 법인이 권리를 되찾기 위해 헌법재판소에 그 심판을 요구하는 것을 말한다. 이때의 공권력에는 입법·사법·행정이 모두 포함되는 것이 원칙이지만, 현행「헌법재판소법」법원의 판결을 대상에서 제외하고 있어 법원의 판결을 뒤엎는 헌법소원을 낼 수는 없다.

✱ 집단소송제 *

기업의 허위공사·분식결산 등으로 피해를 입은 투자자가 손해배상청구소송을 제기해 승소하면 같은 피해를 입은 다른 사람들도 별도의 재판절차 없이 동일한 배상을 받을 수 있도록 하는 제도이다. 원래 집단소송제는 파산·제조물책임·환경·시민권··소비자취업차별 등 광범위한 사안에 대해 적용되는 것이지만, 우리 정부는 증권거래와 관련된 사안에 대해서만 도입하였다. 구체적으로는 유가증권신고서와 공개매수신고서의 허위·부실기재, 사업보고서 및 반기·분기보고서의 허위·부실기재, 수시공시와 조회공시사항의 허위·부실공시 등이다. 대표소송제와 혼동되는 경우가 많은데 대표소송제는 회사를 대표해 경영진을 대상으로 제기하는 소송으로 승소시 보상금도 회사로 돌아가는 반면, 집단소송제는 피해를 본 투자자들이 직접 보상받는다.

✱ 죄형법정주의(罪刑法定主義) ***

어떤 행위가 범죄가 되고 또 그 범죄에 대해 어떠한 처벌을 할 것인가를 미리 법률로써 명문화시켜야 한다는 원칙이다. 이 원칙은 현대형벌제도의 기초이며, 국가권력의 남용을 방지하여 국민의 자유와 인권을 보장하려는 데에 그 목적이 있다. 관습형법금지의 원칙, 소급효금지의 원칙, 명확성의 원칙, 유추해석금지의 원칙, 적정성의 원칙을 내용으로 한다.

✱ 죄수의 딜레마(prisoner's dilemma) **

2명 이상의 공범을 분리하여 경찰관이 취조할 경우 범인이 자백하지도, 또 끝까지 범행을 부인하지도 못하는 심리적 모순 상태를 말한다. 죄를 인정하는 자백을 할 수도 없고, 끝까지 부인하자니 다른 공범의 자백에 자신이 더 큰 피해를 당할까 두렵기 때문에 범인은 난처한 입장에 처하게 된다. 이때 대부분의 피의자들은 심리적인 갈등상태에서 자백을 선택하는 경우가 많다. 이는 각 개인이 자기의 이득만을 생각하고 의사결정을 내릴 때, 사회 전체에 손실을 야기시킬 수 있다는 것을 설명하는 좋은 예가 된다.

✱ 법조브로커 *

변호사, 법무사의 법률 서비스 업무에 대해 중개를 해 주는 알선업자를 말한다. 호주와 뉴질랜드에서는 비법률가의 법조브로커가 합법이다. 한국에서는 변호사와 법무사만이 법률사무에 대한 알선, 중개를 유료로 할 수 있고, 비법률가의 알선 중개는 변호사법 위반으로 형사 처분된다.

✱ 경제활성화법안 **

경제활성화법안이란 경제 관련 2개 법률안, 노동 관련 5개 법률안 등의 7개 법안에 고용노동부 지침 2개를 포함하여 포괄적으로 이르는 용어이다. 경제 관련 법률안은 기업활력제고특별법(원샷법)과 서비스산업발전기본법이며, 노동 관련 5개 법률안은 근로기준법 · 고용보험법 · 산업재해보험법 · 기간제 및 단시간근로자 보호 등에 관한 법률 · 파견근로자보호 등에 관한 법률의 일부 개정안을 이른다.

✱ 원샷법 ***

기업들이 인수합병(M&A) 등 사업 재편을 쉽게 할 수 있도록 상법 · 세법 · 공정거래법 등의 관련 규제를 특별법으로 한 번에 풀어주는 법이다. 정식 명칭은 '기업활력제고를 위한 특별법'이다. 2015년 7월 9일 국회 산업통상자원위원회 소속 이헌재 새누리당 의원이 '기업활력제고를 위한 특별법' 제정안을 대표 발의했다. 발의된 제정안은 그동안 지주회사의 선제적 구조조정을 가로막았던 계열사 출자 제한 규정 등을 완화하는 내용을 담고 있다. 원샷법 지원 대상은 과잉공급 업종으로 제한된다.

✱ 특별검사제(特別檢事制) **

정치적 중립성을 지키기 위하여 고위 공직자의 위법 혐의나 비리가 발견되었을 때 수사와 기소를 행정부로부터 독립된 변호사가 담당하게 하는 제도이다. 미국에서 먼저 정착되었으며, 우리나라의 경우 1999년 옷로비 사건에 특별검사제를 처음 도입하였고, 대북 송금에 관한 조사를 조사하기 위하여 실시하였다.

✱ 사면(赦免) ***

대통령의 고유권한으로, 형의 집행을 면제해주거나 형 선고의 효력을 없애주는 조치를 말한다. 특정죄목에 대해 일괄적으로 처벌을 면해주는 일반사면과 사면의 대상을 일일이 정해 취해지는 특별사면의 두 가지가 있다. 특별사면은 다시 가석방 또는 복역중인 피고인의 남은 형 집행을 면제해주는 조치인 잔형집행면제, 집행유예를 받은 사람에게 형의 선고를 없었던 일로 해주는 형선고실효 두 가지 방법이 있다. 또 행정처분취소는 경찰청 등 행정기관의 처분을 면해주는 조치이며, 징계사면은 말 그대로 징계받은 사실을 없던 일로 하는 것이다.

☆☆☆ 파면이나 해임을 뺀 정직, 견책, 감봉을 받은 전 · 현직 공무원들의 징계기록이 없어지고 호봉승급 등 인사상 불이익을 받지 않게 된다.

✱ 국민기초생활보장법 *

근로능력이 있는 수급자에 대한 종합적인 자활 · 자립 지원을 목적으로 1999년 9월 7일에 제정되어 2000년 10월 1일부터 시행되고 있는 법률이다. 국민기초생활보장법에서는 국가로부터 생계지원을 받더라도 일할 능력이 있으면 자활관련 사업에 참여한다는 조건 아래 매달 생계비를 지급받도록 하고 있다.

✱ 복권(復權) *

상실된 특정 권리·자격을 회복시키는 것으로 헌법 및 사면법상 대통령의 명에 의해, 형법에 의한 형의 선고, 파산법에 의한 파산선고로 상실 또는 정지된 자격을 회복시키는 것이다. 복권은 형의 집행을 종료하거나 집행면제를 받은 자에 한해서만 행해지는 것인데, 형의 선고에 의한 기성의 효과는 복권이 되어도 변경되지 않는다. 일반복권은 대통령령으로 하고, 특정한 자에 대한 복권은 대통령이 행하되 법무장관의 상신과 국무회의의 심의를 거쳐야 한다. 특별복권은 검찰총장의 신청으로, 형의 집행종료일 또는 집행이 면제된 날로부터 3년이 경과된 자에 대해 법무부장관의 상신을 거쳐 대통령이 행한다.

✱ 감청영장(監聽令狀) *

수사기관에서 공공연하게 이루어졌던 도청을 엄격히 금지하고 수사상 필요할 때에만 제한적으로 피의자 등의 통화내용을 엿들을 수 있게 한, 일종의 '합법화된 도청'을 말한다. 1993년 12월 제정된 「통신비밀보호법」에 도입해 1994년 6월부터 시행되었다.

✱ 소멸시효(消滅時效) *

권리를 행사할 수 있음에도 불구하고 권리를 행사하지 않고 일정 기간 계속함으로써 권리소멸의 효과를 생기게 하는 제도를 말한다. 시효제도(時效制度)는 사회질서의 안정, 채증(採證)의 곤란 등의 이유로 인정되고 있으나 점유권, 일정한 법률관계에 필연적으로 수반되는 상린권, 담보물권 등은 소멸시효에 걸리지 않는다.

✱ 플리 바겐(plea bargain) **

사전형량조정제도를 말한다. 유죄를 인정하는 대신 형량을 경감받는 것으로 '플리 길티(plea guilty)'라고도 한다. 우리나라의 경우 플리 바겐에 대한 법적 근거는 없으나 기소에 대한 검사의 재량을 폭넓게 인정하는 기소편의주의와 기소독점주의를 채택하고 있어 수사의 형태가 암묵적으로 플리 바겐과 비슷하게 이루어지고 있다. 뇌물사건이나 마약범죄 등의 수사에 주로 활용된다.

✱ 유추해석(類推解釋) *

법률에 명시되어 있지 않은 사항에 대하여 그와 유사한 성질을 가지는 사항에 관한 법률을 적용하는 것을 말한다. 형벌법규의 해석에 있어서는 죄형법정주의(罪刑法定主義)의 원칙상 유추해석은 금지되며, 이를 유추해석금지의 원칙이라고 한다. 다만, 대법원은 피고인에게 유리한 유추해석은 죄형법정주의의 취지에 반하는 것이 아니므로 허용된다고 본다.

✱ 위임명령(委任命令) *

법률 또는 상위명령에 의하여 위임된 사항을 규정하는 법규명령을 말하는 것으로, 수탁된 범위 내에서는 새로이 개인의 권리·의무에 관한 사항, 즉 법률사항에 관하여 규정할 수 있다.

✳ 알선수재죄 ✱✱

돈이나 물건의 대가를 받고 다른 사람의 업무처리에 관한 것을 잘 처리해 주도록 중간에서 알선한 경우 성립하는 죄. 처벌규정은 형법상 알선수뢰죄, 특정범죄가중처벌법상 알선수재죄, 특정경제범죄가중처벌법상 알선수재죄 등 3가지 규정이 있다. 형법상 알선수뢰죄는 공무원이 지위를 이용, 다른 공무원의 직무처리에 직·간접 영향을 미쳤을 때 적용된다. 이는 다른 공무원의 직무처리에 영향을 미친다는 점에서 공무원 자신의 직무에 관한 청탁을 받는 뇌물죄와 다르다. 또 특정범죄가중처벌법상 알선수재죄는 공무원이 아니더라도 공무원처럼 영향력을 행사할 수 있는 사람이 공무원의 직무에 대해 알선하고 돈을 받았을 경우에 적용되며, 특정경제범죄가중처벌법상 알선수재죄는 알선대상이 공무원이 아니라 금융기관일 경우 적용된다.

✳ 초상권(肖像權) ✱✱✱

자기의 얼굴이나 모습이 함부로 그림으로 그려지거나 사진으로 촬영당하지 아니할 권리, 또는 자기의 그림이나 사진이 함부로 신문·잡지 및 서적 등에 게재당하지 아니할 권리를 말한다.

✳ 심급제도(審級制度) ✱

심급을 달리하는 법원에서 두 번 또는 세 번까지 재판을 받을 수 있게 하는 제도로서, 국민의 자유와 권리보호에 신중을 기하고 공정하고 정확한 재판을 받게 하기 위한 목적에서 만들어진 제도이다. 우리나라에서도 다른 민주국가와 마찬가지로 4계급 3심제이며, 제1심과 제2심은 사실심을 원칙으로 하고 제3심은 법률심이다.

✳ 상소(上訴) ✱✱

소송법상 법원의 판결 또는 결정에 대하여 억울하다고 생각하는 당사자가 그 재판의 확정 전에 상급법원에 대하여 다시 심판해 줄 것을 요구하는 소송행위를 말하며, 항소·상고·항고가 있다.

✳ 항소(抗訴) ✱

지방법원이나 그 지원(支院)에서 받은 제1심 판결에 대하여 억울하다고 생각하는 당사자가 그 재판이 확정되기 전에 고등법원이나 또는 지방법원 본원 합의부에 다시 재판을 청구하는 것을 말한다. 항소기간은 민사소송의 경우에는 2주일, 형사소송은 7일 이내이며, 항소기일이 지나면 선고는 확정된다. 또한 보통 군법회의 판결에 대한 고등군법회의에서의 상소도 항소라 한다.

✳ 상고(上告) ✱

고등법원이나 지방법원 합의부의 제2심 판결에 대하여 억울하게 생각하는 당사자가 그 재판의 확정 전에 대법원에 다시 재판을 청구하는 것을 말한다. 상고심에서는 법심판의 법령위반만을 심사대상으로 하기 때문에 당사자는 법적 평가의 면에 한하여 불복을 신청할 수 있으므로 보통 상고심을 법률심이라고 한다. 상고를 할 수 있는 재판은 원칙적으로 항소심의 종국판결에 한하지만 불항소합의가 있을 때의 비약적 상고(민사소송법), 또는 특수한 사건에서 고등법원이 제1심이 되는 때(행정소송법)에는 예외가 인정되고 있다.

상고를 할 수 있는 자는 원판결의 파기로 이익이 있는 자에 한하며, 상고제소기간은 항소의 경우와 같은 제한이 있다.

✱ 항고(抗告) *

지방법원의 결정이나 명령에 대하여 불복(不服)이 있는 당사자 또는 제3자가 상급법원에 상소하는 것을 말한다. 불복을 신청할 수 없는 결정·명령이라도 헌법해석의 착오, 기타 헌법위반이 있음을 이유로 할 때는 대법원에 특별항고를 할 수도 있다.

✱ 체포영장제 *

임의동행과 보호유치 등 탈법적 수사관행을 막기 위한 제도를 말한다. 체포영장제는 피의자가 죄를 범했다고 의심할 만한 상당한 이유가 있을 때 사전에 판사로부터 체포영장을 발부받아 체포하고 48시간 내에 구속영장을 청구하지 않을 경우 즉시 석방하는 제도로, 기존 긴급구속제도는 긴급체포제로 대체된다.

✱ 법률행위(法律行爲) *

사법상 법률요건의 하나로, 법에 의하여 행위자가 마음먹은 그대로의 법률효과가 인정되는 행위를 말한다. 법률행위가 성립하기 위해서는 당사자·내용·의사표시의 3개 요건을 필요로 하며, 이 성립요건이 갖추어져 있지 않으면 법률행위는 성립하지 않는다. 법률행위의 형태는 단독행위·계약·합동행위 등의 세 가지로 나뉜다.

✱ 청원권(請願權) *

국가기관이나 지방자치단체에 대하여 국민이 희망을 진술할 수 있는 권리를 말한다. 공무원의 비위 시정에 대한 징계나 처벌의 요구, 손해의 구제, 법령 또는 규칙의 제정·폐지·개정 등에 관하여 그 희망을 문서로써 진정할 수 있다. 청원을 접수한 국가기관은 공정 신속히 심사·처리하여 청원인에게 그 결과를 회답해 줄 의무가 있다. 그러나 반드시 청원의 내용대로 실행할 의무는 없다.

✱ 인정사망제도(認定死亡制度) *

수재나 화재 등 사망확률이 높은 사고의 경우, 시신이 발견되지 않더라도 이를 조사한 관공서 등이 사망으로 인정하면 별도의 재판을 거치지 않고 사망신고를 할 수 있도록 하는 제도이다.

✱ 속인주의(屬人主義) **

국민을 기준으로 하여 법을 적용하는 주의를 말한다. 즉, 한 나라 국민은 자기 나라에 있든지 외국에 있든지 그가 소속한 나라의 법에 적용을 받는다는 것이다. 우리나라 국적법은 속인주의를 원칙으로 하되, 예외적으로는 속지주의를 보충하고 있다. 국적법에서는 혈통주의라고도 한다.

☆☆☆ 속지주의(屬地主義) … 어떤 나라의 영토 안에서 태어난 사람은 그 출생지의 국적을 얻게 되는 것을 말한다.

✻ 알 권리(right to know) *

모든 정보원으로부터 일반적인 정보를 수집할 수 있는 권리로 국민이 정치적·사회적 문제에 관한 정보를 자유롭게 접할 수 있고 쉽게 알아볼 수 있는 권리이다. 개인의 경우 공공기관과 사회집단에 대해 정보를 공개하도록 청구할 수 있는 권리를 의미하며, 언론기관의 경우 정보를 공개하도록 청구할 권리뿐만 아니라 취재의 자유를 의미한다.

☆☆☆ 알권리라는 용어는 1945년 미국 AP통신사의 전무이사인 켄트 쿠퍼(Kent Cooper)가 뉴욕의 한 강연에서 "시민은 완전하고 정확하게 제시되는 뉴스에 접할 권리를 갖고 있다. 알권리에 대한 존중이 없이는 어느 한 국가나 또 세계적으로나 정치적 자유란 있을 수 없다."고 제창하면서 처음 사용되었다.

✻ 액세스권(right of access) *

국민이 자신의 사상이나 의견을 발표하기 위해 언론매체에 자유로이 접근하여 이용할 수 있는 권리로, 매체접근권이라고도 한다.

✻ 필요적 변론사건(必要的辯論事件) *

법에 정해진 형량이 사형·무기 또는 최하 3년 이하의 징역·금고형인 죄목으로 피고인이 기소된 사건을 말하는 것이다. 이러한 사건들은 피고인이 유죄로 인정될 경우 무거운 처벌을 받기 때문에 형사소송법에서 변호인 없이 재판을 열 수 없도록 규정하고 있다.

✻ 즉결심판 *

범증이 명백하고 죄질이 경미한 범죄사건(20만 원 이하의 벌금, 구류, 과료에 해당)에 대하여 정식 형사소송절차를 밟지 않고 「즉결심판에 관한 절차법」에 의거, 경찰서장의 청구로 순회판사가 행하는 약식재판이다. 주로 「경범죄처벌법」 위법사범(무임승차, 무전취식, 허위신고, 음주소란, 새치기 등), 가벼운 폭행죄, 단순도박죄, 「도로교통법」상의 자동차주정차금지위반, 「향토예비군설치법」상의 예비군훈련불참자 등을 들 수 있다. 즉결심판의 청구는 관할 경찰서장이 서면으로 하는데 검사의 기소독점에 대한 예외이다. 즉결심판에 있어서는 피고인의 자백만으로써 유죄를 인정할 수 있고 피고인이 피의자신문조서의 내용을 부인하더라도 유죄를 인정할 수 있도록 증거조사의 특례가 인정된다. 즉결심판에 불복하는 경우 피고인은 고지를 받은 날로부터 7일 이내에 소관 지방법원 및 지방법원 지원에 정식재판을 청구할 수 있다. 정식재판의 판결이 나면 즉결심판은 효력을 잃는다.

✻ 일사부재리(一事不再理)의 원칙 *

「형사소송법」에서 일단 판결이 확정되면 같은 사건에 관하여 다시 공소의 제기가 허용되지 않는다는 원칙으로, 이에 위배된 공소는 면소판결을 받는다. 단, 「민사소송법」에서는 이 원칙이 적용되지 않는다.

✻ 불고불리(不告不理)의 원칙 *

법원은 원칙적으로 검사가 공소제기를 하지 않으면 공판을 개시할 수 없고, 또 검사로부터 공소가 제기된 사건에 한하여 심리할 수 있다는 원칙이다. 다만, 준기소절차의 경우에는 예외이다.

✱ 구인영장(拘引令狀) *

법원이 심문을 목적으로 피고인이나 그 밖의 관계인을 강제로 부르기 위해 발부하는 영장이다. 구속영장의 '구속'은 구인과 구금(拘禁)을 포함하는 개념이며, 흔히 말하는 구속영장은 구금영장을 가리킨다. 이 때 구금은 구치소에 인치시켜 수사하는 것이고, 구인은 구치소가 아닌 지정된 장소에서의 조사를 말하며 구금할 필요가 없다고 판단될 때에는 24시간 이내에 석방하도록 되어 있다.

✱ 배임죄(背任罪) *

타인의 사무를 맡아서 처리하는 자가 자기나 제3자의 이익을 위하여 또는 본인(주인)에게 손해를 가하기 위해서 그 임무에 위배되는 행위를 하는 죄를 말한다. 배임죄는 신임관계를 위배하여 타인의 재산권을 침해하는 것을 내용으로 하는 범죄로서 배임죄의 주체는 타인의 사무를 처리하는 지위 또는 신분이 있는 자이다. 배임죄의 본질은 본인과 행위자 사이에 신임관계가 있음에도 불구하고 이에 위배해 손해를 가했다는 점에 있다.

✱ 반의사불벌죄(反意思不罰罪) **

친고죄와 달리 고소없이 처벌 가능하나 피해자가 처벌을 희망하지 않는다는 의사를 표시하면 처벌을 할 수 없는 범죄로, 단순존속폭행죄 · 과실상해죄 · 단순존속협박죄 · 명예훼손죄 등이 있다.

✱ 미필적 고의(未必的故意) **

어떤 결과가 발생할지도 모르나 경우에 따라서는 그렇게 되어도 상관없다고 생각하는 경우에 존재하는 고의를 가리킨다. 즉, 범죄사실이 발생할 가능성을 인식하고도 이를 용인하는 것을 말한다. 이런 경우에는 과실범이 아니라 고의범으로서 처벌된다.

✱ 명예훼손죄(名譽毀損罪) *

형법 307조의 명예훼손죄는 공연히 구체적인 사실이나 허위 사실을 적시(摘示)하여 사람의 명예를 훼손함으로써 성립하는 범죄를 말한다. '공연히'는 불특정 다수인이 인식할 수 있는 상태를, '명예'는 사람의 인격에 대한 사회적인 평가로서 명예의 주체에는 자연인 · 법인 · 기타 단체가 있다. 오로지 공공의 이익에 관한 사실을 적시한 경우에는 처벌하지 아니하나, 진실한 사실을 적시한 경우에 2년 이하의 징역 · 금고나 500만 원 이하의 벌금에 처하고, 허위의 사실을 적시한 경우는 5년 이하의 징역 · 10년 이하의 자격정지나 1,000만 원 이하의 벌금에 처한다. 형법상 명예훼손죄는 '반의사불벌죄'로 피해자가 원치 않으면 처벌할 수 없다. 민법상 명예훼손은 불법행위로 간주되어 위자료를 청구할 수 있다.

✱ 인 두비오 프로 레오(in dubio pro reo) *

'의심스러울 때는 피고인에게 유리하게 판결하라'는 법언(法諺)을 말한다. 형사소송에서 법원이 검사의 입증이 부족하여 유죄의 심증을 얻지 못할 경우 피고인에게 유리하게 무죄 판결을 해야 한다는 원칙이다. 유 · 무죄의 판단에 국한되며 소송법상의 사실의 존부에는 적용되지는 않는다.

✱ 과태료(過怠料) *

법률질서에 대한 위반이기는 하지만 형벌을 가할 만큼 중대한 일반 사회법익의 침해가 아니라고 인정되는 경우에 부과하는 현행 질서상의 질서벌을 말한다. 예를 들면 출생신고를 하지 않아서 「가족관계의 등록 등에 관한 법률」을 위반하였을 경우 해당 관청에 물게 되는 돈 따위를 말한다. 즉, 과태료는 행정법상 법령위반자에 대한 금전적인 벌로서 형(刑)은 아니다.

☆☆☆ 과료(科料) … 경범죄에 과하는 재산형으로 형법이 규정하는 형벌의 일종이다. 그 금액이 적고 또는 비교적 경미한 범죄인에 대해 과한다는 점에서 벌금과 차이가 있다.

✱ 공동정범(共同正犯) *

공동실행의 의사와 공동실행의 사실이 있을 때 두 사람 이상이 공모하여 죄를 범하는 경우, 누가 정범이고 종범인지를 구별할 수 없는 상태의 범죄를 말한다. 공동정범은 2인 이상이 공동의 범행결의 하에 실행행위를 분업적으로 역할 분담하여 기능적으로 행위지배를 함으로써, 전체적인 범행계획을 실현하는 것으로 실질적으로 공범이 아니라 정범이다.

✱ 간접정범(間接正犯) *

본인 스스로가 범죄를 행하지 아니하고 타인을 이용하여 간접적으로 범죄행위를 하게 하는 범인을 말한다. 예를 들면 사정을 전혀 모르는 간호사로 하여금 환자에게 약 대신 독물을 주게 한다든지, 광인(狂人)을 시켜 사람을 죽이는 행위 같은 것이다.

✱ 공소시효(公訴時效) ***

확정판결 전에 시간의 경과에 의하여 형벌권이 소멸하는 제도를 말한다. 공소시효의 기산점은 범죄행위가 종료된 때부터 시작된다. 현행법상 인정되는 공소시효는 7종류가 있으며, 공소가 제기된 범죄는 판결의 확정이 없이 공소를 제기한 때로부터 25년을 경과하면 공소시효가 완성한 것으로 간주한다. 2015년 8월 형사소송법 개정안이 시행되면서 살인죄에 대한 공소시효를 폐지했다.

✱ 선고유예(宣告猶豫) *

영미법에서 비롯된 형사정책적 제도로서 일정한 범인에 대하여 범죄를 인정함에 그치거나 또는 일정기간 유죄의 판결을 하는 것을 유예하고, 그 기간을 무사히 경과한 경우는 그 유죄의 판결을 언도하지 않는 제도를 말한다. 선고유예는 형의 선고를 유예한다는 점에서 형의 집행을 유예하는 집행유예와 다르다.

✱ 집행유예(執行猶豫) *

형사정책적 입장에서 인정한 제도로서 유죄를 인정한 정상에 의하여 일정 기간 그 형의 집행을 유예하여 유예기간 중 특별한 사고없이 그 기간을 경과한 때에는 형의 선고는 효력을 상실하게 하고 형이 없었던 것과 동일한 효과를 발생케 하는 제도이다. 집행유예는 3년 이하의 징역 또는 금고의 형을 선고할 경우 정상에 참작할 사항이 있을 때, 1년 이상 5년 이하의 기간 동안 형의 집행을 유예하는 제도이다.

✱ 기소편의주의(起訴便宜主義) **

기소에 있어 검사의 재량을 인정하는 것으로 공소제기에 필요한 정도의 혐의가 있고 또 소송조건을 구비하였다고 하더라도 반드시 기소하는 것이 아니라 검사에게 기소 · 불기소에 대한 재량의 여지를 인정하는 것을 말한다. 우리나라 현행법은 기소편의주의를 취하고 있으며 1심 판결 전이라면 검사는 언제든지 공소를 취소할 수 있다.

03 사회

✱ 고령사회(高齢社會) ***

노령인구의 비율이 높은 수준에서 기복이 없는 안정된 사회를 말하며, 고령화사회(高齢化社會)는 노령인구의 비율이 현저히 높아져 가는 사회를 말한다. 인구의 고령화 요인은 출생률과 사망률의 저하에 있다. 사회가 발전함에 따라 선진국에서는 평균수명이 연장돼 장수하는 노령인구가 늘고 있어 고령에 따르는 질병 · 고독 · 빈곤 등의 사회경제적 대책이 시급한 상황에 이르고 있다. 고령에 대한 정의는 일정치 않은데, 우리나라의 경우 고령자고용법 시행령에서 55세 이상을 고령자, 50~55세 미만을 준고령자로 규정하고 있다. 우리나라는 지난 2018년 65세 이상 인구가 총인구의 14%를 넘어 고령사회로 진입했다.

✱ 노플라이 제도 ***

항공기 기내에서 폭력 및 폭언 등으로 항공기 운항 안전을 방해하거나 승무원이나 승객을 대상으로 난동을 부리는 행위, 기내에서 금하는 행위를 한 승객에게 일시적이나 영구적으로 해당 항공기 탑승을 거부하는 제도를 의미한다. 노플라이 제도는 일본항공, 델타항공, 네덜란드항공 등에서 운영하고 있으며 대한항공도 시행하고 있다.

✱ 핑프족 **

'핑거 프린세스(finger princess)' 또는 '핑거 프린스(finger prince)'를 줄인 말로 간단한 정보조차 스스로 찾아보거나 조사하지 않고 온라인이나 다른 이들에게 물어 지식을 습득하려는 사람을 의미한다. 또한, 핑프족들은 스스로 고민하거나 해결하려 하기보다는 남에게 의존해 그 상황을 쉽게 넘어가려는 성향을 보이곤 한다.

✱ 코피노(kopino) *

한국인 남성과 필리핀 여성 사이에서 태어난 아이로 '코리안 필리피노'의 줄임말이다. 여행, 사업, 연수, 성매매 등을 목적으로 필리핀에 간 한국인 남성들이 현지 여성들과 성관계 후 아이가 생기면 책임을 회피하는 식의 잘못된 성문화로 탄생한 것이다. 이러한 코피노는 대략 3만 여명 정도로 추정된다.

✱ 실버 택배 **

노인계층을 뜻하는 실버(Silver)와 택배의 합성어로, 인근 지역 거주 노인 인력을 활용한 택배 서비스를 뜻한다. 택배사가 아파트 단지 입구까지 수화물을 배송하면, 단지 내에서는 실버택배 요원이 각 세대에 방문 배송하는 식으로 이루어지며 이러한 실버택배는 노년층 일자리 확충이라는 공익적 목적으로 도입되었다.

✱ 하이티즘(Heightism) *

키가 큰 사람들이 사회적으로 누리게 되는 특혜를 의미한다. 프랑스 사회학자 니콜라 에르팽은 자신의 저서 〈키는 권력이다〉를 통해 하이티즘을 소개했다. 그는 남자의 큰 키는 신분이나 연봉, 결혼 등 많은 요인에서 사회적으로 유리하게 작용하는 신체적 자본이라고 말하며 '키는 곧 권력'이라고 말했다.

✱ 효과별 분류 **

구분	내용
베르테르효과 (werther effect)	유명인이나 자신이 롤 모델로 삼고 있던 사람이 자살할 경우, 자신과 동일시해서 자살을 시도하는 현상. 독일의 문호 괴테가 1774년에 출간한 「젊은 베르테르의 슬픔」에서 유래했는데, 이 작품에선 남주인공 베르테르가 여주인공 로테를 사랑하지만 그녀에게 약혼자가 있다는 것을 알고 실의에 빠져 권총자살을 하게 된다. 시대와의 단절로 고민하던 젊은 세대의 공감으로 자살이 급증하자 이를 연구한 미국의 사회학자 필립스(D. Phillips)가 이름을 붙였다.
루핑효과 (looping effect)	사람들이 이전에 관심이 없다가 새로운 사실을 인식하게 되면 이러한 사실들이 상호작용하게 되어 사람이 변해 새로운 사실에 영향을 빌은 다른 종류의 사람이 만들어지는 현상. 예를 들어 유명인의 사살을 언론보도를 통해 접하고 관심을 갖게 돼 개개인의 불안심리가 조성되면서 우울감이나 단절감이 자살로 이어지게 된다.
나비효과 (butterfly effect)	브라질에 있는 나비의 날갯짓이 미국 텍사스에 토네이도를 발생시킬 수도 있다는 과학이론. 기상 관측한 데이터를 통해 처음 이야기된 효과로, 어떤 일이 시작될 때 있었던 아주 미묘한 양의 차이가 결과에서는 매우 큰 차이를 만들 수 있다는 이론이다. 이는 후에 카오스 이론의 토대가 되었다.
낭떠러지효과	자신이 정통한 분야에 대해서는 임무수행능력이 탁월하지만 조금이라도 그 분야를 벗어나면 낭떠러지에서 떨어지듯이 일시에 모든 문제해결능력이 붕괴되는 현상을 말한다. 낭떠러지효과는 기계문명에 대한 맹신에서 벗어날 것을 인류에게 촉구하는 미래학자들의 경고이기도 하다.
넛지효과 (nudge effect)	어떠한 금지나 인텐시브 없이도 인간 행동에 대한 적절한 이해를 바탕으로 타인의 행동을 유도하는 부드러운 개입을 뜻하는 말. 행동경제학자인 선스타인(C.R. Sunstein)과 리처드 탈러(R.H. Thaler)가 공저한 「넛지」에 의하면, 팔을 잡아끄는 것처럼 강제에 의한 억압보다 팔꿈치로 툭 치는 부드러운 개입으로 특정 행동을 유도하는 것이 더 효과적이라고 한다.
디드로효과 (diderot effect)	하나의 제품을 구입하면 그 제품과 연관된 제품을 연속적으로 구입하게 되는 현상. 소비자는 단순히 기능적인 연관성뿐만 아니라 제품과 제품사이에 정서적 동질성을 느껴서 구입하게 된다.
피그말리온효과 (pygmalion effect)	타인의 관심이나 기대로 인해 능률이 오르거나 결과가 좋아지는 현상. 그리스신화에 나오는 조각가 피그말리온의 이름에서 유래한 심리학 용어로 '로젠탈효과'라고도 한다.
스티그마효과 (stigma effect)	타인에게 무시당하거나 부정적인 낙인이 찍히면 행태가 나빠지는 현상. 스티그마효과가 부정적 행태를 보인다면 피그말리온효과는 긍정적 행태를 보인다. '낙인효과'라고도 한다.
래칫효과 (ratchet effect)	소득수준이 높았을 때의 소비성향이 소득수준이 낮아져도 낮아진 만큼 줄어들지 않게 하는 저지작용

✽ 프로파일러(profiler) **

일반적 수사 기법을 통해 해결되기 어려운 연쇄살인사건 수사나 범행동기가 불분명하여 상식적이지 않은 범죄사건 등에 투입, 범죄사건의 정황·단서를 분석하여 용의자의 성별·연령·직업·성격·행동유형·콤플렉스 등을 추론해 범위를 좁혀 수사방향을 설정하는 범죄심리분석관을 말하며, 이러한 수사기법을 프로파일링(profiling)이라 한다. 1956년 '미친 폭파범' 조지 메트스키 사건에서 미국 정신과의사 A. 브뤼셀의 심리적 추정에 의한 사건해결로 등장하여, 1972년 미국연방수사국(FBI)에서 프로파일링 기법을 공식 도입했다. 우리나라는 2000년부터 도입해 프로파일러가 활동 중이다.

✽ 생활임금제(生活賃金制) **

최저임금보다 다소 높은 수준으로 저소득 근로자들이 최소한의 인간다운 삶을 유지할 수 있는 수준의 임금을 보장하는 제도다. 즉, 근로자들의 주거비, 교육비, 문화비 등을 종합적으로 고려해 최소한의 인간다운 삶을 유지할 수 있을 정도의 임금수준으로 노동자의 생계를 실질적으로 보장하려는 정책적 대안이다. 현재 일부 지자체가 조례 형태로 제정해 공공근로자 등에게 적용하고 있다. 그 동안은 지자체가 생활임금제 조례 제정을 추진할 때마다 상위법에 근거 조항이 없어 상위법 위반 논란이 일었다.

✽ 랜선 집사 *

애완동물을 직접 키우는 대신 인터넷상에서 영상, 사진 등을 통해 동물을 보며 대리 만족을 즐기는 소비자를 뜻한다. 1인 가구 증가로 인해 반려동물을 기르기 힘들어지자 온라인을 통해 반려동물을 접하는 것으로 대리만족하는 사람이 늘어난 것이다.

✽ 도넛현상(doughnut) *

대도시의 거주지역과 업무의 일부가 외곽지역으로 집중되고 도심에는 상업기관·공공기관만 남게 되어 도심은 도넛모양으로 텅 비어버리는 현상이다. 이는 도시 내의 지가상승·생활환경의 악화·교통혼잡 등이 원인이 되어 발생하는 현상으로 도심 공동화현상이라고도 한다.

✽ 스프롤현상(sprawl) **

도시의 급격한 팽창에 따라 대도시의 교외가 무질서·무계획적으로 주택화되는 현상을 말한다. 교외의 도시계획과는 무관하게 땅값이 싼 지역을 찾아 교외로 주택이 침식해 들어가는 현상으로 토지이용면에서나 도시시설정비면에서 극히 비경제적이다.

✽ U턴현상 **

대도시에 취직한 시골 출신자가 고향으로 되돌아가는 노동력 이동을 말한다. 대도시의 과밀·공해로 인한 공장의 지방 진출로 고향에서의 고용기회가 확대되고 임금이 높아지면서 노동력의 이동현상이 나타나고 있다.

✱ J턴현상 *

대도시에 취직한 시골출신자가 고향으로 돌아가지 않고 지방도시로 직장을 옮기는 형태의 노동력이동을 말한다. U턴현상에 비해 이 현상은 출신지에서의 고용기회가 적을 경우 나타나는 현상이다.

✱ 무리별 분류 ***

구분	내용
여피족(yuppie)	young urban, professional. 도시에서 자란 젊고 세련된 전문직업인
더피족(duppie)	depressed urban professional. 우울한 도시 전문직 종사자들
이피족(yiffie)	young(젊은), individualistic(개인주의적인), freeminded(자유분방한), few(사람 수가 적은). 1990년대 여피에 이어 등장, 여유있는 삶, 가족관계, 다양한 체험 등 자신의 목적을 위해 직장을 마다하고 자신의 행복과 만족을 추구하는 청년들
예티족(yettie)	young(젊고), entrepreneurial(기업가적인), tech-based(기술에 바탕을 둔), internet elite. 신경제에 발맞춰 일에 대한 열정으로 패션에 신경을 쓰지 않는 20~30대의 신세대 인간형
댄디족(dandy)	자신이 벌어서 규모 있는 소비생활을 즐기는 젊은 남자들. 방송·광고·사진작가·컴퓨터 프로그래머 등의 전문직에 종사
시피족(cipie)	character(개성), intelligence(지성), professional(전문성). 오렌지족의 소비 지향적·감각적 문화행태에 반발, 지적 개성을 강조하고 검소한 생활을 추구하는 젊은이
슬로비족(slobbie)	slower but better working people. 성실하고 안정적인 생활에 삶의 가치를 더 부여하는 사람들
니트족(neet)	not in education, employment or training. 교육이나 훈련을 받지 않고 일도 하지 않으며 일할 의지도 없는 청년 무직자
좀비족(zombie)	대기업·방대한 조직체에 묻혀 무사안일에 빠져있는 비정상적인 사람
딩크족(dink)	double income, no kids. 정상적인 부부생활을 영위하면서 의도적으로 자녀를 갖지 않는 젊은 맞벌이 부부
딘스족(dins)	dual income, no sex couples. 성생활이 거의 없는 맞벌이 부부
듀크족(dewks)	dual employed with kids. 아이가 있는 맞벌이 부부
딘트족(dint)	double income no time. 경제적으로 풍족하지만 바쁜 업무로 소비생활을 할 시간이 없는 신세대 맞벌이
네스팅족(nesting)	단란한 가정을 가장 중시하고 집안을 가꾸는 신가정주의자들
싱커즈족(thinkers)	젊은 남녀가 결혼 후 맞벌이를 하면서 아이를 낳지 않고 일찍 정년퇴직해 노후생활을 즐기는 신계층
통크족(tonk)	two only no kids. 자식은 있되 자식뒷바라지에 의존하지 않고 취미·운동·여행 등으로 부부만의 생활을 즐기는 계층
우피족(woopie)	well of older people. 자식에게 의지하지 않고 경제적인 여유로 풍요롭게 사는 노년세대
유미족(yummy)	young upwardly mobile mummy. 상향 지향적이고 활동적인, 특히 자녀에 대해 정열을 쏟는 젊은 어머니들
나오미족	not old image. 안정된 결혼생활을 누리며 신세대 감각과 생활을 보여주는 30대 중반 여성들
루비족(ruby)	refresh(신선함), uncommon(비범함), beautiful(아름다움), young(젊음). 평범·전통적인 아줌마를 거부해 자신을 꾸미는 40~50대 여성들
나우족(now)	new old women. 40~50대에도 젊고 건강하며 경제력이 있는 여성들
노무족(nomu)	no more uncle. 나이와 상관없이 자유로운 사고와 생활을 추구하고 꾸준히 자기개발을 하는 40~50대 남자들

✱ 쿼터리즘(quarterism) **

4분의 1을 뜻하는 영어 쿼터(quarter)에서 나온 말로, 인내심을 잃어버린 요즘 청소년의 사고 · 행동양식을 지칭한다. 최근의 10대들은 자극에는 즉각 반응을 하지만 금새 관심이 바뀌는 감각적 찰나주의가 한 특징으로, 이는 순간적 적응력을 요구하는 고속정보통신과 영상매체의 급격한 팽창이 한 가지 일에 진지하게 접근하고 집중하는 능력을 점차 잃게 한 원인으로 지적되고 있다. 그러나 직관적 사고나 감각적이고 순발력이 필요한 아이디어를 창안해 내는 데는 천재적이라는 긍정적 결과도 있다.

✱ 큐 그레이더(Q-Grader) **

커피의 원재료인 생두와 원두의 맛, 특성 등을 감별해 커피의 등급을 결정하는 직종을 의미한다. 다시 말해 커피 감별사라고 하는데, 여러 가지 조건들로 커피를 감별해 커피의 등급(grade)을 결정하는 역할을 담당한다. 이러한 큐 그레이더가 되기 위한 방법은 국가마다 조금씩 차이를 보이고 있으며 각국에 그들만의 자격시험이 있는데 비교적 체계적인 나라는 미국, 유럽, 일본, 콜롬비아, 브라질, 에티오피아 등의 국가들이 이를 시행하고 있다. 국내의 경우에도 이에 대한 자격시험이 있는데 원두 분별, 후 · 미각, 커피 구분, 커피 평가 테스트 등 22가지의 과정이 치러지며, 3년마다 한 번씩 재시험을 통해서 자격증을 갱신하는 방식이다.

✱ 치킨게임(chicken game) ***

경쟁을 할 때 어느 한 쪽이 양보하지 않을 경우 상대가 무너질 때까지 출혈 경쟁을 해서 결국 양쪽 모두 파국으로 치닫게 되는 극단적인 게임이론이다. 1950년대 미국 젊은이들 사이에서 유행하던 자동차 게임의 이름이 치킨게임이며, 한밤중에 도로에서 마주보고 두 명의 경쟁자가 자신의 차를 몰고 각각 정면으로 돌진하다가 충돌 직전에 핸들을 꺾는 사람이 지는 경기로 어느 한 쪽도 핸들을 꺾지 않으면 모두 승자가 되지만 결국 충돌해 양쪽 모두 파멸하게 된다. 이때 핸들을 꺾는 사람이 치킨으로 몰려 명예롭지 못한 사람의 취급을 받는다. 이 용어는 1950~1970년대 미국과 구 소련 사이의 극심한 군비경쟁에 대해 비판하면서 차용되었다.

✱ 젠더폭력 ***

상대의 성에 대한 혐오를 담고 저지르는 신체적·정신적·성적 폭력을 의미한다. 이에는 여성폭력과 남성폭력이 있는데 대부분이 젠더폭력이라 하면 여성폭력으로 통하고 있으며 성폭력, 가정폭력, 성매매 등이 대표적인 형태이다.

✱ 양심적 병역거부 *

병역거부는 여러 가지 이유에서 행해지는데, 태만이나 겁이 많아서가 아니고 전쟁이나 군무일반 또는 특정한 전쟁 및 군무가 자기의 종교적 신조나 정치적 신념 등에 위배된다고 확신하는 입장에서 행하는 자를 양심적 병역거부자(Conscientious Objector)라고 한다. 우리나라에서도 '여호와의 증인'의 신도들이 그들의 교리에 어긋나는 집총(執銃)을 할 수 없다 하여 병역을 거부, 사회적 물의를 일으킨 일이 있다.

✱ 증후군의 분류 **

구분	내용
빈 둥지 증후군 (empty nest syndrome)	공소증후군. 중년의 가정주부가 어느 날 갑자기 빈 둥지를 지키고 있는 듯 허전함을 느끼며 자신의 정체성에 대해 회의를 품게 되는 심리적 현상
모라토리엄 증후군 (moratorium syndrome)	지식 수준이나 육체적으로 한 사람의 몫을 충분히 할 수 있음에도 불구하고 사회인으로서 책무를 기피하는 현상. 대개 고학력 청년들로 대학 졸업 후 사회로 나가기 두려워 취직하지 않고 빈둥거리는 것을 말한다.
파랑새 증후군 (bluebird syndrome)	현재의 일에 만족이나 정열을 느끼지 못하고 미래의 행복만을 꿈꾸는 증후군
피터팬 증후군 (peter pan syndrome)	무기력증을 보이는 남성들의 심적 증후군. 어른이면서도 어린이 같은 언행을 일삼는 현상을 말한다.
슈퍼우먼 증후군 (superwoman syndrome)	직장여성 중 엘리트를 지향하는 여성들에게서 보이는 스트레스 증후군. 모든 일에 완벽하려고 지나친 신경을 써서 지쳐버리게 되는 증상을 말한다.
신데렐라콤플렉스 (cinderella complex)	자신의 능력으로 자립할 자신이 없는 여성이 일시에 자신의 일생을 변화시켜 줄 존재의 출현만을 기다리는 심리로, 남자의 인생에 의지하여 마음의 안정을 찾고 보호받기를 원하는 여성의 심리적 의존을 말한다.
LID 증후군 (loss isolation depression syndrom)	핵가족화로 인해 노인들에게 발생할 수 있는 고독병의 일종. 자녀들은 분가해서 떠나고 주변의 의지할 사람들이 세상을 떠나면 그 손실에 의해 고독감과 소외감을 느낀다. 이런 상태가 지속되면 우울증에 빠지게 되는데 이를 고독고(孤獨苦)라 한다. ※ 노인의 4고(苦) : 빈고(貧苦), 고독고(孤獨苦), 병고(病苦), 무위고(武威苦)

✱ 사회보장제도 *

국민이 빈곤·질병·생활불안의 경우에 처하더라도 최소한의 인간다운 생활을 하면서 살 수 있도록 국가가 정책적으로 보장하는 것을 말한다. 우리나라의 국가적 규모의 사회보장제도의 실시는 1947년 과도정부 법령 제4호 미성년자 노동보호법이 효시이며, 1959년에는 한국사회보장제도 창설의 모태가 된 '건강보험제도 도입을 위한 연구회'가 보건복지부 주관 하에 발족되었고, 그 연구결과 1962년 3월에 사회보장제도 심의위원회가 정식 법적 기구로 탄생되었다. 국제노동기구(ILO)에서는 사회보장의 내용을 '사회보험'과 '공공부조'로, 우리나라와 일본에서는 '사회보험', '공공부조', '사회복지서비스'로 나누고 있다.

구분	사회보험	공공부조
목적	산업재해, 실업, 사망 등에 따른 소득의 중단이나 상실의 불안 해소	보험료의 부담능력이 없는 생활무능력자의 생활보호
대상	보험료 부담능력이 있는 사람	자산상황, 건강상태 등 조사 후 결정
종류	재해보험, 실업보험, 의료보험, 양로보험, 각종 연금제도	구호대상자에 대한 각종 보호사업, 사회복지사업, 공중위생사업 등
부담	피보험자, 기업주 또는 국가	비용 전부를 국가가 부담
특징	강제가입, 능력별 부담, 근로의욕 고취, 상호부조의 성격	소득재분배효과, 국가재정의 팽창, 근로자 투자의욕의 상실

✳ 세대별 분류 [**]

구분	내용
A세대	aspirations(욕구)의 첫 글자에서 따온, 아시아·라틴아메리카 등의 신흥경제국가의 도시에 살고, 연간 2천만 파운드를 벌며 계속 소득이 늘어 소비욕구가 강해 세계경제의 메가트렌드를 주도하는 30~40대 중산층
C세대	컴퓨터 보급의 일반화로 탄생하여 반도체칩과 카드, 케이블 속에 사는 컴퓨터 세대. 또는 자신이 직접 콘텐츠를 생산·인터넷 상에서 타인과 자유롭게 공유하며 능동적으로 소비에 참여하는 콘텐츠 세대.
E세대	enterpriser(기업가)의 첫 글자에서 따온, 스스로가 사업체를 세워 경영인이 되고 싶어 하는 사람들
G세대	green과 global의 첫 글자에서 따온, 건강하고 적극적이며 세계화한 젊은 세대
L세대	luxury(사치)의 첫 글자에서 따온, 세계적으로 유명한 고가의 고급 브랜드를 일상적으로 소비하는 명품족
M세대	휴대전화를 통화 이외의 다양한 용도로 사용하는 나홀로족인 모바일세대 또는 1980년대 초반 이후 출생한 덜 반항적, 더 실질적, 팀·의무·명예·행동을 중시하는 밀레니엄세대
N세대	1977~1997년 사이에 태어나 디지털 기술과 함께 성장, 기기를 능숙하게 다룰 줄 아는 자율성·능동성·자기혁신·개발을 추구하는 디지털 문명세대
P세대	passion(열정)·potential power(힘)·participation(참여)·paradigm-shifter(패러다임의 변화를 일으키는 세대)의 첫 글자에서 따온, 열정과 힘을 바탕으로 사회 전반에 적극적으로 참여해 사회 패러다임의 변화를 일으키는 세대. 자유로운 정치체제 하에서 성장하여 긍정적인 가치관을 가지며, 386세대의 사회의식·X세대의 소비문화·N세대의 생활양식·W세대의 공동체의식 등이 모두 포괄해서 나타난다.
Y세대	컴퓨터를 자유자재로 다루고 다른 나라 문화나 인종에 대한 거부감이 없는, 전후 베이비붐 세대가 낳은 2세들인 10대 전후의 어린이
X세대	50% 정도가 이혼·별거한 맞벌이 부모 사이에서 자라 가정에 대한 동경과 반발 심리를 가지며 개인적인 삶에 큰 의미를 두는 1961~1984년 사이에 출생한 세대
IDI세대 (I Deserve Its generation)	내 몫 챙기기에 철저한 미국의 젊은 세대. 산업화·현대화 이후 개인주의적 태도와 함께 드러나기 시작한 이기적인 사고가 매우 심해진 형태로 개인적인 요구와 욕망, 자기 권리만 내세운다.
부메랑세대	사회에 진출했다가 곧 독립을 포기하고 부모의 보호 아래로 돌아가는 젊은이들. 실패한 성인, 훈련 중인 성인으로 불린다.
캥거루세대	경제적·정신적으로 부모에 의존해 생활을 즐기는 젊은 세대. 자라증후군
미 제너레이션 (me generation)	자기주장이 강하고 자기중심적으로 생각하고 행동하는 요즘의 젊은층

✳ 프레퍼 [**]

미국, 영국에서 종말론의 확산과 함께 경제 대공황이 전개되면서 1929년을 전후로 처음 등장하기 시작했다. 미·소 냉전시기였던 1950~60년대다. 당시 핵전쟁의 발발 위기가 고조되면서 사람들이 각종 대피시설을 짓고 식량을 비축해 두었다. 현재에는 2019년 말에 시작된 코로나바이러스로 늘어난 불안감은 사재기 현상으로 이어졌으며 프레퍼족이 늘어나며 생존가방의 매출도 늘어나고 있다.

04 노동

✱ 근로장려세제 [**]

일정소득 이하의 근로 소득자를 대상으로 소득에 비례한 세액공제액이 소득세액보다 많은 경우 그 차액을 환급해 주는 제도. 저소득층의 세금 부담을 덜어주고 더 나아가 소득이 적은 이들일수록 보조금까지 받을 수 있어 '징세'라기 보다는 '복지'의 개념이 강하다. 이 제도는 원천징수 당한 세금을 되돌려 받는다는 점에서 연말정산과 비슷하나, 세금을 전혀 내지 않은 사람이라 하더라도 공제액과의 차액을 받을 수 있다는 점에서 연말정산과 차이가 있다.

✱ 노동3권(勞動三權) [***]

노동자가 가지는 세 가지 권리로 단결권·단체교섭권·단체행동권을 말한다. 노동자의 권익(權益)을 위해 헌법상 보장되는 기본권으로서 사회권에 속하며, 단체행동권의 행사는 법률이 정하는 범위 내에서만 보장된다. 공무원의 경우 법률로 인정된 단순 노무에 종사하는 공무원 외에는 노동3권이 보장되지 않으며, 공무원에 준하는 사업체에 종사하는 근로자의 단체행동권은 법률에 의해 제한 또는 인정하지 않을 수 있다.

구분	내용
단결권	노동자가 근로조건 향상을 위해 단결할 수 있는 권리
단체교섭권	노동자의 노동시간, 임금, 후생복리 등의 조건에 관한 문제를 사용자 측과 단체적으로 협의할 수 있는 권리
단체행동권	단체교섭이 이루어지지 않을 경우 노사 간의 분쟁을 해결하기 위한 파업 등을 할 수 있는 권리

☆☆☆ **사회권**… 개인의 생존, 생활의 유지·발전에 필요한 모든 조건을 확보하도록 국가에 요구할 수 있는 국민권리의 총칭으로 사회적 기본권 또는 생존권적 기본권이라고도 한다.

✱ 체크 바캉스 [**]

정부와 기업이 직원들의 휴가비를 지원하는 제도를 의미한다. 정부가 발표한 '경제정책방향'에서 민생경제 회복을 위한 방안 중 하나로 포함되었으면 이러한 체크 바캉스 제도는 노동자와 기업이 공동으로 여행 자금을 적립하고 정부가 추가 지원해주는 방식으로 운영된다.

✱ 펫시터(petsitter) [**]

반려동물(pet)과 아이를 돌보는 직업을 지칭하는 영어단어 베이비시터(babysitter)의 합성어로, 말 그대로 펫시터는 아이 대신 반려동물을 돌보는 직업을 의미한다.

✱ 과로노인 [*]

늦은 나이에도 돈이 필요해 어쩔 수 없이 죽기 직전까지 일해야 하는 노인들을 의미한다. 연금이 모자라 신문 배달을 하고, 정리해고를 당해 편의점에서 일하는 노인, 치매에 걸린 어머니를 간병하느라 일을 계속해야만 하는 노인 등 그 유형은 다양하다.

✱ 숍제도의 분류 [**]

노동조합이 사용자와 체결하는 노동협약에 조합원 자격과 종업원 자격의 관계를 규정한 조항(shop clause)을 넣어 조합의 유지와 발전을 도모하는 제도를 숍제도(shop system)라 한다.

구분	내용
오픈숍(open shop)	조합가입 여부에 관계없이 고용이나 해고에 차별대우를 하지 않은 제도로, 사용자는 노동자를 자유로 채용할 수 있고 노동자의 조합가입 여부도 자유의사인 것
유니언숍(union shop)	회사와 노동조합의 협정에 의해 일단 채용된 노동자는 일정한 기간 내에 의무적으로 조합에 가입해야 하는 제도로, 미가입자·조합탈퇴자 및 조합에서 제명된 자는 사용자가 해고하도록 하는 것
클로즈드숍(closed shop)	이해(利害)를 공통으로 하는 모든 노동자를 조합에 가입시키고 조합원임을 고용의 조건으로 삼는 노사 간의 협정제도로, 노동조합의 단결 및 사용자와의 교섭력을 강화하여 유리한 노동조건을 획득하려는 의도에서 나온 것
프레퍼렌셜숍(preferential shop)	조합원 우선숍 제도로, 조합원은 채용이나 해고 등 단체협약상의 혜택을 유리하게 대우하기로 하고, 비조합원에게는 단체협약상의 혜택을 주지 않는 것
메인터넌스숍 (maintenance of membership shop)	조합원 유지숍 제도로, 조합원이 되면 일정기간 동안 조합원자격을 유지해야 하고, 종업원은 고용 계속조건으로 조합원 자격을 유지해야 하는 것
에이전시숍(agency shop)	조합이 조합원과 비조합원에게도 조합비를 징수하여 단체교섭을 맡는 것

✱ 동맹파업(同盟罷業, strike) [***]

노동조합 및 기타 노동단체의 통제 하에 조합원이 집단적으로 노무제공을 거부하면서 그들의 주장을 관철시키려는 가장 순수하고 널리 행하여지는 쟁의행위(爭議行爲)이다. 우리나라는 헌법에 근로자의 단체행동권을 보장하고 노동조합 및 노동관계조정법으로 쟁의행위의 합법성을 인정하는데 헌법이 보장하는 쟁의권 행사의 범위를 일탈하지 않으면 쟁의행위에 대한 손해배상청구권은 면제된다. 동맹파업의 분류는 다음과 같다.

구분	명칭	내용
목적	경제파업	가장 일반적인 파업으로 근로자의 근로조건, 경제적 지위향상 도모 파업
	정치파업	정부에 대해 근로자의 일정한 요구의 실현을 촉구하는 파업(헌법상 정당성을 인정받지 못함)
	동정파업 (sympathetic strike)	노동자가 고용관계에 있는 사용자와는 직접적인 분쟁이 없음에도 불구하고 다른 사업장의 노동쟁의를 지원하기 위하여 벌이는 파업(파업의 효과상승, 조합의식 강화)
규모	총파업 (general strike)	총동맹파업으로 동일 기업·산업·지역의 전체 또는 전 산업이 공동의 요구를 관철시키고자 통일적으로 단행하는 파업
	지역파업	일부 지역만이 행하는 파업
	부분파업	특정의 일부 기업이나 분야에서만 행하는 파업
방법	walk out	노동자를 공장이나 사업장 밖으로 철수시켜 행하는 파업
	농성파업 (sit-down strike)	노동자가 사용자가 있는 곳이나 작업장, 교섭장소 등을 점거하여 주장을 관철시키기 위해 행하는 파업(강한 단결과 결의, 상대를 위압하여 유리한 교섭 촉진목적)
기타	살쾡이파업 (wild cats strike)	노동조합이 주관하지 않고, 기층 근로자에 의해 자연발생적으로 일어나는 파업(미국의 노동운동이 제2차 세계대전을 고비로 노골적인 노사유착의 경향을 띠며 일어났고, 기습적·산발적인 형태로 전개된다는 점에서 살쾡이의 이름이 붙여짐)

✱ 공허노동 *

공허노동은 스웨덴의 사회학자 롤란드 폴센이 최초로 정의한 개념으로, 근무시간 중에 딴짓을 하는 것으로, 인터넷 쇼핑몰을 서핑하거나 SNS를 하는 등 업무와 무관한 일을 하는 행위를 뜻한다.

✱ 노동쟁의(勞動爭議) *

근로자 단체와 사용자 사이의 근로시간·임금·복지·해고 등의 근로조건에 관한 주장의 불일치로 일어나는 분쟁상태를 말하며, 사전의 단체교섭 실시를 전제로 한다. 노동쟁의는 파업, 태업, 불매운동, 직장폐쇄 등의 방법이 있다.

구분	내용
총파업(general strike)	총동맹파업으로 동일 기업·산업·지역의 전체 또는 전 산업이 공동의 요구를 관철시키고자 통일적으로 단행하는 파업
사보타지(sabotage, 태업)	파업과는 달리 출근을 하여 정상근무를 하는 것처럼 보이나 실제로는 완만한 작업태도로 사용자에게 손해를 주어 요구조건을 관철시키려는 쟁의의 한 수단으로 조직적·계획적으로 행해질 경우에만 쟁의 수단이 됨
보이콧(boycott, 불매운동)	어떤 특정한 요구를 들어주지 않는 기업의 제품을 노동자들, 나아가 일반대중까지 단결하여 구매하지 않음으로써 상대방으로 하여금 요구를 들어주도록 하는 쟁의
피케팅(picketing)	총파업이나 보이콧 등의 쟁의행위를 보다 효과적으로 행하기 위하여 파업에 동참하지 않은 근로희망자들의 공장이나 사업장 출입을 저지하여 파업에의 참여를 요구하는 행위
직장폐쇄	사용자가 노동자의 요구를 거부하고 공장을 폐쇄하여 그 운영을 일시적으로 중단함으로써 노동쟁의를 보다 유리하게 해결하려는 행위

☆☆☆ 직장폐쇄만이 사용자가 행하는 유일한 쟁의행위이다.

✱ 임금피크제 ***

워크 셰어링(Work Sharing)의 한 형태로, 임금피크제의 장점은 고령층의 실업 완화, 기업의 인건비 감소, 전문화된 인력의 경험을 살릴 수 있다는 것이나 일률적인 임금피크제의 적용으로 인한 임금수준 하락의 편법작용, 공기업의 노령자 구제수단의 일환으로 악용될 수 있다는 단점이 있다. 한편, 노동계에서는 임금피크제가 오히려 정년을 단축시키고, 노동조건을 악화시키는 결과를 낳을 것이라며 임금피크제의 도입을 반대하고 있다.

✱ 플랫폼 노동 ***

앱이나 소셜 네트워크 서비스(SNS) 등의 디지털 플랫폼에 소속되어 일하는 것을 말한다. 즉, 고객이 스마트폰 앱 등 플랫폼에 서비스를 요청하면 이 정보를 노동 제공자가 보고 고객에게 서비스를 한다. 플랫폼 노동은 노무 제공자가 사용자에게 종속된 노동자가 아닌 자영업자이므로 특수고용노동자와 유사하다는 이유로 '디지털 특고'로도 불린다. 예컨대 배달대행앱, 대리운전앱, 우버 택시 등이 이에 속한다.

✱ 노동자의 분류 ***

구분	내용
골드 칼라 (gold collar)	두뇌와 정보를 황금처럼 여기는 신세대를 상징하는 고도 전문직 종사자. 창의적인 일로 부가가치를 창출하는 인재로서 빌 게이츠와 스티븐 스필버그 감독 등이 있다. ※ 골드회사 : 직원의 창의성을 높이기 위해 근무시간과 복장에 자율성을 보장해 주는 회사
다이아몬드 칼라 (diamond collar)	지혜, 봉사심, 체력, 인간관계, 자기관리 능력의 다섯 가지 미덕을 고루 갖춘 인간형으로 성공할 가능성이 큰 경영인 또는 관리자
화이트 칼라 (white collar)	육체적 노력이 요구되더라도 생산과 전혀 무관한 일을 하는 샐러리맨이나 사무직노동자. 블루칼라와 대비된다.
블루 칼라 (blue collar)	생산, 제조, 건설, 광업 등 생산현장에서 일하는 노동자. 노동자들의 복장이 주로 청색인 점에 착안하여 생겨나 화이트칼라와 대비된다.
그레이 칼라 (gray collar)	화이트 칼라와 블루 칼라의 중간층으로 컴퓨터·전자장비·오토메이션 장치의 감시나 정비에 종사하는 근로자
논 칼라 (non collar)	손에 기름을 묻히는 것도 서류에 매달려 있는 것도 아닌 즉, 블루 칼라도 화이트 칼라도 아닌 무색세대로 컴퓨터 세대
핑크 칼라 (pink collar)	가정의 생계를 위해 사회로 진출하는 주부. 예전에는 점원이나 비서직에 종사하는 여성들을 뜻했으며 자아 성취를 위해 일하는 직장 여성과는 거리가 있다. 남성 노동자인 블루 칼라와 대비된다.
퍼플 칼라 (purple collar)	빨강과 파랑이 섞인 보라색으로 가정과 일의 균형과 조화를 추구하는 근로자
레인보우 칼라 (rainbow collar)	참신한 아이디어와 개성으로 소비자의 욕구를 만족시켜주는 기획관련 업종을 지칭하는 광고디자인, 기획, 패션업계 종사자. 1993년 제일기획(광고회사)에서 '무지개 색깔을 가진 젊은이를 찾는다.'는 신입사원 모집공고에서 유래됐다.
네오블루 칼라 (neo-blue collar)	새로운 감성미학을 표현해내고 개성을 추구하는 등 특유의 신명으로 일하는 영화·CF업계의 감성세대
르네상스 칼라 (renaissance collar)	세계 정치·경제·문화의 다양한 콘텐츠들을 섭렵하여 자신의 꿈을 좇아 변신한 인터넷 사업가
일렉트로 칼라 (electro collar)	컴퓨터의 생활화에 따라 새롭게 등장하고 있는 직종으로 컴퓨터에 대한 이해도와 기술수준이 뛰어난 엘리트
실리콘 칼라 (silicon collar)	창의적인 아이디어와 뛰어난 컴퓨터 실력으로 언제라도 벤처 창업이 가능한 화이트 칼라의 뒤를 잇는 새로운 형태의 고급 노동자
스틸 칼라 (steel collar)	사람이 하기 힘든 일이나 단순 반복 작업을 하는 산업용 로봇. 국내에서 전자와 자동차업종을 중심으로 1만여 로봇이 산업현장에 배치됐다.

✱ 퍼플잡 ***

일정한 시간이나 장소 형태를 요구하는 정형화된 근무 제도에서 탈피해 근로자의 여건에 따라 특성에 맞는 근무 형태를 신축적으로 조절하는 것이다. 여성과 남성을 상징하는 빨강과 파랑을 섞으면 보라색이 나오는 것처럼 일과 가정의 조화와 남녀평등을 표방하며 기존의 정규직, 비정규직이란 이분법적 사고를 뛰어 넘는 다양성을 지향한다. 유연 출퇴근 시간제, 재택근무제, 일자리 공유제, 한시적 시간근무제 등이 있다.

✱ 실업의 종류 *

노동할 능력과 의욕을 가진 자가 노동의 기회를 얻지 못하고 있는 상태를 실업(失業)이라고 한다. 대표적으로 실업의 원리를 설명하는 이론에는 J.M. 케인스의 유효수요의 이론과 K. 마르크스의 산업예비군 이론이 있다.

구분	내용
자발적 실업 (自發的 失業)	취업할 의사는 있으나, 임금수준이 생각보다 낮다고 판단하여 스스로 실업하고 있는 상태를 말한다. 케인스(J.M. Keynes)가 1930년 전후 대공황기에 발생한 대량실업에 대해 완전고용을 전제로 설명하려 했을 때 분류한 개념의 하나로 비자발적 실업과 대비된다.
비자발적 실업 (非自發的 失業)	자본주의에서 취업할 의사는 있으나 유효수요(有效需要)의 부족으로 취업하지 못하는 상태를 말한다. 수요부족실업 또는 케인스적 실업이라고도 한다. 케인스는 불황기의 대량실업 구제책으로 확장적 금융·재정정책에 의한 유효수요 증가정책을 써야한다고 주장했다.
마찰적 실업 (摩擦的 失業)	일시적인 결여나 산발적인 직업 간의 이동에서 발생하는 시간적 간격 등에 의해 발생하는 실업형태이다. 기업의 부도로 근로자들이 직장을 잃는 경우가 해당되며 케인스가 분류했다.
경기적 실업 (景氣的 失業)	경기변동의 과정에 따라 공황이 발생하면 실업이 급증하고 번영기가 되면 실업이 감소하는 실업형태로, 장기적 성격을 가진다.
계절적 실업 (季節的 失業)	산업의 노동력 투입이 자연적 요인이나 수요의 계절적 편재에 따라 해마다 규칙적으로 변동하는 경우에 생기는 실업형태이다.
구조적 실업 (構造的 失業)	일반적으로 선진국에서 자본주의의 구조가 변화하여 생기거나 자본축적이 부족한 후진국에서 생산설비의 부족과 노동인구의 과잉으로 생기는 실업형태이다. 경제구조의 특질에서 오는 만성적·고정적인 실업이며 경기가 회복되어도 빨리 흡수되지 않는 특징이 있다.
기술적 실업 (技術的 失業)	기술진보에 의한 자본의 유기적 구성의 고도화로 인해 발생하는 실업형태이다. 주로 자본주의적 선진국에서 나타나며 자본수요의 상대적 부족으로 인해 발생한다. 마르크스형 실업이라고도 하며 실물적 생산력의 향상으로 노동수요가 감소한데 기인한다.
잠재적 실업 (潛在的 失業)	원하는 직업에 종사하지 못하여 부득이 조건이 낮은 다른 직업에 종사하는 실업형태로 위장실업이라고도 한다. 노동자가 지닌 생산력을 충분히 발휘하지 못하여 수입이 낮고, 그 결과 완전한 생활을 영위하지 못하는 반(半)실업상태로, 영세농가나 도시의 소규모 영업층의 과잉인구가 이에 해당한다.
산업예비군 (産業豫備軍)	실업자 및 반실업자를 포함하는 이른바 상대적 과잉인구를 말한다. 자본주의가 발달해 자본의 유기적 구성이 고도화함에 따라 노동을 절약하는 자본집약적인 생산방법이 널리 채용되어 노동력이 실업으로 나타나는 것을 말한다. 마르크스는 이것을 자본주의 발전에 따르는 필연적 산물이라 하였다.

✱ 감정노동 **

고도의 산업화로 서비스업이 활발해지며 등장한 노동 형태이다. 자신의 감정은 숨기고 서비스를 제공하는 직업종사자들이 해당된다. 승무원·전화상담원 등 고객을 직접 응대하는 직종들을 예로 들 수 있다. 감정노동을 오래 한 근로자 대부분은 스마일마스크 증후군(Smile Mask Syndrome)에 걸리는 경우가 많다.

05 기초과학

✱ HDR(High Dynamic Range) **

디지털 영상의 계조도 신호 표현 범위가 보다 넓은 명암 영역에 대응되도록 하여 밝은 부분은 더 밝게, 어두운 부분은 더 어둡게 표현할 수 있는 기술이다. 가장 보편적인 HDR 10, 구글의 독자 방식인 VP9-Profile2, 돌비 비전 등 다양한 HDR 규격이 존재한다.

✱ 네가와트 *

전력 단위인 메가와트(Megawatt)와 부정적인, 소극적인이라는 의미의 네거티브(Negative)가 합쳐진 것을 의미한다. 다시 말해 새롭게 전기를 생산하는 대신 공장, 빌딩 등의 시설에서 전기를 절약하는 것이다. 네가와트는 1989년 국제학회에서 미국의 환경과학자 아모리 로빈스에 의해 처음 사용되었는데, 그는 새로운 발전소를 세워 공급을 늘리는 기존의 방식 대신 정확한 수요 관리와 에너지 관리를 통해 에너지 효율을 높이자고 주장했다. 전력의 특성상, 전력사용은 사용량이 높은 시간대와 낮은 시간대에서 차이를 보이고 계속된 전력생산은 잉여에너지를 만들게 되는데, 네가와트는 에너지 수요를 관리하고 잉여에너지를 그대로 낭비하지 않는 등의 효율적인 에너지관리에 집중하는 방식이다.

✱ 쿼크(quark) **

소립자의 기본 구성자로 업·다운·스트레인지·참·보텀·톱의 6종(種)과 3류(類)가 있다. 종(種)은 향(flavor)을 류(類)는 색(color)을 말하며, 하나의 향은 세 가지의 색을 가지고 있다. 업과 다운, 스트레인지와 참, 보텀과 톱은 각각 쌍을 이뤄 존재한다.

✱ 동위원소(同位元素) *

원자번호는 같으나 질량수가 다른 원소로 일반적인 화학반응에 화학적 성질은 같지만 물리적 성질이 다르다. 1906년 방사성원소의 붕괴과정에서 처음 발견되었으며 방사성 동위원소, 안정 동위원소가 있다. 예를 들면 수소의 동위원소로는 경수로($_1H^1$)·중수소($_1H^2$)·3중수소($_1H^3$) 등이 있다.

✱ 방사성원소(放射性元素) **

원자핵으로부터 방사선(α선, β선, γ선)을 방출하고 붕괴하는 방사능을 가진 원소의 총칭이다. 천연방사성원소와 인공방사성원소로 나뉘며 좁은 뜻에서의 천연방사성 원소만을 가리키거나 그 중에서 안정 동위원소가 없는 라듐이나 우라늄의 원소를 지칭하기도 한다. 1896년 베크렐은 최초로 우라늄(u)을 발견하였으며, 1898년 퀴리부부는 광석 속에서 우라늄보다 강한 방사능을 가진 라듐(Ra)을 발견하였다. 원소가 처음 만들어졌을 때는 방사성원소와 비방사성원소가 존재했을 것으로 추정하는데, 이 중에서 반감기가 짧은 것은 모두 붕괴하고 반감기가 긴 원소만이 남아 존재한다고 추정한다.

☆☆☆ 반감기(半減期) … 방사성원소가 붕괴하여 처음 질량의 반으로 줄어드는데 걸리는 시간을 말한다. 온도·압력 등의 외부조건에 영향을 받지 않고, 방사성원소의 종류에 따라 일정하므로 그 물질 고유의 성질이 없어짐을 파악하는 척도가 된다.

✱ 임계실험(臨界實驗) **

원자로 속에서 최소의 연료를 사용하여 '원자의 불'을 점화하는 것이다. 핵연료를 원자로 안에 조금씩 넣어가면 그 양이 어느 일정한 값을 넘었을 때 핵분열의 연쇄반응이 일어나기 시작한다. 즉, '원자의 불'이 점화된다. 이와 같이 핵분열이 지속적으로 진행되기 시작하는 경계를 '임계(critical)', 이 핵연료의 일정량을 '점화한계량', 즉 '임계량'이라 부른다.

✱ pH(hydrogenion exponent, 수소이온농도) *

어떤 용액 속에 함유되어 있는 수소이온의 농도를 말하는 것으로 pH = 7일 때 중성, pH > 7일 때 알칼리성, pH < 7일 때 산성이라고 한다. 물고기가 살 수 있는 담수의 pH는 보통 6.7 ~ 8.6이며, pH는 폐수를 중화 또는 응집시켜 화학적으로 처리할 때 그 기준이 된다.

✱ 운동법칙(運動法則 : law of motion) ***

뉴턴이 1687년 「프린키피아」에 발표한 물체의 운동에 관한 기본법칙으로 물체의 질량과 힘의 개념이 세워지면서 고전역학의 기초가 확립되었다.

① 제1법칙(관성의 법칙) … 물체가 원래의 상태를 계속 유지하려는 성질을 관성이라 한다. 즉, 외부로부터 힘을 받지 않는 한 정지상태의 물질은 계속 정지하려 하고, 운동중인 물체는 계속 등속직선운동을 한다는 것이다. 관성의 크기는 질량에 비례한다.

> ☆☆☆ 정지상태를 계속하려는 관성의 예 … 정지하고 있던 버스가 갑자기 출발하면 서 있던 사람은 뒤로 넘어진다. 쌓아놓은 나무토막 중 하나를 망치로 치면 그 나무토막만 빠진다.
> 운동상태를 계속하려는 관성의 예 … 달리던 버스가 갑자기 정지하면 서 있던 승객은 앞으로 넘어진다. 뛰어가던 사람의 발이 돌부리에 걸리면 넘어진다.

② 제2법칙(가속도의 법칙) … 어떤 물체에 힘을 가하였을 때 생기는 가속도(a)의 크기는 작용하는 힘(F)의 크기에 비례하고 질량(m)에 반비례한다. 즉, F = ma

③ 제3법칙(작용·반작용의 법칙) … 물체에 힘을 작용시키면 원래 상태를 유지하기 위해 물체는 반대방향으로 힘을 작용(반작용)한다. 이와 같은 물체에 힘을 가할 때 나타나는 작용과 반작용은 크기가 같고 방향은 반대이며, 동일직선상에서 작용한다.

> ☆☆☆ 작용과 반작용의 예 … 포탄이 발사되면 포신이 뒤로 밀린다. 가스를 뒤로 분사하면서 로켓이 날아간다.

✱ 케플러의 법칙(Kepler's laws) **

① 제1법칙(타원궤도의 법칙) … 모든 행성은 태양을 중심으로 타원궤도를 그리며 공전한다.

② 제2법칙(면적의 법칙) … 태양과 행성을 연결하는 선분(동경)이 같은 시간에 그리는 면적은 일정하며, 행성의 속도가 근지점에서는 빨라지고 원지점에서는 느려진다.

③ 제3법칙(주기의 법칙) … 행성의 공전주기의 제곱은 타원궤도의 긴 반지름의 세제곱에 비례한다. 즉, 태양에 가까운 행성일수록 공전주기가 짧다.

✻ 상대성이론(theory of relativity) ***

미국 물리학자 아인슈타인(A. Einstein)에 의하여 전개된 물리학의 이론체계이다. 그는 1905년 기존의 뉴턴 역학에 의하여 알려졌던 상대성이론을 시간·공간의 개념을 근본적으로 변경하여 물리학의 여러 법칙에 적용한 특수상대성이론과, 1915년 뉴턴의 만유인력 대신 특수상대성이론을 일반화하여 중력현상을 설명한 일반상대성이론을 완성하였다.

✻ 초전도(超電導, super conductivity) **

어떤 물질을 절대온도 0°K(−273℃)에 가까운 극저온상태로 냉각시켰을 때 갑자기 전기저항이 0이 되는 물리적 현상을 말한다. 초전도를 나타내는 물질을 초전도체라 하며 납 등의 금속이나 합금, 화합물 등 약 1,000여 종류가 있다.

✻ 열의 이동 **

열은 물체의 고온부에서 저온부로 흐른다. 열의 이동에는 세 가지가 있다.

① 대류(對流) … 열이 유체를 통하여 이동하는 현상으로, 이는 유체의 열팽창으로 인한 밀도변화에 의해 일어나는 물질의 순환운동이다.
② 전도(傳導) … 저온부와 고온부의 온도차에 의해 일어나는 열의 이동현상이다.
③ 복사(輻射) … 열이 중간에 다른 물질을 통하지 않고 직접 이동하는 현상을 말한다.

✻ 청색기술 **

자연에서 영감을 받거나 자연을 모방해서 만든 기술을 의미한다. 다시 말해 생물의 구조와 기능을 연구해 경제적 효율성이 뛰어나면서도 자연 친화적인 물질을 만드는 기술로 예를 들어 일본의 고속열차 신칸센은 물총새를 본뜬 디자인으로 소음 문제를 해결한 사례가 있다. 동시에 청색기술은 온실가스 등 환경오염 물질의 발생을 사전에 막는 기술이라는 의미도 지니고 있다.

✻ 옥탄가(octane number) **

가솔린 속에 함유되어 있는 이물질이 정제된 정도를 표시하는 수치로, 가솔린의 품질을 결정하는 요소이다. 옥탄가가 높을수록 엔진의 기능을 저하시키는 노킹현상이 일어나지 않으며 열효율이 높다.

☆☆☆ 노킹(knocking) … 내연기관의 기통 안에서 연료가 너무 빨리 발화하거나 이상폭발하는 현상을 말한다.

✻ 표면장력(表面張力) *

액체의 표면에 가지고 있는 자연상태에 있어서의 표면에너지를 말하는 것으로, 그 표면을 수축하려는 힘을 말한다. 이는 액체의 분자간 인력의 균형이 표면에서 깨지고 액면 부근의 분자가 액체 속의 분자보다 위치에너지가 크기 때문에 이것을 될 수 있는 대로 작게 하려는 작용이 나타나는 것이다.

✳ 빛의 성질 **

종류	내용
직진(直進)	빛이 입자이기 때문에 일어나는 현상(일식, 월식, 그림자 등)
반사(反射)	빛이 입자이기 때문에 어떤 매질의 경계면에서 다시 처음 매질 속으로 되돌아가는 현상
굴절(屈折)	한 매질에서 다른 매질로 통과할 때 그 경계면에서 방향이 바뀌는 현상(무지개, 아지랑이, 신기루 등)
간섭(干涉)	빛이 파동성을 갖기 때문에 일어나는 현상(물이나 비누방울 위에 뜬 기름의 얇은 막이 여러 색으로 보이는 것)
회절(回折)	빛이 파동성을 갖기 때문에 일어나는 현상으로, 틈이 좁거나 장애물의 크기가 작을수록 잘 발생
분산(分散)	빛이 복색광이기 때문에 굴절체를 통과하면서 굴절률에 따라(파장의 길이에 따라) 여러 개의 단색광으로 되는 현상(프리즘에 의한 분산 등)
산란(散亂)	빛이 공기 속을 통과할 때 공기 중의 미립자에 부딪쳐서 흩어지는 현상(저녁노을, 하늘이 파랗게 보이는 현상 등)
편광(偏光)	자연광은 여러 방향의 진동면을 갖지만, 전기석과 같은 결정축을 가진 편광판을 통과시키면 결정축에 나란한 방향으로 진동하는 빛만 통과(입체영화, 광통신 등)

✳ 전자파(電磁波) *

전자장의 변화가 주위의 공간에 전파되는 파동이다. 진동회로에 전기진동이 일어나면 주위에 전장과 자장이 생기며, 진동전류의 주기적인 변화로 전자장도 주기적인 변화를 한다. 이 진동변화가 파동으로 주위의 공간에 전파되며, 그 성질은 빛과 같아서 진행속도도 같고 반사·굴절·간섭·회절 등의 현상을 일으킨다.

☆☆☆ 독일 물리학자 헤르츠(H.R. Herz)에 의해 1888년 전기진동회로로부터 전자기파를 발생시키는데 성공, 전자기파의 존재가 실험적으로 증명되었다.

✳ 블랙홀(black hole) **

물질이 극단적인 수축을 일으켜 그 안의 중력이 무한대가 되어 그 주변의 모든 물체를 끌어 당길 뿐만 아니라 빛까지도 흡수하여 빠져나갈 수 없는 천체를 의미한다. 강한 중력으로 인해 내부는 전파가 한쪽으로만 향하는 특수한 시공구조(時空構造)가 형성되며, 의부와는 전혀 연결되지 않는 하나의 독립된 세계를 이루게 된다.

✳ 가이아(geia)가설 **

지구는 하나의 거대한 유기체로서, 지구상의 생물권은 단순히 주위환경에 적응하는 소극적인 존재가 아니라 지구의 물리·화학적 환경을 적극적으로 변화시키는 능동적인 존재라는 이론이다. 1978년 영국의 과학자 제임스 러브록이 지구상의 생명을 보는 새로운 관점을 통해 주장했다.

✳ 팡게아(pangaea) *

대륙이동설에서 주장하는 초거대 원시대륙이다. 독일의 베게너(A. Wegener)는 1924년 현재의 아메리카 대륙과 아프리카 대륙의 모양이 서로 잘 맞는다는 점을 근거로, 최초에는 큰 원시대륙인 팡게아가 있었고 이것이 분리·이동하여 현재와 같은 대륙분포를 이루었다는 대륙이동설을 주장했다.

☆☆☆ 판구조론…지각은 몇 개의 조각(板)으로 되어 있으며 이 맨틀의 대류 때문에 판들의 상대적인 운동으로 지구상의 여러 현상이 나타난다는 설

✱ 전자기 법칙 *

구분	내용
쿨롱(Coulomb)의 법칙	두 전하 사이에 작용하는 전기력(척력·인력)은 두 전하 사이의 거리의 제곱에 반비례하며, 두 전하량의 곱에 비례한다.
옴(Ohm)의 법칙	도체에 흐르는 전류의 세기는 도체 양 끝의 전압에 비례하며, 전기저항에 반비례한다.
줄(Joule)의 법칙	저항이 큰 물체에 전류를 통과하면 열과 빛을 발생하는데, 일정한 시간 내에 발생하는 열량은 전류의 세기의 제곱과 도선의 저항에 비례한다.
앙페르(Ampère)의 법칙	도선에 전류가 흐르면 주위에 자기장이 형성되는데, 자기장의 방향은 전류의 방향을 오른나사의 진행방향과 일치시킬 때 나사의 회전방향이 된다.
플레밍(Fleming)의 법칙	• 왼손법칙 … 전류가 흐르는 도선이 자기장 속을 통과하면 그 도선은 자기장으로부터 힘을 받게 된다. 왼손 세손가락을 직각이 되게 폈을 때 검지를 자기장의 방향으로, 중지를 전류의 방향으로 가리키면 엄지는 힘, 즉 전자기력의 방향이 된다. • 오른손법칙 … 유도전류의 방향을 결정 시 오른손 세손가락을 직각이 되게 폈을 때 엄지는 도선의 방향을, 검지는 자기장의 방향을 가리키면 중지는 유도전류의 방향이 된다.
패러데이(Faraday)의 법칙	• 전자기 유도법칙 … 전자기유도로 회로 내에 발생되는 기전력의 크기는 회로를 관통하는 자기력선속의 시간적 변화율에 비례한다. • 전기분해법칙 … 전해질용액을 전기분해 시 전극에서 추출되는 물질의 질량은 전극을 통과한 전자의 몰수에 비례하고, 같은 전기량에 의해 추출되는 물질의 질량은 물질의 종류에 상관없이 각 물질의 화학당량에 비례한다.
렌츠(Lenz)의 법칙	자석을 코일 속에 넣었다 뺐다 하면 코일에 유도전류가 생기는데, 이때 생긴 유도전류의 방향은 코일을 통과하는 자력선의 변화를 방해하는 방향으로 발생한다.

✱ 허리케인(hurricane) **

에스파냐어 '우라칸(huracan, 강대한 바람)'에서 유래된 싹쓸바람으로, 대서양 서부에서 발생하는 열대저기압을 말한다. 허리케인은 북대서양·카리브해·멕시코만에서 발생하는데 연간 10회 정도 출현하며, 그 밖에 5~10회 발생하기도 한다. 8~10월에 가장 많고 태풍보다 출현수가 상대적으로 적으나 월별 빈도로 보면 비슷하다. 대체적으로 소형이나 중심기압이 낮을수록 우세해서 최대풍속이 강해 그 구조는 태풍과 같다.

✱ 쓰나미(tsunami) **

해저에서 급격한 지각변동으로 해수가 급격히 이동할 때 형성되는 천해파로 지진해일이다. 이는 대개 얕은 진원을 가진 진도 6.3 이상의 지진과 함께 일어나기도 하고, 해저의 화산폭발·빙하의 붕괴·토사 함몰·핵폭발 등으로 발생하기도 한다.

☆☆☆ 폭풍해일 … 저기압이나 태풍에 의해 발생하는 해일로 저기압해일이라고도 한다.

✱ 게놈 *

생물 고유의 염색체 한 조(組) 또는 그 생물의 반수염색체수, 즉, N에 해당한다. 보통 이중의 게놈을 갖고 있다. 유네스코는 1997년 제29차 총회에서 유전자연구에 있어서 인권과 인간의 존엄성을 강조한 '인간게놈선언'을 채택하였다.

✱ 서버용 D램 *

저장되어진 각종 정보들이 시간의 흐름에 따라 소멸되어져 가는 휘발성 메모리를 의미한다. 이는 S램에 비해 구조가 간단하며, 또한 작동 속도가 빨라 고밀도 집적에 유리하다. 더불어서 전력 소모가 적고, 가격이 낮아 대용량 기억장치에 많이 활용된다. 서버용 D램은 주로 데이터센터로 공급되는데, 데이터센터 하나 당 평균 1천~2천만GB의 서버용 D램을 필요로 한다. 현재 가장 큰 데이터센터 시장은 미국, 캐나다 등 북아메리카 지역으로 지난해 구글, 아마존웹서비스, 페이스 북, 마이크로소프트 등에서 데이터센터건립 계획을 발표하며 수요가 급격히 늘어나고 있는 추세이다. 더불어서 최근에는 중국까지 정부에서 데이터 센터 건립 지원정책을 펼치며 바이두, 알리바바, 텐센트 등의 D램 수요가 클 것으로 예상되고 있다.

✱ 포스트게놈프로젝트 **

① 암게놈해부프로젝트(CGAP : Cancer Genome Anatomy Project) … 미국의 국립암연구소가 주도적으로 추진중인 CGAP는 인간의 정상조직, 암 전단계조직, 암 조직에 대한 유전자 성질을 규명하고 유전자 수준에서 암 연구를 하기 위한 정보와 기술을 확립해 수용자에게 제공하는 것을 목표로 한다. 암 환자들로부터 염색체변이와 관련유전자를 도출, 각종 암에 적용할 수 있는 공통 암 유전자를 규명하는 것이 목표다. 미국인이 가장 많이 앓고 있는 전립선 암을 비롯해 난소암, 유방암, 간암, 대장암 등 5개 암을 대상으로 연구중이다.

② 환경게놈프로젝트(EGP : Environmental Genome Project) … 미국의 국립환경보건과학연구소가 추진중인 연구이다. 암 등 난치병을 포함한 모든 질병은 선천적인 유전자의 이상에서 비롯되지만 식습관, 환경, 약물, 화학물질 등 환경적 요인이 추가로 작용하면서 유전자변이를 촉발시켜 질병에 걸리는 경우가 대부분이다. 환경적 요인에 노출됐을 경우 기능의 변이를 일으키는 개인의 유전자변이들을 찾아내고, 유전자와 환경적 요인의 상호 관계를 찾아내 전염성질환의 치료에 적용하는 것이 목표이다. 환경에 민감하게 반응하는 염기의 변이들을 찾아내는 방식으로 수행하고 있다.

③ 프로테옴프로젝트(proteom project) … 유전자의 염기서열을 구명하듯 단백질의 아미노산서열과 3차원적 구조를 밝혀내 세포에서 일어나는 모든 생명현상을 이해하기 위한 단백체학(프로테오믹스)을 주로 연구한다. 프로테옴 연구가 중요한 것은 혈당을 조절하는 인슐린, 적혈구에서 산소를 운반하는 주체인 헤모글로빈 등 인체의 온갖 생리현상을 조절하는 주역이 단백질이기 때문이다. 변수가 헤아릴 수 없이 많지만 신약개발과 직결되기 때문에 셀레라 제노믹스에서도 단백질 구조 및 기능연구에 막대한 예산을 설정해 놓고 있다.

✱ 갈릴레이 위성 **

목성의 위성 중 크기가 커서 가장 먼저 발견된 4개의 위성(이오, 유로파, 가니메데, 칼리스토)를 '갈릴레이 위성'이라고 한다. 1610년 갈릴레이가 손수 만든 망원경을 사용하여 처음으로 발견하였기 때문에 그러한 이름이 붙었다. 목성의 제1위성 이오(Io), 제2위성 유로파(Europa), 제3위성 가니메데(Ganymede), 제4위성 칼리스토(Callisto)이다. 각각의 고유명은 네덜란드 천문학자 마리우스가 명명하였다. 이들 중 가니메데는 태양계의 위성 중 가장 커서 그 질량이 지구의 위성인 달의 2배나 된다.

✱ 줄기세포(stem cell) ***

줄기세포란 인간의 몸을 구성하는 서로 다른 세포나 장기로 성장하는 일종의 모세포로 간세포라 불리기도 한다. 이 줄기세포에는 사람의 배아를 이용해 만들 수 있는 배아줄기세포(복수기능줄기세포)와 혈구세포를 끊임없이 만드는 골수세포와 같은 성체줄기세포(다기능줄기세포)가 있다.

종류	내용
배아줄기세포 (embryonic stem cell)	수정한지 14일이 안된 배아기의 세포로, 장차 인체를 이루는 모든 세포와 조직으로 분화할 수 있기 때문에 전능세포로 불린다. 1998년 이전까지 과학자들은 줄기세포가 배아가 성장하는 짧은 단계에만 존재하고 이를 몸에서 격리해서 살아있게 하는 데는 특별한 장치가 필요하기 때문에 격리·배양이 불가능하다고 믿었다. 그러나 1998년 존 기어하트(J. Gearhart) 박사와 제임스 토마스(J. Thomas) 박사의 연구팀은 각각 서로 다른 방법을 써서 인간의 줄기세포를 분리하고 배양하는 데 성공했다. 따라서 과학자들은 배아줄기세포를 이용하여 뇌질환에서 당뇨병, 심장병에 이르기까지 많은 질병을 치료하는 데 줄기세포를 이용할 수 있을 것으로 기대를 걸고 있다.
성체줄기세포 (adult stem cell)	탯줄이나 태반 외에 탄생 후에도 중추신경계 등 각종 장기에 남아 성장기까지 장기의 발달과 손상시 재생에 참여하는 세포이다. 성체줄기세포는 배아줄기세포와 달리 혈액을 구성하는 백혈구나 적혈구세포처럼 정해진 방향으로만 분화하는 특성이 있다고 알려져 왔다. 최근에는 뇌에서 채취한 신경줄기세포를 근육세포, 간세포, 심장세포로 전환시킬 수 있다는 사실이 알려지면서 성체줄기세포를 이용해 다양한 질병을 치료할 가능성이 밝혀지고 있다.

06 첨단과학·우주

✱ 대륙간탄도미사일(ICBM: Intercontinental Ballistic Missile) ***

핵탄두를 장착하고 한 대륙에서 다른 대륙까지 공격이가능한 탄도미사일로, 대륙간탄도탄이라고도 한다. 사정거리 5,500km 이상으로, 대기권 밖을 비행한 후 핵탄두로 적의 전략목표를 공격한다. 최초의 대륙간탄도미사일은 1957년 소련에서 개발한 'R-7'으로, 세계 최초의 인공위성인 스푸트니크 1호가 이 미사일에 실려 발사되었다.

✱ B-52 폭격기 **

보잉사에서 제작된 미국의 전략폭격기로 정식명칭은 B-52 스트래토포트리스이다. 1952년 초도비행 이후 미군에서 가장 오래 운용해온 기종으로 현재까지 운용되는 폭격기 중 규모가 가장 크다. B-52 폭격기는 최대 27톤 이상의 폭탄을 싣고 6,400km 이상을 날아가 폭격하고 돌아올 수 있다. 대륙간탄도미사일 (ICBM), 잠수함 발사 탄도미사일(SLBM)이 탑재된 핵잠수함과 함께 미국의 3대 핵우산으로 불린다.

✱ 전술핵 *

효율성과 경제성이 높은 핵무기로, 야포와 단거리 미사일로 발사할 수 있다. 포탄, 핵배낭, 핵 어뢰, 핵 기뢰 등의 다양한 형태가 존재하며 국지전 등의 전술적인 목적에 활용한다.

✱ 보행자 알림(Pedestrian Notifications) **

무인자동차가 주변 행인에게 음성이나 전광판으로 위험을 알리는 기술로 구글에서 개발했다. 구글에 따르면 차량 내 인공지능(AI)을 이용해 차량 주변 사람 및 사물을 파악하고 어떻게 대처할지를 결정하며 이를 보행 자에게 알리는 시스템으로, 보행자는 무인차가 속도를 줄일 것인지, 더 빨리 교차로를 지날 것인지 아니면 차량을 멈추고 사람이 지나는 것을 기다릴 것인지 등의 내용을 확인할 수 있다.

✱ 퓨전메모리(fusion memory) **

D램의 고용량·S램의 고속도·플래시메모리의 비휘발성·논리형 반도체의 일부 특성과 장점을 통합적으로 갖춘 차세대 신개념의 반도체를 말한다. 다양한 형태의 메모리와 비메모리를 하나의 칩에 결합시킨 것으로 디지털TV나 휴대폰 등 디지털가전의 발달에 따른 고성능·다기능화에 대응하기 위하여 개발됐다.

✱ 탄소나노튜브(Carbon nanotube) **

1991년 일본전기회사(NEC)의 이지마 스미오박사가 전기방법을 사용하여 흑연의 음극 상에 형성시킨 탄소 덩어리를 분석하는 과정에서 발견된, 탄소 6개로 이루어진 육각형 모양들이 서로 연결되어 관 형태를 이루고 있는 신소재를 말하며, 관의 지름이 수십 나노미터에 불과해 이 이름이 붙여졌다. 구리와 비슷한 전기 전도·다이아몬드와 같은 열전도율·철강의 100배인 강도를 지녀 15%가 변형되어도 끊어지지 않는다. 이 물질을 이용한 반도체와 평판 디스플레이, 배터리, 텔레비전브라운관 등의 장치가 계속 개발되고 있으며, 나노크기의 물질을 옮길 수 있는 나노집게로 활용되고 있다.

✱ 반도체(半導體, semiconductor) ***

물질은 크게 도체, 반도체, 부도체로 나뉜다. 반도체는 불순물의 첨가 유무에 따라 전기전도성이 늘기도 하고, 빛 또는 열에너지에 의한 일시적인 전기전도성을 갖기도 한다. 실리콘, 갈륨비소, 인듐인 등이 있으며 1948년 미국에서 트랜지스터가 개발됐고, 1958년에는 집적회로인 IC가 개발됐다. 전류를 한쪽 방향으로만 흐르게 하고, 그 반대 방향으로는 흐르는 못하게 하는 정류작용의 특성을 갖는 반도체 부품을 다이오드(diode)라고 하며, 이것이 반도체 소자의 기본이 된다. 반도체는 트랜지스터와 다이오드 등으로 이루어진 집적회로소자 외에도 열전자방출소자, 발광소자 등의 첨단 전자산업에 응용되고 있다.

① 메모리반도체의 종류

구분	내용
D램	전기를 넣은 상태에서도 일정 주기마다 동작을 가하지 않으면 기억된 정보가 지워지는 휘발성메모리. 빠른 속도로 모바일기기나 PC의 시스템 메모리로 사용
S램	충전없이도 일정기간 기억내용이 지워지지 않으므로 같은 집적도의 D램보다 고도화된 기술을 필요로 하는 반도체
플래시메모리	D램·S램과 달리 전원 꺼져도 저장정보가 지워지지 않는 비휘발성메모리. 디지털카메라, PDA, MP3플레이어 등에 사용
F램	D램(고집적도), S램(고속동작), 플래시메모리(비휘발성)의 장점만을 모아 제작된 통합메모리. PDA, 스마트폰, 스마트카드 등에 사용

② 집적회로(IC : integrated circuit) … 많은 전자회로 소자가 하나의 기판 위에 분리할 수 없는 상태로 결합되어 있는 초소형의 전자소자로 두께 1mm, 한 변이 5mm의 칩 위에 전자회로를 형성시켜 만들며 보통 마이크로칩이라 불린다.

✱ 비메모리반도체 **

반도체는 데이터 저장에 활용되는 메모리반도체(D램, 플래시 등)와 정보처리·연산기능에 활용되는 비메모리반도체(PC의 중앙처리장치)로 나뉜다. 비메모리반도체는 특정 응용분야의 기기를 위한 주문형 반도체(ASIC)·마이크로 컨트롤러·디지털신호처리(DSP) 칩 등으로 가전, 통신기기, 자동화 등에 폭넓게 활용된다. 비메모리반도체는 다품종 소량생산의 고부가가치 사업으로 반도체 시장의 70%를 차지한다.

☆☆☆ ASIC(Application Specific Integrated Circuit) … 주문형 반도체로 사용자가 특정용도의 반도체를 주문하면 반도체업체가 이에 맞춰 설계·제작해 주는 기술이다. 반도체산업이 발달하면서 이 기술의 비중이 급속도로 확산되고 있다.

✱ 나노기술(nano-technology) **

100만분의 1을 뜻하는 마이크로를 넘어 10억 분의 1 수준의 극 미세가공 과학기술로, 1981년 스위스 IBM 연구소에서 원자와 원자의 결합상태를 볼 수 있는 주사형 터널링 현미경을 개발하면서 등장하였다. 1나노미터는 사람 머리카락 굵기의 10만분의 1로 대략 원자 3~4개의 크기에 해당한다. 이 나노기술은 지금까지 알려지지 않았던 극 미세세계에 대한 탐구를 가능케 하고, DNA구조를 이용한 복제나 강철섬유 등의 신물질을 개발, 전자공학에서 정밀도가 실현되면 대규모 집적회로(LSI) 등의 제조기술을 크게 향상시킬 수 있다. 선진국에서는 1990년대부터, 우리나라는 2002년 나노기술개발촉진법을 제정하여 국가적으로 나노기술을 육성하고 있다.

✱ 안티몬 **

안티모니(Antimony)라고도 불리며 원소기호는 Sb, 원자번호 51의 양성 원소를 의미한다. 이는 반 금속성의 성질을 띠고 있으며, 끓는점은 1635℃, 녹는점은 630.63℃이다. 안티몬에 중독되면 주로 피부염과 비염 증세가 나타나며 눈 자극과 두통, 가슴통증, 목통증, 호흡곤란, 구토, 설사, 체중감소, 후각 장애 등의 증세가 나타나게 되며 산화안티몬 농도 $4.2mg/m^3$와 $3.2mg/m^3$에 하루 6시간씩 매주 5일, 1년 동안 노출된 실험용 쥐에게서 폐암이 발생하는 것으로도 알려지고 있다.

✱ 외골격 로봇 **

로봇 팔 또는 다리 등을 사람에게 장착해서 근력을 높여주는 장치를 의미한다. 다시 말해 인간의 몸을 지탱하는 기계 골격이 밖에 있다고 해서 붙여진 이름이다. 로봇을 입는다는 의미로 '웨어러블 로봇(wearable robot)'이라고도 한다. 외골격 로봇의 근본적인 목적은 팔에 로봇을 장착하여 무거운 포탄을 용이하게 옮기기 위함으로 1960년대 미 해군이 처음 개발하였다. 그 후 미 국방부 지원을 받은 버클리대가 2004년에 '버클리 다리 골격'을 만들면서 본격적인 제작이 시작되었다. 이후 일본 사이버다인의 할, 이스라엘의 리웍 등 환자를 위한 외골격 로봇이 나오기 시작하였다. 외골격 로봇은 뇌졸중 환자의 재활 운동에 사용가능한데, 뇌졸중을 앓으면 뇌의 운동 영역 일부에 손상을 입어 팔다리가 마비되게 된다. 이런 사람들에게 뇌-컴퓨터 기술을 접목하여 신체를 예전과 같이 사용하게 할 수 있는 외골격 로봇이 개발되고 있다.

✱ 사이버네틱스(cybernetics) *

키잡이(舵手)를 뜻하는 그리스어 kybernetes에서 유래된 말로, 생물 및 기계를 포함하는 계(系)에서 제어와 커뮤니케이션에 관한 문제를 종합적으로 연구하는 학문을 말한다. 1947년 미국의 수학자 위너(N. Wiener)에 따르면, 사이버네틱스란 어떤 체계에 두 종류의 변량이 있는데 하나는 우리가 직접 제어 불가능한 것이고 다른 하나는 우리가 제어할 수 있는 것으로 한다. 제어할 수 없는 변량의 과거로부터 현재까지의 값을 바탕으로 제어할 수 있는 변량의 값을 정하여 인간에게 가장 편리한 상황을 가져오게 하기 위한 방법을 부여하는 것이라고 한다. 직접적으로 자동제어이론·정보통신이론 등이 있고, 생리학·심리학·사회학·경제학·우주탐험 등 광범위한 영역에까지 학제적 연구가 이루어지고 있으며, 특히 피드백과 제어로 특징되는 사이보그 등의 컴퓨터 연구에서 활발하다.

✱ 토카막 **

핵융합 때 물질의 제4상태인 플라스마 상태로 변하는 핵융합 발전용 연료기체를 담아두는 용기(容器)로서, 토로이드 형태의 장치 내부에 나선형 자기장을 형성하기 위해 유도전기장을 사용한다. 토카막은 핵융합 실험장치 중 하나이다.

✱ 리튬 – 이온전지(Lithium-ion battery) *

컴퓨터·휴대전화 등에 널리 사용되는 충전해서 사용할 수 있는 2차 전지를 말한다. 가벼움·큰 기전력·자가방전에 의한 적은 전력손실·미 방전 시에도 충전 가능한 특징이 있으나, 온도에 민감·제조 후 노화 시작·폭발의 위험 등이 있다.

✱ 세빗(CeBIT) ***

세계적인 정보통신기술전시회로 독일 하노버에서 매년 개최된다. 미국의 컴덱스와 함께 세계 정보통신 분야를 대표하는 전시회로, 유무선 네트워크·디지털 및 온라인 이동통신 등의 통신분야에 주력하고 있다. 이미 소개된 제품 및 기술을 놓고 바이어들의 구매 상담을 벌여 시장의 환경변화를 가늠할 수 있다.

✱ 에어택시 *

교통 체증을 피해 하늘을 나는 택시 서비스이다. 도심 속에서 자유로이 이륙과 착륙을 해야 해서 수직 이착륙이 가능해야 하며 환경오염과 소음을 줄이기 위해 대부분 모터를 적용한다. 때문에 적합한 것이 바로 눈부신 발전을 거듭해 오고 있는 드론이고 이런 드론 기술을 이용하여 조종하는 사람이 없이 운행되는 것이 바로 '자율주행 에어택시'이다.

✽ 차량자동항법장치(車輛自動航法裝置, car navigation system) **

자동차에서 사용하도록 개발된 지구위성항법시스템으로, 이 장치가 내장되어 차량의 위치를 자동으로 표시해 주며 일반적으로 내비게이션이라 부른다. 내비게이션은 현재 위치를 파악하고, 도로지도·바탕지도·시설물DB 등의 전자지도를 구성하여 경로안내를 제공한다.

☆☆☆ 텔레매틱스(telematics) ··· telecommunication과 informatics의 합성어로 자동차와 무선통신을 결합한 신개념의 차량 무선인터넷 서비스이다.

✽ 핵융합(核融合, nuclear fusion) **

태양에서 에너지가 방출되는 원리가 핵융합이다. 수소의 원자핵인 양성자가 융합하여 헬륨 원자핵을 생성하는 핵융합 반응이 일어난다. 이 과정에서 반응물과 생성물의 질량 차이인 질량결손이 질량-에너지 등가원리에 의해 에너지로 생성된다. 이 과정을 사용하여 수소폭탄이 만들어졌는데, 이 무한하고 방사능도 적으며 방사성 낙진도 생기지 않는다.

☆☆☆ 지구에서 구현할 핵융합 연료로 수소의 동위원소인 중수소와 삼중수소가 있다. 중수소는 양성자와 중성자, 삼중수소는 양성자와 중성자 2개로 구성된다.

✽ 칼리머(kalimer) **

차세대 원자로로 한국형 액체금속로를 말한다. 고속의 중성자를 핵반응에 이용, 우라늄을 플루토늄으로 재순환시키는 고속증식로의 일종으로서 물이 아닌 금속인 액체나트륨을 냉각재로 이용하여 액체금속로라고 한다. 핵연료를 계속 증식하며 핵반응을 일으켜서 같은 원자로 속에서 에너지와 연료를 동시에 생산해내 기존 경수로보다 70배나 많은 에너지를 얻을 수 있다. 그러나 경수로에 비해 높은 건설단가와 액체나트륨 취급의 어려움, 안전문제, 핵연료 처리문제가 제기되고 있다. 한국원자력연구소가 1997년부터 개념설계를 시작으로 실용화를 계획하고 있다.

07 컴퓨터·정보통신

✽ 소셜 커머스(social commerce) ***

소셜 네트워크 서비스(SNS)를 이용한 전자상거래로, 일정 수 이상의 상품 구매자가 모이면 정해진 할인가로 상품을 제공·판매하는 방식이다. 2005년 야후의 장바구니 공유서비스인 쇼퍼스피어 사이트를 통해 소개되어, 2008년 미국 시카고에서 설립된 온라인 할인쿠폰 업체인 그루폰(Groupon)이 소셜 커머스의 비즈니스 모델을 처음 만들어 성공을 거둔 바 있다. 일반적인 상품 판매는 광고의 의존도가 높지만 소셜 커머스의 경우 소비자들의 자발적인 참여로 홍보와 동시에 구매자를 모아 마케팅에 들어가는 비용이 최소화되므로, 판매자는 소셜 커머스 자체를 마케팅의 수단으로 보고 있다. 국내에 티켓 몬스터, 쿠팡 등의 업체가 있으며 최근 스마트폰 이용과 소셜 네트워크 서비스 이용이 대중화되면서 새로운 소비 형태로 주목받고 있다.

☆☆☆ 소셜 네트워크 서비스(SNS : social network service) ··· 웹에서 이용자들이 개인의 정보공유나 의사소통의 장을 만들어 폭넓은 인간관계를 형성할 수 있게 해주는 서비스로 트위터, 페이스북 등이 있다.

✳ 패스트 폰(fast phone) **

스마트폰 시장에서 통신업체들이 기획·판매하는 가성비(가격 대비 성능)가 좋은 스마트폰을 말한다. 패션 업종에서 유행한 SPA(Specialty store retailer of Private label Apparel, 제조·유통 일괄형 의류) 브랜드는 유행에 따라 빠르게 제작되어 즉시 유통된다는 의미로 '패스트 패션(fast fashion)'이라고 불렸는데, 이것이 통신업계에 접목되면서 '패스트 폰'이라는 용어가 탄생했으며 하나의 흐름으로 자리 잡았다. '루나', '쏠', '갤럭시 J7', 'Y6' 등 통신사 전용폰이 패스트 폰에 해당한다.

✳ 쿠키(cookie) ***

인터넷 사용자가 특정 홈페이지를 접속할 때 생성되는 정보를 저장한 4KB 이하의 임시파일로 인터넷 웹사이트의 방문기록을 저장해 사용자와 웹사이트를 연결해 주는 정보이다. 인터넷 사용자들의 홈페이지 접속을 돕기 위해 만들어져 온라인 광고업체는 쿠키를 이용해 마케팅전략수립에 유용하게 사용하지만, 사용하는 웹브라우저가 이용자가 본 내용이나 구입 상품 심지어 회원번호나 비밀번호 등의 자동생성·갱신·기록전달 등을 하기도 해 개인의 사생활 침해의 소지가 있다.

✳ 태블릿(tablet) ***

평면판 위에 펜이나 퍽으로 그림을 그리면 컴퓨터 화면에 커서가 그에 상응하는 이미지를 그려내게 할 수 있도록 한 장치로 웹패드보다 처리속도가 빠르며 윈도우·애플·안드로이드 등의 OS를 사용하고 있어 성능이 뛰어나다. 노트나 키보드를 부착하여 노트북 컴퓨터로 쓸 수 있어 2000년 마이크로소프트에서 처음 선보인 후에 여러 기능을 추가하여 개발되고 있다. 주문자의 요구대로 사양을 바꿀 수 있는 장점이 있으나 전력소모가 많고 무거운 단점이 있다.

✳ 크롤링 *

무수히 많은 컴퓨터에 분산 저장되어 있는 문서를 수집하여 검색 대상의 색인으로 포함시키는 기술. 어느 부류의 기술을 얼마나 빨리 검색 대상에 포함시키냐 하는 것이 우위를 결정하는 요소로서 최근 웹 검색의 중요성에 따라 발전되고 있다.

✳ 5G이동통신 ***

5G이동통신은 이동통신의 다섯 번째 세대란 뜻으로 우리나라에서는 국내 이동통신 3사가 2018년 12월부터 5G 전파를 발사했다. 28GHz의 초고대역 주파수를 사용하며 최대속도가 20Gbps에 달한다. 이는 1초에 최대 20GB 이상의 데이터를 전송할 수 있는 수준이다. 5G 기술은 자율주행차, 사물인터넷, 무선 광대역 등 분야에 이용된다.

✳ 랜섬웨어 ***

몸값을 뜻하는 'Ransome'과 제품을 뜻하는 'Ware'의 합성어를 말한다. 인터넷 사용자의 컴퓨터에 잠입해 내부 문서나 사진 파일 등을 암호화하여 열지 못하도록 한 뒤, 돈을 보내면 해독용 열쇠 프로그램을 전송해준다며 비트코인이나 금품을 요구한다.

✱ 클라우드 컴퓨팅(cloud computing) ***

인터넷상의 서버에 정보를 영구적으로 저장하고, 이 정보를 데스크톱·노트북·스마트폰 등을 이용해 언제 어디서나 정보를 사용할 수 있는 컴퓨팅 환경을 말한다. 인터넷을 이용한 IT 자원의 주문형 아웃소싱 서비스로 기업이나 개인이 컴퓨터 시스템의 유지·관리·보수에 들어가는 비용과 시간을 줄일 수 있고, 외부 서버에 자료가 저장되어 자료를 안전하게 보관할 수 있으며 저장공간의 제약도 해결될 수 있다. 그러나 서버가 해킹당할 경우 정보유출의 문제점이 발생하고, 서버 장애가 발생하면 자료 이용이 불가능하다는 단점이 있다.

☆☆☆ 2000년 대 후반에 들어 새로운 IT 통합관리모델로 등장하여 네이버·다음 등의 포털에서 구축한 클라우드 컴퓨팅 환경을 통해 태블릿PC나 스마트폰 등의 휴대 IT기기로 각종 서비스를 사용할 수 있게 되었다.

✱ DNS(domain name system) ***

네트워크에서 도메인이나 호스트 이름을 숫자로 된 IP 주소로 해석해주는 TCP/IP 네트워크 서비스로, 각 컴퓨터의 이름은 마침표에 의해 구분되고 알파벳과 숫자의 문자열로 구성되어 있다. 예를 들어, 국가 도메인은 kr(한국), kp(북한), jp(일본), au(호주), ca(캐나다), uk(영국) 등이다.

✱ 파밍(pharming) **

피싱(phishing)에 이어 등장한 인터넷 사기수법으로, 피싱이 금융기관 등의 웹사이트에서 보낸 이메일로 위장하여 사용자가 접속하도록 유도한 뒤 개인정보를 빼내는 방식인데 비해, 파밍은 해당 사이트가 공식적으로 운영 중인 도메인 자체를 중간에서 가로채거나 도메인 네임 시스템(DNS) 또는 프락시 서버의 주소 자체를 변경하여 사용자들로 하여금 공식 사이트로 오인하여 접속토록 유도한 뒤 개인정보를 빼내는 새로운 컴퓨터 범죄수법이다.

☆☆☆ 스푸핑(spoofing) … 외부의 악의적 네트워크 침입자가 임의로 웹사이트를 구성하여 일반 사용자의 방문을 유도해 인터넷 프로토콜인 TCP/IP의 결함을 이용, 사용자의 시스템 권한을 확보한 뒤 정보를 빼가는 해킹수법이다.

✱ 해커(hacker) **

컴퓨터 시스템 내부구조나 컴퓨터 프로그래밍에 심취하여 이를 알고자 노력하는 기술자로서 뛰어난 컴퓨터, 통신 실력을 갖춘 네트워크의 보안을 지키는 사람이다. 1950년대 말 미국 MIT의 동아리 모임에서 유래했으며, 애플컴퓨터를 창업한 스티브 워즈니악(S. Wozniak)과 스티브 잡스(S. Jobs), 마이크로소프트를 창업한 빌 게이츠(B. Gates)도 초기에 해커로 활동했다. 해커는 정보의 공유를 주장하는 고도의 컴퓨터 전문가로서 컴퓨터 프로그램의 발전에 기여한 공로가 크며, 크래커와 구별하여야 한다.

☆☆☆ 크래커(cracker) … 고의나 악의적으로 다른 사람의 컴퓨터에 불법적으로 침입하여 정보를 훔치거나 데이터·프로그램을 훼손하는 사람으로 침입자(intruder)라고도 한다.

✱ 스마트 그리드 **

에너지 효율성의 향상과 신재생에너지공급의 확대를 통한 온실가스 감축을 목적으로 기존의 전력망에 정보기술(IT)을 접목하여 공급자와 소비자가 양방향으로 실시간 정보를 교환하고 통제함으로 에너지 효율을 최적화하는 차세대 지능형 전력망을 말한다.

✷ 챗봇 *

사람처럼 자연스러운 대화를 진행하기 위해 단어나 구(句)의 매칭만을 이용하는 단순한 챗봇부터 복잡하고 정교한 자연어 처리 기술을 적용한 챗봇까지 수준이 다양하다. 챗봇은 채터봇(chatterbot), 토크봇(talkbot) 등의 이름으로도 불린다.

✷ 안드로이드 ***

세계 각국의 이동통신 관련 회사 연합체인 '오픈 핸드셋 얼라이언스(OHA ; Open Handset Alliance)'가 2007년 11월에 공개하였다. 실질적으로는 세계적 검색엔진 업체인 구글(Google)사가 작은 회사인 안드로이드사를 인수하여 개발하였으며, 따라서 '구글 안드로이드'라고도 한다. 안드로이드는 리눅스(Linux) 2.6 커널을 기반으로 강력한 운영체제(OS ; operating system)와 포괄적 라이브러리 세트, 풍부한 멀티미디어 사용자 인터페이스, 폰 애플리케이션 등을 제공한다.

✷ 웹 2.0(Web 2.0) ***

블로그, 위키디피아 처럼 데이터의 소유자나 독점자 없이 어느 누구나 쉽게 데이터를 제작하고 인터넷에서 공유할 수 있도록 만든 사용자 참여 중심의 인터넷 환경을 말한다. 정보제공만을 보여주던 웹 1.0에서 진화해 웹 2.0은 데이터를 제공하는 플랫폼이 더 쉽게 공유하고 서비스 받을 수 있도록 만들어져 있으며, UCC가 대표작이라 할 수 있다.

08 지리·교통

✷ 계절풍기후(季節風氣候, monsoon climate) ***

한국·일본·중국·동남아시아 등 계절풍의 영향을 받는 지역의 기후로, 몬순기후라고도 한다. 계절풍은 여름과 겨울에 대조적인 기후를 발생시키는데, 열대해양기단과 찬대륙기단의 영향으로 여름철에는 비가 많고 고온다습하며 겨울철에는 춥고 맑은 날이 많으며 저온건조하다. 우리나라는 여름에는 남동계절풍의 영향을 받아 고온다습하며, 겨울에는 북서계절풍의 영향을 받아 한랭건조하다.

✷ 해양성기후(海洋性氣候) *

해양의 영향을 받아 상대적으로 여름에는 서늘하고 겨울에 따뜻한 기후로, 대륙 동안에 비하여 연교차가 작고 연중 강수량이 고르며 편서풍이 탁월하다. 주로 위도 40~60° 범위의 대륙 서안에 위치한 나라에서 볼 수 있어 서안해양성기후라고도 하며 영국, 독일, 프랑스, 스칸디나비아 3국 등이 이에 속한다. 또한 북아메리카 북서안과 뉴질랜드, 칠레 남부 등지에서도 나타난다.

✱ 대륙성기후(大陸性氣候) **

대륙 내부에서 육지의 영향을 받아 나타나는 기후로 내륙성 기후라고도 한다. 해양성 기후에 비해 바다의 영향을 받지 않기 때문에 공기 중의 수증기량이 적고 이로 인해 맑은 날씨를 보이는 날이 많으며, 일교차·연교차가 크고 기압과 바람 이외의 기후요소에 의해서도 기후변화가 심하게 나타난다. 대륙 내부에 위치한 대부분의 나라가 대륙성 기후의 영향을 받으며 우리나라 역시 대륙성 기후로, 여름에는 북태평양 기단의 영향을 받아 몹시 더우며 겨울에는 시베리아기단의 영향을 받아 몹시 춥다.

✱ 열대우림기후(熱帶雨林氣候) *

연중 고온다우한 기후로, 거의 매일 스콜이 내리며 월강우량이 최소 60㎜ 이상이다. 이 기후대에서는 원시농업·수렵 등이 행해지며, 서구의 자본가들이 현지인의 값싼 노동력을 이용하여 고무·야자·카카오 등의 특정 농산물을 대량으로 생산하는 재식농업(플랜테이션)이 이루어진다. 분포지역은 아마존강 유역, 콩고강 유역, 말레이반도, 인도네시아제도, 기니만 연안의 아프리카 등이다.

✱ 스콜(squall) **

열대지방에서 거의 매일 오후에 볼 수 있는 소나기를 말한다. 바람의 갑작스러운 변화나 강한 햇볕에 의해 공기 중의 일부가 상승하고 그로 인해 발생한 상승기류에 의해 비가 내린다.

✱ 스텝(steppe) *

대륙 온대지방의 반건조기후에서 발달한 초원지대로, 습윤한 삼림지대와 사막과의 중간대이다. 주로 키가 작은 화분과의 풀이 자라는데, 비가 많이 내리는 봄철에는 무성해지나 여름철 건계에는 말라 죽는다. 즉, 건조한 계절에는 불모지이고, 강우계절에는 푸른 들로 변한다.

✱ 툰드라(tundra) *

타이가(taiga)지대의 북에 접한 북극권 내의 지표로 대부분의 낮은 얼음으로 덮여 있다. 여름에는 지표의 일부가 녹아서 습지가 되며, 지의류·선태류·작은 관목 등의 식물과 순록같은 동물이 살 수 있다. 유라시아 북부·캐나다 북부·시베리아 북부·알래스카 북부 등지에 위치하고 있다.

☆☆☆ 타이가(taiga)는 북반구의 경작한계와 툰드라지대 사이로, 연교차가 60℃ 이상이며 포드졸 토양이다. 시베리아와 캐나다의 침엽수림대가 대표적이다.

✱ 엘니뇨(el nino)현상 ***

남미 에콰도르와 페루 북부연안의 태평양 해면온도가 비정상적으로 상승하는 현상으로, 아프리카의 가뭄이나 아시아·남미지역의 홍수 등을 일으키는 원인이다. 엘니뇨는 스페인어로 '신의 아들'이란 뜻인데, 크리스마스 때 이 현상이 가장 현저해서 붙여진 이름이다.

✱ 라니냐(la nina)현상 ***

적도 부근의 표면 해수온도가 갑자기 낮아지는 현상이다. 엘니뇨와 번갈아 대략 4년 주기로 일어나며, 이 현상으로 인한 대기순환 교란은 1~3년간 여파를 미친다. 반(反)엘니뇨현상으로도 불린다.

✱ 에어포켓(air pocket) **

대기 중에 국지적인 하강기류가 있는 구역을 말하며, 이 구역에서 비행중인 항공기에는 수평자세로 급격히 고도가 낮아지는 현상이 발생하게 된다. 이는 적운 계통의 구름, 강, 늪, 삼림의 상공, 산악이나 높은 건물의 바람맞이 상공에 생기는 것으로 우리나라 대관령 상공에서도 자주 일어난다.

☆☆☆ 선박 또는 해상구조물이 침몰하였을 경우 내부에 공기가 남아있는 공간도 에어포켓이라 한다.

✱ 선상지(扇狀地, fan) *

하천상류의 산지에서 평지로 바뀌는 경사의 급변점(곡구)에서 유속이 감소하여 골짜기 어귀에 자갈이나 모래(토사)가 퇴적되어 이루어진 부채꼴 모양의 완만한 지형이다. 골짜기 어귀에 중심을 선정, 선상지 말단부를 선단, 그리고 그 중간을 선앙이라고 부른다. 토지의 이용면에서 볼 때, 선정은 산림 취락의 입지와 밭으로 사용되며, 선앙은 과수원으로, 선단은 물이 용천하기 때문에 취락 입지와 논으로 사용한다. 우리나라는 구례·사천·추가령 지구대의 석왕사 등 선상지가 많은 편이나, 산지의 대부분이 저산성 산지로 경사의 급변점이 낮아 선상지의 발달은 미약하다.

✱ 범람원(汎濫原, flood plain) *

하천이 홍수 등으로 인해 주변으로 범람하여 토사가 퇴적되어 생긴 평야를 말한다. 범람원은 장년기 이후의 지형에서 특히 넓게 나타나며, 그 안에 자연제방이나 후배습지가 생겨 강이 자유롭게 곡류하게 된다. 충적평야의 일종으로 토지가 비옥하여 주로 농경지로 이용된다.

☆☆☆ 우리나라의 경우 연강수량의 변화나 계절적 강수량의 변화차가 크기 때문에 발달이 탁월하다.

✱ 삼각주(三角洲, delta) *

하천이 호수나 바다와 만나는 지점에서 하천을 따라 운반되어 온 토사가 퇴적하여 만들어진 충적평야로, 토양이 매우 기름져서 일찍부터 농경이 발달하였다. 나일강 하구, 미시시피강 하구, 낙동강 하구 등이 이에 속한다.

✱ 카르스트(karst)지형 ***

석회암지대에 생기는 특수한 지형으로, 빗물이나 지하수에 의해 침식되어 형성된다. 지하에 생긴 동굴은 종유동이라 하는데, 돌리네·종유석·석순·석회주 등 기암괴석이 많으며 우리나라에서는 연변의 동룡굴, 울진의 성류굴, 제주도의 만장굴 등이 유명하다.

✽ 라피에(lapies) *

석회암이 나출된 대지 등에서 석회암의 용식에 의하여 형성된 작은 기복이 많은 지형으로 카르스트 지형 중에서 가장 일반적인 것이다. 영국에서 부르는 '크린트'는 석회암이 나출된 면을 일컫고, '그라이크'는 수직인 파이프 모양의 구멍을 일컫는다. 또, 석회암의 나출면이 절리 등을 따라서 홈이 파이는 경우도 있다. 석회암이 움푹 들어간 부분에 토양이 메워지고, 튀어나온 부분이 묘석을 세워 놓은 것 같은 모양을 나타내기도 한다. 이들 라피에가 집합되어 있는 지역을 '카렌펠트(karrenfelt)'라고 부른다.

✽ 싱크홀(sink hole) *

지하 암석이 용해되거나 기존에 있던 동굴이 붕괴되면서 생긴 움푹 파인 웅덩이를 말한다. 장기간의 가뭄이나 과도한 지하수 개발로 지하수의 수면이 내려가 지반의 무게를 견디지 못해 붕괴되기 때문에 생기는 것으로 추정되며, 주로 깔때기 모양이나 원통 모양을 이룬다. 석회암과 같이 용해도가 높은 암석이 분포하는 지역에서 볼 수 있다.

과테말라시티의 싱크홀

☆☆☆ 블루홀(blue hole) ⋯ 바닷속에 위치한 동굴 또는 수중의 싱크홀을 일컫는다.

✽ 모레인(moraine) *

빙하에 의하여 운반된 점토·모래·자갈 등의 암설(巖屑)을 말한다. 이것은 하천과 바닷물에 의하여 운반된 토양과 달리, 층리가 없고, 또 대소의 암층을 혼합한 채로 퇴적한다. 빙하의 표면·내부·적부·종단부 등 그 위치에 따라, 표퇴석·내부퇴석·저퇴석·중앙퇴석으로 구분된다. 또 단퇴석은 빙하의 선단에 있었던 암설이 빙하가 녹았기 때문에, 그대로 그곳에 퇴적한 것을 말한다. 현재 퇴석은 독일·구소련·북미 등지에서 많이 볼 수 있다.

✽ 이수해안(離水海岸) *

육지의 융기 또는 해면의 저하로 생긴 해안을 말한다. 예로부터 융기지역의 해안에 생기는 경우가 많으며, 일반적으로 해안선이 평탄하고 얕은 해저의 앞바다에는 연안주, 석호 등이 발달한다.

✽ 해안단구(海岸段丘) *

해안지형에 있어 해식애·단층해안 등이 점차적으로 융기되어 육지화된 계단 모양의 지형으로 바닷가 취락의 형성, 교통로 등으로 이용되고 있다.

✽ 대륙붕(大陸棚) **

해안에 접속되는 수심 200m 이내의 얕은 해저지형으로, 대륙의 연장부분에 해당되는 완경사면이다. 해양 면적의 8%에 불과하나 수산·광산자원이 풍부하고, 생물의 종류가 매우 많아 그 양은 해양 전체의 대부분을 차지하는 바다생물의 보고이다.

✻ 지구대(地溝帶) *

지반의 단층작용에 의해 침하되어 생긴, 평행하는 두 단층 사이에 끼어 있는 좁고 깊게 파인 지대이다. 라인지구대, 동아프리카지구대, 형산강지구대, 추가령지구대 등이 그 예이다.

✻ 환태평양조산대 ***

세계의 지형에서 태평양을 둘러싸고 있는 지대로 안데스산맥, 로키산맥, 알류산열도, 일본열도, 쿠릴열도, 필리핀제도, 뉴기니섬, 뉴질랜드섬 등으로 연결되는 지대이다. 오늘날까지도 지진 · 화산 등의 지각변동이 계속되고 있다.

✻ 코리올리의 힘 *

1828년 프랑스의 코리올리(G. G. Coriolis)가 체계화한 이론으로, 회전하고 있는 물체 위에서 운동하는 물체를 생각할 때 상정하는 겉보기의 힘을 말한다. 보통 전향력(轉向力)이라고 하는데, 지구의 자전에 의해 생기는 코리올리의 힘에 의하여 태풍이 북반구에서는 시계방향으로, 남반구에서는 시계반대방향으로 소용돌이치게 되는 것을 설명할 수 있다.

✻ 인공강우 *

구름에 어떤 영향을 주어 인공적으로 비를 내리게 하는 방법 또는 그 비를 말한다. 인공강우의 과학적인 기초는 베르제론(T. Bergeron) 등이 제창한 빙정설이며, 미국의 랭뮤어(I. Langmuir)가 처음으로 실험하였고, 1946년에 실제로 성공하였다. 랭뮤어의 실험은 옥화은(AgI)의 연기와 드라이아이스(-60℃ 이하)를 혼합하여 구름 위에 뿌린 것이었다.

✻ 차도 *

차도와 보도를 구분하는 돌 등으로 이어진 연석선과 안전표지, 그와 비슷한 공작물로써 그 경계를 표시하여 모든 차의 교통에 사용하도록 된 도로의 부분이다. 차로는 차마가 한 줄로 도로의 정하여진 부분을 통행하도록 차선에 의하여 구분되는 차도를 부분이며 여기서 차선은 차로와 차로를 구분하기 위해 그 경계지점을 안전표지에 의하여 표시한 선을 말한다.

✻ 길가장자리구역 *

보도와 차도가 구분되지 아니한 도로에서 보행자의 안전을 확보하기 위하여 안전표지 등으로 그 경계를 표시한 도로의 가장자리 부분을 말한다.

✻ 안전지대 *

도로를 횡단하는 보행자나 통행하는 차마의 안전을 위하여 안전표지나 그와 비슷한 공작물로 표시한 도로의 부분을 말한다.

✻ 어린이보호구역 [*]

유치원과 초등학교의 주된 출입문을 중심으로 반경 300m 내의 지역으로 이곳에서는 신호등 · 교통안전표시 · 노면표시 등 안전시설과 과속방지시설 · 미끄럼 방지시설 · 도로반사경 · 울타리 등 도로부속 시설이 설치된다. 시장 등은 교통사고의 위험으로부터 어린이를 보호하기 위하여 어린이보호구역으로 지정하여 차의 통행을 제한하거나 금지하는 등의 조치를 할 수 있다.

✻ 하이재킹(hijacking, 항공기납치) [**]

항공기에 승객으로 가장해서 탑승하여 무력으로 조종사와 승객을 위협, 정규항로가 아닌 지역에 불시착시키거나 폭발시킬 목적으로 납치하는 행위를 말한다.

✻ bird strike [***]

조류충돌을 일컫는 용어이다. 항공기의 이 · 착륙시 사람까지 빨아들일 정도의 강한 흡입력을 갖고 있는 항공기 엔진에 새가 빨려 들어감으로써 엔진이 파괴되는 등 대형사고가 발생하기도 한다.

09 환경 · 공해

✻ 유엔인간환경회의(UNCHE : United Nations Conference for Human Environment) [***]

1972년 스웨덴의 스톡홀름에서 '하나뿐인 지구'라는 슬로건 하에 개최된 국제회의로, 스톡홀름회의라고도 한다. 지구의 환경파괴를 막고 천연자원이 고갈되지 않도록 국제적인 협력 체제를 확립하는 것을 목적으로 하며, 따라서 환경오염 물질의 규제, 천연자원의 보호, 국제기구설치 문제 등을 주요 의제로 다루었다. 인간의 경제활동으로 인한 공해 · 오염 등의 문제를 국제적 수준에서 다루기 위해서 '인간환경선언(스톡홀름선언)'과 109개 항의 권고로 이루어진 행동계획을 채택하였으며, '유엔환경계획(UNEP)'을 설치하고 환경기금을 조성하는 등의 합의를 이끌어 냈다. 또한 이 회의가 개최된 6월 5일은 '세계 환경의 날'로 제정되었다.

✻ 유엔환경계획(UNEP : United Nations Environment Program) [**]

유엔인간환경회의(UNCHE)의 결의에 따라 1973년 케냐의 나이로비에 사무국을 설치한 유엔의 환경관련활동 종합조정기관이다. 환경 관련 지식을 증진하고, 지구환경 상태의 점검을 위해 국제적인 협력을 촉진하는 것을 목적으로 한다. 선진국의 공해와 개발도상국의 빈곤 등 인간거주문제가 환경문제의 최우선이라 보고 환경관리가 곧 인간관리라고 규정하며, 인구와 도시화, 환경과 자원, 환경생태에 관한 연례보고서를 작성하고 5년마다 지구 전체의 환경 추세에 대한 종합보고서를 발간하는 등의 활동을 전개하고 있다. 1987년 오존층 파괴 물질에 대한 '몬트리올의정서'를 채택하여 오존층 보호를 위한 국제협력체계를 확립하였으며, 지구환경감시시스템 및 국제환경정보조회시스템을 구축하였고 '글로벌 500'을 제정하는 등 다양한 활동을 전개하고 있다. 우리나라는 1972년에 가입했다.

✽ 몬트리올의정서(Montreal protocol) ***

지구 오존층 파괴 방지를 위하여 염화불화탄소(CFC, 프레온가스)·할론(halon) 등 오존층 파괴 물질 사용에 대해 규정한 국제환경협약이다. 1974년 미국 과학자들의 CFC 사용 규제에 대한 논의로부터 시작되었으며, 1985년 '비엔나협약'에 근거를 두고 1987년 캐나다 몬트리올에서 정식 채택되었다. CFC의 사용 및 생산금지, 대체물질 개발 등을 주요 골자로 하고 있으며 1992년 코펜하겐에서 열린 제4차 회의에서 '코펜하겐의정서'를 채택하였다. 우리나라는 1992년에 가입하였다.

✽ 리우선언(Rio宣言) ***

1992년 브라질의 리우데자네이루에서 열린 유엔환경개발회의(UNCED, 리우회의)에서, 환경보전과 개발전략의 조화 등 선언적 사항을 규정한 지구헌장이다.

☆☆☆ 의제 21(agenda 21) … 1992년 유엔환경개발회의(UNCED)에서 채택된 21세기를 향한 '지구환경보전행동계획'의 별칭이다.

✽ 탄소중립 *

탄소제로라고도 한다. 온실가스를 흡수하기 위해서 배출한 이산화탄소의 양을 계산하고 탄소의 양만큼 나무를 심거나 풍력·태양력 발전과 같은 청정에너지 분야에 투자해 오염을 상쇄한다. 산업자원부에서는 2008년 2월 18일부터 대한상공회의소, 에너지관리공단, 환경재단 등 21개 기관과 공동으로 개최하는 제3차 기후변화 주간에 탄소중립 개념을 도입해 이산화를 상쇄하고자 하는 노력을 하고 있다.

✽ 환경호르몬 **

정식 명칭은 외인성 내분비교란물질로 인체에 들어가면 여성호르몬과 똑같은 작용을 한다고 해서 이런 이름이 붙었다. 남성의 정자수를 감소시키고, 성장억제·생식이상 등을 일으키는 것으로 의심받고 있다. 1996년 3월 미국에서 「잃어버린 미래(Our Stolen Future)」라는 책이 출판되면서 세계적인 관심을 끌게 되었다. 다이옥신 등 70여 종의 화학물질이 여기에 해당되는 것으로 알려져 있다.

✽ GWP(Global Warming Potential) *

잘 혼합되는 온실가스의 복사 특성을 기술하는데 있어서 이러한 기체들이 대기에 존재하고 있는 시간이 서로 다르다는 것과, 외부로 방출되는 적외복사를 흡수하는 데 있어서 상대적인 유효성을 가지고 있음을 복합적으로 고려한 효과를 기술하는 지구온난화지수이다. 이 지수는 이산화탄소의 온난화효과를 기준으로 이에 상대하여 현재 대기에서 주어진 온실가스의 단위 질량당 온난화효과를 근사적으로 시간 적분한 것이다.

✽ 세계물포럼(WWF : World Water Forum) *

물 위기의 심각성을 지적하고, 공통의 해결방안을 모색하는 지구촌 최대의 물 관련 행사이다. 1997년 모로코 마라케시를 시작으로 3년마다 열리고 있으며, 정부·비정부기구·전문가·시민 등의 각계각층이 21세기 물문제해결을 논의하고 그 중요성을 세계에 인식시키기 위한 목적으로 세계수자원회의(WWC : World Water Council)에 의해 제창되었다. 1997년 제1차 물포럼에서는 마라케시선언을 채택하였고, 2000년 네덜란드

헤이그에서 열린 제2차 물포럼에서 각국 정부는 식량안보의 선행조건으로서의 수자원 중요성에 인식을 같이 하고, 지속 가능한 수자원관리를 통한 생태계 보전을 다짐하는 헤이그선언을 채택하였다. 2003년 3차 물포럼에서는 130여 개국 정부대표와 비정부기구 등이 참가하여, 헤이그선언을 구체적으로 어떻게 실천할지를 논의하고 또 물과 기후, 물과 식량 등 17개 이슈에 대한 토론과 참가 정부대표들의 수자원 각료회의가 열렸다.

☆☆☆ 논의 결과는 '교토각료선언'과 '세계물행동보고서'로 정리되어 각국의 수자원정책에 심대한 영향을 미치게 된다.

✱ 람사협약(Ramsar convention) ***

물새서식지로 중요한 습지보호에 관한 협약으로 1971년 2월 이란 람사르에서 채택돼 1975년 12월 발효됐다. 국경을 넘어 이동하는 물새를 국제자원으로 규정하고 가입국에 습지를 보전하는 정책을 펴도록 의무화하고 있으며, 협약에 가입한 국가들은 보전가치가 있는 습지를 1곳 이상씩 협약사무국에 등록하고 지속적인 보호정책을 펴야 한다. 협약은 습지를 바닷물이나 민물의 간조시 수심이 6m를 넘지 않는 늪과 못 등 소택지와 개펄로 정의하고 있다. 습지는 육상 동·식물의 안식처 역할을 할 뿐 아니라 수중생태계 환경을 조절하는 소중한 자원이지만 그동안 농지와 택지개발 명분에 밀려 파괴되는 경우가 많았다. 우리나라는 1997년 7월 28일 람사협약이 국내에서 발효되어 세계 101번째 가입국이 됐다.

✱ 런던협약(London convention) *

폐기물 및 기타 물질의 투기에 의한 해양오염방지에 관한 조약이다. 1972년 영국 런던에서 채택되어 1975년에 발효된 런던덤핑조약이 1992년에 런던협약으로 개명된 것이다. 국제해상기구(IMO)가 협약을 담당하고 있으며, 우리나라는 1993년에 가입하였다.

✱ 워싱턴협약(CITES : Convention on International Trade in Endangered Species of Wild Fauna and Flora) *

멸종위기에 처한 야생 동·식물의 국제거래에 관한 협약으로, 세계적으로 멸종위기에 처해 있는 야생 동·식물의 상업적인 국제거래 규제 및 생태계 보호를 목적으로 한다. 정식 명칭은 '멸종위기에 처한 야생 동·식물의 국제거래에 관한 협약'이지만 1973년 워싱턴에서 채택되어 워싱턴 협약이라 불린다. 야생 동·식물을 멸종위기 정도에 따라 3등급으로 구분하여 차등 규제하고 있으며 우리나라는 1993년에 이 협약에 가입했다.

✱ 바젤협약(Basel convention) **

1989년 스위스 바젤에서 채택된 것으로 유해폐기물의 국가간 이동 및 처리에 관한 협약이다. 가입국은 동·아연·카드뮴 등 47종의 폐기물을 국외로 반출해서는 안되며, 자국 내에서도 폐기물 발생을 최소화하고 충분한 처리시설을 확보해야 한다. 1992년에 발효되었으며, 우리나라는 1994년에 가입했다.

✱ 그린피스(green peace) ***

국제적인 자연보호단체이다. 남태평양 폴리네시아에서의 프랑스 핵실험에 항의하기 위해 선박을 출항시킨 운동을 계기로 1970년에 조직되었으며, 본부는 네덜란드의 암스테르담에 있다. 전멸위기의 야생동물 보호, 원자력발전 반대, 핵폐기물의 해양투기 저지운동 등 폭넓은 활동을 전개하고 있다.

✱ 로마클럽(club of Rome) ***

1968년 이탈리아의 실업가 아우렐리오 페체이의 제창으로 출범한 미래연구기관이다. 천연자원의 고갈, 공해에 의한 환경오염, 개발도상국의 인구증가 등 인류가 직면하는 모든 문제에 관해 연구하고 그 타개책을 모색하며 널리 알리는 것이 주된 활동이다.

✱ 교토의정서(Kyoto Protocol) ***

기후변화협약에 따른 온실가스 감축목표에 관한 의정서로 효율적인 온실가스 감축을 위해 가입당사국으로 하여금 이산화탄소(CO_2), 메탄(CH_4), 아산화질소(N_2O), 불화탄소(PFC), 수소불화탄소(HFC), 불화유황(SF_6)의 여섯 가지를 줄이기 위해 노력하도록 요구한다.

✱ 국제배출권거래제(International Emission Trading) **

각국이 자국에 허용된 배출량 중 일부를 거래할 수 있는 것으로써 탄소배출권을 주식이나 채권처럼 시장에서 거래할 수 있도록 만든 제도를 말한다. 2005년 2월부터 발효된 교토의정서에 따르면, 유럽연합(EU) 회원국과 일본 등 38개국은 제1차 의무공약기간(2008~2012년)동안 연평균 온실가스 배출량을 1990년 배출량 기준 대비 평균 5.2% 감축시켜야 하는 법적 의무를 규정하고 있다. 이 목표를 채우지 못한 국가나 기업들은 벌금을 내거나 거래소에서 탄소배출권을 사야하고, 감축의무대상국이 아니거나 배출량이 적은 개도국은 배출권을 거래할 수 있다. 배출권의 발급권한은 유엔이 갖고 있으며 청정개발체제(CDM)는 선진국(부속서 1국가, Annex 1 Party)이 개도국(비부속서 1국가, Non- Annex 1 Party)내에서 온실가스 배출 감축 프로젝트를 통해 온실가스 배출을 줄이면 그에 상응하는 배출권을 거래할 수 있도록 한 시스템을 갖춰 배출권 거래를 촉진시키고 있다.

✱ 탄소배출권 *

지구 온난화를 유발하는 대표적인 온실가스로는 이산화탄소(CO_2), 메탄(CH_4), 아산화질소(N_2O), 수소불화탄소(HFC), 불화탄소(PFC), 불화유황(SF_6) 등이 있는데 이 중 이산화탄소가 전체 배출량의 비중이 가장 높고 인위적인 제어가 가능하기 때문에 이들을 대표하며, 이러한 이산화탄소 등의 온실가스를 배출할 수 있는 권리를 탄소배출권이라 한다. 기상 이변, 재난 및 엘니뇨에 의한 이상 기온, 대규모 홍수·지진해일 등과 같은 천재지변 등 지구 온난화에 대한 폐해가 현실로 나타나고 있어, 지구 환경 문제에 대해 범지구적인 해결 노력이 필요하다는 점을 깨닫게 되면서 국제적 협력으로 구체화된 것이 1997년 12월 교토의정서(Kyoto Protocol)이다.

✱ 환경개선부담금제(環境改善負擔金制) *

오염원인자부담원칙에 따라 오염물질을 배출한 오염원인자에게 오염물질 처리비용을 부담하게 하는 제도이다. 부과대상자는 폐수나 대기오염물질을 많이 배출하는 호텔·병원·백화점·수영장·음식점 등의 건물과 경유자동차이며, 지방자치단체는 이들로부터 3월과 9월 1년에 두 차례 부담금을 징수한다. 환경개선부담금이 면제되는 건물은 단독주택·아파트 등 공동주택, 160㎡ 미만의 시설물·공장·창고·주차장 등이다. 지방자치단체가 징수한 환경개선부담금은 징수비용(징수금액 중 10%)을 제외하고는 전액 환경부의 환경개선특별회계로 귀속된다.

✱ PPP(Polluter Pays Principle) **

오염자 비용부담원칙이다. 환경자원의 합리적인 이용과 배분을 조장하는 동시에 국제무역이나 투자의 왜곡현상을 바로잡기 위해 오염방지비용을 오염자에게 부담시키자는 구상으로, 1972년 OECD(경제협력개발기구) 이사회가 가맹국에게 권고했다. 최근에는 오염방지비용뿐만 아니라 환경복원·피해자 구제·오염회피 비용까지 오염원이 부담해야 한다는 견해가 대두되고 있다.

10 보건·건강

✱ 세계보건기구(WHO : World Health Organization) **

보건·위생 분야의 국제적인 협력을 위하여 설립한 UN(국제연합) 전문기구이다. 세계의 모든 사람들이 가능한 한 최고의 건강 수준에 도달하는 것을 목표로, 1946년 61개국의 세계보건기구헌장 서명 후 1948년 26개 회원국의 비준을 거쳐 정식으로 발족하였다. 본부는 스위스 제네바에 있으며 총회·이사회·사무국으로 구성되어 있고 재정은 회원국 정부의 기부금으로 충당한다. 중앙검역소 업무와 연구 자료의 제공, 유행성 질병 및 전염병 대책 후원, 회원국의 공중보건 관련 행정 강화와 확장 지원 등을 주요활동으로 한다. 한국은 1949년 제2차 로마총회에서 가입하였다.

✱ 담배규제기본협약(FCTC : the Framework Convention on Tobacco Control) *

금연을 위한 국제 협력 방안을 골자로 한 보건 분야 최초의 국제협약이다. 흡연으로 해마다 500만 명 이상의 죽음을 초래하고 있다는 문제의식에서 비롯하였으며, 세계보건기구(WHO)의 추진으로 2003년 5월 열린 세계보건총회(WHA)에서 만장일치로 채택되어 2005년 2월 발효되었다. 흡연 통제를 위해 담배광고 및 판촉의 포괄적인 금지, 간접 흡연규제, 경고문구 제한 등을 주요내용으로 하며 협약의 당사국들은 담배의 광고나 판촉 금지조치를 발효일로부터 5년 이내에 도입하고 겉포장의 경고문도 3년 이내에 30% 이상으로 확대해야 할 의무를 지게 된다. 공중 보건과 위생에 관한 사상 최초의 국제협약이라는 점에서 큰 의의를 갖는다. 우리나라는 2005년 4월 비준, 8월부터 적용 중이지만, 우리나라 한 해 사망자의 25% 정도가 흡연 관련 질환으로 사망한 것으로 조사되었다.

✱ HACCP(Hhazard Analysis & Critical Control Point, 위해요소 중점관리기준) **

식품의 원료부터 제조, 가공 및 유통 단계를 거쳐 소비자에게 도달하기까지 모든 과정에서 위해물질이 해당 식품에 혼입되거나 오염되는 것을 사전에 방지하기 위한 식품관리 제도로, 식품의 안전성을 확보를 목적으로 한다. 이를 위해 단계별 세부 위해 요소(HA)를 사전에 제거하기 위한 중점관리 점검 항목(CCP)을 설정하고, 이를 바탕으로 종사자가 매일 또는 주기적으로 각 중점관리 항목을 점검해 위해 요인을 제거한다. HACCP의 개념은 1960년대 초 미국 우주계획의 식품 개발에 처음 적용된 이후 1993년 FAO, WHO의 국제식품규격위원회에서도 식품 위생관리 지침으로 택한 바 있다.

✱ 감염병(感染病) ***

원충, 진균, 세균, 스피로헤타(spirochaeta), 리케차(rickettsia), 바이러스 등의 미생물이 인간이나 동물에 침입하여 증식함으로써 일어나는 병을 통틀어 이르는 말이다.

☆☆☆ 감염병의 구분(2020. 1. 1. 시행 기준)

구분	특성 및 해당 질환
제1급 감염병	• 생물테러감염병 또는 치명률이 높거나 집단 발생의 우려가 커서 발생 또는 유행 즉시 신고하여야 하고, 음압격리와 같은 높은 수준의 격리가 필요한 감염병 • 해당 질환 : 에볼라바이러스병, 마버그열, 라싸열, 크리미안콩고출혈열, 남아메리카출혈열, 리프트밸리열, 두창, 페스트, 탄저, 보툴리눔독소증, 야토병, 신종감염병증후군, 중증급성호흡기증후군(SARS), 중동호흡기증후군(MERS), 동물인플루엔자 인체감염증, 신종인플루엔자, 디프테리아
제2급 감염병	• 전파가능성을 고려하여 발생 또는 유행 시 24시간 이내에 신고하여야 하고, 격리가 필요한 감염병 • 결핵, 수두, 홍역, 콜레라, 장티푸스, 파라티푸스, 세균성이질, 장출혈성대장균감염증, A형간염, 백일해, 유행성이하선염, 풍진, 폴리오, 수막구균 감염증, b형헤모필루스인플루엔자, 폐렴구균 감염증, 한센병, 성홍열, 반코마이신내성황색포도알균(VRSA) 감염증, 카바페넴내성장내세균속균종(CRE) 감염증
제3급 감염병	• 그 발생을 계속 감시할 필요가 있어 발생 또는 유행 시 24시간 이내에 신고하여야 하는 감염병 • 파상풍, B형간염, 일본뇌염, C형간염, 말라리아, 레지오넬라증, 비브리오패혈증, 발진티푸스, 발진열, 쯔쯔가무시증, 렙토스피라증, 브루셀라증, 공수병, 신증후군출혈열, 후천성면역결핍증(AIDS), 크로이츠펠트-야콥병(CJD) 및 변종크로이츠펠트-야콥병(vCJD), 황열, 뎅기열, 큐열, 웨스트나일열, 라임병, 진드기매개뇌염, 유비저, 치쿤구니야열, 중증열성혈소판감소증후군(SFTS), 지카바이러스 감염증
제4급 감염병	• 제1급감염병부터 제3급감염병까지의 감염병 외에 유행 여부를 조사하기 위하여 표본감시 활동이 필요한 감염병 • 인플루엔자, 매독, 회충증, 편충증, 요충증, 간흡충증, 폐흡충증, 장흡충증, 수족구병, 임질, 클라미디아감염증, 연성하감, 성기단순포진, 첨규콘딜롬, 반코마이신내성장알균(VRE) 감염증, 메티실린내성황색포도알균(MRSA) 감염증, 다제내성녹농균(MRPA) 감염증, 다제내성아시네토박터바우마니균(MRAB) 감염증, 장관감염증, 급성호흡기감염증, 해외유입기생충감염증, 엔테로바이러스감염증, 사람유두종바이러스 감염증
기생충 감염병	• 기생충에 감염되어 발생하는 감염병 중 보건복지부장관이 고시하는 감염병 • 회충증, 편충증, 요충증, 간흡충증, 폐흡충증, 장흡충증
세계보건기구 감시대상 감염병	• 세계보건기구가 국제공중보건의 비상사태에 대비하기 위하여 감시대상으로 정한 질환으로서 보건복지부장관이 고시하는 감염병
생물테러 감염병	• 고의 또는 테러 등을 목적으로 이용된 병원체에 의하여 발생된 감염병 중 보건복지부장관이 고시하는 감염병
성매개 감염병	• 성 접촉을 통하여 전파되는 감염병 중 보건복지부장관이 고시하는 감염병
인수공통 감염병	• 동물과 사람 간에 서로 전파되는 병원체에 의하여 발생되는 감염병 중 보건복지부장관이 고시하는 감염병
의료관련 감염병	• 환자나 임산부 등이 의료행위를 적용받는 과정에서 발생한 감염병으로서 감시활동이 필요하여 보건복지부장관이 고시하는 감염병

✱ 이력추적제 **

먹을거리 안전에 대한 국민들의 관심이 높아짐에 따라 각종 농산물로부터 국민의 안전을 보호 할 목적으로 도입하여 2005년부터 모든 농산물에 적용하였다. 농산물 생산에 사용한 종자와 재배방법, 원산지, 농약 사용량, 유통 과정 등이 제품의 바코드에 기록되기 때문에 소비자들도 농산물의 생산에서 유통에 이르기까지 모든 이력을 쉽게 알 수 있다.

✱ 알츠하이머병(Alzheimer disease) *

나이가 들면서 정신 기능이 점점 쇠퇴하여 일으키는 노인성 치매로 독일의 신경과 의사 올로이스 알츠하이머의 이름을 따서 명명한 신경질환이다. 이 병에 걸리면 특히 기억과 정서면에서 심각한 장애를 일으키며 현대 의학에서는 아직 알츠하이머병의 뚜렷한 예방법이나 치료 방법이 없는 상태이다.

✱ 류머티즘(rheumatismus) *

급성 또는 만성으로 근육이나 관절 또는 그 근접조직에 동통(疼痛), 운동장애, 경결(硬結)을 일으키는 질환을 말한다. 급성 관절류머티즘은 류머티즘열, 만성 관절류머티즘은 류머티즘성관절염, 변형성 관절증은 골관절염, 근육 류머티즘은 결합직염에 상당하는 것으로 보이나, 류머티즘열은 관절에 한하기 보다는 전신증세(全身症勢)를 주로 한 류머티즘이고, 류머티즘성 관절염에도 급성관절염을 주로 한 류머티즘이 있기도 하다.

✱ 중증 열성 혈소판 감소 증후군(SFTS) **

Severe Fever with Thrombocytopenia Syndrome(SFTS)인 중증 열성 혈소판 감소 증후군 바이러스에 의한 감염병이다. SFTS 바이러스는 Bunyaviridae과 Phlebovirus 속에 속하는 RNA 바이러스로, 주로 산과 들판의 풀숲에 살고 있는 작은소참진드기(살인진드기)에 물려서 감염되는 것으로 추정된다. 또는 감염된 환자의 혈액 및 체액에 의한 감염도 보고되고 있다. 감염 시 발열, 식욕 저하, 구역, 구토, 설사 등의 증상이 나타나며 잠복기는 약 1~2주이다. 효과가 확인된 치료제가 없고, 항바이러스제나 백신도 없어 대증요법으로 치료한다. 자연 회복되기도 하나 12~30%에서 중증화되어 사망하기도 한다. 진드기에 물리지 않도록 하는 것이 주된 예방법이다. 보건복지부는 SFTS를 법정 감염병으로 지정하여 신종 감염병을 체계적으로 관리할 계획이다.

✱ 조류인플루엔자(AI : Avian Influenza) **

닭, 오리, 칠면조 등과 같은 가금류와 야생 조류가 감염되는 급성 바이러스 전염병이다. 주로 철새의 배설물에 의해 전파되며 AI에 걸린 조류의 콧물, 호흡기 분비물, 대변에 접촉한 조류들이 다시 감염되는 형태로 조류 간에 퍼진다. 지구상에 존재하는 AI 바이러스는 모두 135종의 혈청형으로 분류되며 이 중 사람에게 가장 치명적인 것은 H5N1형이다. 1997년 홍콩에서 첫 인체 감염을 일으켜 6명이 사망하면서 주목을 받은 H5N1형은 변이가 빠르고 다른 동물에게 쉽게 전이되는 특징을 갖고 있다. 이는 감염된 조류를 통해 인체에도 전염될 수 있다는 것을 말한다. 발병하면 감기나 일반 독감에 걸렸을 때와 비슷한 증상이 나타나며 심하면 38도 이상의 고열을 동반한 기침, 인후통, 호흡 곤란 증세를 보인다. AI 바이러스는 섭씨 41도일 때 철새 등의 배설물에서 최소 35일간 살 수 있지만 75도 이상으로 5분 동안 가열하면 죽는다.

✱ 아프리카돼지열병(ASF) ***

돼지와 멧돼지에 감염 시 발열이나 전신의 출혈성 병변을 일으키는 국내 제1종 법정전염병으로, 최대 치사율이 100%에 이르지만 현재 치료제나 백신이 없다. 아프리카돼지열병의 주요 임상증상으로는 돼지들이 한데 겹쳐있거나, 급사하거나 비틀거리는 증상, 호흡곤란, 침울증상, 식욕절폐, 복부와 피부 말단 부위에 충혈 등이 있다. 2019년 9월 경기도 파주에서 국내 첫 아프리카돼지열병 발생 후 김포, 연천, 강화 등지로 계속 확산되어 당국이 차단방역에 나섰다.

✱ 코로나바이러스감염증-19(COVID-19) ***

정의	SARS-CoV-2 감염에 의한 호흡기 증후군
질병 분류	• 법정감염병 : 제1급감염병 신종감염병증후군 • 질병 코드 : U07.1
병원체	SARS-CoV-2 : Coronaviridae에 속하는 RNA 바이러스
전파 경로	• 현재까지는 비말(침방울), 접촉을 통한 전파로 알려짐 • 기침이나 재채기를 할 때 생긴 비말(침방울)을 통한 전파 등 • 코로나19 바이러스에 오염된 물건을 만진 뒤 눈, 코, 입을 만짐
잠복기	1~14일(평균 4~7일)
진단 기준	• 환자 : 진단을 위한 검사기준에 따라 감염병병원체 감염이 확인된 사람 • 진단을 위한 검사기준 검체에서 바이러스 분리 -검체에서 특이 유전자 검출
증상	• 발열, 권태감, 기침, 호흡곤란 및 폐렴 등 경증에서 중증까지 다양한 호흡기감염증이 나타남 • 그 외 가래, 인후통, 두통, 객혈과 오심, 설사 등도 나타남
치료	• 대증 치료 : 수액 보충, 해열제 등 보존적 치료 • 특이적인 항바이러스제 없음
치명률	전세계 치명률은 약 3.4%(WHO, 3.5 기준) 단, 국가별 · 연령별 치명률 수준은 매우 상이함 고령, 면역기능이 저하된 환자, 기저질환을 가진 환자가 주로 중증, 사망 초래
예방	• 백신 개발 중 • 올바른 손씻기 -흐르는 물에 비누로 30초 이상 꼼꼼하게 손씻기 -특히, 외출 후, 배변 후, 식사 전 · 후, 기저귀 교체 전 · 후, 코를 풀거나 기침, 재채기 후 등에는 반드시 실시 • 기침 예절 준수 -기침할 때는 휴지나 옷소매 위쪽으로 입과 코를 가리고 하기 -호흡기 증상이 있는 경우 마스크 착용 • 씻지 않은 손으로 눈, 코, 입 만지지 않기 • 주위 환경을 자주 소독하고 환기하기

✱ 사회적 거리 두기 단계별 기준 및 방역 조치 ***

구분	1단계	1.5단계	2단계	2.5단계	3단계
	생활방역	지역적 유행 단계		전국적 유행 단계	
개념	생활 속 거리 두기	지역적 유행 개시	지역 유행 급속 전파, 전국적 확산 개시	전국적 유행 본격화	전국적 대유행
상황	통상적인 방역 및 의료체계의 감당 가능한 범위 내에서 유행 통제 중	특정 권역에서 의료체계의 통상 대응 범위를 위협하는 수준으로 1주 이상 유행 지속	1.5단계 조치 후에도 지속적 유행 증가 양상을 보이며, 유행이 전국적으로 확산되는 조짐 관찰	의료체계의 통상 대응 범위를 초과하는 수준으로 전국적 유행이 1주 이상 지속 또는 확대	전국적으로 급격하게 환자가 증가하여 의료체계 붕괴 위험에 직면
기준	주 평균 일일 국내 발생 확진자 수 –수도권 100명, 충청·호남·경북·경남권 30명, 강원·제주 10명 미만	• 주 평균 일일 국내 발생 확진자 수 – 수도권 100명, 충청·호남·경북·경남권 30명, 강원·제주 10명 이상 • 60대 이상 주 평균 일일 확진자 수 –수도권 40명, 충청·호남·경북·경남권 10명, 강원·제주 4명 이상	다음과 같은 세 가지 중 하나 충족 ① 유행권역에서 1.5단계 조치 1주 경과 후, 확진자수가 1.5단계 기준의 2배 이상 지속 ② 2개 이상 권역에서 1.5단계 유행이 1주 이상 지속 ③ 전국 확진자 수 300명 초과 상황 1주 이상 지속	전국 주평균 확진자 400명~500명 이상이거나, 전국 2단계 상황에서 더블링 등 급격한 환자 증가 상황 ※ 격상시 60대 이상 신규확진자 비율, 중증환자 병상수용 능력 등 중요하게 고려	전국 주평균 확진자 800~1,000명 이상이거나, 2.5단계 상황에서 더블링 등 급격한 환자 증가 ※ 격상시 60대 이상 신규확진자 비율, 중증환자 병상수용 능력 등 중요하게 고려
핵심 메시지	일상생활과 사회경제적 활동을 유지하면서, 코로나19 예방을 위해 방역수칙 준수	지역유행 시작, 위험지역은 철저한 생활방역	지역유행 본격화, 위험지역은 불필요한 외출과 모임 자제, 사람이 많이 모이는 다중이용시설 이용 자제	전국 유행 확산, 가급적 집에 머무르며 외출·모임과 다중이용시설 이용을 최대한 자제	전국적 대유행, 원칙적으로 집에 머무르며 다른 사람과 접촉 최소화

✱ 구제역(口蹄疫) ***

소, 돼지, 양, 염소 등 발굽이 두 갈래로 갈라진 우제류 동물에게만 발생하는 전파력이 매우 강한 바이러스성 급성 전염병이다. 일단 감염이 되고 나면 치사율이 70~80%에 달하는 국제 1급 가축전염병으로 광우병과는 달리 감염된 고기를 먹어도 사람에게는 감염되지 않는 것으로 알려져 있다. 구제역 바이러스는 감염된 동물의 배설물 또는 사람의 옷이나 신발 등에 잠복해 있다가 해당 동물에 전염되기도 한다. 주로 동물의 호흡, 소화, 생식 행위를 통해 감염되며 잠복기는 3~5일 정도로 구제역에 걸리면 입술이나 혀, 잇몸, 콧구멍 등에 물집이 생기면서 다리를 절고 침을 흘리며 식욕이 급격히 감퇴하는 증상을 보이다 결국 폐사하게 된다.

출제 예상 문제

1 세계적으로 감염병이 대유행하는 상태를 의미하는 용어로 그리스어로는 '모두'와 '사람'의 합성어이다. 2020년 3월 WHO에서는 코로나19를 이것으로 규정하였다. 이것을 나타내는 것은?

① 포스트   ② 팬데믹

③ 라이브   ④ 셧다운

TIP pandemic … 그리스어로 '모두'를 뜻하는 'pan'과 '사람'을 뜻하는 'demic'의 합성어로, 감염병이 세계적으로 대유행하는 상태 즉, '감염병 세계적 유행'을 나타내는 말이다. 2020년 3월에 WHO에서 '코로나19'를 팬데믹으로 규정하였고, 전염병 위험 수준 총 6단계에서 최상위 단계이다. 팬데믹의 지난 예로는 홍콩 독감과 신종인플루엔자를 들 수 있다.

2 신종 코로나바이러스 감염증(코로나19) 예방을 위해 우리나라에서 처음으로 접종한 백신은?

① 화이자   ② 아스트라제네카(AZ)

③ 얀센   ④ 모더나

TIP 아스트라제네카(AZ) … 우리나라의 첫 신종 코로나바이러스 감염증(코로나19) 접종 백신은 아스트라제네카 제품으로 2021년 2월 26일 처음으로 접종되었다. 아스트라제네카 백신은 두 차례 접종받아야 하는데 1차 접종은 2021년 2~3월에, 2차 접종은 2021년 4~5월에 각각 진행할 계획이다.

3 고위공직자 및 그 가족의 비리를 중점적으로 수사·기소할 수 있는 독립기관은?

① 지급지시전달처   ② 패스트 트랙

③ 검경 수사권 조정처   ④ 고위공직자범죄수사처

TIP 고위공직자 및 그 가족의 비리를 중점적으로 수사·기소하는 독립기관으로, '공수처'라고도 한다. 2019년 12월 30일 '고위공직자 범죄수사처 설치 및 운영에 관한 법률안(공수처법)'이 국회 본회의를 통과하고, 2020년 1월 7일 국무회의를 통해 공포되었다.

Answer 1.② 2.② 3.④

4 '격리'를 뜻하는 영어 단어와 '경제'를 뜻하는 영어 단어를 합성한 말로, 코로나19에 따른 격리 및 봉쇄 조치 이후 변화된 경제상을 뜻하는 신조어는?

① 제론토크라시   ② 언택트 마케팅

③ 홈코노미   ④ 큐코노미

TIP 큐코노미 … '격리'를 뜻하는 영어 단어 'Quarantine'의 앞글자 Q에 'Economy(이코노미, 경제)'를 합성한 말로, 코로나19에 따른 격리 및 봉쇄 조치 이후 변화된 경제상을 뜻하는 신조어이다. 격리를 뜻하는 영어 단어 'Quarantine'의 앞글자 Q에 Economy (이코노미, 경제)를 합성한 말로, '격리·방역경제'라는 뜻을 담고 있는 신조어이다. 즉, 큐코노미는 코로나19 확산에 따른 격리 및 봉쇄 조치 이후 전망되는 경제의 변화상을 나타낸다.

5 정보와 전염병의 합성어로, 정보 확산으로 인한 부작용으로 추측이나 뜬소문이 덧붙여진 부정확한 정보가 인터넷이나 휴대전화를 통해 전염병처럼 빠르게 전파됨으로써 개인의 사생활 침해는 물론 경제, 정치, 안보 등에 치명적인 영향을 미치는 것을 의미하는 용어는?

① 정보전염병   ② 네카시즘

③ 인포데믹스   ④ 디지털 중독

TIP 인포데믹스 … 정보(information)와 전염병(epidemics)의 합성어로, 정보 확산으로 인한 부작용으로 추측이나 뜬소문이 덧붙여진 부정확한 정보가 인터넷이나 휴대전화를 통해 전염병처럼 빠르게 전파되는 현상을 말한다.
인포데믹스의 발전은 소셜 미디어(Social Media) 발전과도 연관 깊으며, 익명성을 악용한 루머 유포나 사이버 폭력, 명예훼손 등이 사회적 문제로 떠오르고 있다. 코로나19와 관련한 가짜 뉴스들을 예로 들 수 있고 경제, 정치, 안보 등 분야를 가리지 않고 나타나고 있다.

6 코로나 19의 확산으로 일상에 큰 변화가 닥치면서 생긴 우울감이나 무기력증을 의미하는 용어로. 코로나19와 우울감이 합쳐진 신조어는?

① 코로나 레드   ② 코로나 블루

③ 사회적 거리두기   ④ 불안장애

TIP 코로나 블루 … '코로나19'와 '우울감(blue)'이 합쳐진 신조어로, 코로나19 사태의 장기화로 일상에 큰 변화가 닥치면서 생긴 우울감이나 무기력증을 뜻한다. 이는 감염 위험에 대한 우려는 물론 '사회적 거리두기'로 인한 일상생활 제약이 커지면서 나타난 현상이다. 문화체육관광부와 국립국어원은 '코로나 블루'를 대체할 쉬운 우리말로 '코로나 우울'을 선정하였다.

Answer 4.④ 5.③ 6.②

7 다음 중 코로나19 백신을 개발한 업체로 옳지 않은 것은?

① 아스트라제네카
② 바이엘
③ 화이자
④ 모더나

TIP 코로나19 백신의 종류와 특성

개발사	아스트라제네카	얀센	화이자	모더나
플랫폼	바이러스벡터 백신	바이러스벡터 백신	mRNA 백신	mRNA 백신
개발국	영국	미국	미국/독일	미국
수량	2,000만회분	600만회분	2,000만회분	4,000만회분
접종	1,000만명	600만명	1,000만명	2,000만명
접종횟수	2회	회	2회	2회

---

8 코로나19의 지역사회 감염 확산을 막기 위해 사람들 사이의 거리를 유지하는 감염 통제 조치 혹은 캠페인을 의미하는 용어는?

① 생활 속 거리두기
② 사회적 거리두기
③ 공적 마스크 제도
④ 락다운 제도

TIP 사회적 거리두기 … 코로나19 확진자가 급증하면서 지역사회 감염 차단을 위해 실시된 정부의 권고 수칙으로, 많은 사람들이 모이는 행사 및 모임 참가 자제, 외출 자제, 재택근무 확대 등이 이에 해당한다. 2020년 6월 28일부터는 각종 거리두기의 명칭이 '사회적 거리두기'로 통일되고, 코로나19 유행의 심각성과 방역조치의 강도에 따라 1~3단계로 구분돼 시행했다. 그러다 2020년 11월 1일 정부는 코로나19의 장기화에 따라 지속가능한 방역체계가 이뤄져야 한다는 판단에 따라 3단계에서 5단계(1.5단계, 2.5단계 신설)로 세분화하는 내용의 사회적 거리두기 개편안을 발표했으며, 이는 11월 7일부터 적용되었다.

1단계	1.5단계	2단계	2.5단계	3단계
생활방역	지역 유행 단계		전국 유행 단계	
생활 속 거리두기	지역적 유행 개시	지역 유행 급속 전파, 전국적 확산 개시	전국적 유행 본격화	전국적 대유행

Answer 7.② 8.②

9 감염 질환 등을 막기 위해 감염자가 발생한 의료기관을 통째로 봉쇄하는 조치를 의미하는 용어로, 환자와 의료진 모두를 동일 집단으로 묶어 전원 격리해 감염병 확산 위험을 줄이는 방식은 무엇인가?

① 음압병상　　　　　　　　　② 팬데믹
③ 코호트 격리　　　　　　　　④ 하이드록시클로로퀸

TIP 코호트 격리 … 코호트(Cohort)는 고대 로마 군대의 기본 편제인 라틴어 '코호스'(Cohors)에서 파생된 말로, 코호스는 360~800명 (통상 500명) 규모로 구성된 군대 조직을 뜻하는 말이다. 이후 사회학에서 같은 시기를 살아가면서 공통된 행동양식이나 특색을 공유하는 그룹을 뜻하는 말로 코호트가 사용되기 시작했고, 통계 용어로서는 '동일 집단'을 가리키는 용어로 사용된다. 코호트는 보건의학 분야에서는 특정 질병 발생에 관여할 것으로 의심되는 특정 인구 집단을 가리키는 말로 사용된다. 여기에 격리 (Isolation)라는 단어가 합쳐지면서 코호트 격리는 바이러스나 세균성 감염 질환자가 나온 병원을 의료진들과 함께 폐쇄해 감염병의 확산 위험을 줄이는 조치를 가리키는 말로 사용되고 있다. 코호트 격리는 특정 질병 발병 환자와 의료진을 동일 집단(코호트)으로 묶어 전원 격리하는 매우 높은 단계의 방역 조치로, 여기서 코호트 병원이란 이런 코호트 격리를 하는 병원을 가리킨다.

10 다음 중 비말감염을 통해 전염되는 질환으로 볼 수 없는 것은?

① 코로나19　　　　　　　　　② 백일해
③ 메르스　　　　　　　　　　④ 에이즈

TIP 비말감염 … 감염자가 기침·재채기를 할 때 침 등의 작은 물방울(비말)에 바이러스·세균이 섞여 나와 타인에게 감염시키는 것을 말한다. 비말 크기는 5μm(1μm는 100만 분의 1m) 이상으로, 보통 기침을 한 번 하면 약 3,000개의 비말이 전방 2m 내에 분사되는 것으로 알려졌다. 따라서 비말감염을 피하려면 감염자로부터 2m 이상 떨어져야 한다. 이 비말은 기침, 재채기, 대화 또는 기관지 내시경과 같은 특별한 처치 시 발생하며, 바이러스를 가진 비말이 다른 사람의 눈 결막이나 비강, 구강 점막에 튀면서 전염이 일어난다. 비말감염으로 전염되는 대표 질환으로는 코로나19, 독감, 백일해, 메르스(중동호흡기증후군) 등이 있다.

11 정식으로 외교 관계를 수립하지 않은 국가 간 외교 관계를 수립하기 위한 전 단계로 상호간에 설치하는 사무소를 의미하는 것은?

① 간이사무소　　　　　　　　② 예정사무소
③ 연락사무소　　　　　　　　④ 정식사무소

TIP 통상적으로 국제 사회에서 두 나라간의 외교 관계 수립은 절차상 처음부터 대사관을 설치하는 경우는 드물고 사전에 연락사무소나 상주대표부 설치 등으로 시작하는 게 보통이다.

Answer　9.③　10.④　11.③

12 소비자가 매장에 들어가지 않고 차에 탄 채로 햄버거나 음료를 주문해 받을 수 있도록 고안된 방식으로 최근 코로나19 검사를 위하여 신속하고 안전한 검사시스템으로 시행하고 있는 것은?

① 워킹 스루 선별진료소

② 드라이브 스루 선별진료소

③ 워크 스루 선별진료소

④ 이동형 선별진료소

TIP 드라이브 스루 선별진료소 … 코로나19 확진 여부를 알기 위해 차에 탄 채 안전하게 문진·검진·검체 채취·차량 소독을 할 수 있는 선별진료소를 말한다. 의심환자가 차를 타고 일방통행 동선에 따라 이동하면 의료진이 '의심환자 확인 및 문진-진료(검체 채취 등)-안내문 배포' 순서로 검사를 진행한 뒤 소독을 실시하는 방식으로 이뤄진다. 우리나라는 코로나19 확진자가 급증한 2020년 2월부터 드라이브 스루 선별진료소를 시행하면서 국내는 물론 전 세계의 호평을 받고 있다. 본래 '드라이브 스루(Drive Thru-)'는 패스트푸드 체인점 등에서 쓰이는 용어로, 소비자가 매장에 들어가지 않고 차에 탄 채로 햄버거나 음료를 주문해 받을 수 있도록 고안된 방식을 가리킨다. 이 방식에서 고안된 드라이브 스루 선별진료소는 환자와 의료진을 보호하는 것이 목적으로, 일반 선별진료소에서는 환자들이 도보로 이동하지만 드라이브 스루 선별진료소에서는 환자들이 차에 탄 채로 창문을 통해 문진·발열체크·검체 채취를 받을 수 있다.

13 미국과 중국 그리고 북한과 한국이 한반도 안보 현안에서 일본을 배제하는 것으로 1998년 빌 클린턴 전 미국 대통령이 일본을 건너뛰고 곧장 중국만 방문하고 돌아갔을 때 처음 사용한 용어를 지칭하는 것은?

① 차이나 패싱

② 아시아 패싱

③ 글로벌 패싱

④ 재팬 패싱

TIP 일본 소외, 일본 배제라는 뜻으로 최근 한반도를 둘러싼 국제 정세에서 일본이 빠진 채 논의하는 현상을 뜻하는 용어로 일본은 김정은 위원장의 2018년 1월 1일 신년사를 통해 한반도에 극적인 대화 국면이 시작된 뒤에도 한동안 "북한의 미소 외교에 넘어가선 안 된다."라고 주장하며 한-미-일이 강하게 연대해 북한에 대한 압박을 강화해야 한다는 '강경 노선'을 유지해 왔다. 그러나 도널드 트럼프 대통령이 2018년 3월 8일 김 위원장의 정상회담 제안을 받아들인 뒤, 부랴부랴 미-일 정상회담을 추진하고 문재인 대통령과 수차례 전화회담을 하는 등 '재팬 패싱'을 막기 위해 안간힘을 써왔다.

14 다음 9m를 나노미터로 변환한 것으로 알맞은 것은?

2020. 07. 04. 부산교통공사

① 9×10^{-9}

② 9×10^{-8}

③ 9×10^{-7}

④ 9×10^{-6}

TIP 나노미터는 10억분의 1m를 가리키는 단위이다.

Answer 12.② 13.④ 14.①

15 문재인 대한민국 대통령과 김정은 조선민주주의인민공화국 국무위원장이 2018년 4월에 판문점 평화의 집에서 채택한 3차 남북정상회담 공동선언은?

① 4 · 26 판문점 선언   ② 4 · 27 판문점 선언

③ 4 · 28 판문점 선언   ④ 4 · 29 판문점 선언

> **TIP** 4 · 27 판문점 선언은 문재인 대한민국 대통령과 김정은 조선민주주의인민공화국 국무위원장이 2018년 4월 27일 판문점 평화의 집에서 채택한 3차 남북정상회담 공동선언을 의미하는 것으로 한반도 평화체제 구축, 연내 종전과 남북미 혹은 남북미중 회담 추진, 남북공동연락사무소 개성 설치, 이산가족 상봉 등을 담고 있다.

16 호주의 비영리 단체 YGAP의 대표 엘리엇 코스텔로가 고아원에서 아동학대를 당하다 구조된 캄보디아 소녀를 돌보며 겪은 경험을 바탕으로 시작되었으며 할리우드 배우들도 SNS에 빨간 매니큐어를 바른 사진을 올리는 이 캠페인은 무엇인가? `2020. 07. 04. 부산교통공사`

① 폴리시드맨   ② 미투 운동

③ 아이스 버킷 챌린지   ④ 스테이 스트롱

> **TIP** '폴리시드맨 캠페인'은 코스텔로와 소녀가 헤어지던 날 코스텔로의 손가락에 매니큐어를 발라준 것에서 착안하였다.
> ② 미투 운동 : 사회관계망서비스에 성범죄 피해 사실을 밝히며 심각성을 알리는 캠페인
> ③ 아이스 버킷 챌린지 : 루게릭병 환자들에 대한 관심과 기부금을 모으기 위해 미국에서 시작된 이벤트
> ④ 스테이 스트롱 : 코로나19의 세계적 대유행이 장기화 되면서 외교부 주관으로 시작된 릴레이 캠페인

17 다음 중 우리나라와 최초로 수교를 맺은 사회주의 국가는?

① 중국   ② 헝가리

③ 쿠바   ④ 베트남

> **TIP** 1948년 남 · 북한 동시에 사회주의 국가인 헝가리와 최초로 수교를 맺었으며, 이후 1989년 우리나라와 단독 수교를 맺었다.

Answer 15.② 16.① 17.②

18 레임덕(lame duck) 현상이란 무엇인가?

① 군소정당의 난립으로 인한 정치적 혼란현상

② 임기 후반에 나타나는 정치력 약화현상

③ 국가부도의 위기에 처한 후진국의 경제혼란현상

④ 선진국과 개발도상국 사이에 나타나는 정치적 갈등현상

TIP 레임덕(lame duck) … 현직 대통령이 선거에 패배할 경우 새 대통령이 취임할 때까지 국정정체상태가 빚어지는 현상을 기우뚱 걷는 오리에 비유해서 일컫는 말이다.

---

19 섀도캐비닛(shadow cabinet)이란 무엇인가?

① 각외대신   ② 후보내각

③ 각내대신   ④ 야당내각

TIP 섀도캐비닛(shadow cabinet) … '그늘의 내각' 또는 '그림자 내각'으로 번역하기도 하며, 영국 야당의 최고지도부인 의원간부회의를 말한다. 야당이 정권을 잡았을 때에 대비한 내각이다.

---

20 대통령제와 의원내각제의 요소를 결합한 절충식 정부형태를 무엇이라 하는가?

① 연방정부제   ② 연립내각제

③ 이원집정부제   ④ 혼합정부제

TIP 이원집정부제 … 평상시에는 의원내각제 정부형태를 취하나, 비상시가 되면 대통령에게 강력한 대권을 부여하여 신속하고 강력하게 국정을 처리하는 제도로, 독일 바이마르공화국과 프랑스 제5공화국이 실제로 채택하였다.

---

21 고속도로 주행 시 안전거리로 알맞은 것은?   `2020. 07. 04. 부산교통공사`

① 90km/h 주행 시 85m   ② 100km/h 주행 시 100m

③ 110km/h 주행 시 80m   ④ 120km/h 주행 시 95m

TIP 고속도로를 주행할 때는 주행속도의 수치를 그대로 m로 한 수치의 안전거리를 확보해야하므로 100km 고속도로에서 안전거리는 100m이다.

Answer 18.② 19.④ 20.③ 21.②

22 Pax Sinica란 무엇인가?

① 중국이 주도하는 세계평화

② 미·소 간의 새로운 세계평화질서 확립

③ 미국의 지배에 의한 세계평화

④ 세계 곡물수출을 통한 미국의 경제부흥

TIP 팍스 시니카(Pax Sinica)

㉠ 중국의 지배에 의한 세계질서의 유지를 이르는 표현으로 팍스 로마나, 팍스 브리태니카, 팍스 아메리카나에 이어 등장하였다. 중국은 홍콩·마카오의 반환을 계기로 고속성장을 이루고 있으며, 동남아시아뿐만 아니라 전 세계 화교들의 경제력을 바탕으로 중국이 세계를 중화사상을 중심으로 개편하려고 할 것으로 보고 그 시기를 이르는 표현이다.

㉡ 과거 청대의 강희제부터 건륭제가 지배하던 130년간의(1662~1795) 중국은 티베트, 내·외몽고까지 영토를 확장시켰다. 이렇게 넓은 영토, 평화와 번영이 지속된 시기를 팍스 시니카라고 칭하기도 한다.

---

23 홍콩은 1842년 청나라와 영국 간에 벌어진 아편전쟁에서 청나라가 패하면서 영국에 할양되었다. 영국의 식민지배를 청산하고 홍콩의 주권이 대영제국에서 '중화인민공화국의 특별행정구'로 되었을 때는 언제인가?

2020. 07. 04. 부산교통공사

① 1949년

② 1972년

③ 1984년

④ 1997년

TIP 홍콩은 1997년 7월 1일 0시를 기준으로 156년 동안의 영국 식민지배를 청산하고 중국의 1국가 2체제(일국양제)와 고도자치 준수 및 인권과 자유의 보장 다짐 속에 출범하였다.

---

24 육군 부대가 한 지역에 계속 주둔하며 그 지역 경비와 군대의 질서 및 군기 감시, 시설물 보호를 목적으로 제정한 대통령령은?

① 분수령

② 위수령

③ 계엄령

④ 경비계엄령

TIP 위수령은 육군 부대가 한 지역에 계속 주둔하면서 그 지역의 경비, 군대의 질서 및 군기(軍紀) 감시와 시설물을 보호하기 위하여 제정된 대통령령을 의미하는 것으로 제정된 위수령에 따르면 위수사령관은 치안유지에 관한 조치에 관하여 그 지구를 관할하는 시장·군수·경찰서장과 협의하여야 하며, 병력 출동은 육군참모총장의 사전승인을 얻어야 하나 사태가 위급한 경우 사후 승인도 가능하도록 하였다. 병기는 자위상(自衛上)의 필요, 진압·방위 등의 필요가 있을 때에 사용하며, 사용하였을 때는 즉시 육군참모총장에게 보고하도록 하였다.

Answer 22.① 23.④ 24.②

25 충분한 범죄 혐의가 있고 소송조건을 갖추었음에도 불구하고 검사의 재량에 의하여 공소를 제기하지 아니할 수 있음을 말하는 용어는?

① 기소독점주의

② 기소법정주의

③ 기소편의주의

④ 기소불합리주의

TIP 지문은 기소편의주의에 대한 설명이다.
① **기소독점주의**: 범죄를 기소해 소추(訴追)하는 권리를 검사만이 가지고 있는 것을 말한다.
② **기소법정주의**: 법률이 미리 일정한 전제 조건을 정해 두고 그 조건이 충족되면 반드시 기소해야 하는 원칙을 말한다.

26 부모와 결혼한 자식의 가족이 한집에 동거하지만 각기 독립적으로 생활하는 것을 무엇이라고 하는가?

2020. 07. 04. 부산교통공사

① 셰어하우스

② 핵가족

③ 수정핵가족

④ 프렌디

TIP 수정핵가족은 자식 세대의 맞벌이 부부가 많아지면서 증가한 가족 형태로, 부모와 기혼 자식의 가족이 한집에 동거하지만 각기 독립적으로 생활하는 가족을 말한다.
① **쉐어하우스**: 다수가 한집에서 살면서 개인적인 공간 외는 공유하는 생활방식
② **핵가족**: 부부와 미혼의 자녀만으로 이루어진 소가족
④ **프렌디**: 친구 같은 아빠로 육아에 활발하게 참여하는 아버지

27 다음 내용이 설명하고 있는 것은?

이는 인적재난 및 자연재난으로 구분되며 대형사고 및 국가기반체계의 마비 및 전염병 확산 등으로 인해 많은 피해를 입었을 경우에 이에 대한 수습 및 복구 등을 위해 특별조치 및 국가적 지원이 필요할 시에 인정되는 지역이다.

① 보통재난지역

② 일부재난지역

③ 특별재난지역

④ 보통침수지역

TIP 특별재난지역은 재난으로 인해 특별조치가 필요하다고 인정될 시에 심의를 거쳐 특별재난지역으로 선포할 것을 대통령에게 건의할 수 있다.

Answer 25.③ 26.③ 27.③

28 대한민국 검찰의 기소독점주의의 폐해를 견제하기 위해 미국의 대배심과 일본 검찰심사회를 참고하여 신설한 위원회는?

① 검찰시민위원회　　　　　　　　　② 검찰공정위원회

③ 검찰신용위원회　　　　　　　　　④ 검찰권익위원회

TIP 대한민국 검찰의 기소독점주의의 폐해를 견제하기 위해 미국의 대배심과 일본 검찰심사회를 참고하여 신설한 위원회로 구속력은 없고 권고적 효력만 있다. 2010년 검사 성접대 사건 이후 검찰 위상과 신뢰를 회복하기 위해 2010년 검찰시민위원회 도입을 논의한 후 확정했다. 검찰시민위원회는 결정에 구속력이 인정되는 기소배심제도가 도입되기 전까지만 운영되며 검사가 시민위원회 개최를 위원장에게 통보하면 9명의 시민위원이 서울중앙지검 6층 회의실에서 토론을 거쳐 기소하는 것이 적절한지에 대해 판단한다.

29 쇠와 피에 의해서 통일을 이뤄낼 수 있다는 철혈정책과 오스트리아 배척 정책을 통해서 독일에 통일을 이뤄낸 정치가는?　　2020. 07. 04. 부산교통공사

① 쿠르트 슈마허　　　　　　　　　② 요아힘 가우크

③ 빌리 브란트　　　　　　　　　　④ 비스마르크

TIP ① **쿠르트 슈마허** : 독일 서방의 통합정책, 방위공동체 구상 등 정책을 비판하는 서독의 국회위원
② **요아힘 가우크** : 동독의 민주화에 앞장섰던 독일의 정치인으로 2012년 3월 제11대 대통령으로 선출됨
③ **빌리 브란트** : 서독 4대 총리로 적극적인 동방 화해정책을 위해 힘씀

30 태어날 때부터 인공지능(AI)과 같은 디지털 기술을 놀이로 체험하고 받아들인다. 로봇과 친숙하게 소통하며 명령에 반응하고 감정을 표현할 줄 아는 로봇 장난감, 직접 코딩으로 움직일 수 있는 조립형 블록, 다양한 증강현실처럼 음성과 이미지로 더 많이 소통하고, 개인화 서비스에 익숙한 세대는?

① 감마 세대　　　　　　　　　　　② 와이 세대

③ 알파 세대　　　　　　　　　　　④ 베타 세대

TIP 알파 세대는 2011 ~ 2015년에 태어난 세대로, 이들은 태어날 때부터 인공지능(AI)과 같은 디지털 기술을 놀이로 체험하고 받아들인다. 로봇과 친숙하게 소통하는 것 역시 알파세대의 특징 중 하나다.

Answer　28.① 29.④ 30.③

31 다음은 무엇에 대한 설명인가?

2020. 07. 04. 부산교통공사

> 연극에서 비롯된 정신적 학대를 일컫는 심리학 용어로 거부, 반박, 전환, 경시, 망각, 부인 등 타인의 심리나 상황을 교묘하게 조작해 그 사람이 현실감과 판단력을 잃게 만들고, 이로써 타인에게 통제능력을 행사하는 것을 말한다.

① 가스라이팅 효과   ② 사일로 효과
③ 파파게노 효과   ④ 제노비스 신드롬

TIP '가스라이팅 효과'에 대한 설명이다.
    ② **사일로 효과**: 조직의 부서들이 서로 다른 부서와 교류하지 않고 자기 부서의 이익만을 추구하는 현상
    ③ **파파게노 효과**: 자살에 대한 언론 보도를 줄임으로써 자살률이 낮아지는 효과
    ④ **제노비스 신드롬**: 목격자가 많으면 많을수록 도움을 주지 않고 방관하는 심리 현상

32 스칸디나비아 반도에 사는 설치류의 일종으로 개체수가 급증하면 다른 땅을 찾아 움직이는데, 이동 시에 직선으로 우두머리만 보고 따라가다 집단적으로 호수나 바다에 빠져 죽기도 하는 이것은?

① 스톡홀름 신드롬   ② 테네시티 신드롬
③ 레밍 신드롬   ④ 오셀로 신드롬

TIP 레밍 신드롬은 자신의 생각 없이 남들이 하는 행태를 무작정 따라하는 집단행동 현상을 의미하는 것으로 레밍 신드롬은 맹목적인 집단행동을 비난할 때 종종 인용되며, 다른 말로 레밍효과(The Lemming effect)라고도 한다.

33 저출산 및 고령화에 기인한 것으로 한 가구의 자녀가 1명 또는 2명으로 줄어들고 경제력 있는 조부모가 늘어나면서 귀한 손자, 손녀를 위해 지출을 아끼지 않게 된 것에서 비롯된 용어는?

① 패런트 포켓   ② 차일드 포켓
③ 에이트 포켓   ④ 하우스 포켓

TIP 에이트 포켓은 출산율이 낮아지면서 한 명의 아이를 위해 부모, 양가 조부모, 삼촌, 이모 등 8명이 지갑을 연다(아이를 위한 지출을 한다)는 것을 의미한다.

Answer 31.① 32.③ 33.③

34 전화기(Phone)와 냉대, 무시라는 뜻의 스너빙(Snubbing)의 합성어로 상대방을 앞에 두고도 스마트폰에만 집중하는 무례한 행위를 뜻하는 것은?

① 데빙
② 샤빙
③ 퍼빙
④ 무빙

TIP 퍼빙은 스마트폰을 사용하느라 같이 있는 사람을 소홀히 대하거나 무시하는 현상을 나타내는 용어로 예를 들어 스마트폰을 계속 보면서 대화를 이어가거나 메시지가 올 때마다 회신을 하는 등의 행위가 퍼빙에 해당한다.

35 결혼 후 독립했다가 다시 부모님 세대와 재결합해서 사는 자녀 세대들을 가리키는 용어는?

① 니트족
② 몰링족
③ 리터루족
④ 캥거루족

TIP ③ '돌아가다(return)'와 '캥거루(kangaroo)족'의 합성어이다. 일부는 높은 전셋값 등의 주택 문제와 육아 문제 등이 리터루족 탄생의 주요 원인이라고 분석하기도 한다. 미국과 같이 성년이 되면 부모를 떠나 독립하는 것이 당연시되는 문화에서도 경기 침체로 인해 최근 이러한 현상이 늘어나고 있다.
② 복합쇼핑몰에서 쇼핑을 할 뿐 아니라 공연을 보고, 책을 읽고 영화를 보는 등 여가를 즐기는 새로운 소비계층을 뜻하며 이들은 쇼핑 자체를 단순히 물건을 사는 행위가 아닌, 구매와 문화활동이 어우러진 하나의 즐거운 경험으로 여긴다.

36 싱글족 가운데 두 곳 이상에 거처를 두거나 잦은 여행과 출장 등으로 오랫동안 집을 비우는 사람들을 일컫는 용어는?

① 0.5인 가구
② 10% 가구
③ 1인 가구
④ 2인 가구

TIP 0.5인 가구는 1인 가구보다 집에 머무는 시간이 훨씬 더 짧으며 평소에는 직장 근처에 방을 얻어 혼자 살지만 주말에는 가족들의 거처로 찾아가 함께 시간을 보내는 경우도 여기에 속한다.

Answer 34.③ 35.③ 36.①

37 대출을 받아 무리하게 장만한 집 때문에 빚에 허덕이는 사람들을 이르는 말은?

① 렌트 푸어   ② 하우스 푸어

③ 워킹 푸어   ④ 실버 푸어

> **TIP** 하우스 푸어(House Poor) … 서울과 수도권을 중심으로 무리하게 대출을 받아 집을 장만했기 때문에 내 집 있으나 대출이자
> 와 원금에 허덕이며 힘겹게 살고 있는 사람들을 말한다. 심지어 집값이 떨어지면서 매매가보다 낮은 가격으로 내놓아도 거래가
> 되지 않는 상황에 이르는 경우도 있다.

---

38 그린러시(Green Rush)에 대한 설명으로 알맞은 것은?   `2020. 07. 04. 부산교통공사`

① 금광이 발견된 지역으로 사람들이 몰려드는 현상이다.

② 반짝이는 기발한 아이디어와 창조적 사고의 전문직 종사자이다.

③ 국내외 경기의 흐름을 분석해 발표하는 경제 동향 관련 보고서이다.

④ 대마초가 합법화된 나라로 자금이나 사람이 몰려드는 현상이다.

> **TIP** 그린러시는 19세기 금광이 발견된 지역에서 몰려드는 현상을 나타내는 단어인 골드러시에서 나온 단어이다.
>   ① 골드러시(Gold Rush)에 대한 설명
>   ② 골드칼라(Gold Collar)에 대한 설명
>   ③ 그린북(Green Book)에 대한 설명

---

39 다음의 상황과 관련된 용어는?

> 甲은 자신의 전공분야인 IT 관련 업무능력이 매우 뛰어나다. 하지만 자신이 담당한 업무 외에는 문외
> 한이라 기본적인 문제해결에서도 어려움을 겪는다.

① 스티그마 효과   ② 피그말리온 효과

③ 낭떠러지 효과   ④ 나비효과

> **TIP** 제시된 상황은 자신이 정통한 분야에 대해서는 임무 수행능력이 탁월하지만 조금이라도 그 분야를 벗어나면 낭떠러지에서 떨
> 어지듯 일시에 모든 문제해결능력이 붕괴되는 낭떠러지 효과와 관련 있다.

Answer   37.②   38.④   39.③

40 출생률과 사망률이 모두 낮고 인구가 정체하는 선진국형 인구구조는?

① 표주박형   ② 별형

③ 피라미드형   ④ 종형

`TIP` 인구구조

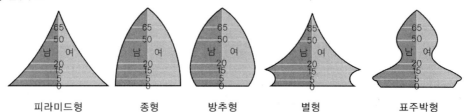

㉠ **피라미드형**(정체형, 증가형) : 피유소년층이 큰 비중을 차지하는 구조로 다산다사의 미개발 국가나 다산소사의 개발도상국에서 나타난다.

㉡ **종형**(정체형) : 출생률이 낮아 유소년층의 인구 비중이 낮고 평균 수명이 연장되어 노년층의 비중은 높은 소산소사의 선진국에서 나타난다.

㉢ **방추형**(감소형) : 낮은 출생률과 사망률로 출산 기피에 따른 인구 감소가 나타난다. 에스키모나 아메리카 인디언과 같은 특수한 경우나 프랑스와 일본 등 초저출산 국가에서도 방추형의 인구구조가 나타난다.

㉣ **별형**(도시형) : 인구 전입으로 청장년층의 비율이 높은 도시나 신개발 지역에서 나타나는 유형으로, 노년 인구나 유소년 인구에 비해서 생산 연령 인구가 많다.

㉤ **표주박형**(농촌형) : 청장년층의 전출로 노년층 비율이 높은 농촌에서 나타나는데, 생산 연령 인구에 비해서 노년 인구나 유소년 인구가 많다.

---

41 '애빌린의 역설'에 대한 설명으로 옳은 것은?   `2020. 07. 04. 부산교통공사`

① 집단 내 구성원들 모두가 자신이 원하지 않는 쪽의 결정에 동의하는 현상

② 실제로 일어날 가능성이 없는 일에 대해 수시로 생각하며 걱정하는 현상

③ 약을 올바로 처방했는데도 환자가 의심을 품어 약효가 나타나지 않는 현상

④ 사회적으로 존경받는 지위의 사람이 가면이 벗겨질지 모른다는 망상으로 괴로워하는 현상

`TIP` ② 램프 증후군

③ 노시보 효과

④ 가면 현상

Answer   40.④   41.①

42 다음 중 맞벌이를 하면서 자녀를 두지 않고 돈과 출세를 인생의 목표로 삼는 부부는?

① YUPPY족

② TONK족

③ DINS족

④ DINK족

TIP 딩크(DINK)족 ··· Double Income, No Kids의 약어로, 정상적인 부부생활을 영위하면서 의도적으로 자녀를 두지 않고 맞벌이하는 세대를 말한다.

43 다음은 무엇에 대한 설명인가?
2020. 07. 04. 부산교통공사

> 연극에서 비롯된 정신적 학대를 일컫는 심리학 용어로 거부, 반박, 전환, 경시, 망각, 부인 등 타인의 심리나 상황을 교묘하게 조작해 그 사람이 현실감과 판단력을 잃게 만들고, 이로써 타인에게 통제능력을 행사하는 것을 말한다.

① 가스라이팅 효과

② 사일로 효과

③ 파파게노 효과

④ 제노비스 신드롬

TIP '가스라이팅 효과'에 대한 설명이다.
② 사일로 효과 : 조직의 부서들이 서로 다른 부서와 교류하지 않고 자기 부서의 이익만을 추구하는 현상
③ 파파게노 효과 : 자살에 대한 언론 보도를 줄임으로써 자살률이 낮아지는 효과
④ 제노비스 신드롬 : 목격자가 많으면 많을수록 도움을 주지 않고 방관하는 심리 현상

44 결혼 후부터 남편 뒷바라지, 자녀양육으로 바쁜 일정을 보냈던 가정주부가 문득 남편도 자식도 모두 자신의 품 안에서 떠나버렸음을 깨닫고, 자신의 정체성(identity)에 대해 회의를 느끼는 심리적 현상을 무엇이라고 하는가?

① 피터팬증후군

② 공소증후군

③ 신데렐라증후군

④ 님비현상

TIP 공소증후군(empty nest syndrome)은 여성들의 사회참여가 활발하지 못한 사회에서 심각한 문제로 제기된다. 빈둥지증후군이라고도 한다.

Answer 42.④ 43.① 44.②

45 '공익을 위하여'라는 라틴어 줄임말로 미국에서 소외 계층을 위해 무료 변론을 하는 변호사를 일컫는 말로 쓰이면서 대중화된 개념은?

① 애드호크(ad hoc)　　　　　　　　② 페르소나 논 그라타(persona non grata)
③ 프로보노(probono)　　　　　　　　④ 마니페스투스(Manifestus)

TIP **프로보노(Probono)** … 라틴어 'Pro Bono Publico'의 줄임말로서 '정의를 위하여'라는 뜻이다. 지식이나 서비스 등을 대가없이 사회 공익을 위하여 제공하는 활동을 말한다.

46 제4의 물질 상태라고 부르며, 초고온에서 전자(음전하)와 이온(양전하)으로 기체가 분리되는 상태를 말하는 것은 무엇인가?

`2020. 07. 04. 부산교통공사`

① 콜로이드　　　　　　　　　　　　② 쿼크
③ 플라즈마　　　　　　　　　　　　④ 초전도

TIP 우주 구성 물질의 99퍼센트가 플라즈마 상태로 구성되어 있으며 형광등 내부, 네온사인과 같은 일상생활에서도 쉽게 접할 수 있다.
① **콜로이드**: 물질이 분자 또는 이온 상태로 액체 속에 고르게 용해되어있는 용액
② **쿼크**: 물질을 구성하는 가장 기본적인 입자
④ **초전도**: 매우 낮은 온도에서 전기저항이 0에 가까워지는 현상

47 실업의 유형 중 현재 직장에 만족하지 못하고 이직을 고려하거나 준비하고 있는 사람과 관련이 있는 것은?

① 마찰적 실업　　　　　　　　　　② 경기적 실업
③ 구조적 실업　　　　　　　　　　④ 비자발적 실업

TIP **실업의 유형**
㉠ **자발적 실업**: 일할 능력을 갖고 있으나 현재의 임금수준에서 일할 의사가 없어서 실업 상태에 있는 것
• **마찰적 실업**: 일시적으로 직장을 옮기는 과정에서 실업상태에 있는 것
• **탐색적 실업**: 보다 나은 직장을 찾기 위해 실업상태에 있는 것
㉡ **비자발적 실업**: 일할 의사와 능력은 갖고 있으나 현재의 임금수준에서 일자리를 구하지 못하여 실업상태에 있는 것
• **경기적 실업**: 경기침체로 인해 발생하는 대량의 실업
• **구조적 실업**: 일부 산업의 급속한 사양화와 노동공급과잉으로 발생하는 실업

Answer　45.③　46.③　47.①

48 임금 노동자들이 인간다운 삶과 실질적 생활을 유지할 수 있도록 최저임금 이상의 임금을 보장하는 제도를 무엇이라고 하는가?

① 성과급제   ② 최고임금제

③ 문화임금제   ④ 생활임금제

TIP 생활임금제는 근로자들의 주거비, 교육비, 문화비 등을 종합적으로 고려해 최소한의 인간다운 삶을 유지할 수 있을 정도의 임금수준으로 노동자들의 생계를 실제로 보장하려는 정책적 대안을 의미한다.

49 불확실하고 위험한 상황에서 용기를 내 먼저 도전하는 사람, 또는 사업으로 다른 이들에게 참여의 동기부여를 유발하는 선구자를 뜻하는 말은 무엇인가?   2020. 07. 04. 부산교통공사

① 레몬마켓   ② 체리피커

③ 코요테 모멘트   ④ 퍼스트펭귄

TIP '퍼스트 펭귄'은 무리 중에서 먹이 사냥을 위해 바다에 처음 뛰어드는 펭귄을 나머지 펭귄들도 뒤따른다는 데에서 유래했다.
① 시고 맛없는 레몬만 있는 시장처럼 저급품만 유통되는 시장
② 기업의 제품이나 서비스를 구매하지 않으면서 자신의 실속만을 차리는 소비자
③ 증권시장에서는 증시의 갑작스러운 붕괴를 표현하는 말

50 1970년대 덴마크에서 처음 시작되었고, 개인 주거공간과 함께 공동체 생활까지 하는 공동체 시설을 갖추고 있는 협동 주거 형태를 일컫는 용어는?   2020. 07. 04. 부산교통공사

① 셰어하우스   ② 비오톱

③ 타운하우스   ④ 코하우징

TIP ① **셰어하우스** : 다수가 한 집에 살면서 사적인 공간을 제외한 주방, 거실, 화장실 등을 공유하는 주거형태
② **비오톱** : 인간과 동식물 등이 공동으로 지낼 수 있는 생물서식장소를 의미함
③ **타운하우스** : 두 채 이상의 단독주택을 일렬로 나란히 지은 집으로 한쪽 벽면을 공유하는 주택형식

Answer   48.④   49.④   50.④

51 미국 매사추세츠공과대학(MIT) 미디어랩에서 무료로 제공한 컴퓨터 프로그래밍 도구로 동화, 게임, 애니 메이션 등을 만들고 공유할 때 사용하는 것은?

2020. 07. 04. 부산교통공사

① 스크래치   ② 자바

③ 파이선   ④ C언어

TIP ② **자바**: 썬 마이크로시스템즈 연구원들에 의해 개발된 객체지향의 프로그래밍 언어
③ **파이선**: 네덜란드 개발자가 개발한 프로그래밍 언어로 초보자도 쉽게 배울 수 있음
④ **C언어**: 벨 연구소에서 개발된 것으로 시스템 기술용 프로그래밍 언어

---

52 조종사 없이 무선전파의 유도에 의해서 비행 및 조종이 가능한 비행기나 헬리콥터 모양의 군사용 무인 항공기의 총칭하는 것이다. 카메라, 센서, 통신시스템 등이 탑재돼 있으며 25g부터 1200kg까지 무게 와 크기도 다양하다. 군사용도로 처음 생겨났지만 최근엔 고공 촬영과 배달 등으로 확대됐다. 또한 농 작물에 농약을 살포하거나, 공기질을 측정하는 등 다방면에 활용되고 있다. 이것은 무엇인가?

① 비조   ② 드론

③ THAAD   ④ 틸트로터 항공기

TIP 문제는 드론에 대한 설명이다. 드론은 조종사 없이 비행 및 조종이 가능한 군사용 무인항공기를 총칭하는 것으로 용도는 산업 부터 군사용까지 다양하다.
① **비조**: 우리나라의 무인기로 2000년에 성공적으로 개발된 군사용 무인기
③ **THAAD**: 군사기지를 적의 미사일 공격으로부터 보호할 목적으로 제작된 공중방어시스템
④ **틸트로터 항공기**: 헬리콥터처럼 떠서 비행기처럼 날아가는 축소형 스마트 무인 항공기

---

53 W. H. 베버리지에 의해 지적된 5대 사회악이 아닌 것은?

① 궁핍   ② 무지

③ 의심   ④ 불결

TIP **5대 사회악** … 베버리지는 그의 보고서에서 인간생활의 안정을 위협하는 궁핍·무지·질병·불결·태만을 5대 사회악으로 지적

Answer   51.①   52.②   53.③

54 인터넷이 실생활에서 중요해짐에 따라 인터넷문화진흥, 인터넷정책기획, 인터넷침해대응 등의 사업을 추진하고 있는 한국인터넷진흥원의 전화번호?

① 114

② 117

③ 118

④ 120

TIP ① 114는 전화번호 안내, ② 117는 아동·여성·장애인 경찰지원센터, ④ 120은 다산콜센터, ⑤ 182는 실종아동찾기이다.

55 사용자가 컴퓨터와 정보 교환 시 키보드를 통한 명령어 작업이 아닌 그래픽을 통해 마우스 등을 이용하여 작업할 수 있는 환경을 무엇이라고 하는가?

① GUI

② bluetooth

③ UCC

④ P2P

TIP GUI는 그래픽 사용자 인터페이스(Graphical User Interface)로 사용자가 컴퓨터와 정보를 교환할 때, 문자가 아닌 그래픽을 이용해 정보를 주고받는다.
② 블루투스(bluetooth)는 각각의 휴대폰끼리 또는 휴대폰과 PC끼리 사진 등이 파일을 전송하는 무선 전송기술을 말한다.
③ UCC(User Created Contents)는 사용자가 직접 제작한 콘텐츠를 온라인상에 제공하는 것을 말한다.
④ P2P(peer to peer)는 인터넷상에서 개인과 개인이 직접 연결되어 파일을 공유하는 것을 말한다.
⑤ 핫스팟(hotspot)은 무선으로 초고속 인터넷을 사용할 수 있도록 전파를 중계하는 무선랜 기지국을 말한다.

56 다음 중 물의 특성에 대한 설명이 옳지 않은 것은?

① 영양소의 용매로서 체내 화학반응의 촉매 역할과 삼투압을 조절하여 체액을 정상으로 유지시킨다.

② 체온의 항상성을 유지한다.

③ 신체의 노폐물을 대, 소변, 땀, 호흡 등을 통해 배설시킨다.

④ 우리 몸의 약 14 ~ 18%를 차지한다.

TIP ④ 단백질에 대한 설명이다. 성인 남성과 여성의 경우 수분 함량이 전체의 55 ~ 65%이다.

Answer 54.③ 55.① 56.④

57 방사성원소가 아닌 것은?

① 우라늄

② 라듐

③ 헬륨

④ 토륨

TIP **방사성원소** … 방사능을 가지고 있어 방사선을 방출·붕괴하여 새로운 안정된 원소로 되는 원소로, 우라늄·라듐·악티늄·토륨 등이 있다.

58 비행기, 로켓 등 고속으로 빠르게 움직이는 물체의 속도를 음속으로 나타낸 단위를 나타내는 것은?

① 나노

② 마하

③ 노트

④ 제3의 힘

TIP 마하 1이란 소리가 1시간에 도달할 수 있는 거리를 의미하며, 15℃일 때 소리의 속도가 초속 340m이므로 시속 1,224㎞를 말한다.

59 간에 작용하여 포도당을 글리코겐으로 변하게 하고 체내의 포도당 소비를 촉진시킴으로써 혈당량을 낮 춰 주는 호르몬은?

① 인터페론

② 인슐린

③ 구아닌

④ 아데닌

TIP **인슐린(insulin)** … 췌장에서 분비되는 호르몬으로, 포도당을 글리코겐으로 바꾸어 간에 저장한다. 부족하게 되면 혈액 중의 당 농도가 지나치게 높아져 소변으로 나오는데, 이것이 당뇨병이다.

60 다음 중 일정한 시간 내에 발생하는 열량은 전류의 세기의 제곱과 도선의 저항에 비례하는 법칙은?

① 쿨롱의 법칙

② 렌츠의 법칙

③ 줄의 법칙

④ 옴의 법칙

TIP 줄의 법칙은 저항이 큰 물체에 전류를 통과하면 열과 빛을 발생하는데, 일정한 시간 내에 발생하는 열량은 전류의 세기의 제곱 과 도선의 저항에 비례하는 법칙을 의미한다.

Answer 57.③ 58.② 59.② 60.③

61 예측 불가능한 현상, 즉 언뜻 보아 무질서하게 보이는 복잡한 현상의 배후에 있는 정연한 질서를 밝혀 내는 이론은?

① 퍼지 이론(fuzzy set theory)

② 카오스 이론(chaos theory)

③ 빅뱅 이론(big bang theory)

④ 엔트로피 이론(entropy theory)

TIP 퍼지(fuzzy)가 주관적인 결정을 하는 데 비해 카오스(chaos)는 객관적인 이론체계를 만든다.

62 1997년 2월 탄생한 최초의 복제 포유류인 복제양 '돌리'는 유전공학기술 중 어느 기법을 이용한 것 인가?

① 핵이식법   ② 세포융합법

③ 핵치환기법   ④ 조직배양법

TIP 핵치환기법은 DNA가 들어있는 세포핵을 제거하고 다른 DNA를 결합시켜 새 세포를 만드는 기법이다.

63 유도전류의 방향은 코일을 통과하는 자력선의 변화를 방해하는 방향으로 발생하게 되는 법칙은?

① 패러데이의 법칙   ② 렌츠의 법칙

③ 만유인력의 법칙   ④ 플레밍의 법칙

TIP 렌츠의 법칙은 자석을 코일 속에 넣었다 뺐다 하면 코일에 유도전류가 생기는데, 이때 생긴 유도전류의 방향은 코일을 통과하는 자력선의 변화를 방해하는 방향으로 발생하게 되는 법칙을 의미한다.

Answer 61.② 62.③ 63.②

64 역전층이란?

① 상공의 기온이 지상의 기온보다 높은 곳

② 공기의 대류가 매우 심한 공기층

③ 극동 상공에 불고 있는 제트기류와의 경계층

④ 고온지대와 저온지대의 경계선

> **TIP** 역전층 … 대기의 온도는 지표 부근이 가장 높고 100m 상승할 때마다 0.6℃씩 낮아지는 것이 보통이나, 역전층은 이와 반대의 현상이 일어나고 있는 대기층을 말한다. 따라서 대기의 교류가 일어나기 어려우므로 하층 부근에 안개나 대기오염이 발생하기 쉽다.

65 시민들의 자발적인 모금이나 기부, 증여를 통해 보존가치가 있는 자연자원 및 문화자산을 보전 관리하는 시민환경운동을 뜻하는 용어는?

① 넵튠계획

② 시빅트러스트

③ 브레인트러스트

④ 시민환경연합

> **TIP** 내셔널트러스트(National Trust) … 시민들의 자발적인 모금이나 기부·증여를 통해 보존가치가 있는 자연자원과 문화자산을 확보하여 시민 주도로 영구히 보전·관리하는 시민환경운동으로, 우리나라에서는 1990년대부터 각 지역의 특정 자연환경과 문화유산 보전을 위한 시민 성금모금, 그린벨트 보존 운동을 거쳐 2000년 한국내셔널트러스트가 출범했다.
> ① **넵튠계획** : 영국 자연보호운동의 민간조직인 내셔널트러스트(National Trust)가 1965년부터 진행시키고 있는 해안선 매수운동(買收運動)
> ② **시빅트러스트** : 환경 개선을 위해 지역주민이나 기업이 함께 출자하여 각종 사업을 벌이는 시민 환경운동단체

66 지구 온난화가 환경에 영향을 준 사례로 옳지 않은 것은?

① 북반구에서는 작물 재배의 북한계선이 북상하고 있다.

② 대관령 일대의 고랭지 채소 재배 면적이 감소하고 있다.

③ 해수면 상승으로 해안 저지대의 침수 피해가 나타나고 있다.

④ 우리나라 근해에서는 한류성 어족의 어획량이 증가하고 있다.

> **TIP** 지구 온난화의 영향으로 우리나라 근해에서는 명태, 대구와 같은 한류성 어족의 어획량이 감소하고 있다.

Answer 64.① 65.③ 66.④

67 다음 중 스콜(squall)에 대한 설명은?

① 열대지방에서 내리는 소나기
② 남극지방에서 일어나는 눈보라
③ 소림과 관목으로 이루어진 습윤한 열대초원
④ 해수면의 온도가 낮아지는 현상

TIP 스콜(squall)은 열대지방에서 거의 매일 오후에 나타나는 소나기로, 갑자기 불기 시작하여 갑자기 멈추는 강한 바람이나 강하게 내리쬐는 햇볕으로 공기의 일부가 상승하게 되는데, 그 상승기류에 의해 비가 내린다.
② 블리자드 ③ 사바나 ④ 라니냐

68 다음 중 동태평양의 해수온도가 갑자기 낮아져 기상 이변을 일으키는 현상은?

① 엘니뇨 현상   ② 부영양화
③ 열오염   ④ 라니냐 현상

TIP ④ 라니냐(la nina)는 엘니뇨의 반대 현상이며 동태평양의 해수면 온도가 5개월 이상 0.5도 낮아지는 경우로 이런 현상이 발생하면 원래 찬 동태평양의 바닷물은 더욱 차갑게 되어 서쪽으로 이동하게 된다. 이로 인해 동남아 지역은 극심한 장마가 오고 남아메리카에서는 가뭄이 발생하며 북아메리카에서는 강추위가 나타날 수 있다.
① **엘니뇨**(el nino) **현상**: 남미 에콰도르와 페루 북부 연안의 태평양 해면온도가 비정상적으로 상승하는 현상
② **부영양화**: 강·바다·호수 등의 영양물질이 많아져 조류가 급속히 증가하는 현상
③ **열오염**: 온폐수의 영향으로 수온이 올라가고 수질이 악화되어 수중의 생물에 미치는 피해

69 폭우가 쏟아지면 모래, 자갈이 섞인 물이 흐르나 비가 그치면 마르게 되고 빗물이 지하수가 되어 오아시스가 생기는 수도 있으므로, 대상(隊商)들이 이곳을 길로 이용하는 것은?

① 와디   ② 크레바스
③ 툰드라   ④ 스텝

TIP 와디(wadi)는 아라비아 및 북아프리카 지방의 건조지역에 많이 있는 간헐하천으로 비가 내릴 때 이외에는 물이 마르는 개울을 의미한다.

Answer 67.① 68.④ 69.①

70 우리나라와 비슷한 위도 상에 있지 않은 나라는?

① 그리스

② 터키

③ 멕시코

④ 이란

TIP 우리나라는 북위 33 ~ 43°에 위치하고 있으며, 멕시코는 북위 15 ~ 30° 사이에 있다.

71 다음에서 설명하는 "이것"이 의미하는 것은?

서아프리카 열대 우림지대의 풍토병적인 바이러스성 급성 출혈열로써 이것이 퍼지는 경로는 주로 아프리카 사바나 지대에서 서식하고 있는 다유방쥐의 침 또는 오줌이다. 이 쥐들은 금광 붐으로 인해 산림이 파괴되어 삶의 터전을 잃고 사람이 사는 마을로 나오게 되면서 쉽게 주거 공간에 침입해 사람에게 옮기게 된다.

① 말라리아

② 장티푸스

③ 뎅기열

④ 라사열

TIP 라사열은 서아프리카 열대 우림지대의 풍토병적인 바이러스성 급성 출혈열을 의미한다. 1969년 나이지리아의 라사마을에서 발견되어 미국, 영국, 독일로 퍼졌다. 전염력이 강하고 치사율이 35 ~ 50%정도로 높으므로 엄중한 격리치료를 해야 하는 국제전염병으로 알려져 있다.

72 돼지와 멧돼지에 감염 시 발열이나 전신의 출혈성 병변을 일으키는 국내 제1종 법정전염병으로, 최대 치사율이 100%에 이르지만 현재 치료제나 백신이 없는 이것은?

① AI

② MERS

③ ASF

④ H1N1

TIP 아프리카돼지열병(ASF) … 돼지와 멧돼지에 감염 시 발열이나 전신의 출혈성 병변을 일으키는 국내 제1종 법정전염병으로, 최대 치사율이 100%에 이르지만 현재 치료제나 백신이 없다. 아프리카돼지열병의 주요 임상증상으로는 돼지들이 한데 겹쳐있거나, 급사하거나 비틀거리는 증상, 호흡곤란, 침울증상, 식욕절폐, 복부와 피부 말단 부위에 충혈 등이 있다. 2019년 9월 경기도 파주에서 국내 첫 아프리카돼지열병 발생 후 김포, 연천, 강화 등지로 계속 확산되어 당국이 차단방역에 나섰다.

Answer 70.③ 71.④ 72.③

73 인도양, 아라비아해, 뱅골만 등에서 발생하는 열대성 저기압은?

① 미스트랄   ② 태풍

③ 윌리윌리   ④ 사이클론

TIP ① 프랑스 중부에서 지중해 북서안으로 부는 한랭건조한 성질의 국지풍
② 필리핀 부근에서 발생하여 동북아시아로 부는 바람
③ 오스트레일리아 북부로 불어오는 바람

74 지도상에 나타난 산 높이의 기준이 되는 면은?

① 지구 타원체면   ② 지구와 같은 부피를 가진 구의 표면

③ 표준중력을 나타내는 기상 타원체면   ④ 지오이드

TIP ④ 지오이드(geoid)는 지구의 각지에서 중력의 방향을 측정하여 이것에 수직한 면을 연결한 곡면으로서, 평균해수면과 일치하며 지구상의 여러 측정기준이 된다.

75 다음 중 교통안전표지의 종류로 옳은 것은?

① 주의표지, 규제표지, 안내표지, 경고표지, 보조표지

② 규제표지, 지시표지, 안내표지, 보조표시, 노면표지

③ 주의표지, 규제표지, 지시표시, 보조표지, 노면표지

④ 주의표지, 규제표지, 지시표지, 보조표지, 노면표시

TIP 안전표지(「도로교통법 시행규칙」 제8조 제1항)
㉠ **주의표지**: 도로상태가 위험하거나 도로 또는 그 부근에 위험물이 있는 경우에 필요한 안전조치를 할 수 있도록 이를 도로사용자에게 알리는 표지
㉡ **규제표지**: 도로교통의 안전을 위하여 각종 제한·금지 등의 규제를 하는 경우에 이를 도로사용자에게 알리는 표지
㉢ **지시표지**: 도로의 통행방법·통행구분 등 도로교통의 안전을 위하여 필요한 지시를 하는 경우에 도로사용자가 이에 따르도록 알리는 표지
㉣ **보조표지**: 주의표지·규제표지 또는 지시표지의 주기능을 보충하여 도로사용자에게 알리는 표지
㉤ **노면표시**: 도로교통의 안전을 위하여 각종 주의·규제·지시 등의 내용을 노면에 기호·문자 또는 선으로 도로사용자에게 알리는 표지

Answer 73.④ 74.④ 75.④

76 타이가(taiga)에 해당하는 곳은?

① 부에노스아이레스를 중심으로 한 약 600km 반경의 초원
② 브라질의 내륙 고원에 전개되는 아열대성 초원
③ 툰드라지대 남쪽에 전개되는 침엽수림대
④ 베네수엘라의 오리노코강 유역의 열대초원

> **TIP** 타이가는 북반구의 경작한계와 툰드라지대 사이로 시베리아와 캐나다의 침엽수림대가 대표적이다.

77 한국의 남극 과학기지 세종기지가 건설된 곳은?

① 애들레이드섬   ② 엘리펀트섬
③ 무라노섬   ④ 킹조지섬

> **TIP** 세종기시(대한민국 남극 세종과학기지) … 1988년 2월 17일 세계에서 16번째로 준공되었다. 세종기지는 남 셰틀렌드 군도(South Shetland Islands)에서 제일 큰 섬인 킹 조지 섬과 넬슨 섬으로 둘러싸인 맥스웰 만(Maxwell Bay)에 위치하고 있다.

78 비행장 주변의 조류가 비행기 엔진에 빨려 들어가 발생하는 비행기 사고는?

① bird strike   ② air shock
③ bird shock   ④ air strike

> **TIP** ① 조류충돌로 항공기의 이·착륙 시 항공기 엔진에서 발생하는 강한 흡입력으로 인하여 새가 빨려 들어가 엔진이 파괴되는 등 대형사고가 발생하기도 한다.

Answer 76.③ 77.④ 78.①

79 세계에서 환경 분야의 가장 권위 있는 상으로, 노벨환경상으로 불리는 상의 이름은 무엇인가?

① 글로벌 500   ② 골드만 환경상
③ 녹색당상   ④ 몬트리올 환경상

TIP ① **글로벌 500**: 유엔환경계획(UNEP)에서 지구환경보호에 특별한 공로가 인정되는 단체 또는 개인에게 수여하는 상이다.

② **골드만 환경상**: 환경 분야에서 뛰어난 업적을 세운 풀뿌리 환경운동가에게 수여되는 세계 최대 규모의 환경상

※ **노벨상** … 스웨덴의 알프레드 노벨(1833~1896)의 유언에 따라 인류의 복지에 공헌한 사람이나 단체에게 수여되는 상으로, 6개 부문(문학, 화학, 물리학, 생리학 또는 의학, 평화, 경제학)에 대한 수상이 이뤄진다. 스웨덴의 알프레드 노벨(1833~1896)의 유언에 따라 인류의 복지에 공헌한 사람이나 단체에게 수여되는 상으로, 6개 부문(문학, 화학, 물리학, 생리학 또는 의학, 평화, 경제학)에 대한 수상이 이뤄진다.

㉠ **주최**: 스웨덴 왕립과학아카데미, 노르웨이 노벨위원회
㉡ **개최년도**: 1901년
㉢ **개최 시기**: 매년 12월 10일(노벨 사망일)
㉣ **개최 장소**: 스웨덴 스톡홀름(평화상은 노르웨이 오슬로)
㉤ **시상 분야**: 평화, 문학, 물리학, 화학, 생리·의학, 경제학(경제학상은 1969년 추가)
㉥ **수상자 심사**: 물리학상, 화학상, 경제학상은 스웨덴 왕립과학아카데미(한림원), 생리·의학상은 스톡홀름에 있는 카롤린 의학연구소, 문학상은 스웨덴·프랑스·에스파냐의 세 아카데미, 평화상은 노르웨이 국회가 선출한 5인 위원회가 분담
㉦ **특징**: 소개사는 수상자의 모국어, 추천사는 스웨덴어. 스웨덴 국왕이 시상, 수상자는 그 후 6개월 이내에 수상 업적에 관한 강연을 할 의무가 있으며, 강연 내용의 저작권은 노벨재단에 귀속된다.

Answer 79.①

02 경제

✱ 공유경제 ***

개인 소유를 기본 개념으로 하는 전통 경제와 대비되는 개념으로 공유경제는 소유자들이 많이 이용하지 않는 물건으로부터 수익을 창출할 수 있으며, 대여하는 사람은 물건을 직접 구매하거나 전통적인 서비스업체를 이용할 때보다 적은 비용으로 서비스를 이용할 수 있다는 장점이 있다. 그러나 공유 서비스를 이용하다가 사고가 났을 경우, 보험을 비롯한 법적 책임에 대한 규정이 명확하지 않는 등 이를 규제할 수 있는 법안이나 제도가 마땅치 않다는 문제점을 가진다.

✱ 규모의 경제 ***

대량 생산에 의하여 1단위당 비용을 줄이고 이익을 늘리는 방법이 일반적인데, 최근에는 설비의 증강으로써 생산비를 낮추고 있다. 생산 조직이나 생산의 규모가 커질수록 생산과 판매를 위한 비용이 줄어드는 경우, 이를 규모의 경제라고 한다. 규모의 경제는 생산규모와 관련된 것으로 경제규모가 커진다고 해서 반드시 규모의 경제가 발생하는 것은 아니다.

☆☆☆ **범위의 경제**…한 기업이 여러 재화나 서비스를 생산할 때 발생하는 총 비용이 별도의 기업으로 하나씩 생산했을 때 발생하는 총비용보다 작아지는 경우를 말한다.

✱ 국채(國債) **

정부가 공공목적에 필요한 자금을 확보하기 위해 발행하는 채권이다. 당해연도 세입으로 갚기 위한 단기국채와 당해연도 이후의 세입으로 상환하는 장기국채가 있다. 정부가 원리금 지급을 보장하므로 기업들이 발행하는 회사채에 비해 안전성이 높다는 장점이 있다. 우리나라의 경우 국고채권(국고채), 외국환평형기금채권(외평채), 국민주택채권 등 3종류가 있다.

☆☆☆ **TB금리**…미국 국채 금리, 즉 재무부채권 금리를 말한다. 미국재무부 채권은 연방정부의 통화증발에 의한 인플레이션을 초래하지 않으면서 재정적자를 보전하는 수단이 되며, 외국정부 및 외국중앙은행의 대외지급준비운용수단으로 이용되기도 하고 각종 금융기관, 기관투자자의 투자수단 및 제2선의 지급준비수단 역할을 한다.

✱ 이더리움 **

거래 명세가 담긴 블록이 사슬처럼 이어져 있는 블록체인(Block Chain) 기술을 기반으로 하며 인터넷만 연결되어 있으면 어디서든 전송이 가능하다. 거래소에서 비트코인으로 구입하거나 비트코인처럼 컴퓨터 프로그램으로 채굴해 얻을 수 있다

☆☆☆ **가상화폐**…네트워크로 연결된 가상 공간에서 전자적 형태로 사용되는 디지털 화폐 또는 전자화폐를 말한다.

✱ 기저효과 **

특정 시점의 경제 상황을 평가할 때 비교의 기준으로 삼는 시점에 따라 주어진 경제상황을 달리 해석하게 되는 현상이다. 호황기의 경제상황을 기준시점으로 현재의 경제상황을 비교할 경우, 경제지표는 실제 상황보다 위축된 모습을 보인다. 반면, 불황기의 경제상황을 기준시점으로 비교하면, 경제지표가 실제보다 부풀려져 나타날 수 있다.

✱ 기업공시(IR : investor relation) *

투자자관리. 기업이 투자자와의 관계에서 신뢰를 쌓기 위해 기업에 대한 모든 정보를 제공하는 활동을 말한다. 증권시장에서의 주식투자는 다른 저축수단과는 달리 기업에 대한 각종 정보를 바탕으로 투자의사를 결정하게 된다. 따라서 투자자의 현명한 투자의사를 결정시키기 위해서 발행회사의 경영 상태나 재무상황을 정확하게 알려주어야 한다. 이로써 증권시장에서의 공정한 가격형성에도 도움이 되는 것이다. 만일 그릇된 정보나 루머에 의해서 주식의 가격이 결정되고 올바른 정보는 일부세력이 독점하게 되면 결국 주식의 가격형성은 왜곡을 일으켜 주식시장은 투기경향을 나타내게 되는 것이다. 그래서 〈증권거래법〉이나 〈상법〉에 의해서 기업공시에 대한 각종 제도를 마련하고 증권거래소가 직접 나서서 기업 내용을 알려주도록 되어 있다. 증권거래소의 기업공시 내용은 정기적인 공시, 수시 공시, 풍문조회 등으로 구분된다. 정기적인 공시란 증권거래소가 상장회사에 대한 기업공시실을 마련하여 신주를 발행할 때는 제출된 유가증권신고서, 사업설명서, 유가증권 발행실적 보고서와 함께 매 결산기 마다 제출된 재무제표, 반기 결산보고서 등을 비치하여 열람하게 하는 제도이다.

✱ 디폴트(default) **

채무자가 공사채나 은행 융자, 외채 등의 원리금 상환 만기일에 지불 채무를 이행 할 수 없는 상태를 말한다. 채무자가 민간 기업인 경우에는 경영 부진이나 도산 따위가 원인이 될 수 있으며, 채무자가 국가인 경우에는 전쟁, 혁명, 내란, 외화 준비의 고갈에 의한 지급 불능 따위가 그 원인이 된다.

☆☆☆ 컴퓨터 기술분야에서 말하는 디폴트란 어떤 값이나 설정치 등이 프로그램 사용자에 의해 지정되지 않았을 때, 컴퓨터 프로그램은 미리 정해져 있는 값이나 설정치 등을 사용하게 되는데, 이를 디폴트라고 한다.

✱ 냉장고 파먹기 *

냉장고에 있는 음식 재료를 다먹을 때까지 장을 보지 않거나 장보기를 최소화하는 것을 말한다. 냉장고 파먹기는 돈을 절약하는 것 외에도 사용하고 남은 자투리 재료를 이용하기 때문에 음식물 쓰레기를 줄일 수 있으며, 냉장고 재료를 사용하기 때문에 냉장고를 깔끔하게 정리할 수 있다는 장점이 있다.

☆☆☆ 최근 어려워지는 가계 형편으로 생활비 지출을 줄이기 위한 짠테크(짠돌이+재테크, 생활비를 아끼는 기술)가 주목받는 가운데 냉장고 파먹기가 생활비를 아끼려는 주부들이나 1인 가구를 중심으로 늘고 있다.

✱ 베지플레이션 *

채소를 뜻하는 '베지터블(vegetable)'과 물가 상승을 의미하는 '인플레이션(inflation)'의 합성어로 최근 채소값이 폭등하며 새롭게 등장한 용어로 채소류 가격 급등에 따른 물가 상승을 의미한다.

✱ 골든크로스 **

주가나 거래량의 단기 이동평균선이 중장기 이동평균선을 아래에서 위로 돌파해 올라가는 현상을 말한다. 이는 강력한 강세장으로 전환함을 나타내는 신호로 받아들여진다. 이동평균선이란 특정 기간 동안의 주가의 평균치를 이어놓은 선을 말한다. 일반적으로 증권시장에서는 골든크로스 출현을 향후 장세의 상승신호로 해석한다. 또 골든크로스 발생 시 거래량이 많을수록 강세장으로의 전환 가능성이 높다는 의미를 지닌다.

✱ 가마우지 경제 **

핵심 부품과 소재를 일본에서 수입해 다른 나라에 수출하는 우리나라 산업경제의 구조적 특성상 수출하면 할수록 정작 이득은 일본에 돌아간다는 의미를 지닌 용어다. 이 말은 중국이나 일본 일부 지방에서 낚시꾼이 가마우지 새의 목 아래를 끈으로 묶어두었다가 새가 먹이를 잡으면 끈을 당겨 먹이를 삼키지 못하도록 하여 목에 걸린 고기를 가로채는 낚시방법에 빗댄 용어다. 1980년대 말 일본 경제평론가 고무로 나오키(小室直樹)가 「한국의 붕괴」라는 책에서 처음 사용하였다.

✱ 경제고통지수 **

국민들이 실제로 느끼는 경제적 생활의 고통을 계량화하여 수치로 나타낸 것으로 보통 일정 기간 동안의 소비자물가상승률(CPI)과 실업률을 합하여 소득증가율을 빼서 나타낸다. 경제고통지수는 미국 브루킹스연구소의 경제학자 아서 오쿤(Arthur Okun)이 고안한 것으로 고통지수의 수치가 높다는 것은 실업률이나 물가의 상승이 높아져 국민이 느끼는 경제적 어려움도 수치가 높은 만큼 크다는 것이며, 수치가 낮다는 것은 경제적 어려움도 그만큼 적다는 것이다.

✱ G20 ***

G7을 확대개편한 세계경제협의기구로, 주요 국제 금융현안을 비롯하여 특정 지역의 경제위기 재발방지책 등을 논의하기 위한 선진·신흥경제 20개국 재무장관 및 중앙은행 총재 회의의 모임을 말한다. G7과 한국, 중국, 인도, 아르헨티나, 브라질, 멕시코, 러시아, 터키, 호주, 남아프리카공화국, 사우디아라비아 등 11개 주요 신흥 시장국이 첫 회의 때 회원국으로 결정되었고 이후 인도네시아, 유럽연합(EU) 의장국이 들어가 모두 20개국이 되었다. 그리고 국제기구로 IMF(국제통화기금), IBRD(세계은행), ECB(유럽중앙은행)이 참여한다. G20 정상회의는 처음 경제위기 극복을 위한 한시적 협의기구라는 성격이 강했으나 제3차 피츠버그 정상회의 이후 세계경제 문제를 다루는 최상위 포럼으로 격상되었고, 제5차 정상회의가 2010년 11월 11~12일 한국의 서울에서 열렸다.

☆☆☆ G20은 2025년까지 '국가간 지급서비스' 19개 개선방안을 실행할 예정이다. 국가 간 지급서비스란 해외 송금, 교역 대금의 지급 등을 목적으로 지급인이 다른 나라의 수취인에게 자금을 이체하는 경우를 의미한다.

✱ 거북선 펀드 **

정부의 주도 아래 민간자본이 참여한 관공선 전용 선박 펀드를 말한다. 개인 투자자는 당초 정해진 안정적인 수익을 얻을 수 있고, 일반 펀드보다 저율 과세 혜택을 받을 수 있다는 점이 매력 포인트다.

✷ 애버취-존슨효과 **

애버취-존슨효과란 수익률 규제 하에서 이윤극대화를 추구하는 기업이 규제가 없을 경우와 비교하여 자본은 과다하게 투입하고 노동은 과소하게 사용하는 것을 의미한다. 경영자는 높은 회계적 이윤을 실현시켰을 때 능력 있는 경영자로 인정받을 수 있기 때문에, 회계적 이윤을 증가시킬 동기가 존재한다. 수익률 규제 하에서는 회계적 이윤이 자본 투입량과 연계되어 있으므로 생산과정에서 더 많은 자본을 투입하면 보다 높은 회계적 이윤을 실현할 수 있기 때문이다.

✷ 다보스포럼(Davos forum) **

세계경제포럼 연차총회의 통칭으로 민간 재단이 주최하지만 세계 각국의 정계(政界)·재계(財界)·관계(官界)의 유력 인사들이 모여 공식적인 의제 없이 참가자의 관심분야에 대한 각종 정보를 교환하고 세계경제 발전 방안에 대하여 논의한다. 매년 1~2월 스위스의 고급 휴양지인 다보스에서 회의를 하기 때문에 일명 '다보스 회의'라고도 한다. 1971년 독일 출신의 하버드대 경영학교수 클라우스 슈바브(K. Schwab)에 의해 만들어져 독립적 비영리재단 형태로 운영되고 있고 본부는 제네바에 있으며, 기관지 「월드링크(World Link)」를 격월간으로, 「세계경쟁력 보고서」를 매년 발간한다.

✷ 자유무역협정(FTA : Free Trade Agreement) ***

국가와 국가 사이에 무역장벽을 완화하거나 철폐하여 무역자유화를 실현하기 위한 양 국가 또는 지역사이에 체결하는 특혜무역협정으로 각 나라가 무역을 자유화함으로써 무역거래와 국제간의 분업이 확대돼 서로의 이익이 증대될 것이라는 자유주의 경제이론에서 출발한다. FTA는 상품분야의 무역자유화와 관세인하에 중점을 두고 있었으나 WTO 체제 이후 상품의 관세철폐이외에도 서비스 및 투자 자유화까지 포괄하는 것이 일반적인 추세다. 그 밖에 지적재산권, 정부조달, 무역구제제도 등 정책의 조화부문까지 협정의 대상범위가 확대되었고 다자간 무역 협상 등을 통하여 전반적인 관세수준이 낮아지면서 다른 분야로 협력영역을 늘려가게 된 것도 이 같은 포괄범위 확대의 한 원인이다.

✷ 피구효과(Pigou effect) ***

임금의 하락이 고용의 증대를 가져온다는 피구(A.C. Pigou)의 이론을 말한다. 즉, 기업의 임금인하는 사람들이 보유하고 있는 현금이나 예금잔고의 실질가치를 인상하는 결과가 되어 일반물가수준은 하락하게 된다. 이러한 실질현금잔고의 증가는 소득에 변화가 없더라도 소비지출을 증가시키므로 결과적으로 고용을 증대시킨다.

✷ 톱니효과(ratchet effect) ***

관성효과. 소득이 높았을 때 굳어진 소비 성향이 소득이 낮아져도 변하지 않는 현상을 말한다. 관성효과가 작용하면 소득이 감소하여 경기가 후퇴할 때 소비 성향이 일시에 상승한다. 소비는 현재의 소득뿐만 아니라 과거의 소득에도 영향을 받고 있어 소비자의 소비지출은 소득과 동반하여 변동하는 것이 아니라 안정적인 경향을 보여 경기후퇴 시에도 빠르게 변동을 보이진 않는다. 이처럼 소비의 상대적 안정성으로 경기가 후퇴하여도 소비가 소득의 감소와 같은 속도로 줄어들지 않게 되어 경기후퇴속도는 상당히 완화된다.

✱ 베블렌효과(veblen effect) *

허영심에 의해 수요가 발생하는 것으로, 가격이 상승한 소비재의 수요가 오히려 증가하는 현상이다. 예를 들면 다이아몬드는 비싸면 비쌀수록 여성의 허영심을 사로잡게 되어 가격이 상승하면 수요가 오히려 증대한다.

✱ 리카도효과(Ricardo effect) *

일반적으로 호경기 때에는 소비재 수요증가와 더불어 상품의 가격상승이 노동자의 화폐임금보다 급격히 상승하게 되므로 노동자의 임금이 상대적으로 저렴해진다. 이 경우 기업은 기계를 대신하여 노동력을 사용하려는 경향이 발생하는데, 이를 리카도효과라 한다.

✱ 립스틱효과(lipstick effect) ***

경기불황일 때 저가상품이 잘 팔리는 현상으로 저가제품 선호추세라고도 한다. 본래 립스틱만 발라도 분위기를 바꾸는 효과를 얻는다는 뜻으로 불황일 때 립스틱처럼 저렴한 가격으로 만족할 수 있는 제품이 인기를 끄는 현상을 의미하게 되었다. 특히 여성의 어려운 경제여건을 나타내는 것으로, 저렴한 립스틱만으로도 만족을 느끼며 쇼핑을 알뜰하게 하는 데에서 유래된 말이다.

✱ 전시효과(demonstration effect) **

후진국이나 저소득자가 선진국이나 고소득자의 소비양식을 본떠 그 소비를 증대시키는 경향으로, 신문 · 라디오 · 영화 · TV 등의 선전에 대한 의존도가 크다. 근대 경제이론에서는 전시효과에 의해 소비성향이 상승함으로써 저축률이 저하되므로 자본축적을 저지한다고 하여 문제시하고 있다. 듀젠베리효과라고도 한다.

✱ 밴드왜건효과(band – wagon effect) **

밴드왜건이란 유행에 따른 소비성향을 뜻하는 말로, 악대를 앞에 두고 사람들을 끌고 다니는 차량을 의미한다. 미국 서부 개척시대에 금광이 발견됐다는 소식을 들으면 많은 사람들이 밴드왜건을 따라 길을 나섰는데, 금광발견의 유무를 떠나서 사람들이 가니까 나도 따라갔다고 한다. 즉, 일종의 군중심리가 작용한 것이다. 정치에서 보자면, 소위 말하는 '대세론'으로 후보자가 일정수준이상의 지지율을 얻으면 그 후보를 따라가게 되는데 이를 밴드왜건효과라 한다. 또 어떤 소비재가 가격하락이 됐을 때 새로운 소비자가 이 소비재의 수요자로 등장해 수요량이 증가하게 되는데 이것도 밴드왜건효과라 한다. 따라서 가격의 하락에 수반한 수요량의 증가는 가격효과의 부분과 밴드왜건효과의 부분으로 나눌 수 있다.

✱ 공매도 ***

채권이나 주식을 소유하지 않은 상태에서 매도주문을 내는 것이다. 향후 주가가 하락할 것을 예상하고, 한국예탁결제원 등에서 주식을 빌려서 팔고, 주가가 하락하면 같은 종목을 싼값에 사서 갚는 대차거래를 말한다. 예상대로 주가가 떨어지면 시세차익을 얻을 수 있지만, 반대로 주가가 올라가면 손해를 볼 수도 있다. 공매도에는 금융위원회는 주가가 급락하는 것을 막기 위해 금지 시한은 정하지 않고 증시상황에 맞춰 탄력적으로 공매도 금지를 적용하기로 했다.

✳ 개인워크아웃제도(개인신용회복지원제도) **

금융기관간 맺은 '신용회복지원협약'에 따른 신용불량자구제제도이다. 최저생계비 이상의 소득이 있는 개인 또는 개인사업자가 채무과다로 현재의 소득으로는 채무상환을 할 수 없어 신용불량자로 등재되어 있는 경우 신용회복지원위원회에 개인워크아웃신청을 하면, 금융기관의 채무를 일정 부분 조정하여 줌으로써 신용불량자가 경제적으로 회생할 수 있도록 도와주는 제도이다. 개인워크아웃제도는 사회적으로 신용불량자가 급증하자 금융감독원이 신용불량자 증가 억제 및 금융이용자보호대책의 일환으로 마련한 제도로 2002년 10월 도입되었다.

✳ 트리플위칭데이(triple witching day) *

주가지수선물, 주가지수옵션, 개별주식옵션의 만기가 동시에 겹치는 날로 3개의 주식파생상품의 만기가 겹쳐 어떤 변화가 일어날지 아무도 예측할 수 없어 혼란스럽다는 의미에서 생긴 말이다. 트리플위칭데이는 현물시장의 주가가 다른 날보다 출렁일 가능성이 상존하는데 이를 가리켜 만기일효과(expiration effect)라고 부른다. 또한 결제일이 다가오면 현물과 연계된 선물거래에서 이익을 실현하기 위해 주식을 팔거나 사는 물량이 급변, 주가가 이상 폭등·폭락하는 현상이 나타날 가능성이 크다. 특히 결제 당일 거래종료시점을 전후해서 주가의 급변동이 일어날 수 있다. 미국의 경우는 S&P500 주가지수선물, S&P100 주가지수옵션, 개별주식옵션 등의 3가지 파생상품계약이 3·6·9·12월 세 번째 금요일에, 한국은 3·6·9·12월의 두 번째 목요일에 트리플위칭데이를 맞게 된다.

✳ 소비자기대지수(消費者期待指數, consumer expectation index) ***

경기에 대한 소비자들의 기대심리를 반영한 지수를 말한다. 기준점수를 100으로 하고 이를 웃돌면 6개월 이후의 경기가 현재보다 개선될 것으로 보는 가구가 나빠질 것으로 보는 가구보다 많다는 것을 의미한다. 매월 통계청에서 작성하는데, 주요 기대지수는 경기·가계생활·소비지출·내구소비재 및 외식·문화·오락 등이고 소득계층 및 연령대별로 분석해서 작성한다.

✳ 사이드카(side car) **

선물시장이 급변할 경우 현물시장에 대한 영향을 최소화함으로써 현물시장을 안정적으로 운용하기 위해 도입한 프로그램 매매호가 관리제도의 일종으로, 주식시장에서 주가의 등락폭이 갑자기 커질 경우 시장에 미치는 영향을 완화하기 위해 주식매매를 일시 정지시키는 제도인 서킷 브레이커(circuit braker)와 반대되는 개념이다. 주가지수 선물시장을 개설하면서 도입하였는데, 지수선물가격이 전일종가 대비 5% 이상 상승 또는 하락해 1분간 지속될 때 발동하며, 일단 발동되면 발동시부터 주식시장 프로그램 매매호가의 효력이 5분간 정지된다. 그러나 5분이 지나면 자동적으로 해제되어 매매체결이 재개되고, 주식시장 후장 매매 종료 40분 전(14시 20분) 이후에는 발동할 수 없으며, 또 1일 1회에 한해서만 발동할 수 있도록 되어 있다.

☆☆☆ 2008년 미국발 금융 위기 당시 국내 증시에서는 사이드카가 코스피·코스닥시장을 통틀어 45번이나 발동되면서 사상 최다 기록을 세운바 있다.

✱ 서킷브레이커(circuit breakers) ***

주식거래 시 주가가 급격하게 하락할 때 매매를 일시적으로 중단하는 제도이다. 뉴욕증권거래소에서 1987년 10월 이른바 블랙먼데이(Black Monday)의 증시폭락이후 최초로 도입되었으며, 우리나라에서는 유가증권시장에 1998년 12월 7일부터 국내주식가격 제한폭이 상하 15%로 확대되면서 도입되었고 코스닥시장은 2001년 9·11테러 이후 이 제도가 도입되어 그날 처음 발동되었다. 서킷브레이커는 주가가 폭락하는 경우 거래를 정지시켜 시장을 진정시키는 목적으로 주가지수가 전일종가 대비 10% 이상 하락한 상태로 1분 이상 지속될 경우 발동된다. 서킷브레이커가 발동되면 처음 20분 동안 모든 종목의 호가 접수 및 매매거래가 정지되며, 향후 10분 동안 새로 동시호가만 접수되고, 하루 한번만 발동할 수 있으며, 장 종료 40분 전에는 발동할 수 없다.

✱ 생산자물가지수(PPI : Producer Price Index) *

대량거래로 유통되는 모든 상품의 가격변동을 측정하기 위해 작성된 지수이다. 도매물가지수를 사용해 오다 1990년부터 생산자물가지수로 바꿔었다. 이 지수는 1차 거래단계가격을 대상으로 한다. 국내 생산품은 생산자 판매가격을, 수입품의 경우는 수입업자 판매가격을 기준으로 하고 이것이 불가능할 경우 다음 거래단계인 대량도매상 또는 중간도매상의 판매가격을 이용한다. 소비자물가지수와 같은 특수목적지수와는 달리 상품의 전반적인 수급동향을 파악할 수 있고 포괄범위가 넓기 때문에 국민경제의 물가수준측정에 대표성이 가장 큰 지수이다. 한편 생산자물가지수는 기업 간의 중간거래액을 포함한 총거래액을 모집단으로 하여 조사대상품목을 선정하였기 때문에 원재료, 중간재 및 최종재에 해당되는 품목이 혼재되어 있어 물가변동의 중복계상 가능성이 크다고 할 수 있다. 이러한 생산자물가지수의 한계를 보완하기 위하여 한국은행은 '가공난계별 물가지수' 또한 편제해 오고 있다.

✱ 소비자물가지수(CPI : Consumer Price Index) *

전국 도시의 일반소비자가구에서 소비목적을 위해 구입한 각종 상품과 서비스에 대해 그 전반적인 물가수준동향을 측정하는 것이며, 이를 통해 일반소비자가구의 소비생활에 필요한 비용이 물가변동에 의해 어떻게 영향받는가를 나타내는 지표이다.

☆☆☆ 우리나라 소비자물가의 조사는 1936년 당시 경성상공회의소가 수도인 경성의 물가를 조사한 것이 시초이다. 이후 1947년 한국은행이 서울소매물가지수를 발표하였으며, 1955년에는 상품 일변도에서 벗어나 서비스 요금까지 아우른 서울 소비자물가지수가 나오기 시작하였다. 이때부터 매 5년마다 물가통계의 기준도 조정되고 있다. 그리고 1949년에 품목별 가중치를 적용한 '전국소매물가지수가 최초 발표된 이후, 한동안 서울 물가만 발표되던 것이 1965년부터는 경제기획원 주도로 전국 주요 도시 물가를 아우른 '전 도시 소비자물가지수'로 확대되었다. 그리고 1990년 이후에는 독립관정으로 승격한 통계청이 매달 발표하고 있다.

✱ 인플레이션(inflation) **

상품거래량에 비해 통화량이 과잉증가함으로써 물가가 오르고 화폐가치는 떨어지는 현상이다. 과잉투자·적자재정·과소생산·화폐남발·수출초과·생산비증가·유효수요의 확대 등이 그 원인이며, 기업이윤의 증가·수출위축·자본부족·실질임금의 감소 등의 결과가 온다. 타개책으로는 소비억제, 저축장려, 통화량 수축, 생산증가, 투자억제, 폭리단속 등이 있다.

✱ 디플레이션(deflation) *

상품거래에 비하여 통화량이 지나치게 적어 물가는 떨어지고 화폐가치가 오르는 현상이다. 지나친 통화량 수축, 저축된 화폐의 재투자 부진, 금융활동의 침체, 구매력저하 등이 원인이며 생산위축, 실업자증가, 실질임금증가 등의 결과가 나타난다. 이를 타개하기 위해서는 유효수효확대, 통화량증대, 저리금리정책, 조세인하, 사회보장, 실업자구제 등의 정책이 필요하다.

✱ 스태그플레이션(stagflation) ***

stagnation(침체)과 inflation의 합성어로, 경기침체하의 인플레이션을 의미한다. 경기가 후퇴함에 따라 생산물이나 노동력의 공급초과현상이 일어남에도 불구하고 물가가 계속해서 상승하는 현상을 말한다.

✱ 슬럼프플레이션(slumpflation) *

slump와 inflation의 합성어로, 불황중의 인플레이션을 말한다. 흔히 스태그플레이션보다 그 정도가 심한 상태이다.

✱ 기펜의 역설(Giffen's paradox) *

재화의 가격이 하락하면 수요가 증가하고 가격이 상승하면 수요가 감소하는 것이 일반적이나, 열등재의 경우 그 재화의 가격이 하락해도 오히려 수요가 감소하는 경우가 있다. 이러한 현상을 기펜의 역설이라고 하며, 이러한 재화를 기펜재라고 한다.

✱ 모라토리엄(moratorium) ***

전쟁 · 천재(天災) · 공황 등으로 경제가 혼란되어 채무이행에 어려움이 생길 때 국가의 공권력에 의해 일정 기간 채무의 이행을 연기 또는 유예하는 것을 뜻한다. 이는 일시적으로 안정을 도모하기 위한 채무국의 응급조치로서, 채무의 추심이 강행되면 기업도산의 수습을 할 수 없게 되는 우려에서 발동한다. 모라토리엄을 선언하면 국가신인도가 직강하되고 은행 등 금융업체들의 신용도가 사실상 제로상태에 빠지므로 대외 경상거래가 마비된다. 이에 따라 수출이 힘들어지고 물가가 상승하며 화폐가치가 급락한다. 대규모 실업사태와 구조조정의 고통이 장기화되며, 외채사용이 엄격히 통제된다.

✱ 국민총생산 **

GNP(Gross National Product)는 국민총생산으로, 한 나라에 있어서 일정 기간(1년) 동안 국민들이 생산한 재화와 용역의 최종생산물의 합계를 화폐액으로 표시한 것이다.

✱ 국내총생산 *

GDP(Gross Domestic Product)는 국내총생산으로, 외국인을 포함하여 국내에서 거주하는 모든 사람이 생산하는 부가가치의 총액이다. 따라서 GDP에서 해외지불소득(임금 · 이자 · 로열티 등)을 빼고, 해외수취소득을 합하면 GNP가 된다.

☆☆☆ 한국은행의 경제성장률 발표기준은 1995년부터 GNP에서 GDP로 바뀌었다.

✱ 국민소득(NI : National Income) **

원래 한 나라에서 1년 동안 생산한 모든 재화와 용역을 화폐가치로 표시한 것을 말하며, 좁은 의미로는 1년 동안 생산한 것 중 순수입액의 합을 말하는 것으로 분배국민소득의 개념이다.

✱ 국민순생산(NNP : Net National Product) *

1년 동안 각 기업이 순수하게 새로 생산한 재화와 용역의 부가가치를 말한다. 국민총생산물에서 자본의 감가상각분을 뺀 잔액을 말하며, 그것은 그 해의 생산활동의 결과로서 그 연도의 것만 볼 수 있는 최종생산물의 순가치를 시장가치로 평가한 것이다.

✱ 스시지수(Sushi Index) *

평균적인 일본 가정이 고등어에 비해서 참치를 얼마나 소비하느냐를 나타내는 지표를 의미한다. 다시 말해 스시의 재료로서 고등어보다 참치를 선택하는 사람이 늘어나게 되면 소비심리가 개선되고 있다는 것을 뜻한다.

✱ 세이의 법칙(Say's law) *

프랑스 경제학자 세이(J. S. Say)가 주장한 이론으로서, 판로설이라고도 불린다. "공급은 스스로 수요를 창조한다."라고 하여 자유경쟁의 경제에서는 일반적 생산과잉은 있을 수 없으며 공급은 언제나 그만큼의 수요를 만들어 낸다는 주장이다. 이 이론은 고전학파 경제학의 기본명제가 되었던 것으로, 공황발생 이후부터는 설득력을 잃고 케인스의 유효수요이론이 그 위치를 대신하였다. 판매와 구매의 통일면만 보고 화폐의 유동성을 무시한 것이라는 비판을 받는다.

✱ 일물일가(一物一價)의 법칙 *

완전경쟁이 행해지는 시장에서는 동일한 시기, 동일한 시장에서 동일한 품질의 물품에는 동일한 가격이 붙여진다는 법칙이다. 제본스(W.S. Jevons)는 이를 무차별의 법칙이라고 하였다.

✱ 엥겔의 법칙(Engel's law) *

독일의 통계학자 엥겔(E. Engel)은 가계지출에 대해 음식물비의 비율을 조사한 결과 그 비율의 크기가 생활정도를 나타내는 지표가 된다고 했다. 즉, 소득이 낮은 가정일수록 전체의 생계비에 대한 음식물비의 비율이 높고, 소득의 증가에 따라 음식물비의 비율이 감소하고 문화비의 비율이 증가한다는 것이다.

☆☆☆ 엥겔계수 = $\dfrac{음식물비}{총생계비} \times 100$

✱ 슈바베의 법칙(Schwabe's law) *

19세기 후반 슈바베(H. Schwabe)에 의해 주장된 것으로, 생계비 중에서 주거비가 차지하는 비율을 통계적으로 설명한 법칙이다. 즉, 가난할수록 전체 생계비에서 차지하는 주거비의 비율이 높다는 것이다.

✽ 그레샴의 법칙(Gresham's law) *

"악화(惡貨)가 양화(良貨)를 구축한다."는 그레샴(S.T. Gresham)의 이론이다. 실질가치가 서로 다른 두 가지 종류의 화폐가 동시에 유통될 경우, 실질가치가 우량한 화폐는 용해·저장·수축 등으로 유통계에서 자취를 감추고 악화만이 남아서 유통된다는 것이다.

✽ 디노미네이션(denomination) *

관리통화제 하에서 화폐의 호칭단위를 낮추는 것을 말한다. 인플레이션에 의하여 팽창한 통화의 계산단위를 바꾸는 것으로, 엄밀한 의미에서는 평가절하라 할 수 없다.

> ☆☆☆ 디노미네이션이 실시되는 경우는 다음과 같은 이유에서이다. 경제 규모가 커지거나 인플레이션으로 화폐 가치가 과도하게 떨어지면 화폐로 표현하는 거래 단위 숫자가 너무 커져서 거래나 계산·기장(記帳)·지급 등 경제 생활에서의 불편이 심해지는데 이를 해소하기 위해 디노미네이션이 이뤄진다. 브라질과 아르헨티나 등 남미 국가들은 인플레이션 기대 효과를 완화시키고 국민 경제 생활의 정상화를 위해 디노미네이션을 여러 차례에 걸쳐 단행한 바 있다.

✽ 리디노미네이션(redenomination) ***

디노미네이션은 화폐, 채권, 주식 등의 액면금액을 의미한다. 따라서, 리디노미네이션은 디노미네이션을 다시 한다는 것으로, 한 나라의 화폐를 가치의 변동 없이 화폐, 채권, 주식 등의 액면을 동일한 비율의 낮은 숫자로 표현하거나, 새로운 통화단위로 화폐의 호칭을 변경하는 것으로, 우리나라에서는 1953년에 100원을 1환으로, 화폐개혁이 있었던 1962년에 10환을 1원으로 바꾼 일이 있으며, 2004년에 1,000원을 1원으로 바꾸는 안이 논의되기도 했다. 리디노미네이션을 실시할 경우에 거래편의의 제고, 통화의 대외적 위상 재고, 인플레이션 기대심리 억제, 지하자금의 양성화 촉진 가능성 등의 장점 등이 있으나, 새 화폐 제조와 컴퓨터시스템·자동판매기·장부 변경 등에 대한 큰 비용, 물가상승 우려, 불안심리 초래 가능성 등의 문제가 있다.

✽ 빈곤의 악순환(vicious circle of poverty) *

후진국은 국민소득이 낮기 때문에 국내저축이 미약하므로 높은 투자가 형성될 수 없다. 따라서 국민소득의 성장률이 낮으며, 이런 현상이 되풀이되는 과정을 빈곤의 악순환이라고 한다. 미국의 경제학자 넉시(R. Nurkse)가 '저개발국의 자본형성 제문제'에서 처음 사용한 용어이다.

✽ 패리티가격(parity price) **

농산물가격을 결정함에 있어서 생활비로부터 산출해 내지 않고 공산가격과 서로 균형을 유지하도록 뒷받침해주는 가격을 말한다. 패리티가격은 최저공정가격의 일종으로, 농가보호가 그 목적이다.

✽ 레인지 포워드 *

레인지 포워드란 불리한 방향의 리스크를 헤지하기 위해 옵션을 매입하고 그에 따른 지급 프리미엄을 얻기 위해 유리한 방향의 옵션을 매도하여 환율변동에 따른 기회이익을 포기하는 전략이다. 환율 변동으로 인해 발생할 수 있는 이익과 손실을 모두 일정 수준으로 제한함으로써 환 리스크는 일정 범위 내로 제한된다.

✽ 위미노믹스(womenomics) *

여성(Women)과 경제학(Economics)의 합성어로 여성이 소비의 주력으로 떠오르며 생긴 용어로 골드만삭스의 일본지사 여성 수석 전략분석가 마쓰이 게이시가 일본 경제의 침체 요인을 분석하면서 쓰기 시작했다. 결혼 연령이 높아지고, 알파걸, 골드미스 등 경제력이 있는 독신여성이 늘어나면서 여성의 소비가 크게 늘고 있다. 남성의 전유물로 인식되던 자동차는 물론 주택, 가전제품의 경우도 여성 소비자가 구매결정권을 가지게 됨으로서 많은 상품들이 감각적이면서 섬세함을 따지는 여성소비자를 만족시키려는 경향을 보이고 있다.

✽ 위키노믹스(wikinomics) **

인터넷 무료 백과사전인 위키피디아(Wikipedia)의 위키(Wiki)와 경제학(Economics)의 합성어로 내부 인재만의 지식의존에서 벗어나 아마추어를 포함한 불특정 다수인 외부인의 지식을 널리 활용하는 것을 말한다. 위키노믹스 시대에는 대중의 지혜와 지성이 경제구조를 지배하는데, 기업의 연구개발도 극비리에 진행하지 않고 외부 네트워크와 협력하여 기업경쟁력을 끌어 올린다. 기업은 경영 정보를 외부에 적극 개방하고, 외부인의 창의와 역량을 조직 내부로 끌어들이는 장점이 있어, 웹 2.0 시대에는 대중들의 협업이 중심적 역할을 하는 비즈니스 패러다임이 자리 잡을 것임을 상징하고 있다.

✽ 왝더독(wag the dog) **

꼬리가 개의 몸통을 흔든다는 뜻으로, 앞뒤가 바뀌었다는 말이다. 증권시장에서 주가지수 선물가격이 현물지수를 뒤흔드는 현상으로 주식시장이 장 마감을 앞두고 선물시장의 약세로 말미암아 프로그램 매물이 대량으로 쏟아져 주가가 폭락하는 경우를 나타내는 현상을 일컫는다. 여기서 프로그램 매물이란 선물과 현물의 가격차이가 벌어졌을 때 상대적으로 싼 쪽을 사고 비싼 쪽을 팔아 이익을 남기는 거래방식이다. 주로 투신사 등의 기관투자자의 거래에서 이용되고 컴퓨터로 처리하기 때문에 프로그램 매매라고 한다.

✽ 보완재(補完財) *

재화 중에서 동일 효용을 증대시키기 위해 함께 사용해야 하는 두 재화를 말한다. 이들 재화는 따로 소비할 경우의 효용합계보다 함께 소비할 경우의 효용이 더 크다. 보완재의 예로는 커피와 설탕, 버터와 빵, 펜과 잉크 등이 있다.

✽ 대체재(代替財) *

재화 중에서 동종의 효용을 얻을 수 있는 두 재화로, 경쟁재라고도 한다. 대체관계에 있는 두 재화는 하나의 수요가 증가하면 다른 하나는 감소하고, 소득이 증대되면 상급재의 수요가 증가하고 하급재의 수요는 감소한다. 예를 들어 버터(상급재)와 마가린(하급재), 쌀(상급재)과 보리(하급재), 쇠고기(상급재)와 돼지고기(하급재) 등이다.

✱ 경제 4단체 **

전국경제인연합회, 대한상공회의소, 한국무역협회, 중소기업중앙회를 말한다. 전국경제인연합회는 순수민간단체이며, 나머지 단체는 반관반민(半官半民)의 성격을 띤 대(對)정부 압력단체의 역할을 한다.

✱ 유럽연합(EU : European Union) **

유럽의 정치와 경제를 통합하기 위해 1993년 11월 1일 마스트리히트조약의 발효에 따라 유럽 12개국이 참가하여 출범한 연합기구로 1994년 1월 1일 이후 사용하기 시작한 EC의 새로운 명칭이다. EU회원국 수는 27개국으로 오스트리아, 벨기에, 불가리아, 키프로스, 체코, 덴마크, 에스토니아, 핀란드, 프랑스, 독일, 그리스, 헝가리, 아일랜드, 이탈리아, 라트비아, 리투아니아, 룩셈부르크, 몰타, 네덜란드, 폴란드, 포르투갈, 루마니아, 슬로바키아, 슬로베니아, 스페인, 스웨덴, 크로아티아이다.

✱ 유럽자유무역연합(EFTA : European Free Trade Association) *

EU에 참가하지 않은 스위스, 아이슬란드, 노르웨이, 리히텐슈타인으로 구성된 자유무역체제이다. 유럽 전체를 자유무역지역으로 설립하는 데 목적이 있었으나, 현재는 각 회원국의 독자적인 통상정책을 구성한다.

✱ 북미자유협정(NAFTA : North America Free Trade Agreement) *

미국·캐나다·멕시코 등 북미 3국을 단일시장으로 묶는 자유무역협정을 말한다. 협정은 노동과 자본의 자유로운 이동, 동일한 노동법과 환경보전법 적용, 역내의 관세 및 수입제한을 단계적으로 낮춰 15년 이내에 원칙적으로 철폐할 것 등이다. 유럽공동체(EC)에 이어 두 번째로 진행된 대규모 경제통합으로 거대한 단일시장을 이루었다.

✱ 주식회사(株式會社) ***

1인 이상의 발기인에 의해 설립되며 유한책임의 주주로 구성되는 물적 회사이다. 자본금은 균일한 금액으로 표시되어 있는 주식으로 분할되고 매매·양도가 가능하다. 구성기관으로는 의결기관인 주주총회, 집행 및 대표기관인 이사회와 대표이사, 회계감사기관인 감사의 세 기관이 있다. 주식회사는 주식에 의한 대자본의 형성, 주주의 위험분산, 자본과 경영의 분리 등이 특징이라 할 수 있다.

✱ 가젤형 기업(Gazelles Company) *

상시 근로자 10인 이상이면서 매출이나 순고용이 3년 연속 평균 20% 이상인 기업으로, 빠른 성장과 높은 순고용 증가율이 가젤(빨리 달리면서도 점프력도 좋은 영양류의 일종)과 닮았다는 데서 이름이 유래됐다. 자생적 성장을 이룬 기업을 지칭하므로 인수합병은 제외된다. 특히 가젤형 기업 중에서도 매출 1000억 원 이상의 기업은 슈퍼 가젤형 기업이라고 한다. 가젤형 기업은 규모가 작아 눈에 띄지 않지만, 틈새시장을 집요하게 파고들어 세계 최강자 자리에 오른 히든 챔피언과는 차이가 있다. 히든 챔피언이 매출 시장에 비중을 더 두는 데 비해 가젤형 기업은 안정적인 일자리 창출에 중추적인 역할을 하고 있기 때문이다.

✱ 고객관계관리(CRM : Customer Relationship Management) ***

기존고객의 정보를 분석해서 고객의 특성에 맞는 마케팅을 전개하는 것으로 고객관계관리라고 한다. 전산시스템과 인터넷의 발달로 다양한 고객관리를 할 수 있게 되면서 새로운 마케팅기법으로 각광받고 있다. 고객에 대한 정보자료를 정리·분석해 마케팅 정보로 변환함으로써 고객의 구매패턴을 지수화하고, 이를 바탕으로 마케팅프로그램을 개발·실현·수정하는 고객 중심의 경영 기법을 의미한다. 다시 말해 기업이 고객의 성향과 욕구를 미리 파악해 이를 충족시켜 주고, 기업이 목표로 하는 수익이나 광고효과 등 원하는 바를 얻어내는 기법을 말한다. 영화관을 예로 들자면, 회원카드를 통하여 고객이 어떤 영화를 얼마나 자주 보고 언제 보는가를 CRM을 통해 고객의 취향을 파악해, 취향에 맞는 영화가 개봉될 때를 맞춰 할인쿠폰이나 개봉정보를 알려줄 수 있다. 이 경우 무작위로 정보를 보내는 것보다 비용과 효과 면에서 유리할 것이다.

✱ 고객경험관리(CEM : Customer Experience Management) *

고객이 어떻게 생각하고 느끼는지를 파악하고, 이를 토대로 고객의 경험을 데이터 하여 구축한 것으로, 기업은 모든 접점에서 고객과 관계를 맺고 각기 다른 고객 경험 요소를 서로 통합해준다. 그리고 고객에게는 감동적인 경험을 갖도록 해주어 기업 가치를 높인다. 고객은 단순히 가격과 품질만을 검토하여 이성적으로 제품을 구매하는 것이 아니라, 친절한 매장 직원이나 편리한 주문시스템 같은 감성적 요인으로 구매를 하는 경향이 있다는 측면에서 등장한 고객관리기법으로 콜롬비아 비즈니스 스쿨의 번트 슈미트 교수(Bernd. Schmitt)가 그의 저서 「CRM을 넘어 CEM으로」에서 처음 소개하였다.

✱ 나노 경영 *

맥이트(McIT) 이론에 기초하여 지속적 고용 유지와 부가가치 창출을 동시에 성취한다는 경영이론이다. 맥이트(McIT)란 경영(Management), 문화(Culture) 그리고 정보기술(Information technology)의 앞 글자를 딴 것이다. 나노는 '10억분의 1'을 의미하는 것으로 나노기술은 원자와 분자를 직접 조작하고 재배열하여 기존에 존재하지 않던 신물질을 개발하는 기술이다. 나노기술처럼, 나노 경영은 기업이 수행하는 아주 작은 세부 활동들을 분석하여, 이를 보다 큰 차원에서 결합·응용하여 보다 효율적으로 기업을 경영하는 것을 의미한다. 창조·지식경영과 함께 주 30시간의 업무활동과 10시간의 학습활동을 목표로 한 스피드 경영 및 시간 관리가 그 핵심이다.

✱ B2B · B2C ***

B2B는 Business to Business(기업 對 기업)의 줄임말로 기업과 기업이 전자상거래를 하는 관계를 의미하며, 인터넷 공간을 통해 기업이 원자재나 부품을 다른 기업으로부터 구입하는 것이 대표적이다. 일반소비자와는 큰 상관이 없지만 거래규모가 엄청나서 앞으로 전자상거래를 주도할 것으로 보인다. B2C는 Business to Consumer의 줄임말로 기업이 개인을 상대로 인터넷상에서 일상용품을 판매하는 것이 대표적이다. 현재 인터넷에서 운영되고 있는 전자상거래 웹사이트의 대부분이 B2C를 겨냥하고 있다. 이밖에도 전자상거래의 유형 중에는 C2B, C2C도 있으나 차지하는 비중은 미미한 편이다.

✹ 서브프라임 모기지(sub-prime mortgage) **

미국에서 신용등급이 낮은 저소득층을 대상으로 높은 금리에 주택 마련 자금을 빌려 주는 비우량 주택담보대출을 뜻한다. 미국의 주택담보대출은 신용도가 높은 개인을 대상으로 하는 프라임(prime), 중간 정도의 신용을 가진 개인을 대상으로 하는 알트 A(Alternative A), 신용도가 일정 기준 이하인 저소득층을 상대로 하는 서브프라임의 3등급으로 구분된다. 2007년 서브프라임 모기지로 대출을 받은 서민들이 대출금을 갚지 못해 집을 내놓아 집값이 폭락하며 금융기관의 파산 및 글로벌 금융위기를 야기시켰다. 시사주간지 타임에서 서브프라임 모기지를 '2010년 세계 50대 최악의 발명품'으로 선정하였다.

✹ 자기자본투자(PI : Principal Investment) **

증권사들이 고유 보유자금을 직접 주식·채권·부동산 및 인수·합병(M&A) 등에 투자해 수익을 얻는 것으로 주식거래 중개와는 별도로 한다. 해외 투자은행들은 위탁수수료 수익 비중에 비해 자기자본투자의 비중이 높지만 국내 증권사들의 경우 위탁수수료 수익 비중이 자기자본투자에 비해 높다.

✹ 역모기지론(reverse mortgage loan) *

고령자들이 보유하고 있는 주택을 담보로 금융기관에서 일정액을 매월 연금형식으로 받는 대출상품이다. 주택연금 또는 장기주택저당대출이라고 한다. 부동산을 담보로 주택저당증권(MBS)을 발행하여 장기주택자금을 대출받는 제도인 모기지론과 자금 흐름이 반대이기 때문에 역모기지론이라고 한다. 주택은 있으나 경제활동을 할 수 없어 소득이 없는 고령자가 주택을 담보로 사망할 때까지 자택에 거주하면서 노후 생활자금을 연금 형태로 지급받고, 사망하면 금융기관이 주택을 처분하여 그동안의 대출금과 이자를 상환 받는다. 역모기지론의 가입조건은 부부가 모두 65세 이상이어야 하고, 6억원 미만의 주택을 가진 사람을 대상으로 한다. 고령자가 사망시 또는 계약시까지 주택에 살면서 노후생활비를 받으므로 주거안정과 노후소득 보장을 받을 수 있다. 우리나라는 2006년부터 종신형 역모기지론이 도입되었으며, 주택금융공사의 공적보증으로 대출기간을 종신으로 늘렸으며, 현재 조건이 완화되어 담보대출이나 전세보증금이 끼어 있는 집도 이용할 수 있다.

✹ 주택담보대출비율(LTV : Loan To Value ratio) **

금융기관에서 주택을 담보로 대출해 줄때 적용하는 담보가치대비 최대대출가능 한도를 말한다. 주택담보대출비율은 기준시가가 아닌 시가의 일정비율로 정하며, 주택을 담보로 금융기관에서 돈을 빌릴 때 주택의 자산 가치를 얼마로 설정하는 가의 비율로 나타낸다.

✹ 파킹(parking) 통장 **

잠시 주차를 하듯 짧은 시간 여유자금을 보관하는 통장을 의미한다. 일반 자유입출금 통장처럼 수시입출금이 가능하면서 비교적 높은 수준의 금리를 제공하는 게 특징이다. 정기예금이나 적금과 달리 상당기간 자금이 묶이지 않기 때문에 최근 각광받고 있다. 파킹(parking) 통장은 불안한 투자환경과 시장 변동성 속에서 잠시 자금의 휴식처가 필요하거나 당장 목돈을 사용할 계획이 없는 투자자들에게 유용하다. 특히 하루만 맡겨도 금리 수익을 거둘 수 있다는 게 장점으로 꼽힌다. 일반적인 자유입출금 통장이 연 0.1~0.2%(세전) 수준의 이자를 주는 반면 파킹통장은 일정 금액 이상이 통장에 '파킹'되어 있으면 연 2%이상의 높은 금리를 지급한다.

✱ BCG매트릭스 ✱✱

BCG매트릭스는 컨설팅 전문회사인 'Boston Consulting Group'에 의해 개발된 것으로 기업 경영전략 수립의 분석도구로 활용된다. 이는 사업의 성격을 단순화, 유형화하여 어떤 방향으로 의사결정을 해야 할지를 명쾌하게 얘기해 주지만, 사업의 평가요소가 상대적 시장점유율과 시장성장률뿐이어서 지나친 단순화의 오류에 빠지기 쉽다는 단점이 있다. X축은 상대적 시장점유율, Y축은 시장성장률을 놓고 각각 높음·낮음의 두 가지 기준을 정한 매트릭스로 구성하여 사업을 4가지로 분류했다.

① star사업 … 수익과 성장이 큰 성공사업으로 지속적인 투자가 필요하다.
② cash cow 사업 … 기존 투자에 의해 수익이 지속적으로 실현되는 자금 원천사업으로 시장성장률이 낮아 투자금이 유지·보수에 들어 자금산출이 많다.
③ question mark 사업 … 상대적으로 낮은 시장 점유율과 높은 성장률을 가진 신규사업으로 시장점유율을 높이기 위해 투자금액이 많이 필요하며, 경영에 따라 star사업이 되거나 dog 사업으로 전락할 위치에 놓이게 된다.
④ dog 사업 … 수익과 성장이 없는 사양사업으로 기존의 투자를 접고 사업철수를 해야 한다.

✱ 페트로 달러(Petro Dollar) ✱✱

석유에 대한 주된 결제통화로서 달러의 위상을 상징하는 용어를 의미한다. 국제 원유는 오로지 달러로만 거래되는데, 이는 사우디아라비아와 미국이 함께 구축한 '페트로 달러' 체제 때문이다. 최대 산유국인 사우디는 지정학적 이유와 달러 확보를 위해 오로지 달러로만 원유를 결제받기로 했고 덕분에 미국은 무려 40년간 원자재 시장은 물론 실물경제 시장에서 달러 패권을 누렸다. '페트로 달러'는 '석유를 팔아 얻은 달러'를 뜻하지만 좀 더 폭넓은 국제 정치경제학적 의미에서는 달러로만 석유 대금을 결제할 수 있게 하는 현 체제를 의미하기도 한다. 페트로 달러 체제는 1970년대 중반 미국과 사우디아라비아의 비공식 계약에 근거한 것이다.

✱ 팹리스 ✱

팹리스(Fabless)란 반도체를 설계만 하고 제작은 하지 않는 기업을 말한다. '공장(Fab)이 없다(less)'는 뜻의 팹리스는 중앙처리장치(CPU)나 모바일프로세서(AP), 통신모뎀·이미지센서 같은 시스템 반도체(비메모리) 칩의 설계를 맡는다. 팹리스의 설계에 따라 반도체를 생산만 하는 기업은 파운드리(Foundry)라고 한다.

✱ 레이더스(raiders) *

기업약탈자 또는 사냥꾼을 뜻한다. 자신이 매입한 주식을 배경으로 회사경영에 압력을 넣어 기존 경영진을 교란시키고 매입주식을 비싼값에 되파는 등 부당이득을 취하는 집단이다. 즉, 여러 기업을 대상으로 적대적 M&A를 되풀이하는 경우를 말한다.

✱ 스핀오프(spin-off) *

정부출연연구기관의 연구원이 자신이 참여한 연구결과를 가지고 별도의 창업을 할 경우 정부보유의 기술을 사용한데 따른 로열티를 면제해 주는 제도를 말한다. 이를 실시하는 국가들은 기술이 사업화하는데 성공하면 신기술연구기금을 출연토록 의무화하고 있다. 또 기업체의 연구원이 사내창업(社內創業)을 하는 경우도 스핀오프제의 한 형태로 볼 수 있다.

✱ 풋백옵션(putback option) *

일정한 실물 또는 금융자산을 약정된 기일이나 가격에 팔 수 있는 권리를 풋옵션이라고 한다. 풋옵션에서 정한 가격이 시장가격보다 낮으면 권리행사를 포기하고 시장가격대로 매도하는 것이 유리하다. 옵션가격이 시장가격보다 높을 때는 권리행사를 한다. 일반적으로 풋백옵션은 풋옵션을 기업인수합병에 적용한 것으로, 본래 매각자에게 되판다는 뜻이다. 파생금융상품에서 일반적으로 사용되는 풋옵션과 구별하기 위해 풋백옵션이라고 부른다. 인수시점에서 자산의 가치를 정확하게 산출하기 어렵거나, 추후 자산가치의 하락이 예상될 경우 주로 사용되는 기업인수합병방식이다.

✱ 아웃소싱(outsourcing) **

제품생산·유통·포장·용역 등을 하청기업에 발주하거나 외주를 주어 기업 밖에서 필요한 것을 조달하는 방식을 말한다. 특히 업무가 계절적·일시적으로 몰리는 경우 내부직원, 설비를 따로 두는 것보다 외부용역을 주는 것이 효율적이다. 주로 기업에서 활용됐으나 최근에는 정부부문도 일상적 관리업무나 수익성이 있는 사업 등을 민간에 맡기거나 넘겨 효율성을 높이면서 조직을 줄이는 것이 세계적인 추세이다.

✱ 워크아웃(workout) **

기업가치회생작업으로, 기업과 금융기관이 서로 합의해서 진행하는 일련의 구조조정과정과 결과를 말한다. 미국의 GE사가 1990년대 초 개발한 신(新)경영기법이다. 사전적 의미로는 운동·훈련 등으로 몸을 가뿐하게 하는 것으로, 종업원들이 근무장소에서 벗어나 회사 내 문제점에 대한 토론을 벌이고 이를 통해 회사의 발전방안을 도출해 내는 의사결정방식이다.

✱ 법정관리(法定管理) *

기업이 자력으로 회사를 운영하기 어려울 만큼 부채가 많을 때 법원에서 제3자를 지정하여 자금을 비롯한 기업활동 전반을 관리하게 하는 것을 말한다. 법정관리신청을 하면 법정관리체제의 전단계 조치인 재산보전처분결정을 내려 이날부터 회사와 관련된 모든 채권·채무가 동결되고, 법정관리결정을 내려 법정관리자를 지정하면 법정관리체제로 전환된다. 법정관리신청이 기각되면 파산절차를 밟거나 항고·재항고를 할 수 있는데, 항고·재항고기간중엔 법원의 회사재산보전처분결정이 그대로 효력을 발생, 시간벌기작전으로 파산위기를 넘기기 위한 목적으로 이용되는 경우도 있다. 부도위기에 몰린 기업을 파산시키기보다 살려내는 것이 단기적으로는 채권자의 이익을 희생시키는 대신 장기적으로는 기업과 채권자에게는 물론 국민경제 전반에 바람직한 경우가 많다는 점에서 이 제도를 시행하고 있다. 또 회사의 경영을 계속 유지시켜 줌으로써 인적 자원이나 경영노하우를 보호하는 측면도 있다. 그러나 법정관리가 부실기업의 도피처로 악용되거나 남용되는 사례가 많다는 비판도 있다.

✱ 스톡옵션(stock option) ***

주식매입선택권으로 기업이 전문경영인이나 핵심기술자를 고용하면서 일정 기간 후 채용할 때의 약속한 가격으로 주식을 살 수 있도록 하는 제도를 말한다. 입사 후 기업성장으로 주가가 오르면 주식차익을 챙길 수 있어 고급인력을 초빙하는데 유리하다.

✱ 백기사(white knight) **

경영권 다툼을 벌이고 있는 기존 대주주를 돕기 위해 나선 제3자이다. 이때 우호적인 기업인수자를 백기사라고 한다. 백기사는 목표기업을 인수하거나 공격을 차단해 주게 된다. 백기사처럼 기업을 인수하는 단계까지 가지 않고 기업의 주식확보를 도와주는 세력을 백영주(white squire)라고 한다.

✱ 그린메일(green mail) **

기업사냥꾼(green mailer)이 대주주에게 주식을 팔기 위해 보낸 편지를 말한다. 기업사냥꾼들이 상장기업의 주식을 대량 매입한 뒤 경영진을 위협해 적대적 M&A를 포기하는 대가로 자신들이 확보한 주식을 시가보다 훨씬 높은 값에 되사들이도록 강요하는 행위이다.

✱ 종업원지주제도(從業員持株制度) *

회사가 종업원에게 자사주의 보유를 권장하는 제도로서 회사로서는 안정주주를 늘리게 되고 종업원의 저축을 회사의 자금원으로 할 수 있다. 종업원도 매월의 급여 등 일정액을 자금화하여 소액으로 자사주를 보유할 수 있고 회사의 실적과 경영 전반에 대한 의식이 높아지게 된다.

✱ CEO(Chief Executive Officer) *

미국 대기업의 최고의사결정권자로 우리나라의 대표이사와 같은 의미이다. 최고경영자가 회장직을 겸하는 경우도 있으나 두 직책이 분리되는 경우도 있다. 분리되는 경우 회장이 단지 이사회를 주재하는 권한만을 행사하는데 반해 최고경영자는 경영 전반을 통괄한다. 실권은 최고경영자에게 있다.

✷ 콘체른(konzern) *

동종(同種) 또는 이종(異種)의 각 기업이 법률상으로는 독립하면서 경제상으로는 독립을 상실하고 하나의 중앙재벌 밑에서 지배를 받는 기업집중의 형태로, 재벌이라고도 한다. 일반적으로 거대기업이 여러 산업의 다수기업을 지배할 목적으로 형성된다.

✷ 카르텔(cartel) *

기업연합을 뜻하는 것으로, 같은 종류의 여러 기업들이 경제상·법률상의 독립성을 유지하면서 상호간의 무리한 경쟁을 피하고 시장을 독점하기 위해 협정을 맺고 횡적으로 연합하는 것을 말한다. 협정의 내용에 따라 구매카르텔, 생산카르텔(생산제한·전문화 등), 판매카르텔(가격·수량·지역·조건·공동판매 등)이 있다. 우리나라에서는 「독점규제 및 공정거래법」에 의해 원칙적으로 금지되어 있다.

✷ 신디케이트(syndicate) *

카르텔 중 가장 결합이 강한 형태로, 중앙에 공동판매소를 두어 공동으로 판매하고 이익을 분배하는 기업집중의 형태이다. 공동판매카르텔이라고도 한다.

✷ 콤비나트(combinat) *

국내의 독립된 기업이 생산공정에 있어서 낭비축소, 부산물의 공동이용 등 기술합리화를 위해 지역적·다각적으로 결합하여 기업을 경영하는 기업집단의 형태를 말한다. 콤비나트화의 목적은 원재료의 확보, 생산의 집중화, 유통과정의 합리화 등으로 원가절감을 기하는 것이다.

✷ 트러스트(trust) *

동종 또는 유사한 기업의 경제상·법률상의 독립성을 완전히 상실하고 하나의 기업으로 결합하는 형태로, 이는 대자본을 형성하여 상대경쟁자를 누르고 시장을 독점지배할 수 있다. 일반적으로 거액의 자본을 고정설비에 투자하고 있는 기업의 경우에 이런 형태가 많다. 트러스트의 효시는 1879년 미국에서 최초로 형성된 스탠더드 오일 트러스트(standard oil trust)이다.

✷ CI(Corporate Identity) *

기업이미지 통합을 말한다. 상품구입에서 직장을 고르는 경우에 이르기까지 기업·소비자·취직자 등은 그 기업의 이미지에 따라 선택판단을 내리게 되는 경우가 많다. 이 때문에 각 기업들은 기업의 명칭에서부터 종업원의 복장에 이르기까지 통일된 이미지를 주는, 즉 같은 회사의 제품이라는 것을 식별할 수 있도록 해주는 기업활동과 전략을 수립하고 있다. 본격적으로 도입된 것은 1980년대부터인데 여기에는 VI(Visual Identity : 시각이미지 통일), BI(Behavioral Identity : 행동양식 통일), MI (Mind Identity : 심리 통일) 등이 있다.

✸ IR(Investor Relations) ***

기업설명회를 뜻한다. 기관투자가, 펀드매니저 등 주식투자자들에게 기업에 대한 정보를 제공하여 투자자들의 의사결정을 돕는 마케팅활동의 하나이다. 기업입장에서는 자사주가가 높은 평가를 받도록 함으로써 기업의 이미지를 높이고 유상증자 등 증시에서의 자금조달이 쉬워지는 효과를 거둘 수 있다. IR은 효과를 극대화하기 위해 기업의 장·단점과 계량화되지 않은 정보를 신속·정확·공평하게 계속적으로 알려야 한다.

✸ ISO 9000시리즈 *

국제품질보증제도이다. 국제표준화기구(ISO)가 1987년 제정한 '품질경영 및 품질보증에 관한 품질보증모델' 국제규격에 의해 제품 또는 서비스를 공급하는 공급자의 품질시스템을 평가해 품질보증능력과 신뢰성을 인정해 주는 제도를 말한다. 즉, 단순히 제품의 품질규격 합격 여부만을 확인하는 일반품질인증과는 달리 해당 제품이나 서비스의 설계에서부터 생산시설·시험검사·애프터서비스 등 전반에 걸쳐 규격준수 여부를 확인하여 인증해 주는 제도이다. ISO 9000시리즈는 제품의 설계·생산시설·시험검사 등의 인증대상을 어디까지 포함시키느냐에 따라 9001, 9002, 9003, 9004 4가지로 분류되는데, 9001규격이 가장 포괄적인 규격이다. 우리나라는 1993년부터 시행하고 있다.

✸ 개인종합자산관리계좌(ISA : Individual Savings Account) **

하나의 통장으로 예·적금은 물론 주식·펀드 등 파생 상품 투자가 가능한 통합계좌이다. 근로자와 자영업자, 농어민의 재산 형성 등을 위해 2016년에 도입한 것으로 운용 지시를 가입자가 직접 하는 신탁형과 전문가에게 운용을 맡길 수 있는 일임형으로 나뉜다.

✸ 리콜(recall) *

소환수리제로, 자동차에서 비행기까지 모든 제품에 적용되는 소비자보호제도로서 자동차와 같이 인명과 바로 직결되는 제품의 경우 많은 국가에서 법제화해 놓고 있다. 2만여개의 부품으로 구성된 자동차의 경우 부품을 일일이 검사한다는 것은 기술적으로 불가능하며 대부분 표본검사만 하기 때문에 품질의 신뢰성이 완벽하지 못해, 이에 대한 사후보상으로 애프터서비스제와 리콜제가 있다. 애프터서비스제가 전혀 예기치 못한 개별적인 결함에 대한 보상임에 비해 리콜제는 결함을 제조사가 발견하고 생산일련번호를 추적, 소환하여 해당 부품을 점검·교환·수리해 주는 것을 말한다. 리콜은 반드시 공개적으로 해야 하며, 소비자에게 신문·방송 등을 통해 공표하고 우편으로도 연락해 특별점검을 받도록 해야 한다.

✸ 제조물책임법(PL : Product Liability) *

소비자가 상품의 결함으로 손해를 입었을 경우 제조업자는 과실이 없어도 책임이 있다는 무과실책임이 인정되어 기업이 배상책임을 지도록 하는 것이다. 우리나라 현행 민법에서는 피해자측이 과실을 입증하지 못하면 기업은 책임을 면할 수 있게 되어 있다. 그러나 수입품에 의한 소비자피해가 발생했을 때에는 해당 외국기업이 배상책임을 지도록 하고 있다.

✱ 윈윈전략(win win 戰略) *

경쟁관계에 있는 기업이라도 공조하지 않으면 모두 위태로울 수 있다는 점에서 나와 상대편이 모두 승리하는데 주안점을 둔 경영전략이다. 단순한 전략적 제휴와는 달리 기업간 경쟁관계를 유지하면서 서로 손잡고 새로운 시장 및 수요를 창출하는 것으로 전략적 제휴를 포함하는 개념이다.

✱ 오픈프라이스제(open price 制) *

최종판매업자가 제품의 가격을 표시해 제품가격의 투명성을 높이는 제도를 말한다. 그동안 제조업자가 턱없이 높은 권장소비자가격을 매겨 놓고 유통업자가 소비자에게 판매할 때 이를 대폭 할인해 주는 식으로 영업을 했다. 이 제도를 도입하면 판매자 간의 가격경쟁을 유도할 수 있어 최종소비자는 더욱 싼값으로 제품을 구입할 수 있게 된다. 제조업자가 가격을 편법으로 인상할 필요도 없어진다.

✱ X이론 · Y이론 · Z이론 *

미국의 맥그리거(D. McGregor)가 인간행동의 유형에 대해 붙인 이론이다. 그의 이론에 따르면 X이론형 인간은 일하기를 싫어하고 명령받기를 좋아하며 책임을 회피하는 등 일신의 안정만을 희구하며, Y이론형 인간은 사람에게 있어 일은 자기능력을 발휘하고 자기실현을 이룩할 수 있는 것이므로 오히려 즐거운 것이어서 스스로 정한 목표를 위해 노력한다는 것이다. Z이론은 Y이론에서 한걸음 발전한 형태로, 윌리엄 오우치(William Ouchi)가 일본 경영자들의 호의적 Y이론을 Z이론이라고 불렀다. Z이론형 인간은 전체 구성원들이 합의적 의사결정 과정에 참여, 근로자와 경영자가 품질분임조를 구성 · 공동작업을 통한 품질개선을 추구하는 등 자신과 회사를 개선시키는데 적극 참여하게 된다는 것이다.

✱ 헤일로효과(halo effect) ***

헤일로(halo)란 후광을 뜻하는데, 인물이나 상품을 평정할 때 대체로 평정자가 빠지기 쉬운 오류의 하나로 피평정자의 전체적인 인상이나 첫인상이 개개의 평정요소에 대한 평가에 그대로 이어져 영향을 미치는 등 객관성을 잃어버리는 현상을 말한다. 특히 인사고과를 할 경우 평정자가 빠지기 쉬운 오류는 인간행동이나 특성의 일부에 대한 인상이 너무 강렬한 데서 일어난다. 헤일로효과를 방지하기 위해서는 감정 · 선입감 · 편견을 제거하고, 종합평정을 하지 말고 평정요소마다 분석 평가하며, 일시에 전체적인 평정을 하지 않을 것 등이 필요하다.

✱ 시너지효과(synergy effect) *

기업의 합병으로 얻은 경영상의 효과로, 합병 전에 각 기업이 가졌던 능력의 단순한 합 이상으로 새로운 능력을 갖게 되는 결과를 말한다. 각종 제품에 대해 공통의 유통경로 · 판매조직 · 판매창고 · 수송시설 등을 이용함으로써 생기는 판매시너지, 투자시너지, 생산시너지, 경영관리시너지 등이 있다. 시너지란 본래 인체의 근육이나 신경이 서로 결합하여 나타내는 활동, 혹은 그 결합작용을 의미한다.

출제 예상 문제

1 가구의 소득 흐름은 물론 금융 및 실물 자산까지 종합적으로 고려하여 가계부채의 부실위험을 평가하는 지표로, 가계의 채무상환능력을 소득 측면에서 평가하는 원리금상환비율(DSR : Debt Service Ratio)과 자산 측면에서 평가하는 부채/자산비율(DTA : Debt To Asset Ratio)을 결합하여 산출한 지수를 무엇이라고 하는가?

① 가계신용통계지수　　　　　　　　　② 가계수지
③ 가계순저축률　　　　　　　　　　　④ 가계부실위험지수

> **TIP** 가계부실위험지수(HDRI)는 가구의 DSR과 DTA가 각각 40%, 100%일 때 100의 값을 갖도록 설정되어 있으며, 동 지수가 100을 초과하는 가구를 '위험가구'로 분류한다. 위험가구는 소득 및 자산 측면에서 모두 취약한 '고위험가구', 자산 측면에서 취약한 '고DTA가구', 소득 측면에서 취약한 '고DSR가구'로 구분할 수 있다.

2 가장 높은 시청률과 청취율을 유지하여 비싼 광고비를 지불해야하는 방송시간대를 일컫는 용어는?

> 2020. 07. 04. 부산교통공사

① 콜 타임　　　　　　　　　　　　　② 브레이크아웃 타임
③ 프라임타임　　　　　　　　　　　　④ 랩 타임

> **TIP** ① 콜 타임(Call Time) : 야구경기 진행 도중에 감독이나 선수의 요구에 의해 잠시 경기 진행을 정지한 상황
> ② 브레이크아웃 타임(Breakout Time) : 특정 국가가 핵무기 제조하고자 결심한 시점부터 핵물질을 확보하는 데까지 걸리는 시간
> ④ 랩 타임(Lap Time) : 육상경기나 자동차 경주 등에서 트랙을 한 바퀴를 도는데 걸리는 시간

3 가격이 상승한 소비재의 수요가 오히려 증가하는 현상은?

① 립스틱 효과　　　　　　　　　　　② 전시 효과
③ 베블렌 효과　　　　　　　　　　　④ 리카도 효과

> **TIP** 베블렌 효과는 허영심에 의해 수요가 발생하는 것으로서 가격이 상승한 소비재의 수요가 오히려 증가하는 현상을 의미한다.

Answer　1.④　2.③　3.③

4 국방·경찰·소방·공원·도로 등과 같이 정부에 의해서만 공급할 수 있는 것이라든가 또는 정부에 의해서 공급되는 것이 바람직하다고 사회적으로 판단되는 재화 또는 서비스를 무엇이라고 하는가?

① 시장실패

② 공공재

③ 사유재

④ 보이지 않는 손

TIP 공공재에는 보통 시장가격은 존재하지 않으며 수익자부담 원칙도 적용되지 않는다. 따라서 공공재 규모의 결정은 정치기구에 맡길 수밖에 없다. 공공재의 성질로는 어떤 사람의 소비가 다른 사람의 소비를 방해하지 않고 여러 사람이 동시에 편익을 받을 수 있는 비경쟁성·비선택성, 대가를 지급하지 않은 특정 개인을 소비에서 제외하지 않는 비배제성 등을 들 수 있다.

5 부산교통공사의 이미지를 시각화 하여 나타낸 심벌마크로 기업의 사명이나 역할 등의 아이덴티티를 나타내어 외부에 기업이미지를 통일화하여 보여주는 마크를 의미하는 용어는? 2020. 07. 04. 부산교통공사

① PI

② SI

③ MI

④ CI

TIP ④ CI(Corporate Identity)
  ① PI(President Identity) : 기업의 최고경영자 이미지를 나타내는 용어
  ② SI(Shop Identity) : 기업의 매장을 통일화하는 브랜드 전략을 의미하는 용어
  ③ MI(Mind Identity) : 기업의 최고경영자의 마음가짐을 나타내는 용어

6 다음 내용을 읽고 괄호 안에 들어갈 말로 가장 적절한 것을 고르면?

> 국민경제 내에서 자산의 증가에 쓰인 모든 재화는 고정자산과 재고자산으로 구분되는데 전자를 국내총고정자본형성 또는 고정투자, 후자를 재고증감 또는 재고투자라 하며 이들의 합계를 (   )이라 한다.

① 국내총투자율

② 국내총생산

③ 국내신용

④ 국내공급물가지수

TIP 국내총투자율(gross domestic investment ratio)은 국민경제가 구매한 재화 중에서 자산의 증가로 나타난 부분이 국민총처분가능소득에서 차지하는 비율을 의미한다.

Answer 4.② 5.④ 6.①

7 다음 내용을 읽고 괄호 안에 들어갈 말로 가장 적절한 것을 고르면?

> (   )을/를 시행하게 되면 환율 변동에 따른 충격을 완화하고 거시경제정책의 자율성을 어느 정도 확보할 수 있다는 장점이 있다. 하지만 특정 수준의 환율을 지속적으로 유지하기 위해서는 정부나 중앙은행이 재정정책과 통화정책을 실시하는 데 있어 국제수지 균형을 먼저 고려해야하는 제약이 따르고 불가피하게 자본이동을 제한해야 한다.

① 고통지수
② 자유변동환율제도
③ 고정환율제도
④ 고정자본소모

TIP 고정환율제도는 외환의 시세 변동을 반영하지 않고 환율을 일정 수준으로 유지하는 환율 제도를 의미한다. 이 제도는 경제의 기초여건이 악화되거나 대외 불균형이 지속되면 환투기공격에 쉽게 노출되는 단점이 있다.

---

8 무한책임사원 2인 이상으로만 구성되는 일원적 조직의 회사는?   2020. 07. 04. 부산교통공사

① 합명회사
② 한계기업
③ 합자회사
④ 화웨이

TIP 합명회사는 무한책임사원이 사업 경영을, 유한책임사원은 자본을 제공하여 사업에서 생기는 이익 분배에 참여한다.
② **한계기업**: 미래 경쟁력을 상실하여 앞으로의 성장이 어려운 기업
③ **합자회사**: 무한책임사원과 유한책임사원으로 구성된 회사
④ **화웨이**: 1988년 런정페이가 설립한 중국 최대의 네트워크 및 통신 장비 공급업체

---

9 상당기간 자금이 묶이지 않기 때문에 최근 각광받고 있는 것으로 불안한 투자환경과 시장 변동성 속에서 잠시 자금의 휴식처가 필요하거나 당장 목돈을 사용할 계획이 없는 투자자들에게 유용한 이것은 무엇인가?

① 적금 통장
② 정기예금 통장
③ 파킹 통장
④ 마이너스 통장

TIP 파킹(parking) 통장은 잠시 주차를 하듯 짧은 시간 여유자금을 보관하는 통장을 의미한다. 일반 자유입출금 통장처럼 수시입출금이 가능하면서 비교적 높은 수준의 금리를 제공하는데, 특히 하루만 맡겨도 금리 수익을 거둘 수 있다는 게 장점으로 꼽힌다.

Answer   7.③ 8.① 9.③

10 빈칸에 들어갈 말로 알맞은 것은?

2020. 07. 04. 부산교통공사

_____는 법률적으로 두 가지 수단이 있다. 하나는 최초의 매매계약을 할 때에 매도인이 _____할 권리를 유보하고 그 목적물을 _____할 수 있다고 약속하는 것이고, 다른 하나는 한 번 보통의 매매계약을 체결하고 나서 다시 매도인이 장래의 일정 기간 내에 매수인으로부터 매수할 수 있다고 예약을 하는 것이다.

① 전매(轉買) ② 환매(還買)
③ 판독(判讀) ④ 투기(投機)

TIP 빈칸에 들어갈 알맞은 단어는 환매이다.
① **전매** : 구입한 부동산을 단기적 이익을 목적으로 하여 다시 파는 것
③ **판독** : 부동산권리의 하자(흠) 유무를 문서와 도면상으로 확인하는 작업
④ **투기** : 상품이나 유가증권의 시세변동에서 발생하는 차익획득을 목적의 거래행위

11 다음 내용을 가장 잘 설명하고 있는 것은?

과거에 한 번 부도를 일으킨 기업이나 국가의 경우 이후 건전성을 회복했다 하더라도 시장의 충분한 신뢰를 얻기 어려워지며, 나아가 신용위기가 발생할 경우 투자자들이 다른 기업이나 국가보다 해당 기업이나 국가를 덜 신뢰하여 투자자금을 더 빨리 회수하고 이로 인해 실제로 해당 기업이나 국가가 위기에 빠질 수 있다.

① 긍정 효과 ② 자동 효과
③ 낙인 효과 ④ 분수 효과

TIP 어떤 사람이 실수나 불가피한 상황에 의해 사회적으로 바람직하지 못한 행위를 한 번 저지르고 이로 인해 나쁜 사람으로 낙인찍히면 그 사람에 대한 부정적 인식이 형성되고 이 인식은 쉽게 사라지지 않는다. 이로 인해 추후 어떤 상황이 발생했을 때 해당 사람에 대한 부정적 사회인식 때문에 유독 그 사람에게 상황이 부정적으로 전개되어 실제로 일탈 또는 범죄행위가 저질러지는 현상을 낳는바, 이를 낙인효과라고 한다. 경제 분야에서도 이러한 현상이 발생한다.

Answer 10.② 11.③

12 통신사업자가 대도시나 아파트 단지 등 고수익-저비용 지역에만 서비스를 제공하는 현상에 빗댄 것으로 기업이 이익을 창출할 것으로 보이는 시장에만 상품과 서비스를 제공하는 현상을 의미하는 것은?

① OSJD

② 스마일 커브

③ 크림 스키밍

④ 코드 커팅

TIP 크림 스키밍(cream skimming)은 원유에서 맛있는 크림만을 골라 먹는데서 유래한 단어로 기업이 이익을 창출할 것으로 보이는 시장에만 상품과 서비스를 제공하는 현상을 뜻한다. 1997년 세계무역기구(WTO) 통신협상 타결 뒤 1998년 한국 통신시장이 개방하면 자본과 기술력을 갖춘 다국적 통신사가 국내 통신사업을 장악한다는 우려와 함께 '크림 스키밍'이 사용되었다.

13 브레이크가 고장 난 기차가 달리고 있다. 레일 위에는 다섯 명의 인부가 있었는데, 기차가 이대로 달린다면 인부들은 모두 죽게 될 것이다. 한 가지 방법이 있다면 레일 변환기로 기차의 방향을 바꾸는 것뿐이다. 만약 레일을 바꾼다면 한 명의 인부가 죽게 된다. 이때 당신이 어떠한 선택을 할 것인지 물어보는 심리학적 질문을 무엇이라고 하는가?

`2020. 07. 04. 부산교통공사`

① 죄수의 딜레마

② 폴리애나 현상

③ 치킨 게임

④ 트롤리 딜레마

TIP 윤리학 분야의 사고실험으로 소수를 희생하여 다수를 구할 것인지를 판단하는 문제 상황을 가리키는 말이다.
① **죄수의 딜레마**: 자신의 이익을 위한 선택이 결국에는 자신뿐만 아니라 상대방에게도 불리한 결과를 유발하는 상황
② **폴리애나 현상**: 지치고 감당하기 어려운 상황에서 해결방법을 찾기보다 심리적으로 회피하는 것을 선택하는 심리학적 용어
③ **치킨 게임**: 어느 한쪽이 양보하지 않으면 모두 파국으로 치닫게 되는 극단적인 게임

14 자원의 희소성이 존재하는 한 반드시 발생하게 되어 있으며 경제문제를 발생시키는 근본요인이 되는 것은?

① 기회비용

② 매몰비용

③ 한계효용

④ 기초가격

TIP 인간의 욕구에 비해 자원이 부족한 현상을 희소성이라 하는데, 희소한 자원을 가지고 인간의 모든 욕구를 충족시킬 수 없기 때문에 인간은 누구든지 부족한 자원을 어느 곳에 우선으로 활용할 것인가를 결정하는 선택을 해야 한다. 이렇게 다양한 욕구의 대상들 가운데서 하나를 고를 수밖에 없다는 것으로 이때 포기해 버린 선택의 욕구들로부터 예상되는 유·무형의 이익 중 최선의 이익을 기회비용(opportunity cost)이라고 한다.

Answer 12.③ 13.④ 14.①

15 기업이 증권시장에 주식 상장을 하기위해 하는 기업공개를 의미하는 용어로, 기업의 자사 주식과 경영 내역 등을 시장에 알리는 것을 의미하는 것은? \boxed{\text{2020. 07. 04. 부산교통공사}}

① IB
② IPO
③ PER
④ ROE

TIP ② IPO(Initial Public Offering)
① IB(Investment Bank) : 투자은행을 나타내는 약어로 IPO(기업공개), 증자 등을의 업무를 취급하는 금융기관
③ PER(Price-Earning Ratio) : 주가수익비율을 의미하는 용어로 주가를 주당순이익 나눈 수치를 의미하는 용어
④ ROE(Return On Equit) : 자기자본이익률을 의미하는 용어로 주주의 자본을 통해 경영자가 올리는 이익을 보여주는 지표

---

16 신문광고 요금을 이론적으로 비교하는 단위를 나타내는 척도로 신문매체의 광고가치를 발행한 부수와 비용 측면에서 경제적으로 평가할 때 이용하는 것을 일컫는 용어는? \boxed{\text{2020. 07. 04. 부산교통공사}}

① 프레임 레이트
② 디플레이트
③ 비트 레이트
④ 밀라인 레이트

TIP ④ 밀라인 레이트(Milline Rate)
① 프레임 레이트 : 초당 재현되는 프레임 수로 측정되는 것으로 연속된 이미지들이 재현되는 속도의 비율
② 디플레이트 : 일정 기간의 경제 량을 양적 비교할 때 디플레이터를 사용하여 가격 변동을 산출하는 것
③ 비트 레이트 : 1초당 처리해야하는 비트(Bit) 단위의 데이터 크기를 의미

---

17 소득소비곡선상의 X재의 수요가 증대할 때 Y재의 수요는 감소하는 경우 X재에 대해서 Y재를 무엇이라 부르는가?

① 보통재
② 보완재
③ 대체재
④ 열등재

TIP 대체제(경쟁제) … 재화 중에서 동종의 효용을 얻을 수 있는 두 재화를 말한다. 대체관계에 있는 두 재화는 하나의 수요가 증가하면 다른 하나는 감소하고, 소득이 증대되면 상급재의 수요가 증가하고 하급재의 수요는 감소한다. 예를 들어 버터(상급재)와 마가린(하급재), 쌀(상급재)과 보리(하급재), 쇠고기(상급재)와 돼지고기(하급재) 등이다.
② 재화 중에서 동일 효용을 증대시키기 위해 함께 사용해야 하는 두 재화를 말한다. 예를 들어 커피와 설탕, 버터와 빵, 펜과 잉크 등이 있다.
④ 소득이 증가할수록 그 수요가 줄어드는 재화를 의미한다.

Answer 15.② 16.④ 17.③

18 경기 침체나 위기 이후 회복될 쯤 경기 부양을 위해 내놓았던 정책을 거둬들이며 경제에 미치는 영향을 최소화하는 전략적 경제 정책은 무엇인가?

① 출구전략
② 양적완화
③ 워크아웃
④ 세일 앤드 리스 백

TIP 경기 침체나 위기가 끝나갈 쯤 입구전략을 끝내고, 물가의 급격한 상승을 동반한 인플레이션과 같은 부작용을 막기 위해 시장에 공급된 통화를 거둬들이고, 금리를 올리며, 세제 감면 혜택을 줄이고, 정부의 적자 예산을 흑자 예산으로 바꾸는 등의 조치를 펴게 되는데, 이를 출구전략이라고 한다.

19 1984년 LA올림픽에서 부상하기 시작한 마케팅 기법으로, 올림픽 경기에 공식적으로 후원은 하지 않으나 광고 문구에 올림픽과 관련한 마케팅을 하는 것을 일컫는 용어는? `2020. 07. 04. 부산교통공사`

① 게릴라 마케팅
② 바이럴 마케팅
③ 크리슈머 마케팅
④ 엠부시 마케팅

TIP ① 게릴라 마케팅 : 잠재적인 고객이 모인 장소에서 불특정 다수에게 상품 판매를 촉진하는 마케팅
② 바이럴 마케팅 : 소셜 미디어를 통해 소비자들에게 자연스럽게 정보를 제공하여 기업의 제품을 홍보하는 마케팅
③ 크리슈머 마케팅 : 창조적인 소비자인 크리슈머들이 자신들이 원하는 제품을 만드는데 참여하는 마케팅

20 생산비와 인건비 절감 등을 이유로 해외로 생산시설을 옮긴 기업들이 다시 자국으로 돌아오는 현상을 말하는 용어는?

① 리마 신드롬
② 리먼사태
③ 리쇼어링
④ 오프쇼어링

TIP ③ 생산비와 인건비 절감 등을 이유로 해외로 생산시설을 옮긴 기업들이 다시 자국으로 돌아오는 현상을 말한다. 온쇼어링(onshoring), 인쇼어링(inshoring), 백쇼어링(backshoring)도 비슷한 개념으로서 오프쇼어링(offshoring)과는 반대되는 말이다. 기술적인 측면에서 스마트 팩토리(smart factory)의 확산과 정책적인 측면에서 보호무역주의의 확산으로 인해 리쇼어링이 최근 활성화되고 있다.
① 인질범들이 포로나 인질들에게 정신적으로 동화되어 그들에 대한 공격적인 태도가 완화되는 현상을 의미한다.
② 2008년 9월 15일 미국의 투자은행 리먼브러더스 파산에서 시작된 글로벌 금융위기를 칭하는 말이다.
④ 기업업무의 일부를 해외 기업에 맡겨 처리하는 것으로 업무의 일부를 국내기업에 맡기는 아웃소싱의 범주를 외국으로 확대했다는 것이 차이점이다.

Answer 18.① 19.④ 20.③

21 복지지표로서 한계성을 갖는 국민총소득(GNI)을 보완하기 위해 미국의 노드하우스(W. Nordhaus)와 토빈(J. Tobin)이 제안한 새로운 지표를 무엇이라고 하는가?

① 소비자동향지표　　　　　　　　② 경제활동지표
③ 경제후생지표　　　　　　　　　④ 고용보조지표

TIP 경제후생지표(measure of economic welfare)는 국민총소득에 후생요소를 추가하면서 비후생요소를 제외함으로써 복지수준을 정확히 반영하려는 취지로 제안되었지만, 통계작성에 있어 후생 및 비후생 요소의 수량화가 쉽지 않아 널리 사용되지는 못하고 있는 실정이다.

---

22 광고 카피라이팅 룰인 5I의 법칙에 해당하는 단어가 아닌 것은?　　　　2020. 07. 04. 부산교통공사

① Independence　　　　　　　　② Idea
③ Immediate Impact　　　　　　④ Incessant Interest

TIP 광고 카피 작업할 때의 5I의 법칙
　㉠ Idea : 멋진 아이디어에서 시작한다.
　㉡ Immediate Impact : 직접적인 임팩트 관점에서 제작되어야 한다.
　㉢ Incessant Interest : 메시지에서 계속 흥미를 가지도록 구성한다.
　㉣ Information : 고객에 대한 필요한 정보를 수집하고 정확히 제시한다.
　㉤ Impulsion : 충동을 불러일으키는 힘을 가져야 한다.

---

23 다음에서 설명하는 효과로 적절한 것은?

물건 구매에 망설이던 소비자가 남들이 구매하기 시작하면 자신도 그에 자극돼 덩달아 구매를 결심하는 것을 비유한 현상이다.

① 펭귄 효과　　　　　　　　　　② 악어 효과
③ 판다 효과　　　　　　　　　　④ 제비 효과

TIP 펭귄 효과 … 상품에 대한 구매 확신이 없어 구매하지 않다가 남들이 구매하면 자신도 자극받아 덩달아 구매하는 현상을 말한다.

Answer 21.③ 22.① 23.①

24 다음 내용을 읽고 괄호 안에 들어갈 말로 가장 적절한 것을 고르면?

> 영국의 전래동화에서 유래한 것으로 동화에 따르면 엄마 곰이 끓인 뜨거운 수프를 큰 접시와 중간 접시 그리고 작은 접시에 담은 후 가족이 이를 식히기 위해 산책을 나갔는데, 이 때 집에 들어온 (　　　)가 아기 곰 접시에 담긴 너무 뜨겁지도 않고 너무 차지도 않은 적당한 온도의 수프를 먹고 기뻐하는 상태를 경제에 비유한 것을 무엇이라고 하는가?

① 애덤 스미스　　　　　　　　　② 임파서블

③ 세이프티　　　　　　　　　　　④ 골디락스

TIP 골디락스 경제(Goldilocks economy)는 경기과열에 따른 인플레이션과 경기침체에 따른 실업을 염려할 필요가 없는 최적 상태에 있는 건실한 경제를 의미한다. 이는 다시 말해 경기과열이나 불황으로 인한 높은 수준의 인플레이션이나 실업률을 경험하지 않는 양호한 상태가 지속되는 경제를 지칭한다.

25 다음 상황에 해당하는 용어는?

2020. 07. 04. 부산교통공사

> A : 이번에 S전자에서 신제품 휴대폰이 나왔어! 출고가가 100만원이래.
> B : 그래? 내 휴대폰은 재작년에 S전자 휴대폰 100만원인데 너무 예쁘고 성능이 좋아!
> A : 그 제품은 신제품이 나오면서 50만원으로 가격이 떨어졌더라.
> B : 이 휴대폰도 신제품만큼 멋진데, 처음 샀을 때보다 가격이 많이 떨어졌네.

① 서비타이제이션　　　　　　　　② 리엔지니어링

③ 카니발리제이션　　　　　　　　④ 서비사이징

TIP ③ **카니발리제이션** : 기업에서 신제품이 출시되면 기존 주력상품이 시장에서 수익, 점유율 등이 감소하는 현상
① **서비타이제이션** : 제품과 서비스의 결합 또는 서비스를 상품화 등 기존 서비스를 새로운 서비스와 결합하는 현상을 포괄하는 개념
② **리엔지니어링** : 기업의 체질 및 구조와 경영 방식을 재설계하는 경영기법
④ **서비사이징** : 제품 생산 및 공급에서 사업의 방향을 서비스 중심으로 변경하는 것

Answer　24.④　25.③

26 수입 200,000원, 저축 40,000원, 음식물비 80,000원일 때 엥겔지수는? (단, 수입 중 저축을 제외한 금액은 모액은 소비한다)

① 40%   ② 45%

③ 50%   ④ 55%

TIP 엥겔지수는 일정 기간 가계 소비지출 총액에서 식료품비가 차지하는 비율이므로

$$\frac{80,000}{200,000 - 40,000} \times 100 = 50\% \text{이다.}$$

27 긴급하고 특별한 상황이 빚어져 관세율을 인상 또는 인하할 필요가 있을 경우 그때그때 국회에서의 법 개정이 어렵기 때문에 제한된 범위 내에서 행정부가 조정할 수 있게 한 세율은?

① 탄력관세   ② 할당관세

③ 긴급관세   ④ 조정관세

TIP 탄력관세(elastic tariff) … 국내산업보호·물가안정 등을 위하여 정부가 국회의 위임을 받아 일정한 범위 내에서 관세율을 인상 또는 인하할 수 있는 권한을 갖도록 한 관세제도로, 우리나라에서는 1969년부터 채택하고 있다.

28 한국은행의 한정된 조직과 인력만으로는 전국의 국고금 납부자에게 충분한 편의를 제공하기 어렵기 때문에 인력과 시설이 확보된 점포를 대상으로 한국은행과 대리점 계약을 체결한 후 국고업무를 취급할 수 있도록 하게 하는데 이 같은 대리점계약을 체결한 금융기관 점포를 무엇이라고 하는가?

① 국고수표   ② 국고전산망

③ 국고대리점   ④ 국고할인점

TIP 국고대리점은 국가의 경제활동도 민간의 경제활동과 마찬가지로 금전 수수를 수반하게 되는데 이와 같은 경제활동에 수반되는 일체의 현금을 통상 국고금이라 한다. 우리나라에서는 국고금의 출납사무를 중앙은행인 한국은행이 담당하고 있다. 국고대리점은 2003년 국고금 실시간 전자이체 제도의 시행으로 국고금 지급 업무를 한국은행이 전담 수행하게 됨에 따라 국고금 수납 업무만 수행하게 되었다. 국고대리점은 국고수납대리점과 국고금수납점으로 구분하는데 기능상 차이는 없으며 기관의 성격 즉 은행은 단일 법인체인 반면 비은행은 법인의 집합체인 점에 의한 계약방식의 차이에 의해서 구분된다.

Answer 26.③ 27.① 28.③

ᗡᗱ 문화

01 국문학

✱ 고려가요(高麗歌謠) **

'속요', '별곡'이라고도 하며 고려시대 평민들이 부르던 민요적 시가를 뜻한다. 향가와 민요의 영향을 받아 형성된 것으로 리듬이 매끄럽고 표현이 소박하면서도 세련된 것이 특징이다. 분절체로 후렴구 발달하였고 3·3·2조(3·3·3조 또는 3·3·4조)의 3음보 음수율로 된 비정형의 형식을 보인다. 주로 남녀상열지사의 내용이 많으며 자연에 대한 예찬, 이별의 슬픔 등 진솔한 감정이 잘 표현되어 있다. 「악학궤범」, 「악장가사」, 「시용향악보」 등에 한글로 기록되어 있다.

✱ 한문학(漢文學) *

문학의 한 장르를 형성하는 것으로 한시(漢詩)·한문·한학(漢學) 등을 통틀어 이르는 말이기도 하다. 고려시대는 과거 제도의 실시, 불교 문학의 발달, 주자학의 도입, 국자감·수사원의 설치 등으로 국문학사상 한문학이 가장 융성했던 시기이다. 주요 작품으로는 이승휴의 「제왕운기」, 이규보의 「동국이상국집」, 각훈의 「해동고승전」, 이제현의 「소악부」 등이 있다. 조선시대에 와서는 불교적 성격을 띠었던 고려시대의 한문학이 순유교적인 성격으로 변모하였다. 경학을 중시하고 학행일치(學行一致)를 주장하는 도학파와 순수한 시가와 문장을 중시하는 사장파로 대립하는 양상이 벌어지기도 했다. 주요 작품으로는 권근의 「양촌집」, 서거정의 「동문선」, 서경덕의 「화담집」, 이현보의 「농암집」, 이황의 「퇴계전서」, 이이의 「율곡전서」 등이 있다.

✱ 패관문학(稗官文學) *

고려후기 임금의 정사를 돕기 위해 설화들을 수집하여 엮은 설화문학으로 산문적인 형태로 발전하였다. 박인량의 「수이전」, 이인로의 「파한집」, 최자의 「보한집」, 이규보의 「백운소설」 등이 대표적이다.

✱ 경기체가(景幾體歌) **

평민문학이었던 속요에 대하여 귀족계층에게 향유된 시가로, 고려 고종 때부터 조선 중종 때까지 계속된 장가의 한 형식이다. 내용은 퇴폐적이고 현실도피적인 생활에서 오는 풍류적 표현이며, 3·3·4조의 운에 '景긔엇더ᄒ니잇고'라는 후렴구가 있다. 대표 작품에는 안축의 관동별곡·죽계별곡, 한림제유의 한림별곡 등이 있다.

✱ 가전체문학(假傳體文學) **

고려 무신정변 이후 문신들의 삶에 대한 깊은 인식을 사물의 의인화 기법을 통하여 표현한 문학형태로, 소설의 직접적 전신이라고 할 수 있다. 인간의 문제를 사물로 가탁한 점은 우화적 성격이나, 일반적으로 우화가 동물이나 식물을 사건이나 대화에 있어서만 의인화한 것이라면 가전체는 그러한 자연물에 직접 인간적인 이름을 붙인 점이 특색이다. 계세징인(戒世懲人), 즉 사회를 풍자하고 비판하며 교훈을 주는 내용이 주를 이룬다.

☆☆☆ 고려 때의 가전체 작품으로는 임춘의 「국순전」, 이곡의 「죽부인전」, 이첨의 「저생전」 등이 대표적이다. 조선시대에도 여러 문인들에 의해 꾸준히 창작되었다. 1931년 변영만이 창작한 「시새전」도 가전의 전통을 이은 작품이다. 중국 한유의 「모영전」이 최초의 작품으로 알려져 있다.

✱ 주요 현대소설 작가 **

작자	작품 경향
김유정	• 구인회 동인으로 토속적이고 해학적으로 농촌을 묘사하여 골계미가 돋보인다. • 주요 작품 … 봄봄, 동백꽃, 금 따는 콩밭, 소나기, 만무방
채만식	• 초기에는 동반자 작가였으며, 이후 식민지 현실을 풍자적 수법으로 다루었다. • 주요 작품 … 태평천하, 탁류, 치숙, 레디메이드 인생
유진오	• 동반자 작가로 지식인의 고뇌를 표현하였다. • 주요 작품 … 김 강사와 T 교수
이효석	• 인간의 순수성을 서정적 문체로 표현, 소설을 시적 수필의 경지로 승화시켰다. • 주요 작품 … 메밀꽃 필 무렵, 벽공무한, 돈(豚), 산, 들
이상	• 초현실주의 · 심리주의 소설을 주로 썼으며 '의식의 흐름'기법을 사용하였다. • 주요 작품 … 날개, 종생기
계용묵	• 서민의 애환을 관조적이고 방관자적인 입장으로 서술하였다. • 주요 작품 … 백치 아다다
김동리	• 토속적, 무속적, 신비주의적인 작품을 많이 썼다. • 주요 작품 … 무녀도, 황토기, 등신불, 사반의 십자가, 역마, 바위
김정한	• 낙동강 일대를 배경으로 하여 농촌의 현실을 고발하였다. • 주요 작품 … 사하촌
황순원	• 작품을 통해 범생명적인 휴머니즘을 추구하였다. • 주요 작품 … 카인의 후예, 학, 목넘이 마을의 개, 독 짓는 늙은이
정비석	• 순수 소설에서 대중 소설로의 전환점이 되었다. • 주요 작품 … 성황당, 영원의 미소
심훈	• 민족주의 · 사실주의적 경향의 농촌 계몽 소설을 주로 썼다. • 주요 작품 … 상록수, 영원의 미소
안수길	• 민족적 비극을 서사적인 전개로 다루었다. • 주요 작품 … 북간도
조세희	• 한국 사회의 모순을 정면으로 접근하고 있다. • 주요 작품 … 난장이가 쏘아올린 작은 공
이문열	• 현실을 하나의 체계로 인식하고 있다. • 주요 작품 … 우리들의 일그러진 영웅

✱ 청록파 ***

1939년 문예지 「문장」을 통하여 조지훈·박두진·박목월이 등단하였고, 바로 이들이 모여 펴낸 시집이 1946년 「청록집」이다. 시집의 이름을 빌려서 이들을 청록파라고 부른 것이다.

☆☆☆ 박목월은 향토적 서정으로 한국인의 전통적인 삶의 의식을 민요풍으로 노래하였고, 조지훈은 고전미에 문화적 동질성을 담아 일제에 저항하는 시를 썼고, 박두진은 자연에 대한 친화와 사랑을 그리스도교적 신앙을 바탕으로 읊었다. 이들은 일제강점기 말에 등단하여 한글로 작품을 발표하였고, 자연을 소재로 자연 속에 인간의 심성을 담은 시를 썼고, 광복 후에도 시의 순수성을 잃지 않았다는 공통점을 가지고 있다.

✱ 독립신문 ***

한국 최초의 민간 신문으로 미국에서 귀국한 서재필(徐載弼)이 정부로부터 4,400원(3,000원은 신문사 창설비, 1,400원은 서재필의 주택구입비)의 자금을 지급받아 1896년 4월 7일 창간하였다. 처음에는 가로 22cm, 세로 33cm의 국배판 정도 크기로 4면 가운데 3면은 한글전용 「독립신문」으로 편집하고, 마지막 1면은 영문판 「The Independent」로 편집하였다. 창간 이듬해인 1897년 1월 5일자부터 국문판과 영문판을 분리하여 두 가지 신문을 발행하였다. 이 신문은 여러 가지로 한국 신문사상 획기적인 위치를 차지할 뿐만 아니라, 19세기 말 한국사회의 발전과 민중의 계몽을 위하여 지대한 역할을 수행한 한 시대의 기념비적인 신문으로 평가받고 있다.

☆☆☆ 독립신문은 국가등록문화재 제506호이다.

✱ 한국통사 **

독립운동가인 박은식이 중국 상해에서 출판한 책으로 '나라의 국교(國敎)와 국사(國史)가 없어지지 않으면 나라는 망한 것이 아니다'라는 신념으로 우리나라의 근대사를 종합적으로 서술하였다.

✱ 주요 문학잡지 **

잡지	연도	발행	특징
시문학	1930	김영랑, 박용철	시의 형식미·음악성 중시, 언어의 조탁
삼사문학	1934	신백수, 이시우	초현실주의 기법(의식의 흐름)
조선문학	1935	이무영	프로문학파의 활동무대
시인부락	1936	서정주, 김동리, 김광균	시전문지로 인간과 생명을 노래
자오선	1937	서정주, 이육사	시전문지로 유파를 초월
문 장	1939	이병기, 정지용	신인추천제 실시
인문평론	1939	최재서	월간문예지로 비평 활동에 주력
국민문학	1941	최재서	친일문학의 기관지로 인문평론의 후신
백 민	1945	김송	민족주의문학 옹호
문 학	1946	조선문학가동맹	'조선문학가동맹' 기관지
사상계	1953	장준하	월간 교양잡지
현대문학	1955~현재	현대문학사	추천제 실시

02 세계문학

✱ 문예사조의 두 근원 **

구분	헬레니즘(hellenism)	헤브라이즘(hebraism)
근원	그리스의 정신과 문화	헤브라이인적 사상과 문화
특징	인간 중심, 보편성, 이성, 육체적, 본능적, 현실적	신 중심, 개성, 감성, 영혼적, 금욕적, 이상적
관련사조	문예부흥, 고전주의, 사실주의, 자연주의, 주지주의	낭만주의, 상징주의

✱ 서구 문예사조 ***

① **고전주의**(古典主義, classicism) … 17~18세기 아리스토텔레스의 '시학'에 대한 면밀한 주석과 함께 시작되었고, 고대 그리스·로마의 고전 작품들을 모범으로 삼고 거기에 들어 있는 공통적인 특징들을 재현하려는 경향이다.

② **낭만주의**(浪漫主義, romanticism) … 고전주의의 몰개성적 성격에 반발하여 독일, 프랑스에서 일어나 영국으로 전파되었다. 이성적이기보다는 감정적이고, 객관적이기보다는 주관적이며, 현실적이기보다는 낭만적인 경향을 띤다.

③ **사실주의**(寫實主義, realism) … 낭만주의의 비현실적 성격에 반발하여 19세기에 일어난 사조로, 사물을 있는 그대로 정확하게 관찰하고 객관적으로 묘사하려는 경향이다.

④ **자연주의**(自然主義, naturalism) … 19세기 사실주의의 급진적인 경향으로 자연 과학적 결정론에 바탕을 두고 있다. 인간도 자연물처럼 인과율이라는 자연 법칙에 따라 환경 본능 유전 인자 등에 의해 그 일생이 운명적으로 결정된다고 보는 사상을 배경으로 한다.

⑤ **상징주의**(象徵主義, symbolism) … 19세기 말에서 20세기 초에 걸쳐 프랑스에서 일어난 사조로, 사물, 정서, 사상 등을 상징을 통해 암시적으로 표현하려는 경향이다.

⑥ **유미주의**(唯美主義, aestheticism) … 미의 창조를 목표로 19세기 후반에 나타난 사조이고, 이는 탐미주의라고도 하며 넓은 의미의 낭만주의에 포함된다.

⑦ **초현실주의**(超現實主義, surrealism) … 프로이드의 정신분석학의 영향으로, '자동기술법'을 바탕으로 하여 무의식의 세계를 표출하려는 경향인 초현실주의가 다다이즘을 흡수하여 일어났다.

⑧ **실존주의**(實存主義) … 전후의 허무 의식에서 벗어나려는 실존적 자각(자아 발견)과 건설적인 휴머니즘을 추구한다.

⑨ **다다이즘**(dadaism) … 20세기에 들어와서 현실적 속박으로부터 해방되려는 의지를 보인 사조로, 현대 지식인의 정신적 불안과 공포에 대한 저항이 프랑스를 중심으로 전개되었다.

⑩ **모더니즘**(modernism) … 19세기 말엽부터 유럽의 소시민적 지식인들 사이에 일어나 20세기 이후에 크게 성행한 사조로서 기존의 사실주의와 유물론적 세계관, 전통적 신념으로부터 벗어나려는 전반적인 새로운 문화 운동으로 극단적인 개인주의, 도시 문명이 가져다 준 인간성 상실에 대한 문제의식 등에 기반을 둔 다양한 문예 사조를 통칭한다.

✱ 셰익스피어의 4대 비극 ***

셰익스피어의 4대 비극에 해당하는 작품은 햄릿, 오셀로, 리어왕, 맥베스이다.

① 햄릿(Hamlet) … 주인공을 통해 사색과 행동, 진실과 허위, 신념과 회의 등의 틈바구니 속에서 삶을 초극하고자 하는 모습이 제시되었다.

② 오셀로(Othello) … 흑인 장군인 주인공의 아내에 대한 애정이 이아고(Iago)의 간계에 의해 무참히 허물어지는 과정을 그린 작품이다.

③ 리어왕(King Lear) … 늙은 왕의 세 딸에 대한 애정의 시험이라는 설화적 모티브를 바탕으로 하고 있으나, 혈육 간의 유대의 파괴가 우주적 질서의 붕괴로 확대되는 과정을 그린 비극이다.

④ 맥베스(Mecbeth) … 권위의 야망에 이끌린 한 무장의 왕위찬탈과 그것이 초래하는 비극적 결말을 그린 작품이다.

✱ 동반자문학(同伴者文學) **

러시아혁명(1917)년 이후부터 신경제 정책(NEP)이 끝날 때까지 문단의 큰 세력을 이뤘던 러시아의 우익문학이다. 혁명에는 찬성하지만 마르크스주의나 프롤레타리아 문학에는 적극적으로 가담하지 않는 자유주의적 성향을 보인다.

☆☆☆ 개인주의를 중시하며 작품의 주인공으로 인텔리를 등장시키는 특징이 있다.

✱ 쉬르레알리즘 문학(surrealism literature) **

초현실주의 문학으로 제1차 대전 이후 다다이즘에 뒤이어 태동한 전위적 예술운동이다. 전통적 예술형식과 인습적 사회 관념을 부정하는 다다이즘의 정신을 이어받았으며, 꿈과 무의식의 내면세계에서 떠오르는 비합리적 이미지를 그대로 기술하는 자동기술을 도입했다. 앙드레 브르통이 제창했으며 엘뤼아르, 아라공, 콕토 등을 대표적 초현실주의자로 꼽을 수 있다.

✱ 정오(正午)의 문학 *

프랑스의 실존주의작가 카뮈의 사상으로, 살려고 하는 육체의 요구와 절대를 추구하는 정신의 요구 중 어느 한쪽으로도 쏠리지 않는 긴장의 모럴·절도의 모럴·한계의 모럴을 표현하는 것이다. 모순의 명석한 인식과 부조리에 대한 올바른 반항을 중추로 하는 사상이다.

✱ 하드보일드(hard-boiled)문학 **

1930년을 전후하여 미국문학에 등장한 새로운 사실주의수법이다. 원래 '계란을 완숙하다'라는 뜻의 형용사이지만, 전의(轉意)되어 '비정' 또는 '냉혹'이란 뜻의 문학용어가 되었다. 개괄적으로 자연주의적·폭력적인 테마나 사건을 무감정의 냉혹한 자세로, 또는 도덕적 판단을 전면적으로 거부한 비개인적인 시점에서 묘사하는 것이다. 헤밍웨이의 「무기여 잘 있거라」, D. 해밋의 「플라이 페이퍼」 등이 대표적이다.

✱ 해빙기문학(解氷期文學) **

20세기 중반 구소련의 공식적이고 형식적인 당문학에 반발하여 자유주의적인 사조를 펼치며 독재주의정책을 비난하고 개성을 살린 소련 현역작가들의 작품활동이다. 대표작품에는 에렌부르크의 「해빙기」, 솔제니친의 「이반데니소비치의 하루」, 파스테르나크의 「닥터 지바고」 등이 있다.

✱ 페미니즘(feminism)문학 *

남성위주로 성립된 사회체제가 주는 억압으로부터 여성을 해방시키는 것을 목적으로 하는 사상적 조류에서 비롯된 문학이다. 우리나라에서는 1980년대 후반 여성해방문학론의 전개에 따라 활발한 논의를 보게 되었다.

✱ 아스팔트(asphalt)문학 *

나치스가 정권을 잡게 되자 문학의 숙청을 단행하였는데, 이때 반나치적인 문학에 대해 나치스측에서 붙인 명칭이다. 당시의 사회주의적 내지는 국제적·세계주의적 경향의 문학에 대하여 향토감·국가관이 결여된 문학이라는 이유로 나치스측이 그렇게 명명하여 금지시켰다.

✱ 레지스탕스(resistance)문학 **

제2차 세계대전 중 프랑스의 반나치스 저항문학으로, 초기에는 패전의 슬픔만을 표현하다가 저항의 자세가 적극적인 표현으로 바뀌면서는 비합법적 출판에 의존하게 되었다. 이런 상황하에서 집필·출판되었기 때문에 인쇄가 용이하고 운반이 간편한 시나 단편, 중편소설이 주를 이루었다. 시집에는 「아라공의 엘사의 눈동자」, 소설에는 「트리오레의 아비뇽의 연인들」 등이 있다.

✱ 앙가주망(engagement) **

'자기구속' 또는 '사회참여'를 뜻하는 프랑스 실존주의학파의 용어로, 사회참여문학을 말한다. 제2차 세계대전 때 자신들의 신념에 따라 사회적 투쟁에 참가한 레지스탕스문학이 그 대표적인 예이다.

✱ 카타르시스(catharsis) **

아리스토텔레스의 시학 제6장 비극의 정의 가운데 부분에서 나오는 용어이다. 비극이 그리는 주인공의 비참한 운명에 의해서 관중의 마음에 두려움과 연민의 감정이 격렬하게 유발되고, 그 과정에서 이들 인간적 정념이 어떠한 형태로든지 순화된다고 하는 일종의 정신적 정화작용이다.

✱ 트리비얼리즘(trivialism) *

평범하고 통속적인 일을 의미하는 것으로, 쇄말주의라고도 번역되며 일상생활에서 별로 쓸모없는 평범한 사상을 샅샅이 그리는 문학을 경멸해서 하는 말이다.

✱ 패러디(parody) ✱

원작을 풍자적으로 비평하거나 익살스럽게 하기 위해 문체·어구 등을 흉내낸 작품으로, 어떤 음률에 다른 가사를 붙여 부르는 노래인 경우에도 지칭된다. 때로는 원작의 명성에 편승하여 자기의 의도를 효과적으로 표현하기 위해 사용되기도 한다.

✱ 알레고리(allegory) ✱

'풍유' 또는 '우유'로 번역될 수 있는 말로, 표면적으로는 인물과 배경·행위 등 통상적인 이야기요소를 다 갖추고 있으면서 그 이면에는 정신적·도덕적·역사적 의미가 전개되는 이중구조로 된 글이나 작품을 말한다. 스펜서의 「페어리 퀸」, 버니언의 「천로역정」 등이 대표적인 작품이다.

03 매스컴

✱ 매스컴(masscom) ✱

대량전달이라는 의미의 매스 커뮤니케이션(mass communication)의 약칭으로, 불특정 다수의 대중을 대상으로 전달하는 대량의 사회정보 및 전달상황을 말한다.

☆☆☆ 퍼스널 커뮤니케이션(personal communication) … 지식·판단·감정·의지와 같은 의식의 전달이 개인적, 면접적인 상호 작용을 통해 이루어지는 것

✱ 커스컴(cuscom) ✱

단골을 뜻하는 'custom'과 통신을 뜻하는 'communication'이 합해진 용어로 커스텀 커뮤니케이션이라고도 한다. 매스컴이 다수의 사람들에게 정보를 전달하는 것을 목적으로 한다면 커스컴은 유선방송이나 케이블 TV처럼 그 매체를 접하고자 하는 정해진 소수의 사람들을 상대로 정보를 전달하는 것을 목적한다.

✱ 프리츠커상 ✱✱

1979년 하얏트 재단 회장인 제이 A.프리츠커 부부가 제정한 '건축계의 노벨상'이라고 불리는 건축 분야 최고 권위 상이다. 건축을 통해 인류와 환경에 공헌한 건축가에게 매년 수여되는 상이다. 2018년 3월 7일 미국 하얏트재단은 '2018년 프리츠커상'에 인도 건축가 발크리시나 도시를 선정했다. 하얏트재단은 발크리시나 도시의 건축이 기후와 입지 특성, 지역적 맥락을 깊이 있게 이해하고 기술과 장인정신을 녹여내 선정했다고 밝혔다.

✱ 국제언론인협회(IPI : International Press Institute) ✱

1951년 자유주의국가 언론인들이 상호 간의 협조와 권익옹호를 위해 결성한 국제단체이다. 개인자격으로 가입하며, 언론의 자유를 수호하고, 교류를 촉진하여 편집 실무를 개선함을 목적으로 한다. 본부는 오스트리아 빈에 있으며, 우리나라는 1960년 12월에 가입하였다.

✱ 방송통신위원회(KCC : Korea Communications Commission) **

방송위원회(KBC)의 방송 정책 및 규제, 정보통신부의 통신서비스 정책과 규제를 총괄하는 대통령 직속 기구이다. 방송과 통신의 융합 현상에 능동적으로 대응하고 방송의 자유와 공공성·공익성을 보장하며, 방송·통신 간 균형 발전을 위해 방송·통신 관련 인허가 업무, 각종 정책 수립 등의 역할을 담당한다. 위원장 1명을 포함, 5명의 상임위원으로 구성되는데 대통령이 2인을 임명하고 그중 1명을 위원장으로 삼으며 나머지 위원 3명은 국회에서 추천한다.

☆☆☆ 방송통신심의위원회 … 방송의 공공성과 공정성을 보장하고, 정보 통신의 건전한 문화를 창달하며 올바른 이용 환경을 조성하기 위하여 설치된 기관이다.

✱ 맥루한의 미디어결정론 ***

맥루한은 저서 「미디어의 이해(Understanding Media)」에서 '미디어는 메시지이다(media is message).'라고 강조하였다. 미디어가 전달하는 것은 그 내용과 전혀 다른, 즉 미디어 그 자체의 특질 내지 형태라고 주장하였다. 또한 미디어의 커뮤니케이션 과정상 다른 모든 요소에 영향을 끼치는 것을 강조하고, 메시지와 채널의 결합으로 발생하는 결과적 영향을 감각을 불러일으키는 '미디어는 마사지(massage)이다.'라고 표현했다. 매체발달단계에서 텔레비전의 출현으로 시작되는 제3단계는 개별적 국가 단위에서 벗어난 전체적인 특성을 지닌다.

✱ 세계 4대 통신사 ***

① AP(Associated Press) … 1848년 헤일(D. Hale)의 제안으로 결성된 미국 연합통신사이다. 신문사·방송국을 가맹사로 하는 협동조직의 비영리법인 UPI와 함께 세계최대통신사이다.

② UPI(United Press International) … 1958년에 UP가 경영난에 빠진 INS(International News Service)통신사를 병합하여 설립한 영리법인이다.

③ AFP(Agence France Press) … 아바스(C. Havas)가 만든 외국신문 번역통신사의 후신으로 전 세계에 100여 개의 지국을 설치하고 서유럽적 입장에서 논평과 보도를 한다.

④ 로이터(Reuters) … 1851년 독일인 로이터가 영국에 귀화하여 런던에 설립한 영국의 국제 통신사로 전 세계적인 통신망을 구축하여 국제 신문계의 중심을 이루고 있으며 특히 경제·외교기사 통신으로 유명하다.

✱ 미국의 4대 방송 **

① NBC(National Broadcasting Company) … 1926년에 설립된 미국 내셔널 방송회사로 우리나라에서 개최된 88올림픽의 중계를 맡았으며, 미국 방송조직 중 가장 크다.

② CBS(Columbia Broadcasting System) … 미국의 콜롬비아 방송회사로 1927년 설립되었다. 라디오·텔레비전망을 보유한 민간회사로 시류에 민감하여 기획과 실시의 면에 있어서 활발한 기동성을 가지고 있다.

③ ABC(American Broadcasting Company) … 미국에서 세 번째로 방대한 텔레비전 네트워크를 가진 아메리칸 방송회사로 1944년에 설립되었다.

④ MBS(Mutual Broadcasting System) … 4개의 방송국이 연합하여 1934년에 설립한 것으로 전국적인 규모의 라디오 전문 네트워크로 소규모 라디오 방송국의 형태로 방송국 상호 간에 프로그램을 제공한다.

✱ 적대언론(adversary journalism) *

어떤 성격의 정부이든 정부나 권력자에 적대적인 입장에 서서 항상 비판적인 자세를 유지하고 완고한 감시자 역할을 수행하는 언론이다. 적대언론의 언론인은 객관성과 냉정성을 최대한 유지하지만 정부나 권력에 대해 영원한 반대자로 남는다. 이런 점에서 적대언론은 언론이 정치권력에 비판적인 국가의 제4부가 되어야 한다는 자유민주주의의 전통적인 언론이념과 관련있다. 그러나 어떤 정부이건 무조건 적대하는 언론을 적대언론이라고 정의한다면, 과연 그러한 언론이 바람직스러운 언론이냐에 대해서는 많은 사람이 회의적이며, 또 그런 의미의 적대언론은 역사상 한 번도 존재했던 적이 없다고 보여진다.

✱ 발전언론 *

국가의 자주성 보전과 문화적 주체성을 확립하기 위해 언론이 국가발전에 긍정적 역할을 수행해야 한다고 보는 보호개발도상국의 언론이념이다. 개발도상국에서 언론은 개개인의 자유가 아닌 총체적인 국가목표를 강조하므로 언론의 자유는 하위에 있게 된다. 반전언론은 언론의 자유를 전적으로 부정하지 않으나 국가발전이 언론의 자유보다 우위에 있으므로 현실적으로 독재정권의 나팔수로 전락되는 경우가 많다.

✱ 클리킹 현상(리모컨에 의한 텔레비전 시청형태) *

① Soft Clicking … 보고 있던 프로그램이 재미가 없기 때문에 채널을 바꾸는 현상
② Hard Clicking … 언제 보아도 재미없는 프로그램에 제재를 가하는 현상
③ Lovely Clicking … 여러 프로그램에 매력을 느껴 어느 것도 놓치지 않으려고 이리저리 채널을 바꾸는 현상
④ Rational Clicking … 이리저리 돌리다 선택을 한 다음 채널을 바꾸는 현상
☆☆☆ 재핑(Zapping) … 광고를 보지 않기 위해서 리모콘을 이용해 여러 채널을 옮겨 다니는 행위이다.

✱ 프레임업(frame up) *

날조라는 뜻으로, 정적(政敵)을 대중으로부터 고립시켜 탄압하고 공격하기 위한 구실로 삼기 위해 만들어 내는 사건이다. 일정한 기성사실을 왜곡 변조하여 이용하는 경우와 스파이 등을 이용하여 사실을 날조하는 경우가 있다.

✱ 뉴스 큐레이션 **

미디어가 일방적으로 제공하는 뉴스를 그대로 받아보는 방식에서 탈피해 스마트 미디어 환경에서 이용자가 자신의 취향에 맞게 원하는 분야의 콘텐츠를 읽어 볼 수 있도록 도와주는 서비스이다. 영국의 닉 달로이시오가 만든 뉴스 큐레이션 앱 썸리를 비롯해 와비, 펄스 등이 있으며 국내에는 2009년 도입된 네이버의 뉴스캐스트, 뉴스스탠드 등에서 뉴스 큐레이션 서비스를 제공하고 있다.

✱ 플러시 **

신문사는 호외를 발행하고, 방송국은 프로그램을 중단하고 임시 뉴스를 보낸다.

✱ 프라임타임 ***

대개 오후 7시에서 9시 사이를 말한다. A타임 또는 골든아워(Golden Hour)라고도 하며, 광고효과가 높기 때문에 방송국에서 프로그램 편성에 가장 중점을 둔다.

✱ 파일럿 프로그램 **

파일럿 프로그램을 내보낸 결과 시청자들의 반응이 좋으면 정규 프로그램으로 편성하게 된다. 파일럿 프로그램은 시청자의 기호가 고려되지 않은 상태의 프로그램을 고정으로 편성했다가 경쟁 채널이 시청률을 선점해 버리는 문제점을 일정 부분 예방할 수 있다는 장점이 있다.

✱ 저널리즘(journalism) **

매스미디어를 통해 공공의 사실이나 사건에 관한 정보를 보도하고 논평하는 활동으로 시사적 문제의 보도와 논평의 사회적 전달 활동을 의미한다.

☆☆☆ 저널리즘의 종류

구분	특징
옐로저널리즘 (yellow journalism)	저속하고 선정적인 기사로 대중의 흥미를 위주로 보도하는 센세이셔널리즘 경향을 띠는 저널리즘을 의미한다.
블랙저널리즘 (black journalism)	공개되지 않은 이면적 사실을 밝히는 정보활동을 말한다. 개인이나 특정의 약점을 이용하여 이를 발표하겠다고 협박하거나, 보도해서 이익을 얻고자 하는 신문·서적·잡지 등에 의해 행해지는 저널리즘 활동을 말한다.
퍼블릭저널리즘 (public journalism)	취재원을 다양화하여 여론 민주화를 선도함으로써 선정주의를 극복하고자 하여 고급지의 새로운 방법으로 시민이 참여하는 민주주의과정을 활성화시키자는 것이다. 즉, 언론인 스스로가 지역사회의 일원으로 행동하고 시민들이 공동관심사에 참여하도록 주선해 주는 것으로 시빅 저널리즘(civic journalism)이라고 한다.
포토저널리즘 (photo journalism)	사진으로 사실이나 시사적인 문제를 표현하거나 보도하는 저널리즘이다.
팩저널리즘 (pack journalism)	자의적·제도적 제한 및 안이한 편집, 취재방법이나 취재시각 등이 획일적인 개성이 없는 저널리즘으로 인간·정치·사건에 대해 취재가 단편적으로 이루어지고 있는 언론 상황을 뜻한다.
경마저널리즘 (horse race journalism)	공정한 보도보다는 단순한 흥미 위주로 경마를 취재하는 기사처럼 누가 이기는가에 집착하여 보도하는 형태로 특정 상황만을 집중적으로 보도하는 것이다.
수표저널리즘 (check journalism)	방송이나 신문사가 유명인사의 사진 또는 스캔들 기사, 센세이셔널 한 사건의 당사자 증언 등을 거액을 주고 사들여 보도하는 것을 의미한다.
파라슈트저널리즘 (parachute journalism)	낙하산 언론으로 현지 사정은 알지 못하면서 선입견에 따라 기사를 작성하는 것이다.
하이프저널리즘 (hipe journalism)	오락만 있고 정보가 없는 새로운 유형의 뉴스를 말한다.
뉴저널리즘 (new journalism)	1960년대 이후 새롭게 등장한 보도 및 기사를 작성하는 방법으로, 기존의 속보성·단편성·객관성의 관념을 극복하고, 구체적 묘사와 표현을 목표로 사건과 상황에 대해 독자에게 실감나게 전달하고자 한다.
제록스저널리즘 (xerox journalism)	극비문서를 몰래 복사하여 발표하는 것으로 문서를 근거로 한 폭로기사 일변도의 안이한 취재방법과 언론 경향을 비판하는 표현이다.
그래프저널리즘	사진을 중심으로 하여 편집된 간행물로 다큐멘터리를 중심으로 사회 문제 및 패션, 미술, 영화의 소재까지 다룬다.

04 매스미디어

✱ 퍼블릭 액세스 **

퍼블릭 액세스 채널은 시민사회의 미디어 액세스 요구를 제도화한 것이다. 방송사뿐 아니라 일반 시민도 방송에 접근할 권리가 있다는 것을 제도적으로 인정한 사례라 할 수 있다. 시민의 미디어 액세스는 다양한 의견 개진으로 민주적 토론 문화를 만들어 간다는 점에서 민주주의의 발전을 위한 필수 장치라고 할 수 있다. 민주적 헌법이 있는 국가에서 시민의 미디어 액세스는 당연한 기본권으로 인정받아야 한다.

✱ 디지털방송 **

기존의 아날로그방송과는 달리 정보의 신호를 부호화하여 기록하는 디지털 형태로 텔레비전 신호를 압축하여 내보내는 방송을 의미한다. 아날로그방송은 하나의 전파에는 하나의 영상밖에 실을 수 없어 음성은 다른 전파로 보내야 한 것에 비해 디지털방송은 하나의 전파에 다수의 영상이나 음성 등을 실을 수 있고, 질을 떨어뜨리지 않고 정보를 압축할 수 있어 1개의 아날로그방송 주파수대에 4~8개의 채널을 설정할 수 있다. 또한 컴퓨터를 사용하여 정보를 관리하기 쉽고 시청자가 주문하는 정보도 내보낼 수 있는 쌍방향 방송도 가능하다.

☆☆☆ 디지털TV … 디지털 방송을 수신할 수 있는 TV수상기로 기존 아날로그방송 대신에 디지털방송의 고화질, 고음질을 구현해 기존 아날로그TV보다 5배 선명한 화질과 CD 수준의 음질을 보장한다.

✱ 재핑 효과(zapping effect) **

채널을 바꾸다가 중간에 있는 다른 채널의 시청률이 높아지는 현상을 의미한다. 사람들이 채널을 바꾸는 이유는 자신이 보고 있던 프로그램의 광고를 피하기 위함이다. 대부분의 광고는 많은 사람들이 자신에게는 필요가 없는 것이라 생각하기 때문에 그 시간을 허비하기 싫어 다른 채널로 이동하는 것이다. 이렇게 딱히 다른 채널을 보기 위한 의도가 없었음에도 불구하고 짧은 순간에 지나가려던 채널에 관심을 빼앗겨 버리면 그 채널에서 오히려 더 많은 시간을 할애하게 되는 것이 바로 재핑 효과이다. 이는 다른 채널에서 때마침 자신의 관심사 혹은 자신의 취향과 맞는 방송이 송출되고 있을 경우 크게 발생하게 된다.

✱ CATV(Cable / Community Antenna TV) **

공동시청안테나TV로 난시청 문제를 해결하기 위해 1948년 미국에서 시작되었다. TV전파가 잘 잡히는 높은 언덕이나 산 위에 설치한 우수한 성능의 안테나로부터 TV전파를 수신하여 증폭한 다음, 유선으로 각 가정의 TV수신기로 분배하는 유선TV이다. CATV는 난시청 해소는 물론 무선공중전파에 의한 TV방송에 비해 유선으로 신호를 전달하기 때문에 선명한 화면을 제공할 수 있고, 다양한 서비스가 가능하여 사회적인 영향력도 매우 크다. 우리나라는 1995년 3월 1일 케이블TV 방송을 시작하였다.

☆☆☆ 케이블TV의 3주체 … 전송망사업자, 프로그램공급자, 방송국

✱ 인포데믹스(Infodemics) *

정보(information)와 전염병(epidemics)의 합성어로 부정확한 정보가 확산되어 발생하는 각종 부작용을 일컫는 말이다. IT기술이 발전하면서 잘못된 정보나 소문이 미디어와 인터넷, SNS를 통해 확산되면서 정치, 경제, 사회, 안보 등에 치명적인 위기를 초래하게 되는 경우가 종종 발생하게 된다.

✱ 소셜 미디어 **

소셜 미디어란 사람들의 의견, 생각, 경험, 관점 들을 서로 공유하기 위해 사용하는 온라인 도구나 플랫폼을 말한다. 이러한 소셜 미디어는 텍스트, 이미지, 오디오, 비디오 등의 다양한 형태를 가지고 있는데, 대표적으로 '블로그(Blogs)', '소셜 네트워크(Social Networks)', '메시지 보드(Message Boards)', '팟캐스트(Pod -casts)', '위키스(Wikis)', '비디오 블로그(Vlog)' 등이 있다. 소셜 미디어는 하나의 유행이 아니라 제2의 닷컴 시대를 창출하는 이른바 웹 2.0의 핵심 도구로 부상하고 있는데, 이에 따라 공유·공개·참여의 철학에 기반해 소셜 미디어와 관련된 새로운 비즈니스 분야와 용어가 출현하고 있다. 특히 비즈니스 영역에서 웹 2.0에 충실한 다양한 소셜 미디어를 활용한 마케팅, 지식 경영, 연구개발, 서비스 제공, 고객관리 등의 모델들이 나타나고 있다.

✱ 광고의 종류 **

구분	특징
배너 광고	인터넷 홈페이지에 뜨는 막대모양의 광고
타이업(tie-up) 광고	영화의 명장면을 이용해 인지도를 높이는 광고
제휴광고	두 기업이 절반 이하의 비용으로 두 배 이상의 효과를 보는 광고
멀티스폿 광고	비슷한 줄거리에 모델을 달리해서 여러 편을 한꺼번에 내보내는 광고
네거티브 광고	죽음, 성, 혐오동물, 범죄 등 부정적인 소재를 활용하는 광고
DM광고	광고주가 예상되는 고객에게 우편으로 직접 송달하여 선전하는 광고
애드버토리얼	'advertisement(광고)'와 'editorial(편집기사)'의 합성어로 신문, 잡지에 기사형태로 실리는 PR광고
애드버커시 광고	기업의 활동과 실태를 홍보하여 기업을 지지도를 높이는 광고
티저(teaser) 광고	상품 자체는 감추어 호기심을 갖게 함으로써 상품에 대한 관심이나 지명도를 높이는 광고
POP 광고	point of purchase의 약자로 소매점이나 가두매점 등에서 소비자가 상품을 구매하는 그 시점에 이루어지는 광고
PPL	영화, 드라마 등에 자사의 특정 제품을 등장시켜 광고하는 것.
키치 광고	설명보다는 기호, 이미지 등을 중시하여 언뜻 보아 무슨 내용인지 감이 안 잡히는 광고
레트로 광고	회고광고 또는 추억광고라고도 하며 고객에게 추억의 향수를 불러일으킴으로써 상품에 대한 이미지를 높이는 광고

05 문화

✱ 세계문화유산목록(世界文化遺産目錄) ***

- **기록유산** … 유네스코가 세계적인 가치가 있다고 지정한 귀중한 기록유산으로, 1995년 선정기준 등을 마련하여 1997년부터 2년마다 국제자문위원회(IAC : International Advisory Committee)의 심의·추천을 받아 유네스코 사무총장이 선정한다. 기록유산은 단독 기록 또는 기록 모음일 수도 있으며, 기록을 담고 있는 정보나 그 기록을 전하는 매개물일 수도 있다. 세계유산 및 세계무형유산과는 구별되어 별도로 관리한다.

- **무형문화유산** … 2001년 인류 문화의 다양성과 창의성을 존중하기 위해 유네스코에서 제정한 제도로, 전 세계의 전통 춤, 연극, 음악, 놀이, 의식 등 구전(口傳)되는 문화재나 무형문화재 가운데 보존 가치가 있는 것을 선정한다.

- **우리나라의 유산 등록현황**

구분	내용
세계유산	종묘(1995), 석굴암과 불국사(1995), 해인사장경판전(1995), 창덕궁(1997), 수원화성(1997), 경주역사유적지구(2000), 고창, 화순, 강화의 고인돌 유적(2002), 제주 화산섬과 용암동굴(2007), 조선왕릉(2009), 한국의 역사마을 : 하회와 양(2010), 남한산성(2014), 백제역사유적지구(2015), 산사, 한국의 산지승원(2018), 한국의 서원(2019)
기록유산	조선왕조실록(1997), 훈민정음 해례본(1997), 승정원 일기(2001), 불조직지심체요절 하권(2001), 고려대장경판 및 제경판(2007), 조선왕조 의궤(2007), 동의보감(2009), 1980년 인권기록유산 5.18 광주민주화운동 기록물(2011), 새마을운동 기록물(2013), 「난중일기(亂中日記)」: 이순신 장군의 진중일기(陣中日記)(2013), 한국의 유교책판(2015), KBS특별생방송 '이산가족을 찾습니다' 기록물(2015), 조선왕실 어보와 어책(2017), 국채보상운동 기록물(2017), 조선통신사에 관한 기록 - 17세기~19세기 한일 간 평화구축과 문화교류의 역사(2017)
무형문화유산	종묘제례 및 종묘제례악(2001), 강릉단오제(2005), 판소리(중고제)(2005), 판소리(동편제)(2005), 판소리(서편제)(2005), 처용무(2009), 영산재(2009), 남사당 놀이(2009), 강강술래(2009), 제주 칠머리당 영등굿(2009), 가곡, 국악 관현반주로 부르는 서정적 노래(2010), 대목장, 한국의 전통 목조 건축(2010), 매사냥, 살아있는 인류 유산(2010), 줄타기(2011), 택견, 한국의 전통 무술(2011), 한산 모시짜기(2011), 아리랑, 한국의 서정민요(2012), 김장, 김치를 담그고 나누는 문화(2013), 농악(2014), 줄다리기(2015), 제주해녀문화(2016), 씨름, 한국의 전통 레슬링(2018), 연등회(2020)

✱ 국보(國寶)·보물(寶物) *

국가가 지정하는 문화재는 국보, 보물, 중요민속자료, 사적 및 명승, 천연기념물, 중요무형문화재로 분류할 수 있다. 이 중 보물은 건조물, 전적, 서적, 고문서, 회화, 조각, 공예품, 고고자료, 무구 등의 유형문화재 중 중요도가 높은 것을 선정하는 것으로 문화재청장과 문화재위원회의 심의를 거친다. 보물에 해당하는 문화재 중 인류문화의 관점에서 볼 때 역사적, 학술적, 예술적 가치가 크고 그 시대를 대표하거나 제작기술이 특히 우수하여 그 유래가 드문 것을 국보로 정한다.

☆☆☆ **숭례문(崇禮門)** … 숭례문은 조선시대 도성을 둘러싸고 있던 성곽의 정문으로, 일명 남대문(南大門)이라고도 하는데, 서울 도성의 사대문 가운데 남쪽에 있기 때문에 붙여진 이름이다. 1962년 12월 20일에 국보 제1호로 지정되었고, 문화재청 숭례문 관리소에서 관리하고 있다.

구분	내용
국보	1호 : 숭례문(남대문), 2호 : 원각사지 10층 석탑, 3호 : 진흥왕 순수비
보물	1호 : 흥인지문(동대문), 2호 : 보신각종, 3호 : 대원각사비
사적	1호 : 포석정지, 2호 : 김해 봉황동 유적, 3호 : 수원화성
무형문화재	1호 : 종묘제례악, 2호 : 양주 별산대놀이, 3호 : 남사당놀이
천연기념물	1호 : 달성의 측백수림, 2호 : 합천 백조 도래지, 3호 : 맹산의 만주 흑송수림

✴ 세계지적재산기구(WIPO : World Intellectual Property Organization) **

지적재산권의 국제적 보호 촉진과 국제협력을 위해 설립한 국제기구로 세계지적소유권기구라도고 한다. 세계지적재산권기구설립조약(1970년 발효)을 근거로, 저작권을 다루는 베른조약(1886년 발효)과 산업재산권을 다루는 파리조약(1883년 발효)의 관리와 사무기구상의 문제를 통일적으로 처리할 목적으로 설립하였으며 1974년 유엔전문기구가 되었다.

✴ 지적소유권(知的所有權) **

음반 및 방송, 연출, 예술가의 공연, 발명·발견, 공업디자인, 등록상표, 상호 등에 대한 보호 권리와 공업·과학·문학 또는 예술 분야의 지적활동에서 발생하는 모든 권리(지적재산권)를 말한다. 산업발전을 목적으로 하는 산업재산권과 문화 창달을 목적으로 하는 저작권으로 분류할 수 있는데 인간의 지적 창작물을 보호하는 무형재산권이라는 점과 그 보호기간이 한정되어 있다는 점에서 동일하지만, 저작권은 출판과 동시에 보호되는 것에 비해 산업재산권은 특허청의 심사를 거쳐 등록해야만 보호된다. 보호기간도 저작권은 저작자 사후 70년으로 상당히 긴 데 반해 산업재산권은 10~20년으로 짧은 편이다.

✴ 세계 3대 영화제 ***

베니스, 칸, 베를린 영화제를 말하는 것으로 세계 4대 영화제라고 할 경우 모스크바영화제를 포함한다. 베니스 영화제가 가장 오랜 역사를 지녔지만, 일반적으로 칸영화제를 가장 권위 있는 영화제로 생각한다.

✴ 베니스영화제 **

이탈리아 베니스(venice)에서 매년 개최되는 최고(最古)의 국제 경쟁영화제로 1932년 5월 창설되었다. 매년 8월 말에서 9월 초에 열리며 수상 부문으로 작품상, 남녀배우상 등이 있으며 그랑프리는 '산마르코 금사자상(황금사자상)'이라고 부른다. 타 영화제 출품작을 제외한 일반 극영화만 출품이 가능하다는 특징이 있다. 우리나라의 수상 내역으로는 강수연[여우주연상, '씨받이(1987)'], 이창동·문소리[감독상·신인여배우상, '오아시스 (2002)'], 김기덕[감독상, '빈집(2004)'], 김기덕[황금사자상, '피에타(2012)'], 채수응[베스트 VR 경험상, '버디 VR(2018)'] 등이 있다.

✱ 칸영화제 **

1946년 프랑스 국립영화센터에서 관광휴양지인 칸(cannes)에 설립한 국제 경쟁영화제이다. 최고의 권위를 인정받고 있는 국제영화제로 황금종려상, 심사위원 대상, 남녀배우주연상, 감독상, 각본상 등의 경쟁부문과 주목할 만한 시선, 황금카메라상, 시네파운데이션 등 비경쟁부문으로 나누어 시상한다. 우리나라의 수상 내역으로는 이두용[특별부문상, '물레야 물레야(1984)'], 임권택[한국영화사상 최초 경쟁부문 진출, '춘향뎐(1999)'], 임권택[감독상, '취화선(2002)'], 박찬욱[심사위원 대상, '올드보이(2004)'], 전도연[여우주연상, '밀양(2007)'], 박찬욱[심사위원상, '박쥐(2009)'], 이창동[각본상, '시(2010)'], 홍상수[주목할 만한 시선 부문 대상, '하하하(2010)'], 김기덕[주목할 만한 시선 부문 대상, '아리랑(2011)'], 문병곤[황금종려상(단편 경쟁 부문), '세이프(2013)'], 봉준호[황금종려상, '기생충(2019)'] 등이 있다.

✱ 베를린영화제 **

1951년 서베를린(berlin)시 시장이었던 빌리 브란트가 세계의 평화와 우애를 지향하고자 창설한 국제영화제로 금곰상(최우수작품상), 은곰상(심사위원 대상, 감독상, 남녀배우상 등), 알프레드바우어상, 블루엔젤상, 평생공로상 등이 있다. 우리나라의 수상 내역으로는 강대진[은곰상, '마부(1961)'], 장선우[알프레드바우어상, '화엄경(1994)'], 김기덕[감독상, '사마리아(2004)'], 임권택[명예황금곰상, 아시아최초(2005)], 박찬욱[알프레드바우어상, '사이보그지만 괜찮아(2007)'], 양효주[은곰상(단편 부문), '부서진 밤(2011)'], 나영길[황금곰상(단편 부문), '호산나(2015)'], 이동하[파노라마 관객상, '위켄즈(2016)'], 김민희[은곰상(여자연기자상), '밤의 해변에서 혼자(2017)'] 등이 있다.

✱ 골든글로브상(golden globe prize) *

세계 84개국의 신문 및 잡지기자 114명으로 구성된 헐리우드 외국인기자협회가 그해 최우수영화의 각 부문과 남녀배우에게 수여하는 상으로, 아카데미상을 시상하기 전에 시상한다.

✱ 모스크바영화제 *

1959년에 창설된 공산권 최대 규모의 영화제로 베니스, 칸, 베를린 영화제와 더불어 세계 4대 국제영화제로 홀수 년도 6월경에 열린다. 시상은 대상(금게오르기상), 심사위원 특별상(은게오르기상), 남녀주연상(동게오르기상)으로 나누어 하며 우리나라 수상 내역으로 강수연[여우주연상, '아제아제바라아제(1989)'], 이덕화[남우주연상, '살어리랏다(1993)'], 장준환[감독상, '지구를 지켜라(2003)'], 정영헌[감독상, '레바논 감정(2013)'], 김윤하[최우수 단편영화상, '스나이퍼 관찰법(2015)'], 김종관[국제영화비평가연맹상, '최악의 여자(2016)'], 윤재호[다큐멘터리 경쟁 부문 최고상, '마담 B. 탈북 여성의 이야기(2016)'], 손현주[남우주연상, '보통사람(2017)'], 김기덕[월드시네마 공로상(2019)] 등이 있다.

✱ 대종상(大鐘賞) *

우리나라 영화산업의 육성과 영화인들의 의욕을 고취시키고자 당시 문화공보부가 1962년에 설립한 상으로, 작품상·남녀주연상·촬영상·음악상·미술상 등 여러 부문에 걸쳐 해마다 시상되고 있다.

✽ 아카데미상(Academy award) **

미국의 영화예술과학아카데미협회가 시상하는 영화상으로, 오스카 금패가 수여되어 오스카상이라고도 한다. 1927년 5월에 창설되었으며, 1928년부터 매년 우수영화·영화인에게 수여해 온 세계적으로 권위있는 영화상이다. 수상부문은 작품·감독·주연 남녀배우·조연 남녀배우·음악·촬영상 등 16개 부문에 시상한다.

✽ 옴니버스(omnibus)영화 *

옴니버스란 합승버스를 뜻하는데, 서로 독립된 여러가지의 스토리를 한편의 영화로 만든 것을 말한다. 그 전형적인 작품으로는 미국의 보카치오 70과 우리나라의 유현목 감독의 작품 한(恨) 등이 있다.

06 예술

✽ 오페라(opera) ***

가극(歌劇)으로 음악적인 요소는 물론 대사를 통한 문학적 요소, 연극적 요소, 무대·의상 등의 미술적 요소들이 종합된 대규모의 종합무대예술이다. 레시터티브·아리아·중창 등으로 구성되어 있다. 관현악은 반주뿐만 아니라 서곡·간주곡·종곡 등을 연주한다. 대표적 작품으로는 모차르트의 피가로의 결혼·돈지오반니, 베르디의 아이다·리골레토·춘희, 푸치니의 토스카·라보엠, 비제의 카르멘 등을 들 수 있다.

• 오페라 부파(opera buffa) … 경쾌한 음악을 주로 하고 중창이 많으며, 익살과 풍자적인 줄거리를 가진 오페라이다.
• 오페라 코미크(opera comique) … 대사를 넣은 가극으로, 비제의 카르멘과 같이 비극적인 계통도 포함된다.

✽ 오페레타(operetta) *

형식은 오페라와 비슷하면서 군데군데 대사의 삽입방법과 목적에 다소 차이가 있는 곡으로, 경쾌하고 알기 쉬우면서도 유머가 곁들인 줄거리를 통속적이고 대중적인 음악으로 연출하는 음악극이다. 천국과 지옥, 보카치오, 박쥐 등이 유명하다.

✽ 갈라 콘서트(gala concert) *

갈라는 이탈리아 전통 축제의 복장 'gala'에 어원을 두고 있으며, '축제', '잔치'라는 사전적 의미를 지니고 있다. 클래식 음악에서는 흔히 아리아와 중창 등 약식으로 꾸며진 오페라에 붙이지만, 격식을 갖추지 않은 축하 공연 등을 통칭하는 용어로 사용된다.

✽ 퓨전음악(fusion music) **

제3세계의 토속음악과 서구의 팝음악이 접목된 새로운 장르의 음악을 일컫는다. 아프리카 원주민들의 토속 음률에 서구의 펑크, 록 등이 한데 어우러지는 특징을 보인다. 융합을 뜻하는 '퓨전'이란 말처럼 지역이나 관습적인 배경을 달리하는 음악들의 만남으로 국경을 뛰어 넘는 음악의 새 지평을 열었다고 볼 수 있다.

✱ 가곡(lied) *

예술가요를 뜻하는 것으로, 시(詩)의 내용을 가장 충실하게 표현한 것이다. 반주는 시의 음악적 표현을 뒷받침하는 것으로, 시와 멜로디와 반주의 완전 결합에서 이루어진 예술적 가치가 큰 독창곡을 말한다. 슈베르트의 겨울 나그네가 유명하다.

✱ 칸타타(cantata) **

독창(아리아 · 레시터티브) · 중창 · 합창으로 구성되는 형식의 하나이다. 17세기의 모노디(monodie)에 그 근원을 두고 있는데, 오라토리오와 마찬가지로 종교적인 것과 세속적인 것이 있다. 종교적인 것으로는 바흐의 작품이 대표적이며, 세속적인 것에는 브람스의 운명의 노래, 애도가 등이 유명하다. 또한 칸타타는 극적인 점이 없다는 것이 가극과 구별된다.

✱ 오라토리오(oratorio) *

독창 · 합창 · 관현악을 구사하여 레시터티브와 아리아를 설정하는 등 매우 극적으로 만들어져 있는, 장엄하면서도 대규모인 서사적 악곡으로 성담곡이라고도 불린다. 헨델의 메시아 · 이집트의 이스라엘, 하이든의 천지창조 · 사계절 등이 유명하다.

✱ 소나타(sonata) **

4악장으로 된 기악독주곡으로 제1악장 소나타형식, 제2악장 가요형식 또는 변주곡 형시, 제3악장 미뉴에트 또는 스케르초, 제4악장 론도 또는 소나타형식 등으로 구성된다. 베토벤의 피아노 소나타 월광 등이 유명하다.

✱ 푸가(fuga) *

소나타형식이 화성적 음악의 가장 완전한 형식이라면, 푸가는 대위법적 음악의 가장 완전한 형식이다. 한 개의 주제를 가진 3부분 형식의 악곡이다. 바흐의 작품이 대표적이다.

✱ 교향곡(symphony) **

관현악(orchestra)을 위한 소나타로, 관현악단에 의해 연주되는 대규모의 기악곡이다. 보통 4개의 악장으로 구성된다. 창시자는 하이든, 완성자는 베토벤이다.

✱ 협주곡(concerto) *

피아노 · 바이올린 · 첼로 등 독주악기와 관현악을 위한 악곡이다. 독주자만이 연주하는 카덴차(장식악절) 부분이 있어 독주자의 연주기교를 충분히 발휘할 수 있게 작곡된 곡이다.

✳ 칸초네(canzone) *

이탈리아의 민요로서, 14세기에서 18세기에 걸쳐 이탈리아에서 유명한 세계적인 시에 곡을 붙인 가곡이다. 칸초네는 프랑스의 샹송과 같은 위치를 차지하고 있지만, 이탈리아의 뜨거운 태양이 길러낸 듯한 활달하고 솔직한 밝음이 있다.

✳ 빠르기 말 ***

곡 전체 또는 한 부분을 얼마나 빠르게 연주해야 하는지 나타내기 위해 사용하는 문자를 말한다. 이와 구분하여 빠르기를 숫자로 표현한 것을 빠르기표 또는 메트로놈(Metronom) 기호라 한다.

구분	매우 느리게	느리게	조금 느리게	보통 빠르게	조금 빠르게	빠르게	매우 빠르게
용어	largo(라르고)	andante (안단테)	andantino (안단티노)	moderato (모데라토)	allegretto (알레그레토)	allegro (알레그로)	vivo(비보)
	lento(렌토)						vivace(비바체)
	adagio(아다지오)						presto(프레스토)

✳ 메트로놈(metronome) *

17세기에 독일의 멜첼(J. Malzel)이 발명한 음악의 속도조절기이다. 정확한 숫자에 의한 빠르기를 정할 수 있게 한 것으로, 메트로놈에 의한 빠르기 표시는 1분 동안에 소리내는 표준음표의 숫자를 적는다.

✳ 근대미술사조 ***

구분	특징
신고전주의 (neo-classicism)	• 18세기 중엽~19세기 중엽에 걸쳐 유럽에서 형성된 미술양식 • 형식의 통일과 조화, 표현의 명확성, 형식과 내용의 균형 • 다비드 '나폴레옹 대관식', 앵그르 '목욕하는 여인' 등
낭만주의 (romanticism)	• 19세기 전반 유럽에서 회화를 비롯하여 조각 등에 나타난 미술양식 • 합리주의에 반대해서 객관보다는 주관을, 지성보다는 감성을 중요시 • 들라크루와 '키오스섬의 학살' 등
사실주의 (realism)	• 19세기 중엽 사물, 자연의 상태를 그대로 표현하고자 한 미술형식 • 프랑스에서 활동한 풍경화가들의 모임인 '바르비종파' • 밀레 '이삭줍기', '만종', 쿠르베 '돌 깨는 사람들' 등
인상주의 (impressionism)	• 19세기 말에 일어난 프랑스 청년화가들의 경향 • 빛의 효과를 강조하고 밝은 색깔로 그림을 그리려는 운동 • 마네 '풀밭 위의 점심', '발코니', 모네 '인상-해돋이', 드가 '압생트', 르누아르 '뱃놀이 점심' 등
신인상주의 (neo-impressionism)	• 19세기 말에 대두한 미술사조로 인상주의에 과학성을 부여하고자 함. • 무수한 색점을 사용하여 색을 분할하는 기법 • 쇠라 '아니에르에서의 물놀이', 시냐크 '마르세유항의 풍경' 등
후기인상주의 (post-impressionism)	• 19세기 말~20세기 초 인상파의 색채기법을 계승 • 견고한 형태, 장식적인 구성, 작가의 주관적 표현을 시도한 화풍 • 고흐 '해바라기', '감자 먹는 사람들', 고갱 '타히티의 여인', 로댕 '생각하는 사람' 등

✱ 토카타(toccata) *

17세기부터 18세기 전반에 걸쳐 전성기를 이룬 건반악기를 위한 곡의 일종이다. 폭넓은 화음과 빠른 음표로 된 악구의 교체, 모방양식으로 된 푸가적 부분, 분명한 주제성격을 가지지 않는 음형의 반복 등이 특징이다. 형식이 자유로우며 즉흥적인 요소가 강하다.

✱ 트레몰로(tremolo) **

이탈리아어의 'tremare(떨린다)'에서 유래한 말로서, 음을 급속히 반복하는 주법이다. 음표의 기둥에 짧은 사선을 부가해서 지시하는데, 원칙적으로 사선의 수가 많을수록 횟수도 반복되어 많아진다.

✱ 현대미술사조 ***

구분	특징
야수파 (fauvism)	• 20세기 초의 젊은 화가들과 그들의 미술경향 • 원색을 쓴 대담한 그림으로 야수의 그림 같다는 비평을 받음 • 마티스 '후식', 루오 '미제레레', 드랭, 블라맹크 등
입체파 (cubism)	• 1910년경 프랑스를 중심으로 야수파의 뒤를 이어 일어난 유파 • 물체의 모양을 분석하고 그 구조를 점과 선으로 구성·연결 • 피카소 '아비뇽의 처녀들', '게르니카', 브라크 '카드가 있는 정물' 등
표현주의 (expressionism)	• 20세기 전반에 독일을 중심으로 하여 전개된 예술운동 • 자연묘사에 대응하여 감정표현을 중심으로 주관의 표현을 강조 • 뭉크 '절규', 샤갈 '바이올린 연주자', 클레 '월출과 일몰' 등
미래파 (futurism)	• 20세기 초 이탈리아에서 일어난 전위예술운동 • 현대생활의 역동하는 감각을 표현하고자 함 • 보초니 '탄생', 세베리니 '물랭루주의 곰춤', 라의 '롯의 딸들' 등
초현실주의 (surrealisme)	• 다다이즘 이후 1920~1930년에 걸쳐 유럽에서 일어난 미술운동 • 무의식이나 꿈, 공상 등을 중요시 • 달리 '해변에 나타난 얼굴과 과일의 환영', 마그리트 '가짜거울' 등

✱ 팝아트(pop art) **

1960년을 전후하여 추상미술에 대한 반동으로 일어난 미술의 한 유형으로, 특히 미국에서 거대 도시문명을 배경으로 확산되었다. 일명 뉴리얼리즘(신사실주의)라고 불리는 이 파의 화가들은 추상을 거부하고 현대문명의 산물인 공업제품을 작품 속에 그대로 끌어들여 대중적인 이미지를 화면에 재현시켰다.

✱ 비구상(non-figuratif) *

19세기의 극단적인 자연주의에 대한 반동으로 일어난 미술의 한 경향이다. 현실의 재현을 추구하는 구상을 부정하고 대상의 본질적 특징을 형상화하려는 경향이다. 순수하게 기하학적 형태로 구성하는 양식주의적인 경향과 자유로운 형태로서 정신적 표현을 추구하는 표현주의적 경향으로 크게 나눌 수 있다.

✱ 아르누보(art nouveau) **

'신(新)미술'이라는 뜻으로, 19세기 말에서 20세기 초에 걸쳐 유럽에서 개화한 예술운동이다. 아르누보의 탄생은 유럽의 전통적 예술에 반발하여 예술을 수립하려는 당시 미술계의 풍조를 배경으로 하고 있으며, 전통으로부터의 이탈과 새 양식의 창조를 지향하여 자연주의·자발성·단순성·기술적인 완전을 이상으로 했다.

✱ 캐리커처(caricature) **

사람이나 사물을 과장하되 그 성격을 풍자적이고 희극적으로 표현한 만화·풍자화·회화 등을 말한다. 고야, 도미에 등이 유명한 화가이다.

☆☆☆ 크로키(croquis) … 화가가 움직이고 있는 대상의 한 순간의 모습을 짧은 시간에 재빨리 그리는 것을 말한다.

✱ 미니어처(miniature) *

일반적으로 세밀화로 불리는 소형의 기교적인 회화이다. 초상화 등을 주로 하는 작은 화면의 회화를 뜻하는 것으로, 16세기 초에서 19세기 중엽에 이르기까지 주로 유럽에서 많이 제작되었다. 본래는 사본(寫本)에 쓰여진 붉은 식자를 뜻했으나, 요즘에는 메달·보석·시계상자의 뚜껑장식 등에 그리는 장식화를 뜻하게 되었다.

✱ 아라베스크(arabesque) *

아라비아 사람들이 만든 장식무늬의 하나이다. 이슬람교에서는 우상과 비슷한 것은 회화나 조각에 쓰지 않았으므로 기하학적인 모양이나 당초(唐草)모양이 연구되었는데, 그중에도 아라비아 문자의 끝부분을 잎모양으로 도안한 것을 아라베스크라 하였다.

07 스포츠

✱ 올림픽경기대회(olympic games) ***

국제올림픽위원회(IOC)가 4년마다 개최하는 국제스포츠대회이다. 본래 올림픽 경기는 고대 그리스인들이 제우스신에게 바치는 제전(祭典) 성격의 경기로 종교, 예술, 군사훈련 등이 일체를 이룬 헬레니즘 문화의 결정체다. 고대올림픽은 정확히 언제부터 시작되었는지 알 수 없지만, 문헌상의 기록을 근거로 통상 BC 776년을 원년으로 본다. 이후 1,200여 년 동안 계속되다가 그리스가 로마인의 지배를 받으면서 약 1,500년 동안 중단되었던 고대올림픽 경기는 프랑스의 피에르 쿠베르탱(Pierre de Coubertin)의 노력으로 1894년 6월 23일 파리의 소르본 대학에서 열린 국제스포츠대회에서 근대올림픽으로 시작되었다. 1896년 '인류평화의 제전'이라는 거창한 구호를 걸고 그리스의 아테네에서 개최된 제1회 대회는 참가자가 13개국, 311명으로 매우 작은 규모였으며, 올림픽이 국제대회로서 면모를 갖춘 것은 1908년 제4회 런던대회 때부터라고 볼 수 있다. 런던 올림픽에서 각국이 처음으로 국기를 앞세우고 참가하였으며 경기규칙 제정, 본격적인 여자경기종목 채택, 마라톤 코스의 확정 등의 체계가 갖추어졌다. 오늘날 세계 각국의 스포츠인들은 근대올림픽이 창설된 6월 23일을 '올림픽의 날'로 정하여 기념하고 있다. 우리나라는 1988년 제24회 서울올림픽이 개최된 바 있다.

✱ 프레올림픽(pre-olympic) **

올림픽대회가 열리기 1년 전에 그 경기시설이나 운영 등을 시험하는 의미로 개최되는 비공식경기대회이다. 국제올림픽위원회(IOC)에서는 올림픽이 4년마다 열리는 대회라는 이유로 프레올림픽이라는 명칭의 사용을 금하고 있으나, 국제스포츠계에 잘 알려진 관용명칭이 되어 있다.

✱ 패럴림픽(paralympic) **

신체장애자들의 국제경기대회로서 장애자 올림픽이라고도 한다. 'paraplegia'와 'olympic'의 합성어로, 정식으로는 1948년 휠체어 스포츠를 창시한 영국의 신체장애자의료센터 소재지의 이름을 따 국제 스토크 맨데빌 경기대회(International Stoke Mandeville Games for the Paralysed)라 한다. 1952년부터 국제경기대회로 발전하여 4년마다 올림픽 개최국에서 개최된다.

✱ 월드컵(world cup) ***

FIFA(국제축구연맹)에서 주최하는 세계 축구선수권대회이다. 1930년 우루과이의 몬테비데오에서 제1회 대회가 개최된 이래 4년마다 열리는데, 프로와 아마추어의 구별없이 참가할 수 있다. 2년에 걸쳐 6대륙에서 예선을 실시하여 본선대회에는 개최국과 전(前)대회 우승국을 포함한 24개국이 출전한다. 제1회 대회 때 쥴리메가 기증한 쥴리메컵은 제9회 멕시코대회에서 사상 최초로 3승팀이 된 브라질이 영구보존하게 되어, 1974년 뮌헨에서 열린 제10회 대회부터는 새로 마련된 FIFA컵을 놓고 경기를 벌인다.

✱ FIFA(Federation Internationale de Football Association) **

국제축구연맹으로 세계 축구경기를 통합하는 국제단체이다. 국제올림픽위원회(IOC), 국제육상경기연맹(IAAF)과 더불어 세계 3대 체육기구로 불리며 각종 국제 축구대회를 주관한다. 즉, 각 대륙별 연맹이 원활하게 국제 경기 등을 운영할 수 있도록 지원·관리하는 세계축구의 중심체인 것이다. 1904년 프랑스의 단체 설립 제창으로 프랑스, 네덜란드, 덴마크, 벨기에, 스위스, 스웨덴, 스페인의 7개국이 프랑스 파리에서 모여 국제 관리기구로서 국제축구연맹(FIFA)을 탄생시켰다.

☆☆☆ **세계청소년축구선수권대회** … FIFA(국제축구연맹)에서 주관하는 청소년축구경기로 만 나이 기준 20세 이하의 선수들만 참가하는 U-20대회와 17세 이하 선수들만 참가하는 U-17대회의 2종류다.

✱ 4대 메이저 대회 ***

골프나 테니스 분야에서 세계적으로 권위를 인정받고 있으며 상금액수도 큰 4개의 국제대회를 일컫는 용어이다. 골프의 4대 메이저 대회는 마스터골프대회, US오픈골프선수권대회, 브리티시오픈, 미국PGA선수권대회를 말하며 여자골프 4대 메이저 대회는 크래프트나비스코챔피언십, 맥도날드LPGA챔피언십, US여자오픈, 브리티시여자오픈이 해당한다. 4대 메이저 테니스 대회는 호주오픈, 프랑스오픈, 윔블던, US오픈을 포함한다.

☆☆☆ 오픈 선수권…골프, 테니스 등에서 아마추어와 프로가 함께 겨루어 대표를 뽑는 경기

✱ 월드베이스볼클래식(WBC : World Baseball Classic) *

세계 각국이 참가하는 프로야구 국가대항전으로, 2006년부터 시작하여 올림픽이 열리는 해를 피해 4년마다 개최하되 시기는 메이저리그 정규시즌 일정을 고려해 조정한다. 1회 대회는 2006년 3월 3일 일본 도쿄돔에서 아시아 예선을 시작으로 그 막을 올렸으며 한국, 일본, 중국, 대만, 미국, 캐나다 등 총 16개국이 참가하였다. 메이저리그 구장에서 열린 8강 조별리그를 거쳐 4강에 진출한 국가는 한국, 일본, 쿠바, 도미니카 공화국이었으며, 일본이 우승을 차지했다. 우리나라는 2009년에 열린 2회 대회에서 준우승을 차지했다.

✱ F1 그랑프리 **

월드컵, 올림픽에 이어 전세계에서 인기를 끌고 있는 3대 국제스포츠행사의 하나인 세계 최고의 자동차경주대회를 의미한다. 매년 3월부터 10월까지 스페인·프랑스·영국·독일·헝가리·호주·일본 등 대륙을 오가며 17차례 경기를 펼쳐 점수를 합산해 종합우승자를 가린다.

✱ 보스톤 마라톤대회 *

미국 독립전쟁 당시 보스톤 교외의 콘크드에서 미국민병이 영국군에게 승리한 것을 기념하기 위하여 1897년 이래 보스톤시에서 매년 4월 19일에 거행하는 대회로, 아메리칸 마라톤이라고도 한다.

✱ 세계피겨스케이팅 선수권대회(World Figure Skating Championships) **

국제빙상경기연맹(ISU : International Skating Union)이 주관하는 피겨스케이팅의 국제대회이다. 이 대회는 피겨스케이팅에서 올림픽과 더불어 ISU가 주최하는 국제대회 중 가장 비중이 높은 대회이며 종목은 남녀 싱글, 페어, 아이스댄싱의 네 가지로 구성되어 있다. 매년 시즌이 마무리되는 3~4월경에 열리며 2020년 대회는 캐나다 몬트리올에서 개최된다.

✱ 메이저리그(MLB : Major League Baseball) ***

미국 프로야구의 아메리칸리그(American League)와 내셔널리그(National League)를 합쳐서 부르는 말로, '빅리그'라고도 한다. 아메리칸리그 소속 15개 팀과 내셔널리그 소속 15개 팀이 각각 동부·중부·서부지구로 나뉘어 정규 시즌을 치른다.

✱ 윔블던 테니스대회 *

테니스계에서 가장 오랜 역사를 가지고 있는 대회로, 1877년 영국 국내선수권대회로 개최되었으며 1883년부터 국제대회가 되었다. 정식명칭은 전영오픈 테니스선수권대회로 매년 영국 런던 교외의 윔블던에서 열린다. 1968년부터 프로선수의 참가가 허용되었다.

✱ 수퍼볼(super bowl)대회 *

미국 프로미식축구의 양대 리그인 AFC(아메리칸 풋볼 콘퍼런스)와 NFC(내셔널 풋볼 콘퍼런스)의 우승팀 간에 그해 최정상을 가리는 대회로, 1966년 창설되었다.

✱ 프리에이전트(Free Agent) **

자신이 속한 팀에서 일정기간 동안 활동한 뒤 자유롭게 다른 팀과 계약을 맺어 이적할 수 있는 자유계약선수 또는 그 제도를 일컫는 말이다. 자유계약선수 제도 하에서는 특정 팀과의 계약이 만료되는 선수는 자신을 원하는 여러 팀 가운데에서 선택하여 아무런 제약조건 없이 팀을 이적할 수 있다. 이와 반대로 선수가 먼저 구단에 계약해지를 신청한 임의탈퇴선수는 다른 구단과 자유롭게 계약할 권한이 없다.

✱ 드래프트시스템(draft system) **

신인선수를 선발하는 제도로, 일정한 기준아래 입단할 선수들을 모은 뒤 각 팀의 대표가 선발회를 구성하여 일괄적으로 교섭하는 방법이다. 우수선수를 균형있게 선발해 각 팀의 실력평준화와 팀 운영의 합리화를 꾀하는데 목적이 있다.

✱ 그랜드슬램(grand slam) ***

야구경기에서 1루에서 3루까지 주자가 있을 때 친 홈런으로 만루홈런이라고도 한다. 골프에서는 1930년 미국의 보비 존스가 전미국·전영국의 오픈 아마추어 선수권의 4대 타이틀을 휩쓸었을 때 붙여진 존칭이다. 현재는 영미의 양 오픈과 전미국 프로, 마스터즈의 4대 타이틀 획득자에게 수여된다. 테니스에서는 한 해에 전영국, 전미국, 전호주, 전프랑스의 4대 토너먼트 단식(單式)에서 모두 우승하는 것으로, 남자로는 1938년의 버지, 1962년과 1969년의 레이버가 기록했고, 여자로는 1953년의 코널리, 1970년의 코트, 1988년 그라프가 기록했다.

✱ 플레이오프(play off) *

프로야구에서 시즌이 끝난 뒤 승률이 같은 경우 벌이는 우승결정전을 말한다. 골프에서는 경기가 정해진 홀 수에서 동점이 됐을 경우 연장전으로 우승자를 결정하는 것을 가리킨다.

✱ 사이클히트(cycle hit) **

야구용어로 올마이티히트라고도 한다. 야구경기에서 타자가 한 게임에서 1루타, 2루타, 3루타, 홈런을 모두 친 것을 말하며 순서는 무관하다.

☆☆☆ 드래그히트(drag hit) … 야구에서 배트를 밀어내 가볍게 공을 맞춤으로써 기습히트를 노리는 공격타법을 말한다.

✱ 드래그번트(drag bunt) *

야구경기에서 번트는 대부분 이미 나가 있는 주자의 진루를 돕기 위한 희생타인데 비해, 드래그번트는 타자도 살기 위해 왼쪽 타자는 1루 쪽으로, 오른쪽 타자는 3루 쪽으로 공을 끌어서 굴리는 번트이다.

✱ 매직넘버(magic number) *

프로야구의 종반에 승수를 다투고 있을 때 2위팀이 모두 이기더라도 1위팀의 우승이 거의 확정적일 경우 1위팀의 나머지 승수의 숫자를 말한다.

✱ 핫코너(hot corner) *

야구에서 3루를 말하는데, 강하고 불규칙한 타구가 많이 날아와 수비하기가 까다롭고 어렵기 때문에 생긴 이름이다.

✱ 라인업(line up) *

야구에서는 출전하는 선수들의 배트를 치는 순서나 배치를 말하며, 축구에서는 시합개시 때의 선수들의 정렬상태를 나타낸다.

✱ 사이영상(Cy Young award) **

미국 프로야구에서 22년 동안 활약한 투수 사이 영을 기념하여 그해의 최우수 투수에게 주는 상 투수들만의 MVP라고 할 수 있다. 1956년부터 1966년까지는 내셔널리그와 아메리칸리그에서 한 명의 선수만을 뽑아 수여했는데 1967년부터는 각각 한 명의 선수를 뽑는다.

✱ 럭키존(lucky zone) *

외야가 넓은 야구장 펜스를 줄였을 경우 원 펜스와 줄인 펜스 사이를 말한다. 만일 펜스를 줄이지 않았다면 2~3루타 정도의 안타로 처리될 것이 줄임으로써 홈런이 되었기 때문에 그 지역을 행운의 지대란 뜻으로 럭키존이라 부른다.

☆☆☆ 텍사스존(texas zone) … 야구에서 수비하기 까다로운 내야와 외야의 중간

✱ 골프타수의 명칭 ***

명칭	내용
보기(bogey)	그 홀의 파보다 1타 많은 타수로 홀아웃 한 경우
더블 보기(double bogey)	파보다 2타 많은 타수로 홀아웃 한 경우
트리플 보기(triple bogey)	파보다 3타 많은 타수로 홀아웃 한 경우
파(par)	한 홀의 표준타수(우리나라의 정규 18홀은 모두 파 72)
버디(buddy)	파보다 1타 적은 타수로 홀아웃 한 경우
이글(eagle)	파보다 2타 적은 타수로 홀아웃 한 경우
더블 이글(double eagle)	파보다 3타 적은 타수로 홀아웃 한 경우
홀인원(hole-in-one)	1타로 홀컵에 볼을 넣은 경우

☆☆☆ 세계 3대 골프국가대항전 … 라이더컵(ryder cup), 프레지던츠컵(the presidents cup), 월드골프챔피언십(WGC … World Golf Championship)

✱ 퍼펙트게임(perfect game) *

야구에서 상대편에게 안타를 주지 않을 뿐 아니라 포볼이나 데드볼도 허용하지 않아, 타자가 1루도 밟아보지 못하게 하는 완전한 공격의 봉쇄를 말한다.

☆☆☆ 노히트노런게임(no-hit no-run game) … 야구에서 투수가 상대방 선수들에게 단 하나의 안타와 득점도 허용하지 않고 이기는 무안타 무득점 경기를 말한다.

✱ 스테로이드 *

스포츠와 관계가 깊은 의약품으로, 자연에서 얻을 수 있는 중요한 화합물로서 가장 풍부한 동물 스테로이드는 콜레스테롤이다. 콜레스테롤은 몸 속에서 합성되기도 하지만 음식물을 먹은 후에 생성되기도 한다. 이 콜레스테롤이 분해되면 중요한 스테로이드가 생성되는데, 특히 황소로부터 얻은 아나볼릭 스테로이드나 화학적으로 합성한 스테로이드 약품은 육체적 기능을 증진시키거나 근육의 발달을 돕는 작용이 있기 때문에 운동 선수들이 복용하는 사례가 있다

출제 예상 문제

1 간결한 말 속에 깊은 체험적 진리를 교묘히 표현한 짧은 글을 의미하는 용어는?

① scree

② aphorism

③ mores

④ ghetto

> **TIP** 아포리즘(aphorism) … 그리스어에서 유래된 말로 깊은 체험적 진리를 간결하고 압축된 형식으로 나타낸 짧은 글을 말한다. 금언 · 격언 · 잠언 · 경구 등이 이에 속한다.

2 근대 철학의 창시자로 생각하는 인간과 이성의 역할을 강조하며 '나는 생각한다. 그러므로 나는 존재한다'의 명제를 밝힌 철학자는 누구인가?

`2020. 07. 04. 부산교통공사`

① 플라톤

② 데카르트

③ 칸트

④ 파스칼

> **TIP** 철학자 '데카르트'에 대한 설명이다.
> ① **플라톤**: 고대 그리스의 철학자, 삶이란 얻기 위해 잃어가는 것이다.
> ③ **칸트**: 비판 철학의 창시자, 인간은 교육을 통하지 않고는 인간이 될 수 없는 유일한 존재다.
> ④ **파스칼**: 현대 실존주의의 선구자, 인간은 생각하는 갈대이다.

3 다음 중 송강 정철의 작품이 아닌 것은?

① 관동별곡

② 사미인곡

③ 훈민가

④ 청산별곡

> **TIP** 송강 정철은 조선 중기 문신 겸 시인으로 당대 가사문학의 대가이다. 시조의 윤선도와 함께 한국 시가사상 쌍벽으로 일컬어지며 대표작으로는 관동별곡, 성산별곡, 사미인곡, 속미인곡, 훈민가 등이 있다.
> ④ 청산별곡은 고려가요의 하나로 악장가사에 실려 전하며 작자 · 연대는 미상이다.

Answer 1.② 2.② 3.④

4 2019년 노벨 문학상을 수상한 작가는?

① 조이스 캐럴 오츠   ② 아시아 제바르

③ 앨리스 먼로   ④ 페터 한트케

TIP 2019년 노벨 문학상 수상자는 오스트리아의 페터 한트케이다. 한트케는 희곡 「관객모독」으로 유명하다. 참고로 2018년 미투 파문으로 시상을 건너 뛴 지난해 수상자는 올가 토카르추크를 선정했다.

5 1610년에 갈릴레이가 손수 만든 망원경을 사용하여 처음 발견한 것으로 갈릴레이 위성이라 하는 목성의 위성 중 제3위성의 이름은 무엇인가?

2020. 07. 04. 부산교통공사

① 이오   ② 유로파

③ 칼리스토   ④ 가니메데

TIP 목성의 세 번째 위성은 가니메데이다.
① **이오** : 제1위성
② **유로파** : 제2위성
③ **칼리스토** : 제4위성

6 특정 사실이 언론매체를 통해 이슈화되면 관심이 집중되고 새로운 사실로 받아들이며 이 관심이 확산되는 현상을 나타내는 용어는?

① 베르테르 효과   ② 루핑 효과

③ 나비 효과   ④ 피그말리온 효과

TIP ① **베르테르효과**(Werther effect) : 유명인이나 자신이 모델로 삼고 있던 사람 등이 자살할 경우, 이를 동일시하여 자살을 시도하는 현상
③ **나비효과**(Butterfly Effect) : 아주 작은 사건 하나가 그것과는 별반 상관없어 보이는 곳까지 영향을 미친다는 이론
④ **피그말리온 효과**(Pygmalion effect) : 누군가에 대한 사람들의 믿음이나 기대가 그대로 실현되는 현상

Answer 4.④ 5.④ 6.②

7 우리나라 최초의 창작국문소설은?

① 박지원의 양반전　　　　　　　　　② 김시습의 금오신화

③ 허균의 홍길동전　　　　　　　　　④ 박인량의 수이전

TIP 우리나라 최초의 한문소설은 금오신화이며, 최초의 국문소설은 홍길동전이다.

　※ 채수의 설공찬전은 홍길동전보다 앞선 1511년 무렵 최초의 국문번역소설이지만, 본격적인 창작국문소설 최초의 작품은 허균의 홍길동전으로 꼽을 수 있다.

---

8 다음 설명에 해당하는 것은? 2020. 07. 04. 부산교통공사

> 이것이 선언되면 베이스에 있던 주자 모두가 다음 베이스로 자동 진루할 수 있다.
> 첫째, 투수가 투구와 관련된 동작을 일으킨 다음 그 투구를 중지했을 경우
> 둘째, 투수가 1루에 송구하는 흉내만 내고 실제로 송구하지 않았을 경우
> 셋째, 투수가 베이스에 송구하기 전 베이스가 있는 방향으로 발을 똑바로 내딛지 않았을 경우
> 넷째, 투수가 불필요하게 경기를 지연시켰을 경우 등

① 보크　　　　　　　　　　　　　　② 번트

③ 베이스 온 볼스　　　　　　　　　　④ 리터치

TIP 보크는 주자가 루에 있을 때 투수가 규칙에 어긋나는 투구 동작을 하는 것을 말한다.

　② 번트 : 배트를 휘두르지 않고 공에 갖다 대듯이 가볍게 밀어 내야에 굴리는 타법

　③ 베이스 온 볼스 : 타자가 볼카운트에서 4개의 볼을 얻어내 1루로 출루하는 것

　④ 리터치 : 주자가 원래 있던 루로 돌아가는 것

---

9 '앙티로망'이란?

① 전통 계승 문학　　　　　　　　　② 사회참여소설

③ 저항문학　　　　　　　　　　　　④ 실험적 반(反)소설

TIP 앙티로망(anti-roman)은 전통적인 수법을 부정하는 새로운 형식의 반(反)소설 또는 비(非)소설로, 일종의 실험소설이다.

Answer　7.③　8.①　9.④

10 다음에서 바르게 연결되지 않은 것은?

2020. 07. 04. 부산교통공사

① 밀레 – 이삭줍기

② 하이든 – 놀람교향곡

③ 피카소 – 아비뇽의 처녀들

④ 베토벤 – 월광소나타

> **TIP** 천지창조는 미켈란젤로가 로마의 시스티나성당 천장에 그린 세계 최대의 벽화이며, 오라토리오는 17~18세기 가장 성행했던 대규모의 종교적 극문악을 말한다.

11 우리나라 최초로 신인추천제를 실시하였으며 많은 현대시조 작가를 배출한 순수문예지는?

① 문장

② 소년

③ 청춘

④ 인문평론

> **TIP** 『문장』은 1939년 창간되어 1941년 폐간된 시·소설 중심의 순문예지이다. 신인추천제로 발굴된 대표적인 시조시인으로는 김상옥과 이호우 등이 있으며, 시인으로는 청록파 시인 박목월, 조지훈, 박두진 등이 있다.

12 다음에서 설명하고 있는 것은 무엇인가?

> 이것은 포털에서 '남북정상회담'을 검색하면 네이버나 다음이 아니라 해당 언론사로 넘어가 뉴스를 보고 댓글을 다는 방식인데, 최근 '드루킹 사건'으로 포털사이트 뉴스 댓글 조작에 대한 경각심이 커지면서 정치권은 '아웃링크'를 도입하는 방안을 본격적으로 검토하고 있다. 언론사들로서는 포털에 뺏겼던 클릭 수를 찾아올 수 있어 선호하지만, 소비자들은 플로팅 광고(인터넷 사이트 전체나 일부를 뒤덮는 광고 기법) 때문에 불편을 겪을 수 있다.

① 사이드링크

② 아웃링크

③ 인링크

④ 미들링크

> **TIP** 아웃링크(outlink)는 포털사이트가 아닌 뉴스사이트에서 직접 뉴스를 보는 방식을 말한다. 국내의 네이버·다음 같은 포털사이트에서는 인 링크(네이버 화면 안에서 뉴스를 보는 방식)로 뉴스를 제공하고 있다. 반면 외국의 구글이나 페이스북은 아웃링크 방식으로, 이용자가 기사를 선택하면 해당 언론 사이트로 넘어가 기사를 보게 된다.

Answer 10.④ 11.① 12.②

13 수용자들이 매스미디어의 메시지를 선택적으로 노출·지각·기억한다고 설명한 이론은?

① 선별효과

② 피파주효과

③ 향상효과

④ 제한효과

TIP **제한효과이론** … 매스미디어는 기존의 태도나 가치·신념을 강화시키는 제한적 효과가 있을 뿐이라는 이론적 관점으로, 매스미디어의 영향력이 그렇게 크지 않으며 한정되어 있다는 이론이다.

14 다음 설명으로 알맞은 것은? 2020. 07. 04. 부산교통공사

> 방탄소년단(BTS)의 멤버, 슈가의 음반이 미국 빌보드 앨범 차트에 올랐다. 한국의 솔로 가수 앨범으로는 최고의 기록이며, 사극을 닮은 뮤직비디오와 우리 고유의 음악을 활용한 멜로디에 세계의 관심이 집중되었다. '이 곡'은 조선시대 공식적인 행사에 따르는 행진 음악이다.

① 시나위

② 대취타(大吹打)

③ 여민락(與民樂)

④ 수제천(壽齊天)

TIP 대취타는 '부는 악기(吹)와 때리는 악기(打)로 연주하는 음악이라는 뜻의 군례악 행진곡이다.
① **시나위** : 대금, 향피리, 아쟁, 해금, 징 등으로 편성된 무악(巫樂)계의 기악곡
③ **여민락** : 조선 시대에, 임금의 행차 때나 궁중의 잔치 때에 연주하던 아악곡
④ **수제천** : 신라 시대 아악 중 하나, 궁중 연례와 무용에 연주하던 관악곡

15 신문·잡지의 특정한 난을 담당하여 집필하는 사람을 가리키는 말은?

① 데스크

② 칼럼니스트

③ 카피라이터

④ 스폰서

TIP ① 사건담당 책임기자
③ 광고문안 작성자
④ TV, 라디오, 신문 등의 광고주

Answer 13.④ 14.② 15.②

16 세계 최초로 발행된 일간신문은?

① 라이프치거 차이퉁겐(Leipziger Zeitungen)

② 더 타임즈(The Times)

③ 르 몽드(Le Monde)

④ 뉴욕 타임즈(New York Times)

TIP ① 1660년에 창간된 세계 최초의 일간신문(독일)
② 1785년 창간된 영국의 일간신문
③ 1944년 창간된 프랑스의 석간신문
④ 1851년 창간된 미국의 일간신문

17 다음을 읽고 빈칸에 들어갈 말로 알맞은 것은?

2020. 07. 04. 부산교통공사

> 1738년 과학자 _____가 발표한 _____ 정리는 유체의 흐름이 빠른 곳의 압력은 느린 곳의 압력보다 작아진다는 이론으로 유체의 위치에너지와 운동에너지의 합이 항상 일정하다는 것을 밝혔다.

① 샤를 　　　　　　　　　　② 뉴턴
③ 베르누이 　　　　　　　　④ 그레셤

TIP '베르누이의 정리'에 대한 설명이다.
① 샤를의 법칙 : 기체의 부피는 온도에 비례한다는 법칙
② 뉴턴 : 질량을 가진 물체는 중력이 있다는 만류 인력의 법칙을 발견함
④ 그레셤의 법칙 : 악화가 양화를 구축하다는 그레셤이 제창한 화폐유통에 관한 법칙

18 "나는 신문 없는 정부보다 정부 없는 신문을 택하겠다."라고 말한 사람은?

① 제퍼슨 　　　　　　　　　② 케네디
③ 프랭클린 　　　　　　　　④ 라이샤워

TIP 제퍼슨(T. Jefferson)은 미국의 제3대 대통령으로서, 언론자유의 중요성을 강조하였다.

Answer 16.① 17.③ 18.①

19 다음 설명하는 엑셀 함수는?

	A	B	C
1	시	도	구
2	서울	경기도	종로구
3	제주	강원도	중구
4	세종	충청북도	용산구
5	부산	충청남도	성동구
6	대구	전라북도	성북구

위 그림처럼 분리되어 있는 내용을 하나의 셀로 정리하여 연결된 주소를 만들기 위해서 사용하는 함수로 여러 문자열, 배열의 텍스트를 지정한 구분기호를 포함하여 합치는 함수이다.

① SUMIF

② TRIMMEAN

③ VLOOKUP

④ TEXTJOIN

TIP ① SUMIF : 데이터 중에서 원하는 조건에 맞는 데이터들의 합만 구할 때 사용하는 함수
② TRIMMEAN : 일정한 비율을 제외하고 평균 점수를 구하는 함수
③ VLOOKUP : 방대한 데이터 중에서 원하는 데이터 값만 추려내는 함수

20 다음 중 네임애드(name ads)에 관한 설명으로 옳지 않은 것은?

① 제2차 세계대전 이후 미국에서 처음으로 시도되었다.

② 광고의 목적은 기업의 이미지 개선과 소비자의 호의를 확립하는 데 있다.

③ 기업PR 또는 기업광고라고도 한다.

④ 새로운 상품소개를 목적으로 한다.

TIP 네임애드(name ads)는 기업광고 또는 기업PR이라고도 하며, 대중매체를 통해 특정 제품의 광고보다는 기업의 이미지를 좋게 하고 소비자의 호의를 확립하는 것이 목적인 광고이다.

21 수영장 끝에 다다라서 물속에서 앞으로 반을 돈 뒤에 벽면을 차고 나가는 턴을 일컫는 말은?

2020. 07. 04. 부산교통공사

① 플립 턴
② 롤오버 턴
③ 오픈 턴
④ 평영 턴

> **TIP** ② **롤오버 턴** : 수영을 하고 벽면 끝에 다다라서 몸을 돌려 배영자세로 벽을 차고 나가는 턴
> ③ **오픈 턴** : 양손이 벽면에 닿으면 몸을 구부린 후 양 발로 힘차게 몸을 반대편으로 치고 나가는 턴
> ④ **평영 턴** : 평영으로 끝까지 간 후 양 손을 끝까지 같은 높이에 닿으면 몸을 구부리고 다리로 차서 나가는 턴

22 현지에서 일어난 사실을 녹음을 섞어가며 편집, 구성하는 생생한 방송을 무엇이라 하는가?

① 핫뉴스(hot news)
② 르포(reportage)
③ 다큐멘터리(documentary)
④ 애드버토리얼(advertorial)

> **TIP** ① 현장에서 바로 취재해 온 최신뉴스를 말하며, 방송의 경우 현장에서 직접 보도하는 뉴스를 말한다.
> ③ 기록영화나 실록소설 · 사실적인 방송을 말한다.
> ④ 'advertisement(광고)'와 'editorial(편집기사)'의 합성어로 논설 광고를 말한다.

23 다음 설명하는 뮤지컬 제목은?

2020. 07. 04. 부산교통공사

> 아바(ABBA)의 음악을 바탕으로 만들어진 뮤지컬로, 지중해를 배경으로 미혼모 도나의 딸인 소피가 자신의 생부를 찾기 위해 어머니 일기장에 기록된 도나의 옛 연인인 세 명의 남자에게 청첩장을 보내는 것으로 시작된다. 그들이 모두 만나면서 회상과 감상에 젖으며 부르는 아바의 히트 곡들이 곳곳에 녹아있다.

① 오페라의 유령
② 맘마미아
③ 캣츠
④ 레미제라블

> **TIP** ① 흉측한 얼굴을 가면으로 가리고 오페라 하우스 지하에서 사는 남성이 프리마돈나를 짝사랑하는 이야기를 그린 뮤지컬
> ③ 고양이들의 축제 젤리클 볼을 이야기하는 개성적인 고양이들의 이야기를 담은 뮤지컬
> ④ 프랑스 혁명의 시대에 빵을 훔친 죄로 19년 감옥에서 지내게 되었던 장발장의 일생을 그린 뮤지컬

Answer 21.① 22.② 23.②

24 커스컴(cuscom)이란?

① 법과 같은 강제력을 가지는 언론의 윤리관

② 컴퓨터를 이용해서 주고받는 정보체계

③ 사회의 관습, 풍습, 관례에 따른 개인적 습관

④ 유선방송처럼 특정 소수의 사람들을 상대로 전달되는 통신체계

> **TIP** 커스컴(cuscom)은 'custom(단골)'과 'communication(전달)'의 조합어로, 특정 소수를 상대로 전달되는 통신체계를 말한다.

25 누르하치가 부족을 통합시켜 세운 왕조로 중국 최후의 통일 왕조는?   `2020. 07. 04. 부산교통공사`

① 명나라   ② 청나라

③ 송나라   ④ 수나라

> **TIP** 1616년부터 1912년까지 중국 대륙의 마지막 왕조로 누르하치가 여진족을 통합하여 세운 왕조이다.
> ① 명나라 : 몽골족이 세운 원나라를 멸망시키고 안휘성 출신의 주원장이 세운 통일 왕조(1368~1644)
> ③ 송나라 : 당나라 멸망 후 5대 10국 시기로 분열된 나라를 통일시켜 조광윤이 세운 왕조(960~1279)
> ④ 수나라 : 한나라가 멸망한 뒤 남북조로 분열된 중국을 통일시킨 왕조(518~618)

26 다음 밑줄 친 '이것'의 용어는?   `2020. 07. 04. 부산교통공사`

> 이것은 어두운 흑색의 세립질 화성암이다. 지구에 대부분 지각이 이것으로 구성되어있다. 이것은 용암이나 마그마가 식은 뒤에 굳으면서 생긴다. 달, 금성, 화성에서도 발견되고 있으며 국내에선 제주도를 대표하는 돌 중에 하나이다.

① 유문암   ② 안산암

③ 화강암   ④ 현무암

> **TIP** ① 유문암 : 백색, 담홍색, 담회색으로 화산암의 한 종류
> ② 안산암 : 담회색, 회색, 갈색 등으로 이뤄진 화산암의 한 종류로 대륙지각의 평균 성분
> ③ 화강암 : 석영과 장석류를 주성분으로 함

Answer   24.④ 25.② 26.④

27 POP 광고와 거리가 먼 것은?

① TV CF
② 스토어트래픽 창출
③ 구매 결단에 대한 설득력
④ 월 디스플레이(wall display)

TIP POP(Point Of Purchase) 광고는 광고상품이 소비자에게 최종적으로 구입되는 장소, 즉 소매점이나 가두매점 등에서 이루어지는 광고로, 직접적인 광고효과를 얻게 하는 구매시점광고이다.

28 다음 빈칸에 ㉠과 ㉡을 알맞게 넣은 것은?

2020. 07. 04. 부산교통공사

> ㉠은 ㉡은 온도의 눈금 간격은 동일하다. ㉠은 물의 어는 점이 0도이나 ㉡은 273.15K이고 끓는 점도 ㉠은 100도이지만 ㉡은 373.15K이다. ㉠은 물의 특이성을 이용하여 온도를 재는 반면 ㉡은 물질의 특이성에 의존하지 않는 특징이 있다.

㉠	㉡		㉠	㉡
① 섭씨온도 - 절대온도			② 절대온도 - 화씨온도	
③ 화씨온노 - 절대온도			④ 섭씨온도 - 임계온도	

TIP ㉠은 섭씨온도, ㉡은 절대온도
- **섭씨온도** : 셀시우스가 제안한 것으로 물의 어는점을 0도, 끓는점을 100도로 하여 100등분 한 온도의 단위
- **절대온도** : 켈빈이 도입한 것으로 물의 어는점을 273.15K, 끓는점을 373.15K로 다른 온도와 달리 물질의 성질에 의존치 않고 상대적인 개념으로 만들어 과학적 계산에 무리가 있음
- **화씨온도** : 파렌하이트가 제안한 것으로 물의 어는점을 32℉, 끓는점을 212℉로 180등분한 온도 단위
- **임계온도** : 열역학에서 기체의 액화가 가능한 최고의 온도

29 다음 중 대중매체가 강조하는 정도에 따라 수용자가 인식하는 정도가 달라질 수 있다고 보는 이론은?

① 침묵의 나선형이론
② 이용과 충족이론
③ 의제설정이론
④ 2단계 유통이론

TIP 의제설정이론 또는 아젠다 세팅(agenda setting)은 매스미디어가 특정 주제를 선택하고 반복함으로써 이를 강조하여 수용자가 중요한 의제로 인식하게 한다는 개념이다.

Answer 27.① 28.① 29.③

30 다음 중 영상물등급체계에 해당하지 않는 것은?

① 12세 이상 관람가

② 15세 이상 관람가

③ 20세 이상 관람가

④ 청소년 관람불가

> **TIP** 영상물등급위원회의 등급체계에 따르면 전체관람가, 12세 이상 관람가, 15세 이상 관람가, 청소년 관람불가, 제한상영가로 구분된다.

31 피플미터(people meter) 방식에 대한 설명으로 옳은 것은?

① 프로그램 방송 중에 표본가정에 전화를 걸어 시청률을 조사하는 방법이다.

② 표본세대 내 특정 구성원에게 시청 상황에 대한 일지를 책임지고 작성하게 하는 방법이다.

③ 개별방문면접에 의해 전날 또는 수 시간 전의 시청 상황을 생각하게 하는 조사하는 방법이다.

④ 표본추출방식에 의해 뽑힌 일정 수 가구의 텔레비전 수상기에 피플미터장치를 달아 측정한다.

> **TIP** 피플미터(people meter)는 미국의 여론조사기관인 A. C. 닐슨사(社)에 의해 개발된 시청률 조사수단으로, 과학적인 표본추출방식에 의해 뽑힌 일정 수 가구의 텔레비전 수상기에 이 장치를 달면 중앙의 메인컴퓨터에 수상기 작동방식·채널변환 등이 초단위로 자동 기록된다.

32 광고와 홍보의 차이를 좁혀 소비자의 신뢰를 높이려는 새로운 광고형태로 소위 '기사형식 광고'라 불리는 것은?

① 인포모셜(informercial)

② R&D(Research and Development)

③ AI(Appreciation Index)

④ 애드버토리얼(advertorial)

> ④ 애드버토리얼은 advertisement(광고)와 editorial(편집기사)의 합성어로 신문광고나 잡지광고에서 언뜻 보기에 편집 기사처럼 만들어진 논설 또는 사설 형식의 광고이다.

Answer 30.③ 31.④ 32.④

33 스포츠 용어로 출전자격을 취득하지 못했으나 특별히 출전이 허용되는 선수나 팀을 지칭하는 것은?

① 멤버십카드   ② 와일드카드

③ 히든카드   ④ 체크카드

TIP 와일드카드는 스포츠 용어로는 축구, 테니스, 사격, 체조, 야구 등 일부 종목에서 출전자격을 따지 못했지만 특별히 출전이 허용된 선수나 팀을 의미한다. 이러한 와일드카드는 1994년 232일 간의 긴 파업 끝에 개막된 1995년의 포스트시즌부터 시작되었다. 파업 후유증으로 페넌트 레이스 경기 수가 줄어든 대신 1994년 불발에 그친 와일드카드가 관중들의 흥미를 돋우기 위해 처음 도입된 것이다.

34 다음에서 설명하고 있는 명절에 대한 설명으로 옳지 않은 것은?

> 세종 13년(1431)에 이 날은 사흘 동안 불의 사용을 금지한다는 명령이 내려진 적이 있었으며, 매년 임금은 내병조(內兵曹)에서 바친 버드나무를 마찰하여 일으킨 불을 궁중에 있는 관청과 대신 집에 나누어주는 풍습이 있었다.
> 또 민간에서는 설날, 단오, 추석과 함께 4대 절사(節祀)라 하여 산소로 올라가 성묘를 했는데, 그 중에서도 이날과 추석이 가장 성하여 교외로 향하는 길에 인적이 끊어지지 않았다고 한다. 한편 농가에서는 이날을 기하여 밭에 파종을 했다.

① 불을 피우지 않고 찬 음식을 먹는다는 옛 습관에서 유래한 이름으로, 그 기원은 중국 진(晉)나라의 충신 개자추(介子推)의 혼령을 위로하기 위해서이다.

② 이 날 나라에서는 종묘와 각 능원에 제향하고, 민간에서는 여러 가지 주과(酒果)를 마련하여 차례를 지내고 성묘를 한다.

③ 고대문헌에 따르면 중국에서는 약초를 캐고, 재액을 예방하기 위하여 쑥으로 만든 인형·호랑이를 문에 걸었으며, 창포주·웅황주(雄黃酒)라는 약주를 마셨다.

④ 동지로부터 105일째 되는 날이다. 양력으로는 4월 5일 무렵이다.

TIP 제시문에 설명하고 있는 명절은 한식이다.
③ 단오에 대한 설명이다.

35 다음 중 유네스코 인류무형문화유산으로 등재되지 않은 것은?

① 강강술래   ② 아리랑

③ 줄타기   ④ 윷놀이

<hr>

TIP 강강술래(2009), 아리랑(2012), 줄타기(2011), 매사냥(2010)은 유네스코 무형문화유산에 등재되어 있다.

36 우리 농촌의 민속놀이인 사물놀이에 쓰이는 악기가 아닌 것은?

① 소고   ② 꽹과리

③ 장구   ④ 징

<hr>

TIP 사물놀이는 꽹과리, 장구, 징, 북을 치며 노는 농촌의 민속놀이로 꽹과리는 별, 장구는 인간, 북은 달, 징은 해에 해당한다.

37 예술의 창작이나 그 발상면에서 독창성을 잃고 평범한 경향으로 흘러, 표현수단의 고정으로 인하여 예술의 신선미와 생기를 잃는 일을 일컫는 말은?

① 리리시즘(lyricism)   ② 매너리즘(mannerism)

③ 모더니즘(modernism)   ④ 다다이즘(dadaism)

<hr>

TIP ① 리리시즘(lyricism) : 예술적 표현의 서정적 · 주관적 · 개성적인 정서를 표현하고 추구하는 정신 또는 문체

③ 모더니즘(modernism) : 제 1차 세계대전 후의 근대주의, 현대주의를 의미

④ 다다이즘(dadaism) : 제 1차 세계대전 중 1920년대에 걸쳐 유럽의 여러 도시에서 일어난 반예술운동

38 아이러니한 상황 또는 사건 등을 통해 웃음을 유발하는 코미디는?

① 블랙 코미디
② 블루 코미디
③ 화이트 코미디
④ 그린 코미디

TIP 블랙 코미디(black comedy)는 주로 부조리, 죽음과 같은 어두운 소재나 정치·사회적으로 비난받을 만한 소재를 풍자하며 웃음을 유발한다. 이러한 블랙 코미디는 웃기지만 생각해보면 상황을 지독히 현실적이고 냉정하게 바라보는 것이 특징이다.

39 미국 브로드웨이에서 연극인들과 극장 관계자들에게 수여하는 상(賞)으로 '연극의 아카데미상'이라고도 불리는 상은 무엇인가?

① 골든글로브상
② 토니상
③ 템플턴상
④ 에미상

TIP 토니상(Tony Awards)은 미국 브로드웨이에서 앙투아네트 페리를 기리기 위해 1947년 만들어진 상으로 앙투아네트 페리의 애칭인 토니에서 딴 명칭이다.
① 골든글로브상(Golden Globe Prize)은 세계 84개국의 신문 및 잡지 기자로 구성된 할리우드 외국인기자협회가 그 해 영화인에게 수여하는 상이다.
③ 템플턴상(The Templeton Prize)은 종교계의 노벨상으로 불리며, 매년 종교 분야에서 인류를 위해 크게 이바지한 인물들에게 시상한다.
④ 에미상(Emmy Awards)은 텔레비전의 아카데미상이라 평가되는 미국 최대의 프로그램 콩쿠르상으로 텔레비전 작품 관계자의 우수한 업적을 평가하여 미국텔레비전 예술과학 아카데미가 주는 상이다.

40 1932년 창설된 영화제로 매년 8월~9월에 걸쳐 개최되며, 강수연이 '씨받이'로 최우수 여우주연상을 받은 적이 있는 국제영화제는?

① 모스크바영화제
② 선댄스영화제
③ 베를린영화제
④ 베니스영화제

TIP 베니스영화제 … 이탈리아의 베니스에서 매년 개최되는 영화제로 가장 오랜 역사를 갖고 있는 국제영화제이다. 1932년 5월에 창설되었으며 그랑프리는 '산마르코 금사자상'이라 불린다.

Answer 38.① 39.② 40.④

41 다음 중 종래의 미술개념을 거부하는 입장에서 엄격하고 비개성적이며 소극적인 화면을 구성하고자 한 미술경향으로 알맞은 것은?

① 에어 아트
② 라테 아트
③ 미니멀 아트
④ 미디어 아트

TIP ① 에어 아트 : 환경예술과 키네틱 아트의 한 종류로서 압축 공기나 자연적인 바람을 이용하여 부풀리거나 혹은 띄워 올리는 여러 가지 구조물 및 그것에 뒤따르는 광범위한 행위를 포함하는 개념을 말한다.
② 라테 아트 : 커피에 스팀우유를 이용하여 다양한 예술적 작품을 만들어내는 것을 말한다.
④ 미디어 아트 : 매체예술이라고도 하며, 사진, 전화, 영화 등의 신기술을 활용하는 예술을 통틀어 일컫는다.

42 저작권 소유자가 모든 이용자에게 대해 자신의 창작물을 사용 · 변경 · 재배포 하는 것을 무상으로 허용하는 것을 일컫는 용어는?

① 카피라이트(copyright)
② 카피레프트(copyleft)
③ 카피다운(copydown)
④ 카피프리(copyfree)

TIP 카피레프트 … 프리웨어(freeware)라고도 하며, 저작권(copyright) 소유자가 모든 이용자에 대해 자신의 창작물을 사용 · 변경 · 재배포하는 것을 무상으로 허용하는 것을 말한다. copy 'right'과는 달리 이용자의 자유를 보장하기 위해 저작권을 사용한다는 점에서 copy 'left'라고 부른다.

43 다음 중 합창, 중창, 독창 등으로 구성된 대규모의 성악곡은?

① 세레나데
② 칸초네
③ 랩소디
④ 칸타타

TIP ④ 칸타타(cantata)는 종교적인 요구에 의해 작곡되는 대규모의 서정적 성악곡이다.
① 세레나데 : '저녁의 음악'이란 뜻으로 애정이나 존경을 품은 사람에게 바치는 노래를 통칭하여 일컫는다.
② 칸초네 : 샹송과 같은 위치의 이탈리아 민요를 일컫는 말
③ 랩소디 : 광상곡으로 대개 일정한 형식이 없이 환상적이고 자유로운 기악곡이다.

Answer 41.③ 42.② 43.④

44 다음 중 슈베르트의 작품이 아닌 것은?

① 겨울 나그네

② 백조의 노래

③ 군대 행진곡

④ 한여름 밤의 꿈

TIP 슈베르트(Franz Peter Schubert)는 오스트리아의 초기 독일 낭만파의 대표적 작곡가로 '가곡의 왕'이라고 불린다. 주로 빈에서 활동하며 다양한 장르의 작품을 남겼고 가곡을 독립된 주요한 음악의 한 부문으로 끌어올려 독일 가곡에 큰 영향을 주었다. 주요작품으로는 '아름다운 물방앗간의 처녀', '겨울 나그네', '죽음과 소녀' 등이 있다.
④ 멘델스존의 작품이다.

45 종이 사이에 물감을 떨어뜨리고 종이를 접어서 눌렀다가 종이를 펴보면 대칭형의 무늬가 나타난다. 이러한 기법은?

① 프로타주

② 데칼코마니

③ 마블링

④ 몽타주

TIP ① 실물 위에 종이를 놓고 크레파스나 연필로 문질러 표현한다.
③ 물에 유성 잉크를 떨어뜨리고 저은 후 종이를 얹어 찍어낸다.
④ 실물 사진이나 달력, 그림 등을 붙여 구성한다.

46 일반적으로 스포츠에서 해당 팀에서 권리 포기를 한다는 의미로 FA(Free Agent)나 임의 탈퇴로 처리하기 전에 선수를 다른 팀으로 보내기 위한 하나의 방법을 무엇이라 하는가?

① 웨이버(waiver) 공시

② 메이어(meyer) 공시

③ 올리버(oliver) 공시

④ 레드리버(redriver) 공시

TIP 웨이버 공시(waiver 公示)는 '권리포기'라는 뜻으로, 구단이 소속선수와 계약을 해제하려 할 때 다른 구단에 대해 해당 선수의 계약 양도에 관한 여부를 공시하는 것을 지칭한다.

Answer 44.④ 45.② 46.①

서원각과 함께

꿈의 날개를 펴라

기업체 시리즈

한국전기안전공사

LH한국토지주택공사

한국승강기안전공단

공항철도

온라인강의와
함께 공부하자!

공무원 | 자격증 | NCS | 부사관·장교

네이버 검색창과 유튜브에 소정미디어를 검색해보세요.
다양한 강의로 학습에 도움을 받아보세요.